THÉORIE DU SALAIRE

ET DU

TRAVAIL SALARIÉ

BIBLIOTHÈQUE INTERNATIONALE D'ÉCONOMIE POLITIQUE

Publiée sous la direction de Alfred Bonnet

THÉORIE DU SALAIRE

ET DU

TRAVAIL SALARIÉ

PAR

CHRISTIAN CORNÉLISSEN

PARIS (5ᵉ)

V. GIARD & E. BRIÈRE

LIBRAIRES-ÉDITEURS

16, RUE SOUFFLOT ET 12, RUE TOULLIER

1908

Tous droits réservés

PRÉFACE

Je devais consacrer la première partie de mon traité d'ensemble de science économique à la théorie de la valeur, puisque cette théorie en est la base ; d'où ma *Théorie de la Valeur*. En effet, une étude scientifique de la production et de la répartition des richesses ne saurait être entreprise sans l'étude préalable de leur nature et de leur valeur pour l'homme.

Cependant, notre examen de la valeur des biens n'a pas été possible sans allusions au processus de la production : salaire, capital et profit, intérêt, rente foncière, catégories économiques que nous avons déjà eues toutes sous les yeux.

Dans la suite du présent ouvrage, nous aurons à soumettre tour à tour chacune d'elles à une étude plus spéciale ; nous verrons plus intimement à l'œuvre les diverses puissances sociales sous l'influence ou avec la collaboration immédiate desquelles se fait la production, puissances qui se heurtent les unes aux autres pour la répartition des richesses sociales.

De toutes les théories qui dérivent de ma théorie générale de la valeur, c'est ma théorie du salaire que je présenterai en premier lieu. J'en ai trouvé les points de départ, et plus tard la confirmation, dans les matériaux statistiques considérables que j'ai recueillis, comparés et classés.

Cornélissen   1

J'avais cru pouvoir exposer en même temps, dans le même volume, ma théorie du profit, parce que, à plusieurs points de vue, elle fait corps avec ma théorie du salaire. J'en ai d'ailleurs également tracé les grandes lignes çà et là dans mon premier volume. Cependant, l'abondance des documents m'a fait, de préférence, séparer les deux théories dans l'intérêt du bon ordre et de l'exposition méthodique de chacune d'elles.

Ma théorie du salaire et du travail salarié, du reste, fait immédiatement suite à ma théorie générale de la valeur ; elle traite plus spécialement de la valeur et du prix de marché d'une certaine catégorie de marchandises : le *travail humain*.

Mon attitude critique à l'égard des différentes écoles d'économistes est ici la même que celle que j'avais prise à leur égard lors de ma discussion de la notion de valeur en général. A généralement parler, les représentants de ces écoles étaient d'une façon remarquable d'accord pour considérer le *travail* — ou la *force de travail* suivant l'expression de quelques-uns — comme une marchandise. C'est ce qu'il est en réalité ; il le restera tant que durera l'ordre actuel, capitaliste, de la société.

On sait que les économistes ont toujours catégoriquement mis au premier plan, soit la *valeur de production*, soit la *valeur d'usage* des marchandises ; ils ont eu tort de prendre trop exclusivement l'une ou l'autre de ces deux formes de valeur pour base de la *valeur d'échange* et du *prix de marché* ; et ils ont naturellement commis la même erreur à propos de cette marchandise spéciale qu'est le travail humain.

C'est ainsi qu'on trouve chez les différents économistes des deux camps une analyse très correcte et souvent même irréprochable de certaines catégories bien définies de salaire d'ouvrier ; à mesure que la valeur de production ou la valeur d'usage du travail s'imposaient plus puissamment dans certains cas, chacun des deux groupes rivaux a pu parvenir à formuler des conclusions exactes pour la *valeur de marché du travail* et le *prix du travail*, c'est-à-dire le *salaire*, — mais exactes seulement en ce qui concerne chaque cas considéré à part. Ces théories, tout unilatérales, ne permettaient qu'une synthèse partielle, et même celle-ci a été souvent défectueuse. Ce qui faisait défaut jusqu'ici, c'était une théorie du salaire généralement applicable à tous les cas particuliers. C'est cette œuvre de synthèse générale que j'ai entreprise à la fin du présent volume.

Dans le développement de ma théorie du salaire, j'ai appliqué avec le plus de rigueur possible la méthode scientifique dont j'ai défendu, dans la préface du premier volume, le bon droit et la nécessité en matière économique. Plus encore que dans l'exposition de ma théorie générale de la valeur, j'ai dû cette fois avancer pas à pas, me laissant guider par des faits immédiatement empruntés à la vie sociale réelle, puis induisant de cette vie la formule des lois du salaire. Et comme ces faits sont, à plusieurs égards, de nature fort différente, j'ai dû faire précéder mon étude de quelques observations sur les matériaux que j'avais à mettre en œuvre. Ces observations vaudront également pour le reste de l'ouvrage.

Je ne suis pas sorti, au cours de mes recherches, du domaine de la réalité, en me gardant de prendre exemple sur tous ces traités d'économie, investis parfois d'une autorité internationale, qui ne sont que trop des systèmes d'abstraction. J'ai, de plus, éprouvé aussi scrupuleusement que possible toutes les données de mon enquête de façon à écarter celles qui ne me semblaient pas mériter une confiance suffisante.

C'est pourquoi je tiens à faire ici l'éloge de certaines statistiques recueillies aux États-Unis par le *Department of Labor* de Washington, dont les fonctionnaires n'ont

accepté, par principe, que les faits relatifs au travail et au
salaire qu'ils avaient recueillis eux-mêmes et pu contrôler
sur les livres de paie des entrepreneurs. C'est un principe que nous retrouvons appliqué aussi dans certaines
statistiques françaises, anglaises, belges, mais qui est
encore loin d'être généralement suivi.

De plus en plus on se rend compte du fait que les documents statistiques ne peuvent servir à faire connaître les
rapports sociaux sous leur véritable aspect et ne se prêtent à une étude scientifique que s'ils méritent une entière confiance et que si leur degré d'inexactitude peut
être évalué avec une précision certaine. Cette considération n'est pas encore admise, cependant, avec assez
de force par les cercles officiels et officieux qui nous fournissent la majeure partie des données économiques (1).

Mes documents statistiques portant sur les degrés les plus
différents de rareté ou de surabondance de main-d'œuvre, des industries et des métiers de nature très variable
et sur des pays de civilisation diverse, le contrôle et la
coordination des faits demandaient beaucoup de soin et
une attention scrupuleuse. L'avenir élargira ou corrigera,
autant que nécessaire, ma théorie générale par des données
statistiques nouvelles. Plutôt que de rechercher un matériel très abondant, comme on le peut trouver partout facilement, mais composé de données d'une nature suspecte,
et de me laisser aller ainsi à poser des conclusions hasardées ou du moins prématurées, j'ai préféré ne m'adresser
qu'à des statistiques sûres, quelque rares qu'elles fussent
encore de nos jours et en même temps assez vastes
pour embrasser des observations en nombre suffisant et
fournir des cas typiques ; et je n'en ai tiré que les conclu-

1. La statistique officielle et officieuse russe offre un bon exemple de
ce que la statistique ne doit *pas* être. C'est pourquoi je n'ai que rarement osé m'en servir. Je l'ai fait avec toute la prudence possible et seulement lorsqu'il s'agissait de la confirmation de certains principes généraux dont j'avais pu déjà constater ailleurs la justesse.

sions que je me sentais absolument en droit de formuler. On n'a que trop souffert dans la science économique des conséquences de conclusions forcées.

Quant à la méthode, je dois formuler quelques observations concernant le concours que se doivent la statistique et la science économique et qui valent pour plusieurs parties de mon livre.

En matière de salaires surtout, les statisticiens et les économistes peuvent et doivent collaborer pour arriver à l'intelligence des phénomènes sociaux généraux. Les économistes doivent partir de l'étude directe des faits et ont souvent à examiner ces faits non pas pour un seul milieu social ou un seul pays, mais pour le plus grand nombre de pays possibles et pour les formes de civilisation les plus diverses, avant de pouvoir conclure à l'existence de concordances d'une nature quelque peu générale. Leur travail synthétique se base donc sur l'analyse faite par la statistique. Les statisticiens, de leur côté, doivent admettre que l'étude des seuls faits particuliers, quels que soient leur nombre et l'étendue des milieux sociaux considérés, ne saurait conduire à des résultats généraux satisfaisants; et parfois ils ne seront pas capables de trouver par leurs propres forces l'explication de certains faits, même les plus saillants. Comme dans les autres sciences, c'est la méthode comparative, appliquée le plus largement possible, qui fait estimer chaque phénomène à sa vraie valeur et qui seule permet d'arriver à reconnaître et à formuler les lois.

Je ne veux pas dire par là qu'il serait absolument impossible à la statistique de tirer dès l'abord et par ses propres forces certaines conclusions générales de ses recherches, conclusions concernant, par exemple, l'état du salarié et le taux de son salaire à une époque donnée et dans une industrie ou un milieu déterminés.

Par exemple : en juxtaposant, dans plusieurs industries,

le mouvement des gains hebdomadaires, mensuels, etc.
des ouvriers et le mouvement du taux des salaires, la
statistique pourra constater par la simple observation
exacte des faits, que, d'ordinaire, les gains ouvriers haussent et baissent beaucoup plus rapidement que les taux
de salaire, bien que la direction du mouvement soit la
même dans les deux cas. Le taux du salaire par heure,
par jour, etc., montre un degré remarquable de stabilité.
La statistique peut constater aussi, comme l'ont fait les
statisticiens anglais, qu'il existe certaines sphères de
production soumises à de fortes fluctuations — telles les
industries du charbon et des métaux — dans lesquelles
cette différence de mouvement est moins prononcée que
dans d'autres (1). De même la statistique peut constater
à elle seule que la stabilité du travail augmente avec l'importance des établissements. Et ainsi de suite.

Il est évident que de telles conclusions sont acceptées
par la science économique dans l'inventaire qu'elle emprunte à la statistique, et cela chaque fois qu'elles sont
tirées des faits constatés avec une exactitude suffisante.
L'Economie contrôlera ces conclusions par l'étude des
rapports sociaux dans d'autres pays et sous d'autres formes de civilisation ; puis, si la preuve a été en leur faveur,
elles passent, sous la forme qui leur avait été donnée,
dans l'inventaire de la science économique qui, peut-être,
s'en servira ensuite dans un but spécial ne regardant plus

1. « Un exemple de ce que les fluctuations des gains ouvriers sont
plus rapides que celles des taux de salaire est fourni par l'industrie cotonnière dans laquelle on n'a eu à constater aucune variation générale dans
l'étalon des salaires en 1897 pour la filature ni pour le tissage. Dans le
courant de cette même année, cependant, le travail a varié sensiblement
et la proportion de la main-d'œuvre féminine, à journées de travail
entières, a varié de 60 à 82 o/o, avec, naturellement, des résultats correspondants en ce qui concerne les gains hebdomadaires. » (BOARD OF
TRADE, LABOUR DEPARTMENT, *Fifth Annual Report on Changes in Rates
of Wages and Hours of Labour in the United Kingdom*, London, 1898,
p. XI.)

la statistique, pour la coordination des lois économiques.

Mais les conclusions partielles que la statistique peut formuler sont limitées en nombre. La vie sociale est trop complexe pour que l'observation exacte de ses aspects et la notation des faits suffisent à elles seules pour les expliquer. Avant de pouvoir constater dans une série de phénomènes économiques une uniformité quelconque et exprimer cette uniformité par une simple formule, il est nécessaire d'ordinaire de comparer les données recueillies pour une région, une industrie, voire même une époque déterminées aux données recueillies pour d'autres régions, d'autres industries, d'autres époques. Il faut de même examiner attentivement les influences sociales qui peuvent avoir agi sur les faits étudiés, pour en augmenter ou en diminuer l'importance.

C'est à cette même méthode de travail qu'adhèrent les meilleurs d'entre les statisticiens modernes.

Dans plusieurs cas, cependant, la connaissance générale possédée par la science économique ne réussira pas à donner une explication suffisante des phénomènes sociaux.

Nous aurons l'occasion de remarquer, à propos du mode d'établissement et du mouvement des salaires que la science économique n'a souvent qu'une compétence limitée : elle ne peut déterminer que dans les grandes lignes les facteurs économiques et sociaux agissant d'une manière complexe qui fixent en définitive le salaire ouvrier. En outre, la science peut spécifier et étudier à part chacun de ces facteurs. Mais pour le reste, on doit examiner chaque cas spécial pour déterminer non seulement quels facteurs généraux ont prédominé pour l'établissement d'un salaire donné, dans une région et à une époque quelconques, mais aussi pour savoir si peut-être certains facteurs accessoires, de caractère local et exceptionnel, sont intervenus et ont modifié d'une manière plus ou moins sensible l'effet final, la résultante générale.

Puis, toujours à propos de méthode, je tiens à dire quelques mots d'une certaine école d'économistes dont l'influence a été surtout sensible ces temps derniers.

Après la publication de ma *Théorie de la Valeur*, un critique m'a gracieusement attribué le mérite d'avoir été le premier à faire « avec la seule logique ordinaire » des découvertes déjà dévoilées « à l'aide des mathématiques ».

Je crois nécessaire d'examiner de près ici — plus que je ne l'ai fait dans mon premier volume — quels genres de services les mathématiques peuvent rendre à la science économique ; cela parce que, à mon avis, ces services sont souvent appréciés, de nos jours, bien au-dessus de leur valeur.

En réalité, chacun sait que les économistes-mathématiciens n'ont point donné jusqu'à ce jour une théorie synthétique de la valeur : ils se sont contentés, dans le meilleur cas, de faire la critique des théories existantes ; tout aussi incapables, d'ailleurs, se sont-ils montrés à formuler une théorie synthétique du salaire ou du profit.

Comment s'expliquer cette impuissance ? Lorsqu'on parle de l'application des mathématiques à la science économique, on oublie trop qu'elle présente trois inconvénients particuliers.

D'abord, les mathématiciens ne comptent qu'avec des quantités et les problèmes économiques qui seraient de purs problèmes de quantités ou qui se laisseraient réduire à de tels problèmes, occupent une place très modeste dans les sciences sociales. Il est des économistes de l'école mathématique qui hésitent à concevoir les *goûts* ou les *plaisirs des hommes*, ou encore l'*utilité des biens*, etc. comme des « quantités » ; il en est d'autres qui n'hésitent nullement à pénétrer glorieusement dans le domaine de la psychologie et de l'éthique, faisant ainsi bon marché des difficultés de tout ordre à la solution desquelles les spécialistes de ces deux sciences travaillent sans relâche (1). Tous les mathématiciens s'efforcent ainsi de mettre bon gré mal gré tous les problèmes sociaux en « équations » et, pour pouvoir le faire, ils arrivent à voir partout des « quantités », comme les demi-civilisés et les spiritistes voient partout des « esprits » et des « révélations d'esprits ».

D'autre part, les équations dont se servent les mathématiciens représentants de « l'Economie pure » ne leur permettent de chercher à résoudre que des problèmes statiques, et les formules de ces économistes, ayant pour but de définir certains états « d'équilibre économique », ne

1. Voici comment s'exprime l'un des représentants de « l'*Economie pure* », le professeur VILFREDO PARETO, de Lausanne : il reconnaît que le « moyen » employé jusqu'ici pour exprimer mathématiquement les effets des goûts — moyen consistant à considérer le plaisir « comme une quantité qui se peut mesurer » — cause des embarras réels : « ... nous ne pouvons pas donner la preuve que le *plaisir* est une quantité », avoue-t-il. (*L'Economie pure, Résumé du cours donné à l'Ecole des Hautes Etudes sociales de Paris* (1901-1902), p. 7.) Mais cela ne semble guère le gêner : en réalité l'estimation « ne souffre pas de grandes (!) difficultés (!) ». Et lorsque, plus loin, il examine de plus près la nature de la valeur, il dit : « La valeur n'a pas une cause, elle en a une infinité, ou, pour nous exprimer plus correctement, elle est en des rapports de mutuelle dépendance avec une infinité de quantités. » (*Ibid.*, p. 14.)

Cette même confusion d'idées se retrouve dans le *Cours d'économie politique* du même auteur : « Il est singulier (!) que beaucoup d'économistes, après avoir défini la *valeur d'usage* (ophélimité) ne se soient pas aperçus que c'était là une quantité, et n'aient pas tiré les conséquences qui découlent de cette observation. » « L'utilité d'une chose pour un certain homme ou pour une certaine race a aussi ses degrés ; elle est aussi une quantité. » (*Cours d'économie politique*, Lausanne, 1896-1897, t. I, §§ 19 et 20.)

Dans son dernier *Cours*, M. Pareto prétend par contre que « la valeur dépend d'une foule de circonstances, y compris le travail dépensé dans la production. » (*Les systèmes socialistes*, Paris, 1902, t. II, chap. XII, p. 291.) Donc le « travail » est devenu cette fois, comme le reste, une « circonstance ».

« *Quantité* » ou « *circonstance* », — pour M. Pareto c'est tout un !

nous disent rien sur le passage d'un de ces états à d'autres. Pourtant il s'agit là de problèmes qui sont de la plus haute importance.

Toutes les tentatives des mathématiciens pour ramener les problèmes économiques qui sont des problèmes de mouvement et d'évolution, c'est-à-dire des problèmes de dynamique, à des problèmes statiques, ont échoué jusqu'à présent. Et elles sont destinées à toujours échouer, quelles que soient les prétentions futures — et même actuelles — des protagonistes de cette école.

Enfin, les mathématiciens, lorsqu'ils veulent poser leurs problèmes, sont toujours obligés de supposer un état économique simplifié par l'abstraction, ainsi que certaines conditions qui d'ordinaire ne se réalisent pas, et quand elles se réalisent ne le font nullement dans la forme que seule admettent les mathématiques.

Sans doute, dans la méthode appelée par les mathématiciens « méthode de la langue vulgaire » ou « méthode de la logique ordinaire », on doit également recourir à l'abstraction ; mais il y a abstraction et abstraction. Leur méthode conduit trop souvent les mathématiciens à poser les problèmes économiques, dès l'abord, en dehors de la vie sociale réelle.

Tout ceci fait que les mathématiciens, avec leur méthode purement abstraite, se voient rapidement réduits à l'impuissance toutes les fois qu'ils tentent de résoudre ou même d'éclaircir un problème économique concret et dûment posé, — disons le problème suivant : *Quelle influence l'organisation des ouvriers et le mouvement ouvrier moderne peuvent-ils exercer sur les salaires ?*

On remarque alors qu'en matière de salaires aucune des conditions admises d'ordinaire par les mathématiciens ne se réalise : en général, il n'existe ni « concurrence libre » absolue, ni état net du « monopole » ; mais on rencontre toutes les nuances d'un terme à l'autre dans les diverses branches d'industrie, à différentes époques et dans les divers pays du monde.

Dans tout cas concret de ce genre, les mathématiciens comptent se débarrasser du problème entier en disant qu'il ne les concerne pas, qu'il appartient au domaine de « l'Economie appliquée », puisqu'il ressort également à d'autres sciences sociales. De parti pris, ils se refusent à voir tous les éléments de la question posée.

L'insuffisance de la méthode mathématique appliquée à une science sociale comme l'Economie explique pourquoi les recherches des mathématiciens demeurent encore si stériles dans ce domaine ; pourquoi la montagne de leurs formules, de leurs courbes et de leurs diagrammes a si souvent enfanté une souris ; pourquoi celui qui étudie l'Economie dans les publications des mathématiciens doit si fréquemment acquérir la conviction que les problèmes économiques s'embrouillent, plus facilement qu'ils ne s'y éclaircissent, entre les mains de ces savants.

La doctrine qui fait de nos jours, sous le nom d'Economie pure, le tour des universités est généralement de cette sorte que Karl Marx aimait à qualifier d'*Economie vulgaire,* et qui ne fait autre chose, en somme, que « mettre sous une forme didactique, plus ou moins doctrinale, les conceptions banales des agents de la production », sans tenter même de pénétrer jusqu'aux causes profondes des phénomènes.

Mais il faut être juste, et tenir compte aussi des avantages qu'offre la méthode mathématique appliquée à l'Economie.

Elle met plus facilement à même d'étudier à la fois différents problèmes économiques qui sont liés entre eux, et de rechercher simultanément l'action des différentes causes collaborant à la production d'un même phénomène. La méthode mathématique permet, dans certains cas, de poser le problème sous une forme à laquelle on ne saurait que difficilement substituer celle que donne la méthode de « la logique ordinaire », et de chercher la valeur non pas d'une seule inconnue, mais de plusieurs en même temps.

L'Economie non-mathématique, font remarquer les mathématiciens, est obligée dans ces mêmes cas de supposer implicitement que toutes les conditions (équations) du problème sont remplies à l'exception d'une seule, de sorte qu'il ne reste à déterminer qu'une seule inconnue par l'unique équation restante. C'est cet inconvénient de la méthode non-mathématique qui explique par exemple l'erreur de cette théorie économique connue, qui veut déterminer la valeur d'échange et le prix des marchandises par le seul coût de leur production, tandis qu'en réalité cette valeur dépend de plusieurs facteurs. Comme elle évite cet inconvénient, on a pu dire de l'école mathématique que, même au cas où elle n'aurait réussi qu'à mettre en pleine lumière l'interdépendance des phénomènes économiques, elle n'aurait pas existé en vain. Non seulement ceci est incontestable, mais il faut tenir compte encore des services importants que la mathématique a pu rendre à l'Economie en tant que science auxiliaire.

Il n'empêche cependant que, d'une manière générale, cette science qui ne porte que sur des abstractions n'a le plus souvent aucune prise sur les phénomènes de la vie sociale réelle. On reconnaîtra donc aux mathématiciens comme mérite principal d'avoir exercé, en matière de science économique, une critique utile ; mais on leur contestera celui de faire œuvre de construction synthétique. La sphère d'activité des mathématiciens se bornera toujours à quelques problèmes très spéciaux, à ceux notamment qui sont plutôt des problèmes de quantités. C'est ainsi que les représentants modernes de « l'Economie pure » choisissent de préférence la théorie de la monnaie comme terrain de leurs recherches — et pour cause.

Partout ailleurs, l'activité scientifique des mathématiciens ne pourra guère être que critique. Un exemple : en
ce qui concerne le problème de la valeur, les représentants
de « l'Economie pure » ont eu raison d'affirmer que, s'il
existe une condition (équation) établissant l'égalité du
coûtde la production et de la valeur d'échange ou du prix
des marchandises, ce n'est là qu'*une* des conditions,
parmi plusieurs, de ce qu'ils appellent « l'équilibre économique » ; cette critique de la vieille théorie qui base la
valeur sur le *coût de la production*, frappe juste ; ils ont
pu adresser à la « Théorie utilitaire » une critique analogue. Cependant, leur méthode ne leur a pas permis de formuler une théorie synthétique, complète de la valeur, car
ceci ne peut évidemment s'obtenir qu'au moyen de « la
logique ordinaire ».

Même succès relatif et même échec définitif pour la théorie du salaire, ou la théorie du profit.

L'erreur fondamentale des mathématiciens tient à la
conception qu'ils se font de la nature des problèmes économiques et sociaux, — conception fausse entre toutes ;
d'où l'inanité de leurs efforts pour, d'une part, établir,
sous le nom d'*Economie pure* une théorie économique
simplement déductive, reposant entièrement sur des
abstractions, de l'autre, pour classer à part sous une
rubrique spéciale, l'*Economie appliquée*, tous les phénomènes économiques concrets dans l'étude desquels les
autres sciences sociales viennent en aide à l'Economie.

C'est précisément à cause de la complexité de tous les
problèmes économiques et sociaux concrets, que ces théoriciens auraient dû tenir leur science en contact perma-
nent avec les sciences sœurs. Ils ont préféré tenter de
construire mathématiquement le squelette d'une science
« pure ». Ne tenant pas compte de tous les rapports réellement existants, ils dressaient ainsi une théorie nécessai-

rement aussi peu maniable et aussi raide que la vie est,
elle-même, souple et riche en mouvements.

Les mathématiciens ont découvert ceci : qu'il existe
un homme abstrait qui, placé sous des conditions préétablies et obéissant uniquement à la recherche de son bien-
être matériel immédiat, doit nécessairement agir de la
manière que trace d'avance la mathématique. Cependant
l'*homo œconomicus*, qu'ils ont construit ainsi, représente tout excepté justement l'homme réel, et qui vit
dans un milieu économique et social, lui aussi réel ; vu
de près, cet *homo œconomicus* ressemble trop à un *homo
mathematicus*. Au lieu de l'homme vivant en société et
conduit par le souci du bien-être matériel, les mathématiciens ont monté de toutes pièces un être fictif, actionné
par des ressorts, quelque chose comme un automate
économique.

Certains disciples de l'école mathématique sont allés
jusqu'à proposer de creuser un fossé entre la science synthétique de « l'Economie pure » et la science analytique
de « l'Economie appliquée » : il serait loisible aux deux
sciences de se développer indépendamment l'une de
l'autre (1).

La science économique ne se laisse pas couper en deux
de la sorte.

D'ailleurs, au cas où on admettrait cette séparation

---

1. Voir par exemple ALBERT AUPETT, *Essai sur la Théorie générale de
la Monnaie*, Paris, 1901 : «... L'analyse prend à droite, la synthèse à
gauche : certain jour, lointain encore, verra concourir leurs progrès
simultanément accomplis. Pour en hâter la venue, l'Economie politique
doit adopter délibérément une division analogue à celle de la Mécanique
ou de la Physique, séparer nettement les recherches analytiques ou
expérimentales des recherches synthétiques ou rationnelles... » « Laissons
donc se développer, sans entraves ni confusion, d'une part le travail scientifique de l'analyse, l'Economique expérimentale, d'autre part, l'œuvre
également nécessaire de la synthèse, «l'Economie pure » ou Economique
rationnelle et tâchons de jalonner la route propre de chacunes d'elles ».
(*sic !*) (*Introduction*, pages 23-24.)

entre deux sections d'une même science, l'Economie dite pure serait par là même écartée de toutes les autres sciences avec lesquelles elle forme un ensemble et dont les résultats convergent avec les siens (1).

Dans ce cas les rapports qu'on nous donne comme économiques ne le sont justement plus. Les représentants de « l'Economie pure » s'imaginent étudier les mêmes phénomènes économiques que nous désignons tous, généralement, sous les mêmes termes ; par exemple, le *salaire*, le *profit*, etc. En réalité, les problèmes qu'ils étudient sont tout autres. Ils dédaignent toutes les influences psychologiques, éthiques ou politiques, etc., dont l'action, on le reconnaîtra, n'est point si méprisable. Quant à la justesse des solutions, elle ne saurait guère être supérieure à celle qu'obtiendrait un ethnographe qui, désirant traiter le problème du mariage chez un peuple déterminé et dans une période donnée de la civilisation, se serait mis à étudier l'union du mâle et de la femelle chez les singes anthropoïdes, les kangourous ou les lapins, pour présenter ensuite ses conclusions sous le titre pompeux de « Théorie du Mariage pur ».

On a vu que les erreurs commises par les économistes mathématiciens tiennent à ce que la conception qu'ils se font des problèmes économiques et sociaux est radicalement fausse.

De ce que l'abstraction est un instrument nécessaire à toute science, il ne s'ensuit pas que chaque abstraction particulière soit utile ni justifiée scientifiquement : voyant l'usage prépondérant que font de l'abstraction les mathématiciens astronomes ou physiciens, certains économistes

---

1. C'est ce que WERNER SOMBART fait remarquer à bon droit : « Une exposition de motifs économiques faite sans que l'on prenne note du milieu social dans lequel ils agissent... c'est une absurdité, une construction logiquement fausse de l'esprit. » (*Der moderne Kapitalismus*, Leipzig, 1902, t. I, Préface XXVII-XXVIII.)

ont admis qu'ils pouvaient agir de même dans les sciences sociales et dans les mêmes proportions. De ce que l'on
admet des points matériels et des atomes bien qu'il n'en
existe pas dans la nature, les économistes-mathématiciens
ont pensé qu'on devait tout autant admettre leur *homo
œconomicus*, abstraction de l'homme réel agissant économiquement.

Cependant, ce qui vaut pour l'astronomie ou pour la
chimie, par exemple, ne vaut pas forcément pour l'Economie : la matière des sciences sociales est une matière
vivante, et quand bien même, dans de telles sciences, les
mathématiques pourraient, jusqu'à un certain point, sortir l'objet à étudier de son milieu, il leur serait bien difficile pourtant de le suivre dans toutes les phases de son
évolution.

Tout en reprochant à l'école mathématique d'abuser de
l'abstraction et de ne pas différencier à ce point de vue les
sciences sociales des sciences physiques, chimiques, etc.,
je n'irai pas jusqu'à prétendre qu'elle nie absolument les
différences entre les diverses sciences. L'un des plus récents
apôtres de « l'Economie pure » écrit : « La seule différence
est que les sciences qui, dans leurs recherches, ne sont pas
bornées à l'observation mais peuvent recourir à l'expérience, ont, par là même, la faculté d'isoler matériellement une certaine série de faits d'autres séries, et de
débrouiller ainsi l'entrecroisement des effets des lois.
C'est ce que peuvent faire la chimie et la physique, c'est ce
que ne peuvent pas faire l'astronomie, la météorologie,
l'économie politique, la géologie, etc. » (1).

Je ne discuterai pas l'exactitude de cette dernière
phrase : on sait que l'expérimentation s'applique dès
aujourd'hui dans des sciences que l'auteur croit encore
non-expérimentales. Par contre je tiens à faire remarquer

1. PARETO, *Les systèmes socialistes*, chap. IX, t. II, p. 76.

que la différence dans la nature de l'objet impose aux diverses sciences des méthodes différentes.

Dans ses analyses, l'économiste devra étudier, en même temps que le côté matériel et économique, le côté psychologique et éthique, juridique, ou même purement politique, etc., de son problème, pour autant que des motifs psychologiques, éthiques, juridiques ou politiques, etc. influent sur les phénomènes économiques pour les transformer. C'est précisément la complexité des facteurs sociaux et de leurs interactions dans presque tous les problèmes d'un caractère économique prédominant qui rend si difficiles pour l'économiste non seulement l'observation et l'analyse, mais aussi, et surtout, la synthèse.

Ces remarques, qui se rapportent spécialement à la science économique, valent aussi plus ou moins — comme je l'ai déjà fait remarquer en passant — pour toutes les sciences sociales. Les objections que j'ai faites, comme économiste, aux théories de « l'Economie pure », seraient formulées peut-être dans les mêmes termes par tous ceux qui étudient les croyances et les coutumes des peuples demi-civilisés au cas où l'on tenterait de leur imposer une science abstraite dénommée « Ethnographie pure ». En effet, on pourrait prétendre que dorénavant nous n'aurons plus à compter, dans l'étude de la vie de l'homme en société, de ses croyances et de ses coutumes, avec l'ensemble de toutes les influences géologiques, climatologiques, ethniques, psychologiques, historiques, etc., mais qu'il faudra, à l'aide des mathématiques et en supposant certaines conditions préétablies, résoudre tout problème spécial — disons le problème sexuel — sous une forme abstraite. On pourrait prétendre, comme les mathématiciens le font en Economie, qu'il suffit d'avoir pour tout cas spécial une série complète d'équations — autant d'équations que d'inconnues, ni plus, ni moins.

Cornélissen   2

Tout en critiquant ici les théories générales de « l'Économie pure » je ne voudrais nullement nier l'utilité, en Economie comme dans toute autre science sociale, d'une certaine division du travail entre celui qui formule la théorie et celui qui l'applique ; ni qu'en toute science l'application pratique doive rester, en principe, séparée de la théorie générale. De même qu'étudier scientifiquement l'anatomie ou la pathologie est autre chose que donner des consultations, — de même autre chose est étudier l'Economie et projeter des mesures politico-économiques en matière d'organisation ouvrière ou de protection des ouvriers et des industries nationales, etc.

Sans doute les opinions peuvent différer sur le point où cesse, pour l'économiste, la théorie générale et où commence son application pratique à la vie sociale ; c'est à chacun à déterminer, lui-même, ce point dans chaque cas particulier. D'ailleurs, on pardonne facilement au théoricien une incursion passagère dans le domaine de l'application pratique, tout comme on pardonne aisément à l'homme d'Etat ou à l'orateur politique de quitter parfois le terrain de l'application pratique pour celui de la théorie. Un mode d'action ne fait ici que compléter l'autre.

Mais il y a une nuance entre admettre la différence de l'Economie théorique et de son application directe, et admettre l'abstraction mathématique en matière économique. Or, l'Economie a eu assez de peine à se débarrasser des restes de la science déductive à la manière classique ; plus que jamais il faut donc se garder de laisser revivre, sous le nom d'*Economie pure*, une nouvelle théorie essentiellement déductive. Cette théorie pourrait paralyser, pour longtemps encore, la science actuelle qui part directement de l'observation et de l'examen de faits concrets soigneusement contrôlés. La prétendue science moderne dite « Economie mathématique » ne sépare pas seulement la théorie générale de son application pratique, mais fait en même temps perdre à la théorie le contact nécessaire avec la vie réelle, la chassant ainsi dans la région des brouillards.

PREMIÈRE PARTIE

Introduction. — Considérations générales.

CHAPITRE PREMIER

DÉLIMITATION DU SUJET. — CARACTÉRISATION DU TRAVAIL SALARIÉ COMME MARCHANDISE.

Dans ma *Théorie de la Valeur* (1), j'ai appelé *travail* : *l'énergie potentielle transformée par l'organisme humain en mouvement mécanique* ; mais, comme de juste, dans un ouvrage d'Economie, je n'y ai traité que des formes du travail humain qui servent à des fins de production. C'est dans ce même sens limité que je parlerai de travail dans le présent volume.

En donnant au mot travail le sens d'activité productrice de l'homme, nous excluons donc dès l'abord de notre étude toutes les formes d'activité humaine qui ne con-

1. p. 176.

sistent pas directement en un processus de production quelconque : toute activité dépensée au rituel, au jeu et au sport, à la danse, aux plaisirs, aux voyages, etc. Dans les recherches économiques de cet ouvrage n'entreront en ligne de compte que les activités humaines qui ont pour but immédiat de servir, d'une façon ou d'une autre, au bien-être matériel de l'homme.

En outre, l'activité productrice varie de nature suivant les formes de la société, et dans toutes, l'homme peut appliquer cette activité à modifier les matières premières et à les rendre propres à son usage. Il peut même avoir en vue de maintenir et d'augmenter son bien-être matériel, tout en vivant dans l'isolement après avoir rompu, en grande partie sinon complètement, les liens sociaux avec ses semblables. En faisant de l'activité productrice humaine dans toute son étendue l'objet de nos présentes études, nous aurions à traiter des aspects qu'elle présente dans les formes de société les plus diverses. Or, nous voulons précisément nous en tenir à notre plan d'étudier le travail humain tel qu'il s'accomplit dans les conditions de la société moderne, c'est-à-dire sous les rapports capitalistes de la production.

Sous ces rapports, le travail se présentera à nous comme *travail salarié* et l'homme qui l'exécute comme *ouvrier salarié*.

Je considère comme *travail salarié : tout travail dont le produit ne tombe pas en partage à la personne qui a exécuté le travail, mais est cédé par cette personne (l'exécuteur) à une autre personne (son patron) contre une compensation convenue (le salaire).*

Le travail, tel qu'il sera notre objet de recherches est caractérisé, dans la personne qui l'exécute et dans les conditions sous lesquelles il se fait, par une phase de développement historique très spéciale de la société.

La personne de l'*ouvrier salarié* se présente comme

séparée de la terre sur laquelle il travaille et des instruments dont il se sert, ou, du moins, de la portion prédominante des moyens de production.

D'autre part, ces moyens de production se dressent en face de l'ouvrier salarié comme des puissances indépendantes, soit, sous la forme de *capital*, dans les mains du *patron-entrepreneur* industriel, commercial ou agricole, soit, sous la forme de *propriété foncière*, dans les mains d'une personne qui reste étrangère à la production, le *propriétaire foncier*. Il est évident que la *propriété du capital* et la *propriété foncière* peuvent être réunies aussi dans une seule personne.

Dans le prochain volume de notre ouvrage, nous verrons que le patron-entrepreneur, en tant qu'il est le directeur technique de son entreprise, doit être considéré également comme travailleur ; cependant, il ne se présente jamais à nous en qualité d'ouvrier salarié. Le revenu de son travail, au lieu d'avoir le caractère d'un salaire, — c'est-à-dire d'une compensation qui lui serait accordée par un autre d'après un contrat expressément ou tacitement accepté des deux côtés, — constituera une partie de son bénéfice éventuel. Dans les sociétés par actions ayant des directeurs aux appointements fixes, on constate une séparation nette entre *le salaire dû pour travail salarié de direction* (honoraires) et le *bénéfice d'entrepreneur* (dividendes payés aux actionnaires de la société).

La distinction des salaires en *salaires*, dans le sens étroit du mot d'une part et de l'autre en *appointements* et *honoraires*, se rapporte à la nature du travail et à la durée du contrat par lequel est réglée sa compensation. On parle de préférence de *salaire*, lorsque le travail est surtout physique et, dans ce cas, la durée du contrat conclu entre le salariant et le salarié n'exerce pas une influence spéciale. Le mot d'*appointements*, au con-

traire, fait supposer une fonction régulière, réglée par
contrat, pour une période relativement longue (1) et de
plus se rapporte généralement au travail intellectuel ou,
plus spécialement, au travail de surveillance et de direction des affaires. Le nom d'*honoraires* enfin est d'ordinaire donné à des compensations pour des ouvrages
déterminés fournis par des travailleurs intellectuels, et
particulièrement pour des travaux de science, de littérature, etc.

Sauf dans le cas où on parle d'*honoraires* et où généralement on ne pense pas à des rapports de patron à subordonné, celui qui fournit du travail salarié peut être considéré comme étant, soit entièrement dans le service de la
personne par qui il est payé, et cela sans que les occupations qui lui seront désignées soient spécialisées ; ou bien
tenu à fournir seulement certains travaux spécialement
convenus. La plus grande partie des ouvriers (de l'industrie, du commerce, de l'agriculture), des domestiques
et des fonctionnaires se trouvent dans la première situation ; dans la dernière, au contraire, se trouvent de vastes
catégories de « journaliers » : couturières à la journée,
por/tefaix, débardeurs, aides dans différents métiers, etc.,
tous engagés pour un travail bien déterminé.

En ce qui concerne les ouvriers de la deuxième catégorie, il suit de notre définition du travail salarié que nous
ne considérons ces travailleurs comme ouvriers salariés
qu'à condition qu'ils soient séparés de leurs moyens de
production d'une manière suffisamment nette. Comme

1. On pourrait, à tort, déduire de cette remarque que l'emploi de
celui qui est considéré comme recevant un *salaire* est nécessairement
moins fixe que l'emploi de celui qui reçoit pour son travail des appointements, et que, en parlant de *salaire*, on entend parler surtout du travail
de « journalier ». Ce serait aller trop loin. Les statistiques prouvent
par exemple que certaines catégories d'ouvriers agricoles et en particulier ceux qui sont chargés du soin des animaux ont un emploi relativement très régulier et très fixe et qu'ils restent souvent dans le même
service pendant toute leur vie.

signe caractéristique nous observons alors d'ordinaire
(pas toujours, voir par exemple le cas de la couturière
engagée à la journée) que ces ouvriers ne travaillent pas
immédiatement pour les consommateurs.

C'est pourquoi nous classons les médecins, les professeurs particuliers, les accordeurs de piano, etc., ainsi que
toutes les diverses catégories d'artisans « indépendants » :
cordonniers, tailleurs, fumistes, blanchisseurs, etc., pour
autant qu'ils travaillent à leur propre compte, non pas
parmi les ouvriers salariés, mais parmi les entrepreneurs.

Je ne ferai pas une distinction trop rigoureuse, dans
le présent ouvrage, entre les travailleurs recevant des
salaires et ceux qui touchent des appointements ; comme
je n'observerai pas non plus une telle distinction entre les
fonctions régulières et les travaux spéciaux de salariés.
Dans les statistiques on trouve fréquemment ces différentes catégories de travail salarié les unes à côté des autres.
Pourtant, d'une manière générale, c'est le travail salarié
dans le sens étroit du mot qui sera l'objet des études présentes ; et les diverses catégories de travail intellectuel
au paiement duquel s'applique le nom d'*appointements*
n'entreront en ligne de compte que dans la mesure
où leur étude est nécessaire à l'établissement de notre
théorie.

Sous le coup de nos recherches ne tomberont pas,
toutes les formes de travail qui ont survécu ou peuvent
naître de nouveau sous des rapports communistes de propriété et de production (1).

---

1. C'est pourquoi nous laisserons d'ordinaire hors de notre plan les
pays du monde où la civilisation capitaliste moderne a pris pied dans
les grands centres, mais où pourtant, dans des vastes contrées et pour
des millions d'habitants, les communautés communistes précapitalistes ont
continué à exister jusqu'à nos jours ; on constate partout dans ces pays
l'action d'une forme de civilisation sur l'autre et on y rencontre néces-

De même sont exclues de nos recherches les diverses formes de travail indépendant des petits paysans et artisans isolés, tel qu'il a été, au Moyen Age, dans l'Europe occidentale et méridionale la forme prédominante de la production, et tel qu'il survit encore, dans les pays modernes, dans des branches spéciales de l'industrie et surtout de l'agriculture (en plusieurs endroits dans l'agriculture et

sairement plusieurs formes de transition, — naturellement avant tout l'industrie de l'artisan indépendant.

Je citerai comme exemple les Indes anglaises. Dans les centres de communication et de commerce, Bombay, Calcutta, Madras, Howrah, Delhi, Cawnpore, etc., la grande industrie capitaliste se trouve dans sa première éclosion, et nombre de fabriques de coton et de jute, de riz, de cuir, même de grands ateliers de construction de machines de toutes sortes y préparent l'indépendance économique des colonies vis-à-vis de la mère-patrie. D'autre part, dans des districts ruraux, très vastes, existe encore la communauté rurale primitive du système des castes.

Que l'on étudie, pour ce qui concerne ces communautés rurales indépendantes des Indes, pourvoyant presque complètement aux besoins de leurs membres, le Rapport du dernier recensement des Indes (1901). Nous empruntons aux données fournies par ce Rapport les particularités suivantes relatives à la province du Bengale :

« Plusieurs renseignements intéressants sur ce sujet sont donnés par le Dr Grersox dans son petit livre sur le district de Gaya, où les vieilles coutumes ont été mieux préservées que dans beaucoup d'autres régions de la province. La coutume y consiste, pour chaque artisan, à prendre sa quote-part admise de blé lorsque la moisson est terminée et portée sur l'aire. Le charpentier et le forgeron reçoivent chacun environ un *maund* de grains (la moitié en riz) par an et par charrue, et le *Chamâr* (travailleur en cuir) 12 *seers*. Le *Dom*, ou vannier, ne reçoit pas de rétribution régulière. Il est payé pour ce qu'il fait et ses seuls émoluments consistent dans son droit de venir prendre les restes de table de toutes les castes, excepté ceux des *Dhobâ* dont il méprise de toucher les restes. Le *Teli* (huilier) ne reçoit pas non plus de rémunération fixe, mais 4 *seers* d'olivète pour chaque *seer* d'huile qu'on lui commande de fournir. En outre de ces paies régulières de la part des villageois, l'artisan ou servant de village reçoit souvent pour son usage un petit coin de terre libre de loyer en échange duquel il pourvoit le *Zamindâr* de poteries, le rase, lui coupe les cheveux, à lui et à sa famille, etc., selon le cas. » (*Census of India*, 1901, volume I, part. I, *Report*, § 324, p. 198. Cf. aussi les §§ 323-324 dans leur entier pour la question de l'introduction de la monnaie dans les communautés rurales d'autres districts.)

l'industrie à domicile unies) comme une partie assez importante de la production sociale entière. Le « travail isolé » et l'« industrie familiale » sont déjà par leur nature même exclus de nos recherches lorsque *a*) leurs produits servent à la satisfaction directe des besoins du travailleur et de sa famille, ou *b*) que le revenu du travail y consiste dans le rendement du produit vendu et que ce rendement revient immédiatement à la famille sans l'intermédiaire d'un patron-entrepreneur. Dans un cas comme dans l'autre, on remarque ce trait caractéristique qu'il n'y a pas de paiement de salaire.

En Russie, dans ce qu'on appelle l'industrie des *Koustari*, le négociant apparaît généralement comme acheteur en gros des produits d'industries, fabriqués en famille par ces artisans agricoles que sont les *Koustari*; fréquemment il fournit aussi à ces artisans isolés les matières premières nécessaires dont ils sont aussi éloignés que des marchés de leurs produits.

Ce phénomène est très commun dans toutes les contrées rurales où l'industrie familiale est développée ; la dépendance dans laquelle vit le travailleur vis-à-vis du commerçant comme acheteur des produits prêts à la vente ou comme fournisseur des matières premières, — parfois comme l'un et l'autre, — se rencontre par exemple aussi bien chez les ouvriers de l'industrie des jouets de la Thuringe, ou de l'industrie de la broderie en Suisse, que parmi les artisans des « villages de chaisiers » de la Saxe ou des « villages de cordonniers » du Brabant hollandais.

Dans tous ces cas, cependant, l'artisan peut avoir conservé une sorte d'indépendance, fût-ce seulement en apparence. Les intermédiaires peuvent être considérés, si l'on veut, comme des parasites; mais ils ne remplacent pas intégralement le patron employeur direct d'ouvriers.

Là où l'artisan indépendant est déjà transformé de fait en ouvrier salarié, il tombe naturellement, ainsi que son travail, dans le cadre de nos recherches. Dans les métiers où cette transformation se produit, on voit le *salaire familial* exister normalement à la place du *salaire individuel*, et, d'ordinaire, les conditions ouvrières y sont des plus misérables.

Il est évident que le *métier de l'artisan indépendant et isolé* (qui échappe à notre étude) et l'*industrie à domicile* de l'ouvrier travaillant pour un entrepreneur quelconque (qui au contraire y rentre) sont souvent très difficiles à distinguer, dans la pratique, l'un de l'autre. Lors des recensements officiels, il y a toujours eu, sur ce point, prétexte à confusions continuelles contre lesquelles le contrôle le plus sévère s'est montré insuffisant.

L'*Office du Travail* belge, pour apporter de l'ordre lors du dépouillement des bulletins du recensement général des industries et des métiers de 1896, a pris la décision suivante :

« ... Il fallait délimiter le domaine du travail à domicile et celui du travail à façon : le doreur, le tourneur, le teinturier en tissus, etc., travaillent, en effet, à domicile pour le compte de fabricants, tout comme le tisserand, la dentellière, l'armurier : or, les premiers sont, en fait, des chefs d'entreprises indépendants, et les seconds, des ouvriers à domicile. Les critériums suivants ont été adoptés :

« *a*) Quiconque fait un produit fini pour le compte d'un fabricant dont la spécialité industrielle est la vente de ce produit, est ouvrier à domicile. Ainsi le cordonnier, le tisserand, la lingère, la couturière ;

« *b*) Quiconque fait subir à un produit un façonnage complémentaire, est ouvrier à domicile, si, par la nature technique de son travail ou sa situation économique, il ne peut normalement s'élever au rang de capitaliste indépendant. Ainsi, l'on rangera parmi les ouvriers à domicile les creuseurs de sabots, les piqueuses de bottines, les bleuisseurs d'armes, etc., tandis qu'on classera parmi les chefs d'entreprises indépendants, les doreurs sur métaux, les teinturiers sur étoffes, etc. »

Seulement l'*Office du Travail* s'empressait d'ajouter : « En fait, d'ailleurs, il faut bien le dire, les différences sont parfois peu tranchées et les critériums adoptés ne peuvent servir qu'à titre d'indications générales. » (1).

1. ROYAUME DE BELGIQUE, MINISTÈRE DE L'INDUSTRIE ET DU TRAVAIL, OFFICE DU TRAVAIL, *Recensement général des Industries et des Métiers* (31 octobre 1896), tome XVIII, *Exposé général des méthodes et des résultats*, Bruxelles, 1902, 1re partie, chap. II, pages 83-84.

Il aurait mieux valu que l'*Office du Travail* eût accepté comme critérium fondamental le principe économique de la séparation du travailleur de ses moyens de production. Sans doute, dans ce cas, on aurait dû adopter encore quelques marques de différenciation complémentaires ; et même cela aurait été indispensable dans le cas d'un recensement des industries et des métiers, puisque des facteurs juridico-politiques peuvent influer sur la question de savoir quelles personnes doivent être classées parmi les « chefs d'entreprises » et quelles parmi les « ouvriers. » Pourtant le principe économique que nous venons de formuler, fournit une base réelle pour discerner si une personne « peut normalement s'élever au rang de capitaliste indépendant », par ce qu'il indique la vraie base sur laquelle se fonde l'*indépendance* d'une entreprise.

Conf. aussi *loc. cit.*, chap. I, p. 16, où d'abord, la question a été posée de la façon suivante : « En premier lieu, le travailleur à domicile qui fait, par exemple, des chaussures pour le compte d'un fabricant ou d'un magasin, devait être considéré comme un ouvrier, vu qu'il ne vend pas ses produits au consommateur.

« En second lieu, les artisans qui vont travailler à la journée chez les particuliers, comme le font très fréquemment les couturières, li- gères, etc., devaient être rangés parmi les « chefs d'entreprises » et regardés comme personnes indépendantes. »

Voir de plus : *Résultats statistiques du recensement des industries et professions (Dénombrement général de la population du 29 mars 1896)* publiés par le *Ministère du Commerce, de l'Industrie, des Postes et des Télégraphes* en France. On y lit : « Malheureusement, on n'a pu séparer les travailleurs isolés indépendants, des travailleurs disséminés non indépendants occupés tantôt par l'un, tantôt par l'autre, à cause des fréquentes lacunes des bulletins de ces derniers individus. » (*Loc. cit.*, tome IV, *Résultats généraux*, Paris, 1901, p. CXXVII.)

On retrouve de pareilles plaintes partout. C'est ainsi que la statistique du recensement des métiers et des professions en Allemagne (dénombrement général de la population du 14 juin 1895) fait remarquer qu'on

En ce qui concerne l'artisan indépendant ou le petit paysan-propriétaire, nous n'aurons à nous en occuper qu'au cas où ils prennent eux-mêmes à leur service des ouvriers ; ils deviennent alors « patrons » et les ouvriers salariés qu'ils engagent entrent immédiatement dans le cadre de nos recherches au même titre que les ouvriers de la grande industrie. Pour nous, il n'existe pas de différence principielle entre ces deux catégories de salariés.

Dans notre troisième volume, nous aurons à revenir plus particulièrement sur l'organisation de la production pour distinguer, au point de vue technique, les diverses formes d'entreprise, depuis le travail isolé et l'industrie familiale jusqu'à l'entreprise de grande industrie moderne. Mais, pour le présent volume, les diverses formes d'entre prise ne nous regardent qu'autant que se rencontre sous chacune d'elles le travail salarié ; et l'organisation techique de la production, que dans la mesure où elle influe sur la nature du travail et sur les catégories de salaire des ouvriers.

doit supposer, dans plusieurs métiers, le nombre des ouvriers à domicile plus grand qu'il ne le semble d'après les déclarations des ouvriers à domicile eux-mêmes, parce que ceux-ci « voudraient souvent être considérés comme des maîtres artisans indépendants ». (*Statistik des Deutschen Reichs*, N. F. Bd 119, *Gewerbe und Handel im Deutschen Reich*, Berlin, 1899, sect. II, p. 34). Cf. ensuite sur le nombre des ouvriers à domicile surtout la section IX: Mais on n'y est pas arrivé à une distinction nette entre les ouvriers à domicile et les artisans indépendants. Quand cette Statistique ne mêle pas ensemble les travailleurs à domicile avec les « *entrepreneurs* », elle classe les travailleurs isolés parmi les « *ouvriers* », et les chefs d'entreprises à domicile avec personnel (qui sont partiellement des patrons intermédiaires) parmi les « *employés* ». (Voir loc. cit., sect. III, p. 61). Le critérium, proposé par cette Statistique allemande pour caractériser le travail à domicile, à savoir que l'entreprise soit « d'une façon prédominante » exercée « *dans la propre demeure pour une entreprise extérieure* » ou « *à domicile pour le compte d'autrui* », est sujet aux mêmes observations que nous avons fait valoir contre celui proposé en Belgique : une base économique de différenciation lui fait défaut. (Cf. sur ce point, pour la Statistique allemande, outre le volume 119, chap. IX, p. 192, encore le volume 111, pages 217 et 218.)

D'un point de vue technique, peut-être, on ne saurait trouver une différence entre, d'une part, l'entreprise du petit paysan cultivant son lopin de terre avec l'aide des membres de sa famille, ou l'artisan indépendant exerçant, avec le soutien de ses fils adultes, la charpenterie, la tisseranderie, la boulangerie, etc., et, d'autre part, le petit paysan ayant à son service un ou plusieurs ouvriers agricoles, ou le petit patron travaillant dans une branche de production quelconque avec un nombre limité d'ouvriers ou d'apprentis. Mais, du point de vue où nous nous plaçons dans la présente étude, cette différence existe ; elle est même fondamentale. Les aides dont se servent le petit industriel ou le petit paysan sont dans les deux cas des personnes différentes et cela aussi bien d'un point de vue économique que d'un point de vue juridico-politique.

Dans le cadre de la présente étude n'entrent pas les différentes formes d'association productive dites *coopératives de production*, ni ces associations d'artisans qui, dans l'Europe orientale (en Russie sous le nom d'*artels*) présentent les caractères à la fois des coopératives occidentales et de communautés communistes. Dans un cas comme dans l'autre, il s'agit d'associations non pas d'ouvriers salariés, mais de producteurs indépendants trouvant le revenu de leur activité productrice dans la vente des produits de leur travail en commun, et non pas dans le salaire payé par un entrepreneur quelconque. Dans les deux cas les travailleurs associés sont en possession des moyens de production nécessaires (1).

Les coopératives de production occidentales se vantent

1. Ceci ne concerne pas, naturellement, cette forme spéciale d'*artels* russes de date récente, où le chef d'artel figure comme une sorte d'entrepreneur intermédiaire venant louer aux fabricants un nombre convenu d'ouvriers pour un salaire fixe. Voir sur cette forme d'artel : G. von Schulze-Gævernitz, *Volkswirtschaftliche Studien aus Russland*, Leipzig, 1899, chap. II, § 7, pages 148 et suiv.

volontiers — comme la Société ouvrière d'entreprise générale de peinture « Le Travail » à Paris, ou la « Verrerie
ouvrière » à Albi — de leur caractère d'association ouvrière. Cela ne les empêche pas d'être toujours en
réalité, ou bien des associations de petits employeurs (de
petits patrons peintres ou charpentiers par exemple) ou
bien des associations d'ouvriers arrivés, par des circonstances particulières quelconques, à la possession d'un
capital suffisant pour fonder ensemble une entreprise capitaliste indépendante. Ici encore ce n'est qu'au cas où de
telles associations de production embauchent des
ouvriers contre salaire, se présentant ainsi comme des
salariants ordinaires, que leurs entreprises tombent
dans le domaine de nos études, et ceci bien entendu en
ce qui concerne le travail de leurs ouvriers salariés.

Se place également dans le cadre de nos recherches le
travail dans les *fabriques collectives*, forme de grande
industrie où les ouvriers, au lieu d'être rassemblés dans
un seul établissement central, une usine par exemple,
travaillent disséminés dans de petits ateliers.

Dans les fabriques collectives, les rapports de l'ouvrier
salarié au fabricant employeur avec, comme trait caractéristique, la séparation plus ou moins complète de l'ouvrier et de ses moyens de production, sont au fond les
mêmes que dans les ateliers centralisés de la grande industrie (1). Aussi les ouvriers travaillant dans ces fabriques

1. P. DU MAROUSSEM, qui, dans son ouvrage sur l'Alimentation à
Paris, classe ces fabriques collectives — à tort je pense — dans la
petite industrie, caractérise pourtant fort bien les rapports entre employeur et ouvrier salarié dans ces établissements par la définition suivante :

« On désigne sous ce nom la réunion d'un rouage commercial dirigé
par un négociant qui assure les débouchés, parfois fournit la matière
première, et d'une série d'ateliers en chambre, isolés et libres dans leur
travail, commandés par des ouvriers chefs de métier (ébénistes du faubourg Saint-Antoine, tissage dans le Cambrésis, vannerie dans la Thié-
rache, partie de la soierie à Lyon, industries du bois, des tailleries de

collectives doivent-ils être distingués en principe des artisans indépendants dont nous avons déjà parlé, même
dans les cas où la situation de ces derniers ressemble le
plus à celle des premiers, c'est-à-dire, lorsque ces artisans
louent dans des « *ateliers publics* » la force motrice dont
ils ont besoin pour se procurer ainsi certains avantages
de la production à la machine.

Enfin, pour marquer encore une dernière délimitation
de la présente étude, je ne considère pas comme y ren-
trant les catégories de travail qui ne sont du travail salarié qu'en apparence, mais sont en réalité des formes de
travail forcé subi par des hommes manquant complètement de liberté économique et politique et dont le salaire
n'est autre chose en somme qu'une obole jetée par le maître à ses esclaves économiques. Dans nos colonies modernes ce travail forcé — travail de coolies, etc. — est un
phénomène des plus répandus, comme on sait.

Il est vrai que souvent il est difficile de distinguer entre
le travail forcé direct et le prétendu travail libre. Dans les
pays modernes la détresse immédiate et les nécessités
vitales exercent fréquemment une influence analogue, précisément pour le travail le plus rude et le plus lourd, à
celle de la violence directe et brutale. Lorsque, cependant,
nous traiterons dans cet ouvrage des différents rapports
du travail salarié, nous nous limiterons, nous l'avons dit,
à les étudier dans la forme de production capitaliste qui
caractérise la société moderne. Nous nous bornerons donc,
en ce qui concerne les colonies, à examiner les cas où le
propriétaire d'esclaves primitif et le planteur moderne —
tous deux maîtres, d'une façon plus ou moins absolue, de
l'homme — ont cédé la place à l'employeur-capitaliste qui

pierres précieuses, de l'horlogerie dans la région du Jura, etc.) »
(MINISTÈRE DU COMMERCE, OFFICE DU TRAVAIL, *La petite industrie*, tome I,
L'alimentation à Paris, Paris, 1893, pages 8-9.)

Cornélissen   3

dispose seulement du travail de ses ouvriers sous les conditions qu'il a pu obtenir sur le marché.

Le travail, comme nous l'entendons ici, est une marchandise dans le sens moderne du mot. Puis, pour que
les conditions du travail des ouvriers tombent dans le
domaine de nos recherches, il est toujours nécessaire que
le « contrat libre » soit conservé, du moins en ce qui concerne sa forme, c'est-à-dire qu'il soit « libre », sinon au
sens économique, du moins au sens juridico-politique du
mot. De même que la corvée aux colonies, le travail
dans les prisons, par exemple, est également exclu de nos
recherches.

C'est avec la qualité de marchandise que le travail
humain se présentera donc au cours entier du présent
volume. Sous les rapports sociaux capitalistes, cette qualité provient directement de la situation dans laquelle l'ouvrier salarié se trouve vis-à-vis de l'employeur qui exploite
son travail. Pour celui-ci, le travail est un moyen de
production, les dépenses qu'il fait pour obtenir la main-
d'œuvre nécessaire comptent pour lui comme des *frais de
production*. Le fabricant moderne — nous l'avons fait
observer dans notre premier volume — considère à la
fois tous les frais qu'il peut avoir faits, soit pour matières
premières et secondaires, soit pour machinerie et outillage,
ou encore pour payer les salaires de ses ouvriers. Ce qui
l'intéresse quant aux proportions réciproques de ces frais,
c'est la connaissance qu'il a qu'aucun d'entre eux ne constitue une partie relativement trop grande dans le montant
total du coût de production.

Lorsque la demande des marchandises produites par lui
diminue, le capitaliste-employeur tend à diminuer également sa demande de main-d'œuvre ; lorsque, au contraire,
le marché demande plus de ses marchandises, il tend à
embaucher de nouveaux ouvriers. Si, dans son entreprise,
il peut économiser sur ses dépenses pour main-d'œuvre

par l'introduction d'une machine quelconque, coûtant
moins d'achat, d'installation et d'entretien que ne coûte
l'achat de la main-d'œuvre, son intérêt de capitaliste lui
conseillera de réaliser cette économie.

Il n'est donc nullement étonnant que la conception faisant du travail une marchandise soit entrée dans la science
économique dès le début, et que cette conception soit
exprimée même d'une façon absolument crue par l'Economie classique, laquelle s'est conduite, dans tous les pays,
comme le véritable représentant des intérêts matériels de
la bourgeoisie nouveau-née (1).

1. Voir la façon dont s'exprime Macleod : « Le travail, par suite,
étant simplement une marchandise, il y a pour lui un marché comme il
y a un marché pour toute autre chose. Il y a un marché de travail comme
il y a un marché de blé, ou un marché de viande, ou un marché de
volaille, ou un marché de légumes, ou un marché de poisson. » (H. D.
MACLEOD, *The Principles of Economical Philosophy*, vol. II, chap. XIII,
§ 6, 2ᵉ édit., p. 107.)

En remontant aux économistes de l'époque classique nous voyons déjà
Adam Smith, dans son livre sur la Richesse des Nations, compter comme
« *capital fixe* » entre autres choses « les talents utiles acquis par les habitants ou membres de la société ». « La dextérité perfectionnée, dans un
ouvrier, peut être considérée sous le même point de vue qu'une machine
ou un instrument d'industrie qui facilite et abrège le travail, et qui, bien
qu'il occasionne une certaine dépense, restitue cette dépense avec un profit. » (*Wealth of Nations*, livre II, chap. I, Edit. Mac Culloch, London,
p. 224 ; cf. trad. Garnier, 1881, t. I, p. 331.)

Ricardo range d'une manière beaucoup plus catégorique que Smith
l'homme travailleur parmi les instruments de production : « Quel
avantage, demande-t-il, résultera-t-il pour un pays de l'emploi d'une
grande quantité de travail productif, si, soit qu'il emploie cette quantité,
soit une quantité moindre, sa rente foncière nette et ses profits réunis
doivent rester les mêmes ?... il serait tout à fait indifférent pour une
personne qui sur un capital de 20,000 livres ferait 2,000 livres par an
de profits, que son capital employât cent hommes ou mille, et que ses
produits se vendissent 10,000 livres ou 20,000 livres, pourvu que, dans
tous les cas, ses profits ne baissassent point au-dessous de 2,000 livres.
L'intérêt réel d'une nation n'est-il pas le même ? Supposé que son revenu
réel net, que sa rente et ses profits soient les mêmes, il est sans importance si cette nation se compose de dix ou de douze millions d'individus. » (*Principles of Political Economy and Taxation*, chap. XXVI

Il en est tout autrement du côté des possesseurs de la force du travail, c'est-à-dire des travailleurs productifs. Certes, l'ouvrier salarié moderne sent admirablement que, sous les rapports capitalistes de la production, son travail s'échange comme une marchandise. Mais de là vient précisément son opposition à ce système. Et les classes ouvrières sont venues fournir la preuve, dans tous les pays, que le travail, bien qu'il soit marchandise sous l'ordre social moderne, diffère pourtant à un point de vue de toutes les autres marchandises : c'est qu'il est lié à un être vivant et pensant, — la personne même de l'ouvrier salarié. Cette personne se développe incessamment tant d'un point de vue intellectuel que moral : elle peut, aussi bien que son exploiteur capitaliste, envisager son propre intérêt matériel ; elle peut se révolter, sinon isolément et agissant pour lui seul, du moins d'accord avec les centaines et les milliers d'autres hommes qui sont des ouvriers salariés aussi. Le mouvement ouvrier moderne est venu donner la réponse complémentaire à la conception capitaliste de la production et de la vie sociale qui identifie les travailleurs, la « chair humaine », aux travailleurs en fer et en acier et les regarde comme constituant un ensemble de *matériaux productifs.*

Dans ma *Théorie de la Valeur,* j'ai critiqué spécialement cette hypothèse de l'école marxiste qui admet que l'ouvrier salarié vend à l'employeur capitaliste non pas son travail, mais sa force de travail (1). J'y ai fait remar-

Ed. Mac Culloch, 1888, pages 210-211 ; cf. trad. Constancio et Fonteyraud, 1882, pages 284-285.)

Ces conceptions du banquier Ricardo provoquèrent plusieurs protestations, par exemple, de la part d'Eugène Buret : « Pour M. Ricardo les hommes ne sont rien, les produits sont tout ». « Les nations ne sont plus que des ateliers de production ; — l'homme une machine à consommer et à produire, et la vie humaine un capital. » (*De la misère des classes laborieuses en Angleterre et en France,* Paris, 1840, t. I, *Introduction,* p. 6.)

1. Voir *Théorie de la Valeur,* page 200 et suivantes, où j'ai constat

quer déjà que, dans l'histoire des organisations ouvrières, on trouve la preuve du contraire : les ouvriers salariés modernes n'entendent pas vendre leur *force de travail*, leur corps et leur esprit, mais seulement une certaine. quantité de travail qu'ils tâchent même, étant donné un certain salaire, de diminuer le plus possible. Pour les détails, je renvoie au chapitre XXII du présent ouvrage.

La conception marxiste doit être considérée comme étant au fond une conception d'employeur. En dernière instance, naturellement, l'employeur exige, lui aussi, le travail réel convenu par son contrat et souvent il ne se demande pas si l'homme à son service sera normalement en état de le fournir sans ruiner sa santé. Nous avons déjà parlé de tels cas dans notre premier volume. Mais de plus, l'employeur, de son point de vue théorique et pratique de salariant capitaliste et considérant l'homme-ouvrier comme un pur instrument de production, peut et doit prétendre qu'il achète l'homme tout entier en achetant sa fonction, — le travail effectif, — de même qu'il achète, avec leur fonction, ses machines.

Ici se révèle, dans son principe, l'opposition des intérêts de classes, raison de cette lutte de classes qui est à la base

que le travail, quoi qu'en dise l'école marxiste, possède de la valeur ; et qu'il peut même posséder de la valeur dans chacune des trois formes : *valeur d'usage, valeur de production* et *valeur d'échange.*

On a fait observer encore à bon droit contre l'hypothèse marxiste : Si cette hypothèse était juste, c'est-à-dire, si on devait considérer comme possédant de la valeur non pas le travail, mais la force de travail, l'homme pourrait collaborer à la création de valeur, non seulement dans le processus de production des richesses, mais aussi dans leur consommation. En mangeant, en buvant, en dormant, il créerait de la valeur nouvelle en même temps qu'il renouvelle ses forces vitales. Et pourtant nous savons que la production des richesses exige expressément que la force vitale ne soit pas gaspillée, mais qu'elle se transforme en travail *effectif*. Pour la production, ce n'est que le travail réel qui compte. On peut tourner le problème comme on voudra, c'est le travail réel qui reste toujours, en dernière analyse, la marchandise demandée par l'employeur, et qu'il paie.

de tous les phénomènes relatifs au salaire et au travail salarié.

Dans la pratique, cette opposition se manifestera incessamment en ceci : que le patron-employeur tendra à tirer, dans une journée de travail de x heures, autant qu'il pourra de son ouvrier, tout en le payant le moins possible, en tant que capitaliste poussé lui-même par la concurrence. L'ouvrier, de son côté, tout en tâchant de diminuer la durée de sa journée de travail, tendra à fournir dans les x heures aussi peu de travail qu'il pourra sans risquer d'être remplacé et contre le plus haut salaire possible. Pour sa conduite l'ouvrier salarié, lui aussi, se place au point de vue de son propre intérêt qui lui dit d'économiser, selon les circonstances, sa force de travail, sa vie et sa santé, en augmentant tout de même, si possible, le niveau de ses jouissances matérielles.

Les remarques précédentes ont pour but de caractériser, dans ses traits fondamentaux et d'un point de vue purement économique, la nature du travail salarié et la situation de l'ouvrier. En relevant le fait que l'ouvrier salarié est séparé de ses moyens de production, — ou du moins de la partie principale de ces moyens, selon son métier spécial, — et que ces mêmes moyens de production se trouvent dans les mains d'autres personnes que les producteurs immédiats, nous avons indiqué les bases économiques sur lesquelles se fondent, en dernier ressort, le salariat et le patronat.

Dans le détail, cependant, de nombreuses distinctions s'imposent, dont nous nous occuperons au fur et à mesure des besoins. Les diverses catégories de moyens de production, différenciées d'une part en terre et en matières premières et secondaires, de l'autre en moyens de travail (bâtiments, machinerie, outillage, etc.), se répartissent très inégalement suivant les industries, de sorte que le rôle joué par chacune de ces catégories change avec la nature de chaque métier. Il y a des cas où l'ouvrier possède bien ses propres moyens de travail, mais reçoit du patron — parfois aussi du consommateur — les matières premières qu'il travaille ; dans d'autres, l'ouvrier est possesseur d'une partie de ses moyens de travail, mais pas de tous ; et ainsi de suite. L'ouvrier peut vivre ou non au foyer de son patron ; la « vie au foyer » se pratique encore très souvent dans l'agriculture, ainsi que dans la petite industrie et même dans les grands centres : bouchers, pâtissiers, cuisiniers, etc. Le métier professé par l'ouvrier salarié peut être régi ou non par des règlements sévères relatifs à l'apprentissage, et il se peut même que le métier soit plus ou moins un métier fermé, accessible seulement aux fils des ouvriers qui l'exercent. L'ouvrier peut avoir choisi librement ou non son métier, abstraction faite encore des cas de travail forcé mentionnés plus haut ; aussi peut-il être libre ou non de quitter son patron, voire son métier. Il peut enfin avoir ou non intérêt au bon succès de l'entreprise dans laquelle il travaille.

Voilà quelques questions étroitement liées à la situation sociale et politique générale des populations ouvrières. Certaines d'entre elles seront examinées dans divers chapitres du présent volume, lorsque nous traiterons des différentes formes de salaire, de l'influence de la législation, des pensions de retraite des ouvriers, de leur participation aux bénéfices des entreprises, du système des amendes, etc. Mais elles ne le seront que pour autant qu'elles intéressent directement les conditions économiques des ouvriers.

CHAPITRE II

CONTRAT DE TRAVAIL ET DE SALAIRE.
SES DIFFÉRENTES FORMES

Le travail, comme marchandise, trouve sur le marché son prix dans le salaire. Tandis que pour l'ouvrier salarié l'acceptation de salaire se présente comme un échange de sa marchandise-travail contre d'autres marchandises dont il a besoin pour vivre, le paiement de salaire prend pour l'employeur-salariant, exploiteur de travail, la forme d'une dépense de capital qu'il désire faire fructifier et qu'il a tiré de son état de capital potentiel pour le jeter, par l'échange contre du travail, dans un processus de production quelconque.

Pour notre étude des conditions de travail et de salaire nous ne ferons usage, généralement, que de *salaires réellement payés* ou de *tarifs de travail et de salaires effectivement en vigueur*, reconnus par les deux parties, employeurs et ouvriers, et exprimant ainsi des rapports économiques vraiment existants. Dans un prochain chapitre, traitant des différentes théories sur le salaire, et avant d'analyser les diverses catégories de salaires et tous les facteurs qui peuvent influer sur elles, nous aurons l'occasion d'exposer un fait important et trop peu reconnu encore :

c'est qu'un « juste salaire » ou un « salaire naturel » quelconque est, non seulement une impossibilité théorique, mais en outre une invention *in abstracto* qui ne saurait nous faire avancer d'un pas dans l'étude de l'état effectif des salaires et de leur mouvement réel.

Lorsque nous emploierons parfois des expressions telles que *durée normale du travail* et *salaire moyen*, ce sera toujours dans le sens concret que leur donne la statistique moderne.

La durée normale du travail est donc, d'après notre conception, la durée réellement en vigueur et celle qui est la plus habituelle pour tout le personnel d'une entreprise ou bien pour la plus grande partie de ce personnel. Il sera parfois intéressant de connaître cette durée normale, comme l'a fait remarquer une statistique, « parce qu'elle se rapporte au régime le plus habituel, ou en tout cas à celui que le patron considère comme régulier, en principe, dans son industrie » (1).

De même la notion du salaire moyen s'applique dans notre étude à des faits concrets et réels ; elle n'a de sens pour nous qu'au cas où ce salaire peut être considéré comme une sorte d'unité par tête calculée d'après le salaire total bien défini et payé à un nombre déterminé d'ouvriers (2). Même dans ce cas, cependant, nous ne nous servirons de pareilles moyennes de salaires qu'avec la plus grande prudence, — sachant que ces moyennes, tout en étant déduites de faits concrets, c'est-à-dire de salaires

---

1. *Salaires et durée du travail dans l'industrie française*, t. I, p. 447.

2. « Cette moyenne des salaires... constitue une sorte d'unité de mesure du salaire total distribué au groupe d'ouvriers considéré : c'est en cela, seulement, qu'elle a un sens précis. Toutes les fois qu'une moyenne ne remplit pas cette condition de pouvoir être considérée comme l'unité de mesure d'une grandeur réelle et déterminée, elle n'a aucune signification.

« Son utilité est d'éliminer la considération du nombre d'ouvriers observés ». (*Ibid. Introduction*, note à la page 2.)

effectivement payés, présentent pourtant déjà le caractère
d'une notion abstraite. Dans la pratique, plus ces moyennes sont calculées d'après un nombre très élevé de catégories très différentes d'ouvriers, plus elles effacent précisément, par suite de leur généralité, les différences caractéristiques existant entre les individus et à l'intérieur des
catégories d'individus ; et par suite elles ne peuvent « en
aucune manière éclairer la question de la distribution des
revenus du travail dans la classe ouvrière » (1).

Parmi les faits concrets et réels nous comprenons aussi
les *échelles* ou *tarifs de salaires* sous la forme qu'ils prennent fréquemment dans les industries anglaises ou qu'ils
présentent dans les *Bordereaux de salaires pour diverses
catégories d'ouvriers* publiés en France par le Ministère
du Commerce (2). De tels tarifs de salaires ne donnent
pas, il est vrai, « des moyennes arithmétiquement et
exactement calculées », mais ils sont des « tarifs habituels » (3) qui, partout où leur établissement ne dérive
pas immédiatement de la nature du métier et des habitudes de vie d'une population, sont très souvent (comme
en Angleterre dans nombre d'industries) la résultante
de calculs minutieux et de longs pourparlers entre
patrons et ouvriers. Exprimant des rapports de travail et de salaire réellement existants et bien constatés,
ils sont assurément intéressants pour notre étude : ils
représentent « dans la localité et pour la catégorie d'ouvriers considérée, le taux du salaire en usage pour le

1. Office du Travail en Belgique, *Statistique des salaires dans les mines
de houille*, § 1, Remarques préliminaires, p. 9.

2. Ministère du Commerce, Office du Travail, *Bordereaux de
salaires pour diverses catégories d'ouvriers en 1900 et 1901*, Paris, Impr.
Nationale, 1902.

3. Ceci n'est vrai qu'en théorie. En fait, les entrepreneurs rognent
continuellement les tarifs légaux et même l'une des revendications d'ordre général des ouvriers consiste à réclamer *l'application intégrale* de ces
tarifs.

plus grand nombre des ouvriers de cette catégorie » (1).

Dans notre étude des prix atteints par le travail humain, nous ne saurions faire une différence fondamentale en ce qui concerne la nature des marchandises servant au paiement de ces prix. Les deux formes du salaire, *salaire en monnaie* et *salaire en nature*, qui tombent toutes deux dans le cercle de nos recherches, ne diffèrent pour nous qu'en ceci que les marchandises prennent la forme soit de *marchandise monétaire*, soit d'*article de consommation*.

Le paiement du salaire en monnaie est sans doute la forme de dédommagement prédominante, sinon exclusive, pour le travail salarié moderne. Le paiement en nature, au contraire, est le trait caractéristique d'un régime plus primitif et une survivance de la production précapitaliste où l'on produit en famille la plus grande partie des articles de première nécessité. Dans l'industrie artisane, l'état social du salarié se distingue surtout en ceci qu'il partage d'une manière régulière la vie familiale du salariant : logis, nourriture, habillement, forment, pendant

---

1. *Bordereaux de salaires*, etc., p. IV. Cf. aussi la méthode appliquée par le *Ministère du Travail* en Angleterre dans ses rapports sur les *taux étalons de salaires aux pièces et échelles mobiles :* « Comme un tarif signé par les deux parties intéressées au contrat de salaire présente plus de garantie que n'en pourrait présenter une échelle de salaire dressée sur l'initiative de l'une des parties seulement et publiée sous sa responsabilité, le plan adopté pour la sélection des matériaux à insérer dans le présent volume a été celui-ci : donner la préférence à des tarifs signés par les représentants à la fois des employeurs et des employés. En même temps, cependant, un tarif qui ne porte que la signature de l'une des parties peut, en réalité, bien que non formellement approuvé par l'autre, être accepté commme base du paiement des salaires par les employeurs et les ouvriers à la fois. Dans ce cas, comme ces tarifs représentent des conditions industrielles acceptées par le consentement tacite, sinon par l'adhésion expresse des deux parties, on ne saurait pas les exclure entièrement du présent Rapport... » (BOARD OF TRADE, LABOUR DEPARTMENT, *Report on Standard Piece Rates of Wages and Sliding Scales in the United Kingdom* (1900), pages XV-XVI.)

de longs siècles, la partie principale du salaire, aussi bien
pour l'ouvrier que pour l'apprenti et cela dans toutes les
branches de la production. Jusqu'au xv⁰ siècle et plus
tard même, le salaire en nature se maintient avec ténacité
dans tous les pays d'Europe, parfois comme forme unique du salaire, parfois à côté du salaire en argent qui
vient se substituer à lui, peu à peu et dans une branche
après l'autre. C'est dans les grands biens domaniaux de
la noblesse et du clergé que le salaire en nature survit le
plus longtemps dans les métiers les plus divers, industriels aussi.

De nos jours, c'est dans l'agriculture qu'il a conservé sa
plus grande importance. Dans plusieurs contrées, même
des pays les plus modernes, les garçons et filles de ferme
sont logés chez leurs employeurs et reçoivent encore la
majeure partie de leurs salaires en articles de consommation. Ailleurs, les ouvriers agricoles demeurant en dehors
des fermes où ils travaillent, reçoivent encore des rétribu-
tions en nature qui constituent partout une fraction plus
ou moins importante du salaire entier : habitation gratuite, parfois avec jardin, pommes de terre gratuites,
fourrage gratuit ou bien libre usage de certains prés,
de la paille pour les porcs, une quantité déterminée de
lait par jour, etc. Dans certains districts miniers comme
les comtés de l'Angleterre septentrionale (particulièrement le Northumberland et le Durham) les ouvriers
agricoles ordinaires reçoivent souvent à côté des articles
énumérés ci-dessus le charbon gratuit (1) ; dans les con-

---

1. Pour démontrer la place importante que le salaire en nature occupe
encore dans maintes contrées agricoles, même de pays où le capitalisme
est très développé, je citerai le rapport de M. Wilson Fox sur les *Salaires
et gains des ouvriers agricoles dans le Royaume-Uni* : « Dans certains
comtés septentrionaux (d'Angleterre) et notamment dans le Northumberland et le Durham, on donne beaucoup de subventions en nature. Dans
ces comtés, les ouvriers reçoivent gratuitement des habitations et des
pommes de terre, les charbons sont gratuitement charriés et dans certains

trées boisées ils ont fréquemment le bois de chauffage, comme dans les terrains tourbeux de la Hollande la tourbe gratuite, dans les pays de vignobles, enfin souvent une quantité déterminée de vin ; et ainsi de suite. Dans plusieurs cas il arrive encore que l'ouvrier agricole n'est pas complètement déchargé du loyer, mais que, contre un loyer modique, le paysan met à sa disposition une petite maison, terrain pour pommes de terre, etc., afin de lier l'ouvrier à sa place moyennant un avantage matériel direct.

cas — particulièrement dans le voisinage des mines — ils sont donnés gratuitement. Parfois il y a encore d'autres subventions comme de la paille pour les porcs. Les paysans en Northumberland élèvent parfois pour l'ouvrier   o vache à raison d'environ 3 shillings par semaine et cela pendant toute l'année, s'il le désire. En hiver le paysan accepte de donner pour l'animal environ deux charges de foin ou cinq quintaux de gâteaux de graine de lin. Lorsqu'un ouvrier n'est pas à même d'acheter une vache, le paysan propose parfois de lui en « procurer » une (« put one on »), c'est-à-dire qu'il lui en achète une, mais cette coutume, dit-on, disparaît... Le Rapport dit encore, relativement à une catégorie spéciale d'ouvriers agricoles anglais : « Des subventions en nature sont fréquemment allouées aux bergers et aux hommes chargés du soin des chevaux et du bétail. Dans la plupart des districts il est d'usage pour les hommes mariés d'avoir la jouissance gratuite de leurs habitations et jardins : on leur fournit souvent le terrain pour pommes de terre et parfois on le leur fume et laboure, ou bien, on leur prête des chevaux et ils font alors eux-mêmes ce travail. Parfois encore on leur donne le fumier. Parmi les autres subventions qui sont parfois allouées à ces ouvriers, on compte de la paille pour les porcs, du charbon, du lait, des légumes, des aliments, avec de la bière et du cidre... Dans les districts septentrionaux de Northumberland, il est encore d'usage de payer beaucoup de bergers entièrement en nature et de ne jamais les payer en monnaie. En plus de leur habitation et jardin gratuits et du transport du charbon, on leur permet de garder un certain nombre de leurs propres brebis avec celles de leur employeur, — système qui les porte à faire la plus grande attention aux troupeaux confiés à leur garde. Parfois on élève pour eux une vache. Les bergers, qui sont payés de cette façon, affirment généralement qu'ils préfèrent ce mode de rémunération. » (BOARD OF TRADE, LABOUR DEPARTMENT, *Report by* MR WILSON FOX *on the Wages and Earnings of Agricultural Labourers in the United Kingdom*, London, 1900, pages 21 et 22. Cf. également : *Second Report by* MR WILSON FOX, London, 1905, pages 22 et 23.)

Même dans les centres d'industrie et de communication, il y a toujours des métiers où les subventions en nature ont survécu sous certaines formes comme complément aux salaires en argent. L'ouvrier boulanger à Paris emporte encore chaque jour — en souvenir de l'époque où le « garçon boulanger » était logé, nourri, blanchi dans la maison du maître — ses deux livres de pain de l'atelier où il travaille. On pourrait prétendre que cette subvention spéciale, au-dessus du salaire, ne revient en somme qu'à une augmentation forcée de clientèle pour le patron. On peut immédiatement remplacer ici le kilo de pain par son prix en argent et on n'a pas à faire la moindre distinction entre ce paiement habituel en pain et les quatre sous pour le vin que reçoit chaque jour ce même ouvrier boulanger, mais qui lui sont versés en argent (1). Pourtant dans plusieurs autres métiers, particulièrement dans les industries de l'alimentation, l'ouvrier vit encore au foyer du patron. Chez les pâtissiers, les confiseurs, les bouchers de détail et les charcutiers, chez les laitiers-nourrisseurs, cette « vie au foyer » est encore aussi fréquente pour les hommes qu'elle l'est pour les femmes dans tant de petits magasins de Paris. D'autres catégories d'employés, n'étant pas logés au domicile de leur patron, reçoivent pourtant entièrement ou en partie leur nourriture. Tel le personnel des cafés et des restaurants et celui de plusieurs grands bazars et magasins, etc. Dans les charcuteries de détail à Paris, les ouvriers reçoivent fréquemment les profits provenant de la vente de la « boullée » (écume de graisse) et des os. Remarque

1. Voir sur ces vieux usages dans la boulangerie parisienne, l'ouvrage de l'OFFICE DU TRAVAIL : *La petite industrie (salaires et durée du travail)*, t. I, *L'alimentation à Paris*, pages 19 et 49. Ces usages se sont si bien maintenus dans les milieux boulangers que les Conseils de Prud'hommes les reconnaissent encore de nos jours comme une revendication ouvrière légitime.

analogue pour les manœuvres et apprentis dans les pâtisseries, cuisines et restaurants parisiens ; la vente des
graisses et *bijoux* (détritus) peut s'élever dans les grands
ateliers jusqu'à 80 et 100 francs pour certains mois d'hiver : les engraisseurs de porcs dans la banlieue font des
eaux grasses qu'ils viennent enlever en ville un élément
principal de nourriture pour leurs bestiaux (1).

Il va de soi que le paiement des salaires en nature
comme la vie au foyer du patron se maintiennent avec plus
de ténacité encore dans les petites villes de province (2).

En traitant du salaire en argent, nous aurons à distinguer ensuite entre le *salaire au temps* (*salaire compté à
l'heure, à la journée, à la semaine, au mois*) et le *salaire
calculé d'après la quantité de travail fourni* (*salaire à la
tâche, salaire aux pièces*, etc.).

Sous le mode de calcul du salaire au temps, l'employeur
paie le travail exécuté par le salarié dans un laps donné
de temps, calculé à l'heure, au jour, ou à la semaine, etc. ;
le contrat de salaire, dans ce cas, ne fixe pas expressément la quantité du travail à fournir pour la durée-unité.
Sous le mode de calcul du salaire d'après la quantité de
travail fourni, l'employeur, au contraire, rémunère l'exécution d'une tâche convenue, tandis que la durée du temps
dont l'ouvrier aura besoin pour cette exécution reste à
l'arrière-plan. Dans le premier cas c'est donc la durée du
travail qui sert de base au calcul du salaire, dans le second
c'est le travail lui-même. Nous reviendrons dans un chapitre ultérieur sur les rapports existant toujours, dans la
pratique, entre les salaires au temps et les salaires aux
pièces.

1. Cf. encore la même monographie sur l'Alimentation à Paris aux
pages 113 (pâtissiers), 144-145 et 148 (cuisiniers), 275 (charcutiers),
290 garçons-laitiers), etc.
2. Voir sur ce point pour la Belgique : *Recensement général des Industries et des Métiers* (31 octobre 1896), tome XVIII, Bruxelles, 1902,
pages 273 et 337-343 ; pour la France : *Salaires et durée du travail dans
l'industrie française*, tome IV, 1ʳᵉ partie, 4ᵉ section, IX, p. 204 ; etc.

Sous le mode de calcul du salaire d'après la quantité de travail fourni, il peut arriver que l'ouvrier soit payé pour un travail de quelque importance dans son ensemble. C'est ce qui se fait par exemple en agriculture dans certaines régions de la Russie, où l'ouvrier est loué pour exécuter tous les travaux exigés par la culture et la récolte d'un hectare de terre ensemencé de céréales. Mais le même mode de calcul du salaire se rencontre aussi partout ailleurs dans plusieurs branches d'industrie : dans la menuiserie, la tapisserie, dans certaines parties de la métallurgie, dans l'industrie de l'habillement, — partout où l'on travaille « à l'entreprise » ou « à la tâche».

Il se peut aussi que l'ouvrier soit payé d'après un tarif fixe réglant selon les particularités spéciales de l'article produit le prix par kilogramme, ou par tonne, par douzaine, par centaine ou millier de pièces, ou à la paire, etc. C'est ce mode de paiement qui prédomine souvent dans les industries textiles, dans les industries minières, les verreries, les fabriques de cigares, etc.

Le cercle des ouvriers pour lesquels de tels tarifs sont en vigueur est plus ou moins étendu selon la nature des industries et selon les pays. Par exemple en Belgique et en France, chaque filature ou tissage possède encore son propre tarif et, en automne 1903, pendant les grèves dans l'industrie textile du Nord de la France, le défaut de tarifs uniformes fut la grande pierre d'achoppement pour une entente entre les employeurs et les ouvriers, et le retranchement derrière lequel les patrons s'abritèrent au nom de la « concurrence ». En Angleterre, au contraire, il y a plusieurs années déjà que, dans les industries textiles, les *tarifs d'atelier* (*shop lists*) ont cédé la place aux *tarifs locaux* (*local lists*) et ces derniers aux *tarifs uniformes* (*uniform lists*). De même dans l'industrie de la chaussure, les tarifs spéciaux d'atelier (*shop statements*) ont été remplacés par des tarifs uniformes réglant les prix du travail aux pièces dans de vastes districts (1).

Sous le mode de calcul du salaire au temps, le paiement se fera d'ordinaire à chaque ouvrier en particulier. Sous le mode de calcul du salaire selon la quantité de travail fourni, il faut distinguer au contraire entre *le salaire individuel* et *le salaire collectif* ou *le salaire en commun*.

Sous le système du *salaire individuel*, — salaire aux pièces ou *à l'entreprise*, — l'ouvrier est payé selon la quantité de travail fourni par lui personnellement. Exemple : dans les mines de houille belges, un chargeur payé d'après le nombre de wagonnets de charbon qu'il charge, ou un « bouveleur » d'après le nombre des mètres d'avancement qu'il fait en creusant une galerie.

Sous le système du salaire *à l'entreprise* ou encore *à la tâche en commun*, un certain nombre d'ouvriers travaillant en groupe sont payés d'après la quantité qu'ils produisent ensemble. Exemple : dans les mines de houille belges, un groupe de cinq ouvriers à veine travaillant ensemble dans une taille et payés au mètre de charbon abattu (2).

Sous le système du travail à l'entreprise ou à la tâche en commun, il peut arriver que tous les ouvriers composant une équipe sont directement embauchés par le patron-employeur ; dans d'autres cas, au contraire, il est d'usage fréquent qu'une certaine personne du groupe comme « chef d'équipe » ou « compagnon » remplit la fonction de maître-ouvrier, et que c'est celui-ci et non pas le patron qui embauche et congédie les autres ouvriers. Des exemples de ce dernier cas se rencontrent parmi les fileurs et

1. Voir sur l'extension qu'ont prise peu à peu en Angleterre les tarifs uniformes, la publication du BOARD OF TRADE : *Report on Standard Piece Rates of Wages and Sliding Scales in the United Kingdom*, 1900, pages XIV et XV.

2. *Statistique des salaires dans les mines de houille*, § 1er, pages 14-15.

Cornélissen   4

tisserands de coton dans diverses contrées, parmi les
ouvriers à veine dans certains districts miniers et dans
maints autres métiers : porteurs de bois, sonneurs, terrassiers, etc.

Le mode de partage du salaire en commun diffère aussi
suivant les cas. Dans certains métiers, comme fréquemment parmi les déchargeurs de blé dans les ports d'Angleterre et du Continent, il est ordinaire que ce salaire
soit distribué d'une manière égale parmi tous les ouvriers
d'une équipe. Dans d'autres métiers, comme en Angleterre
parmi les souffleurs de bouteilles ou les riveurs et les
aides-riveurs en Ecosse (chantiers de la Clyde), le partage
du salaire total est réglé minutieusement par les tarifs de
travail. Il se peut encore que la somme totale à payer à
un groupe d'ouvriers soit convenue à l'entreprise entre
l'employeur et les ouvriers, mais que, en ce qui regarde
le partage de cette somme parmi les membres du groupe,
les ouvriers occupant les places inférieures sont payés
à l'heure, au jour, etc., tandis que le reste de la somme
revient à celui ou à ceux qui ont entrepris et réglé le travail en commun (1).

Il s'agit ici de règles variant à l'infini dans la pratique.
L'apparition de l'ouvrier entrepreneur placé entre le
patron et les ouvriers (système de la sous-entreprise) est
souvent le signe de la naissance du marchandage (*swea-
ting-system*), particulièrement propre à faire baisser les
salaires ouvriers jusqu'à un taux de famine.

Il est très difficile de calculer exactement pour un pays
la proportion suivant laquelle se répartissent les ouvriers
payés au temps et ceux payés aux pièces, à l'entreprise, etc.
Les meilleures statistiques restent incomplètes sur ce point

---

1. Voir sur de telles conditions de paiement du travail à l'entreprise
ou à la tâche en commun en Angleterre, *Report on Standard Piece
Rates*, etc., 1900, p. XI; cf. *ibidem* les stipulations concernant les
métiers spéciaux, pages 38, 42, 269, etc.

à cause des difficultés à vaincre. Dans maints métiers les mêmes ouvriers travaillent alternativement à l'heure ou au jour, à l'entreprise ou à la tâche : c'est ce qui se passe fréquemment dans certaines branches des industries de l'ameublement, des métaux, du livre, de la chaussure, etc. Dans les industries où le travail aux pièces est la règle, il arrive pourtant que le mode de calcul du salaire à l'heure est appliqué temporairement lors de l'introduction d'une machine dont la production n'est pas encore connue, de sorte que des tarifs fixes de salaires ne peuvent être établis qu'après quelque temps d'essai (1). Dans beaucoup d'industries, certaines catégories d'ouvriers travaillent aux pièces, tandis que d'autres sont payés à l'heure, d'autres encore au jour, etc. (2).

---

1. Voir par exemple le travail dans les filatures de coton gantoises : « Il arrive parfois aussi, mais très rarement, que les fileurs travaillent à l'heure. C'est quand le travail doit s'accomplir dans des conditions exceptionnelles, qu'il faut mettre en train des métiers dont la production ne peut être encore régulièrement établie, soit à raison de la nouveauté du travail, soit à cause d'un ajustage insuffisant du métier.

« Ce cas se présente aussi parfois quand on travaille une matière première particulièrement mauvaise dont le rendement est trop incertain. » (*Les salaires dans l'industrie gantoise,* I. *Industrie cotonnière,* IV° partie, chap. I, § 2, p. 116.)

2. Prenons comme exemple une branche de grande industrie telle que l'industrie cotonnière à Gand :

Le paiement à la pièce domine ici parmi les tisserands, les préparations du tissage, les fileurs, les dévideuses et les cardeuses, et, d'après les déclarations des ouvriers, ce système était appliqué, au moment de l'enquête faite à ce sujet par M. Varlez, à 1,097 sur 1,920 ouvriers et ouvrières. D'autre part le paiement à l'heure était usité pour 638 ouvriers dont spécialement la plupart des enfants, et, parmi les adultes, les cardeurs, les manœuvres et les rattacheurs.

D'autres modes n'étaient appliqués que très rarement : 52 ouvriers déclarèrent être payés à la semaine (ouvriers généraux et quelques aides) ; 42, à la journée (quelques aides) ; 20, à l'entreprise (quelque confusion peut s'être produite entre le travail à la pièce et le travail à l'entreprise, souvent difficiles à distinguer) ; 19 d'après une combinaison du travail aux pièces et à l'heure simultanément appliqués (minimum garanti par heure de travail et possibilité d'augmenter la rémunération

Les difficultés, naturellement, augmentent d'une manière considérable dès qu'on franchit les limites d'une industrie locale déterminée et qu'il s'agit d'établir une statistique digne de confiance pour des industries très diverses et pour la population ouvrière d'un pays entier.

Les tentatives pour établir de telles statistiques ne manquent pas actuellement. Cependant, comme ces statistiques ne fournissent en somme que des évaluations globales et qu'elles n'ont pas été toutes fondées sur une même base, de sorte qu'elles se prêtent peu à une étude comparative, nous n'entrerons pas dans le détail à leur propos.

Si l'on considère les différentes branches de production dans leur ensemble, ces statistiques semblent montrer que, dans les pays modernes, le mode de salaire au temps s'applique, d'une manière générale, à un nombre d'ouvriers beaucoup plus considérable que le salaire aux pièces, à l'entreprise, etc. (1). Il semble de même que le tra-

par le travail aux pièces.) (*Ibid.*, 6ᵉ partie, chap. I, § 2, pages 174-175. L'enquête a porté sur une période d'une semaine de travail entière située entre le 12 septembre 1898 et le 14 janvier 1899.)

1. La statistique anglaise montre que, les salariés dans les services domestiques et dans l'agriculture étant compris dans les calculs, environ 26 0/0 des salariés anglais sont occupés dans des branches de métiers où règne *principalement* le travail *aux pièces*, et environ 74 0/0 dans celles où règne *principalement* le travail *au temps*.

Si l'on exclut les deux catégories de salariés susnommées, le pourcentage est respectivement de *39* et de *61 0/0*. (Voir : BOARD OF TRADE, LABOUR DEPARTMENT, *Report on Standard Piece Rates of Wages and Sliding Scales in the United Kingdom*, 1900, p. XII.)

Parmi les *607,170 salariés* sur lesquels a porté en Belgique le *Recensement général des Industries et des Métiers* du 31 octobre 1896 (non compris 12,596 ouvriers ne touchant aucun salaire) *159,292* (soit plus de *26 0/0*) sont payés d'après la *quantité de travail* (aux pièces, à l'entreprise, etc.) et *447,878* (soit plus de 73 0/0) sont payés *au temps*. (OFFICE BELGE DU TRAVAIL, *Recensement général des Industries et des Métiers*, tome XVIII, Bruxelles, 1902, 2ᵉ partie, chap. II, § 10, pages 335-336.)

En France, l'enquête entreprise par l'Office du Travail sur les industries françaises, n'ayant porté en fait que sur la grande et moyenne industrie du pays, a constaté que, sur 340,464 salariés de l'industrie privée (sans

vail aux pièces ou à la tâche soit plus répandu proportionnellement parmi les femmes que parmi les hommes. Ces deux faits se constatent dans toutes les statistiques des pays modernes (France, Angleterre, Belgique, etc.). Le dernier de ces faits est étroitement lié au caractère spécial des industries qui se prêtent particulièrement au travail des femmes. Qu'on pense par exemple aux industries textiles où domine le travail à la pièce ou à la tâche et qui représentent en même temps des branches de production où se rencontre une grande proportion d'ouvrières et où même le travail de la femme remplace de plus en plus, dans diverses contrées, le travail de l'homme.

Quant aux industries où domine le mode de salaire d'après la quantité de travail fourni, ou au contraire d'après le temps du travail, il est difficile de les différencier nettement.

Dans une étude sur « les tarifs de salaires et salaires de tarif dans l'Empire allemand », le *Bureau Impérial de Statistique* à Berlin a examiné environ 1,000 contrats de tarif communiqués surtout par les syndicats ouvriers, contrats en vigueur à la date des recherches entre les employeurs et les ouvriers dans des métiers très différents et localisés dans toutes les parties de l'Empire. On a formulé dans cette étude ce principe assez étrange que les métiers où domine le salaire au temps (*Zeitlohngewerbe*) seraient ceux « dans lesquels la capacité personnelle et l'habileté de l'ouvrier acquises seulement par une longue expérience, se perfectionnant d'année en année et décidant du plus ou moins d'utilité de l'ouvrier, ne jouent pas un rôle décisif ». Le groupe des métiers représentés dans

les entreprises de transport en commun), plus de *34 0/0* (116,248 salariés) étaient payés *aux pièces*, 9 0/0 (30,755 salariés) étaient payés *au mois, à la quinzaine* ou *à la semaine*; et 57 0/0 (193,461 salariés) *à la journée* ou *à l'heure*. (OFFICE DU TRAVAIL, *Salaires et durée du travail dans l'industrie française*, tome IV, Paris 1897, tableau XXVIII à la p. 200.)

ces tarifs allemands embrasse l'industrie du bâtiment et
les professions similaires des peintres et des couvreurs,
puis les paveurs et les brasseurs : « Les capacités nécessaires pour l'exécution du travail peuvent s'acquérir dans
ces métiers en peu de temps. Fréquemment le travail
consiste ici à achever ce qui est préparé déjà par la machine. »

Dans le groupe des métiers où domine le salaire à l'entreprise ou à la tâche (*Akkordlohngewerbe*) l'Enquête
allemande classe les stucateurs, travailleurs du bois, tailleurs de pierre, potiers, tonneliers, tailleurs et cordonniers. « Dans ces métiers, appartenant encore en grande
partie à l'industrie artisane, comme chez les cordonniers,
les tailleurs, les tonneliers et les potiers, c'est la capacité
individuelle de l'ouvrier qui a une influence décisive. Par
conséquent, et contrairement à ce qui se passe dans la
première catégorie, une rétribution égale de tous les
ouvriers, quelle que soit leur adresse ou leur expérience,
est inadmissible ici, et une individualisation de la rétribution s'impose. A cette condition ne répondent que les
salaires aux pièces ou à l'entreprise (*Stück-oder Akkord-
læhne*) ; c'est pourquoi sont généralement en vigueur ici
des tarifs à l'entreprise spécialisés, tandis que les salaires
au temps, également convenus, ne jouent qu'un rôle
secondaire et ne s'appliquent qu'au cas où il s'agit de travaux non convenus dans le tarif ou soumis à des conditions particulières ».

Enfin le Bureau Impérial de Statistique fait la « remarque générale » « que les salaires au temps se paient
plutôt dans les métiers où dominent les grandes entreprises, tandis que les salaires à l'entreprise sont les plus
fréquents dans les métiers où les entreprises artisanes
tiennent encore tête aux entreprises de grande industrie
ou prédominent même partiellement »(1).

1. *Reichs-Arbeitsblatt*, mai 1904 (N° 2), p. 123.

C'est à tort que cette Enquête établit une distinction
entre les deux catégories de métiers d'après les capacités
de l'ouvrier, au lieu de la chercher avant tout dans la
nature des articles fabriqués. Les faits sont nombreux
qui contredisent cette prétendue règle générale (1). Dans
plusieurs catégories de travail simple des industries textiles, les ouvriers ne sont pas payés au temps, mais à la
pièce ou à la tâche.

D'accord avec les observations faites déjà et me basant
sur les résultats de différentes enquêtes statistiques, je
pose ici une règle tout autre : les métiers où les salaires
sont payés d'après la quantité de travail fourni (aux pièces, à la tâche, à l'entreprise) appartiennent surtout aux
industries produisant des articles *uniformes*, et permettant ainsi facilement de calculer et de contrôler la quantité
du produit par le nombre des unités de l'article fabriqué
ou par la longueur ou pesanteur, etc. de la marchandise.
Par contre, le salaire au temps sera employé de préférence dans les métiers auxquels ce critérium, à cause de
la nature de leurs produits, n'est pas applicable (2).

1. Voir par exemple la liste des industries belges où domine le salaire
à la quantité (à la pièce, à l'entreprise) que fournit le Recensement
général du 31 octobre 1896 des industries et des métiers (t. XVIII,
p. 336 du Rapport). Un coup d'œil jeté sur cette liste montre le contraire de ce que le Bureau Impérial de Statistique allemand prétend être
le cas général.

2. C'est ce que démontre également la même liste de statistique belge.
De plus elle fait voir combien fausse est cette autre assertion du Bureau
allemand qui établit une sorte de rapport direct entre les salaires au
temps et les grands établissements, comme d'autre part entre les salaires
aux pièces ou à l'entreprise et l'industrie artisane. Cf. sur ce dernier
point pour l'agriculture : *Report by* Mr WILSON FOX *on the Wages and
Earnings of Agricultural Labourers in the United Kingdom, England*, I, p. 19.
(*Second Report*, p. 19) : « On peut dire d'une manière générale que les
grandes exploitations agricoles donnent plus de travail à la pièce que
les petites. C'est parce qu'il est plus facile de prendre ses mesures et de
distribuer le travail en grand et parce que les ouvriers peuvent, quand
les champs sont grands, travailler ensemble en équipes placées sous la
direction d'un chef d'équipe. De plus, la distribution de travail à la

Sans doute, certaines influences secondaires peuvent parfois atténuer cette règle générale, telle l'hostilité connue que témoignent au système de travail aux pièces ou à l'entreprise les organisations ouvrières, hostilité dont nous aurons à nous occuper plus loin.

pièce suppose certaines aptitudes, et le grand entrepreneur agricole qui, d'une façon générale, a plus l'habitude des chiffres et une plus grande connaissance d'affaires, est mieux à même que le petit entrepreneur de distribuer du travail à la pièce comme il convient. »

CHAPITRE III

SALAIRE ET GAIN ANNUEL DE L'OUVRIER. — SALAIRE ET COUT DE TRAVAIL DES MARCHANDISES

Il suit de tout ce qui précède que, si l'on veut comparer au point de vue du salaire différentes catégories d'ouvriers, il faut être fort prudent en tirant du taux de salaire à l'heure, au jour, ou même à l'année, une conclusion générale relative au gain annuel de l'ouvrier.

D'abord les subventions en nature : elles constituent ici un premier facteur propre à influer, dans un métier plus que dans un autre, sur le montant du salaire payé en argent. Puis, deuxième facteur pouvant intervenir : les sursalaires ou les primes pour services extraordinaires, qui viennent ou non compléter les salaires au jour, à la semaine, etc.

Il est naturel que les difficultés d'une comparaison augmentent beaucoup lorsque celle-ci porte sur des branches de production où, comme dans l'agriculture, les subventions en nature subsistent avec la plus grande ténacité ; ensuite, à celles, où la production prend une marche très irrégulière et où, pendant les jours de presse, les salaires ordinaires se trouvent sensiblement augmentés par des extras en argent payés pour travail à la pièce ou travail supplémentaire.

Enfin, les hauts salaires nominaux au temps et aux pièces ne peuvent exister, dans nombre de métiers, qu'à cause de l'irrégularité et de l'instabilité de ces métiers : c'est qu'ils s'y rapportent à des périodes fixes de vive production qui, cependant, sont régulièrement interrompues par des périodes de production lente ou de stagnation.

Ainsi le gain annuel total des ouvriers offre, d'une manière générale, une base beaucoup plus solide pour la comparaison des prix du travail de diverses catégories que les taux de salaire au jour, à la semaine, au mois, voire même à l'année (1).

Plus difficile encore deviendrait la comparaison si l'on voulait se fonder, non pas sur des salaires effectivement payés, mais sur les tarifs qui leur servent de base. L'existence de tarifs de salaire élevés n'entraîne pas nécessairement de hauts salaires effectifs. C'est que la qualité plus ou moins bonne des machines d'une entreprise et d'autres facteurs spéciaux comme la direction des travaux, etc., peuvent encore, directement ou indirectement, influer sur la productivité du travail humain, de sorte qu'on voit souvent de hauts tarifs correspondre précisément à de bas salaires effectifs.

1. A. WILSON FOX commence un article fort intéressant dans le *Journal of the Royal Statistical Society* précisément par la constatation des difficultés qu'il y a à recueillir des données satisfaisantes relatives aux gains annuels totaux des ouvriers, surtout pour le passé : « Les taux des salaires hebdomadaires présentent beaucoup moins de difficulté à l'enquête, mais le gain annuel ainsi déterminé ne représente pas le revenu de l'ouvrier ». (*Loc. cit.*, numéro du 30 juin 1903, article : *Agricultural Wages in England and Wales during the Last Fifty Years*, p. 273.) Cf. également les Rapports faits par M. Wilson Fox pour le *Board of Trade* : « Une comparaison des salaires d'ouvriers agricoles dans différentes parties du Royaume-Uni ne présente pas un grand avantage pratique si elle n'est pas accompagnée du relevé du gain annuel réel, comprenant les paiements extra en monnaie provenant de toutes les sources et la valeur de toutes les subventions en nature. » (*Report on the Wages and Earnings of Agricultural Labourers in the United Kingdom*, p. 2 et *Second Report*, p. 2.)

« Pendant longtemps, dit du tissage un rapport sur l'industrie cotonnière gantoise, il était admis à Gand que c'était précisément dans la fabrique où le taux des salaires était le plus bas que, à la fin de l'année, l'ouvrier avait gagné les plus beaux salaires. C'est que les préparations y étaient mieux faites, qu'on y avait plus de contremaîtres, plus de manœuvres, que l'ouvrier ne devait jamais attendre et avait toujours ses matières premières à portée de la main »(1).

Les différences d'organisation technique de la production dans divers établissements d'une même industrie expliquent également pourquoi de hauts salaires ne correspondent pas nécessairement à des frais de travail élevés.

Sinon, des pays où, comme en Russie dans toutes les branches d'industrie, les salaires sont extrêmement bas, devraient pouvoir fabriquer leurs produits pour le mar-

1. *Les salaires dans l'industrie gantoise*, I, *Industrie cotonnière*, IV° partie, chap. II, § 2, p. 131. Voir *ibid.*, chap. I, § 2, pages 115-116, un exemple frappant concernant la filature :

« On se figurerait bien à tort que l'élévation plus ou moins grande du tarif est l'élément principal qui décide de la hauteur du salaire. Il n'en est rien. On s'en rendra compte si on consulte l'annexe n° 52 dans laquelle, pour un même numéro de fil (n° 20), nous nous sommes efforcés, d'après les indications du secrétaire du syndicat des fileurs, de montrer les tarifs payés aux fileurs de coton des divers établissements.

« On constate ainsi que dans une vieille fabrique où on paye aux ouvriers 12 francs par 100 kilos, le fileur gagne en moyenne 22 francs par semaine, tandis que dans une autre où, pour filer le même numéro, l'ouvrier ne gagne que 5 francs par 100 kilos, il a un salaire moyen de 36 francs.

« Dans une même fabrique, il y a souvent divers tarifs en usage selon le genre et l'ancienneté des métiers. Ainsi, pour filer toujours le même numéro 20, dans cette dernière fabrique, on paie :

fr. 5,00 aux fileurs sur deux métiers de 960 broches (récents) ;
fr. 9,50   —   —   400   —   (vieux).

« Malgré cette différence de tarifs, les fileurs du premier de ces deux types gagnent 36 francs, les autres 22 ou 24 francs. »

ché mondial à meilleur compte que les pays les plus développés : l'Allemagne, la France, l'Angleterre ou les Etats-Unis.

On sait pourtant que c'est plutôt le contraire qui est vrai. Lorsque M. Schulze-Gœvernitz, après ses voyages d'étude en Angleterre, eut l'occasion de comparer de près, avec les conditions de la grande industrie anglaise celles de la grande industrie moderne de la Russie centrale, les bas salaires des ouvriers russes ne l'ont pas empêché d'accepter entièrement cette opinion de Haxthausen : « *la main-d'œuvre est chère en Russie* ». « Si, dans une industrie, la faculté de résistance à la concurrence reposait sur l'avilissement des salaires, sur la longue durée de la journée de travail et sur la sujétion des ouvriers, Moscou devrait battre Manchester et la Russie menacer la grandeur industrielle de l'Europe occidentale. Le résultat est diamétralement opposé. De l'avis unanime de tous ceux qui connaissent les conditions industrielles en Russie, c'est surtout *l'insuffisance de la main-d'œuvre* qui retarde la mise en exploitation des richesses naturelles colossales de la Russie. » (1).

M. Schulze-Gœvernitz a surtout étudié l'industrie cotonnière des deux pays, et d'après le degré inférieur du développement intellectuel et technique de la population industrielle russe, tant des ouvriers que des employeurs, il constate pour la Russie les points de faiblesse suivants :

a) Des différences considérables entre le rendement théorique et le rendement effectif, c'est-à-dire des chiffres de perte élevés. Cela tient d'une part à la qualité inférieure des matières premières, due à l'insuffisance des connais-

1. GERHART V SCHULZE-GÆVERNITZ, *Volkswirtschaftliche Studien aus Russland* chap. II, § 6, pages 145 et 140-141. Cf. la circulaire Nº 12 (série A) du *Musée Social*, Paris, 1897, article : *L'industrie dans la Russie centrale* par M. de Schulze-Gœvernitz, pages 220 et 223.

sances techniques des chefs d'industrie et à leur incapacité
de tirer des mêmes qualités de coton autant que les industriels anglais. Mais ces chiffres de perte extrêmement
élevés résultent tout autant d'autre part, de l'état arriéré
dans lequel se trouvent les ouvriers, incapables de comprendre les secrets techniques du machinisme ;

b) Des dimensions et des capacités productives moindres des machines russes comparées aux machines
anglaises et cela bien que construites en Angleterre, par
suite, partiellement, du manque d'intelligence des ouvriers
russes, tel qu'un personnel même plus nombreux aurait
été incapable de conduire des machines d'une puissance
équivalente à celles d'Angleterre : « C'est particulièrement le nombre de broches par paire de selfactors qui est
beaucoup plus grand à Bolton et à Oldham qu'à Moscou.
Des paires de selfactors de plus de 2,000 broches sont
actuellement en Angleterre d'un usage général et le nombre de broches augmente encore continuellement ; dans
les nombreuses filatures russes que j'ai parcourues, je n'ai
jamais rencontré de paires de selfactors au-dessus de
2,000 broches et même rarement au-dessus de 1,560 broches. En conséquence, le produit d'une paire de selfactors est plus grand en Angleterre qu'en Russie. » (1).

c) Un nombre beaucoup plus élevé d'ouvriers par
machine en Russie qu'en Angleterre. Ici il faut surtout
tenir compte de ce que les fabriques russes « fourmillent
d'un état-major considérable de fonctionnaires », souvent
appelés de l'étranger contre des salaires élevés, tandis
qu'en Angleterre au contraire la surveillance — beaucoup plus facile, il est vrai — est faite par un individu
quelconque, issu d'ordinaire de la classe ouvrière. Cela
explique les différences en frais d'administration et de
surveillance.

Voilà donc les raisons pour lesquelles la perte élevée

1. *Ibid.* § 5, pages 115-116.

par comparaison au rendement théorique des métiers contrebalance non seulement la vitesse relativement grande des machines en Russie, mais aussi la durée des heures de travail sensiblement plus longue dans ce pays.

Cette dernière était au moment de l'enquête comparative faite par M. Schulze-Gævernitz, en Angleterre de neuf heures à neuf heures et demie et dans l'industrie cotonnière russe le plus souvent de douze heures, voire même, dans le tissage, de treize et quatorze heures : « J'ai emprunté à la filature connue Danilevsky à Moscou et à une filature pouvant servir de type à Bolton la comparaison suivante : La vitesse à Moscou n'était que de peu inférieure à celle de Bolton (seize secondes à Moscou contre quatorze secondes six à Bolton) ; la durée du travail par jour était à Bolton de neuf heures et à Moscou, dans ce cas, de treize heures et demie. Et pourtant, au moment de mes recherches, en février 1893, le produit par broche et par jour était à Moscou de 1.2 livres anglaises et à Bolton de 1.1 livres anglaises du n° 30 twist. » (1).

« En résumé, conclut M. Schulze-Gævernitz, nous pouvons dire que les pertes élevées, par comparaison au rendement théorique, les dimensions moindres des machines, le nombre plus grand par machine des ouvriers font que les frais du travail par produit donné ne sont pas moins élevés en Russie qu'en Angleterre. » (2).

Il est très difficile de fournir sur ce sujet des chiffres exacts de comparaison ; l'établissement d'une comparaison exige la plus grande prudence, d'autant plus que l'ouvrier russe reçoit une partie assez considérable de son salaire en nature.

Le tableau que M. Schulze-Gævernitz avait donné dans son livre : *La Grande Industrie* (3), lui servit de base pour

1. *Ibid.*, pages 114-115.
2. *Ibid.*, p. 117.
3. Voir Schulze-Gævernitz, *Der Grossbetrieb ein wirtschaftlicher und*

l'élaboration d'un grand nombre d'exemples comparatifs relatifs à l'industrie cotonnière en Russie et en Angleterre; puis il en choisit quelques-uns concernant le filage par les selfactors.

Ces exemples semblent montrer qu'au n° 36 s twist on atteint le point où le coût du travail, y compris les frais de surveillance, devient meilleur marché en Angleterre qu'en Russie. Avec les numéros plus fins cet avantage pour l'industrie anglaise croît rapidement (1).

La comparaison de la situation industrielle dans des pays de différent développement social a amené M. Schulze-Gævernitz à résumer de la manière suivante les avantages qu'offre un développement industriel comme celui de l'Europe occidentale :

« *Substitution progressive du capital au travail avec réduction du coût de travail par [unité de] produit, augmentation des gains hebdomadaires des ouvriers et diminution des heures de travail.* » (2).

Cette caractéristique, comprise ainsi comme un trait général propre à la production capitaliste moderne, est parfaitement exacte. Elle montre combien ont tort tous ceux qui critiquent le mouvement ouvrier moderne en prétendant que sa lutte pour l'amélioration des conditions matérielles des ouvriers (hausse des salaires, diminution des heures de travail, etc.) dans les différentes industries aboutirait inévitablement à l'augmentation du prix des produits des mêmes industries.

Bien que cette dernière assertion corresponde, dans certains cas, plus ou moins aux rapports sociaux réels, on ne saurait la déduire logiquement de l'examen du développement technique de la production et de l'évolu-

socialer Fortschritt, Leipzig, 1892, pages 138-139 ; trad. franç., Paris, 1896, p. 147.

1. *Volkswirtschaftliche Studien aus Russland*, loc. cit., p. 118 et tableau à la p. 119.

2. *Ibidem*, p. 106.

tion économique des classes sociales, ni lui reconnaître la
portée d'une règle générale.

La statistique moderne permet au contraire de conclure en sens inverse, et cela non seulement lorsqu'il
s'agit d'une simple comparaison, comme celle de
M. Schulze-Gœvernitz, s'étendant aux produits d'une seule
industrie étudiée en Angleterre et en Russie, mais également en cas d'enquête systématique sur une vaste échelle,
comme celle qui fait l'objet du Rapport du *Commissioner
of Labor* de Washington sur « le travail à la main et le
travail à la machine » et la manière dont ces deux modes
de travail influencent les frais de production des marchandises.

En étudiant dans ce Rapport américain la construction
des charrues (voir le n° 29 des produits examinés), nous
trouvons que la fabrication à la main de la charrue en
bois (ancien modèle) exigeait trente et une fois et demie
le temps que demande de nos jours, sous la méthode
mécanique, la fabrication de la charrue moderne en fer
(cent dix-huit heures au lieu de trois heures quarante-cinq
minutes). Cependant, les frais totaux du travail en argent
étaient sous la méthode artisane de 5.44 dollars et sont
sous la méthode mécanique de 0.79 dollars par charrue.
Le rapport des frais du travail dans les deux cas est donc
de 7 à 1 seulement en faveur de la construction moderne.
C'est là une différence remarquable entre ces deux rapports, différence qui est plus grande encore pour plusieurs
autres articles étudiés dans cette même enquête. Mais cette
différence s'explique facilement dès qu'on remarque, à
l'aide des tableaux détaillés, que les deux ouvriers constructeurs de charrues travaillant sous la méthode artisane
gagnaient chacun un salaire quotidien de 0.60 dollars, tandis que les salaires des cinquante-deux ouvriers collaborant
à la fabrication des charrues sous la méthode de construction moderne, varient de 1.25 dollars (minimum) à 3.50 dol-

lars (maximum) par tête. Pour employer les termes du
Rapport, on trouve « que l'ouvrier recevait par heure,
sous l'ancien système, le quotient de 5.44 dollars par 118
et reçoit, sous le système moderne, 0.21 dollars. » (1).

Prenons encore un exemple relatif à l'industrie cotonnière (n° 246 du Rapport) : La fabrication de 500 aunes
anglaises de drap de coton écru exigeait en 1860 (travail
à la main) cent six fois le temps nécessité en 1897 pour la
fabrication du même article sous la méthode mécanique
(cinq mille six cent cinq heures au lieu de cinquante-deux
heures, quarante-cinq minutes, six secondes). Pourtant les
frais du travail en argent montent, pour le même article, sous la méthode artisane à 84.07¹ dollars et sous la
méthode mécanique à 3.7217 dollars, soit un rapport de
22 1/2 à 1 seulement en faveur de la méthode grande
industrielle.

Mais nous apprenons que les trois mères de famille travaillant sous l'ancienne méthode gagnaient 0.01 1/2 dollars (1 1/2 *cents* américains) l'heure, tandis que les deux
cent quatre-vingt-deux ouvriers travaillant sous la
méthode moderne de fabrication gagnent des salaires
variant de 0.25 dollars (minimum) à 1.50 dollars (maximum) par jour, les salaires des surveillants montant
à 4.00 dollars, celui du premier mécanicien à 4.16 dollars
par jour (2).

La Statistique du *Commissioner of Labor* constate,
comme un phénomène général, que la méthode mécanique moderne a réalisé de plus grandes épargnes, dans
les diverses branches de production, en temps de fabrication qu'en frais de travail en argent. Cela fait voir
une hausse considérable des salaires sous la méthode

1. *Thirteenth Annual Report*, vol. I, pages 20, 24-25 et 96 ; vol. II,
pages 476-479.
2. *Ibid.*, vol. I, pages 40-41, vol. II, pages 970-973.

de production moderne comparée à la vieille méthode artisane ; cette hausse a été accompagnée d'une diminution non moins remarquable des frais de travail totaux causés par la production des articles étudiés.

Il suit surtout de cette Enquête que, si tant d'entrepreneurs industriels réclament encore de nos jours « la main-d'œuvre à bon marché » c'est afin de pouvoir continuer de produire à l'aide de vieilles machines et d'un mauvais matériel aux dépens du bien-être d'autrui. D'un autre côté c'est précisément la hausse des salaires sous l'action des organisations ouvrières qui oblige si souvent les entrepreneurs non seulement à introduire de meilleures machines et un outillage perfectionné, mais aussi à appliquer tous les autres moyens par lesquels ils pourront augmenter la productivité de leurs établissements : meilleure organisation technique de la production avec division perfectionnée des activités dans les diverses phases de la fabrication, plus grande économie dans l'usage des matières premières et secondaires, meilleure utilisation des résidus et déchets, etc.

L'étude approfondie des données d'enquêtes comme celle du Rapport américain prouve que fréquemment c'est l'organisation plus rationnelle du processus de production — abstraction faite du perfectionnement des moyens de travail — qui augmente la productivité de la méthode moderne de fabrication comparée aux méthodes antérieures ; et que, dans plusieurs cas, on ne saurait décider si c'est à cette organisation plus rationnelle, ou au contraire au perfectionnement du machinisme et de l'outillage, qu'on doit attribuer davantage les progrès de la production moderne.

En principe l'accroissement de la productivité du travail obtenu par l'une ou l'autre de ces voies se présente comme un facteur pouvant influencer les salaires et en hausser le taux, comme d'autre part l'accroissement des salaires peut forcer les entrepreneurs à faire monter la productivité du processus de travail. La manière dont la productivité du travail influe sur le salaire et la place qui lui revient pour sa fixation seront étudiées ultérieurement.

CHAPITRE IV

LE MOUVEMENT HISTORIQUE DES SALAIRES

Jusqu'ici nous avons étudié le salaire nominal de l'ouvrier ; et nous avons eu seulement l'occasion de faire
remarquer que le gain annuel des différentes catégories
d'ouvriers est une base plus solide pour une étude comparative de la situation matérielle des masses ouvrières que
ne le pourraient être les salaires nominaux payés par jour,
semaine, mois, — ou même par an.

Dès à présent il faut examiner un autre phénomène :
à toute variation du salaire nominal de l'ouvrier ne
répond pas nécessairement une modification quelconque,
moins encore une modification proportionnelle, de sa
situation matérielle ; tel sera le cas toutes les fois qu'une
variation du salaire dérive d'une variation correspondante dans les prix des premières nécessités de la vie
(nourriture, vêtement, loyer, etc.) ; ce qui s'exprime d'ordinaire ainsi : que, dans le cas supposé, le *salaire nominal*
a seul subi une variation, tandis que le *salaire réel* est
resté immuable. La variation doit être attribuée alors à
la modification qu'a pu subir la puissance d'achat de la
marchandise avec laquelle le salaire est payé, de la monnaie, argent ou or, par exemple. Ainsi un même salaire

représente une plus grande rétribution réelle du travail à une époque ou en un lieu où les vivres sont bon marché, qu'à une époque ou en un lieu où ils sont relativement chers.

C'est là ce qui rend particulièrement difficile la comparaison de la situation économique des ouvriers : *a*) dans différents pays du monde ; *b*) dans un même pays, pour la ville et la campagne ; *c*) dans un même lieu pour toute une série d'années.

Les changements continuels que subit la valeur de la marchandise numéraire, la monnaie, ont conduit certains économistes à préférer pour des études comparatives, surtout lorsqu'elles se rapportent à des périodes différentes, l'évaluation des salaires ouvriers en froment ou en seigle, et non pas en argent (1). Pourtant la solution du problème ne s'en trouve pas avancée. Rodbertus constatait déjà qu'on n'a pas encore une expression exacte de la valeur d'une marchandise lorsqu'on sait seulement qu'elle vaut n argent ou n travail, sans savoir d'abord combien n argent ou n travail valent eux-mêmes exprimés en toutes sortes d'autres marchandises (2). Cette remarque vaut également si l'on se sert de blé au lieu d'argent comme mesure générale de la valeur. Sans compter que la qualité (titre) en or ou en argent purs de la mar-

---

1. Cf. par exemple G. SCHMOLLER, dans son rapport (1903) sur *le mouvement historique des salaires de 1300 à 1900 et ses causes* : « Toute étude historique du salaire doit s'en tenir, non pas au salaire en monnaie, mais au salaire réel, c'est-à-dire à la puissance d'achat du salaire selon les prix éventuels des denrées. La meilleure mesure qu'on puisse prendre, ce sont les céréales, le froment et le seigle. L'expression du montant des salaires par semaine ou par an en kilogrammes de froment ou de seigle, fournira en tout cas une base meilleure pour une comparaison historique que leur expression en monnaie ». (*Drückt man die wöchentliche oder jährliche Lohnhöhe in Kilogrammen Weizen oder Roggen aus, so kann man darauf jedenfalls viel eher als auf den Geldlohn eine historische Vergleichung begründen.*) (*Bulletin de l'Institut international de Statistique*, tome XIV, 3ᵉ livraison, Berlin, 1905, p. 223.)

2. Cf. ma *Théorie de la Valeur*, p. 182.

chandise monétaire présente une grandeur autrement
stable et facile à contrôler que celle du blé. D'ailleurs, de
toutes les matières qu'on voudrait utiliser en qualité de
commune mesure à la place des métaux précieux, le blé
serait assurément une des dernières à choisir : les modifications incessantes des procédés de culture et de récolte
en changent à chaque instant la qualité, la quantité et par
suite la valeur d'échange et le prix. En ce qui concerne
cette marchandise spéciale qu'est le travail, on ne pourrait qu'augmenter encore les difficultés, si l'on voulait
substituer à la marchandise monnaie par laquelle se
paient très généralement les salaires *dans la réalité*,
quelque autre, comme le blé, au moyen de laquelle ils
ne *s'expriment pas d'ordinaire*. Puis, en changeant de
pays, on se verrait peut-être réduit à évaluer des salaires
en maïs (Italie du Nord), en riz (Extrême-Orient), en
dattes (Afrique septentrionale), en noix de coco (Océa-
nie), et ainsi de suite.

Aussi, la méthode la plus simple et la moins contestable
restera-t-elle toujours : réduire tous les salaires en marchandise monnaie, or ou argent, tout en tenant compte des
variations dans la puissance d'achat du métal précieux
par rapport aux principaux articles de consommation.

C'est de cette manière que se fait encore le plus rationnellement la réduction des salaires nominaux en salaires
réels.

Faisons remarquer, cependant, que même la notation la
plus exacte possible des salaires réels de catégories différentes d'ouvriers ne permettra pas nécessairement une
comparaison précise du bien-être matériel de ces catégories. Cela se voit particulièrement dans le cas où cette
notation se rapporte à des milieux sociaux très différents.
Sous des climats tempérés, par exemple, des salaires
très inégaux (salaires réels, eux aussi) peuvent être nécessaires pour assurer à la population ouvrière un même

degré de bien-être matériel. Sous des climats plus doux, où la vie en plein air se substitue davantage à la vie au foyer, des salaires égaux à ceux qui sont payés dans des régions plus froides représentent un degré bien plus élevé de bien-être réel. Et cette remarque vaudrait autant si ces salaires égaux étaient estimés en aliments, en laine, ou en coton, etc., au lieu d'être payés en argent.

On attribue de nos jours une grande importance au mouvement historique des salaires. Et le fait que ce mouvement a été ascendant ces dernières dizaines d'années dans plusieurs pays modernes a été souvent employé contre les revendications ouvrières actuelles. Je renvoie pour les faits et les discussions de détail à deux articles publiés antérieurement, « Le mouvement historique des salaires » et « La hausse des salaires et l'accroissement des besoins » (1), articles dont je résumerai ici les conclusions générales.

J'y ai examiné trois cas typiques relatifs au mouvement historique des salaires : a) l'enquête de l'*Office du Travail* français sur les salaires et la durée du travail dans l'industrie française, pour la période 1891-1893, enquête se rapportant surtout à la grande et à la moyenne industrie (2) ; b) l'enquête de M. Wilson Fox (3) sur les salaires agricoles en Angleterre pendant le dernier demi-siècle ; c) l'enquête faite sous le contrôle de l'*Office du Travail* belge sur les salaires dans l'industrie coton-

1. *Revue socialiste*, numéros de mars et de mai 1905.
2. *Salaires et durée du travail dans l'industrie française*, t. IV, Paris 1897, 3ᵉ partie : Mouvement du salaire depuis cinquante ans.
3. *Report by Mʳ Wilson Fox on the Wages and Earnings of Agricultural Labourers in the United Kingdom, Board of Trade*, London, 1900.
Second report by Mʳ Wilson Fox on the Wages, Earnings, and Conditions of Employment of Agricultural Labourers in the United Kingdom, Board of Trade, London, 1905.
Agricultural Wages in England and Wales during the Last Half Century, by A. Wilson Fox, article dans le *Journal of the Royal Statistical Society*, numéro du 30 juin 1903.

nière gantoise (1), enquête intéressante parce qu'elle porte sur une branche d'industrie spéciale dans une seule ville.

D'après l'ensemble des documents utilisés pour ses recherches l'Office français du Travail conclut que, depuis cinquante ans, de 1840 à 1891, les salaires nominaux ont à peu près doublé. La progression ne semble pas avoir été la même pour les diverses industries ou les diverses professions, mais il ne parut pas possible à l'Office de mesurer les différences, s'il en existait, ni même de déterminer leur sens d'une manière certaine (2).

Le salaire des femmes dans l'industrie paraît avoir progressé notablement plus vite que celui des hommes. Par contre dans le travail à domicile, l'augmentation ne semble pas avoir été pareille.

Puis on constate que l'accroissement des salaires en France a été le plus rapide durant la période 1853-1865, période, comme l'on sait, également marquée par une hausse générale des prix. Mais, tandis que les prix d'un grand nombre d'objets de consommation ont fini par décroître ensuite, les salaires n'ont cessé de progresser avec une vitesse plus ou moins grande (3).

En ce qui concerne, d'autre part, la variation du coût de la vie, l'Office du Travail arriva à la conclusion que les dépenses pour nourriture, chauffage, éclairage et logement auraient augmenté d'environ 25 o/o. Mais il fait remarquer que, si l'on ajoute à ces dépenses celles nécessaires pour l'habillement, les différences constatées seront plutôt atténuées, puisque les objets manufacturés ont généralement baissé de prix. « Il est donc permis d'admettre, conclut l'Office que, de 1844 à 1893, le coût d'un genre

1. *Les salaires dans l'industrie gantoise*, t. 1, *Industrie cotonnière*, 1ʳᵉ partie, chap. II et III.
2. *Salaires et durée du travail dans l'industrie française*, t. IV, 3ᵉ partie, § 1, p. 276.
3. *Ibid.*, pages 277-278.

de vie déterminé défini par les consommations que nous avons prises pour type et également invariable au point de vue de la satisfaction des autres besoins, ne s'est pas accru de plus de 25 o/o » (1).

On trouve des résultats tout différents dans l'enquête faite par M. Wilson Fox. Si, aux pages 331-332 de l'article du *Journal of the Royal Statistical Society*, on examine attentivement le tableau détaillé donnant les moyennes de salaires pour soixante-sept exploitations agricoles en Angleterre et dans le Pays de Galles, salaires comparés aux prix « moyens » du blé anglais de 1850 à 1902, on constate que les salaires payés en argent sont loin d'avoir doublé pour la catégorie d'ouvriers dont il s'agit ici et qu'ils n'ont augmenté dans le dernier demi-siècle que de 77 o/o à environ 121 o/o des salaires payés en 1871 (2).

Ce fait est intéressant à un double point de vue. D'abord n'est question ici que d'une fraction du gain des ouvriers agricoles, du salaire payé en argent ; or, la partie qui se paie en nature a *diminué* dans des proportions variables en Angleterre pendant les derniers cinquante ans ainsi qu'il ressort en plusieurs endroits de la statistique de M. Wilson Fox (3).

Quant au coût de l'existence, cette statistique arrive également à d'autres conclusions que la statistique française citée ci-dessus bien qu'elle ne donne pas de détails

1. *Loc. cit.*, § 3, p. 287.
2. Voici les conclusions les plus récentes, celles du second Rapport de M. Wilson Fox : « Entre les années 1850 et 1903, le taux des salaires payés dans soixante-neuf exploitations agricoles en Angleterre et dans le Pays de Galles a augmenté de 57 o/o. Comme nous l'avons déjà constaté, les salaires étaient bas en 1850 par suite de la crise agricole ; mais si l'on choisit l'année 1855, quand les salaires étaient plus élevés à cause de la guerre de Crimée, l'accroissement en 1903 comparé à cette année est de 33 o/o ». (*Second Report*, p. 66.)
3. Cette diminution est surtout particulière aux districts voisins des grandes villes, mais beaucoup moins aux grandes exploitations où la partie du gain des ouvriers agricoles payée en nature est restée à peu près égale. Voir les tableaux détaillés aux pages 208 à 253 du Rapport (p. 172 à 216 du second Rapport). Cf. aussi *Second Report*, p. 67 dans le texte.

sur ce point. M. Wilson Fox considère comme un fait généralement admis que la plupart des nécessités de la vie — nourriture, vêtements, meubles et articles d'éclairage — ont considérablement diminué de prix. Cependant les chiffres qu'il donne (1), ne sont que des évaluations et manquent absolument de l'appui nécessaire statistique.

Pour le loyer, l'Enquête anglaise est plus approfondie et plus détaillée malgré les difficultés essentielles qu'elle devait rencontrer précisément sur ce point parmi les ouvriers agricoles. (Cf. la *Revue socialiste*, n° de mars 1905, p. 316.) M. Wilson Fox pose dans son article deux thèses qui méritent l'attention et qui s'écartent encore sensiblement des évaluations de la statistique française.

C'est d'abord que les loyers ne semblent pas avoir beaucoup augmenté dans les districts purement agricoles, ces dernières quarante ou cinquante années, malgré l'augmentation des frais et l'amélioration dans la construction des *cottages*. Il en est autrement des *cottages* aux environs des villes lorsqu'ils n'appartiennent pas aux propriétaires d'entreprises agricoles (2).

En ce qui concerne la Hollande, pays avant tout agricole et où j'ai visité de 1890 à 1898 des centaines d'habitations ouvrières, mon enquête personnelle confirme pour les grandes lignes celle de M. Wilson Fox. J'ai également constaté, comme phénomène général, qu'il n'existe pas un rapport étroit entre le loyer et le salaire des ouvriers agricoles, ni entre le loyer et les frais de construction.

L'enquête susdite de l'Office du Travail belge ne fournit pas, malheureusement, de données comparatives pour différentes périodes en ce qui concerne le coût de la nourriture, le loyer, etc., et se borne à l'étude de la variation des salaires nominaux. Néanmoins, elle contient des données qui sont du plus haut intérêt ; elle porte sur une

1. *Journal of the Royal Statistical Society*, loc. cit., pages 290 et suiv.
2. *Ibid.*, p. 306.

industrie dans laquelle le mouvement des salaires s'est fait par sauts et par bonds à cause de la marche irrégulière de la production et même, lors de conditions régulières de la production, par suite des découvertes et des perfectionnements techniques dans les moyens de production. Ceci est surtout évident lorsqu'on compare le mouvement des salaires d'individus déterminés avec celui des salaires gagnés dans tout une fabrique ou avec les soi-disant « salaires moyens » calculés pour une industrie entière.

C'est surtout dans cette industrie qu'on voit avec quelle prudence il faut user des « salaires moyens », qui ne correspondent qu'à un monde idéal et ne reflètent que peu la variation réelle des salaires individuels : « Il n'est aucun individu dont le salaire ait suivi la marche du salaire moyen, même relevé avec le plus grand souci de la vérité et par les meilleures méthodes. » (1).

M. Louis Varlez qui a dirigé cette enquête a eu l'occasion de dépouiller entre autres documents les livres de paie très bien tenus d'un des principaux établissements cotonniers de Gand. Pour la filature, la plus ancienne feuille de paie remonte au 4 juillet 1835. L'étude des livres de paie montre que, d'une manière générale, le mouvement des salaires est resté, pour les fileurs, ascendant pendant la période 1835-1898. Mais, si les gains des fileurs en 1898 ont doublé et plus que doublé comparés à ceux de la semaine du 16 octobre 1848 ou à ceux des deux semaines du 7 au 14 juin 1862 et du 16 octobre 1864 (pendant la crise cotonnière), quoique ayant considérablement augmenté, ils n'ont pas doublé comparés à ceux de 1835 ou de 1840 (2).

En ce qui concerne les tisserands, M. Louis Varlez a

1. *Les salaires dans l'industrie gantoise*, t. I, 1re partie, chap. III, p. 52.
2. Cf. *loc. cit.*, l'Annexe n° 9 aux pages 36-37. Les données dont il s'agit ici sont basées sur quatorze relevés hebdomadaires, faits autant que possible de cinq en cinq ans et indiquant les salaires de chacun des ouvriers travaillant sur les métiers à filer à chacune de ces époques.

eu à sa disposition les archives et les livres de paie du tissage mécanique annexé à la filature dont il a été question ; ces documents remontent à 1845.

Ici encore, on ne saurait nier une certaine hausse des salaires depuis le dernier demi-siècle. On peut même dire que les salaires ont doublé si on compare l'année 1898 à l'année la plus reculée, 1845 ; mais il n'en est déjà plus ainsi lorsqu'on compare les salaires de 1898 avec ceux de la semaine finissant le 17 octobre 1851. A cette dernière date, 90 tisserands ont gagné ensemble 990 fr. 27 et dans la semaine finissant le 19 novembre 1898, 248 tisserands ont atteint un gain de 4,211 fr. 20 (somme considérable encore comparée aux gains notés dans les semaines suivant immédiatement la semaine du 19 novembre).

Nous voyons donc le salaire moyen passer de 11 fr. 07 en 1851 à 16 fr. 98 en 1898. Il apparaît même que, pendant les dernières vingt années, la marche des salaires dans le tissage a été plutôt descendante qu'ascendante. Tandis que le salaire moyen pour les tisserands de cette fabrique a été 17 fr. 66 dans la semaine finissant le 14 octobre 1882, 18 fr. 27 en 1887 (semaine finissant le 15 octobre) 17 fr. 02 en 1892 (semaine finissant le 15 octobre) il n'a atteint que 16 francs dans la semaine finissant le 16 octobre 1897 et 16 fr. 98 dans celle finissant le 19 octobre 1898 (1).

En outre le Rapport fait ressortir que, même si on considère le dernier demi-siècle tout entier, l'augmentation des salaires qui a eu lieu « est due plus à l'introduction du travail sur des métiers plus larges (et partant plus difficiles à diriger) ou sur un plus grand nombre de métiers, qu'à des majorations du salaire hebdomadaire pour un même genre de travail. » (2).

Même constatation relativement à un autre grand tissage de Gand dont les livres sont tenus avec le plus

1. Cf. loc. cit., l'Annexe n° 11 aux pages 42-43.
2. Loc. cit., texte, chap. II, p. 48.

grand soin depuis 1870 ; dans l'ensemble, les salaires moyens sont restés stationnaires : en 1870, 14 fr. 86, en 1898, 15 francs.

« Les extrêmes se sont simplement écartés. En résumé, nous pouvons cependant dire que les salaires du tissage ont, à Gand, à la fin du xix⁰ siècle, une tendance à la baisse, que de continuels perfectionnements mécaniques parviennent cependant à enrayer. » (1).

Voici maintenant les conclusions auxquelles m'a amené, dans les articles cités, l'étude comparée des documents.

Le mouvement des salaires diffère essentiellement suivant la contrée, le degré de développement de l'industrie en général et souvent même de la branche spéciale qui est envisagée ; puis, il diffère encore suivant l'influence exercée par certains événements politiques ou industriels importants, comme une guerre, une crise économique, etc.

En outre, on ne pourrait même pas prétendre d'une manière générale, que le mouvement des salaires pendant les dernières décades a été ascendant dans tous les pays. Il en a été ainsi pour nombre d'industries dans les pays modernes de vieille civilisation ; mais dans les pays de civilisation relativement récente comme les États-Unis et l'Australie, on peut constater très souvent le phénomène inverse : fréquemment le mouvement des salaires y a suivi, pendant les dernières dizaines d'années, une ligne horizontale ou même une ligne descendante.

Dans la *Revue Socialiste* (numéro de mars 1905, pages 322-323), je me suis référé sur ce point d'abord aux enquêtes faites par le Ministère de l'Agriculture aux États-Unis sur les salaires agricoles dans les différents États et dont le Rapport, paru en 1903, contient les résultats d'une

1. *Loc. cit.*, chap. III, p. 60.

douzaine de ces enquêtes, la première datant de 1866 (1).

Puis, j'ai étudié un peu plus en détail une statistique plus sérieuse faite aux États-Unis lors du onzième recensement général en 1900 et publiée dans un Rapport Spécial sur la situation des ouvriers et sur leurs salaires (2). Tout autrement que la statistique agricole que nous venons de nommer et où on n'a affaire qu'à des évaluations (des « moyennes » calculées d'après les moyennes régionales — *county averages* — fournies par les conseils régionaux — *county boards* —) cette statistique est basée sur les livres de paie des entrepreneurs. L'enquête a porté sur 34 industries presque toutes permanentes et peu affectées par des fluctuations de saison. Le nombre des livres de paie qu'on a pu utiliser a été de 720, et pour 296 établissements-types on a pu faire une comparaison exacte entre les salaires ou les gains de l'année finissant au 1er juin 1890 et ceux de l'année finissant au 1er juin 1900. Or, comme je l'ai démontré amplement dans mon article(*loc. cit.*, pages 324-326), la variation des salaires et des gains diffère fortement dans les divers groupements d'Etats : Etats de la Nouvelle-Angleterre, Etats du Milieu, Etats du Sud, Etats du Centre et Etats du Pacifique. Le mouvement des salaires et des gains nous apparaît comme très différent, non seulement pour les diverses industries comparées entre elles, mais aussi, souvent, pour les mêmes industries et les mêmes professions lorsqu'elles sont étudiées dans différents Etats. Aussi peut-on se procurer à volonté des lignes ascendantes ou descendantes.

En général, on trouve qu'il y a eu le plus souvent tendance des salaires à monter dans les Etats de la

1. U. S. Department of Agriculture, *Wages of Farm Labor in the United States, Results of Twelve Statistical Investigations* (1866-1902).
2. Department of the Interior, Census Office, *Special Report : Employees and Wages*, Washington, 1903.

Nouvelle-Angleterre, du Milieu, du Centre et du Sud et
à s'équilibrer dans ceux du Pacifique, ceci pour la majeure
partie des branches d'industrie ; mais il y a eu tendance
des salaires à la baisse dans tous ces Etats et dans nombre d'autres industries (1).

Pour la Nouvelle-Zélande, voici ce que M. Victor S.
Clark, envoyé en mission par le Ministère du Commerce
et du Travail des Etats-Unis, dit à propos de la variation
des salaires : « On admet généralement que les salaires
nominaux y ont baissé graduellement de 1880 à 1895 et
qu'ils ont nettement haussé depuis cette date. Mais ce
dernier mouvement a été accompagné d'une hausse aussi
nette des prix, — ce qui peut avoir eu pour effet que les
salaires réels sont restés bien près du point où ils étaient
auparavant. Les salaires réels y sont à présent plus bas
qu'aux Etats-Unis. » (2). Mais l'on remarquera que pour
cette Colonie les documents statistiques relatifs au travail
et aux salaires qui soient dignes de confiance font encore
par trop défaut. Et je me suis contenté de constater (*loc.
cit.*, p. 327) que le mouvement des salaires en Nouvelle-
Zélande porte un caractère national très spécial, bien
qu'il soit influencé par les taux des salaires à l'exté·
rieur.

1. Voir la *Conclusion générale, loc. cit.*, p. XCIX.
2. Cf. Victor S. Clark, *Labor conditions in New Zealand*, dans *Bulletin of the Bureau of Labor*, n° 49 (novembre 1903) p. 1163. Voir également le Rapport pour l'année 1905 du Ministère du Travail en Nouvelle-Zélande, p. IV : « Le léger progrès dans les salaires ouvriers n'est
pas resté, je le répète, en proportion convenable (*fair ratio*) avec la
hausse du prix des nécessités de la vie. M. Coghlan, statisticien du Gouvernement de la Nouvelle-Galles du Sud, affirme que les salaires en
Nouvelle-Zélande ont augmenté de 8.5 o/o en quinze années. Comme,
dans le même laps de temps, les loyers dans les villes ont augmenté
au moins de 30 o/o et plusieurs nécessités de la vie de 10 à 50 o/o,
la raison d'être de ce que les employeurs traitent avec aigreur de
« demande incessante d'augmentation des salaires » devient non seulement compréhensible, mais excusable ».

On voit par tout ce qui précède combien peu les faits réels justifient la théorie de ceux qui voudraient mesurer le mouvement des salaires dans le domaine entier de la production sociale d'après leur variation pendant les dernières dizaines d'années et dans un seul pays du monde, voire dans une seule branche d'industrie d'un pays donné. Et que dire de ceux qui voudraient donner une variation particulière, locale ou nationale, du taux des salaires comme caractérisant ni plus ni moins que le mouvement entier des salaires dans la société capitaliste moderne !

Examinons maintenant la valeur de quelques-unes des conclusions spéciales qui ont été formulées à propos de la marche ascendante des salaires dans les pays modernes de l'Europe.

Le doublement ou le triplement des salaires ouvriers dans le courant d'un demi-siècle ne signifie pas nécessairement que la population ouvrière correspondante soit parvenue à une satisfaction plus que rudimentaire de ses besoins, c'est-à-dire à l'obtention des biens les plus ordinaires, nourriture, vêtements, logis. Car, dans nombre de sphères de production de plusieurs pays l'industrie artisane précapitaliste s'est transformée, dans le laps de quelques dizaines d'années, en moyenne ou grande industrie moderne. Or, l'industrie artisane et l'industrie familiale nous reportent d'ordinaire à des conditions matérielles tellement rudimentaires pour les producteurs immédiats, — particulièrement dans les campagnes, — que le doublement ou le triplement de leurs gains ne signifie nullement l'absence de la misère la plus noire.

En 1845, année où commence la statistique susdite du salaire des tisserands de coton gantois, des salaires de o fr. o5, o fr. 10, et o fr. 15 *par jour* étaient encore la rémunération normale des femmes et des enfants employés, dans les campagnes des Flandres, au filage du lin et aux préparations du tissage. Quant aux tisserands de lin, ils gagnaient o fr. 5o, o fr. 6o *par jour*, et encore étaient-ils loin de trouver, contre un salaire pareil, un travail régulier (1).

L'étude du mouvement des salaires dans divers pays et dans des branches d'industrie très différentes montre aussi qu'une industrie moderne nouvellement établie dans une contrée où la population vit encore dans une simplicité et une pauvreté précapitalistes, fait plus facilement et plus rapidement doubler ou tripler les anciens salaires que le développement ultérieur de cette industrie n'y réalise une augmentation souvent minime et de faible pourcentage.

Contre l'opinion courante, je constate donc ceci : pour la connaissance des conditions matérielles actuelles d'une population ouvrière, le fait que les salaires nominaux ont doublé ou plus que doublé depuis le dernier siècle ou demi-siècle ne permet, à lui seul, aucune conclusion.

Pour déterminer sur ce point les différences de caractère que présentent les diverses périodes du xixᵉ siècle comparées entre elles quant au mouvement des salaires, j'ai encore utilisé dans les articles cités les données relatives à la variation des salaires ouvriers qui ont été recueillies dans différents pays lors de l'Exposition Universelle de 1900. Voici la conclusion générale à laquelle ces données ont conduit le Jury :

« En somme, doublement du salaire dans la seconde moitié du xixᵉ siècle, avec ralentissement marqué à la fin, — voilà la constatation universelle. » (2).

1. Van Damme, *Rapport général sur l'industrie linière en 1845, Revue nationale*, 1846, xv, pages 135-137 ; cité dans: *Les salaires dans l'industrie gantoise*, t. I, première partie, ch. II, p. 46.

2. Ministère du Commerce, de l'Industrie, des Postes et des Télégraphes, *Exposition Universelle Internationale de 1900 à Paris, Rapports du Jury International, Introduction Générale*, tome V, Paris 1903, sixième

Je suis des premiers à reconnaître que des conclusions
aussi générales ne présentent pas une très grande valeur ;
cependant, il ressort de tout ce que nous venons de dire
que la variation des salaires pendant le dernier siècle ou
demi-siècle est particulièrement propre à tromper et à
conduire à des conceptions erronées concernant le mouvement *actuel* des salaires.

S'il faut déjà bien de la prudence pour juger la marche
des salaires *nominaux*, et pour éviter de tirer les conclusions hasardées auxquelles elle se prête, cette prudence
s'impose encore davantage dès qu'on veut étudier non pas
les salaires *nominaux*, mais les salaires *réels* et qu'on
désire rechercher la valeur que représente le gain de l'ouvrier lorsque ce gain est apprécié non en monnaie, mais
en objets de consommation.

Dès que l'étude des conditions ouvrières porte sur des
époques un peu éloignées les unes des autres ou sur des
contrées différentes, nous ne possédons plus, pour la comparaison des salaires en monnaie à des salaires en objets
de consommation et pour la réduction de ceux-ci en
ceux-là, de documents sérieux pareils à ceux dont nous
disposons déjà pour plusieurs industries et pays concernant les salaires nominaux et leur variation ; aussi le procédé ordinaire des économistes et des statisticiens pour
réduire les salaires nominaux en salaires réels a-t-elle
été, jusqu'à présent, trop grossière et trop simpliste.

Dans la *Revue socialiste* (n° de mai 1905, pages 555 et s.)

partie (Economie sociale), ch. I, § 1, pages 59-60. Pour l'Angleterre, je
renvoie le lecteur particulièrement à l'ouvrage publié par le BOARD OF
TRADE : *British and Foreign Trade and Industry, Memoranda, Statistical
Tables, and Charts*, London, 1903. A la page 260 de ce dernier volume,
on trouve des chiffres analogues à ceux sur lesquels se sont basés les
statisticiens anglais pour l'élaboration des cartes destinées à l'Exposition
de Paris. C'est un tableau d'*index-numbers* pour les salaires dans chacune des vingt-cinq années finissant en 1902, l'année 1900 étant prise
comme étalon de comparaison.

j'ai étudié assez en détail quelques systèmes de réduction de ce genre, notamment ceux appliqués par l'*Office français du Travail* et par le *Bureau of Labor* de Washington, systèmes qui, au moins, ne s'appliquent pas à de pures évaluations.

Voici mes conclusions sur ce point : Si on ne veut pas trop perdre le contact avec la réalité, il faudra recourir à l'étude de budgets des familles ouvrières dont il est question. Mais sur ce point particulier les documents dignes de confiance sont rares.

Si l'on veut avoir des documents vraiment utilisables, il faut que les budgets soient relevés sur les livres de dépenses des familles ouvrières à étudier, ou du moins de familles de la même catégorie. Puis ces budgets doivent être comparés aux salaires effectivement payés aux ouvriers de même catégorie et à l'époque même de la dépense.

La tentative la plus sérieuse et en même temps la plus vaste que je connaisse pour calculer le coût de la nourriture de familles ouvrières est le *Dix-huitième Rapport Annuel* du Bureau du Travail américain (1). Cependant,

1. *Eighteenth Annual Report of the Commissioner of Labor, Cost of Living and Retail Prices of Food,* Washington, 1904. Dans mon étude de la variation des salaires (salaires nominaux et salaires réels) je n'ai pas compris l'Enquête américaine parmi celles sur lesquelles je me suis basé pour mettre en lumière le caractère changeant de ce mouvement dans les différents pays et les diverses industries. La raison en est que l'Enquête américaine s'étend seulement sur une période de quatorze ans. Je fais cependant remarquer en passant qu'en concordance avec le *Dix-huitième Rapport Annuel* traitant *du coût de la vie et des prix de détail des aliments,* le *Dix-neuvième Rapport* du BUREAU OF LABOR, pour l'année 1904, donne les résultats de recherches également vastes sur *les salaires et les heures de travail* dans les branches principales de l'industrie des Etats-Unis, lui aussi pour la période 1890-1903.

Je laisse à la responsabilité des statisticiens américains le caractère trop généralisateur de leurs conclusions ; mais je note qu'en 1890 les salaires par heure aux Etats-Unis étaient de 0.3 o/o au-dessus du salaire moyen de la période 1890-1900, ce dernier pris commme base des calculs, et que le chiffre correspondant pour l'année 1903 est de 16.3 o/o au-

même un document aussi sérieux que ce Rapport, pour la
composition duquel nulle peine n'a été épargnée afin de
recueillir des budgets ouvriers vrais et des prix de détail
exacts, ne fournit pas à l'étude de la variation des salaires nominaux parallèlement à celle du prix des denrées
une base absolument ferme : la réduction des salaires
nominaux en salaires réels obtenue pour toute une série
d'années demeure toujours défectueuse et ne reflète que
très imparfaitement les changements de la condition matérielle des classes ouvrières. (Voir sur ce point la *Revue
socialiste*, *loc. cit.*, pages 559-561.)

J'ai insisté un peu longuement sur les difficultés qui se
présentent lorsqu'on veut se faire une idée juste des changements qu'ont subis les conditions matérielles d'une
catégorie d'ouvriers. C'est une tâche très délicate que de
mesurer en chiffres ou d'exprimer par une formule mathématique un phénomène social et économique aussi complexe que l'est le bien-être matériel des hommes et ses
variations.

La chose devient proprement impossible dès qu'on veut
appliquer un système de calcul mathématique au bien-
être matériel de toute une population. En effet, même dans

dessus de la dite moyenne. En comparant ces chiffres à ceux de 2.4 et
10.3 o/o des prix des aliments, il saute aux yeux combien petite a été
aux Etats-Unis, d'après les deux Rapports, l'amélioration des conditions
matérielles de la population ouvrière de 1890 à 1903. Et l'année 1903 à
été une année de prospérité particulière des industries. (*Eighteenth Report*,
loc. cit., et *Nineteenth Annual Report*, *Wages and Hours of Labor*, Washington, 1905, chap. II, pages 20 et 24 ; Cf. aussi l'analyse préliminaire
de cette double enquête dans le *Bulletin*, n° 53 (de juillet 1904), du
Bureau of Labor, tableau à la page 723.)

Le *Bulletin*, n° 65 (de juillet 1906) nous met en état de comparer les
chiffres pour la période 1890-1903 à ceux pour les années 1904 et 1905.
D'après ces derniers chiffres, le progrès a été moindre encore (voir, *loc.
cit.*, p. 20). Les gains hebdomadaires des ouvriers ne se sont élevés qu'à
12.2 o/o en 1904 et 14 o/o en 1905 au-dessus de la moyenne, tandis
que le coût de la nourriture a été en 1904 de 11.7, en 1905 de 12.4 o/o
au-dessus du coût moyen.

les pays où le mouvement des salaires (salaires nominaux
et salaires réels) a été manifestement ascendant pour la
majorité des branches de production, il existe toujours des
industries entières où il n'y a guère eu de progrès dans la
variation des salaires réels ; bien mieux, nombre de branches de l'industrie artisane sont simplement en train de
périr. Malgré le progrès général, souvent à cause même
de ce progrès, des milliers d'ouvriers des industries retardataires voient continuellement diminuer leur bien-être
matériel ou tombent dans la détresse absolue, jusqu'à ce
que leur industrie se soit réorganisée complètement ou
qu'ils trouvent en partie une issue dans d'autres branches
de production. Tel est le cas, sous l'influence du machinisme moderne, dans l'industrie des soies, dans celle des
dentelles, etc.

Pris dans son ensemble, le problème du mouvement des
conditions matérielles d'une population ouvrière devient
ainsi toute autre et paraît immédiatement d'une nature plus
complexe que l'étude d'une catégorie spéciale d'ouvriers
ne le donne à croire. Si nous voulons juger du bien-être
matériel d'un individu, il nous faut autant compter avec
le chômage qu'il subit qu'avec les périodes de sur-
travail ou les bénéfices supplémentaires qu'il obtient, et
c'est précisément pour cette raison que nous avons dû distinguer le gain annuel de l'ouvrier de son salaire nominal
par heure, jour, semaine, mois, etc. De même, s'il s'agit
d'une population ouvrière, nous devons prendre en considération, non seulement les catégories d'ouvriers qui travaillent régulièrement, mais aussi les sans-travail et les
invalides des diverses industries. Au cas où l'on pourrait
admettre comme un fait établi que, dans une région déterminée, les salaires (salaires nominaux et salaires réels) de
la population ouvrière active ont augmenté pendant les
dernières dizaines d'années, on n'aurait pas démontré pour
cela qu'il y a eu amélioration des conditions matérielles

pour la population ouvrière en entier, et moins encore une amélioration proportionnelle à la hausse des salaires. Supposons que le paupérisme s'y soit accru, précisément ut-être à cause de ce développement technique qui est n des facteurs principaux de la hausse des salaires; uans ce cas, l'ouvrier travaillant régulièrement serait de plus en plus appelé à entretenir un ou plusieurs pauvres dont le sort dépendrait de lui et de son gagne-pain, et il est évident qu'alors l'effet du progrès social et de la hausse des salaires serait effacé pour la région en question. De même, il faut tenir compte, dans nombre d'industries et dans les pays industriels les plus développés, de ce que les ouvriers s'usent plus vite qu'autrefois sous le régime du travail d'artisan ou de la petite industrie, de sorte que de nos jours un ouvrier qui a quarante-cinq ou cinquante ans est souvent déjà trop vieux pour son métier (1).

Mais nous n'avons pas encore envisagé toutes les difficultés que présente notre problème.

Sans doute, l'économiste se donne pour tâche d'étudier les conditions de la vie matérielle des hommes. Or, l'homme ne vivant pas à l'état isolé, mais en société, on ne saurait faire abstraction des composantes autres qu'économiques, donc physiques, historiques, esthétiques, etc., du milieu social tout entier dans lequel il vit (2).

Il y a une différence entre la *puissance d'achat* de la monnaie et cette autre puissance, qu'elle a en vertu de la première, *de servir à la satisfaction des besoins de*

---

1. « Dans toutes les *trades-unions* et chez les ouvriers de toute occupation s'élève une plainte générale sur ce raccourcissement de la période d'activité industrielle de l'ouvrier. En effet, si l'augmentation de l'effort diminue chez le salarié la période pendant laquelle il peut gagner sa vie, il doit y avoir une hausse correspondante dans le taux journalier des salaires, de manière que l'ouvrier puisse maintenir pendant toute son existence son étalon de vie (*standard of living*) originel. » (*Final Report of the Industrial Commission* (vol. XIX *of the Commission's Reports*), Washington, 1902, *Labor*, sect. I, pages 733-734.)

2. Voir ma *Théorie de la Valeur, Préface*.

l'homme et à l'augmentation de son bien-être dans la vie sociale.

L'économiste doit tenir compte de cette différence en étudiant les salaires et leur mouvement historique.

Même dans le cas où la variation des salaires, tant nominaux que réels, a été en général ascendante pour la population ouvrière d'un pays, il reste possible, en général, que les besoins actuels de cette population soient moins bien satisfaits par les salaires présents plus élevés que ne l'étaient les besoins d'autrefois par les salaires d'alors, et qui étaient plus bas.

Lorsque, dans un pays quelconque, l'accroissement des richesses sociales et de cette partie du revenu national qui échoit à d'autres qu'à la population ouvrière proprement dite dépasse celui des salaires, les besoins des classes possédantes augmentent plus facilement que ne le peuvent, relativement, les besoins des classes ouvrières, bien que proprement vitaux. Dans les pays et dans les industries où ce cas se présente, les besoins nouveaux des classes non-ouvrières et l'accroissement du luxe agissent également sur les masses ouvrières et créent en elles une sensation plus nette de privation.

Le mouvement historique des salaires, dans ses rapports avec le bien-être matériel de la population ouvrière, doit donc être envisagé comme un phénomène social en relation étroite avec le mouvement historique des revenus dérivant d'autres sources que le travail (profit, intérêt et rente foncière) et avec le bien-être que ces autres sources de revenu offrent aux classes possédantes.

En outre, le développement intellectuel continu des masses ouvrières agit essentiellement, avec une force toujours croissante, sur la sensation du bien-être matériel. En effet, il fait pénétrer de plus en plus dans les rangs des ouvriers le sentiment de leur infériorité relativement aux classes possédantes pour tout ce qui concerne les jouissances de la vie. L'intervention de ce facteur fait que, dans maintes industries et dans plusieurs pays, l'amélioration éprouvée par la population ouvrière dans ses conditions matérielles n'a pas pu compenser son sentiment pénétrant d'une infériorité sociale réelle. Voici pourquoi il n'est pas nécessaire que les profits, l'intérêt et la rente foncière augmentent partout dans la même proportion ou dans une proportion plus rapide que les salaires des ouvriers ; il n'est pas même nécessaire qu'ils augmentent pour que naissent dans la population ouvrière des sentiments généraux de mécontentement et des besoins et désirs qui, profondément éprouvés, restent pourtant non-satisfaits. La nécessité de cette augmentation s'impose d'autant moins que les revenus des capitaux et de la propriété foncière échoient dans tous les pays modernes à une petite minorité de la population. Tout en baissant, les taux du profit, de l'intérêt et de la rente foncière peuvent toujours représenter des sommes énormes s'accumulant sous les yeux de la population entre les mains d'un nombre d'individus très restreint dont le luxe croissant peut continuer à irriter les masses. L'accumulation de richesses, tout en n'étant pas progressive, conserve pourtant son caractère d'accumulation. Puis, pour autant que ces richesses sont obtenues par le jeu seulement des droits de propriété, elles éveillent l'envie de tous ceux qui ne peuvent augmenter leur bonheur de vie que par le travail et le labeur.

Même pour les pays ou pour les industries où la hausse des salaires nominaux pendant les dernières dizaines d'années a été accompagnée en même temps d'une hausse des salaires réels, on ne saurait admettre comme évident que cette hausse sera sentie par les ouvriers en question comme une augmentation définitive de leur bien-être matériel.

Je n'ai pas ici à approuver ou à désapprouver ce qui

existe, mon étude étant purement scientifique ; c'est
l'état vrai des rapports économiques et de leur évolution*
que je recherche, et pour bien les juger on ne doit jamais
oublier que chaque problème dans notre domaine est un
problème de puissance économique et d'évolution de cette
puissance. Si le genre de vie des classes qui vivent des
revenus de leur propriété a été jusqu'à présent une cause
d'irritation pour les classes qui vivent de leur travail,
c'est que les premières étant les plus fortes dominaient
les opinions, les sentiments et les désirs des secondes. Au
fur et à mesure, cependant, que la puissance des classes
laborieuses augmente, au fur et à mesure surtout que les
organisations ouvrières commencent à diriger davantage
la production et la distribution des richesses, ce sont
eurs propres besoins et leurs propres désirs qui tendent
à être satisfaits les premiers, — désirs et besoins d'ordre
non seulement économique, mais encore intellectuel,
esthétique, etc., en un mot, largement humains.

CHAPITRE V

FLUCTUATIONS DES SALAIRES.
LOIS CONCERNANT LES RAPPORTS DE TRAVAIL
ET LES RAPPORTS DE SALAIRE

Les données historiques et statistiques étudiées dans les chapitres précédents ont montré déjà combien difficile il est de généraliser en ce qui concerne l'établissement des salaires et leur mouvement. Le travail humain s'applique dans tant de directions différentes et chaque fois les conditions économiques et techniques varient à tel point, l'état de civilisation générale de la population est si divers, que quiconque veut étudier le problème du salaire dans la vie sociale même se heurte dès les premiers pas à un véritable chaos de faits.

Même dans les conditions de production les plus normales, les plus habituelles pour une entreprise, on voit encore, dans plusieurs industries, varier et fluctuer les salaires de semaine en semaine, d'une manière considérable, et selon la catégorie des ouvriers étudiés.

Le patron d'une filature gantoise a recherché dans ses livres de paie les salaires moyens de ses ouvriers dans chacune des spécialités industrielles que renfermait son établissement et pour une période de quatre semaines consécutives à travail tout à fait normal :

« Pour les bobineurs et rattacheurs, payés à la semaine

ou à la journée (enfants), les fluctuations sont nulles ; pour les bancs à broches, elles ont été de 4 o/o, de 7 o/o pour les débourreurs, de 11 o/o dans les étirages, de 12 o/o parmi les fileuses aux continus, de 14 o/o parmi les bobineuses, de 22 o/o parmi les fileurs, de 24 o/o parmi les warpeuses, de 91 o/o parmi les dévideuses ! » (1).

Notons, ajoute encore le Rapport belge, qu'il s'agit là de salaires *moyens* dans lesquels tous les extrêmes s'éliminent en un chiffre central ; « si on était allé jusqu'aux salaires individuels, les différences auraient été doublées, peut-être décuplées ».

Ce phénomène n'est pas limité à l'industrie textile. Une statistique de l'Office belge du Travail sur les salaires dans les mines de houille, a constaté de grandes différences entre les salaires payés à des ouvriers adultes dans divers charbonnages pour une même spécialité de travail et dans un même bassin. En renvoyant le lecteur, pour chaque catégorie d'ouvriers, aux tableaux statistiques annexés à leur étude, les statisticiens belges font remarquer en ce qui concerne le relèvement des salaires de la dernière paie avant le 31 octobre 1896 :

« C'est pour les bouveleurs que les différences sont les plus fortes ; viennent ensuite, à peu près au même rang, les ouvriers à veine, les coupeurs de voies, les raccommodeurs, les recarreurs et les remblayeurs ; enfin, pour les conducteurs de chevaux, les chargeurs et les traîneurs, les variations sont moins sensibles et ne dépassent généralement pas un franc pour les charbonnages d'un même bassin (2) ». Les différences entre les salaires sont tellement multiples et variables que les auteurs du Rapport,

1. *Les salaires dans l'industrie gantoise*, I. Industrie cotonnière, Iʳᵉ partie, chap. III, p. 67. Voir aussi le tableau Annexe, n° 27 du Rapport.
2. *Statistique des salaires dans les mines de houille* (Octobre 1896-mai 1900) § 2, 2 : *La situation en 1896*, p. 27. Voir aux pages citées dans le texte les chiffres des salaires tels qu'ils ont été fournis par les livres de paie des entrepreneurs.

après avoir arrangé les exploitations minières de façon
à grouper dans un ordre décroissant celles où les proportions o/o des divers taux de salaires en 1896 se trouvaient
analogues, n'hésitent pas à déclarer : « qu'il n'y a aucune
fixité dans un bassin » (1).

Le phénomène constaté ne se rapportant pas spécialement à une seule industrie, on pourrait croire du moins
qu'il est un phénomène national, dans ce sens que les
salaires varient davantage dans les pays d'ancienne civilisation, où souvent l'industrie moderne est partie de
l'industrie artisane dans une population accoutumée à
des salaires extrêmement bas pour plusieurs catégories
de travail. Abstraction faite de la question de savoir si
cette circonstance a ou non une action sensible pour
l'établissement de différences en salaires dans plusieurs
sphères de production, il n'en reste pas moins que dans
des pays de civilisation neuve on retrouve les mêmes différences tout aussi marquées.

L'enquête entreprise par le Ministère du Travail à
Washington sur les frais de production dans quelques
branches principales d'industrie des Etats-Unis (2) contient des renseignements pour 618 établissements industriels — industries du fer, de l'acier, du charbon et de
la pierre calcaire — sur les frais de production, et pour
99 de ces établissements sur la durée et les gains du travail (durée et gains effectifs et théoriques). Pour les industries textiles et l'industrie du verre, 278 et 125 établissements ont été étudiés de la même façon.

Le Rapport fait remarquer expressément que, sur la
question si souvent posée, de savoir quel est le taux du

1. « L'arrangement même des exploitations dans l'ordre décroissant
des pourcentages montre qu'il n'y a aucune fixité dans un bassin. » (*Loc.
cit.*, p. 29.)
2. *Sixth Annual Report of the Commissioner of Labor*, Washington,
1891 et 1892.

salaire aux Etats-Unis dans tel ou tel métier, on ne saurait formuler une réponse valable pour chacun des dits métiers. En examinant le tableau XIII de ce Rapport où sont rangés ensemble des ouvriers exerçant la même occupation, dans différents établissements et différents Etats, on voit combien varient les taux de leurs salaires journaliers pour des travaux similaires. Dans l'introduction de cette partie du Rapport, les statisticiens américains donnent, comme exemple, la liste comparative qui suit (p. 94) indiquant les différents taux du salaire des forgerons.

Les dix-sept cas comparés dans ce tableau se répartissent comme suit : cinq ont été observés en Pennsylvanie, trois dans l'Etat de New-York, deux dans l'Illinois, et un chacun dans les Etats de l'Alabama, du Wisconsin, de la Virginie, de la Virginie Occidentale, du Missouri, de l'Ohio et de l'Indiana. Le Rapport américain arrive à des conclusions analogues pour d'autres métiers encore. Et même en ce qui concerne chaque Etat de l'Union en particulier, le Rapport fait la remarque suivante relative aux différentes industries : « Si les exemples avaient été choisis tous dans un seul Etat, la diversité, tout en étant peut-être moins grande, se manifesterait encore assez pour montrer que nulle part aux Etats-Unis et dans nulle occupation il n'existe quelque chose comme un taux fixe de salaire. » (1).

Parfois les statisticiens ne se sont pas contentés, comme l'ont fait les statisticiens américains et belges, de constater simplement un phénomène réel reconnu. Se voyant placés devant une variabilité considérable de faits dont ils ne réussissaient pas à discerner et à coordonner à première vue les concordances, ils ont été jusqu'à nier

---

1. *Loc. cit*, tome I, *Cost of Production*: *Iron, Steel, Coal*, etc., part. II, p. 295.

Variations de salaire des forgerons aux Etats-Unis

JOURNÉES DE TRAVAIL POUR LA PÉRIODE	GAINS JOURNALIERS EFFECTIFS OU TAUX DE SALAIRE JOURNALIER LE PLUS PROCHE DU GAIN JOURNALIER MOYEN	SITUATION RÉELLE PAR PÉRIODE					SITUATION SI LES OUVRIERS AVAIENT TRAVAILLÉ CONTINÛMENT	
		NOMBRE DES SALARIÉS	JOURS OUVRÉS		GAINS		Salariés nécessaires	Donc gains moyens par salarié
			Total	Moyenne	Total	Moyenne		
313	$ 1.20	2	249	125	$ 298	$ 149	0.80	$ 375
313	1.83	3	511	170	935	312	1.63	573
313	1.84 1/2	2	610	305	1,124	562	1.95	577
313	1.97	9	2,442	271	4,810	534	7.80	617
313	2.00	2	157	79	314	157	0.50	626
313	2.08 1/2	9	223	25	465	52	0.70	653
313	2.18 1/2	5	661	132	1,445	289	2.11	684
313	2.25	1	68	68	153	153	0.22	704
313	2.35	2	560	280	1,316	658	1.79	736
313	2.38	6	249	42	592	99	0.80	744
313	2.40	1	202	202	485	485	0.65	752
313	2.43 1/2	5	924	185	2,250	450	2.95	762
313	2.75	1	294	294	808	808	0.94	860
313	2.75 1/2	1	201	201	552	552	0.64	860
313	2.83 1/2	5	853	171	2,418	484	2.73	887
313	2.98 1/2	5	879	176	2,625	525	2.81	935
313	3.60	1	310	310	1,120	1,120	0.99	1,131

catégoriquement l'existence d'une loi générale du salaire.

Tels les statisticiens de l'Office du Travail français :

« Il n'y a donc pas de loi du salaire, mais des rapports multiples et d'ailleurs non nécessaires, car, en dehors des influences que nous venons d'énumérer et des autres que l'on pourrait encore étudier dans l'ordre économique, il y a celle des volontés. Volontés des chefs d'entreprise ; car, puisque nous avons observé, encore assez souvent, que deux établissements voisins exerçant la même industrie ont des moyennes de salaires différentes, ont une variabilité parfois très différente du personnel occupé, il faut bien, les autres conditions étant les mêmes, que la différence de situation du personnel soit due à la différence de gestion des deux entreprises. Volontés des ouvriers ; car ceux-ci, par l'effort individuel, peuvent élargir leur faculté de travail, et par l'entente entre eux et avec les chefs d'entreprise accroître le profit légitime de leurs efforts. » (1).

Lorsque les statisticiens, impuissants à formuler, d'après leurs recherches seules, une théorie générale du salaire, arrivent finalement à des conclusions comme celles que nous venons de citer, ils sortent de leur domaine scientifique propre, et pour lequel on peut leur accorder confiance (2).

Il est, cependant, des statisticiens qui se rendent mieux compte des limites de leur tâche et qui se montrent plus prudents dans leurs conclusions. Les enquêteurs belges qui ont constaté une grande diversité dans les taux de salaires pour une même industrie, dans une même localité et pour une même catégorie d'ouvriers, sont arrivés à des conclusions tout aussi décisives pour d'autres industries que celle du charbon, lors du recensement général

---

1. *Salaires et durée du travail dans l'industrie française*, tome IV, Note préliminaire, p. 30.

2. Cf. notre Préface, p. 5 et suiv.

des industries et des métiers de 1896. Recherchant, dans cette dernière enquête, l'influence que peut avoir sur les salaires ouvriers la grandeur des établissements industriels à côté de l'influence exercée par la région, les statisticiens belges font remarquer :

« La diversité n'entraîne pas, en effet, l'arbitraire dans le niveau des salaires pour les différents établissements, ou les différentes régions : elle révèle simplement la variété des causes qui agissent à la fois du côté de l'employeur (organisation technique et économique, nature des produits, situation de l'entreprise, etc.), et du côté des ouvriers (âge, capacité, organisation syndicale, milieu social, causes historiques en général, etc.).

« C'est à une étude soigneuse de ces diverses causes qu'il faudrait demander la raison d'être des résultats de la présente statistique. » (1).

De même, en étudiant les salaires pour une même industrie (les tissages mécaniques de coton) dans une grande ville (Gand) et dans sa banlieue rurale, ils remarquent :

« On y observe, à coup sûr, notamment pour les femmes, la supériorité des salaires payés en ville par rapport à ceux de la campagne ; mais cette différence de milieu ne peut expliquer cependant les fluctuations spéciales que présentent les diverses courbes du diagramme relatif aux hommes. Ces fluctuations sont dues encore une fois aux multiples facteurs qui se trouvent en jeu dans le débat du salaire, et qu'une simple statistique ne saurait dégager. » (2).

---

1. *Recensement général des Industries et des Métiers* (31 oct. 1896), vol. XVIII, *Exposé général des méthodes et des résultats*, 2ᵉ partie, 1ʳᵉ section, chap. II, § 9, p. 309.

2. *Ibidem*. Traitant ultérieurement des salaires de femmes, cette statistique constate encore une fois l'attraction exercée sur eux par les salaires de la grande industrie ou de la grande ville. Et, parlant de la grande diversité que montrent les salaires des ouvrières dans la filature

Dans la Préface, nous avons délimité les compétences respectives de la Statistique et de l'Economie et indiqué la méthode suivant laquelle la science économique réussit souvent à déterminer, dans les grandes lignes du moins, les facteurs prédominant dans la vie sociale et à formuler, puis à coordonner, les lois économiques.

Un seul exemple encore, relatif au salaire ouvrier, pour illustrer la façon dont l'Economie complète, à ce point de vue, l'œuvre de la Statistique : en comparant entre elles les données statistiques pour plusieurs industries et plusieurs pays à la fois, elle arrive à cette constatation que, malgré les différences en salaires incontestables entre ouvriers de même catégorie et de même milieu social dans différentes entreprises, on observe dans chaque région une certaine concordance entre les salaires dans plusieurs industries dont les produits sont toujours les mêmes et ont un large débouché et où les procédés de travail varient peu (1). C'est l'étude générale de la nature

du coton, elle conclut : « Ici, comme précédemment, c'est à une analyse plus détaillée des facteurs agissant sur le salaire qu'il faudrait recourir pour dégager les causes effectives de cette diversité. » (Loc. cit., p. 313.) Voir également pour juger des difficultés que la Statistique, laissée à ses propres ressources, rencontre dans ses recherches sur les conditions de travail et de salaire, la déclaration d'impuissance suivante faite par les statisticiens du Board of Labor de Washington dans le Rapport sur le travail à la main et le travail à la machine : « La tendance générale des salaires depuis l'introduction de la force mécanique et l'emploi de femmes et d'enfants dans ses opérations a été ascendante, mais il sera difficile de décider d'une manière positive si l'accroissement est dû entièrement à l'emploi de machines, ou bien à l'étalon plus élevé de la vie, ou à la productivité accrue du travail secondé par le machinisme, ou bien à toutes ces causes combinées, ou encore à d'autres causes. » (Thirteenth Annual Report of the Commissioner of Labor, Hand and Machine Labor, vol. I, Préface, p. 5.)

1. Pour les moyennes de salaire une statistique française a pu observer « avec une suffisante régularité » cette concordance dans les industries suivantes du département de la Seine : « meunerie, raffinerie de sucre, pâtisserie, chocolaterie, stéarinerie, savonnerie, caoutchouc, cartes en

du travail salarié qui seule permet à la science économique de faire suivre la constatation de ce fait de son explication.

feuilles, papiers peints, teinturerie de peaux, grande teinturerie en pièces, verrerie, etc. » (*Salaires et durée du travail dans l'industrie française*, tome I, 2ᵉ partie, G., p. 490.)

DEUXIÈME PARTIE

Critique des différentes théories du Salaire.

CHAPITRE VI

LA THÉORIE DU « FONDS DES SALAIRES »

Si les statisticiens, dans leur impuissance à mettre de l'ordre dans le chaos des faits particuliers, se sont laissé aller parfois jusqu'à prétendre qu'il n'existe pas quelque chose comme une théorie générale du salaire (voir plus haut à la p. 95), beaucoup d'économistes sont tombés dans l'autre extrême, d'avoir commencé déjà l'élaboration d'une telle théorie générale avant même que des matériaux statistiques suffisamment dignes de confiance fussent à leur disposition.

La première tentative pour formuler une théorie générale du salaire qu'on doive mentionner ici — fût-ce en passant seulement — est l'ancienne théorie du *fonds des salaires*. C'est en particulier Mac Culloch et John Stuart Mill qui sont considérés comme les représentants les plus autorisés de cette théorie qu'on retrouve fréquemment dans les œuvres d'économie classiques (Destutt de Tracy, Jeremias Bentham, Ricardo et déjà Adam Smith) (1).

Cette théorie prétend que les salaires, dans chaque pays, doivent être payés au moyen d'une certaine partie du capital national total — sorte de fonds des salaires — s'élevant pour chaque période donnée à une somme fixe. Le taux moyen du salaire dépendrait du montant éventuel dudit fonds et du nombre des ouvriers employés au travail salarié. « Ce n'est pas le chiffre absolu de l'accumulation ou de la production qui importe à la classe laborieuse, ce n'est pas même le chiffre des fonds destinés à être distribués entre les travailleurs ; c'est la proportion qui existe entre ces fonds et le nombre des personnes qui se les partagent. Le sort de la classe laborieuse ne peut être amélioré que par un changement à son avantage de cette proportion. » (2).

La théorie du fonds des salaires dérive très naturellement de cette proposition hypothétique, si générale-

1. « Le nombre des travailleurs utiles et productifs est partout... en proportion de la quantité du capital employé à les mettre en œuvre, et de la manière particulière dont ce capital est employé. » (ADAM SMITH, *Wealth of Nations, Introduction*, p. 18 ; trad. Garnier (1881), t. I, p. 3.) « Évidemment, la demande de ceux qui vivent de salaires ne peut augmenter qu'à proportion de l'accroissement des fonds destinés à payer des salaires. » (*Loc. cit.*, livre I, chap. VIII, p. 68 ; trad. franç., p. 85.) Smith choisit ici comme exemples : d'abord un propriétaire, un rentier, un capitaliste qui augmentera le nombre de ses domestiques lorsqu'il voit augmenter le surplus de son revenu au-dessus de ce qu'il juge nécessaire à l'entretien de sa famille ; puis un « ouvrier indépendant » — tel qu'un tisserand ou un cordonnier — qui a amassé plus de capital qu'il ne lui en faut pour acheter la matière première de son travail personnel et pour subsister lui-même jusqu'à la vente de son produit et qui, avec ce surplus, emploie un ou plusieurs journaliers. Cet homme augmentera le nombre de ses ouvriers lorsque ce surplus augmente : « Ainsi, la demande de gens vivant de salaires augmente naturellement avec l'accroissement des richesses nationales, et il n'est pas possible qu'elle augmente sans cet accroissement. » (*Ibid.*, la traduction française est inexacte par endroits.)

2. JOHN STUART MILL, *Principles of Political Economy*, livre II, chap. XI, § 3 ; cf. trad. franç. édit. 1861, tome I, pages 390-391.

ment répandue dans la science économique classique, que le capital national entier — c'est-à-dire la totalité des moyens de production et de tous les fonds destinés à la nouvelle production — est à considérer, pour chaque période donnée, comme une quantité fixe et préétablie.

Depuis que la science économique, se délivrant de ses hypothèses sociologiques primitives, est devenue peu à peu une vraie science inductive, elle n'a plus prêté la même importance qu'auparavant à ce sophisme que le capital national, dans chaque période de production, doit avoir une certaine grandeur correspondant toujours plus ou moins aux besoins sociaux éventuels. Et elle a fini par reconnaître que le capital national est en somme une grandeur fluctuante s'étendant ou se restreignant précisément d'après les exigences de la production sociale et s'accumulant avec l'accumulation des richesses sociales.

La science a pu enfin se rendre compte de l'*élasticité* du capital social ; et cette qualité spéciale est surtout frappante pour la partie du capital social total qui se présente sous la forme d'un fonds servant aux employeurs à payer les salaires ouvriers.

Même l'employeur isolé ne saurait considérer la partie de son capital qu'il devra dépenser en salaires comme une somme préétablie et se trouvant par hasard dans sa possession. La grandeur de cette partie dépend d'une part de l'étendue du capital fixe qu'il a placé dans sa machinerie, ses matières premières, etc., et qu'il doit faire fructifier par l'intermédiaire du travail humain ; de ce côté entrent donc en jeu successivement la nature spéciale et la productivité respective de tous les moyens de production constituant ce capital fixe, ensuite le temps de rotation particulier à l'industrie en question, etc. D'autre part, cette grandeur dépend encore des prix effectifs obtenus successivement sur le marché par la main-d'œuvre, — peut-être contre la volonté de chaque employeur et souvent |sans qu'il puisse les connaître d'avance. Tout ce que nous avons constaté dans un chapitre précédent sur les fluctuations des salaires permet maintenant de mettre en lumière cette vérité que, pour l'employeur moderne, la somme totale qu'il doit dépenser en salaires est une grandeur des plus variables ; et on n'a qu'à parcourir les listes de paie d'une entreprise moderne, spécialement dans la grande industrie, pour se convaincre aussitôt de cette vérité.

Sans doute l'employeur moderne pourra évaluer d'avance, pour une période de production déterminée, la somme totale qu'il comptera dépenser en salaires ; mais ce n'est pas la possession ou la non-possession de la monnaie nécessaire pour couvrir cette somme qui, en réalité, décidera de la grandeur de celle-ci ; ce qui la détermine, c'est la marche générale de son entreprise.

Nous devons tenir compte encore de ce que la théorie du prétendu « fonds des salaires » ne concerne pas, en définitive, la somme totale qui devra être payée en salaires pendant une certaine période de production, mais le montant du capital circulant au moyen duquel ce paiement peut être effectué. L'entrepreneur isolé auquel on demande si une somme déterminée qu'il a en caisse lui suffira pour faire régulièrement la paie des salaires dans une période de production donnée, pourra répondre que cela dépendra d'autres circonstances encore que du nombre des ouvriers qu'il embauchera et du prix de leur travail. Parmi ces autres circonstances, il pourra citer l'écoulement plus ou moins facile et rapide de ses marchandises ; si la période de rotation de son entreprise est relativement courte, il pourra non seulement en déployer la pleine productivité, en faisant travailler son personnel régulièrement, mais en outre, il pourra continuellement compléter son capital circulant par les recettes retirées de la vente des marchandises, de sorte que ce capital se renouvelle dans une période relativement courte. L'employeur devra même répondre que, parmi les facteurs entrant en jeu ici, figurent encore les prix que ses marchandises obtiendront sur le marché, — prix qui, naturellement, ne lui sont pas connus d'avance. En somme, il pourra compter parmi ces facteurs tout ce qui collabore à renouveler constamment son capital circulant destiné au paiement des salaires (1).

Tout ce que nous venons de dire relativement à l'employeur isolé a plus de force encore quant à la somme totale que, dans une période de production donnée, par exemple une année, la classe entière des employeurs doit dépenser, dans les différentes branches de l'industrie, de l'agriculture, du commerce et des moyens de communication d'un pays pour répondre aux frais totaux du travail humain exigé par la production sociale. Ici la possibilité même d'un contrôle fait défaut et les évaluations des institutions modernes de crédit sont purement empiriques. Elles sont constamment bousculées par le cours réel du développement social et il n'en saurait être autrement sous la forme capitaliste actuelle de la société. La naissance et le développement des cartels et des trusts a diminué sans doute l'incertitude, mais n'a pas pu la supprimer définitivement. La nature des moyens de production dont dispose la société dans chaque pays et, conformément à cette nature, la productivité générale du travail humain ; le degré d'exploitation du travail soumis au système capitaliste ; l'importance de la demande sur le marché mondial, demande qui parfois augmente subitement, par sauts et par bonds, dans les périodes de relèvement et de

1. Macleod chez qui on trouve quelques bonnes remarques critiques en matière de science économique, bien qu'il soit pour le reste un économiste très médiocre, fait observer que les salaires se paient très souvent en crédit au cas où l'argent comptant ferait défaut (*Every practical man knows that an enormous mass of Wages is paid in Credit*). L'employeur en se procurant du crédit ne s'appuie pas sur l'accumulation de profits *antérieurs*, mais sur sa confiance en un profit *futur*. (Voir H. D. MACLEOD, *The Principles of Economical Philosophy*, t. II, chap. XIII, § 19, pages 121 et 122.)

prospérité des industries, ou, au contraire, décroît en temps de crise ; etc. — ce sont là des facteurs qui interviennent tout autant dans l'établissement de la quantité du travail exigé par la production sociale pour une période donnée que dans la détermination de la somme totale des salaires qui devra être dépensée, suivant l'état éventuel du marché, pour l'obtention de cette quantité.

Sous le système capitaliste de la production, on ne saurait calculer d'avance l'importance d'aucun de ces facteurs, et la notion d'un fonds des salaires national donné et fixé d'avance est une absurdité ; elle l'est davantage encore pour la société capitaliste moderne que pour une société basée sur la manufacture ou sur l'industrie artisane. C'est pourquoi il eût été inutile de parler ici de cette théorie, n'était qu'elle persiste à vivre, sous toutes sortes de formes, dans les manuels de science économique, les journaux et les revues.

CHAPITRE VII

LA « LOI DE L'OFFRE ET DE LA DEMANDE » COMME BASE DE LA THÉORIE DU SALAIRE

Pour nombre d'économistes universitaires de la vieille école, la « loi de l'offre et de la demande » compte toujours comme la loi par excellence de l'établissement des salaires. On n'a qu'à interroger ces économistes sur la signification et la manière d'agir de cette loi pour constater combien elle les embarrasse.

« Les salaires des ouvriers se *règlent* d'après l'offre et la demande » : telle est leur première formule, des plus vagues. Si on les pousse, en faisant observer que l'expression se *régler* laisse dans l'incertitude sur ce qu'est au juste cette *réglementation* et sur ses limites, la réponse est souvent formulée sous une forme plus précise : « Le salaire est *déterminé* par le rapport de l'offre à la demande de travail » ; ou, avec détails : « par l'action et la réaction réciproques de l'offre et de la demande, c'est-à-dire des quantités disponibles et du besoin de main-d'œuvre ». Si l'on n'est pas encore satisfait de cette réponse en voici une autre plus complète : « La formule générale doit être comprise dans ce sens que le salaire doit se régler sur le taux où l'équilibre s'établit entre l'offre et la demande de travail, et qu'il ne peut pas longtemps s'écarter de ce taux ; si l'offre et la demande se faisant équilibre, la première augmente, un nouveau point d'équilibre s'établit et ce point se trouve situé plus bas que le précédent. »

Cet éclaircissement suffit d'ordinaire aux économistes universitaires.

Puis, comme bon argument, ils rééditent la formule attribuée à Cobden : « Les salaires montent lorsque deux patrons courent après un ouvrier, et baissent lorsque deux ouvriers courent après un patron. »

En traitant, dans notre premier volume, de la valeur et du prix des marchandises en général, nous avons dû, à différentes reprises, caractériser l'impuissance de cette prétendue loi de l'offre et de la demande à expliquer tous les aspects de la détermination définitive de la valeur et du prix ; et nous devons en faire autant à présent, en traitant de la marchandise travail en particulier.

Supposons que, dans une contrée quelconque et pendant une période déterminée, le nombre des charpentiers qui s'offrent pour la construction de vaisseaux a été de 10,000, et que, pendant la même période, la demande de charpentiers de la même spécialité a été également de 10,000 ; de sorte qu'ici *l'offre et la demande s'équivalent.*

L'équation est dans ce cas :

Offre : Demande = 10,000 charpentiers de vaisseau : 10,000 charpentiers de vaisseau = 1 : 1.

Que sait-on sur la nature du salaire et sur sa détermination lorsqu'on a appris que son taux *se règle sur* ou *est fixé par* le rapport de 1 : 1 ?

Rien. Et l'ignorance quant à la nature et quant à la détermination du salaire serait la même si, à un moment donné, 10,000 charpentiers de vaisseau seulement venaient offrir leurs bras, tandis que 20,000 étaient demandés, de sorte que le rapport serait celui de 1 : 2 ; ou, au contraire, si, à un autre moment, 20,000 charpentiers s'offraient, tandis que 10,000 seulement étaient demandés, le rapport étant alors de 2 : 1.

La formule que le salaire est *réglé*, ou *déterminé*, ou *gouverné*, etc., par le rapport de l'offre à la demande de travail constate seulement que le salaire est sujet à certaines oscillations dues à la concurrence des vendeurs et des acheteurs de travail. Et les variations du rapport de l'offre à la demande de travail indiquent seulement que le salaire *monte* ou *descend* (1).

Dans mon livre sur la Valeur (2), j'ai eu recours, pour caractériser les variations que subissent les prix de marché des marchandises, à une comparaison de ces variations avec les oscillations du mercure dans le baromètre. Elle vaut aussi en ce qui concerne la marchandise travail en particulier.

Pour savoir pourquoi, à un moment donné, le prix d'une catégorie déterminée de travail atteint sur le marché une certaine somme d'argent, il ne suffit pas de constater les *variations* auxquelles est sujet ce prix. Il y a lieu de rechercher la nature et la valeur spécifique du travail en question. Quant aux variations que la valeur et le prix des diverses catégories de travail peuvent subir, par suite des changements dans le rapport de l'offre et de la demande de travail, elles ne constituent qu'un des éléments du problème et, à ce titre, seront dans le présent volume l'objet d'un chapitre spécial.

Dès maintenant, cependant, je remarque que — pour la marchandise travail comme pour toute autre marchandise — l'influence exercée par les variations des rapports de l'offre à la demande ne saurait être séparée de l'ensemble des

---

1. KARL MARX a très bien exprimé cette idée en termes suivants : « Dès que l'offre et la demande se font équilibre, les variations de prix qu'elles avaient provoquées cessent, — toutes les autres circonstances restant les mêmes, — mais, dans ce cas, l'offre et la demande cessent aussi d'expliquer quoi que ce soit. » (KARL MARX, *Das Kapital*, tome I, chap. XVII, p. 549 ; cf. trad. franç., p. 232, col. 2. La traduction française est inexacte.)

2. *Théorie de la Valeur*, pages 93-94.

facteurs décidant concurremment de la valeur et des prix de marché. Karl Marx a voulu analyser le prix du travail *indépendamment* des oscillations que subissent ces prix par suite des changements des rapports de l'offre à la demande, et il est tombé ainsi dans la même erreur qu'Adam Smith et son école, en acceptant, à côté du *prix de marché réel* de la marchandise travail, l'existence d'un prétendu *prix naturel*, ou de ce que les physiocrates appelaient un *prix nécessaire* de cette marchandise (1).

En ce qui concerne la valeur et le prix des marchandises en général, nous avons objecté à cette théorie (2) que les effets sur le marché de l'offre et de la demande ne sont pas des phénomènes extérieurs n'influençant les prix du marché que *par accident* ; ils proviennent de l'action exercée dans la constitution des prix par des facteurs réels.

Cette observation vaut également pour la marchandise travail. L'offre et la demande de travail peuvent s'égaler à des taux de salaires très différents ; de même, il peut arriver qu'à différentes époques où les salaires diffèrent très sensiblement, l'offre de travail continue, tandis que la demande paraît satisfaite, — ou inversement. Mais nous devons chercher l'explication de ces phénomènes dans la nature même du salaire ; et pour les divers cas qui peuvent ainsi se présenter sur le marché, un salaire reste toujours aussi « naturel » qu'un autre.

---

1. « Le prix du travail, au cas où l'offre et la demande s'égalent, est son prix déterminé indépendamment du rapport entre l'offre et la demande, son prix naturel (*ihr vom Verhæltniss der Nachfrage und Angebot unabhængig bestimmter, ihr natürlicher Preis*) ; et c'est ce prix naturel qui a été trouvé ainsi constituer l'objet propre de l'analyse à entreprendre..... Ce prix qui a le dessus sur les prix de marché accidentels du travail et qui les règle, — le « prix nécessaire » des physiocrates, le « prix naturel du travail » d'Adam Smith, — ne peut être pour le travail, comme pour d'autres marchandises, que sa valeur exprimée en argent. » (KARL MARX, *loc. cit.* La trad. franç. rend inexactement l'idée bien connue de Marx.)

2. *Théorie de la Valeur*, note à la page 318.

Enfin, le flux et le reflux du marché de travail et les variations que subissent les rapports de l'offre et de la demande sont des phénomènes qui se manifestent à la surface de la vie sociale en tant qu'effets de causes économiques et sociales plus profondes, causes inhérentes à toute l'organisation de la production capitaliste et dont l'étude est nécessaire pour expliquer les phénomènes de surface dans leur essence et dans leur action.

CHAPITRE VIII

LA DÉTERMINATION DU SALAIRE SELON LA THÉORIE UTILITAIRE

I. — *Exposition de la théorie.*

L'étude des bases sur lesquelles s'établit la fixation des salaires a mis en présence, dans les temps modernes, deux théories très nettement opposées que nous avons distinguées déjà dans le premier volume de cet ouvrage : d'une part la *Théorie utilitaire* et, de l'autre, la *Théorie du coût-de-production*, qui se présente sous sa forme la plus prononcée comme *Théorie de la valeur-de-travail.*

La théorie utilitaire se fonde, pour la formule de la loi du salaire, sinon exclusivement du moins principalement, sur *l'utilité*, ou la *productivité* du travail humain.

Chez quelques représentants de cette théorie, cette loi n'est encore formulée que d'une manière vague et peu précise.

L'économiste américain Francis-A. Walker en critiquant la théorie du fonds des salaires, formule ainsi le principe général de la détermination du salaire :

« En achetant du travail, nous le répétons, l'employeur prend en considération le produit du travail ; et c'est l'espèce et la quantité de ce produit qui déterminent le taux du salaire qu'il est à même de payer (*he can afford to pay*). Il doit, en fin de compte, payer un salaire qui soit inférieur, à la valeur de ce produit, de la somme qui constituera son propre bénéfice. Si ce produit s'accroît, il lui sera permis de payer davantage ; si le produit diminue, il doit, pour sauvegarder son intérêt, payer moins... (1).

« Pour l'employeur, savoir *quand* il paiera est une question financière ; savoir *combien* il paiera est la véritable question industrielle dont nous avons à nous occuper en traitant des salaires. Ceci est déterminé par « l'efficience » (*efficiency*) du travail dans les conditions qui existent dans un temps et en un lieu donnés. »(2).

M. Paul Leroy-Beaulieu a réclamé pour lui-même la « découverte » attribuée parfois à Francis-A. Walker de « la loi que le salaire tend à être fixé par la productivité du travail de l'ouvrier ». L'écrivain français, cependant, n'est pas resté moins vague dans l'expression de cette loi que son collègue américain :

« Sans prétendre établir, dit-il, une formule qui s'appliquerait d'une façon mathématique à tous les cas, nous pouvons, pour résumer tout ce qui précède, écrire la proposition suivante, qui est la contre-partie de celle de Turgot : *En tout genre de travail, le salaire tend à se régler sur la productivité du travail de l'ouvrier ; par ce mot de productivité on doit entendre la quantité de jouissances que, d'après les besoins ou les goûts de la société, produit chaque nature de travail.* » (3).

Si l'on désire des éclaircissements complémentaires sur le vrai sens du mot de « productivité », on trouve chez le même auteur que la productivité du travail est « la valeur

1. Francis-A. Walker, *The Wages Question*, édit. New-York, 1891, (la première édition date de 1876), chap. VIII, pages 129-130.
2. *Ibid.*, p. 137.
3. P. Leroy-Beaulieu, *Traité théorique et pratique d'économie politique*, Paris, 1896, t. II, ch. XI, p. 276.

des produits d'une force de travail donnée dans un temps déterminé » ; ou encore, que « l'utilité du travail, sa valeur en usage, est d'autant plus grande qu'il fournit plus d'objets de bonne qualité dans le même temps » (1).

Il est évident que la doctrine utilitariste n'a pas pu s'en tenir à des assertions aussi vagues que celles de Walker et de Leroy-Beaulieu. La détermination du salaire d'après la théorie utilitaire -moderne se trouvait déjà exprimée d'une manière plus précise par un économiste remarquable du milieu du xixe siècle, J. H. von Thünen.

Nous ne nous arrêtons pas à la longue explication que Von Thünen fournit de ce qu'il appelle le « salaire naturel »(der naturgemæsse Arbeitslohn). Par des recherchēs minutieuses, élaborées à l'aide du calcul différentiel, il a évalué ce salaire naturel à $\sqrt{ap}$, formule dans laquelle a représente les moyens de subsistance nécessaires à une famille ouvrière qui élève deux enfants jusqu'à l'âge adulte, tandis que p est le produit du travail d'un ouvrier travaillant avec un capital donné (2). Von Thünen, en établissant cette théorie, n'a pas pris en considération le salaire réellement gagné par l'ouvrier dans la vie sociale, mais il s'est placé au point de vue des rapports « idéaux » existant à la limite de la plaine cultivée de *l'État isolé* que l'auteur imagine. Il est supposé dans ce cas que la totalité des produits du travail sera partagée entre les

1. *Loc. cit.*, p. 272.

2. « Ainsi, on trouvera le salaire naturel en multipliant les besoins indispensables de l'ouvrier, évalués en grains ou en monnaie, par le produit de son travail exprimé dans la même unité de mesure, et en extrayant du résultat la racine carrée.

« Puisque $a : \sqrt{ap} = \sqrt{ap} : p$, on voit que le *salaire naturel est la moyenne proportionnelle entre les besoins de l'ouvrier et le produit de son travail, c'est-à-dire que le salaire dépasse les besoins dans le même rapport dans lequel le produit dépasse le salaire.* » (J. H. von Thünen, *Der Isolirte Staat,* t. II, 1re partie, § 15, édit. Rostock, 1850, p. 154 ; trad. franç. de Mathieu Wolkoff sous le titre *Le salaire naturel et son rapport au taux de l'intérêt,* Paris, 1857, p. 182.)

ouvriers et les capitalistes, et que l'élément de la rente
foncière ne vient pas encore compliquer le problème
(ceci pour la raison que l'ouvrier pourrait occuper gratuitement des terrains d'une fertilité égale à celle de la
plaine cultivée). Sont supposés ensuite : une densité égale
de la population ; l'état invariable de l'offre et de la
demande ; la non-existence de frais d'administration et
du « profit industriel » de l'entrepreneur ; etc.

Nous n'avons pas à nous occuper des recherches faites
par Von Thünen pour savoir ce que doit être, dans les
conditions supposées par lui, la part « naturelle » de
l'ouvrier et du capitaliste ; ces recherches n'ont pas de
valeur pour la vie sociale réelle et en dehors des rapports spéciaux existant dans son « Etat isolé ». Mais Von
Thünen n'étudie pas constamment ni exclusivement ces
conditions spéciales. Abandonnant ses recherches sur
l' « Etat isolé », il fait remarquer que, dans la réalité
aussi, on peut observer une tendance tout à fait générale
de l'entrepreneur à augmenter le nombre de ses ouvriers
jusqu'à ce qu'une nouvelle augmentation ne rapporte plus
aucun profit, c'est-à-dire, jusqu'à ce que le salaire du travail atteigne la valeur de celui-ci. « Cela se trouve fondé,
dit-il, sur la nature des choses et l'intérêt de l'entrepreneur. »

« *La valeur du travail de l'ouvrier embauché le dernier
constitue en même temps son salaire*. » Voilà la formule
à laquelle Von Thünen arrive, et il proclame qu'il ne s'a-
git pas ici du salaire de ce seul ouvrier, mais bien du
salaire de tous ceux qui travaillent avec lui dans la
même entreprise :

« Le salaire que reçoit l'ouvrier embauché le dernier
doit être la norme pour tous les ouvriers également habiles
et capables: *car un salaire inégal ne peut être payé pour
des services égaux*. » (1)

1. *Ibid.*, § 19, pages 182-183 ; cf. trad. franç., pages 208-209. Voici

Cornélissen   8

On trouve donc déjà formulée à grands traits chez Von Thünen, la théorie générale préconisée jusqu'à nos jours par les économistes utilitaristes, et ceci aussi bien pour le prix de la marchandise travail en particulier que pour celui des marchandises en général.

A une époque plus récente, M. Bœhm-Bawerk écrit : « Lorsque Von Thünen — et après lui la doctrine économique presque tout entière — déclarait que le taux de l'intérêt du capital est déterminé par la productivité de la

l'exemple pratique, emprunté à l'agriculture, par lequel Von Thünen s'efforce de prouver sa proposition :

« Les champs peuvent être cultivés plus ou moins soigneusement, le battage du blé, la récolte de la pomme de terre, etc., peuvent être exécutés plus ou moins parfaitement, et par là la quantité de travail nécessaire varie.

« Prenons comme exemple la récolte de la pomme de terre.

« Si, après avoir déterré ou arraché les pommes de terre, on n'en ramasse que celles qui viennent sur le dessus, un seul individu peut en ramasser journellement plus de 30 boisseaux de Berlin. Mais si l'on désire que la terre retournée soit encore fouillée à la pioche pour en retirer les tubercules qui y restent cachés, le produit du travail de chaque individu est immédiatement moindre. Plus on tient à ce que la récolte soit complète, plus le produit du travail est petit, et si l'on tient à récolter même le dernier boisseau contenu dans un champ de 100 perches carrées, ce dernier boisseau exigera tant de travail que l'homme qui en aura été chargé n'obtiendra, du produit de son travail, pas même de quoi se rassasier et bien moins encore de quoi satisfaire ses autres besoins. » (*Ibid.*, p. 175 ; cf. trad. franç., p. 202. Pour ces deux citations, la traduction française est inexacte par endroits.)

L'explication que nous venons de citer qu'un salaire inégal ne saurait être payé pour des services égaux, est considérée par Von Thünen comme justifiant suffisamment son hypothèse que c'est précisément le salaire de l'ouvrier le dernier embauché qui sera la norme pour tous les ouvriers également habiles et capables dans la même entreprise agricole. Et puisque, dans les différentes entreprises agricoles, le produit de l'ouvrier le dernier embauché différera selon la nature et la fécondité de la terre et selon le système de culture, ou même selon la superficie des entreprises (car toutes les entreprises agricoles ne mesurent pas 100 perches carrées), etc., il suivrait de cette hypothèse qu'il pourrait exister dans un pays autant de salaires servant de « norme » qu'il y a d'entreprises agricoles.

« *dernière* petite fraction de capital employé », le taux du
salaire par le produit du travail de « l'ouvrier embauché
le dernier », ou bien lorsque, à une époque plus éloignée
encore, la question de savoir lequel entre plusieurs taux
de frais règle le prix de marché fut tranchée en faveur des
« frais de production les plus élevés, mais nécessaires encore à pourvoir le marché », c'est-à-dire en faveur des « derniers vendeurs », nous reconnaissons facilement un même
principe revêtu, suivant les cas spéciaux, de formes différentes, et c'est bien ce principe sur lequel nous avons fondé la
doctrine de l'utilité limitative et la théorie de l'établissement des prix. Seulement on ne s'était pas rendu compte
alors de la signification universelle de ces enchaînements
d'idées particuliers (*jener eigenthümlichen Gedanken-
reihen*). On croyait avoir posé seulement quelques règles
spéciales de portée limitée, alors qu'en réalité on avait
fait entendre le *Leitmotiv* dominant, qui est typique pour
le mécanisme entier de la poursuite des intérêts économiques et qui se retrouve par conséquent dans toutes les
séries d'établissements des valeurs et des prix » (1).

Bœhm-Bawerk, lui-même, s'exprime sur le mode de
détermination des salaires dans les termes suivants :

« La question de savoir si la journée de travail vaudra
un florin ou *trois* florins dépend de ce que vaut le produit
qu'on peut fabriquer dans une journée de travail ; et il
s'agit ici, notons-le bien, du « dernier » produit, celui qui
est le moins payé, celui pour la fabrication duquel reste
encore disponible, après que satisfaction a été donnée à
toutes les sphères de besoins réclamant un travail mieux
rémunéré, du travail de qualité correspondante. » (2).

1. E. von Bœhm-Bawerk, *Capital und Capitalzins*, t. II, livre III,
chap. II, sect. 1, note à la page 224.
2. *Loc. cit.*, sect. 3, p. 243. Cf. aussi *ibid.*, pages 244-245 : « ... Telle
sphère de besoins qui est disposée à payer et capable de payer très haut
— par exemple 10 florins et au-dessus — la journée de travail consacrée
directement ou indirectement à sa satisfaction, sera bientôt rassasiée

D'autres économistes partisans de la théorie utilitaire
moderne traitent plus en détail que M. Bœhm-Bawerk du
mode de détermination des prix pour la marchandise travail. Ainsi par exemple M. Marshall.

Par les motifs qu'il met en jeu et même par le choix de
l'exemple, de nature plus ou moins primitive emprunté à
l'agriculture, qu'il apporte pour fonder sa doctrine utilitariste, M. Marshall se rapproche dès le début à Von Thünen.

« Ainsi, supposez qu'un patron soit à se demander s'il a
assez d'ouvriers pour tirer bon parti de ses matières premières, de ses machines et autres instruments de production ; et s'il ne pourrait pas en engageant un homme de
plus accroître la production de plus que l'équivalent de ses
salaires, sans avoir à fournir un capital additionnel sous
une forme quelconque. Un éleveur de moutons, par exemple, peut se demander si son personnel de pâtres est suffisant. Il peut s'apercevoir que s'il louait un individu de
plus, sans faire d'ailleurs d'autre changement, et sans s'en-

---

(*vollgesogen*). Après elle et à côté d'elle peuvent ensuite se donner successivement satisfaction les sphères qui peuvent et qui veulent payer la journée de travail 9, 8, 7, 6 florins et, moins encore, 5, 4, 3 et 2 florins.
Si toutes les forces productrices disponibles sont absorbées par les sphères de besoins qui peuvent payer jusqu'à 2 florins inclusivement, il en
résulte une double conséquence : tous les besoins qui ne pourraient pas
ou ne voudraient pas payer la journée de travail qui leur est consacrée,
2 florins au moins, restent non satisfaits ; et le prix de marché de la journée
de travail s'établira, avec le chiffre d'évaluation du dernier acheteur, à
2 florins. Mais si nous admettons que la quantité disponible de travail
est plus grande, la satisfaction des besoins pourra atteindre des couches
situées encore plus bas ; par exemple, les derniers besoins qui trouveront satisfaction — directement ou indirectement — pourront être
ceux qui paient la journée de travail seulement *un* florin, et par conséquent le prix de marché du travail s'établira plus bas maintenant, à
un florin seulement. Et, ce prix de marché sera un prix uniforme, la
couche de besoins la plus élevée ne paiera pas un prix de 10 florins, et,
à côté, la dernière couche un prix de 1 florin pour la même marchandise
ou le même travail, mais le prix de marché sera le même pour tous les
acheteurs. »

gager dans d'autres dépenses pour son outillage, constructions, etc., il pourrait tellement augmenter le nombre
de ses agneaux et tellement même soigner son troupeau
qu'il pourrait espérer envoyer au marché vingt moutons
de plus chaque année.

« ... Alors le produit net du travail de ce pâtre sera de
vingt moutons ; si l'éleveur peut avoir cet homme pour
tant soit peu moins que le prix de vingt moutons, il le
prendra ; sinon, non. Le berger qui est sur le point de
n'être pas employé (*on the margin of not being employed*)
le pâtre-*limite* — comme nous pouvons l'appeler —
ajoute au produit total une valeur nette exactement égale
à ses propres salaires. » (1).

« Nous avons emprunté cet exemple, ajoute Marshall, à
une industrie très simple, mais, quoique la forme puisse
être différente, la substance du problème reste la même
quelle que soit l'industrie ; ... les salaires pour chaque
classe de travail tendent à être égaux au produit net dû
au travail additionnel du travailleur-limite de cette
classe. »

Marshall, ensuite, étudie de façon plus approfondie et
plus spéciale les facteurs psychologiques par lesquels
l'homme juge de l'utilité du travail et qui lui font attribuer
une valeur déterminée à un travail donné, d'après l'utilité
et la productivité de celui-ci. Ses études s'appliquent aussi
bien au vendeur qu'à l'acheteur de la marchandise travail, aussi bien à l'ouvrier qui offre ses bras qu'à l'employeur qui les demande.

Marshall est ici constamment sous l'influence de son
maître, Stanley Jevons. Selon Jevons, le travailleur cessera son travail, au point où « la jouissance obtenue égale
exactement le travail enduré. » « Il ne serait pas conforme

1. Alfred Marshall, *Principles of Economics*, t. I, livre VI, chap. I,
§ 8 ; trad. Bouyssy, t. II, Paris, 1908, p. 259-262.

à la nature humaine qu'un homme travaillât si la peine du travail l'emportait sur le désir de la possession, qui renferme tous les motifs de l'effort. » (1).

Marshall de son côté précise cette théorie de la manière suivante : « Dans la plupart des occupations, cette partie de la tâche qui donne plus de plaisir que de peine doit être d'ordinaire payée au même prix que le reste ; le prix de la tâche entière est donc déterminé par la peine qu'exige du travailleur cette partie du travail qu'il exécute avec le plus de répugnance et qu'il est presque sur le point de se refuser à exécuter.

. « En langage technique on peut appeler cela la « *désutilité-limite* » (*marginal disutility*) du travail. Car, de même que pour toute augmentation de quantité d'une marchandise son utilité-limite baisse ; et de même que pour toute diminution de sa désidérabilité, il y a une baisse de prix pour la marchandise toute entière et pas seulement pour les dernières quantités qui en sont vendues : de même il en est en ce qui concerne l'offre de travail. » (2).

Dans notre premier volume nous avons montré, en prenant l'école autrichienne comme exemple, de quelle manière la théorie utilitaire explique, en dernière instance, le prix de marché des marchandises comme se réalisant par un jeu compliqué d'évaluations subjectives de la part des *acheteurs* et des *vendeurs*. De même, chez Marshall on rencontre deux catégories d'évaluations ; mais l'auteur s'efforce en même temps de démontrer qu'en définitive l'offre de travail, dans une industrie, finit par s'adapter d'une façon plus ou moins parfaite à la demande. De la sorte, lorsqu'il s'agit de juxtaposer le « Prix de demande » (*Demand-price*) et le « Prix d'offre » (*Supply-price*) du

1. W. Stanley Jevons, *The Theory of Political Economy*, chap. V, pages 173-174.

2. Marshall, *loc. cit.*, livre IV, chap. I, *Introduction* ; trad. Sauvaire-Jourdain, t. I, Paris, 1906, p. 287.

travail, et de déterminer la part de chacun de ces deux facteurs dans l'établissement du prix définitif de la marchandise travail, le prix d'offre ne devient autre chose pour lui qu'un certain niveau du prix de demande, niveau auquel l'adaptation de l'offre à la demande du travail s'accomplit.

« Si l'on considère comme donnés l'état des connaissances et l'état des habitudes morales, sociales et domestiques, alors on peut dire que la vigueur d'une population dans son ensemble, sinon son chiffre, et, pour un métier particulier, tout à la fois la vigueur et le chiffre de la population qui s'y adonne, ont un prix d'offre (*supply-price*), dans ce sens qu'à un certain niveau du prix de demande ils resteront stationnaires, tandis qu'une élévation de ce prix les fera augmenter, et une diminution les fera décroître. » (1).

II. — *Critique de la théorie*

Il suit déjà de l'exposition que nous venons de donner, que nous trouverons plusieurs points de contact, pour notre critique concernant le prix du travail, avec la critique générale exposée dans notre premier volume.

Cela est évident, du reste, puisque, pour la doctrine utilitariste comme pour nous, la détermination de la valeur et du prix de la marchandise travail ne présente qu'une forme particulière — bien que très spéciale — de celle de la valeur et du prix des marchandises en général. Ceci se manifeste autant chez les économistes de l'école autrichienne, dont la doctrine se distingue par une rigueur et une conséquence extrêmes, que chez les économistes anglais et américains qui se rattachent à eux (2).

1. *Ibid.*, chap. VI ; trad. franç., t. I, pages 398-399.
2. Comp. par exemple, à côté de la citation que nous avons donnée du livre de M. Bœhm-Bawerk (V. pages 114-115) les remarques suivan-

Ce qui nous frappe au premier coup d'œil, pour le travail comme pour les marchandises en général, c'est le caractère primitif et précapitaliste que présentent l'achat et la vente d'après les conceptions de la théorie utilitaire.

Le cultivateur de pommes de terre chez Von Thünen, l'éleveur de moutons chez M. Marshall calculent minutieusement, en hectolitres de pommes de terre ou en moutons, combien vaudra le produit du travail de leur ouvrier « embauché en dernier lieu ». Les économistes se référant à ces types de petits employeurs admettent que cultivateur et éleveur embaucheront leur dernier ouvrier s'ils peuvent acheter son travail à si peu que ce soit *au-dessous* de ce produit présumé ; et, pour compléter leur hypothèse relative au salaire, ils font volontiers suivre leur assertion par cette autre, que le produit du travail de l'ouvrier dernièrement embauché — produit non encore fourni et dont la quantité n'a été qu'évaluée — concordera non seulement avec le salaire de cet ouvrier, mais aussi avec le salaire de tous les ouvriers de même capacité travaillant dans la même entreprise (selon certains de ces économistes), ou bien appartenant à la même « catégorie »

tes du professeur américain J. B. Clark : « La valeur dépend de l'utilité finale (*final utility*) ; et l'importance des portions dans la répartition dépend de la productivité finale (*final productivity*). Le taux de l'intérêt est déterminé par le produit de la dernière fraction infiniment petite ajoutée au capital (*final increment of capital*) ; et les salaires se déterminent par le produit de la dernière fraction infiniment petite de travail (*final increment of labor*). La valeur des biens d'une part et les gains des hommes qui produisent ces biens, de l'autre, dépendent de la même loi générale. » (JOHN B. CLARK, article : *A Universal Law of Economic Variation*, dans le *Quarterly Journal of Economics*, Boston, avril 1894, p. 261.) A la fin du même article M. Clark dit encore, relativement au travail : « Le travail doit être étudié aussi comme un élément social distinct. Il a sa dernière fraction infiniment petite (*final increment*) et le produit de cette fraction détermine le taux du salaire. Ainsi, c'est d'une même grande loi de variation que dépendent la valeur des biens, le taux de l'intérêt et le taux des salaires... C'est une loi qui embrasse tout. »

de travail (selon d'autres qui montrent ainsi plus d'arbitraire et moins de logique).

Ceux, parmi ces économistes, qui supposent que la concordance du salaire général avec la valeur du produit de l'ouvrier embauché le dernier n'est pas absolue et que ces deux termes *tendent* seulement à concorder, témoignent assurément d'une prudence plus grande ; d'autre part, cependant, leur proposition perd sa force dans ce sens qu'elle laisse la place libre à d'autres tendances, non moins décisives peut-être, de sorte que l'*établissement définitif du salaire se trouve de nouveau compromis.*

La mise en scène d'un marché au fer par M. Bœhm-Bawerk n'est pas moins naïve, bien que le jeu de la fixation du salaire y paraisse bien plus compliqué. Mais le principe d'après lequel les salaires sont définitivement établis par cet auteur manque de précision, et on se demande comment il a pu choisir un cas tellement spécial comme type général du mode d'établissement des salaires sur le marché capitaliste. Je parle de cette proposition de M. Bœhm-Bawerk que les sphères supérieures de besoins disposées à payer et capables de payer 10 florins la journée de travail « se rassasieraient » d'abord à ce prix, pour voir ensuite le taux s'abaisser à 2 florins ou même à 1 florin par jour dès que les sphères inférieures de besoins pourraient se satisfaire à ces derniers prix. Remarquons que M. Bœhm-Bawerk ne va pas jusqu'à supposer que le salaire général s'abaissera parfois jusqu'à 0 florin, bien qu'il soit possible que, dans certaines « sphères de besoins », le travail soit fourni gratuitement, à cause par exemple de motifs de famille, ou de motifs politiques, etc.

On se doute qu'en proposant de pareilles hypothèses, les économistes utilitaristes admettent — soit tacitement, soit sous la forme d'une présomption expresse — que la détermination du salaire dépend exclusivement de

la demande des consommateurs, c'est-à-dire, dans le cas
présent, des acheteurs de la marchandise travail. Et, en
effet, c'est une hypothèse fondamentale de la doctrine utilitariste moderne, que le prix des marchandises se détermine d'une manière générale par la demande qu'elles sus-
citent et que, de même, le prix du travail, le salaire,
dépend du prix des produits qu'il fournit.

De ce fait indéniable que le consommateur est la personne qui *paie*, en dernière analyse, le prix des produits,
et avec ce prix en même temps celui du travail (le salaire),
les utilitaristes ont trop facilement conclu que le consommateur *détermine* ces prix. Ce n'est plus un marché qu'ils
nous présentent, marché de denrées ou marché de travail, ce n'est pas une place où les intérêts des acheteurs et
des vendeurs se rencontrent ; c'est un lieu où l'une des
deux parties, celle des acheteurs, *dicte* en dernière instance les prix. Voilà la conception fondamentale, erronée,
sur laquelle se base la théorie des utilitaristes, et pour la
marchandise travail, et en général pour tous les « biens
productifs ».

Dans mon premier volume j'ai déjà signalé cette mé-
connaissance caractéristique des rapports d'échange réels,
à propos de la manière bizarre dont M. Bœhm-Bawerk
conçoit le marché aux chevaux ou le marché au fer (1).

---

1. Il est évident que, dans les raisonnements des économistes utilitaristes, la force d'un mot doit couvrir souvent l'inexactitude de la théorie.
Cf. par exemple PAUL LEROY-BEAULIEU: « Cette masse, c'est le prix que
le consommateur consentira à donner pour l'objet produit; car le consommateur est en définitive le dernier juge ; et le prix est la formule
économique de l'objet produit » (*Traité théorique et pratique d'économie
politique*, t. II, chap. XI, p. 266). Tout dépend, dans une telle assertion, des termes employés, de la signification de certains mots, comme
« consentir » et « juge ». Qu'on remplace simplement le mot de « juge »
par celui de « victime », ce dernier reflétant mieux sans doute la situation du consommateur dans certaines circonstances du marché, et on
verra ce qui reste de la proposition.

Lorsque certains représentants de la théorie utilitaire en viennent enfin à s'apercevoir qu'il existe encore une autre partie, les vendeurs de la marchandise travail, que celle qu'ils ont exclusivement envisagée jusque là, partie qui apparaît également sur le marché de travail et qui doit être supposée intervenir elle aussi dans l'établissement des prix du marché, ils en viennent parfois à élaborer une nouvelle théorie d'évaluations, prêtées cette fois aux vendeurs, — évaluations ayant, chez quelques-uns d'entre eux, un double aspect : évaluations d'utilité et évaluations de frais. Les évaluations d'utilité concernent, dans ce cas, la marchandise monnaie que les vendeurs espèrent obtenir en échange de leur travail ; les évaluations de frais se rapportent à la peine et au sacrifice qu'exigera le travail demandé. Toutes ces séries d'évaluations sont singulièrement entremêlées et jetées ensemble sans que d'ordinaire aucune d'entre elles soit bien et dûment tenue séparée des autres, ainsi qu'on le verra tout à l'heure, à propos de la doctrine de M. Marshall. En outre, tous ces représentants de la théorie utilitaire tombent en définitive dans la contradiction la plus flagrante avec la doctrine productiviste préconisée par eux tout d'abord.

Dans la vie réelle, les choses se passent tout autrement. Je laisse de côté le fait de savoir si même l'agriculteur de Von Thünen ou l'éleveur de moutons de M. Marshall peuvent toujours calculer, dans la vie pratique, la productivité du dernier ouvrier embauché par eux. A notre avis, ce n'est pas admissible ; même l'éleveur le plus avisé ne saurait prévoir, croyons-nous, combien de moutons il pourra livrer de plus par année au marché au cas où il embaucherait un pâtre de plus. En tout cas, il est évident que, même si l'éleveur veut se préoccuper de pareilles estimations, on ne saurait confondre ces évaluations purement *subjectives* avec les salaires de l'ouvrier agricole ou du pâtre, tels qu'ils seront fixés par les rapports *objectifs* du marché.

Pour les marchandises en général, nous avons vu s'accomplir d'ordinaire les transactions entre les hommes d'une manière inverse de celle qu'admet la théorie utilitaire, et il en est de même en ce qui concerne la marchandise travail en particulier. L'agriculteur et l'éleveur de moutons, comme l'entrepreneur moderne en général, ne viennent pas sur le marché de travail ayant arrêté chacun dans leur esprit l'idée d'une utilité limitative du travail de leurs ouvriers respectifs, et ils ne tâchent pas, d'ordinaire, de fixer un salaire uniforme d'après l'utilité vraie ou présumée du travail de quelque dernier ouvrier embauché par eux. Au contraire, ils trouvent devant eux sur le marché un certain prix objectivement fixé pour chaque catégorie de travail. Au cas où ils ne peuvent pas ou ne veulent pas payer ce prix, — soit qu'ils ne s'attendent pas à le voir ultérieurement compensé par la valeur du produit, soit pour une autre raison quelconque, — leur demande de travail restera tout simplement non satisfaite : l'agriculteur laissera la dernière partie de ses pommes de terre dans ses champs, ou accordera au premier venu qui en voudra la permission de déterrer et de s'approprier gratuitement les derniers tubercules, et l'éleveur de moutons gardera ses troupeaux tels qu'ils sont. Sans doute, les évaluations personnelles de chaque agriculteur ou de chaque éleveur relativement à la quantité probable des produits que fournirait un ouvrier supplémentaire pourront avoir quelque influence sur le prix qu'obtiendra en définitive la main-d'œuvre afférente à l'agriculture ou à l'élevage. En effet, chacun d'eux fait partie du groupe des personnes représentant la demande du travail d'une certaine catégorie ; et il est sûr que l'influence exercée sous ce rapport par chacun des aspirants acquéreurs sera plus sensible à mesure que leur nombre sera plus petit. Malgré tout cela, ce

serait un pur hasard si les évaluations personnelles coïn-
cidaient avec la valeur objective et le prix qu'obtient réellement le travail. Même dans les cas posés par Von Thünen ou par Marshall, nous devons évidemment, comme
dans notre premier volume quant aux marchandises en
général, distinguer nettement la *valeur objective* (*valeur
de marché*) du travail de l'*utilité* ou de l'*avantage subjectifs* que ce travail pourra ·définitivement fournir à l'entrepreneur qui l'achète.

Si tout ce que nous venons d'observer est manifeste,
même pour les conditions primitives de l'agriculture et de
l'élevage ici étudiées, il est sûr que ces conceptions naïves
perdent tout sens lorsqu'on les applique à la production
moderne.

Comment le grand industriel saurait-il l' « utilité limitative » représentée dans son entreprise par le travail du dernier ouvrier qu'il a embauché? Il n'a pas l'habitude, d'ordinaire, de diviser son personnel en ouvriers embauchés les
derniers ou les premiers. Tout ce qui l'intéresse comme
entrepreneur industriel est de savoir si la somme des
salaires qu'il paie ne représente pas une partie relativement trop grande du total de ses frais de production, et
il se donne la réponse nécessaire en comparant son entreprise, sur ce point, à celles de ses co-producteurs concurrents. La question de savoir si le salaire de l'ouvrier
embauché le dernier — le *marginal labourer* de M. Marshall — sera couvert ou non par le produit net personnel de cet homme, c'est là une question qui ne se
pose pas pour le grand industriel sous la forme naïve que
lui donne la théorie utilitaire. Souvent cette question ne
peut pas même se poser pour lui pour la simple raison
que généralement le produit net et personnel d'un seul
ouvrier ne saurait être calculé dans un établissement
moderne d'industrie, de transport ou de communication.
Non seulement la valeur d'échange exacte des produits

d'une fabrique ne peut être fixée avant le moment de leur vente et d'après les conditions éventuelles du marché ; mais, en outre, ces produits forment un bloc qui est l'œuvre commune de tous les salariés de l'établissement depuis le directeur et les ingénieurs jusqu'au portier et jusqu'au plus humble aide ou journalier.

En ce qui concerne la théorie utilitaire sous sa forme la plus primitive (p.-e. chez Walker et Leroy-Beaulieu) notre critique pourra être courte.

Walker se contentant de proclamer cette vérité incontestable que l'espèce et la quantité du produit de l'ouvrier déterminent pour l'employeur quels salaires il sera « à même de payer », un critique, L. Laughlin, lui répond fort à propos : « Plus grande est la production totale de richesse, plus élevé est le taux *possible* des salaires, chacun l'admettra ; mais il ne semble pas clair que le général Walker nous ait donné une solution de la question réelle en suspens. Plus vaste est la maison que vous bâtissez, plus vastes peuvent y être les chambres, mais il ne s'ensuit pas le moins du monde que les chambres y soient nécessairement vastes. » (1).

En effet, si, en théorie, la productivité du travail, c'est-à-dire la valeur du produit obtenu, indique le point jusqu'où, d'une manière générale, l'employeur *pourra aller* dans l'octroi des salaires (pourvu du moins qu'il sacrifie son bénéfice d'employeur) en réalité cette productivité nous laisse complètement dans l'incertitude jusqu'où l'employeur capitaliste *sera obligé d'aller en réalité*, contraint par les circonstances du marché.

M. Paul Leroy-Beaulieu en citant la critique de Laughlin sur Walker pense y avoir paré suffisamment par la

---

1. Laurence Laughlin, *Principles of Political Economy by John Stuart Mill*, pages 182-183. Je cite la traduction de M. P. Leroy-Beaulieu, *loc. cit.*, p. 284.

remarque suivante : « Nous nous sommes exprimé,
quant à nous, avec plus de réserve ; nous avons dit que
*le salaire tend à se régler sur la productivité du travail
de l'ouvrier*. »

L'économiste français, dans sa formule, a désigné
une tendance qui se présente en effet et, d'une manière
plus ou moins prononcée, pour toute catégorie de travail ; mais il a absolument renoncé à rechercher quelles
autres tendances peuvent se faire jour à côté de celle-ci
dans la détermination définitive du salaire. En outre, la
formule préconisée par M. Leroy-Beaulieu laisse non
résolue la question de savoir si peut-être la tendance
unique qu'elle admet se manifeste d'une façon différente
chez les diverses catégories de travail salarié. En disant
que le salaire tend à se régler sur la productivité du
travail, cette formule laisse supposer que les salaires
gagnés par les ouvriers dans les différents pays et les
diverses industries auraient un caractère uniforme, étant
toujours gouvernés de la même façon par la même tendance (1).

En réalité nous trouvons les phénomènes les plus complexes et les plus difficiles à éclaircir précisément dans
les variations que subissent les salaires indépendamment
de la différence de productivité du travail et dans des cas

1. M. Leroy-Beaulieu va même plus loin ; il prétend avec candeur et
d'un ton décisif qu'on ne saurait se prononcer avec plus de précision
que ne le fait la vague formule donnée par lui : « il n'y a là, en effet,
aucune règle précise de répartition », avoue-t-il, après avoir posé sa
thèse, « et l'on ne peut en trouver aucune ni dans la théorie ni dans
la pratique. » Ensuite, abordant subitement un problème tout autre que
celui de savoir quels salaires seront payés en réalité aux ouvriers, —
problème auquel la loi du salaire répond, — il termine par cette conclusion étrangère au sujet : « un procédé en quelque sorte automatique
et uniforme de déterminer, fût-ce seulement en théorie, ce qui dans un
produit donné doit [!] revenir au travailleur, n'existe pas et ne peut
exister. » (LEROY-BEAULIEU, *loc. cit.*)

où cette différence ne saurait guère être admise comme un motif pour une rétribution différente des travailleurs.

Il y a plus : l'idée même de la différence en productivité du travail doit bien nous sembler dénuée de sens dès que nous comparons entre elles différentes catégories de travail fournissant des produits de nature différente.

Antérieurement (1), nous avons exposé que rien ne saurait justifier de vouloir comparer et mesurer l'un par l'autre l'effort intellectuel d'un chimiste et l'effort musculaire d'un forgeron. Nous avons dû considérer les deux espèces de travail comme des grandeurs *incommensurables* et leurs produits comme des substances *hétérogènes*. Comment voudrait-on déterminer alors si l'une de ces deux catégories de travail est plus productive que l'autre à supposer que *toutes deux* soient utiles et indispensables (2) ?

Précisons maintenant un peu notre point de vue vis-à-vis de ceux des économistes représentants de la doctrine utilitariste qui se sont appliqués à élaborer, également pour les travailleurs vendeurs de la marchandise travail, une théorie d'évaluations d'utilité.

Constatons tout d'abord que le principe formulé par Stanley Jevons ne s'applique pas d'ordinaire à l'ouvrier salarié moderne. L'ouvrier de nos jours ne peut pas être considéré comme cessant son travail au point où « la jouissance obtenue égale exactement le travail enduré ». « Aussi longtemps qu'il y trouve un avantage, il travaille »,

---

1. *Théorie de la Valeur*, pages 193 et suiv.

2. Le prof. T. N. Carver, partisan lui-même du courant utilitariste dans la science économique, a dit à bon droit : « Lorsque deux hommes sont engagés dans des occupations entièrement dissemblables, il est pratiquement impossible de déterminer qui d'entre eux déploie la plus grande quantité d'énergie productive, ou duquel d'entre eux la productivité absolue est la plus grande. » (T. N. CARVER, art. *The Theory of Wages adjusted to recent Theories of Value*, dans *The Quarterly Journal of Economics*, juillet 1894, p. 402.)

pense Jevons de l'homme travaillant, et lorsqu'il cesse d'y trouver un avantage, il cesse de travailler. » (1). Mais l'ouvrier de nos jours peut-il faire cela dans la réalité ?

L'ouvrier travaillant dans une fabrique d'allumettes ou de céruse sait souvent mieux que personne au monde qu'il attire sur lui la ruine physique, intellectuelle, morale ; et s'il continue malgré cette conscience à y travailler, c'est simplement parce que la nécessité de vivre — et de faire vivre ceux dont il est le soutien — le force à continuer.

Les économistes utilitaristes, vivant dans le monde des abstractions au lieu d. ivre dans le monde réel, perdent trop de vue, dans leurs doctrines sur le salaire et le travail salarié, une circonstance importante que notre premier volume nous a déjà montrée comme indispensable pour le jugement des conditions de l'échange telles que la société actuelle les impose à l'une des deux parties : c'est que les non-possesseurs se trouvent fréquemment contraints d'échanger avec perte et à leur désavantage, poussés qu'ils sont par la dureté de la vie.

Si, dans notre livre sur la Valeur, nous avons dû tenir compte surtout du cas de contrainte et de nécessité existant pour le non-possesseur en tant que consommateur, dans le présent volume tout entier nous devons prendre en considération ce même cas en tant qu'il s'applique au producteur. Pour le travail comme pour les autres marchandises, l'exposé que donne d'ordinaire sur ce point la doctrine utilitariste est en contradiction avec la réalité : là, il n'y a pas lieu de parler de transactions entre hommes parfaitement libres poursuivant, chacun pour soi, le maximum de bien-être matériel ; cette doctrine utilitariste

1. STANLEY JEVONS, *The Theory of Political Economy*, chap. V, p. 177.

apparaît comme fausse pour tous ceux qui sont obligés de livrer leur travail pour ne pas mourir de faim (1).

Non moins vide de sens est la conception de Marshall, selon laquelle le prix d'un travail entier serait déterminé par cette partie du travail que l'ouvrier exécute avec le plus de répugnance et qu'il est « presque sur le point de se refuser à exécuter » ou par ce que Marshall appelle la « désutilité-limite » (*marginal disutility*) du travail. Le désavantage limitatif que les ouvriers d'une fabrique d'allumettes ou de céruse trouvent dans leur travail peut s'élever à un moment donné jusqu'à un mal menaçant directement leur santé et leur vie, sans que le prix de leur travail soit influencé le moins du monde par cette constatation.

A propos de cette « désutilité » (*disutility*) et de la « peine » et du « souci » (*toil and trouble*), M. Bœhm-Bawerk a fait remarquer que, dans les conditions sociales réelles, l'importance de ce facteur spécial n'est pas grande. C'est seulement pour les « produits de nos heures de loisir », pense-t-il, que la *disutility* entre en jeu avec toute son intensité dans la composition du prix, mais non point pour « le nombre énorme des produits fabriqués professionnellement » où son action est sinon nulle, du moins faible ou lointaine.

Dans son article (2), l'économiste autrichien distingue

---

1. Cf. *Théorie de la Valeur*, note aux pages 301-302 où est critiquée la définition que donne M. Bœhm-Bawerk de ce que c'est qu'échanger « avec avantage ». En ce qui concerne la marchandise travail en particulier, on peut trouver chez le professeur Marshall les preuves non moins évidentes des conséquences fausses auxquelles amène la théorie utilitaire moderne : « Lorsqu'un ouvrier redoute la faim, son besoin d'argent — son utilité-limite (*marginal utility*) pour lui — est très grand, et si au début il fait un très mauvais marché et est employé moyennant des salaires peu élevés, ce besoin d'argent reste considérable et il peut arriver qu'il continue à vendre son travail à bas prix. » (A. MARSHALL, *loc. cit.*, liv. V, ch. II ; trad. fr., t. II, p. 18.)

2. BŒHM-BAWERK, *Der letzte Maasstab des Güterwertes,* dans la *Zeitschrift für Volkswirtschaft,* etc., Wien, 1894, p. 224. Cf. *ibid.*, pages 203-204 où

nettement les deux éléments d'*utilité* (*utility*) et de désavantage (*disutility*) qui se substituent tour à tour l'un à l'autre dans la doctrine de Marshall et dans celle d'autres économistes.

Pour M. Bœhm-Bawerk c'est l'*utilité* qui entre principalement en jeu dans la détermination de la valeur, — que ce soit l'utilité que présentent les biens dans leur usage direct, ou, éventuellement, l'utilité de la marchandise-monnaie au moyen de laquelle ils sont achetés. Conservant l'image, choisie par M. Marshall, des deux lames de ciseaux liées ensemble, l'auteur autrichien écrit : « La lame de ciseaux qui représente la demande se compose entièrement d'*utility* ; la lame qui représente les « frais » se compose, en moyenne, de neuf parties peut-être d'*utility* et d'une dixième partie de *disutility*. » (1).

Si différentes que soient les manières dont les économistes utilitaristes ont exposé l'application des principes d'*utility* et de *disutility*, leurs théories se fondent toutes sur une même erreur. Qu'ils se contentent d'une simple formule ou qu'ils élaborent tout un système d'évaluations de l'utilité ou du désavantage, tant du côté des acheteurs que de celui des vendeurs du travail, leur théorie générale se réduit toujours à l'assimilation et à l'identification de la *valeur objective* (*valeur d'échange* ou *valeur de marché*) du travail avec la *valeur d'usage* de celui-ci. Dans les deux cas, *le service que rend le travail à d'autres personnes que le travailleur — parfois aussi le désavantage qu'il représente pour le travailleur, lui-même — est confondu avec la valeur d'échange de ce travail.*

se trouvent en particulier énumérés les cas dans lesquels la *disutility* se présente comme un facteur éminent dans la détermination de la valeur. Nous verrons, dans le courant de ce volume, les divers cas où la *disutility* commence à se présenter du côté de l'ouvrier comme un facteur essentiel qui influe sur la valeur de marché et la fixation du prix du travail.

1. *Zeitschrift für Volkswirtschaft*, *loc. cit.*, p. 224.

Dans le premier volume (1), nous avons dû, à plusieurs reprises, insister sur l'erreur fondamentale que commet ici la doctrine utilitariste ; et cela aussi bien en ce qui concerne le travail que les autres « biens productifs » : la terre, les machines, etc. Nous n'avons pas à y revenir dans l'étude présente.

Par notre critique nous ne contestons pas qu'il existe des branches de métier dans lesquelles la valeur d'échange du travail montre une tendance très forte à la coïncidence avec sa valeur d'usage, valeur soit pour l'acheteur, soit pour le vendeur : ce sont, d'une part, les branches d'industrie qui laissent une influence décisive, pour la fixation du salaire, aux estimations de l'employeur relativement à la valeur future des produits ; d'autre part, celles où la valeur (valeur d'usage) attribuée par le travailleur lui-même à une heure, une journée, une semaine, etc., de travail, est un facteur prépondérant pour la détermination du prix qu'il est à même de réaliser.

Dans ces deux catégories d'industries se rencontrent surtout le travail intellectuel appliqué aux arts, aux sciences, à la littérature, ainsi que certaines espèces de travail manuel qualifié.

Les représentants de la théorie utilitaire, cependant, ont eu le tort de généraliser ces cas spéciaux et d'avoir fait de l'influence prédominante qu'y exerce la valeur d'usage du travail le motif décisif et universel qui régit la valeur d'échange et le prix de marché du travail. Par là, ils n'ont pas suffisamment fait attention à la différence entre l'avantage ou le plaisir subjectifs que le vendeur ou l'acheteur de la marchandise travail espèrent réaliser, et la valeur objective et le prix de marché de cette marchandise.

Il y a encore un point spécial relativement auquel notre

1. Voir surtout *Théorie de la Valeur*, pages 224-225.

critique de la doctrine utilitariste se rattache à la critique générale exposée dans notre premier volume. C'est que tous les théoriciens professant cette doctrine font preuve, en traitant du travail comme des autres marchandises, d'une certaine hésitation et d'une inconséquence marquée, toutes les fois qu'il est question d'appliquer leurs théories à la vie réelle, hésitation et inconséquence qui aboutissent — précisément chez les plus consciencieux d'entre eux — à une tendance évidente à s'arranger en fin de compte, autant qu'il est compatible avec les bases de leur théorie, avec la théorie du coût-de-production. Parmi les économistes qui ont plus spécialement étudié la détermination de la valeur d'échange et du prix de marché du travail, nous pouvons observer cette attitude avec netteté.

M. Marshall est le plus typique d'entre eux. Arrivé à la fin de ses recherches sur le salaire, il dit : « Il demeure vrai que, si l'on prend l'homme tel qu'il est, et tel qu'il a été jusqu'ici, les salaires obtenus dans les pays occidentaux, pour un travail efficace (*efficient labour*), ne sont pas beaucoup au-dessus du minimum nécessaire pour couvrir les dépenses qu'exigent l'éducation et l'apprentissage d'ouvriers capables (*efficient workers*) et pour soutenir et mettre en activité toute leur énergie. » (1).

Pour motiver ensuite cette proposition qui vient singulièrement contredire la doctrine utilitariste précédemment exposée, M. Marshall répète la définition du « Prix de demande » et du « Prix d'offre », telle qu'il l'avait formulée dans le quatrième livre de son ouvrage et selon laquelle le prix d'offre n'est autre chose qu'un certain niveau du prix de demande. Mais il y a une différence essentielle quant aux bases de la doctrine : le prix de demande ne figure plus comme l'élément dominant pour l'établissement du prix de marché du travail, et la citation à laquelle

1. A. MARSHALL, *loc. cit.*, livre VI, chap. II, § 3, trad. franç., II, t. p. 282.

on se trouve renvoyé est suivie, cette fois, de la conclusion suivante, contrastant avec la doctrine entière :
« De même encore nous voyons que l'offre et la demande
exercent des influences coordonnées sur les salaires ; ni
l'une ni l'autre ne prétend à la prédominance, pas plus
que s'il s'agissait des lames d'une paire de ciseaux ou des
piles d'une arche. Les salaires tendent à égaler le produit
net du travail ; la productivité limite (*marginal productivity*) du travail règle son prix de demande ; et d'un
autre côté, les salaires tendent à conserver une relation
étroite, quoique indirecte et complexe, avec les frais
nécessaires pour élever, instruire des travailleurs productifs et maintenir leur énergie. Les divers éléments du
problème se déterminent (au sens de se gouvernent) réciproquement ; et, accidentellement; cela fait que le prix
d'offre et le prix de demande tendent à l'égalité ; les
salaires ne sont gouvernés ni par le prix de demande ni
par le prix d'offre, mais par tout l'ensemble des causes
qui gouvernent l'offre et la demande. » (1).

La comparaison des deux éléments en jeu avec les
deux lames d'une paire de ciseaux ou les deux piles d'une
arche, pèche par son défaut d'exactitude ; et il en est de
même de la supposition que ce qu'on appelle *le* salaire

1. A. Marshall, *loc. cit.*, trad. fr. pages 283-284. Nous faisons remarquer
que la notion du « prix d'offre » est devenue ici tout autre que celle formulée par M. Marshall dans le IVᵉ livre de son ouvrage (voir ci-dessus page
119). D'abord le prix d'offre était fixé, selon lui, par un certain niveau
du « prix de demande », niveau auquel l'adaptation de l'offre à la demande
de travail s'accomplit, et ceci (notons-le bien !) en rapport avec le contingent de la population qui veut consacrer son travail à un métier donné,
et avec la circonstance que les parents sages « poussent leurs enfants vers
les plus avantageuses des professions qui leur sont ouvertes » (livre IV,
chap. I), etc. Cette fois, au contraire, le « prix d'offre » semble bien
déterminé par la « relation étroite, quoique indirecte et complexe » du
salaire avec « les frais nécessaires pour élever, instruire des travailleurs
productifs et maintenir leur énergie ». Ces deux notions ne sont nullement identiques.

s'établirait toujours de la même façon par l'influence de deux facteurs agissant dans un rapport fixe. Notre propre étude des salaires et des influences qu'ils subissent mettra mieux en lumière l'erreur dont procèdent de pareilles propositions.

Dans la critique présente il nous suffit de signaler les contradictions intrinsèques que présente la théorie utilitaire telle qu'elle est formulée par M. Marshall (1).

M. Marshall n'admet pas que la théorie du salaire proposée par lui « se contredit elle-même ». C'est là un reproche qui lui est fait par d'autres économistes, notamment par M. Bœhm-Bawerk, et Marshall s'est énergiquement défendu contre ce reproche. Je me range sur ce point, du côté de M. Bœhm-Bawerk, et j'ajoute encore que la tentative faite par M. Marshall pour faire disparaître la contradiction principale que contient sa théorie, en revenant sur la formule donnée dans le IVᵉ livre de son ouvrage, n'a servi qu'à mieux faire ressortir le défaut qu'on lui a reproché (2).

1. Ajoutons à ces contradictions l'erreur suivante : après avoir affirmé que ni la demande, ni l'offre ne dominent dans la question des salaires, M. Marshall continue :

« Dans le paragraphe précédent (de son ouvrage), il a été souvent question du taux général des salaires, ou des salaires du travail en général. De telles façons de parler ont leur raison d'être dans un large exposé de la distribution et en particulier lorsque nous considérons les rapports généraux du capital et du travail. Mais, en fait, dans la civilisation moderne il n'existe pas de taux général des salaires. Chacun des nombreux groupes d'ouvriers a son propre problème des salaires, sa série particulière de causes spéciales, naturelles et artificielles gouvernant le prix d'offre et limitant le nombre des membres du groupe ; chacun aussi a son propre prix de demande gouverné par le besoin que les autres agents de production ont de ses services. » (A. MARSHALL, loc. cit., § 4, trad. p. 284.)

2. Voir A. MARSHALL, loc. cit., trad. note à la page 284. Cf. l'article de M. Bœum-Bawerk dans la Zeitschrift für Volkswirtschaft, etc., loc. cit., pages 208-209 : « Enfin le professeur Marshall me semble tomber aussi un peu dans cette confusion, lorsque, s'érigeant en arbitre entre Ricardo qui voyait dans les frais de production le facteur déterminant de la valeur, et Jevons qui attribue ce rôle à l'utilité limitative, — il présente le

« principe des frais de production » et le « principe de l'utilité limita-tive » comme deux principes fonctionnant en complète parité d'action à la manière de deux lames d'une paire de ciseaux, et croit, par cet énoncé, être arrivé à la conclusion de l'analyse, tandis qu'il reste au milieu d'une analyse qu'il faudrait continuer ».

M. Bœhm-Bawerk, lui-même, évite la confusion dont il est question par une réduction bizarre des *frais de production* en *utilité*, réduction assez caractéristique pour la donner dans les termes mêmes de l'écono-miste autrichien :

« Mais maintenant vient l'inévitable question des raisons qui détermi-nent le montant des frais de production eux-mêmes. Nous apprenons que le montant des frais, étant identique à la valeur des forces produc-tives à employer, est déterminé, dans la règle, par l'utilité limitative qu'obtiennent les forces productives par rapport aux besoins existants et à la quantité disponible, si l'on considère la moyenne des différentes bran-ches de production.

« Le prix d'une espèce donnée de richesses reproductibles à volonté se fixe à la longue au point, où l'utilité limitative que possède cette richesse particulière pour les aspirants acquéreurs se croise ou se coupe avec l'uti-lité limitative qu'attribuent à d'autres richesses la masse des aspirants acquéreurs dans les autres branches de production communicantes. » (*Der Preis einer bestimmten Gattung beliebig reproducierbarer Güter setzt sich auf die Dauer fest an demjenigen Punkte, an welchem sich der Grenz-nutzen für die Kauflustigen dieses Products kreuzt oder schneidet mit dem Grenznutzen der Masse der Kauflustigen in den anderen communicierenden Productionszweigen* ». (*Loc. cit.*, pages 223-224.)

CHAPITRE IX

LA DÉTERMINATION DU SALAIRE SELON LA THÉORIE DU COÛT-DE-PRODUCTION

I. — *Exposition de la théorie.*

La *Théorie du coût-de-production* met au premier plan, pour la valeur des biens, le coût nécessaire à leur production, et souligne essentiellement, dans la vie sociale, la tendance à estimer la valeur objective des biens d'après ce coût ; et c'est encore ce même élément du coût-de-production qu'elle présente, d'une façon plus ou moins explicite, comme déterminant la valeur et le prix du travail.

Pour la marchandise travail, ce coût se résout dans les frais nécessaires à l'entretien matériel de l'ouvrier.

Comme la théorie utilitaire, la théorie du coût-de-production présente, en ce qui concerne la doctrine du salaire, différentes périodes de développement.

Chez les Physiocrates de la fin du XVIII° siècle, desquels elle date, elle se présente sous la forme de cette doctrine désespérante, selon laquelle le salaire est limité à ce qui est strictement nécessaire pour ne pas mourir de faim.

« Le simple ouvrier, qui n'a que ses bras et son indus-

trie, dit Turgot, n'a rien qu'autant qu'il parvient à vendre à d'autres sa peine. Il la vend plus ou moins cher ;
mais ce prix plus ou moins haut ne dépend pas de lui
seul : il résulte de l'accord qu'il fait avec celui qui paye
son travail. Celui-ci le paye le moins cher qu'il peut :
comme il a le choix entre un grand nombre d'ouvriers, il
préfère celui qui travaille au meilleur marché. Les
ouvriers sont donc obligés de baisser le prix à l'envi
les uns des autres. En tout genre de travail il doit arriver
et il arrive en effet que le salaire de l'ouvrier se borne à
ce qui lui est nécessaire pour lui procurer sa subsistance. » (1).

Chez les économistes classiques de l'école anglaise,
cette doctrine est déjà beaucoup moins accentuée. Ils
insistent davantage sur les fluctuations que subit le salaire
sous la pression de l'offre et de la demande, ainsi que sur
l'accroissement d'activité produit chez les ouvriers par
une élévation du salaire et une augmentation correspondante du bien-être matériel. Néanmoins le « salaire naturel », ou le « taux naturel des salaires », comme ils
disent, reste toujours déterminé, selon eux, par le coût
nécessaire à l'entretien de l'ouvrier. Leur théorie, tout
en étant moins absolue et en se prêtant à certaines nuances, reste pourtant au fond la même.

« ... Il y a, dit Adam Smith, un certain taux au-dessous
duquel il est impossible de réduire, pour un temps un peu
considérable, les salaires ordinaires, même de la plus
basse espèce de travail.

« Il faut de toute nécessité qu'un homme vive de son
travail, et que son salaire suffise au moins à sa subsistance ; il faut même quelque chose de plus dans la plupart
des circonstances ; autrement il serait impossible au travailleur d'élever une famille, et alors la race de ces

1. Turgot, *Réflexions sur la formation et la distribution des richesses,*
§ VI, Œuvres, Edit. 1844, tome I, p. 10.

ouvriers ne pourrait pas durer au delà de la première génération. » (1).

Cette formule n'indique autre chose, pour Smith, qu'une sorte de barrière mise par la nature à l'exploitation arbitraire des ouvriers par les employeurs ; et la phrase que nous venons de citer vient chez lui, dans le chapitre connu traitant des salaires, comme conclusion d'un remarquable passage exposant pourquoi, d'ordinaire, les maîtres ont nécessairement l'avantage dans leurs querelles avec les ouvriers : d'abord à cause de leur situation qui leur permet de tenir ferme plus longtemps ; puis à cause du secours de la loi qui « les autorise à se concerter entre eux, ou au moins ne le leur interdit pas, tandis qu'elle l'interdit aux ouvriers ». La « loi d'airain du salaire », qui devint plus tard une arme favorite entre les mains des propagandistes de la première phase de l'agitation socialiste, se rattache de façon directe à la doctrine d'Adam Smith.

C'est plus particulièrement Ricardo qui, par la façon dont il a formulé la doctrine du salaire, a fourni à Lassalle et aux écrivains socialistes, le point d'attache pour cette hypothèse, longtemps admise, qu'une « loi d'airain » (*das eherne œkonomische Gesetz*) limite les salaires aux moyens strictement nécessaires à l'entretien de l'ouvrier (2).

Ricardo qui distingue, pour la marchandise travail comme pour les marchandises en général, le « prix courant » (*market price*) de ce qu'il appelle le « prix naturel »

---

1. ADAM SMITH, *Wealth of Nations*, livre I, chap. VIII, p. 67 ; trad. Garnier, t. I, p. 83.

2. Outre l'autorité de Ricardo et de Smith, Lassalle a invoqué celle d'autres économistes, comme J.-B. Say et Stuart Mill qui, en fait, n'ont ajouté aucune idée nouvelle à la théorie classique du coût-de-production en ce qui concerne le salaire ; il se réfère également à certains professeurs allemands de son temps. Voir FERDINAND LASSALLE, *Arbeiterlesebuch*, Edit. Hottingen-Zürich, 1887, pages 5 et suiv.

(*natural price*) dit de ce dernier : « Le prix naturel du travail est celui qui fournit aux ouvriers, d'une façon générale, les moyens de subsister et de perpétuer leur espèce sans accroissement ni diminution... Le prix naturel du travail dépend donc du prix des subsistances et de celui des choses nécessaires ou utiles à l'entretien de l'ouvrier et de sa famille. » (1).

Sous le régime de la libre concurrence, c'est sur le taux de ce « prix naturel » que le prix courant du travail tend à se régler, en oscillant constamment autour de lui selon les rapports de l'offre et de la demande de travail.

Mais le nom de Ricardo est surtout attaché à la « loi d'airain du salaire » par la théorie qu'il a présentée pour expliquer qu'une hausse permanente du salaire au-dessus de ce qui est nécessaire à l'entretien de l'ouvrier est aussi peu possible qu'une baisse permanente de ce même salaire au-dessous de ce taux (2).

Ricardo se rapproche ici, plus encore que Smith, de l'ancienne doctrine des Physiocrates. Ce qui nous frappe en particulier chez lui, c'est le rapport étroit dans lequel il tient constamment le problème de l'établissement du taux du salaire avec la théorie de la population à laquelle est lié le nom de Malthus, théorie qui, pendant toute la période classique, hanta les esprits des économistes.

1. David Ricardo, *Principles of Political Economy and Taxation*, ch. V, p. 50 ; cf. trad. franç. édit. Paris, 1882, p. 59.

2. « Lorsque, par l'encouragement que des salaires élevés donnent à l'accroissement de la population, le nombre des travailleurs s'est accru, les salaires retombent à leur prix naturel, et quelquefois même, par l'effet d'une réaction, plus bas encore.

« Quand le prix courant du travail est au-dessous du prix naturel, la condition des travailleurs est des plus misérables : car alors la pauvreté les prive de ce que l'habitude leur a rendu absolument nécessaire. C'est seulement après que leurs privations auront réduit leur nombre ou que la demande de bras se sera accrue, que le prix courant du travail remontera de nouveau jusqu'au prix naturel et que l'ouvrier pourra jouir du modeste bien-être que le taux naturel des salaires lui permettra de se procurer. » (*Ibid*, p. 51 ; cf. trad. fr., p. 60.)

Ricardo, lui-même, a conservé toujours avec une grande
vénération pour Malthus, une profonde conviction de la
vérité des théories professées par celui-ci sur la population.

Même à une époque plus récente, lorsque la loi de
Ricardo, reprise sans altération et presque mot pour mot
par Lassalle, sera devenue l'arme d'agitation redoutable que l'on sait, cette loi, pour être comprise, devra toujours être complétée par la doctrine selon laquelle la population d'un pays tend à se multiplier plus vite que les
moyens de subsistance, de façon que l'accroissement de
l'offre du travail commencera à faire baisser les salaires
dès que ceux-ci dépasseront le niveau des strictes nécessités de la vie ouvrière. Ce que Lassalle a ajouté comme
sa part personnelle à la théorie classique n'est autre
chose, à proprement parler, qu'une métaphore, le nom de
« loi d'airain » sous lequel elle est désignée encore aujour-
d'hui dans l'histoire des doctrines économiques (1).

Lorsqu'on regarde de plus près, on distingue nettement
dans la théorie classique du salaire deux éléments prin-

1. Voici le passage dans lequel Lassalle a formulé à sa manière la loi
du salaire de Ricardo : « La *loi d'airain* qui, dans les conditions présentes, sous le règne de l'offre et de la demande de travail, *détermine le
salaire*, est la suivante : *Le salaire moyen reste toujours réduit à l'entretien
nécessaire, indispensable d'après les habitudes d'une nation donnée pour conserver l'existence et la reproduire.* C'est là le point autour duquel gravite
constamment le salaire réel avec les oscillations d'un pendule sans pouvoir jamais s'élever beaucoup au-dessus, ni descendre beaucoup au-
dessous. Il ne peut s'élever d'une façon durable *au-dessus* de cette
moyenne : en effet la situation plus facile, meilleure, faite au travailleur, susciterait aussitôt une augmentation des mariages ouvriers et de
la procréation ouvrière, une augmentation de la population ouvrière, et
accroîtrait ainsi l'offre des bras qui ramènerait le salaire à son ancien taux
ou même au-dessous.

« Le salaire ne peut non plus s'abaisser d'une manière durable beaucoup *au-dessous* de cet entretien nécessaire, car on verrait alors se produire l'émigration, le célibat, l'abstention dans la procréation ; et enfin
une diminution dans le nombre des ouvriers causée par la misère ; l'offre des
bras s'en trouverait restreinte et le salaire remonterait par conséquent à

cipaux que chez les divers économistes on retrouve tantôt confondus, tantôt séparés : *a*) l'ancienne théorie du *fonds des salaires*, dont nous nous sommes occupé déjà et *b*) la théorie *de l'accroissement ou de la diminution de la population par la hausse ou la baisse des salaires.* C'est seulement par la combinaison de ces deux éléments qu'on a pu arriver à l'hypothèse : que, d'une part, l'accroissement de la population ouvrière fera nécessairement diminuer le salaire compté par tête de population, ou du moins que le salaire total d'une population ne pourra jamais s'accroître dans une proportion égale à l'accroissement de la population elle-même, ou plus forte ; que, d'autre part, la diminution de la population aboutira naturellement à des effets sociaux inverses.

On retrouve cette combinaison des deux éléments non pas seulement dans les *Principes* de Ricardo, mais encore dans les écrits polémiques par lesquels, un demi-siècle plus tard, Lassalle a défendu sa « loi d'airain du salaire ». Le « fonds des salaires », « la quantité du capital national destinée à être placée en travail » (*Menge des nationalen Kapitals, das auf Arbeit ausgethan werden soll*), est devenu chez Lassalle la *demande de travail*, en face de laquelle se trouve « la masse de ceux qui cherchent du travail » (*Menge der Arbeitsuchenden*) (1).

Entre les mains de Lassalle, la loi de Ricardo a pris beaucoup plus qu'auparavant le caractère d'une loi naturelle agissant d'une manière absolue et inéluctable, d'une loi contre laquelle l'organisation ouvrière, en régime de salariat, est impuissante, et que l'état de

son niveau antérieur. » (FERDINAND LASSALLE, *Offenes Antwortschreiben*, 5ᵉ édit., p. 13 ; cf. trad. franç., *Discours et pamphlets de Ferdinand Lassalle*, Paris, Giard et Brière, éditeurs, 1903, p. 210.) Bien que Lassalle, dans sa polémique après l'apparition de l'*Offenes Antwortschreiben* ait modifié un peu, parfois, la définition que nous venons de citer, il revient toujours, pour le fond, à la vieille formule de Ricardo.

1. Voir sur ce point la brochure de Lassalle intitulée : *Die indirekte Steuer und die Lage der arbeitenden Klassen* ; *Ferd. Lassalle's Reden und Schriften*, Berlin, 1893, t. II, p. 288.

prospérité de l'industrie ne peut non plus modifier (1).

Avec Karl Marx la théorie du coût-de-production, appliquée au salaire ouvrier, entre dans une phase nouvelle. La théorie de Marx à ce sujet se rattache de même à la doctrine classique, bien qu'il la motive autrement, et on aperçoit même immédiatement, sous la surface de la théorie, les deux éléments composants, la théorie du fonds des salaires et la doctrine de la population, celle-ci adaptée par l'auteur aux conditions capitalistes de la production.

D'après l'économie classique, et d'après Lassalle, la demande de travail serait déterminée par *la quantité du capital national destinée à être placée en travail* ; de même chez Karl Marx, on trouve encore cette affirmation que la demande de travail est en raison de la grandeur de la « partie variable » du capital, c'est-à-dire de la partie qui « s'échange contre la force de travail » (2).

1. Cf. sur ce point par exemple l'*Offenes Antwortschreiben*, pages 15 et 19 ; trad. fr. pages 212 et 219, et comp. les opinions de Lassalle formulées à ces endroits avec le passage connu de Ricardo commençant par les mots : « Les amis de l'humanité... (*loc. cit.*, p. 54, trad. fr. p. 64).

2. *Da die Nachfrage nach Arbeit nicht durch den Umfang des Gesammtkapitals, sondern durch den seines variablen Bestandtheils bestimmt ist,...* etc. Voir KARL MARX, *Das Kapital*, t. I, ch. XXIII, sect. 3, p. 646. Cf. trad. franç., p. 276, col. 2 : « La demande de travail absolue qu'occasionne un capital est en raison non de sa grandeur absolue, mais de celle de sa partie variable, qui seule s'échange contre la force ouvrière »..., ou plus loin : « Nous venons de démontrer que l'accumulation qui fait grossir le capital social réduit simultanément la grandeur proportionnelle de sa partie variable et diminue ainsi [!] la demande de travail relative... » (*Ibid.*, pages 276-277.)

Dans ces expressions, on retrouve un écho très caractérisé de l'ancienne théorie du fonds des salaires. Marx manque ici de clarté et de netteté ; et même quelques pages plus loin, il parle des « lois qui régissent le taux général du salaire et expriment des rapports entre le capital collectif et la force ouvrière collective. » (*Ibid.*, p. 282, col. 1, texte allemand : « *die Gesetze, welche die allgemeine Bewegung des Arbeitslohns oder das Verhæltniss zwischen Arbeiterklasse, d. h. Gesammtarbeitskraft und gesellschaftlichem Gesammtkapital regeln.* » Loc. cit., p. 656.) Ici ce n'est plus le « capital variable », mais bien le *capital social entier* dont la relation à la force ouvrière totale règle le mouvement général du salaire.

En ce qui concerne l'offre de travail, cependant, Marx
ne professe plus l'ancienne théorie de la population invo-
quée encore par Lassalle ; au contraire, il oppose sur ce
point une critique sévère à la doctrine classique : la surpopulation expliquée par Malthus « de son point de vue
borné » par un excédent réel de la population ouvrière,
émane pour Marx d'un excédent « relatif » de cette population (1).

Selon Marx « toute la forme du mouvement de l'industrie moderne résulte de la transformation continuelle
d'une partie de la population ouvrière en bras inoccupés
ou à demi occupés » (2), et le rôle que remplit dans l'économie classique l'excédent absolu de la population ouvrière
pour l'abaissement des salaires est rempli chez Marx
par ce qu'il appelle « l'armée industrielle de réserve » (*die
industrielle Reservearmee*) (3).

Pour cette raison Marx devait évidemment rejeter l'i-
dée d'une « loi d'airain du salaire » telle que Lassalle l'a-
vait comprise comme agissant sous l'influence de l'accroissement de la population ouvrière par l'augmentation
des mariages en période de prospérité, ou d'autre part
sous l'action d'une diminution des mariages, de l'émigra-

---

1. « *Selbst Malthus erkennt in der Uebervœlkerung, die er, nach seiner
bornirten Weise, aus absolutem Ueberwachs der Arbeiterbevœlkerung, nicht
aus ihrer relativen Ueberzæhligmachung deutet, eine Nothwendigkeit der
modernen Industrie.* » (*Ibid.*, p. 651 ; cf. trad. franç., p. 280, col. 2, où
cependant la phrase a perdu son sens précis.)

2. *Ibid.*, p. 650 : cf. trad. franç., p. 280, col. 1.

3. « En somme les mouvements généraux du salaire sont exclusivement réglés par les mouvements alternatifs d'expansion et de contraction de l'armée industrielle de réserve, correspondant à leur tour aux
vicissitudes périodiques du cycle industriel. Ils ne sont donc pas déterminés par le mouvement du chiffre absolu de la population ouvrière,
mais au contraire par la proportion changeante selon laquelle la classe
ouvrière se décompose en armée active et armée de réserve, par l'augmentation et la diminution de l'étendue relative de la surpopulation,
par le degré auquel celle-ci se trouve tantôt absorbée, tantôt de nouveau
dégagée. » (*Ibid.*, p. 654, cf. trad. franç., p. 281, col. 2.)

tion, etc., en période de stagnation des affaires et de crise. Marx voyait trop bien la marche réelle du développement industriel pour pouvoir se contenter d'explications aussi primitives. Il discernait dans la vie accidentée que traversait, à son époque, l'industrie, un « cycle décennal, interrompu par des oscillations secondaires, de périodes d'activité moyenne, de production à haute pression, de crise et de stagnation » (1); aussi l'idée que, dans cette marche périodique de l'industrie, la naissance d'une nouvelle génération ouvrière aurait pu exercer une action prépondérante, a-t-elle été combattue par Marx dans une page qui renferme incontestablement la meilleure critique de ce « dogme économique » de l'économie classique et de la « loi d'airain » formulée par Lassalle : « Avant que la hausse des salaires eût pu effectuer la moindre augmentation positive de la population réellement capable de travail, le délai aurait été plusieurs fois dépassé dans lequel le corps d'armée industriel doit se mettre en campagne, livrer la bataille et la gagner ou la perdre. » (2).

Les expansions et les contractions alternatives de l'armée industrielle de réserve qui servent chez Marx à expliquer les fluctuations des salaires, remplissent aussi chez lui, pour la répression des revendications ouvrières, une fonction analogue à celle qu'exerce, chez les économistes de l'école classique et chez Lassalle, la diminution et l'accroissement absolus de la population ouvrière (3).

Pour toutes ces fluctuations, il ne s'agit que d'oscillations au-dessus ou au-dessous d'un niveau déterminé vers

1. *Ibid.*, p. 649 ; cf. trad. franç., p. 279, col. 2.
2. *Ibid.*, p. 655 ; cf. trad. franç., p. 282, col. 1.
3. « L'armée industrielle de réserve qui, pendant les périodes de stagnation et de prospérité moyenne, pèse si lourdement sur l'armée active, sert en outre, pendant la période de surproduction et de paroxysme, à tenir en bride ses revendications. » (*Ibid.*, p. 656 ; cf. trad. franç., p. 282, col. 2.)

Cornélissen   10

lequel les salaires tendent à être poussés, d'après Marx aussi bien que d'après l'école classique. Si nous voulons donc critiquer la théorie du salaire de Marx, il faut demander avant tout où il pense trouver ce niveau.

Sur ce point il se rapproche encore de la théorie de Ricardo sur les salaires. Et même on rencontre chez lui une application beaucoup plus conséquente de la vieille théorie que chez n'importe quel économiste avant lui ; car la théorie du « coût-de-production » a été rigoureusement interprétée par lui dans le sens d'une théorie du « coût-de-travail ».

« Il nous faut maintenant examiner de plus près cette marchandise particulière, la force de travail. Comme toutes les autres marchandises, elle possède une valeur. Comment la détermine-t-on ? La valeur de la force de travail, comme celle de toute autre marchandise, est déterminée par le temps de travail nécessaire à la production et par conséquent aussi à la reproduction de cet article particulier. » (1).

Le coût de production de la force de travail se résout — ainsi l'explique Marx — en coût d'entretien du travailleur, ce dernier coût, notons-le bien, s'exprimant également en travail :

« Pour son entretien et sa conservation l'individu vivant a besoin d'une certaine somme de moyens de subsistance. Le temps de travail nécessaire à la production de la force de travail se résout donc dans le temps de travail nécessaire à la production de ces moyens de subsistance ; ou bien la valeur de la force de travail équivaut à la valeur des moyens de subsistance nécessaires à l'entretien de son possesseur. » (2).

Ce que Marx appelle ici la valeur de la force de travail

---

1. *Loc. cit.*, ch. IV, sect. 3, p. 147 ; cf. trad. franç., p. 73, col. 1. Le texte français exprime moins exactement la théorie marxiste.

2. *Ibid.*, p. 148 ; cf. trad. franç.

est pour lui ce « prix naturel » « déterminé indépendamment du rapport entre l'offre et la demande », ce « prix régulateur » s'affirmant dans les oscillations mêmes des prix de marché, dont nous avons traité plus haut en parlant de l'attitude de Marx à l'égard de la « loi de l'offre et de la demande ».

Assurément, la notion de coût-de-production a reçu chez Marx une signification beaucoup moins étroite qu'elle ne l'a chez Lassalle, en ce sens qu'il ne s'agit plus chez lui d'une sorte de loi naturelle et cruelle d'après laquelle les salaires sont fatalement maintenus à un niveau immuable. Pour la marchandise travail, comme pour les marchandises en général, ce n'est que le « travail socialement nécessaire » qui compte chez Marx dans la formation de la valeur, et il explique nettement que le coût d'entretien du travailleur diffère suivant le climat et l'état de civilisation d'un pays (1).

Et pourtant, abstraction faite des facteurs particuliers qui peuvent influer sur la marchandise force de travail, comparée aux autres marchandises, le coût de production est, pour Marx aussi, un élément décisif plus ou moins

---

1. « Les besoins naturels, tels que nourriture, vêtements, chauffage, habitation, etc., diffèrent suivant le climat et les autres particularités naturelles d'un pays. D'un autre côté, l'étendue de ce qu'on appelle les besoins nécessaires, aussi bien que la façon de les satisfaire, est elle-même un produit historique et dépend par suite, en grande partie, du degré de civilisation d'un pays. » (KARL MARX, loc. cit., p. 148 ; cf. trad. franç., p. 73, col. 1.)

Rappelons, cependant, pour être équitable, que la théorie de Lassalle, bien qu'elle prête au coût de production la signification d'une sorte de niveau d'indigence, parle néanmoins (voir la définition ci-dessus) de « l'entretien nécessaire, indispensable d'après les habitudes d'une nation donnée pour conserver l'existence et la reproduire ».

Cf. aussi Ricardo : « On aurait tort de croire que le prix naturel du travail, estimé même en aliments et autres articles de première nécessité, est absolument fixe et constant ; il varie à des époques différentes dans un même pays et il diffère très sensiblement dans des pays différents. Il dépend essentiellement des mœurs et des habitudes du peuple. » (Principles, chap. V, p. 52 ; cf. trad. franç., p. 62.)

fixe dans la détermination de la valeur de la force de
travail.

« Contrairement à ce qui se passe pour les autres marchandises, la détermination de la valeur de la force de
travail renferme donc un élément historique et moral.
Toutefois, pour un pays donné, une période donnée, la
limite moyenne des nécessités de la vie est aussi donnée » (1).

Au fond, en ce qui concerne la marchandise force de
travail, on se trouve encore chez Marx en plein dans la
théorie de la valeur-de-travail de l'époque classique. Et
l'on constate même chez lui un phénomène caractéristique :
dans le troisième volume de son *Capital*, Marx développe
une théorie nouvelle de l'échange des marchandises,
théorie d'après laquelle celles-ci se vendent *en réalité* sur
le marché suivant leurs « prix de production », ces prix
étant formés de leurs « *frais de production* » (le *prix de
revient*) plus le « *profit moyen* » proportionnel pour le
fabricant. En sorte que c'est seulement en ce qui concerne
la marchandise travail que Marx reste fidèle à l'application de sa théorie originelle de valeur-de-travail telle qu'il
l'avait exposée dans le premier volume de son *Capital*.
Tandis que dans le troisième volume de son œuvre le
coût de production se transforme sous ses mains *en coût
de production en argent*, il reste pour la seule marchandise force de travail humain, *coût de production en travail*. Ce ne sont pas les « prix de production » marxiens
des moyens de subsistance nécessaires à l'entretien de

« 1. *Im Gegensatz zu den andren Waaren enthælt also die Werthbestim-
mung der Arbeitskraft ein historisches und moralisches Element. Für ein
bestimmtes Land, zu einer bestimmten Periode jedoch, ist der Durchschnitts-
Umkreis der nothwendigen Lebensmittel gegeben.* » (Ibid., pages 148-149 ;
cf. aussi la trad. franç., p. 73, col. 1 et 2. Dans le troisième volume de
l'œuvre de Marx est encore présentée la même idée : « Mais dans chaque
pays, à une époque donnée ce salaire moyen et régulateur est une
quantité donnée. » (KARL MARX, *loc. cit.*, t. III, 2e partie, chap. L.,
p. 395 ; cf. trad. franç., p. 563.)

l'ouvrier qui déterminent, sur le marché, la valeur de la force de travail et le salaire : c'est le travail socialement nécessaire à la production de ces moyens de subsistance.

II. — *Critique de la théorie.*

En exposant la Théorie du coût-de-production dans ses conceptions relatives au salaire, nous nous sommes de nouveau limité aux doctrines des économistes que nous pouvons considérer comme ses représentants les plus autorisés, en laissant de côté les nuances et les petites modifications qu'elle a subies chez d'autres.

L'exposé de mes propres études sur la détermination et le mouvement des salaires fera voir, au cours de ce volume, combien peu il est dans mon intention de diminuer l'importance d'une doctrine qui, depuis le début de l'Economie comme science, a mis au premier plan le rapport existant nécessairement entre le prix du travail et celui de l'entretien de l'ouvrier. D'ailleurs, il est fort explicable, au point de vue historique, que ce rapport ait été compris de telle façon dans le milieu social de la France à la fin du XVIIIe siècle et que le salaire ouvrier ait dû être représenté par les économistes de cette époque comme limité inévitablement à un minimum de famine. Le salaire du travailleur devait bien se limiter, dans la période et le milieu social en question, à un coût minimum de l'existence, attendu que la population entière, pour ainsi dire, s'offrait à travailler à tout prix (1). Seulement la théorie a tiré des faits particuliers à une période de civilisation historique très spéciale, une formule trop générale.

1. Comparez à la formule de Turgot citée plus haut, l'opinion de Necker sur la situation des classes ouvrières de son temps : « .... Aussi voit-on cette classe nombreuse de l'humanité soumise au même sort d'un bout du monde à l'autre.

« Dans les pays tempérés de l'Europe, le peuple a du pain, parce

et d'un caractère absolu. Il est vrai que, même lorsque
les rapports de marché sont encore des plus primitifs, les
possesseurs de la force de travail, vendeurs de la marchandise travail, exercent toujours une sorte de pression
sur le prix de cette marchandise. Mais, vu le malaise
général qui régna en France pendant toute la deuxième
moitié du xviiie siècle, cette pression ne pouvait pas
avoir la même influence que dans la société moderne.
Puis, cette période ne pouvait pas présenter des variations de salaires aussi marquées que celles qu'offre
aujourd'hui la vie sociale par suite de la productivité
différente du travail. Tout travailleur sentait peser sur
lui en ce temps la menace d'être rangé dans la catégorie
des bras en trop, alors que les économistes cherchaient

qu'il ne peut vivre sans cet aliment ; dans ceux où les fruits et les légumes peuvent y suppléer en partie, il est contraint de s'en contenter.

« Dans les climats où un bon vêtement est nécessaire à sa conservation, les salaires sont proportionnés à la nécessité de se nourrir et de se
vêtir ; mais au Midi, si la chaleur dispense de cette dernière précaution,
le peuple est couvert de haillons, sans être mieux traité pour sa nourriture. Partout on a calculé ce qui lui était exactement nécessaire, pour
n'attribuer que ce prix à son travail ; et au milieu des trésors de l'In-
doustan, quatre ou cinq sous par jour sont le salaire du peuple, parce
qu'il ne lui faut que du riz, dont le terrain abonde.

« S'il était possible qu'on vînt à découvrir une nourriture moins
agréable que le pain, mais qui pût soutenir le corps de l'homme pendant
quarante-huit heures, le peuple serait bientôt contraint à ne manger que
de deux jours l'un, lors même qu'il préférerait son ancienne habitude ;
les propriétaires des subsistances usant de leur pouvoir, et désirant de
multiplier le nombre de leurs serviteurs, forceront toujours les hommes
qui n'ont ni propriété, ni talent, à se contenter du simple nécessaire ; tel
est l'esprit humain, esprit que les lois sociales ont si bien secondé...

« C'en est assez pour faire voir que nulle part le destin des hommes
sans propriété ne se ressent de la richesse qui les environne, parce que
les propriétaires vendent toujours leurs denrées aussi chèrement qu'ils le
peuvent, et paient le travail le moins qu'il leur est possible, et parce
qu'ils étendent toujours l'exercice de leur puissance jusqu'à réduire au
simple nécessaire tout homme qui ne peut pas se défendre par la rareté
plus ou moins grande de son industrie et de son talent. » (NECKER, Sur la
Législation et le Commerce des grains, 4e partie, ch. VII, édit. De Moli-
nari : Mélanges d'économie politique, tome II, Paris 1848, pages 348-349.)

encore l'explication de la détresse générale dans le fait d'une surpopulation absolue.

De nos jours, plusieurs pays d'Europe d'une civilisation plus ou moins arriérée — telle la Russie — présentent une situation analogue sur ce point à celle de l'Europe occidentale à l'époque de Necker et de Turgot Et pourtant l'état social d'un pays comme la Russie fournit précisément la preuve que les fluctuations et les variations des salaires ne manquent pas absolument dans ces périodes où, à première vue, le travail salarié tout entier semble rigoureusement réduit à un niveau de famine. Les différences de salaire entre les diverses catégories de travail n'y font pas défaut non plus, et, tout bien considéré, ce n'est que d'une manière très générale qu'on peut y parler d'une tendance des salaires à coïncider avec le prix des objets de première nécessité.

Chez les économistes de l'école anglaise classique de la fin du xviiie et du commencement du xixe siècle, la notion des objets de première nécessité prend déjà une signification beaucoup moins stricte que chez les économistes français leurs prédécesseurs. Au commencement du xixe siècle il devait déjà être évident en Angleterre, pour différentes catégories de travail, d'abord que la notion d'objets de première nécessité se prête à des conceptions diverses et à des estimations fort différentes ; ensuite que, à côté de ce facteur, il en est d'autres qui entrent en jeu pour la détermination finale du salaire des ouvriers. A côté de la tendance si puissante, qu'on avait constatée dès le début de la science économique, à la coïncidence du salaire des ouvriers avec le coût de leur entretien, on observait déjà, dans ce milieu social supérieur, la présence d'autres tendances. Ceci explique la conception bien plus large de Smith et même de Ricardo. Et, si Lassalle a pu présenter encore dans la deuxième moitié du xixe siècle le minimum de famine comme une sorte de ni-

veau fixe des salaires établi par une « cruelle loi d'airain »,
il faut d'une part songer à l'état industriel arriéré de l'Allemagne à l'époque de Lassalle, et, de l'autre, se rappeler
que les premiers socialistes trouvaient dans la théorie
classique des salaires un excellent moyen de propagande.

De nos jours, la théorie de la coïncidence du salaire ouvrier avec le coût d'entretien n'est plus admissible ;
même sous sa forme moderne et après la transformation
qu'elle a subie avec Karl Marx, elle est insoutenable
comme théorie générale et universelle.

La « valeur de la force de travail » ou salaire, serait d'a-
près Marx déterminée par le coût de l'entretien de l'ouvrier ou par « la valeur des moyens de subsistance nécessaires à l'entretien de son possesseur ». Une formule aussi
générale reste vide de sens tant que le coût d'entretien et
surtout la quantité et la qualité des « moyens de subsistance » exigés ne sont pas spécifiés d'une manière
plus précise.

Pour me rendre compte de la portée scientifique de
cette formule, j'ai tenté de comparer des salaires et des
coûts d'entretien dans des milieux très différents et j'ai
fait une enquête personnelle sur les salaires effectivement
payés à des ouvriers de ma connaissance au commencement de l'année 1904. Un menuisier (bon ouvrier, genre
moderne), membre de l'*United Brotherhood of Carpenters and Joiners*, travaillant au salaire reconnu par son
Union, m'a écrit qu'il avait été régulièrement payé à New-
York — lorsqu'il travaillait — 48 cents (environ 2 fr. 40)
l'heure. La semaine était de 44 heures de travail, ce qui
faisait un gain de 105 fr. 60. Pour un bon repas il devait
payer 20 à 25 cents, pour son logis 3 dollars (15 fr. 18) la
semaine. Le loyer moyen par semaine pour une chambre
était, disait-il, de 2 à 3 dollars (1).

1. D'après la réponse du même ouvrier qui était également au courant des conditions de travail des charpentiers, le salaire de ces derniers

Un collègue de ce correspondant m'a indiqué pour San-Francisco un salaire de 3 dollars 5o cents par jour comme lui ayant été payé dans la même période (printemps de 1904). Cet ouvrier avait travaillé 8 heures par jour ; pour un bon repas il payait également, à cette époque, de 20 à 25 cents ; pour une chambre 2 dollars 5o cents par semaine. Le loyer moyen d'une chambre était dans cette ville de 1 dollar 5o cents à 2 dollars 5o cents (1).

Je compare ces chiffres à ceux que j'ai recueillis, pour la même période, chez les menuisiers du Faubourg Saint-Antoine à Paris : Salaire d'un ouvrier habile, 16 sous (maximum 18 sous) l'heure ; journée de travail de 10 à 11 heures ; loyer mensuel d'une petite chambre meublée pour un ouvrier non marié du même quartier, 25 à 30 francs ; prix des deux repas quotidiens, déjeuner et dîner (bouillon, pain, viande, un ou deux légumes, et 1/4 litre de vin ordinaire), 1 fr. 10 à 1 fr. 25 chacun.

Enfin, à Leyde, un menuisier habile (spécialisé dans le travail du chêne) a gagné régulièrement pendant quelques mois du printemps de 1904 : 9 florins 5o cents par semaine (2). La journée de travail était de 6 heures du matin à 8 heures du soir, avec au total 2 heures de repos ; le temps du travail, repos déduit, était donc de 12 heures. Le dimanche était jour de repos. Etant célibataire, cet ouvrier payait pour sa pension (sans chambre particulière (3),

ouvriers était de 55 cents l'heure ; le nombre des heures de travail était également de 44 par semaine.

1. Le même ouvrier notait pour les charpentiers à San Francisco un salaire de 4 dollars par journée de travail de 8 heures, le samedi 2 dollars pour 4 heures de travail.

2. Le florin hollandais à 100 cents, vaut 2 fr. o8. La *Revue du Bureau Central de Statistique du royaume des Pays-Bas* notait pour le 2e trimestre de 1904 comme « salaire usuel » à Leyde : pour menuisiers travaillant le chêne, 9 florins, l'acajou 10 fl. 5o cents, le bois blanc 7 florins par semaine. (*Loc. cit.*, 10e livraison, La Haye, 1904, p. 58.)

3. La pension avec petite chambre particulière au grenier me fut indiquée comme s'élevant à Leyde à 5 fl. 5o cents par semaine (linge

mais tout le reste compris, aussi le linge) 5 florins par semaine.

En comparant entre eux ces salaires, il faudra d'abord faire certaines réserves qui atténueront un peu les différences. Le chômage est grand dans les métropoles des États-Unis et exerce une influence considérable sur le taux du salaire dans ces villes. A New-York surtout, l'ouvrier de l'industrie du bois, choisie comme exemple, doit souvent changer d'atelier, en travaillant pendant des périodes relativement courtes, interrompues par des intervalles de chômage. En outre tout ce qui touche au divertissement et au confort est fort cher dans les grandes villes de l'Amérique du Nord. Il faut faire remarquer ensuite que le loyer d'une chambre meublée ou le prix d'un repas n'offrent qu'une base assez grossière et incomplète pour une comparaison du coût total de l'entretien et de la valeur respective de l'argent dans chacun des milieux sociaux comparés.

En tout cas, il ressort des faits recueillis que le coût d'entretien et son rapport au salaire ne sont pas les mêmes, pour un ouvrier menuisier ou charpentier, dans les divers centres d'industrie cités. Une étude plus approfondie et une comparaison plus exacte des milieux sociaux auxquels sont empruntés ces exemples, montrerait plus clairement encore que, même dans les cas où le travail semble de nature absolument pareille, on a chaque fois affaire à des étalons de vie très différents et à des coûts d'entretien très dissemblables. Certes, le coût d'entretien de l'ouvrier, ses besoins et sa façon de vivre composent un facteur réel pour la constitution du salaire. Mais les effets de ce facteur varient essentiellement avec le milieu social où l'on étudie le travail et les conditions dans lesquelles celui-ci est exécuté. C'est, par exemple, son

compris). Le loyer moyen d'une habitation ouvrière est de 2 florins par semaine.

intervention qui explique pourquoi certaines catégories de travail dans l'industrie textile se trouvent placées aux Etats-Unis tout au bas de l'échelle des salaires pour les ouvriers adultes et que néanmoins les salaires y sont assez élevés pour engager certaines catégories de travailleurs européens à émigrer par milliers et leur permettre d'économiser en quelques années, en conservant plus ou moins leur manière de vivre primitive, une somme d'argent suffisante pour acheter un lopin de terre au pays natal.

Après avoir formulé la théorie du coût-de-production et déterminé le niveau d'indigence, les économistes classiques ont cru devoir, pour répondre par avance aux objections qu'ils prévoyaient, tenir compte de l'influence exercée dans chaque pays par l'étalon de la vie ouvrière (1). La vieille théorie du coût-de-production a-t-elle, grâce aux restrictions parfois formulées, aplani toutes les difficultés que dresse devant elle à chaque pas la vie sociale réelle ? Assurément non ! Dans un chapitre suivant, en traitant de l'influence exercée sur les salaires par le milieu social, nous verrons que l'étalon de vie de la population ouvrière peut essentiellement varier, non seulement dans des pays de civilisation très diverse ou dans un même pays à différentes époques (Ricardo) (2), mais également dans un même pays et à une même époque, selon qu'on regarde les salaires des villes ou les salaires des campagnes. De même, si on voulait appliquer régulièrement la théorie du coût-de-production, toutes les restrictions possibles n'empêcheraient pas qu'on puisse parler, même pour une seule

1. Cf. ci-dessus, p. 147 (note) la citation de Ricardo.
2. MACLÉOD, en critiquant la loi du salaire de Ricardo, demande : « Que faut-il appeler *naturel* en parlant des subsistances et des choses nécessaires ou utiles à l'entretien d'un ouvrier ? L'étalon varie dans chaque pays. Devons-nous prendre l'étalon de blé de l'Angleterre, ou bien l'étalon d'avoine de l'Ecosse, ou l'étalon de pommes de terre de l'Irlande ? Ou encore l'étalon de pain de seigle noir de la Pologne ? Lequel parmi eux est l'étalon *naturel* ?... » (*The Principles of Economical Philosophy*, t. II, chap. XIII, § 26, p. 132.)

ville, d'étalons différents de la vie pour les diverses catégories de travailleurs. On a vu par quelle formule Karl
Marx a tâché de sauver la théorie du coût-de-production :
« pour un pays donné, une période donnée, la limite
moyenne des nécessités de la vie est aussi donnée. » En
examinant les choses de plus près, on devra reconnaître
que, non seulement dans chaque pays, mais dans chaque
ville, et même dans le cercle restreint d'une seule entreprise de grande industrie, la « limite moyenne » en question varie. On ne saurait non plus invoquer, avec Marx,
un « salaire moyen et régulateur » quelconque, considéré
alors comme « une quantité donnée ». Nous avons déjà
signalé le vague dans lequel on se trouve et les erreurs
que l'on commet lorsqu'on cherche à connaître les conditions de travail des diverses catégories d'ouvriers en étudiant les « salaires moyens ». Dans les conditions modernes de la production, il serait presque aussi absurde de
prétendre calculer un « salaire moyen régulateur » pour
un pays donné à une époque donnée, que de vouloir calculer un salaire moyen pour le monde entier en opérant par
exemple sur le salaire d'un ouvrier mineur ou métallur-
giste des Etats-Unis et sur celui d'un coolie chinois. Le
premier de ces salariés voudra peut-être lire tous les jours
son journal, manger de la viande deux fois par jour et
devra payer des cotisations élevées à son syndicat ; au cas
où il serait réduit à l'impossibilité de satisfaire ces besoins
primordiaux, il se révolterait ; l'autre, au contraire, vit
aisément de trois poignées de riz et d'un peu d'eau par jour.
D'une « moyenne », calculée à l'aide des salaires effectifs
de ces deux catégories d'ouvriers, on n'apprendrait rien
sur l'état réel du salaire et des conditions de vie ni de
l'ouvrier des Etats-Unis, ni du coolie chinois. Il n'en serait
guère autrement d'un salaire moyen calculé à une époque
donnée dans un pays de civilisation moderne. Vouloir
considérer un tel salaire moyen comme « une quantité

donnée », cela n'a pas de sens. Marx, lui-même, l'a si bien
senti à certains endroits de son œuvre qu'il a accepté, à
côté de sa notion impossible du « simple travail social
moyen » (*einfache gesellschaftliche Durchschnittsarbeit*)
la catégorie du « travail plus complexe » (*komplicirtere
Arbeit*) ou travail « d'un poids spécifique supérieur »
(*Arbeit von hæherem specifischen Gewicht*). Ce travail
est « la manifestation d'une force de travail qui coûte des
frais plus élevés d'éducation, dont la production coûte plus
de temps de travail et qui, pour cette raison, a une valeur
plus élevée que la force de travail simple » (*die Aeusse-
rung einer Arbeitskraft, worin hæhere Bildungskosten
eingehn, deren Produktion mehr Arbeitszeit kostet und
die daher einen hæheren Werth hat als die einfache
Arbeitskraft*) (1).

Si l'étalon de la vie ouvrière ou ce que l'on appelle le
coût d'entretien habituel de l'ouvrier, tel qu'il est enraciné
dans les mœurs, est un facteur important pour la détermination du salaire, nous verrons par contre ce facteur
varier selon le niveau social et l'état particulier du métier,
et même selon le sexe et l'âge des ouvriers. Ensuite, les
variations que présentent en réalité les salaires nous
feront voir une action exercée aussi bien par le salaire sur
l'étalon de vie que réciproquement et à un degré tel que
nous devrons nous demander pour maintes sphères de
production si, à proprement parler, l'étalon de la vie des
ouvriers en question y décide de ce taux du salaire ou si
c'est plutôt le taux du salaire qui décide du niveau de la
vie ouvrière. Dans diverses branches de métier, là surtout
où règne le travail des femmes et des enfants, le salaire
peut être considéré comme restant le plus souvent au-
dessous du niveau où il serait si c'était le simple régime

---

1. KARL MARX, *Das Kapital*, t. I, chap. V, p. 178 ; cf. *Théorie de la
Valeur*, pages 194 et suiv.

de la vie du journalier ordinaire qui en décidait (1).

Jusqu'à présent nous avons toujours traité de l'état du salaire dans une période donnée. Mais il faut faire remarquer que, au point de vue historique, on ne saurait parler d'un niveau fixe du coût de l'entretien, parce que les besoins peuvent continuellement se modifier, même chez la même catégorie d'ouvriers ; des besoins nouveaux peuvent se généraliser peu à peu, tandis que d'autres, quoiqu'anciens, peuvent arriver lentement à perdre leur qualité d'habitude enracinée. Le salaire peut hausser ; et, par suite de cette hausse, les besoins d'une population ouvrière peuvent s'accroître, soit sous l'action de l'organisation nationale ou internationale des ouvriers, soit comme conséquence d'une récolte abondante, soit encore par suite d'un manque de bras éventuel dans une industrie naissante, etc. On voit ici l'action d'influences de différentes espèces, influences que nous étudierons l'une après l'autre dans le présent ouvrage. D'autre part, les employeurs capitalistes qui se trouvent en face d'un personnel composé d'ouvriers non organisés, ou qui, par des circonstances particulières, voient à leur disposition des forces ouvrières abondantes, savent par expérience qu'ils peuvent longtemps diminuer les salaires avant d'atteindre le minimum strictement nécessaire où l'ouvrier cessera de produire et préférera aller mendier ou mourir de faim.

Etudions maintenant de plus près les motifs invoqués pour fonder la doctrine du coût-de-production. Au cours de l'évolution de cette doctrine, on l'a vu, différents raisonnements ont servi à ses défenseurs pour démontrer pourquoi d'après eux — abstraction faite de certaines oscillations éventuelles — le salaire doit nécessairement se limiter à un taux plus ou moins fixe déterminé par le coût d'entretien de l'ouvrier.

Nous n'avons pas à critiquer longuement ici l'ancienne

1. Voir plus loin les chapitres XII et XIV.

théorie de la population, dite théorie de Malthus. Les
questions qu'elle pose n'ont qu'un rapport indirect avec la
théorie du salaire ; elles n'ont pour elle qu'un intérêt historique. Et nous n'avons guère besoin d'insister sur ce
fait que les défenseurs de la théorie de Malthus se sont
trompés en supposant qu'une hausse ou une baisse permanente du salaire susciterait nécessairement ı accroissement ou, au contraire, une diminution du nombre des
ouvriers (1).

Lorsque, néanmoins, on a voulu appliquer la doctrine
du maître aux problèmes du salariat moderne, c'est-à-
dire aux conditions capitalistes de la production, elle
s'est montrée, non seulement insuffisante pour l'explication des phénomènes économiques, mais encore incapable d'atteindre les difficultés que pose l'étude de la vie
sociale réelle.

Les critiques de Marx sur ce point sont tout à fait jus-
tes. La marche réelle des industries nationales et interna-
tionales, le renvoi des bras devenus inutiles en période
de crise et, par contre, l'absorption de toute la force de
travail disponible en temps de production fiévreuse et de
prospérité sont autant de phénomènes incompatibles
avec l'idée que la diminution ou l'accroissement absolus
de la population puisse être l'influence régulatrice qui mettrait constamment la grandeur de l'armée active du travail

---

1. Dès 1840, lorsqu'en France la naissance de la grande industrie
moderne commençait à pousser lentement dans la misère les artisans
indépendants, un Français, bon observateur, disait : « L'insuffisance
des salaires n'est pas un obstacle à l'accroissement de la population, et
ne réduit nullement l'offre qui les déprécie. Ceux qu'une réduction exa-
gérée condamne à un travail sans récompense, comme les tisserands à la
main, diminuent leurs besoins à la façon des Irlandais, substituent les
végétaux à la viande, la pomme de terre au pain, habitent dans les
caves, se passent de linge, de vêtement, et restent attachés à la misérable occupation qui est leur seul gagne-pain. » (E. BURET, *De la misère
des classes laborieuses en Angleterre et en France*, t. II, liv. III, ch. VI,
p. 183.)

en concordance avec l'état de développement de la production, et qui adapterait l'offre de travail aux exigences
techniques de celle-ci.

Dans une période de reprise du travail et de prospérité,
les industries ne pourraient pas attendre, et n'attendent
pas en réalité, l'arrivée d'une nouvelle génération ouvrière ; les employeurs industriels, pendant de telles
périodes, font comme ils peuvent : ils se tirent d'affaire
en se servant, pour une partie, d'ouvriers à demi éduqués
qu'ils doivent encore façonner à leur usage, épuisent
complètement la population ouvrière, exploitent au besoin un nombre plus grand de femmes et d'enfants —
parce qu'ils sont forcés de faire leur récolte avant que la
bonne saison soit passée. De même, les employeurs capitalistes ne pourraient pas attendre, pour adapter leur production aux périodes de crise, l'extinction partielle de la
génération ouvrière existante, ni même le départ d'un
nombre suffisant d'émigrants. Les phases successives dans
l'évolution des industries ne peuvent pas être considérées
comme coïncidant, de nos jours, avec les mouvements
d'accroissement ou de diminution des générations humaines et l'on ne saurait plus dire qu'il existe une surpopulation qui pousse contre la barrière formée par l'insuffisance
des moyens d'existence disponibles, comme le prétendent
le Malthusianisme et le Néo-Malthusianisme.

Ce n'est que dans un sens tout autre que le terme de
« surpopulation » pourrait encore s'employer : lorsque
les moyens de production dont disposent les industries à
une époque donnée ne peuvent pas occuper toute la
population existante, on peut parler de « surpopulation »
quand même la quantité de subsistance serait suffisante.
Dans ce cas, si les employeurs capitalistes trouvent de
nouveaux marchés, ou si l'accroissement de la demande
sur les marchés existants s'élève, il en peut résulter un
élargissement des entreprises capitalistes qui préviendra

le chômage et le malaise des populations ouvrières et
cet élargissement des industries aura en même temps pour
conséquence de fournir aux employeurs de nouvelles
sources de profit.

Ainsi l'organisation et le développement capitalistes de
la production expliquent pourquoi l'Economie classique a
eu tort de supposer, à l'aide de la doctrine de Malthus, le
taux du salaire réglé par l'action de la diminution ou de
l'accroissement absolus des populations ouvrières. La
« loi d'airain » de Lassalle trouve déjà sa réfutation
dans les motifs mêmes qui lui servent de base. De même,
la théorie de Marx concernant l'accroissement continuel
et même progressif de « l'armée industrielle de réserve »
et l'influence qu'exerce cet accroissement sur le taux des
salaires est formellement contredite par la vie sociale
réelle.

Karl Marx n'a traité le problème de cet accroissement
qu'en *dialecticien* : « Diminution relative de la partie variable du capital dans la marche de l'accumulation et de la
concentration qui l'accompagne » (1), — c'est là un phénomène social de nature générale représentant les changements successifs que Karl Marx a vu s'accomplir dans la
composition technique du capital au fur et à mesure que
celui-ci s'accumule et se concentre. C'est de ce phénomène
que Marx fait dériver la naissance nécessaire et l'accroissement inévitable de l'armée industrielle de réserve. C'est
ce qu'il appelle : « l'accroissement de la masse des moyens
de production comparée à la masse de la force de travail
qui les vivifie (2) ». « Une portion toujours plus grande
du capital est transformée en moyens de production,
une portion toujours plus petite est transformée en force
de travail. Avec l'étendue, avec la concentration et
l'efficacité technique des moyens de production s'amoin-

---

1. KARL MARX, *Das Kapital*, t. I, chap. XXIII, titre de la sect. 2, texte
allemand.

2. *Ibid.*, sect. 2, p. 640 (*der sie belebenden Arbeitskraft*).

drit progressivement le degré (*der Grad*) dans lequel ils sont des moyens d'occupation pour les ouvriers. » (1).

Ce phénomène est certes bien et dûment constaté en tant qu'exprimant un développement tendantiel du capital. Au fur et à mesure que les machines se généralisent et se perfectionnent, elles remplacent de plus en plus le travail humain dans chaque branche de production ; de même l'accumulation de capitaux fixes en bâtiments, en moyens de transport, en améliorations du sol, etc., fait augmenter d'une façon progressive la productivité des entreprises ; tous ces perfectionnements ont pour résultat commun de faire qu'une force de travail toujours moindre (relativement) peut produire une masse toujours croissante de marchandises. Mais Karl Marx a eu le tort, tout en enregistrant les conséquences de cette tendance sociale indéniable, de ne pas les mettre en connexion avec toutes les autres tendances (dont quelques-unes opposées) qui se présentent dans l'accumulation du capital social, et de se laisser aller au développement dialectique de ses prémisses, sans demander à la vie réelle quelle tendance se manifeste le plus fortement. Marx n'a pas su voir qu'il ne pouvait juger des effets sociaux de la tendance si justement constatée par lui en la considérant à part, séparément des autres tendances émanant de l'accumulation du capital ou l'accompagnant. Je nomme tout particulièrement :

a) L'extension successive des marchés intérieurs et extérieurs et surtout la colonisation. La colonisation semble déjà à elle seule capable d'offrir encore pendant quelques dizaines d'années un débouché considérable à l'armée industrielle de réserve et cela aussi bien par l'absorption directe des bras superflus que par l'ouverture de nouveaux marchés pour les industries ;

b) L'accroissement des besoins parmi les consommateurs, accéléré par le progrès général de la civilisation ; puis, parallèlement à ce facteur :

1. *Ibid.*, p. 644.

c) L'abaissement des prix des objets de consommation provoqué précisément par le développement de la technique et le perfectionnement des machines, ce facteur pouvant autant que le précédent, faire augmenter la demande générale des produits ;

d) Les efforts que font les ouvriers rendus « superflus » par les machines et des inventions quelconques pour chercher un gagne-pain en dehors de leur ancienne sphère d'activité ; ces efforts ont pour résultat de développer suivant de nouvelles directions certaines parties d'une vieille branche d'industrie ou de faire naître de nouveaux métiers répondant à des besoins nouvellement nés (1).

Lorsque, plus loin, Karl Marx traite de la « production progressive d'une surpopulation relative ou d'une armée industrielle de réserve », du remplacement inévitable des ouvriers par l'accumulation et la concentration des capitaux qui les rendent progressivement superflus, il présente d'abord ce phénomène comme une simple *tendance*. Marx reconnaît même la possibilité d'un accroissement de la force de travail nécessaire, précisément en vertu de cette même accumulation des capitaux (2). Mais quelques lignes plus bas, il constate déjà

1. Voici les conclusions auxquelles arrive le Rapport de l'*Industrial Commission* en ce qui concerne l'industrie agricole dans un pays où elle est complètement révolutionnée par le machinisme moderne : « Est-ce que les perfectionnements de l'outillage et des machines ont diminué le nombre des ouvriers agricoles ? Pas nécessairement. Il est parfaitement exact qu'ils ont rendu superflu nombre d'ouvriers pour les travaux de la moisson, mais ils ont accru beaucoup la moyenne de la production agricole et rendu possibles une mise en culture meilleure, l'amélioration du sol et le perfectionnement de l'exploitation... A l'heure actuelle, lorsque les autres industries sont actives et prospères, non seulement dans la plupart des localités il n'y a pas d'excédent, mais en plusieurs endroits on constate une certaine rareté de main-d'œuvre agricole. » (*Report of the Industrial Commission*, vol. XI, *Agriculture*, Washington, 1901, part. III, chap. II, pages 111-112.)

2. « Avec l'accroissement du capital total croît aussi, il est vrai, sa partie variable, ou la force de travail qui y est incorporée, mais dans

que cette accumulation produit « plutôt » (*vielmehr*) « une
population ouvrière excessive par rapport aux besoins de
création de valeur moyens du capital et, par suite, superflue, surnuméraire. » (1).

En même temps nous voyons ici, à côté de l'habitude de
Marx de résoudre les problèmes économiques de façon
abstraite, une autre de ses habitudes, non moins caractéristique : celle de personnifier des notions abstraites, telles
que le « Capital » et le « Travail ». Le « Capital social »
nous est représenté comme poussant consciemment et
selon un plan bien calculé, non seulement vers la conservation, mais aussi vers l'accroissement de l'armée industrielle de réserve ; ce même Capital agit ainsi dans son
propre intérêt, en satisfaisant ses fonctions vitales de
capital, et l'armée industrielle de réserve doit lui servir de
moyen pour consolider et fortifier son pouvoir d'exploiter le Travail. Ainsi le capital total existant, cette chose
inanimée qui s'accumule et se concentre, devient chez
Marx un être doué de discernement et combinant cynique-
ment des plans, en même temps que le phénomène, présenté auparavant comme tendantiel, reçoit une forme
absolue et concrète :

« En produisant l'accumulation du capital, la population ouvrière produit donc, elle-même, sur une échelle
croissante, les instruments de sa métamorphose en surpopulation relative... Elle (la surpopulation ouvrière)
forme une armée industrielle de réserve disponible qui

une proportion toujours décroissante. » (*Mit dem Wachsthum des
Gesammtkapitals wæchst zwar auch sein variabler Bestandtheil, oder die ihm
einverleibte Arbeitskraft, aber in bestændig abnehmender Proportion. Loc.
cit., sect. 3, p. 646.*)

1. *Die kapitalistische Akkumulation producirt vielmehr, und zwar im Verhæltniss zu ihrer Energie und ihrem Umfang, bestændig eine relative, d. h.
für die mittleren Verwerthungsbedürfnisse des Kapitals überschüssige, daher
überflüssige oder Zuschuss-Arbeiterbevælkerung.* (*Ibid.* Ici encore je ne
renvoie qu'au texte allemand, le texte français de M. Roy étant beaucoup
moins précis et ne concordant pas exactement avec l'original.)

appartient au capital d'une manière aussi absolue que s'il l'avait élevée (*grossgezüchtet*) à ses propres frais. Elle crée pour ses besoins de création de valeur variables une matière humaine toujours exploitable et toujours prête, indépendamment des limites de l'accroissement réel de la population. » (1).

On voit aisément quelles seront les conséquences d'une semblable méthode de raisonnement : non seulement une partie de la population ouvrière, pour servir aux buts du capitalisme, doit pouvoir être « jetée » (*werfbar sein*) à chaque instant sur les points où on a besoin d'elle ; mais cette partie doit encore croître continuellement pour répondre à l'accumulation progressive du capital, ainsi qu'aux expansions et contractions soudaines et inévitables de cette accumulation : « Cet accroissement (de travailleurs) est créé par le simple processus qui licencie constamment une partie des ouvriers par des méthodes qui diminuent le nombre des ouvriers occupés à proportion de la production augmentée. » (2).

La méthode appliquée ici par Marx est celle-là même par laquelle il a conclu plus tard de l'accumulation et de la concentration des capitaux à l'appauvrissement croissant des grandes masses ouvrières et à la diminution croissante du nombre des « magnats du capital » qui, de ce fait, s'enrichissent de plus en plus.

De nos jours il n'est plus permis de traiter les problèmes sociaux de cette manière dialectique ; l'Economie est devenue une science inductive. D'abord la science exige

---

1. *Ibid.*, pages 648-649 ; cf. trad. franç., p. 278, col. 2, et p. 279, col. 2.

2. *Ibid.*, p. 650 ; cf. trad. franç., p. 280, col. 1. Cf. aussi, *loc. cit.*, sect. 4, p. 662, trad. franç., p. 284, col. 2 : «Plus sont grands la richesse sociale, le capital en fonction, l'étendue et l'énergie de sa croissance, et aussi, par conséquent [!], la force numérique absolue du prolétariat et la puissance productive de son travail, plus est grande l'armée industrielle de réserve. »

aujourd'hui qu'on tienne compte de l'enchaînement de toutes les différentes tendances et contre-tendances qui agissent dans la vie sociale réelle, se croisant incessamment, se fortifiant ou s'affaiblissant mutuellement, et réagissant toujours les unes sur les autres ; ensuite, pour qu'on puisse apprécier la marche réelle de la vie économique et sociale, elle exige qu'on retourne continuellement à cette vie même, qui seule est capable de nous montrer l'effet final, la résultante de toutes les forces en action, dans toute leur complexité.

Contrairement aux conséquences auxquelles Marx devait aboutir par sa théorie de l'accroissement progressif de l'armée industrielle de réserve, on voit que, dans les pays où la production capitaliste s'est développée le moins, — comme en Irlande, en Espagne, dans l'Italie méridionale, en Russie, etc., — le chômage involontaire est beaucoup plus grand, et la « matière humaine toujours exploitable et toujours prête » beaucoup plus à la merci du premier exploiteur venu, que dans les contrées de plus grand développement industriel et commercial, comme les régions du Nord de la France et de l'Italie, les provinces Rhénanes ou les contrées industrielles de l'Angleterre, etc. (1).

1. Cela se montre d'une manière caractéristique dans l'agriculture aux Etats-Unis. Partout où le développement du machinisme y a transformé l'ancienne petite agriculture en industrie agricole, et où fonctionnent actuellement les machines les plus perfectionnées, la main-d'œuvre agricole est recherchée, et quelquefois même elle est très rare. Au moment de l'enquête de l'*Industrial Commission* (1899-1901), la main-d'œuvre apte au travail agricole paraissait rare dans les Etats de la Nouvelle Angleterre, et dans ceux de New-York, de Pennsylvanie et de New-Jersey. Dans toutes les contrées de l'Ouest, la demande de main-d'œuvre agricole capable dépassait l'offre depuis quelques années. Dans les districts du Nord-Ouest, cultivant des céréales et où la demande de travail se fait surtout sentir pendant la courte saison de la moisson, il était devenu excessivement difficile de trouver la main-d'œuvre suffisante, et les entrepreneurs agricoles y dépendaient de la population flottante des

Dès qu'on suit le développement historique de diverses branches de production, on ne peut plus prétendre que l'armée industrielle de réserve soit plus nombreuse et plus asservie, ni qu'elle se trouve plus complètement à la disposition des entrepreneurs dans nos temps modernes que vers le milieu du XIX° siècle, époque où Karl Marx recueillit les matériaux pour son *Capital*. Et si l'on compare l'époque actuelle, non plus à celle du milieu du XIX° siècle, mais à celle de la fin du XVIII° et du commencement du XIX°, lorsque le machinisme et l'industrie moderne commençaient à peine leur marche victorieuse dans les pays les plus avancés de la vieille Europe, il est incontestable que l'armée de réserve était beaucoup plus forte alors qu'aujourd'hui.

Au début de la grande industrie une nouvelle classe de patrons se forme et la règle de la libre concurrence est inaugurée par la Révolution française. On voit commencer alors, dans les contrées industrielles de l'Europe, une production fiévreuse dirigée par des employeurs sans scrupules entre les mains desquels la chair humaine ne compte guère plus que les matières premières. Cette période de début arrive un peu plus tard dans un pays que dans un autre, elle dure plus longtemps dans une industrie que dans une autre, mais l'évolution qu'elle marque a eu partout le même caractère fondamental, et les bras des pauvres qui doivent amener rapidement à la fortune la classe naissante des grands fabricants, vien-

---

villes appelée vers la campagne par les hauts salaires. Il y avait de même, à l'époque de l'Enquête, une forte demande de main-d'œuvre à des salaires élevés dans les Etats des Montagnes Rocheuses et sur les côtes du Pacifique. Par contre, on trouvait encore en plusieurs endroits dans les Etats du Sud, — et cela précisément à cause des conditions moins développées de l'agriculture et de la production en général dans ces Etats, — un excédent de main-d'œuvre agricole, surtout de main-d'œuvre noire. (Voir *Report of the Industrial Commission*, vol. XI, *Agriculture*, part. III, chap. I, p. 78.)

nent bientôt à manquer. Cependant, la vieille société, au sein de laquelle les besoins des hommes ne se transforment pas aussi vite que le font, dans cette phase, les conditions techniques et-politiques, ne peut pas supporter l'ivresse de la nouvelle production ; la vie sociale réagit par une crise durant laquelle les ouvriers recrutés comme chair de fabrique sont jetés sur le pavé par milliers ; dans le monde des affaires, les faillites et les banqueroutes s'accumulent et viennent empirer encore la situation générale, le malaise se communiquant ainsi d'une branche d'industrie à une autre. Ce n'est qu'après de longues années que l'équilibre se rétablit peu à peu et que l'atmosphère industrielle s'éclaircit enfin. Alors recommence une période de production « à haute pression » ; un court moment de prospérité en résulte, — jusqu'à ce que la crise se renouvelle et que le même processus de dépression industrielle se déroule de nouveau avec plus ou moins d'intensité (1).

1. Naturellement dans les différents pays et les diverses branches de production, ce processus de développement de l'industrie moderne peut varier encore, et cela non seulement selon des influences générales, mais même selon des influences particulières à une certaine industrie ou purement locales. Voir par exemple le développement de l'industrie cotonnière gantoise tel qu'il est décrit dans la publication de l'Office belge du Travail : *Les salaires dans l'industrie gantoise*, t. I, *Industrie cotonnière,* 1re partie. Voir notamment chap. II, pages 28-30 (première phase de l'industrie naissante avec enrôlement d'hommes, femmes, enfants, depuis l'âge de cinq ans); p. 32 (crise de 1808, puis les « années grasses » jusqu'à 1811); pages 32-36 (crise de 1811 et paralysie complète de l'industrie depuis 1813); pages 38-41 (amélioration de la situation depuis 1822, prospérité de l'industrie, puis nouvelle crise par suite de la Révolution belge de 1830); p. 43 (nouvelle amélioration après 1835 de l'industrie qui, vers le milieu du siècle, a complètement vaincu la crise causée par la Révolution belge et commence une marche plus calme) ; chap. III, p. 56 (crise de 1862-1863 pendant la guerre de Sécession).

Comp. avec ce développement agité, l'évolution de l'industrie cotonnière pendant tout le restant du XIXe siècle :

« Comme dans la plupart des grandes industries, où le régime de la fabrique et les considérables frais généraux qu'il entraîne tendent à

Il s'agit ici de cette période de premier développement des industries modernes que Karl Marx a encore connue de près au milieu du xixe siècle et qu'il a dépeinte d'une manière si juste et si poignante en particulier pour l'Angleterre ; et ce sont précisément les traits caractéristiques de cette période qui ont si fortement impressionné l'auteur du *Capital* et dominé les conceptions qu'il s'est faites de l'évolution générale de la production. Mais il ne pouvait prévoir que les crises deviendraient plus courtes et moins aiguës à mesure que les besoins des peuples s'adapteraient u nouveau développement des forces productives et les industries aux nouveaux besoins qui se créeraient, en sorte que la marche des industries deviendrait partout plus régulière.

Les cartels et trusts modernes, par la domination qu'ils exercent sur différentes branches d'industrie, de transport

réduire au minimum les fluctuations saisonnières, et où l'importance des magasins de réserve parvient à maintenir un niveau presque constant de production, le chômage saisonnier est aujourd'hui presque nul dans l'industrie cotonnière et, sauf dans des cas exceptionnels et rares, le chômage entier est fort limité.

« Depuis la crise cotonnière résultant de la guerre de Sécession, et de la disette de matières premières qui en fut la conséquence (1862), nous doutons que le chômage ait jamais atteint, soit parmi les ouvriers de la filature, soit parmi ceux du tissage, une proportion de 10 o/o.

« Même la grande crise de 1885-1886, qui frappa presque toutes les industries belges, ne fit guère sentir son influence dans l'industrie cotonnière gantoise. C'est à peine si, sur plus de 9,000 ouvriers, il y en avait, au plus fort de la crise, 205 qui avaient été congédiés dans quatre petites fabriques particulièrement atteintes. Une seule avait également restreint la durée de la journée de travail (*Archives modernes de Gand. — dossier Manufactures*). Toutes les autres (39) travaillaient d'une façon normale et le chômage n'y dépassait guère la moyenne. » (*Ibid.*, 3e partie, p. 95.)

J'ajoute que, en 1904 de nouveau, une période de malaise et de crise a atteint l'industrie cotonnière en Flandre ; elle a été principalement la conséquence de la cherté des matières premières causée par la mauvaise récolte du coton et par les spéculations des « trustards » américains. Mais cette fois encore la crise n'a pas pris la forme aiguë qui a caractérisé la période de naissance et de premier développement de cette industrie.

et de communication, ne peuvent que rendre plus grande encore la régularité qu'a prise peu à peu la marche de la production sociale. D'autre part, la décroissance du nombre, de la longueur et de la rigueur des crises partielles et locales rend plus imminent le danger d'une crise générale, universelle. Ce danger croît à mesure, surtout, que les nations plus arriérées et les colonies se mettent, les unes après les autres, à produire elles-mêmes pour le marché universel, au lieu de servir de débouchés aux industries des pays de vieille civilisation.

En tout cas, par la manière dont il a exposé le problème des crises et celui de la naissance et de l'accroissement de l'armée industrielle de réserve, Marx s'est montré encore le théoricien par excellence de la période de premier développement de la grande industrie moderne.

Recherchons, après cette critique détaillée, à quelle faute fondamentale se ramènent les erreurs de la théorie du coût-de-production. Comme lors de notre critique de la théorie utilitaire, nous pourrons nous référer ici à certaines parties de notre premier volume (1).

Pour la marchandise travail en particulier, comme pour les marchandises en général, la théorie du coût-de-production dans toute son étendue — c'est-à-dire chez les plus conséquents de ses représentants — confond la *valeur d'échange* et le *prix de marché* avec la *valeur de production*.

Elle insiste trop exclusivement, dans l'exposé de la doctrine du salaire, sur les frais nécessaires pour produire la marchandise travail — que ces frais soient relativement bas ou élevés — et ne fait pas même une distinction, à ce propos, entre les différentes catégories de travail. Pour toutes ces catégories, la théorie du coût-de-production a trop négligé le rapport intime dans lequel le

1. Voir particulièrement : *Théorie de la Valeur*, pages 110, 222-223, 225, 299-300 et 368.

prix de marché du travail — le salaire — se trouve, en théorie, et très souvent aussi en pratique, nous le verrons, avec
la *productivité* du travail, c'est-à-dire, en dernière instance, avec *l'utilité* que possède le travail pour son acheteur. Cette théorie, en somme, n'a pas assez remarqué le
rapport existant entre le salaire et la *valeur d'usage* que
représente la marchandise travail, d'abord et surtout
pour l'employeur capitaliste.

Il nous faut maintenant étudier les acheteurs et les vendeurs de la marchandise travail dans leurs transactions et
dans la poursuite de leur intérêt matériel propre, afin de
juger d'après les faits réels du marché, pour les différentes
catégories de travail, chacune des théories du salaire exposées ci-dessus.

De plus, nous aurons à étudier séparément quelques
facteurs extérieurs spéciaux qui peuvent influencer dans
certaines conditions le salaire et ses variations, soit au
profit des acheteurs, soit à celui des vendeurs de cette marchandise spéciale qu'est le travail humain. Puis viendra
l'exposition de notre propre théorie générale du salaire.

TROISIÈME PARTIE

Etude des condition de travail
suivant les professions et les métiers.

A. — *Catégories de métiers où les conditions de travail sont en rapport étroit avec le coût nécessaire à l'entretien de l'ouvrier, ce coût variant avec les milieux sociaux.*

CHAPITRE X

LES CONDITIONS DE TRAVAIL DES MANŒUVRES
DANS LES DIVERSES INDUSTRIES

Il a été remarqué au chapitre V que la science économique constate dans chaque région une certaine concordance entre les salaires dans les industries où les procédés de travail varient peu, tandis que les produits sont des articles de consommation générale. Cette concordance est plus évidente encore, dans chaque contrée, si la recher-

che, au lieu de s'étendre à des branches entières d'industrie, se limite à certaines catégories de travail simple
qu'on retrouve dans presque chaque industrie, catégories
dans lesquelles les ouvriers passent facilement d'une
branche de production à une autre, précisément à cause
du caractère simple, quoique pénible et rude parfois,
du travail à exécuter. Examinons d'abord quelques-unes
de ces catégories afin de déterminer en même temps quel
prix le travail y réalise régulièrement.

L'enquête entreprise par l'Office du Travail français
de 1891 à 1893 a comparé entre elles, au point de vue du
salaire, différentes catégories de travail dans le département de la Seine présentant la moyenne de salaire la
plus basse. Elle a pu constater une certaine concordance
dans les salaires entre des branches d'industrie fort
différentes. Cette comparaison a été faite en prenant
pour base le salaire par dix heures de travail et en laissant de côté les tout jeunes gens. Dans ces conditions,
la moyenne la plus basse a été constatée chez les hommes
de peine, journaliers qui exécutent les travaux les plus
grossiers et les plus à la portée du premier venu : « De
4 fr. 50 à 5 francs, on rencontre les magasiniers, les char-
retiers, les manœuvres occupés aux manipulations des
industries chimiques ou des industries alimentaires, des
industries du caoutchouc, du papier, du cuir, de la teinturerie, de la céramique; dans les mêmes limites, les aides
d'un grand nombre de professions, garçons maçons, garçons fumistes, aides-plombiers, frappeurs.

« Passant à des compagnons dont la profession est encore accessible au premier venu, nous trouvons la catégorie
importante des terrassiers dont la moyenne est d'environ
5 francs, et au même taux les fontainiers, de 5 francs à
5 fr. 50 les étireurs au banc, découpeurs, estampeurs,
perceurs, poinçonneurs, puis aux environs de 5 fr. 50 les
fondeurs en fer, vernisseurs sur métaux.

« Tous ces ouvriers sont encore des manœuvres auxquels un peu de pratique suffit pour être à la hauteur de leur tâche. » (1).

Je donne les salaires de ces hommes de peine et manœuvres à une époque plus récente et pour Paris seulement, en les comparant à ceux qui sont payés, dans les mêmes industries, à une autre catégorie d'ouvriers (laquelle sera étudiée à part dans un chapitre suivant) la catégorie des « ouvriers de métier ». J'utilise les « Bordereaux de salaires » publiés par l'Office du Travail en 1902 et notamment le « Bordereau constatant les salaires couramment appliqués et la durée normale du travail en usage à Paris dans les professions du bâtiment, à la date du 1er novembre 1899, avec les rectifications arrêtées en avril 1900 ».

Je rappelle qu'il ne s'agit pas ici de chiffres de salaires effectivement payés et empruntés aux livres de paie des patrons, mais du moins du taux général en usage, parce qu'ils s'appliquent, en général, à des professions où le prix de l'heure de travail est tarifé par contrat entre les deux parties, les salariants et les salariés (2).

Voici donc juxtaposés les salaires des *manœuvres ou aides* et ceux des *ouvriers de métier* dans les différentes professions (3).

1. *Salaires et durée du travail dans l'industrie française*, t. I (Département de la Seine), 2ᵉ partie, L. sect. 2, p. 511. Plusieurs de ces salaires ont beaucoup augmenté depuis la période de l'Enquête.

2. Cf. nos remarques sur ces tarifs de salaires, pages 42-43 du présent volume.

3. Le tableau ci-contre a été dressé en conbinant les renseignements fournis par les *Bordereaux de salaires pour diverses catégories d'ouvriers en 1900 et 1901*, Annexe, pages XVIII-XX. J'y ai ajouté seulement les pourcentages.

PROFESSIONS	TAUX DES SALAIRES		Pourcentage du sal. des manœuvres comparé à celui des ouvriers du métier	DURÉE DE LA JOURNÉE	
	A l'heure	A la journée		Eté (1)	Hiver (1)
	fr. c.	fr. c.	o/o		
Puisatier-mineur	0.75	—		10 heures	10 heures
Aide	0.55	—	73.3	idem	idem
Maçon.	0.80	—		8 à 9 heures pendant 3 mois	
Garçon maçon.	0.50	—	62.5	10 heures pendant 6 mois	
				10 à 11 heures pendant 3 mois	
Limousin	0.675	—		idem	
Garçon limousin. . . .	0.50	—	74.1	idem	
Briqueteur	0.85	—		idem	
Garçon briqueteur . . .	0.55	—	64.7	idem	
Carreleur	0.80(2)	—		idem	
Garçon carreleur . . .	0.55(2)	—	68.75	idem	
Stucateur (compositeur et tailleur de stuc.) . . .	1.50	—		idem	
Aide-stucateur.	0.60	—	40	idem	
Cimentier.	0.80	—		idem	
Aide-cimentier	0.55	—	68.75	idem	
Compagnon couvreur . .	—	7.50		9 heures	8 heures
Garçon couvreur	—	5.00	66.66	idem	idem
Plombier ou zingueur. .	—	7.50		idem	idem
Garçon ou aide	—	5.00	66.66	idem	idem
Forgeron (grande forge).	0.85	—		10 heures	10 heures
Homme de peine	0.525	—	61.8	idem	idem
Chaudronnier	0.75	—		idem	idem
Aide-chaudronnier. . . .	0.60	—	80	idem	idem
Compagnon fumiste ou poêlier	—	7.50		11 heures	9 heures
Compagnon tôlier	0.80	—	56.25 ou 60	10 heures	10 heures
Garçon fumiste ou tôlier.	—	4.50		11 heures	9 heures
Briquetier-fumiste. . . .	0.80	—		10 heures	10 heures
Garçon briquetier-fumiste.	0.50	—	62.5	idem	idem
Miroitier	0.80	—		11 heures	11 heures
Second ouvrier ou aide .	0.60	—	75	idem	idem
Compagnon paveur . . .	0.75	—		9 h. du 1er nov. au 1er mars	
Aide-paveur.	0.50	—	66.66	10 h. du 1er mars au 1er mai	
				11 h. du 1er mai au 1er sept.	
				10 h. du 1er sept. au 1er nov.	
Poseur de granit. . . .	0.75	—		idem	
Aide-poseur.	0.55	—	73.3	idem	
Applicateur d'asphalte ou de bitume.	0.70	—		10 heures	10 heures
Aide-applicateur.	0.50	—	71.4	idem	idem
Poseur de paratonnerres.	0.80	—		idem	idem
Aide-poseur.	0.70	—	87.5	idem	idem
Monteur-électricien . . .	0.80	—		idem	idem
Aide-monteur	0.55	—	68.75	idem	idem
Démolisseur.	0.70	—		10 heures	9 heures
Aide-démolisseur	0.55	—	78.6	idem	idem

1. Sauf indications contraires, les journées d'été comptent du 1er avril au 1er octobre, et celles d'hiver du 1er octobre au 1er avril.

2. Ces catégories travaillent généralement à la tâche et ne sont occupées à l'heure qu'accidentellement.

Même à première vue, on constate dans le tableau ci-dessus une certaine uniformité des salaires de toutes les catégories de « manœuvres » ou d' « aides » dans les diverses professions. Le salaire du manœuvre ou de l'aide dans le bâtiment a été à Paris, dans la période donnée, de 5o à 55 centimes l'heure, ou d'environ 5 francs par dix heures de travail; le salaire est rarement supérieur, rarement moindre. Lorsque le taux du salaire baisse à 4 fr. 5o par jour, comme pour le garçon fumiste ou tôlier, on peut se demander si, dans ce cas, la profession emploie plus spécialement des demi-ouvriers, c'est-à-dire réclame des ouvriers qui ne sont pas dans la force de l'âge. Lorsque, au contraire, le salaire des manœuvres monte au-dessus du niveau indiqué, comme chez l'aide-stucateur ou miroitier où il s'élève à 6o centimes l'heure, ou chez l'aide-poseur de paratonnerres où il atteint les 7o centimes, il faut se demander si l'aide ne doit pas posséder une connaissance de métier spéciale, parfois aussi, — comme dans les deux derniers exemples, — s'il n'a pas une certaine responsabilité ou s'il n'exécute pas des travaux dangereux (motifs dont nous nous occuperons encore). Pour ces raisons, on pourrait au besoin les ranger parmi les ouvriers de métier et s'expliquer ainsi la supériorité de leur salaire comparé à celui des aides ou manœuvres d'autres professions. En outre, lorsque l'ouvrier de métier, à côté duquel le manœuvre travaille, appartient aux catégories de ces ouvriers de choix qui sont le mieux rétribués (voir dans le tableau le travail du stucateur noté à 1 fr. 5o l'heure), il est sûr qu'un plus haut salaire de l'ouvrier de métier peut toujours entraîner quelque peu vers la hausse celui du manœuvre.

Dans notre tableau les pourcentages des salaires des manœuvres et des aides comparés à ceux des ouvriers de métier diffèrent sensiblement. Ils varient de 4o o/o dans le métier du stucateur, à 87.5 o/o dans celui du poseur de

Cornélissen

paratonnerres. La cause de cette forte variation se trouve
plutôt dans la situation différente du manœuvre vis-à-vis
de l'ouvrier de métier à côté duquel il travaille que dans
les niveaux des salaires des manœuvres. Ainsi le salaire
de l'aide-stucateur atteint la proportion la plus basse
du tableau (40 o/o), bien que son salaire par heure compte
précisément parmi les plus hauts salaires de manœuvres
payés en 1900-1901.

C'est à dessein que nous avons choisi pour la comparaison un milieu social déterminé ; elle perdrait en exactitude si nous voulions juxtaposer les conditions de milieux
très différents. La comparaison des salaires de manœuvres et d'aides pris sur toute la superficie d'un pays
comme la France aurait perdu en grande partie sa portée,
précisément à cause de l'influence exercée par le changement de localité, facteur dont nous parlerons ultérieurement.

Par contre on peut comparer, pour une même branche
très caractérisée de métier, les salaires du manœuvre et
de l'ouvrier de métier en choisissant cette fois les milieux
les plus différents d'un pays, ceci précisément dans le but
d'étudier si le pourcentage des deux salaires offre une
certaine stabilité dans les diverses localités.

Dans ce but j'ai, à l'aide des bordereaux déjà cités,
comparé l'aide-maçon au maçon (1), et l'aide-charpentier
au charpentier-ouvrier de métier (2).

Voici les résultats de cette comparaison dont le lecteur
trouvera les documents détaillés aux appendices I et II du
présent ouvrage :

Le salaire moyen par heure de l'aide-maçon pour toutes
les localités indiquées de la France est de 34.8 centimes ;
celui du maçon de 50.9 centimes, — soit une proportion
de 68.4 o/o. Le salaire moyen par heure de l'aide-charpen-

1. Voir *Bordereaux de salaires*, pages 50 à 56.
2. *Ibid.*, pages 13 à 18.

tier est de 37.4 centimes, celui du charpentier-ouvrier
de métier de 54.2 centimes, — soit une proportion de
69 o/o.

Pour donner à cette comparaison le plus grand degré
d'exactitude, je me suis borné à choisir les cas où non seulement les deux catégories d'ouvriers ont travaillé au
même service et au même ouvrage, mais où la durée du
travail journalier a été la même, de sorte que l'aide-
maçon et le maçon, l'aide-charpentier et le charpentier
peuvent être considérés chaque fois comme ayant travaillé
dans les mêmes conditions locales.

Si l'on juge, d'après la comparaison établie ici dans
deux professions-types, la proportion du salaire de manœuvre au salaire d'ouvrier de métier présente une certaine
stabilité : le pourcentage du moins est à peu près le même
dans les deux cas. La concordance devient plus remarquable encore lorsqu'on cherche dans le bordereau la
moyenne des pourcentages des diverses professions du
bâtiment à Paris. Dans les appendices I et II, on voit les
différences d'un caractère local ou de nature purement
technique s'annuler plus ou moins grâce au nombre des
localités auxquelles les chiffres se rapportent. L'annula-
tion de ces différences est le seul service que pourrait
rendre ici le calcul d'une « moyenne » et elle a d'autant
plus d'importance que les localités sont plus nombreuses.
Un tel résultat peut être obtenu également par le calcul
d'une « moyenne » d'après les chiffres du bordereau pari-
sien. Là ce n'est pas le milieu social qui change, ce sont,
dans le même milieu, les professions. En recherchant
comment, dans ce cas, les différences s'annulent, on trouve
que, dans la période de 1900-1901, le « tarif moyen » du
salaire a été, à Paris, pour les manœuvres ou aides dans
les diverses industries du bâtiment de 55.3 centimes et pour
les ouvriers de métier de 81 centimes par heure. La proportion moyenne est donc de 68.3 o/o.

Pour compléter la comparaison, je rechercherai encore, dans une profession donnée, la proportion du salaire des manœuvres à celui des ouvriers de métier, d'après le *Rapport Spécial* (1) relatif aux employés et aux salaires publié aux Etats-Unis lors du dernier recensement général de la population (1900). Pour plus de commodité je compare de nouveau comme types les salaires de l'aide-charpentier et du charpentier-ouvrier de métier (2).

D'abord quelques observations : l'élaboration d'un tableau comparatif exige de la prudence, surtout lorsqu'il se rapporte aux conditions industrielles de l'Amérique du Nord où fréquemment des ouvriers de différentes catégories travaillent pêle-mêle dans les grands ateliers et usines, et où il est souvent plus difficile encore qu'en Europe de décider jusqu'à quel point on a encore affaire, dans chaque cas, au travail et au salaire de l'aide ou du manœuvre, ou bien au travail et au salaire de l'ouvrier de métier (3).

Je n'emprunterai au Rapport américain que les cas où la catégorie des « ouvriers charpentiers » (*carpenters*) et celle des « manœuvres ou aides » (*general hands, helpers, and laborers*) se trouvent nettement distinguées, et je me borne aux trois classes suivantes d'entreprises : l'industrie des « instruments agricoles » (*Agricultural implements, loc. cit.*, pages XLVII-XLVIII) ; les « ateliers de matériel de chemins de fer » (*Car and railroad shops*,

---

1. DEPARTMENT OF THE INTERIOR, CENSUS OFFICE, *Special Report : Employees and Wages*, Washington, 1903.

2. Les salaires de l'aide-maçon et du maçon ne se trouvent pas nettement différenciés l'un de l'autre dans le Rapport américain.

3. Pour cette raison je laisse de côté, dans le Rapport en question, d'abord les salaires dans les « scieries et raboteuses mécaniques » (chapitre II du Rapport, p. LII-LIII) où les charpentiers et manœuvres ne sont pas suffisamment distingués. De même je passe sous silence les salaires payés dans les « fabriques de wagons et carrosseries », où la rubrique des « travailleurs du bois » (*woodworkers*) n'est pas spécifiée.

loc. cit., p. LVIII) et les « chantiers de construction de navires » (*Shipyards*, *loc. cit.*, pages LXVI-LXVII).

On trouvera à l'Appendice III le tableau comparatif des salaires dans les divers groupements d'Etats de l'Union (1). Il suit de ce tableau que le salaire du manœuvre ou de l'aide-charpentier atteint la proportion suivante du salaire payé au charpentier-ouvrier de métier à côté duquel il travaille :

Dans *l'industrie des instruments agricoles* 72 o/o pour le taux du salaire hebdomadaire, et 71.4 o/o pour le taux du salaire quotidien.

Dans les *ateliers de chemins de fer* 66.66 o/o pour le taux du salaire hebdomadaire, et 66.66 o/o également pour le taux du salaire quotidien.

Dans les *chantiers de construction de navires* 70 o/o pour le taux du salaire hebdomadaire, et 68 o/o pour le taux du salaire quotidien.

Les recherches faites ici pour les Etats-Unis, pays de civilisation récente, confirment le fait constaté déjà : qu'il existe réellement une certaine stabilité dans la proportion du salaire payé au manœuvre ou à l'aide dans différentes industries comparé au salaire payé, dans les mêmes industries, à l'ouvrier de métier. Nous retrouvons partout ce phénomène général : que le salaire du manœuvre reste au bas de l'échelle des salaires des ouvriers adultes, et qu'en moyenne ce salaire n'atteint que les deux tiers environ du salaire que gagnent, sous les mêmes conditions de travail, souvent dans les mêmes entreprises, les ouvriers de métier. Mais ces constatations, qui ne valent d'ailleurs que dans les grandes lignes, ne suffisent pas. Il

1. Les salaires sont des « salaires-medians », calculés d'après la méthode statistique du *pourcentage cumulatif*, que les statisticiens du Bureau de Recensement à Washington ont jugés plus exacts et plus instructifs que les « moyennes » ordinaires.

nous en faut rechercher les causes économiques et sociales.

Nous devons d'abord laisser de côté cette idée que, d'une manière générale, le travail des manœuvres, des hommes de peine, satisfait des besoins moins urgents et moins intenses que le travail des ouvriers de métier des mêmes industries, autrement-dit, que le travail des premiers, par sa nature même, posséderait une moindre *valeur d'usage, — individuelle ou sociale*.

En étudiant les conditions de travail dans des industries et des pays divers on constate : 1° que les manœuvres et les aides font généralement les journées de travail les plus longues (1) ; 2° que les travaux exécutés par eux appartiennent le plus souvent aux catégories de travail le plus rude, le plus monotone et en même temps le plus intense, travail en tout cas indispensable à l'existence de la race humaine. Le travail des ouvriers égoutiers, ou celui des paveurs, des aides-maçons et charpentiers, des ouvriers des voies ferrées, etc. présente un caractère tout autre que, par exemple, le travail des décrotteurs, des marchandes de fleurs, des distributeurs de prospectus, etc. dont la profession donne beaucoup moins l'impression de pourvoir aux premières exigences des hommes.

Sans doute, la haute *valeur d'usage sociale* que représente le travail des manœuvres dans les différentes industries se manifesterait mieux si, au lieu d'une production sans règle ni ordre, une production bien organisée et harmonique servait de base à la vie moderne, et si la produc-

1. Les statistiques modernes prouvent que les industries où la durée des heures de travail est la plus longue sont en même temps celles où se rencontre relativement le plus grand nombre de manœuvres, ouvriers de fabrique, simples conducteurs de machines, etc. Voir par exemple le tableau publié par le *Recensement des Industries et des Métiers* en Belgique du 31 octobre 1896 et relatif aux entreprises de grande industrie où les journées sont de plus de onze heures (tome XVIII, 2ᵉ partie, chap. II, sect. 8, p. 238).

tion sociale, au lieu d'être réglée par les sauts et les bonds
du marché, était adaptée directement aux besoins et aux
désirs de tous les membres de la société. Il est incontestable que, dans une société communiste, c'est précisément
le travail des manœuvres et des hommes de peine, des
ouvriers soi-disant « non qualifiés » (des *unskilled labourers*) qui serait réclamé le plus.

En ce qui concerne la *valeur d'usage individuelle* il est
aussi sûr que les travaux dont nous demandons tous
de nous débarrasser au plus tôt dans notre vie privée sont
ceux exécutés par les diverses catégories d'ouvriers « non
qualifiés ». C'est que ces travaux nous paraissent le plus
désagréables et nous demandent le plus de peine, le plus
de fatigue personnelles (1).

Si donc le travail des ouvriers « non qualifiés » ne doit
pas son caractère de travail mal rétribué à la nature des
besoins humains qu'il satisfait, il ne doit pas non plus ce
caractère à sa prétendue moindre productivité par rapport à celle du travail « qualifié ». On ne saurait reprocher
au travail des manœuvres et hommes de peine, par exemple, ce qu'on reproche si souvent à celui de la dentellière,
du tisserand à la main, de nombre de petits artisans, lesquels, doués peut-être de grandes capacités techniques,
mais soutenus seulement par un outillage primitif fournissent — peut-on dire — des produits que les machines modernes fabriquent en grandes quantités et à des
prix beaucoup moins élevés. Si donc les produits fabriqués mécaniquement présentent les mêmes qualités que
les articles confectionnés à la main ou si du moins les premiers imitent suffisamment ces derniers pour qu'ils servent
au même usage, il est évident que les produits du travail
artisan ne sauraient soutenir la concurrence des produits

---

1. D'où la théorie du « *toil and trouble* », et de la *disutility* des économistes utilitaristes.

de la machine et ne peuvent que perdre en valeur dès leur rencontre avec eux. Cependant, parmi les ouvriers « non qualifiés » se range précisément un grand contingent d'ouvriers de fabrique qui conduisent des machines dans les sphères industrielles les plus différentes ; d'un autre côté les travaux exécutés par les manœuvres et hommes de peine sont souvent ceux où la machine ne remplace pas encore la main.

On pourrait d'autant moins penser ici, comme motif général, à une productivité moindre du travail des ouvriers soi-disant « non qualifiés » que, sous les conditions modernes de la production, ce ne sont pas seulement les connaissances techniques, mais aussi l'agilité de l'ouvrier et la précision de ses mouvements qui comptent de plus en plus dans sa formation comme ouvrier expérimenté. On a exprimé ceci en termes suivants : que, sous la production moderne, l'habileté *qualitative* de l'ouvrier importe souvent moins que son habileté *quantitative* (1).

Pour découvrir les causes pour lesquelles le prix de la marchandise travail de l'ouvrier « non qualifié » se trouve au bas de l'échelle des salaires des ouvriers adultes, il faut moins regarder les produits du travail ou les besoins humains qu'il satisfait que les personnes des travailleurs et plus particulièrement le nombre d'entre eux qui se présentent sur le marché et l'étalon de vie habituel qu'ils réclament.

---

1. « Le problème, cependant, se complique par la difficulté de définir l'habileté. Sous les rapports modernes, l'habileté comprend non seulement la dextérité manuelle, mais aussi la promptitude et la précision. Elle se mesure non seulement par la qualité, mais aussi par la quantité du produit... L'habileté quantitative implique la continuité d'application de l'ouvrier à sa tâche et son aptitude à supporter une dépense nerveuse intense. » (WALTER E. WEYL et A. M. SAKOLSKI, *Conditions of entrance to the principal trades*, dans *Bulletin of the Bureau of Labor*, n° 67, (nov. 1906). Washington, p. 707. Voir aussi *ibid.*, p. 682.)

On doit se rappeler d'abord que la notion de valeur — quelle qu'en soit la forme — exprime toujours un rapport entre les biens et l'homme, et que la valeur d'usage de la marchandise spéciale qu'est le travail humain diminue à mesure que croît l'offre des bras disponibles pour la satisfaction des besoins humains entrant en jeu. Cette dernière observation se rapporte à la valeur d'usage que le travail possède pour un individu isolé, pour un seul groupe d'individus ou pour la société en général. Il s'agit ici, pour la marchandise travail, d'un phénomène analogue à celui observé, dans notre premier volume, pour les marchandises en général : que des biens tels que l'eau, le fer, le bois, les pierres de construction, qui pourvoient à des besoins humains de première nécessité, peuvent perdre en valeur d'usage (individuelle et sociale) à cause des grandes quantités dans lesquelles ils se trouvent à la disposition des hommes (1). Mais la nature du travail, comme celle des marchandises en général, nous oblige à être prudents dans nos conclusions et à nous rappeler qu'on ne compte pas, dans la vie sociale, avec la valeur d'usage (individuelle ou sociale) dans le sens général du mot, ni avec tous les besoins réels, et même pressants, qui pourraient demander satisfaction, mais avec la valeur d'usage dans le sens limité et capitaliste du mot ; c'est-à-dire, dans le cas présent, qu'on ne tient compte que de la demande de travail sur le marché capitaliste (2). Les catégories de travail qui, dans une société communiste, risqueraient les premières de n'être pas exécutées, et dont, en tout cas, la valeur d'usage croîtrait le plus facilement par suite de la diminution des bras disponibles, sont précisément celles qui, pénibles, désagréables et souvent sales et

1. Cf. *Théorie de la Valeur*, pages 56 et suiv.
2. Cf. particulièrement *ibid.*, pages 81 et suiv. et 321-322.

malsaines, sont actuellement à la charge des manœuvres et hommes de peine les moins rétribués.

En examinant l'influence exercée par la valeur d'usage du travail des ouvriers « non qualifiés » sur son prix de marché, on voit diminuer ce prix sous la pesée du grand nombre d'ouvriers disponibles ; mais cette diminution et cette pesée doivent être considérées toujours comme provenant de la détresse qui, dans l'ordre social actuel, force ceux qui sont les plus faibles économiquement à accepter le prix, quel qu'il soit, que leur offre le marché.

Ils sont, on l'a vu dans notre premier volume, con-traints (1) d'échanger leur travail contre les premières nécessités de la vie. Ils y sont obligés sous peine de périr peu à peu ; et cette nécessité se répète pour eux chaque jour de leur vie. C'est pourquoi ils se pressent sur le marché et y maintiennent l'offre des bras à un niveau plus élevé que les autres catégories d'ouvriers.

Afin de s'expliquer pourquoi l'influence du nombre a une action si particulière pour la catégorie des ouvriers « non qualifiés », bien qu'en fait les classes laborieuses ne se composent que de non-possesseurs forcés à l'échange continuel de leur marchandise travail contre les moyens d'entretien nécessaires, il faut surtout tenir compte de la simplification progressive des procédés de fabrication introduite par le machinisme et par la division moderne des activités.

Dans l'immense majorité des branches de production, un contingent, sans cesse grandissant, d'ouvriers s'est formé, dont le travail, quelque pénible qu'il soit, peut être exécuté par tout homme adulte de constitution saine. Si la manufacture, venant après la vieille industrie artisane, avait déjà accru considérablement les diverses catégories

1. Voir également la critique faite dans cet ouvrage sur la *Théorie utilitaire*, p. 129.

de travailleurs « non qualifiés », chargés d'exécuter les mêmes mouvements des heures et des jours durant, la petite et la moyenne industrie, puis la grande industrie moderne, on le sait, en ont encore augmenté le nombre.

La cause pour laquelle l'offre de bras, précisément pour ces catégories de travail, dépasse si facilement la demande effective du marché est donc contenue dans la définition même de ce qu'on appelle du travail « non qualifié ».

C'est du travail exécuté dans des professions n'exigeant pas une éducation technique spéciale de l'ouvrier, ou dans lesquelles, du moins, l'apprentissage n'est pas long, de sorte que les employeurs capitalistes peuvent facilement faire passer les ouvriers d'un endroit à un autre, ou même d'une industrie à une autre, selon les exigences momentanées de la production.

Nous ne prétendons pas par là que, dans les métiers soi-disant « non qualifiés », le travail ne nécessite pas une certaine habileté professionnelle et des capacités techniques spéciales. « Notre métier, m'ont déclaré par exemple des aides-maçons travaillant à de grandes constructions, exige des connaissances, des capacités techniques difficiles à acquérir, aussi difficiles que celles que doivent posséder les maçons. » Et ils m'expliquaient que c'est surtout la collaboration, la coopération systématique dans le passage des matériaux qui leur demande une grande expérience technique et que c'est précisément à cause de cette circonstance qu'une équipe d'aides-maçons peut facilement empêcher de travailler tout nouveau venu dont ils ne désirent pas la compagnie.

Assurément, ceci est exact tout comme est exacte notre remarque précédente, que l'habileté professionnelle de l'ouvrier moderne se mesure aussi bien par la quantité que par la qualité du produit. Cependant, il y a cette différence que, dans les diverses catégories de travail « non qualifié », l'habileté et la connaissance professionnelles s'acquièrent plutôt par la pratique et par l'exercice du métier, mais beaucoup moins pendant une période d'apprentissage spécialement employée à assimiler les connaissances techniques du métier. En outre, l'habileté technique exigée par le travail dit « non qualifié » porte moins que celle du travail de métier proprement dit un caractère professionnel spécial; cette habileté est au contraire d'une nature plus générale et ressemble à celle exigée dans les branches de production voisines, si même elle n'est commune à des industries très diverses. C'est pourquoi précisément les ouvriers « non qualifiés » peuvent aisément passer d'une industrie à une autre, partout où leurs bras sont demandés, et que, d'autre part, l'afflux abondant de main-d'œuvre prend pour eux des proportions accablantes en entraînant un chômage plus accentué que, d'ordinaire, pour les autres catégories d'ouvriers. La plupart des éléments, qui composent pendant les périodes de dépression et de crise l'armée industrielle de réserve sont capables d'exécuter les travaux des manœuvres et aides dans différentes industries — ne fût-ce que pour quelque temps ou lorsque guidés par des ouvriers plus expérimentés. Alors que les manœuvres, hommes de peine et simples ouvriers de fabrique ne peuvent pas accepter du premier coup le travail du maçon, du forgeron, du charpentier, du stucateur, du couvreur, etc., ces derniers sont au contraire à même de prendre à chaque instant la place des premiers, surtout lorsqu'ils restent dans leur propre industrie ou passent à des industries voisines. C'est dans ce sens que les manœuvres, simples ouvriers de fabrique et aides des branches de production les plus diverses forment, pour ainsi dire, une seule classe nombreuse (la plus nombreuse de toutes) de salariés. Tandis que cette classe subit constamment la pression des catégories ouvrières supérieures d'où lui affluent incessamment des éléments nouveaux, il n'est guère possible que des éléments sortent de cette classe pour venir faire concurrence aux catégories supérieures.

L'étude des causes pour lesquelles le travail des ouvriers « non qualifiés » se trouve repoussé continuellement au plus bas niveau des salaires pour les ouvriers adultes nous amène à rechercher où se place ce niveau.

Voici ce qui ressort nettement de tout ce que nous venons de constater : le salaire des ouvriers « non qualifiés » sera aussi bas, dans chaque région, qu'il se laisse pousser par les entrepreneurs capitalistes sans que ceux-ci se heurtent à une opposition effective et définitive de la part des ouvriers ; c'est-à-dire, sans que ces ouvriers décident d'abandonner plutôt la production en quittant le pays s'ils sont encore dans la force de leur âge ou en allant temporairement vivre du travail de leurs proches, d'aumônes ou de prostitution, etc. On voit combien précipitamment et sévèrement c'est juger la conduite de ces ouvriers en leur reprochant de vouloir plutôt « battre oisivement le pavé » que d'accepter tout travail qui leur est offert. Souvent c'est là leur seul moyen pour s'opposer à la dépréciation de leur salaire au-dessous du niveau des premières nécessités de la vie et sans recourir immédiatement à des révoltes de famine.

Le salaire du plus humble manœuvre ou homme de peine devra donc garantir, régulièrement, un certain entretien minimum. C'est à sa catégorie que s'applique encore le mieux la théorie classique du salaire. Ce minimum d'entretien présente partout une certaine stabilité. Il est, pour ainsi dire, traditionnellement fixé dans chaque région, enraciné dans les mœurs et les coutumes de la population et manifeste la même ténacité d'existence, la même résistance aux modifications vers le haut ou vers le bas que les autres institutions sociales. Mais, pour la même raison, ce minimum d'entretien peut varier et

varie en réalité selon les régions, et même dans chaque
région d'après le milieu spécial (ville ou campagne, etc.).
Il varie chez un même peuple à différentes périodes de
civilisation d'après les exigences variables des hommes.

En étudiant le mouvement du salaire d'après les statistiques modernes, on observe que les salaires des ouvriers « non qualifiés » présentent une plus grande stabilité — notamment contre des modifications vers le bas —
que celui d'autres catégories. Le salaire de ces ouvriers
est déjà si bas d'ordinaire, même dans une période de
prospérité, qu'il ne peut pas baisser sensiblement dans
une période de crise (1).

Quand l'ouvrier « non qualifié » a une famille nombreuse à sa charge ou que, par suite de maladie ou de défauts corporels, il ne peut pas travailler régulièrement, il
ne trouvera même pas, peut-être, au taux traditionnel,
l'entretien nécessaire ; dans ce cas il devra tâcher de compléter le salaire insuffisant, soit par des heures supplémentaires ou par des occupations accessoires, soit encore
par les gains apportés par le travail des membres de sa
famille. C'est ici que se rencontrent les « salaires d'ap-
points » dont nous parlerons ultérieurement.

Lorsque, au contraire, l'ouvrier « non qualifié », tout en
étant dans la force de l'âge, n'est pas marié et n'a rien à
sa charge que l'entretien de sa propre personne, il se
peut que le taux général du salaire lui procure un certain
surplus en dessus des frais de vie les plus nécessaires.
Cela tient à ce que le prix du travail est toujours un prix

---

1. Je cite un seul fait à titre d'exemple. Il se rapporte aux salaires
payés dans l'industrie cotonnière gantoise pendant la crise consécutive à
la Révolution belge de 1830 : « ...Il n'apparaît pas que les tarifs de salaires aient été sensiblement modifiés. Un auteur contemporain fait observer,
avec raison, qu'en 1829 les salaires étaient déjà si bas qu'il eût vraiment
été difficile de les réduire encore. Seuls les fileurs, les mieux payés de
tous, paraissent avoir subi des diminutions de salaires. » (*Les salaires dans
l'industrie gantoise*, I. *Industrie cotonnière*, Iʳᵉ partie, chap. II, p. 41.)

de marché s'appliquant d'une manière uniforme à tous les ouvriers quelles que soient leurs conditions de famille, de santé, etc.

Dans ceux d'entre les pays d'Europe où la grande pro-duction capitaliste ne date que d'une époque relativement récente, les industries ont trouvé généralement, lors de leur création, une norme de vie tellement basse que tout ce que nous venons de dire relativement au travail des ouvriers « non qualifiés » s'applique dans ces mêmes pays à la presque totalité de la population ouvrière (1). Voilà pourquoi nous avons pu dire ci-dessus que la théorie classique du salaire, basée sur le coût minimum d'existence de l'ouvrier, ne répond qu'à la période de civilisation dont nous venons de parler et qu'ont déjà dépassée les pays occidentaux de l'Europe. Au début de la grande production capitaliste peuvent toujours exister des différences en salaire entre les diverses catégories de travail, mais les maxima et minima des salaires sont moins éloignés l'un de l'autre et justifient mieux l'existence d'une théorie qui condamne d'une façon générale tout salaire à un niveau de famine. Dans les pays du vieux monde où la grande industrie capitaliste s'installe tout armée sur les ruines de l'industrie artisane languissante, les catégories de main-d'œuvre exigeant des qualités tech-niques supérieures (monteurs de machines, ingénieurs, surveillants et contremaîtres, et en général ouvriers de choix) sont fréquemment de la main-d'œuvre importée de l'étranger. Par là, la séparation entre ces dernières caté-

1. « Il sera peut-être plus facile de décrire les conditions de salaires dans l'industrie de la Russie centrale d'une manière indirecte. Pour autant qu'un mode de vie traditionnel n'exerce pas une influence modifiante, c'est la loi de Ricardo, qui règne, ici aussi, pour les ouvriers non-orga-nisés : les salaires sont déterminés par le coût nécessaire à la conserva-tion et à la reproduction des ouvriers. » (G. v. Schulze-Gævernitz, *Volkswirtschaftliche Studien aus Russland*, chap. II, sect. VI, p. 134. Cf. la *Circulaire* n° 12 (série A) du *Musée Social*, p. 220.)

gories et les catégories inférieures devient encore plus nette, et cette séparation donne plus encore à tout travail indigène ce cachet spécial que, dans les pays modernes, porte surtout le travail « non qualifié » (1).

Les remarques faites ici concernant les pays du vieux monde envahis par les industries capitalistes s'appliquent fréquemment aussi aux rapports dans les pays neufs entre les différentes races de la population. Elles valent par exemple aux États-Unis pour le travail des Nègres comparé à celui des Blancs, comme en général dans les colonies pour le travail des indigènes comparé à celui des représentants de la race conquérante.

Très souvent, la différence des races donne déjà en principe au travail de la race moins privilégiée le caractère d'un travail inférieur, abstraction faite de la productivité qu'il peut présenter ; et il s'en suit parfois (pas toujours ni surtout lorsque la concurrence commence à se faire sentir) que le même travail se paie différemment selon qu'il est exécuté par des indigènes ou par des Blancs (2).

Il suit de tout ce qui précède que, dans les diverses catégories de travail « non qualifié », *la valeur d'usage du travail* (pour ce qui regarde l'action des doubles facteurs du *rapport de l'offre à la demande* et de la *pro-*

---

1. Ceci s'applique non seulement au salaire, mais encore à la durée des heures de travail. (Voir Schulze-Gævernitz, *loc. cit.*, pages 136-137 ; *Circulaire* n° 12 du *Musée Social*, p. 221.)

2. Voir, par exemple, pour l'Afrique du Sud : The South African Native Races Committee, *The Natives of South Africa, their Economic and Social Condition*, London, 1901, chap. VI, p. 119 : « Là où les taux de salaire sont comparables entre eux, le Blanc peut obtenir ordinairement, semble-t-il, de 25 à 50 o|o de plus que l'indigène pour du travail de la même nature et parfois la différence est encore plus grande. »

Même constatation pour les salaires des ouvriers européens et indigènes dans les colonies allemandes de l'Afrique orientale. Voir un article dans le *Deutsche Reichsanzeiger* du 4 décembre 1903.

L'importation, après la guerre du Transvaal de coolies chinois vers les mines d'or de l'Afrique du Sud fournit, dans une vaste proportion, un exemple de pareilles différences en salaires.

ductivité) est régulièrement mise au second plan. Ce qui l'est au premier, et doit l'être, tant par les salariants que par les salariés, c'est la *valeur de production*. Dire qu'un minimum d'entretien est établi par l'habitude et par le développement général du milieu n'est autre chose qu'affirmer l'existence d'une quotité minima *de frais de production* que l'entrepreneur capitaliste doit dépenser nécessairement pour l'acquisition de travail humain comme pour celle de matières premières, d'instruments de travail, etc.

Cependant, l'influence de la valeur d'usage, tout en étant secondaire, ne cesse jamais d'être appréciable. D'abord on ne saurait pas négliger le rapport de l'offre et de la demande de travail. Cela se montre déjà par le fait que c'est l'état défavorable de ce rapport pour la catégorie d'ouvriers soi-disant « non qualifiés » qui donne à leur travail la marque d'une marchandise inférieure, — même au cas où son exécution nécessite autant un certain apprentissage et de hautes qualités professionnelles. Ensuite, on remarque qu'un état plus ou moins favorable du rapport de l'offre et de la demande peut accroître ici le salaire quelque peu au-dessus du coût nécessaire habituel de l'entretien plus facilement que le rapport défavorable ne peut le faire baisser au-dessous du niveau de ce coût. Cette différence se manifeste surtout dans le cercle d'ouvriers d'une même profession qui — tout en étant les uns comme les autres des ouvriers « non qualifiés » — peuvent encore beaucoup différer en salaire selon la quantité ou la nature du travail qu'ils sont capables de fournir. La différence du nombre des bras disponibles pour chaque partie d'un travail coïncide ici souvent avec une différence de *productivité*, cette dernière étant le résultat d'une inégalité naturelle en force physique, en âge, en expérience professionnelle, etc.

Cornélissen   13

Par exemple : dans les tableaux que donne l'appendice II on trouve fréquemment indiquée, parmi les manœuvres et aides, la présence de diverses catégories d'ouvriers dont l'une est payée à un taux un peu plus élevé que l'autre ; on y trouve des réductions appliquées aux salaires pour les « demi-ouvriers ». Dans les tableaux de salaires dressés en 1902 en France pour les ouvriers du bâtiment dans le département du Nord et publiés par le *Bulletin de l'Office du Travail* d'avril 1903, on trouve notés des salaires spéciaux pour les catégories de « jeune terrassier », « terrassier » et « fort terrassier » ; de « charretier ordinaire » et « charretier » ; de « manœuvre », « fort manœuvre » et « petit manœuvre » ; de « *fort manœuvre paveur* » et « *aide-paveur* » ; de « manœuvre plafonneur » et « fort manœuvre plafonneur » (1).

L'Enquête française de 1891-1893 constata dans le département de la Seine une différence dans les salaires des scieurs de pierres selon la nature des matériaux qui pouvaient être de « pierre tendre » ou de « pierre dure ». Comme salaires « habituellement » observés par dix heures de travail, l'Enquête releva 6 francs à 6 fr. 50 dans le premier cas et 8 à 9 francs dans le second (2).

Dans de tels cas, et l'on en rencontre de pareils dans toutes les industries et dans tous les pays, la différence en productivité du travail, soutenue ou non par une différence dans l'offre des bras, s'exprime par des différences correspondantes dans les salaires d'une même catégorie d'ouvriers.

Le caractère plus ou moins *dangereux* ou *malsain* du travail donne lieu également à des différences en salaires qui s'expliquent par une différence en valeur d'usage

---

1. *Loc. cit.* Article : *Application des décrets du 10 août 1899. Les salaires du bâtiment en 1902 dans le département du Nord*, p. 304 et suiv.

2. *Salaires et durée du travail dans l'industrie française*, t. I, 1re partie, BX, p. 431.

sinon en productivité du travail. Parfois la *saleté* du métier a un effet analogue. Dans tous ces cas, la nature du travail peut retenir loin du marché une partie des concurrents, et cela peut avoir comme résultat que l'offre des bras pour de telles catégories de travail paraît aussi limitée que l'est généralement celle qui se rapporte aux diverses catégories de travail considéré comme travail de métier.

En ce qui concerne l'influence que peut exercer le caractère plus ou moins dangereux du travail, nous avons cité, dans notre premier volume, la construction de la tour Eiffel, en faisant remarquer que les salaires y durent être augmentés à mesure que le travail devait être exécuté à une hauteur plus grande. De même dans le tableau cité ci-dessus (à la p. 176), on trouve le salaire de l'aide poseur de paratonnerres supérieur à celui de toute autre catégorie de travail « non qualifié ».

Par contre, la saleté du travail ne semble pas avoir une influence aussi forte pour la hausse des salaires parmi les ouvriers « non qualifiés » que le danger ou qu'un caractère décidément malsain du travail, ou encore que la force, l'expérience professionnelle, l'habileté spéciale que le métier peut exiger, bref que toutes les qualités de l'ouvrier qui ont pour effet de limiter directement l'offre des bras.

L'Enquête française de 1891-1893 a fait, plus particulièrement pour le département de la Seine, des recherches minutieuses concernant l'influence exercée sur les conditions de travail par la nature de chaque industrie. Elle a constaté par exemple que, tout en bas d'une longue série d'ouvriers de diverses industries chimiques, on trouve, avec un salaire moyen inférieur à 4 fr. 50 par dix heures de travail, les ouvriers occupés dans les fabriques d'engrais, d'acides et de colles animales qui constituent « des industries pénibles, insalubres et même répugnantes, mais n'exigent pas de l'ouvrier des qualités spéciales » (1).

On constate des faits analogues, sinon toujours aussi prononcés, dans d'autres branches de production; mais il me semble que, pour expliquer ces phénomènes, il faut tenir compte surtout d'un facteur général que nous devons étudier maintenant: le manque de force de résistance et avant tout de force.d'organisation professionnelle qu'on rencontre d'une manière si générale parmi les ouvriers « non qualifiés ». Je fais remarquer à ce sujet que les ouvriers travaillant dans les industries les plus sales, les plus répugnantes, les plus malsaines, sont en même temps ceux qui appartiennent aux couches de la population ouvrière les plus malheureuses et les moins aptes à la défense de la vie, ceux qui, par des défauts corporels, par leur âge, par leur moindre intelligence, manquent de capacité à s'organiser et qui, par suite, doivent se soumettre même aux conditions de travail refusées par les manœuvres et les aides ordinaires dans les autres industries.

Nous parlons ici de la force de résistance et de la puis-

1. *Salaires et durée du travail dans l'industrie française*, t. I, 1ʳᵉ partie, B. IV, p. 370. Il est intéressant aussi de tenir compte des résultats du Recensement des Industries et des Métiers en Belgique du 31 octobre 1896 où est publié un tableau très détaillé, embrassant l'ensemble des ouvriers belges dont le salaire a pu être déterminé et cela pour chaque industrie en particulier (le salaire représente chaque fois le revenu réel d'une journée normale de travail à la fin du mois d'octobre 1896). Les fabriques où le travail, bien que désagréable, n'est pas difficile et pas dangereux, comme les amidonneries, les fabriques de colle, de gélatine, les fabriques de couleurs, présentent ici les salaires les plus bas. Cependant, dès que le travail, tout en étant simple, doit être considéré comme absolument dangereux ou malsain, par exemple dans la production de certains produits chimiques (céruse, arsenic, acide sulfurique, etc.) on voit immédiatement les salaires augmenter quelque peu, bien qu'ils n'atteignent pas le niveau des salaires obtenus par les ouvriers de métier des diverses industries. (*Recensement*, t. XVIII, 2e partie, chap. II, sect. 9, tableau aux pages 274-299.)

sance d'organisation ouvrière comme d'un facteur de nature générale, facteur dont l'importance croît de plus en plus dans la vie sociale moderne.

Nous bornant aux catégories de travail soi-disant « non qualifié », nous voyons que, précisément à cause de l'importance qu'a ici la valeur de production du travail pour l'établissement définitif du salaire, tous les facteurs propres à influer sur la norme de vie et le coût habituel de l'entretien de l'ouvrier y présentent une signification spéciale. C'est pourquoi la variation du milieu social a une influence importante sur le taux du salaire des ouvriers « non qualifiés » et que, dans les mêmes branches de production, on peut voir les salaires différer pour ainsi dire suivant les régions et les exigences de vie traditionnelles. Nous avons vu, par exemple, les salaires nominaux et réels des manœuvres et aides atteindre dans diverses régions des Etats-Unis un niveau supérieur à celui des ouvriers de métier, même les plus expérimentés, dans différents milieux d'Europe. Nous faisons abstraction ici de la différence en productivité du travail, dont il a été déjà question dans un chapitre précédent. Le prix du travail est évidemment différent pour les divers milieux sociaux.

La force de résistance et la puissance d'organisation constituent, de la part des ouvriers, un facteur principal pour l'élévation de leur norme de vie habituelle. Je tâcherai d'éclaircir ce point à l'aide de l'expérience directe que j'ai acquise à Amsterdam, ville où je connais le mieux, par une longue collaboration à l'organisation pratique des ouvriers, — aussi des ouvriers « non qualifiés », — les conditions actuelles de lutte pour l'établissement des rapports du travail et du salaire.

Dans le bordereau des salaires minima introduit en mai 1904 par la ville d'Amsterdam pour les travaux communaux (1), on trouve le salaire minimum des aides-maçons fixé à 25 cents l'heure. Depuis la fondation de leur organisation, les aides-maçons amsterdammois n'ont pas cessé de réclamer l'abolition des différences en salaire entre eux et les ouvriers de métier du bâtiment, maçons et charpentiers. Ces derniers, cependant, ont autant que les aides-maçons fait tous leurs efforts pour hausser leurs salaires, et le résultat de l'action commune en ces dernières années a été un accroissement général de tous les salaires des ouvriers du bâtiment, mais avec maintien (du moins pour la fixation du *salaire minimum* dont nous parlons ici) de la différence entre les ouvriers de métier et leurs aides, cette différence étant profondément enracinée par la tradition dans les cercles ouvriers eux-mêmes. Le salaire minimum pour charpentier et maçon est fixé, dans le bordereau amsterdammois, à 28 cents l'heure. La puissance organisatrice et la force de résistance dont ont fait preuve toutes ces catégories d'ouvriers a incontestablement joué ici un rôle important, et on peut facilement s'en rendre compte par le fait que le tarif amsterdammois fixe le salaire minimum pour le stucateur également à 28 cents l'heure malgré que d'ordinaire le travail de l'ouvrier stucateur soit taxé à un niveau plus élevé que celui du maçon (2).

Le rôle joué, dans cette direction, par l'organisation ouvrière est évident encore lorsqu'on compare le salaire de l'aide-maçon à celui que le tarif amsterdammois a fixé pour certaines catégories de manœuvres et d'ouvriers de métier dont l'organisation est faible et qui n'ont pas montré la même force de résistance que les ouvriers du bâtiment dans la lutte pour l'amélioration de leurs conditions de

1. En exécution des stipulations concernant le salaire minimum et la durée maxima du travail adoptées par le Conseil municipal d'Amsterdam dans sa séance du 11 novembre 1903.

2. Voir pour Paris, où cependant l'ouvrier stucateur est plus artiste, le tableau ci-dessus à la p. 176.

travail. Par exemple: on trouve dans ce tarif le salaire du forgeron-ajusteur, ouvrier qui doit disposer de certaines qualités professionnelles et posséder en outre des outils coûteux, fixé à 21 cents l'heure. Le salaire minimum de l'ajusteur-mécanicien est de 25 cents, celui du forgeron-riveur de 20 cents ; le monteur-mécanicien se trouve fixé à 28 cents, le forgeron à 22 cents, l'aide-forgeron (frappeur) à 18 cents l'heure.

Le salaire de l'aide-maçon est donc supérieur à celui obtenu encore par l'aide-forgeron, et le forgeron-riveur, le forgeron-ajusteur et d'autres. La raison en est que les aides-maçons avaient déjà engagé depuis quelque temps la lutte pour avoir 25 cents l'heure et que différentes grèves ont prouvé qu'ils sont à même de soutenir cette revendication par la force de leur organisation. En règle générale, le travail du manœuvre dans la maçonnerie n'est plus à obtenir à Amsterdam au-dessous de 25 cents l'heure. Il est naturel que l'offre et la demande des bras continuent à exercer leur influence spéciale (dans le tarif de salaires dont nous parlons il est seulement question du salaire minimum), mais cela n'empêche pas que dorénavant ce niveau de 25 cents l'heure représente une norme de vie plus ou moins sanctionnée par les habitudes. Dans les travaux de la ville où les salaires minima sont appliqués, le taux du travail de manœuvre s'élève donc dans les devis à 25 cents l'heure pour la maçonnerie et à 18 cents seulement dans la serrurerie et la charpente en fer (1).

---

1. Voici un cas typique, celui des terrassiers amsterdammois. Ils durent retirer au printemps de 1903 — sous l'influence de l'échec de la grève générale — leurs revendications spéciales sans pouvoir obtenir les 25 cents l'heure qu'ils réclamaient. Mais les entrepreneurs de la terrasse avaient concédé d'aller jusqu'à 23 cents l'heure. Et, coïncidence curieuse, le tarif des salaires de la ville d'Amsterdam élaboré en 1904, fixe justement le salaire minimum du terrassier à... 23 cents l'heure ! Avant la grève le salaire de ces ouvriers était de 18 à 21 (en moyenne 20) cents l'heure.

La puissance économique de l'organisation ouvrière moderne dans la catégorie des ouvriers « non qualifiés », comme dans toutes les autres catégories, se révèle surtout par son influence sur le rapport de l'offre à la demande des bras. Par la substitution du contrat collectif au contrat individuel, cette influence place sur le marché de travail la partie représentant l'offre dans une position plus forte qu'elle n'occupait vis-à-vis des entrepreneurs capitalistes naturellement liés, eux, par la demande de leurs produits. Par là, la puissance de l'organisation impose en même temps au niveau du coût d'entretien un autre caractère : le taux du salaire perd sa nature de taux habituel établi instinctivement et par tâtonnements sur le marché pour prendre de plus en plus les traits caractéristiques d'un taux de salaire déterminé par une discussion contradictoire des parties. Le travail continue d'être marchandise, mais son possesseur, le travailleur, acquiert une position autrement avantageuse sur le marché vis-à-vis du patron. Le taux du salaire conserve toujours, malgré les changements dans les rapports du marché, une certaine stabilité, et ne saurait baisser à tout moment par suite de la présence sur le marché de travail d'un ouvrier en plus, ou d'une demande de bras moindre, de la part des patrons. C'est cette stabilité qui permet au taux du salaire de réagir sur le niveau du coût d'entretien des ouvriers dans ce sens qu'elle aide à maintenir ce niveau même pour les ouvriers qui entrent, avec d'autres revendications sociales, soit inférieures, soit supérieures, dans un milieu social déjà tout constitué.

Il est naturel qu'une limite se pose à la possibilité de hausser le coût d'entretien des ouvriers. Pour les catégories du travail « non qualifié », comme pour le travail salarié en général, la limite maxima se trouve désignée par la productivité éventuelle du travail, c'est-à-dire, en définitive, par les prix que peuvent réaliser ses produits lorsqu'ils arrivent au marché prêts à la consommation et entrent en concurrence avec tous les autres produits satisfaisant des besoins humains de même ordre.

Nous reviendrons d'ailleurs sur ce dernier point dans nos Conclusions.

CHAPITRE XI

LES CONDITIONS DE TRAVAIL DES JOURNALIERS
ET OUVRIERS AGRICOLES

Les salaires des journaliers et ouvriers agricoles ordinaires forment une catégorie particulière. Ils sont supposés inférieurs, d'une manière générale et pour les contrées les plus différentes, aux salaires des manœuvres et des aides des divers métiers urbains, et ceci même au cas où on tient compte de la différence possible dans la valeur de l'argent.

Il est fort difficile de rechercher jusqu'à quel point cette supposition est juste. Les statistiques dont on pourrait se servir pour une comparaison des salaires agricoles et industriels et dignes de confiance parce que rapportant des faits bien et dûment constatés et contrôlés ne font que par trop défaut encore.

Ce manque de statistiques utilisables tient surtout à ce qu'il n'est pas aisé d'acquérir une connaissance exacte des salaires agricoles. Le mode de paiement varie beaucoup pour les ouvriers agricoles même au cas où ils sont entièrement payés en argent et ne reçoivent pas une partie de leur salaire en nature. Un rapport, publié par le *Board of Trade* anglais sur les salaires et les gains des ouvriers agricoles

dans le Royaume-Uni, constate que la nature des paiements aux salariés varie dans l'agriculture plus que
dans n'importe quelle autre industrie : salaires au temps
payés à la semaine, à la demi-année, à l'année ou suivant
d'autres périodes encore, paiement pour travail à la pièce
de différentes sortes, émoluments de toute nature se rencontrent dans la plupart des régions et le rapport de chacune de ces formes de paiements à l'ensemble des gains
varie encore de district à district pour toutes les saisons
de l'année et selon le caractère spécial de la saison (1).

C'est là, constaté brièvement, un phénomène qu'on
observe dans tous les pays.

C'est surtout à l'époque de la fenaison et de la moisson
que l'étude des salaires agricoles est rendue le plus difficile par le caractère variable des paiements : paiement
à l'entreprise de diverses fractions du travail ; fixation
d'une somme globale contre laquelle la moisson entière
sera faite ; paiement des salaires hebdomadaires habituels avec addition d'une somme convenue au moment
où la récolte est rentrée ; salaires au temps supplémentaires pendant un mois déterminé au titre de travail extra
et pour le reste paiement des salaires ordinaires ; paiement d'un salaire double pendant toute la durée de la
moisson ; etc. En outre, dans les périodes de la fenaison
ou de la moisson, les subventions en nature exercent souvent une influence particulièrement intense, propre à
rendre les calculs comparatifs encore plus complexes.

Il est vrai que certaines enquêtes agricoles sérieuses
parues ces années dernières étudient à la fois les salaires
nominaux et les gains totaux des ouvriers agricoles. Le
Rapport anglais cité ci-dessus donne par exemple des chiffres intéressants concernant les salaires en argent et les

---

1. *Report by* M*r* WILSON FOX *on the Wages and Earnings of Agricultural Labourers in the United Kingdom*, p. 25.

salaires en nature payés dans une exploitation agricole
dans le Clackmannanshire (Ecosse) pour sept années différentes, de 1849 à 1903, et chaque fois les salaires en
nature y sont estimés en argent (1). Malheureusement,
quand on a cette chance de trouver des données détaillées sur les salaires agricoles, ce sont les chiffres des
salaires des ouvriers urbains aux mêmes époques, qui
manquent. Bref, les difficultés et les lacunes sont assez
grandes pour expliquer pourquoi jusqu'à présent la question du bien-être matériel de la population ouvrière
rurale comparé à celui des populations ouvrières urbaines a été rarement traitée et en tout cas superficiellement.

Les difficultés sont surtout grandes quand il s'agit d'ouvriers mariés des deux catégories ; elles sont moindres
pour la domestique ou le valet de ferme logés et nourris
par le cultivateur qui les emploie et pour les ouvriers non
mariés des villes.

En somme une comparaison des conditions matérielles
de la population rurale avec celles de la population urbaine
n'aurait aucune valeur si l'on ne considérait pas comme
nécessaire :

1º De ne pas se baser sur un taux de salaire quelconque dans les deux milieux sociaux qu'on compare, mais
exclusivement sur le gain total des ouvriers de l'une et
l'autre catégorie ;

2º De réduire, s'il y a lieu, en monnaie les subventions
données en nature ;

3º De tenir compte dans ces deux milieux de la valeur
d'achat de l'argent.

Avant de pouvoir aborder plus directement l'étude des
salaires chez les ouvriers agricoles nous devons encore

1. *Second Report by* Mr Wilson Fox *on the Wages, Earnings and Conditions of Employment of Agricultural Labourers in the United Kingdom,*
London, 1905, pages 114-115.

entrer dans une comparaison un peu détaillée des milieux sociaux où vivent les populations ouvrières à la fois des villes et des campagnes.

Dans plusieurs pays on constate un afflux considérable de travailleurs ruraux dans les villes ; les campagnards y vont chercher des emplois de jardiniers, de domestiques, de cochers, de garçons d'écurie ou palefreniers, de garçons laitiers, ou du travail comme manœuvres et simples ouvriers de fabrique dans plusieurs branches d'industrie.

A lui seul, cet exode ne prouve pas que le bien-être matériel des ouvriers des villes soit supérieur à celui de la population ouvrière des campagnes. En réalité ce phé-nomène social est partout la résultante de toute une série de causes, et ces causes ne sont pas seulement d'une nature strictement économique, mais il en est de psychologiques, de politiques, de religieuses, etc.

L'opinion des grands propriétaires fonciers et des agrariens est bien nette. Suivant eux, l'exode rural ne serait pas provoqué, en général, par les conditions écono-miques moins favorables des ouvriers des villages compa-rées à celles des ouvriers des centres industriels et com-merciaux ; mais, surtout, par les attractions qu'offre la vie des villes, particulièrement aux jeunes gens non mariés des deux sexes. Ils font remarquer qu'il y a plus de liberté dans les villes, que la contrainte politique et religieuse y est moins sensible et que la conduite des habitants y est moins contrôlée ; enfin, et surtout, ils par-lent des plaisirs que présente la ville et que la campagne ne peut pas offrir. Ce sont ces motifs et d'autres analo-gues, ne concernant pas immédiatement le bien-être matériel, qui expliqueraient pourquoi les campagnards quittent en si grand nombre leurs villages, en sacrifiant souvent des avantages économiques réels.

Il est incontestable que cette opinion contient beaucoup

de vérité, surtout lorsqu'il s'agit de pays où le degré de productivité de la campagne est relativement élevé, ou de ceux où le progrès des industries urbaines n'est guère plus avancé que celui de l'agriculture. Aussi serait-il impossible de traiter à fond de l'exode rural sans tenir compte de tous les motifs non exclusivement économiques qui peuvent entrer en jeu.

Dans le grand rapport de l'*Industrial Commission* des Etats-Unis sur l'agriculture (1), on trouve mentionnée, par exemple, en outre des causes économiques fondamentales, une série de motifs accessoires qui tous ensemble régissent le mouvement vers les villes. A côté des salaires plus élevés qui sont payés dans les villes figurent : le désir si répandu de jouir d'un milieu excitant et de tous les avantages sociaux de la ville ; l'absence de routes et de bonnes écoles dans les districts ruraux ; la facilité apparente de la vie urbaine comparée à la dureté du travail dans les exploitations agricoles ; l'occasion d'avoir de l'avancement dans la ville et d'y trouver un emploi pour les différents membres de la famille ; l'idée qu'ont nombre de jeunes gens que le travail agricole est dégradant ; le fait que certains jeunes hommes et certaines filles doivent travailler si rudement dans les fermes que la pensée seule du travail agricole les écœure pour toute leur vie, etc. Le même Rapport, cependant, constate également une sorte de réaction contre l'exode vers les villes, réaction qui se manifesterait à la fois par un ralentissement du mouvement et par une tendance au retour vers la campagne.

On voit que l'ensemble des motifs décidant de l'exode vers les villes ou du retour aux champs est de nature com-

---

1. *Report of the Industrial Commission*, vol. X, *Agriculture*, Washington, 1901, p. XXIV, et les déclarations des témoins.

plexe. Dans la présente étude, cependant, ce n'est que le côté économique du problème qui nous intéresse.

Quiconque se contenterait de preuves indirectes, trouverait sans doute résolu le problème en faveur des ouvriers urbains dans plusieurs contrées .où se rencontrent des différences sensibles entre divers milieux ruraux. Tel sera le cas partout où ces différences ne sauraient être attribuées à un degré plus élevé du développement des forces productives, — bien qu'il puisse y avoir coïncidence et que cette coïncidence soit même très fréquente, — mais qu'elles tiennent en premier lieu au. voisinage plus ou moins immédiat de centres industriels ou commerciaux.

C'est ainsi que le Rapport sur les salaires agricoles en Grande-Bretagne constate ce qui suit : « Les salaires des ouvriers agricoles dans le Pays de Galles sont assez fortement influencés par le voisinage de mines et de carrières. Dans certaines régions le taux des salaires varie considérablement si une partie de la région est uniquement agricole et qu'une autre contienne des charbonnages, des fonderies et des aciéries, ou des carrières ; et ceci est surtout marqué, si de telles régions sont divisées par une barrière naturelle de collines, ou s'il n'y a pas de chemin de fer pour les mettre en relations l'une avec l'autre. »(1).

Les exemples ne manquent pas de faits analogues et caractérisés pour chaque pays. Ils sont de la plus haute importance pour la solution de la question qui nous occupe; bien que leur explication puisse présenter certaines difficultés. En effet, il est parfois difficile de décider jusqu'à quel point le taux plus élevé des salaires agricoles dans le voisinage des grands centres est dû à l'occasion plus favorable de la vente de leurs produits recherchés au marché de la ville (ce qui revient à une différence en *valeur d'usage* du travail), et jusqu'à quel point à la réaction que la

1. *Report by* Mr Wilson Fox, p. 58. Voir aussi *Second Report*, p. 73.

norme de vie matérielle des populations ouvrières urbaines exerce directement sur les revendications économiques présentées par les ouvriers agricoles des environs.

La démonstration expérimentale cependant est insuffisante ; il faut y joindre des comparaisons plus directes. Pour que ces comparaisons aient une valeur réelle, il faut :

1° Etudier les salaires et le coût de la vie dans des milieux où l'exode rural se fait réellement et en masse ; c'est ainsi qu'on choisira pour une étude de l'exode rural en France plutôt des pays comme la Bretagne ou l'Auvergne, où la migration vers les villes a une importance sensible ;

2° Prendre soin de ne faire porter l'étude que sur une catégorie d'ouvriers urbains pouvant réellement se recruter parmi les habitants des campagnes, c'est-à-dire sur des emplois qui ne présentent pas pour l'ouvrier rural de trop grandes difficultés techniques et d'apprentissage.

En premier lieu j'analyserai ici une comparaison tracée par M. II. Bayer entre le revenu d'un simple ouvrier agricole du Mecklembourg et celui d'un ouvrier « non qualifié » (pas spécialisé) dans une grande ville allemande (1). L'ouvrier agricole (marié sans enfants) travaille dans une grande propriété-type.

Il suit de cette comparaison (qu'on trouvera en entier à l'appendice IV du présent livre) que le gain total de cette famille ouvrière agricole, gain en argent et en nature, monte à 930 marks par an, avec en plus habitation et combustibles gratuits qui, cependant, ne sont pas compris dans la dite somme puisque tous deux sont plus faciles à déduire du gain annuel de l'ouvrier urbain.

Par contre, le gain d'une famille ouvrière dans la grande ville (mari et femme, le premier travaillant comme

1. *Deutsche Landwirtschaftliche Presse* du 18 avril 1903, article :

ouvrier « non qualifié ») atteint dans ces mêmes calculs
1400 marks, soit — défalcation faite du loyer pour une
habitation quelque peu convenable et des frais de combustibles — 1040 marks.

On n'a pas tenu compte, dans ces calculs, de quelques
petits émoluments dont jouit l'ouvrier agricole et qui ont
pour lui une certaine importance, tels : « l'argent pour la
laine » (*Wollgeld*), le rendement fourni par l'élevage
d'oies et de poules, l'argent pour la bière (*Biergeld*), le
« boisseau de moisson » (*Erntescheffel*), etc. L'ouvrier
agricole a l'école gratuite et le plus souvent aussi le
médecin et le pharmacien ; il en est de même cependant
pour l'ouvrier urbain qui doit être membre d'une caisse
de maladie, avec la différence que les cotisations pour
cette dernière sont plus élevées en ville qu'à la campagne.

Tout bien considéré, la différence entre les revenus de
ces deux familles ouvrières n'est pas très grande surtout
si on prend en considération (comme observe M. Bayer)
que les principaux aliments de la famille ouvrière : pain,
beurre, viande, pommes de terre, légumes, etc., sont
beaucoup moins chers à la campagne qu'en ville, et que,
pour le lait, on paie souvent dans la ville le double de
ce qu'on paie à la campagne. Puis, l'ouvrier de la
grande ville dépensera peut-être une petite somme
annuelle, comme frais de déplacement, étant obligé de
prendre le tramway ou le chemin de fer local pour se
rendre à son chantier. L'ouvrier agricole, par contre, —
je cite toujours M. Bayer, — cultive ses propres pommes
de terre et légumes qui lui reviennent donc beaucoup
moins cher ; de même il pourra engraisser et abattre un
ou deux porcs, tandis que la volaille qu'il nourrit lui

Betrachtungen über die Leutenot in der Landwirtschaft, par H. BAYER. Le
Mecklembourg situé à demi-chemin entre Hambourg et Berlin fournit
un grand nombre d'ouvriers à ces deux villes.

fournit des œufs ; enfin, toujours d'après M. Bayer, il
« trouve sa joie » dans ce que lui rapportent son jardin et
son champ, sans compter encore que « son occupation à
la campagne est beaucoup plus saine ».

La conclusion à laquelle arrive M. Bayer est que « le
gain net, défalcation faite de toutes les dépenses, n'est
pas moindre, et même est souvent plus grand pour l'ouvrier agricole que pour l'ouvrier non agricole, bien que
l'ouvrier urbain ou de fabrique reçoive souvent une plus
grosse somme en argent que l'ouvrier agricole ». L'auteur ajoute : « Naturellement, il y aura toujours des
exceptions. Mais au cas où la famille ouvrière compte
plusieurs enfants, le résultat économique sera plus
encore à l'avantage de l'ouvrier agricole pour maintes
raisons dont l'étude mènerait trop loin. » (1).

Cette conclusion mérite notre attention, car c'est en
termes analogues que s'expriment beaucoup de ceux qui
jugent les conditions ouvrières des campagnes (2).

Mais les opinions en sens inverse ne manquent pas ;
plusieurs personnes compétentes pour juger des conditions
économiques rurales estiment que celles-ci sont relative-

1. *Deutsche Landwirtschaftliche Presse*, loc. cit., p. 265.
2. Voir par exemple le Rapport de l'*Industrial Commission* des Etats-
Unis : « Est-ce que la rémunération de l'ouvrier agricole égale celle de
l'ouvrier dans d'autres métiers ? En argent comptant non ; dans sa puissance d'achat supérieure, ses gains supplémentaires et avantages, oui...
La présente enquête, dont les détails sont donnés dans un autre chapitre, met en lumière que la situation financière et sociale de l'ouvrier
agricole est supérieure à celle de l'ouvrier urbain possédant le même
degré d'intelligence et de dextérité. Les preuves sont abondantes et décisives. Tout ceci s'applique aux ouvriers réguliers loués à la saison ou à
l'année et non à cette catégorie d'ouvriers de passage et non définis qui
ne travaillent dans l'agriculture qu'une partie de l'année. » (*Loc. cit.*,
vol. XI, *Agriculture*, part. III, chap. I, p. 80.) Le Rapport en appliquant
sa conclusion à des milieux aussi différents en climat et en développement
social que les Etats-Unis reste trop visiblement dans un vague général ;
mais on sait que la main-d'œuvre agricole y est recherchée et rare dans
plusieurs centres de culture.

ment mauvaises pour les ouvriers qui n'y trouvent pas des moyens de subsistance équivalant à ceux des ouvriers urbains (1); tandis que certains d'entre eux prétendent en outre que la situation des ouvriers des villes est encore plus favorable lorsqu'ils ont des enfants (2).

Je constate d'abord que, tout compte fait, l'avantage, de peu si l'on veut, est du côté de l'ouvrier urbain. Dans tous les pays nombre de circonstances sont incontestablement en sa faveur et en défaveur de l'ouvrier rural. S'il est vrai que les principaux aliments sont, lorsque produits dans la région même, meilleur marché à la campagne qu'en ville, il en est tout autrement pour les aliments qui sont importés des colonies et en général pour tous ceux qui arrivent de loin : tels, par exemple, le riz, le café, le sucre, le thé et souvent aussi le poisson, le fromage, le vin ou le maïs, etc.

Partout le prix est surtout plus élevé dans les campagnes que dans les villes pour plusieurs sortes de vêtements et, en général, pour tous les articles manufacturés, par exemple pour les outils et aussi pour ces innombrables articles de ménage que le bazar urbain fournit à des prix contre lesquels toute concurrence dans les campagnes est impossible (3).

1. Voir par exemple dans le Rapport américain le témoignage de M. George K. Holmes, statisticien assistant du Ministère de l'Agriculture, devant l'*Industrial Commission, loc. cit.,* vol. X, *Testimony,* p. 163.

2. Voir par exemple Werner Sombart, *Der moderne Kapitalismus,* tome II, livre II, chapitre XI, pages 236-237. En outre de sa propre opinion qui est catégorique, M. Sombart reproduit en note celle de H. Llewellyn Smith (*Influx of Population,* in Ch. Booth, *Life and Labour of the People in London,* tome III, pages 138-139).

3. J'ai fait autrefois des recherches sur les prix, en trois endroits, d'articles d'étrennes (*surprises*) : dans une grande ville commerçante (Rotterdam), dans une petite ville de province et dans une commune rurale. J'obtins des résultats intéressants : le boutiquier ou commerçant des quartiers populaires de la petite ville allait faire en personne ses achats dans les grands bazars de Rotterdam ou bien recevait la visite des com-

On dit que l'ouvrier agricole trouve « sa joie » dans les produits de son jardin et de son champ, dans la culture de ses pommes de terre et légumes, dans l'engraissage de son porc, etc., bref dans des travaux exécutés en dehors de son travail chez son patron. En réalité, chacun de ces gains supplémentaires représente une somme de labeur humain exécuté d'ordinaire de la manière la plus primitive, sans emploi de machines et souvent à des heures qui, normalement, devraient être données au sommeil ou au divertissement. On aurait tort, sans doute, de croire la vie de l'ouvrier agricole plus idyllique qu'elle ne l'est, sous forme de travail primitif de la terre. Et pour autant que j'ai étudié moi-même ce travail agricole spécial et que j'en ai pu observer les effets dans les membres déformés des ouvriers souvent jeunes encore, je considère plutôt comme le dit le Rapport américain cité ci-dessus (voir p. 206) que les ouvriers agricoles, dès leur jeunesse, doivent souvent travailler si rudement que « la pensée seule du travail agricole les écœure pour toute leur vie ». En tout cas, on doit également tenir compte, dans ce cas, des gains supplémentaires que peuvent s'assurer l'ou-

mis-voyageurs de maisons de gros ; il augmentait de 25 à 100 o/o (50 o/o en moyenne) les prix de détail du bazar urbain. De son côté, le boutiquier de village, qui no se rendait pas à la grande ville, mais faisait ses emplettes dans la petite ville, haussait d'environ 50 o/o les prix qu'il payait lui-même. En somme j'ai trouvé que les prix de certains articles étaient parfois portés au quadruple ou au quintuple de ceux du bazar de la métropole. Bien mieux, l'habitant de la petite cabane isolée qui se voit obligé d'acheter chez le colporteur ou le marchand ambulant, se trouve souvent, à ce point de vue, dans une situation plus défavorable encore que ses compatriotes demeurant dans le centre du village.

Je n'ai pas trouvé l'occasion d'étendre mes recherches à des vêtements, à des articles de ménage, vaisselle, couteaux, fourchettes et cuillers, articles de chauffages, tapisserie, etc., ni aux outils de toutes sortes. Mais je suis convaincu qu'une étude sérieuse et détaillée sur ce point fournirait nombre de cas où la différence des prix entre la ville et la campagne égalerait au moins celle des prix du lait, constatée plus haut, mais en sens inverse.

vrier urbain et sa femme en sacrifiant les quelques heures libres de la soirée ou du dimanche. En d'autres termes, on devrait faire entrer en ligne de compte, dans la comparaison entre salaires à la campagne et salaires à la ville, la durée des heures de travail et le nombre de journées de travail par an.

Sans doute, l'ouvrier de la grande ville pourra être obligé de prendre le tramway ou le chemin de fer local pour se rendre de son faubourg en ville ; mais, dans ce cas, certains désavantages sont compensés par des avantages. C'est ainsi que les ouvriers habitant les faubourgs des grandes villes profitent à la fois de la campagne et de la ville. Ils paient les œufs, le lait, les pommes de terre, les légumes au prix local et rapportent, en revenant du chantier, des articles d'habillement et de ménage achetés au prix de la ville.

Fait remarquable : là où la comparaison est moins compliquée et s'applique aux conditions de travail et de vie de l'ouvrier non marié qui, à la campagne, demeure au foyer du paysan et vit d'ordinaire en pension dans la ville, la supériorité en bien-être de l'ouvrier urbain est reconnue volontiers (1).

Voici les résultats d'une enquête personnelle du

1. Entre autres par l'article cité ci-dessus. D'après M. Bayer (voir l'appendice IV) le valet de ferme non marié obtient un gain moyen de 250 marks par an ou 5 marks par semaine en plus du logis et de la nourriture.

Par contre, un ouvrier non marié gagnerait en ville 21 marks, soit — défalcation faite des dépenses pour logis et nourriture — 9 marks par semaine.

Voici sa conclusion à propos des ouvriers non mariés : « Bien qu'il soit possible que l'ouvrier non agricole gagne souvent moins de 21 marks la semaine par suite de chômage involontaire, par exemple dans les travaux du bâtiment et de la terrasse par suite de mauvais temps, on peut dire pourtant que l'ouvrier non agricole et non marié gagne en général plus que les domestiques agricoles mâles ; et, puisque ces derniers sont encore le plus souvent chargés du soin des chevaux, il faut encore compter à leur propos avec ce qui a été dit dans la partie précédente en ce qui concerne

même genre sur la vie matérielle (en 1904) de l'ouvrier
aide-maçon à Amsterdam comparée à celle de l'ouvrier
agricole ordinaire frison, l'exode rural de la Frise sur
Amsterdam ayant un caractère accusé de constance (voir
l'appendice V du présent ouvrage). D'après cette enquête, le gain total annuel d'une famille ouvrière agricole sans enfants dont l'homme a un « emploi fixe » sur
les terres arables du nord-ouest de la Frise est de 394 florins. Pour faire concorder cet exemple avec celui fourni
par la *Deutsche Landwirtschaftliche Presse*, la jouissance gratuite de la maison n'est pas prise en considération, mais le gain annuel de l'aide-maçon a été diminué
du loyer qu'il paie. Le gain annuel total d'une famille
sans enfants d'aide-maçon amsterdammois est de 631 florins, soit, après défalcation du loyer à 2.25 florins la
semaine, 514 florins.

Ici de nouveau la comparaison se montre en faveur du
manœuvre dans le métier urbain, bien que la différence
entre les conditions de vie ne soit pas considérable (1).

leurs heures de travail plus longues. Et c'est pourquoi l'exode de la campagne est le plus marqué parmi les domestiques agricoles mâles. » (*Deut
sche Landwirtschaftliche Presse*, loc. cit.)

1. Comme renseignements complémentaires, disons encore que, dans
la campagne du nord-ouest de la Frise, la plupart des ouvriers sont
membres d'une caisse de maladie ; ils paient à cette caisse 0.08 ou
0.10 florins par semaine et ont droit, en cas de maladie, à un versement
hebdomadaire de 5 à 6 florins pendant au plus treize semaines ; le
malade, dans ce cas, paie le médecin et le pharmacien. La cotisation,
dans la plus grande caisse amsterdammoise est également de 0.10 florins
par semaine, mais l'aide-maçon a l'habitude dans la capitale de se déclarer « indigent », se fait, en conséquence, soigner gratuitement et se
procure de même les médicaments nécessaires.

L'ouvrier agricole travaillant dans le nord-ouest de la Frise au salaire
fixe de 6 florins par semaine en hiver, de 8 florins en été, est une exception ; dans cette contrée les salaires habituels étaient en 1904 de 4 à
6 florins par semaine en hiver, et de 7 à 8 florins en été. Pour cette
raison, je n'ai pas tenu compte des paiements supplémentaires que certains ouvriers reçoivent aux moments de presse, mais que la grande partie d'entre eux ne reçoivent pas. Pour la même raison, je n'ai pas non
plus compté les profits que rapporte la brebis donnée à son ouvrier par

En ce qui concerne les ouvriers non mariés, mes deux cas présentent également des ouvriers-types. L'ouvrier aide-maçon non marié gagne le plein salaire de 0.25 flo-

le paysan-propriétaire en sus du salaire et qu'il laisse pâturer sur ses terres, coutume autrefois générale dans cette partie de la Frise, mais à présent assez rare. Je ne pouvais pas compter ces gains supplémentaires et conserver en même temps sur le tableau la jouissance gratuite d'une habitation et le don des pommes de terre. L'ouvrier agricole dont il s'agit ici est un ouvrier-type dont les gains ne doivent pas, pour que la comparaison soit permise, dépasser la moyenne. D'ordinaire, les ouvriers agricoles doivent se contenter de leur salaire diminué de 1 florin par semaine, soit 52 florins par an, pour habitation et pommes de terre.

Je n'ai pas non plus pris en considération dans mes calculs les gains supplémentaires en argent que peut se procurer la femme ; ils font généralement défaut dans une famille ouvrière comme celle dont il s'agit en tant que typique et où le mari rentre dans la catégorie des ouvriers les plus favorisés et gagne un salaire considéré comme suffisant pour faire vivre la famille entière. Tout au plus, la femme tirera-t-elle quelque profit de son travail sur le lopin de terre que la famille a loué ; plus rarement encore, elle gagnera quelque argent en allant traire les vaches du cultivateur pendant les moments de presse, ou en faisant, un ou deux jours par semaine, le ménage de quelque rentier du pays. Généralement l'ouvrier agricole n'a pas de poules ni de porcs ; je pouvais d'autant moins tenir compte d'émoluments dérivant de cette source, que l'ouvrier dont il est question jouit d'une habitation gratuite. Dans ce cas spécial, sa demeure sera située près de la ferme où il travaille et, d'ordinaire, on lui pose déjà d'avance la condition de n'avoir ni porcs, ni volailles. Le but de cette prohibition est d'éviter que les poules de l'ouvrier aillent sur les champs du paysan et que l'ouvrier ne se procure, dans la ferme, la nourriture pour ses propres bêtes.

La somme que rapporte le petit lopin de terre, 20 florins par an, est sans doute modeste ; mais il faut prendre en considération que cette terre a été cultivée dans les heures de loisir qu'on ne choisit guère soi-même ; que l'engrais fait souvent défaut, etc. Aussi y a-t-il des cas nombreux où tout ce que produit un pareil coin de terre est à peine suffisant pour contrebalancer le loyer et les dépenses de fumure, de semence, etc.

Pour la famille de l'aide-maçon de la grande ville, j'ai aussi tâché de prendre un ouvrier-type. La plupart des aides-maçons à Amsterdam ne travaillent pas, sans doute, aux travaux de la commune, mais à ceux entrepris par des particuliers. Mon ouvrier travaille à un salaire égal à celui que fixe le tarif minimum en vigueur pour les travaux communaux mis en adjudication ; je n'ai donc pas tenu compte du fait qu'éventuellement les aides-maçons travaillent aussi à des salaires moindres, par

rins l'heure ; l'agriculteur gagne le salaire maximum que puisse obtenir l'ouvrier adulte, entraîné, en outre de son logis et de sa nourriture, soit 175 florins par an. A cette somme correspond, du côté de l'aide-maçon, une somme de 289 florins, déduction faite des dépenses pour le logis et la pension. Cette fois encore l'avantage est du côté de l'ouvrier urbain.

La comparaison ci-dessus entre les conditions matériel-les des ouvriers hollandais s'applique à des rapports de travail et de salaire que je connais assez pour juger en connaissance de cause. J'ai pris en Hollande une part active à la fondation de sections et d'une fédération nationale aussi bien des aides-maçons que des ouvriers agricoles.

Les quelques documents analysés pourront nous aider à éclaircir la question de savoir à quelles causes il faut attribuer le fait que les conditions matérielles des populations ouvrières agricoles sont d'ordinaire moins favorables que celles des ouvriers dans l'industrie proprement dite, ou dans le commerce et le transport.

En abordant cette question, il me faut d'abord rejeter certaines des explications données ces temps derniers. M. Werner Sombart, par exemple, pense que la tendance des salaires dans l'agriculture à rester effectivement en arrière sur les salaires dans l'industrie tient à ce que « la rente foncière entre dans le coût de production et fait, en conséquence, baisser le taux du profit dans la production agricole ». « En théorie, ajoute-t-il, le taux moyen

---

exemple à un salaire de 0.23 florins l'heure, ni de cet autre fait que les aides-maçons à Amsterdam travaillent à la tâche et que, dans ce cas, leurs salaires varient de 0.25 florins à 0.40 et 0.45 florins et plus l'heure. Je n'ai pas non plus pris en considération les gains supplémentaires qu'un ouvrier peut se procurer le soir, le dimanche, etc. La durée du chômage involontaire que j'ai notée et avec lequel l'ouvrier, doit nécessairement compter, est une moyenne rationnelle fixée par moi conformément aux évaluations faites par les syndiqués aides-maçons d'Amsterdam.

du profit devrait sans doute se tenir au même niveau dans l'agriculture et dans l'industrie. En réalité, les prix des terres, *toujours* trop élevés, créent un facteur tendant à faire baisser le taux du profit. Cela s'applique aux périodes de mouvement vers la hausse, lorsque le rende-ment futur du sol est d'avance accaparé par le prix de la terre ; et cela s'applique d'une manière particulièrement forte aux périodes de dépression, lorsque les antiques charges de la rente foncière pèsent toujours sur l'agricul-ture malgré les modifications antérieures des conditions de prix. » (1).

Or, la rente foncière influe aussi bien sur le coût de production et le taux du profit dans l'industrie que dans l'agriculture, et l'on ne saurait fournir la preuve qu'elle a, d'une manière régulière, une action plus intense dans la dernière branche de production que dans la première. Si, d'une manière générale, la rente foncière fait sentir son action sur une superficie plus grande dans l'agriculture que dans l'industrie, par contre, dans celle-ci, et surtout dans les industries urbaines, cette action est beaucoup plus intense par mètre carré. Pour maintes entreprises industrielles des grandes villes, la somme annuelle entrant au compte de la rente foncière dans les frais de produc-tion, constitue une charge aussi lourde que dans n'importe quelle entreprise agricole, même sur les terres les plus chargées.

En outre, la théorie générale de la valeur et du prix des marchandises prouve aussi l'inexactitude de l'expli-cation de M. Sombart. En effet, supposé que la rente foncière entrerait nécessairement en proportion plus grande dans les frais de production des produits agricoles que dans ceux des produits industriels, la conséquence en serait simplement que, toutes les autres conditions étant

1. Werner Sombart, *loc. cit.*, p. 236.

égales, les prix de marché des produits agricoles dépasseraient ceux des produits industriels de façon à niveler exactement la différence en rente foncière.

Je dis : toutes les autres conditions étant égales ; car, si dans certaines localités ou certains pays une partie de la différence en frais de production, causée par une action plus intense de la rente foncière, pouvait éventuellement se compenser dans l'agriculture par une baisse des salaires ou par une diminution du profit de l'entrepreneur, il devrait y avoir des raisons spéciales expliquant la possibilité d'une telle compensation, raisons spéciales valables pour l'agriculture mais non, ou à un degré moindre, pour l'industrie. Mais, dans ce cas, il ne faudrait pas s'arrêter à la constatation de la différence en rente foncière ; il faudrait rechercher de plus près les causes pour lesquelles cette différence est compensée non par une différence en prix de marché, mais par des différences en salaires ou en profit.

Il faudrait rechercher pourquoi, dans l'agriculture, les salaires et le profit se laissent déprimer sous la pression de la rente foncière et pourquoi, au contraire, salaires et profits agricoles ne poussent pas en bas la rente foncière jusqu'au niveau où celle-ci peut se maintenir dans les diverses sphères de l'industrie (1). En ce qui concerne les salaires, par exemple, on sera toujours obligé de rechercher pourquoi le travail agricole vaut sur le marché comme un travail inférieur comparé au travail dans les

---

1. M. Werner Sombart n'a pas abordé les difficultés de pareilles recherches avant de formuler sa thèse dont voici les termes : « Les sur-profits qui résultent toujours de l'accroissement de la productivité et qui permettent de nos jours à l'industrie, sans cesse en révolution technique, de payer des salaires plus élevés, sont plus facilement absorbés par la rente foncière dans l'agriculture que dans les autres sphères de production sociale, et cela autant pour une contiguïté spatiale que pour une succession temporelle. » (Sowohl in ræumlichem Nebeneinander wie zeitlichem Nacheinander.)

différentes branches de l'industrie proprement dite, du transport et des communications.

On ne saurait non plus accepter cette autre opinion de M. Sombart : que, pour les activités très qualifiées, « l'accroissement de la productivité est borné par des limites beaucoup plus étroites dans l'agriculture que dans l'industrie » (1). Le développement récent de l'agriculture montre tout autre chose ; on n'a qu'à consulter l'Enquête déjà citée du Ministère du Travail à Washington sur « le travail à la main et le travail à la machine » pour reconnaître au contraire que c'est précisément dans l'agriculture que la main-d'œuvre « qualifiée » a fait des progrès importants et augmenté considérablement de productivité. En outre, même au cas où le point de vue de M. Sombart serait exact, la conclusion qu'il en tire resterait prématurée. Si le travail humain était nécessairement moins productif en agriculture qu'en industrie, on n'en saurait déduire qu'une chose : que nécessairement les produits agricoles devraient se vendre plus cher que les produits industriels, toutes les autres circonstances, il va sans dire, étant égales !

La réalité, la voici : Par la coalition de plusieurs facteurs sociaux que nous n'avons pas à étudier ici de plus près, la révolution de la production sous le système du machinisme moderne s'est accomplie plus tard et moins complètement dans l'agriculture que dans l'industrie, le transport, les communications, et ceci surtout dans les pays de vieille civilisation. Les ouvriers travaillant dans ces trois branches d'activité ont sans doute profité des fruits qu'a créés l'accroissement de la productivité du travail humain ; ils en ont profité non seulement en tant que consommateurs (parce que les produits industriels sont devenus meilleur marché), mais aussi en tant que producteurs

1. *Ibidem.*

(parce que leurs salaires se sont accrus). Mais les avantages obtenus par les ouvriers comme producteurs ne résultent pas du simple fait que la productivité du travail a augmenté ; cela serait en contradiction avec le caractère qu'a le travail salarié d'être une marchandise ; mais d'abord de l'accroissement des revendications ouvrières, revendications pouvant être satisfaites d'abord par ceux des entrepreneurs qui fabriquent dans les conditions techniques les plus favorables. En partie aussi les entrepreneurs capitalistes plus favorisés ont offert, de leur propre initiative, à leur personnel, une partie de leur surplus de profit, afin de pouvoir s'en approprier avec plus de sécurité le reste et de ne pas rencontrer dans l'insuffisance de main-d'œuvre qualifiée un obstacle à l'élargissement de leurs entreprises juste aux moments les plus propices. Les nouvelles conditions de salaire font naître de nouveaux besoins qui deviennent bientôt habituels pour les ouvriers et changent le mode de vie jadis accepté.

Nous arrivons ainsi au centre de la question et à notre propre explication des différences en salaire et en bien-être matériel entre les ouvriers agricoles d'une part et les ouvriers des diverses branches de l'industrie, du transport et des communications de l'autre.

Bien que je ne conteste pas l'influence possible de la productivité du travail, j'estime que ce n'est pas tant dans une différence en *valeur d'usage*, que dans une différence en *valeur de production* du travail qu'il faut chercher l'explication demandée.

Les ouvriers employés dans les diverses branches de l'industrie, du transport et des communications sont arrivés, grâce à divers facteurs (développement intellectuel supérieur, organisation plus facile, influence stimulante du luxe des classes possédantes, etc.) à formuler et à faire reconnaître par les entrepreneurs des exigences de vie supérieures à celles des populations agricoles. Le travail

agricole et le travail industriel sont tous deux restés marchandises, mais le coût de production du premier est plus
élevé que celui du dernier parce que l'ouvrier industriel
n'offre plus ses bras aux conditions dont se contente
encore l'ouvrier agricole. Le coût plus élevé de la formation et de l'entretien de l'ouvrier industriel — c'est-
à-dire la *valeur de production* plus élevée de son travail — a eu pour conséquence de hausser la *valeur
d'échange* et le *prix de marché* de ce travail, c'est-à-
dire le *salaire*,

Naturellement la *valeur·d'échange* et le *prix de marché* réagissent de leur côté sur le mode de vie des
ouvriers, et c'est précisément par cette réaction que s'explique, d'un point de vue économique, l'exode des campagnes vers les villes. L'étalon des salaires dans la ville,
une fois fixé, aide par sa stabilité à maintenir le mode de
vie ouvrière auquel il répond, et cela autant pour les ouvriers venus vers les villes de leurs milieux ruraux que
pour les ouvriers urbains de naissance.

L'ouvrier agricole présente à ce point de vue une infériorité évidente explicable par les circonstances particulières dans lesquelles il doit produire. Dans un rapport
agricole anglais, ces circonstances sont décrites en termes
suivants : « Les ouvriers agricoles sont, par leurs tradi-
tions, leurs sentiments et leurs habitudes, si étroitement
liés à un seul district qu'ils vivent généralement dans une
ignorance complète des conditions auxquelles sont embauchés leurs frères dans des districts voisins » ; et, parlant des ouvriers agricoles du Pays de Galles, le même
rapport dit : « il n'y a que peu d'échanges d'idées entre
eux et aucune espèce d'organisation permanente pour les
unir en vue de buts communs. » (1).

1. Rapport de M. Lleufer Thomas à la Commission Royale du Travail cité dans *Report by Mr Wilson Fox on the Wages and Earnings of
Agricultural Labourers in the United Kingdom,* p. 58.

Il s'agit ici en effet d'un phénomène économique et social de nature très générale. Le développement intellectuel rudimentaire de la plus grande partie des populations agricoles, leur éparpillement et la difficulté de contacts immédiats et fréquents entre individus et, à plus forte raison, d'une entente et d'une organisation durable, — voilà les causes principales qui retardent, même dans les pays les plus avancés, la hausse de la norme de vie ouvrière à la campagne et qui y fixent le prix du travail salarié à un niveau très bas, dépassé depuis longtemps déjà par les ouvriers habitant les centres industriels et commerciaux (1).

Même dans les pays les plus développés de l'Europe occidentale, le fait que les ouvriers agricoles des deux sexes demeurent sous le même toit que leur maître les tient dans un état particulier de domesticité qui les empêche d'être atteints par les idées nouvelles. Quiconque étudie par exemple les conditions des populations agricoles dans les grands domaines de l'Europe centrale (en Allemagne, surtout à l'est de l'Elbe, et en Autriche) s'étonne sans cesse de ce que la servitude médiévale ait pu si longtemps et si généralement subsister malgré l'évolution rapide des conditions de vie et des mœurs.

Mon expérience personnelle dans l'organisation ouvrière aux Pays-Bas m'a démontré jusqu'à quel point, en effet, l'infériorité économique et sociale des populations ouvrières s'explique par les motifs indiqués. J'ai

---

1. « Par contre, les ouvriers agricoles ont peu profité, depuis dix-neuf ans, de la faculté qui leur était accordée de se syndiquer pour discuter leurs intérêts et faire valoir ensemble leurs revendications. Et cela pour plusieurs motifs : d'abord, un grand nombre d'entre eux sont dociles et craintifs, un groupement leur semble une insulte au propriétaire ou au fermier qui les occupe. Le syndicat est pour eux quelque chose d'inconnu et d'incertain ; ils s'en défient »... (L. H. ROBLIN, *Les bûcherons du Cher et de la Nièvre, leurs syndicats*, Paris, 1903, *Introduction*, pages 5-6.)

assisté, il y a une quinzaine d'années, à la fondation
et aux premières luttes des jeunes organisations d'ouvriers agricoles. Partout dans la contrée où l'organisation
a débuté (nord-ouest de la Frise) le mouvement n'amena
pas seulement une amélioration immédiate des conditions
matérielles des ouvriers, mais le milieu social supérieur
qui s'y forma peu à peu se maintint dans la province
comme une espèce d'oasis. Il est vrai que les endroits où
se fondèrent ces premières réunions ouvrières appartenaient aux contrées les plus fertiles de la province et que
la population y peut être regardée comme fort intelligente ; mais néanmoins la baisse des salaires se produisit
successivement dans cette même région dès que, plus
tard, l'organisation ouvrière y commença à languir. Ceci
m'a pratiquement convaincu : d'abord de l'influence prépondérante qu'exerce sur les salaires agricoles l'étalon de
vie habituel de la population ; ensuite de l'importance
essentielle que présentent, pour le relèvement de cet étalon, l'union et l'organisation professionnelle des ouvriers.

Je rappelle encore les résultats obtenus par les unions
agricoles tant en Angleterre (1) qu'en France. En quelques
années, l'organisation des ouvriers agricoles dans plusieurs
départements de la France a non seulement révolutionné
es esprits, mais haussé aussi considérablement les salaires et la norme de vie des populations. De même une certaine catégorie d'ouvriers appartenant au prolétariat
agricole français, — ils cultivent la terre pendant plusieurs
mois de l'année, — les bûcherons du Centre de la France,
fournit un exemple caractéristique de l'influence que peut
exercer dans l'agriculture l'organisation ouvrière (2).

1. Voir sur la fondation de ces unions en 1872 et sur leur influence
en matière de salaires : SIDNEY et BEATRICE WEBB, *The History of Trade
Unionism*, chap. VI, pages 314 et suiv.

2. Voir L. H. ROBLIN, *loc, cit.*, pages 3-4. « Que si on nous reprochait,
d'une façon générale, une tendance à faire pencher la balance du côté

C'est précisément parmi les ouvriers agricoles ordinaires, comme en général dans les diverses catégories d'ouvriers « non qualifiés », que le contrat collectif du travail et l'organisation ouvrière qui lui sert d'appui sont particulièrement à même de hausser encore sensiblement les prix du travail ; en effet, c'est surtout dans ces catégories d'ouvriers que le peu de force de résistance, sinon la détresse et la dépendance immédiate de chaque individu séparé font que tous doivent vendre leur travail au premier prix venu qu'on leur offre.

Ensuite, si la norme de vie habituelle de la population ouvrière exerce une influence prédominante sur les salaires agricoles, il s'ensuit que les salaires les plus bas (abstraction faite de la productivité du travail) seront payés à ceux d'entre les ouvriers agricoles qui sont les moins favorisés par leur milieu social et leurs exigences de vie modestes. Je pense ici spécialement aux régions arriérées au sens politique et social, telles que l'Irlande (1) ; et aussi à ces groupes d'ouvriers agricoles migrateurs qu'on connaît dans plusieurs pays, ouvriers qui viennent en par-

ouvrier, nous pourrions faire remarquer que les bûcherons du Centre, c'est un fait avéré, obtenaient, en 1891, des salaires de 0 fr. 40 à 0 fr. 75 par jour, quand ils ne subissaient pas le chômage, et qu'aujourd'hui encore, après bien des luttes et bien des grèves, ils ne gagnent que 1 fr. 75 ou 2 francs, grâce à l'organisation. Et ces travailleurs doivent se nourrir sur le prix qui leur est payé et ils ont une famille à élever et qui mange. Le sentiment se confond avec la raison en face de la misère, et nous n'avons pu blâmer la coalition ni l'association qui, si elles n'ont pas procuré l'aisance ni la richesse aux bûcherons, leur ont permis au moins de manger du pain. »

1. « Il peut être intéressant de rechercher comment un journalier irlandais peut entretenir une famille avec 9 à 10 shillings la semaine en payant, disons, 1 shilling par semaine pour le loyer. L'étalon de vie, sans doute, est bas et, comparé à l'ouvrier agricole anglais, l'ouvrier irlandais mange des aliments qui sont meilleur marché, ne s'habille pas si bien et ne dépense que peu ou pas d'argent en boisson. » (*Report by Mr Wilson Fox on the Wages and Earnings of Agricultural Labourers in the United Kingdom*, p. 94.)

ticulier offrir aux paysans leurs services temporaires pour la fenaison et la moisson et qui appartiennent aux couches les plus misérables de la population flottante des villes ou aux régions agricoles les plus pauvres.

Dans tous ces cas, le niveau plus bas de la norme habituelle de vie de la population et l'impuissance des ouvriers à le relever, constituent des facteurs dépréciant la valeur de production du travail ; puis, par l'influence que cette valeur exerce en définitive sur la détermination de la valeur d'échange et du prix de marché, l'action de ces deux facteurs se manifeste aussi sous forme de salaires excessivement bas.

Faisons remarquer cependant que l'influence exercée par la valeur d'usage n'est pas tout à fait absente.

Même dans les travaux des ouvriers agricoles les plus misérables, comme les faucheurs et moissonneurs qui se transportent en groupes d'une contrée ou d'un domaine à d'autres, on constate d'abord l'action de l'offre et de la demande de main-d'œuvre. Lorsque la récolte du foin, des blés, des pommes de terre ou du houblon, etc., est abondante et qu'une grande activité règne en même temps dans les diverses branches d'industrie locales ou nationales, — de sorte que l'offre des bras est, par rapport à la demande intense de main-d'œuvre, proportionnellement faible, — les salaires obtenus par ces ouvriers pourront s'élever au-dessus du niveau de leurs exigences ordinaires. C'est ainsi que, ces dernières années, la rareté de main-d'œuvre s'est fait souvent sentir fortement dans les vastes régions à céréales du Nord-Ouest des Etats-Unis ; et cette rareté a essentiellement contribué à hausser les salaires de ces masses d'ouvriers agricoles auxiliaires qui s'y rendent toutes les années, allant, suivant que mûrissent les blés, du sud vers le nord, pour retourner dans les villes, la moisson finie. Le cas inverse (surabondance de main-

Cornélissen   15

d'œuvre par suite d'un ensemble de circonstances et abaissement des salaires) peut naturellement se présenter aussi.

Ensuite, la valeur d'usage du travail exerce de nouveau son influence sur la valeur d'échange et le prix de marché dans ce sens que, pour le même milieu social et la même catégorie d'ouvriers, une différence en productivité peut entraîner des différences en salaire.

Les ouvriers agricoles dans la force de l'âge et ceux qui sont capables d'exécuter des travaux agricoles spéciaux n'étant pas à la portée de n'importe qui, peuvent obtenir une augmentation de salaire ou des avantages en nature de manière à dépasser quelque peu la norme de vie ordinaire de leur milieu ; d'autre part, les demi-ouvriers et les vieux ouvriers agricoles aptes seulement à certaines espèces de travaux faciles resteront régulière-ment au-dessous du salaire complet.

En bloc, les différences en salaire dans une même caté-gorie d'ouvriers et un même milieu social seront moins grandes dans l'agriculture que dans les diverses branches de l'industrie, où les manœuvres et journaliers sont sou-vent plus nettement séparés des ouvriers de métier.

L'agriculture, surtout dans les pays de vieille civilisa-tion, n'entraîne pas encore la différenciation et la spécia-lisation du travail auxquelles ont abouti plusieurs indus-tries. Mais dans les cas où les travaux agricoles demandent la main de spécialistes (laiterie, horticulture, fruiticulture, culture maraîchère, etc.) la règle générale s'applique avec plus de force que pour les ouvriers agricoles ordinaires (1).

---

1. « Les maraîchers, les jardiniers et les fleuristes paient des salaires plus élevés que les cultivateurs ordinaires, parce qu'ils ont besoin de travailleurs spécialisés pour une saison courte mais avec des journées longues, et parce que le voisinage des villes augmente la demande de main-d'œuvre. » (*Report of the Industrial Commission*, vol. X, *Agricul-ture*, p. XX. Cf. aussi les déclarations des témoins auxquelles renvoie le Rapport.

C'est surtout aux Etats-Unis que le travail de l'ouvrier agricole est devenu le plus souvent ce qu'on appelle du travail qualifié (*skilled labor*): « La grande variété et la dissémination des machines agricoles a étonnamment affiné l'intelligence et entraîné l'ouvrier. Il y a une trentaine d'années, le fabricant de moissonneuses était obligé d'envoyer un mécanicien expérimenté pour monter la machine et pour montrer au paysan ou à l'ouvrier à la conduire. C'est là une raison pour laquelle elle était si coûteuse. Aujourd'hui l'ouvrier qualifié n'a pas besoin de tels enseignements. » (1).

Dans l'évolution parcourue par l'ouvrier agricole expérimenté à laquelle ce passage fait allusion, c'est la productivité croissante du travail qui agit comme facteur essentiel — toute la statistique agricole des Etats-Unis le prouve — pour l'augmentation des salaires et du bien-être général de la population agricole. Mais en réalité il s'agit déjà ici d'ouvriers de métier, dont les conditions de travail et de salaire ne tombent plus dans les cadres du présent chapitre. Et en grande partie, c'est déjà d'eux qu'il s'agit toutes les fois que les *ouvriers agricoles ordinaires* sont séparés par exemple des ouvriers *chargés du soin des animaux*. La statistique agricole anglaise n'établit pas seulement cette distinction, mais considère nettement la dernière catégorie d'ouvriers comme une classe d'ouvriers de métier (*skilled class*) obtenant, comme tels, des salaires plus élevés ou des avantages supplémentaires en nature (2).

Cependant, les différences en salaires peuvent parfois aussi s'expliquer par la rareté de certaines catégories de main-d'œuvre agricole due à la concurrence entre

1. *Ibid.*, vol. XI, p. 78.
2. Voir *Report by* Mr WILSON FOX, etc., pages 7 et 50 (Angleterre); p. 65 (Pays de Galles); p. 79 (Ecosse). Le *Second Report* contient des affirmations dans le même sens.

employeurs. Ceci vaut autant pour les ouvriers agricoles ordinaires que pour les ouvriers les plus qualifiés. Dans plusieurs régions, les ouvriers sachant soigner les animaux sont l'objet d'une demande étendue dans les villes (1). De même on peut admettre qu'on a toujours affaire à des ouvriers agricoles ordinaires dans tous les cas où de légères augmentations de salaires proviennent plus spécialement de la confiance que l'employeur doit avoir en eux : c'est là un facteur particulier qui joue un rôle plus important parmi les ouvriers agricoles que chez les manœuvres et journaliers des villes.

Parmi les ouvriers agricoles anglais, ce sont surtout les bergers qui sont considérés comme occupant un emploi de confiance et qui, à ce titre, reçoivent des rémunérations spéciales dépassant quelque peu les gains obtenus par les ouvriers agricoles ordinaires (2). Souvent le rapport avec la productivité du travail se manifeste, à leur égard, dans ce sens qu'ils reçoivent un paiement extra pour chaque agneau qu'ils élèvent ou pour les agneaux vivant à une époque déterminée, avec parfois une augmentation pour les jumeaux. Cet « argent d'agneaux » est même, en Angleterre, la source principale de salaires supplémentaires pour les bergers (3).

Tout compte fait, on voit que, pour les ouvriers agricoles, comme en général pour les journaliers et les manœuvres, la valeur de production du travail (variable suivant le milieu) exerce normalement une influence pré-

---

1. *Ibid.*, p. 54.

2. « La tâche des bergers varie considérablement suivant la nature du troupeau qui leur est confié, mais, parlant d'une manière générale, leur position entraîne une grande responsabilité et demande une longue journée de travail. C'est de la dextérité et du soin du berger que dépend le bien-être du troupeau qui fréquemment présente pour l'entrepreneur agricole un enjeu pécuniaire considérable et cela surtout s'il est de race pure. » (*Ibid.*, p. 7. Cf. aussi *Second Report*, p. 10.)

3. *Ibid.*, p. 18 ; *Second Report*, p. 21.

dominante pour l'établissement de la valeur d'échange et du prix du travail. Mais la valeur d'usage spéciale peut encore intervenir dans différents sens selon les cas spéciaux et jouer un rôle secondaire. Pour chaque catégorie d'ouvriers, pour chaque milieu, voire souvent pour chaque ouvrier personnellement, elle peut toujours faire hausser ou baisser quelque peu le salaire au-dessus ou au-dessous de la norme de vie habituelle générale.

CHAPITRE XII

TRAVAIL ET SALAIRES DES FEMMES
DANS LES DIVERSES BRANCHES DE PRODUCTION

De nos jours, le travail des femmes compte déjà, dans tous les pays modernes, comme un facteur important dans la production sociale. Toute une série de causes semblent converger pour y augmenter sans cesse la part des femmes.

D'après les résultats des recensements français de 1866 et de 1896, l'ensemble de la « population active » (patrons et ouvriers) a passé pendant cette période de trente ans par l'évolution suivante :

INDUSTRIE :

Les *hommes* de 3,349,563 à 4,194,345 (soit un accroissement de 25.2 o/o) ;

Les *femmes* de 1,366,242 à 2,178,894 (accroissement : 59.5 o/o).

COMMERCE :

Les *hommes* de 414,061 à 619,715 (accroissement : 49.7 o/o) ;

Les *femmes* de 158,755 à 296,817 (accroissement : 87 o/o).

PROFESSIONS INTÉRESSANT L'AGRICULTURE, LE COMMERCE ET L'INDUSTRIE :

Les *hommes* de 378,111 à 709,871 (accroissement : 87.7 o/o) ;

Les *femmes* de 18,573 à 164,565 (accroissement : 786 o/o).

DOMESTIQUES :

Les *hommes* de 892,759 à 160,173 (diminution : 82 o/o);

Les *femmes* de 1,311,471 à 703,148 (diminution : 46.4 o/o).

PROFESSIONS LIBÉRALES :

Les *hommes* de 760,177 à 632,095 (diminution : 16.8 o/o);

Les *femmes* de 153,857 à 223,287 (accroissement : 45.1 o/o) (1).

Nous avons laissé de côté dans ce tableau l'agriculture proprement dite. D'après les instructions, auraient dû être comptées comme « cultivatrices », les « femmes qui consacrent une partie de leur temps aux travaux de la ferme ». Mais à la campagne, comme le dit le Service du Recensement professionnel, la distinction entre le travail domestique et le travail économique n'est souvent pas facile, de sorte que « la proportion relative à l'agriculture dépend des interprétations locales quant à l'attribution des femmes de cultivateurs à la profession de cultivatrices » (2). Bien que cette remarque, à mon avis, ne s'applique pas uniquement à l'agriculture, les chiffres relatifs à cette branche particulière de production me semblent mériter moins de confiance que les autres. Toutefois je fais remarquer que les hommes et les femmes recensés comme exerçant une « profession » agricole, ont tous deux augmenté en nombre, mais les femmes dans une proportion considérablement plus forte. La diminution qu'on constate pour les deux sexes dans la catégorie des domestiques tient à ce que, en 1866, comme dans tous les recensements antérieurs à 1896, un grand nombre de domestiques agricoles ou industriels étaient classés avec les domestiques attachés à la personne. Pour cette raison, les

---

1. Cf. *Résultats statistiques du recensement des industries et des professions* (*Dénombrement général de la population du 29 mars 1896*), tome IV, *Résultats généraux*. Paris, 1901, p. XVI.

2. *Ibid.*, p. LXXXIII.

chiffres relevés par les deux recensements pour l'agriculture perdent en valeur pour toute recherche comparative, surtout quand on prend en considération — chose que fait remarquer la Statistique de 1896 — qu'au point de vue du travail, « un domestique de ferme ne se différencie pas d'un ouvrier agricole » (1).

D'après les recensements de la population en Allemagne, le nombre des personnes occupées dans l'industrie et le commerce (dénombrement suivant les professions *principales* qu'elles exercent) a passé dans la période de 1882 à 1895 :

Les *hommes* de 5,831,622 à 7,929,944 (accroissement: 36 o/o);

Les *femmes* de 1,509,167 à 2,339,325 (accroissement: 55 o/o) (2).

· La variation du nombre des employés et ouvriers proprement dits étant différenciée par la Statistique allemande de celle des patrons, on peut mieux encore se rendre compte de l'importance croissante de l'élément féminin pour la production sociale :

De 1882 à 1895, le nombre des EMPLOYÉS a augmenté en Allemagne :

Les *hommes* de 200,113 à 431,394 (accroissement : 115.6 o/o);

Les *femmes* de 4,948 à 17,550 (accroissement: 245.7 o/o).

Dans cette même période le nombre des OUVRIERS proprement dits a augmenté :

Les *hommes* de 3,433,689 à 5,247,897 (accroissement : 52.8 o/o)

Les *femmes* de 792,363 à 1,623,607 (accroissement : 104.9 o/o) (3).

1. *Ibid.,* p. XVII.
2. *Statistik des Deutschen Reichs, Neue Folge,* Bd. 119, *Gewerbe und Handel im Deutschen Reich,* Berlin, 1899, chap. I, sect. II, p. 18.
3. *Ibid.,* chap. III, sect. I, p. 60.

Cette fois encore le phénomène que nous venons de constater ne se rapporte pas seulement aux pays de vieille civilisation. Très instructifs à ce point sont les résultats que fournissent les Etats-Unis.

Le onzième Rapport annuel du *Commissioner of Labor* à Washington a été spécialement consacré à une étude détaillée sur *le travail et les salaires d'hommes, de femmes et d'enfants*. Ce Rapport a paru avant le recensement général de la population de 1900 et ne pouvait tenir compte alors que de ceux de 1870, 1880 et 1890. Il constata que dans les « occupations rétribuées » (*gainful occupations*) le nombre des femmes de dix ans et au-dessus avait augmenté de 1,836,288 (soit 14.68 o/o du nombre total des personnes) en 1870 à 2,647,157 (15.22 o/o) en 1880 et 3,914,571 (17.22 o/o) en 1890.

Le nombre des hommes engagés dans des occupations rétribuées, tout en augmentant successivement dans cette même période de 10,669,635 à 14,744,942 et 18,821,090, diminuait en proportion de 85.32 o/o à 84.78 o/o et à 82.78 o/o du nombre total des personnes engagées dans des occupations rétribuées (1).

Voici maintenant les chiffres fournis par le dénombrement général de la population en 1900 : nombre des femmes engagées dans l'ensemble des occupations rétribuées du pays : 5,319,912 (soit 18.3 o/o du nombre total des personnes) ; nombre des hommes engagées dans l'ensemble des occupations rétribuées : 23,754,205 (soit 81.7 o/o du nombre total des personnes). On voit que l'évolution sociale a continué dans la même direction en ce qui concerne la situation respective des deux sexes dans l'ensemble des occupations rétribuées du pays (2).

1. *Eleventh Annual Report of the Commissioner of Labor, Work and Wages of Men, Women, and Children*, Washington, 1897, chap. I, p. 21.
2. *Twelfth Census of the United States* (1900), vol. II, *Population*, Part. II, Washington, 1902, p. CXLIII.

Bien qu'on constate d'une manière générale que le travail féminin occupe, dans les pays modernes, une place
toujours croissante dans la production sociale, on ne peut
pourtant déduire de ce fait que le travail féminin est un
phénomène spécialement moderne. Sous le mode de production précapitaliste déjà, le travail de la femme n'était
pas limité au ménage et au soin des enfants ; et les diverses branches de l'agriculture et de l'élevage des bestiaux,
par exemple, ont employé, durant tous les siècles et chez
des peuples aux stades de civilisation les plus divers, un
contingent élevé de main-d'œuvre féminine. Cependant, on
constate de nos jours un déplacement en même temps
qu'un accroissement de main-d'œuvre féminine dans les
diverses occupations productives. La main-d'œuvre féminine se dirige moins exclusivement que jadis vers les
occupations salariées ménagères : lessive, repassage, couture, soin des enfants ; mais elle envahit de plus en plus
différentes branches de l'industrie et du commerce, et
même ce qu'on appelle les professions libérales (arts
et métiers, médecine, barreau, littérature, etc.).

Dans les industries on voit les femmes apparaître à
côté des hommes, souvent en leur faisant concurrence et
en les supplantant, partout où l'adresse, le soin, la patience
et la persévérance sont les facultés les plus nécessaires
pour la bonne exécution du travail. C'est pourquoi, par
exemple, dans la filature et le tissage, où la femme a de
tout temps tenu une place prépondérante (1), l'importance
de la main-d'œuvre féminine n'a pu que croître encore au
fur et à mesure que la machine a remplacé dans le processus de la production le bras humain.

En outre du développement ininterrompu du machinisme, d'autres facteurs sociaux ont sans doute collaboré

---

1. Au début de l'industrie cotonnière mécanique à Gand — en 1817

à augmenter l'influence de la main-d'œuvre féminine dans les différentes branches de la production et de la distribution : ainsi le mouvement d'émancipation dans certains milieux de femmes, la tendance qu'on constate chez des milliers de femmes à se rendre économiquement indépendantes de l'homme. C'est là une tendance suivant laquelle l'éducation des jeunes filles est déjà dirigée dans plusieurs pays.

En fait il y a des industries qui sont tout particulièrement des industries de femmes et d'autres où, au contraire, la main-d'œuvre féminine n'apparaît que rarement et par accident. Beaucoup dépend de la nature des industries.

La grande enquête de 1891-1893 sur les industries françaises constata, parmi les vingt et un groupes d'industries distingués par elle, l'existence de deux groupes seulement où le travail féminin prédominait absolument : les industries textiles proprement dites et le travail des tissus et étoffes. Mais la main-d'œuvre féminine se montra encore très répandue dans les industries du papier et du caoutchouc où les femmes fournissent deux tiers environ (un peu moins dans le département de la

— on procéda à un dénombrement des ouvriers cotonniers qu'on possède complet pour trois fabriques importantes. On y releva :

Agés de	6 à 8 ans	13 hommes et		1 femme	
—	9 à 12 —	55	—	22	—
—	13 à 16 —	69	—	46	—
—	17 à 20 —	44	—	134	—
—	21 à 40 —	94	—	156	—
—	41 à 50 —	23	—	4	—
—	51 ans et plus	29	—	1	—
Soit au total.		327 hommes		364 femmes	

(*Archives modernes de Gand*, K. 8¹⁰. Cité dans *Les salaires dans l'industrie gantoise*, I. *Industrie cotonnière*, p. 34.)

On constate dans ces chiffres en même temps la prédominance des femmes sur les hommes et celle de la main-d'œuvre mineure sur la main-d'œuvre majeure.

Seine) du contingent que représentent les hommes dans l'effectif du personnel ouvrier. Puis, le contingent des femmes fut constaté encore comme assez important dans les industries alimentaires ; les industries du livre ; les cuirs et peaux; l'ébénisterie, la tabletterie, etc. ; le travail des métaux communs et des métaux précieux; la taille des pierres et le travail des pierres et terres au feu.

Par contre, la main-d'œuvre féminine parut faire défaut complètement dans deux groupes d'industries : la distribution d'éclairage électrique et les constructions en pierre, canalisation, etc. Cette main-d'œuvre n'atteignait plus que 1 o/o de l'effectif du personnel ouvrier dans deux autres groupes : la métallurgie et la chaudronnerie et construction mécanique ; elle fut de 2 o/o dans deux autres groupes : les gros ouvrages en bois (où le département de la Seine donnait 3 o/o) et les carrières. Enfin contre 82 o/o d'hommes (enfants et apprentis non compris) on ne constata que 5 o/o de femmes dans les industries minières (1).

Un domaine particulièrement favorable à la main-d'œuvre féminine, en dehors des industries proprement dites, est celui du travail de bureau et de comptoir. Ainsi le recensement allemand de 1895 constata que dans une période de treize années (de 1882 à 1895) le personnel auxiliaire supérieur dans l'industrie et le commerce avait augmenté de plus de 5,000 femmes, soit un accroissement proportionnel des femmes de 250 o/o (2), accroissement qui se marquait aussi dans le commerce en général (3).

1. Voir les tableaux n° IV, dans *Salaires et durée du travail dans l'industrie française*, t. I. (Département de la Seine), pages 354-355 ; t. IV (reste de la France), pages 38-39.

2. *Statistik des Deutschen Reichs*, N. F, Bd. 119, chap. III, sect. II, p. 62.

3. « Très marqué est l'accroissement dans le commerce de la main-d'œuvre féminine : en 1882 elle ne constituait encore qu'un tiers environ du personnel et aujourd'hui elle en forme à peu près la moitié ; en fait, le nombre des ouvriers-femmes a augmenté de 359,858, et celui des hommes de 194,688 seulement, — preuve que la main-d'œuvre féminine gagne de plus en plus du terrain sur la main-d'œuvre mascu-

De même aux États-Unis, pour la période 1870-1890, la main-d'œuvre féminine a plus augmenté en nombre dans le commerce et les transports que dans les autres professions. Elle y a passé de 19,828 en 1870 à 62,852 en 1880 et 228,421 en 1890, soit proportionnellement à l'ensemble des salariés dans ces branches de profession, de 1.61 o/o à 3.37, puis à 6.87 o/o (1). Les chiffres fournis par le Recensement général de la population en 1900 prouvent la continuation de ce même développement. Le nombre des femmes occupées dans le commerce et les transports monta à 503,347 et atteignit ainsi 10.6 o/o de l'ensemble des personnes travaillant dans ces branches de profession (2). Ici de nouveau c'est l'entrée en masse des femmes dans le personnel de bureau et de comptoir qui marque le phénomène.

En ce qui concerne les conditions de salaire des femmes comparées à celles des hommes, le Recensement belge de 1896 a pu déterminer, dans l'ensemble des industries du pays, les salaires de 74,662 ouvrières de plus de seize ans soit plus de neuf dixièmes de l'ensemble des ouvrières, les salaires pour 8,801 étant restés indéterminés.

Par de simples chiffres, cette enquête a démontré la

line, et jusqu'à parfois entrer en concurrence avec elle. Il est vrai que, précisément dans le commerce, les membres des familles des exploitants jouent un rôle non à dédaigner ; les femmes membres de la famille y travaillent dans l'entreprise du chef de famille dans une proportion plus forte que dans l'industrie, et encore travaillent-elles, dans le commerce comme dans l'industrie, dans une mesure plus forte que les membres mâles des familles des exploitants. » (*Ibidem*, p. 64.)

1. Cf. *Eleventh Annual Report*, *loc. cit.*, tableaux de la p. 21. Intéressants sont également les deux tableaux suivants (pages 22 et 23) qui donnent d'une manière plus détaillée le mouvement de la main-d'œuvre pour les différents groupes de professions.

2. *Twelfth Census of the United States* (1900), *loc. cit.* Pour les différents groupes de professions la même évolution sociale a continué encore dans ses grandes lignes de 1890 à 1900.

triste situation des ouvrières dans les industries belges.
Ces chiffres, on le sait, se rapportent à des salaires effectifs,
représentant le revenu réel d'une journée de travail. Lorsque, pour les détails, on compare les chiffres fournis à l'appendice VI B du présent ouvrage à ceux relatifs aux
salaires des hommes (voir l'appendice VI A), on constate
aussitôt l'infériorité des premiers par rapport aux se-
conds(1). Mais la nature du travail masculin et féminin
n'est pas indiquée et peut être très différente dans les
mêmes branches de production. Puis, ces chiffres ne donnent aucune explication, ni sur le milieu social, ni sur
aucun des autres facteurs qui peuvent influer sur les salaires de part et d'autre ; de sorte que chaque comparaison
directe des sexes, pour ce qui concerne les salaires, pourrait facilement conduire à des conclusions hasardées.

Cette remarque vaut pour tous les cas où les recherches s'appliquent à des populations entières, des milieux
sociaux très divers et des branches d'industrie dissemblables, et où l'on ne saurait parler d'une comparaison
quelque peu exacte des conditions de salaire d'hommes et
de femmes. Elle vaut de même, par exemple, pour la grande
Enquête sur les industries françaises de 1891-1893. Et
pourtant, un coup d'œil jeté sur les « salaires moyens »

---

1. L'enquête belge se distingue en ce qu'elle donne des renseignements circonstanciés sur les salaires des femmes tant pour l'ensemble du
pays que pour les divers sous-groupes d'industries (voir pages 311-312) et
pour chaque industrie séparément (voir pages 314 à 330). On trouve par
exemple dans les tableaux détaillés que, parmi les ouvrières *ayant gagné
par jour moins de 1 franc* se trouvent : 4,092 (sur 8,562, soit 47.79 o/o)
couturières de la confection de vêtements pour femmes, — parmi lesquelles cependant 210 peuvent être comptées comme recevant la nourriture
et le logement et 313 comme recevant la nourriture seulement à titre de
supplément ; puis, 533 (sur 1,163, soit 45.83 o/o) *modistes dans la confection d'articles de modes,* — parmi lesquelles 15 tout au plus recevaient
la nourriture et le logement et 17 la nourriture seulement; 900 (sur 952,
soit 94.54 o/o) *ouvrières occupées aux chemins de fer* (exploitation et
traction) ; et ainsi de suite.

que donne cette enquête dans son tableau IV relatif aux divers groupes d'industrie (1) donne un aperçu général de l'état des salaires qui n'est pas sans intérêt. Abstraction faite du degré d'exactitude de chaque chiffre de proportion pris à part, l'aperçu dans son entier donne, à grands traits, une idée nette de la forte infériorité des salaires de femmes comparés à ceux des hommes dans les mêmes industries. L'Enquête française est arrivée aux conclusions suivantes : « Comparé à celui des hommes, le salaire des femmes est, dans l'ensemble, égal à environ moitié de celui des hommes. » L'Enquête ajoute : « Bien entendu les travaux exécutés ne sont généralement pas les mêmes. Mais, d'autre part, lorsqu'il s'agit du même genre de travail, nous n'avons observé l'application du principe « A travail égal salaire égal » que dans une industrie, la taille des pierres précieuses. » (2).

En grande partie, les réserves exprimées ci-dessus concernant les recensements belge et français valent encore lorsque l'étude des salaires est limitée à une industrie déterminée dans un milieu spécial, et cela surtout au cas où la nature du travail diffère selon le sexe. Pourtant, certaines monographies d'industries particulières ont pu rendre de bons services en précisant les rapports entre les salaires d'hommes et les salaires de femmes. C'est ainsi que M. Louis Varlez, auteur d'une Enquête sur l'industrie cotonnière gantoise, donne des renseignements intéressants sur les salaires de 1,919 ouvriers et ouvrières.

1. Colonnes 12 et 13 de ce tableau. Voir pour le département de la Seine, pages 354 et 355 du tome I, pour les autres départements de la France, pages 38 et 39 du tome IV. Cf. pour le département de la Seine, la récapitulation de l'état détaillé des différents genres d'industrie (colonnes 12 et 13 du tableau III, tome I, pages 342 et suiv.). Pour le reste de la France on trouve une récapitulation détaillée analogue en deux parties : la première publiée dans le t. II, pages 532 et suiv., la deuxième dans le tome III, pages 452 et suiv.

2. *Salaires et durée du travail dans l'industrie française*, t. IV, *Résultats généraux*, sect. IV, p. 19.

Bien que l'auteur constate lui-même qu'une « moyenne » aussi complexe que celle dont il s'agit ici n'a pas « une bien grande utilité statistique », les résultats auxquels il est arrivé sont utiles pour nous, étant donné notre but qui est d'ordre comparatif. Ils sont tout autres que ceux de la Statistique française cités ci-dessus.

Pour les 1,158 hommes recensés, M. Varlez trouva une moyenne de 2 fr. 56 par jour et de 2 fr. 68 si on défalque le chômage ; par heure de travail la moyenne fut de 0 fr. 244. Pour les 760 femmes, elle fut de 1 fr. 77 par journée réelle, de 1 fr. 91 par journée complète et de 0 fr. 174 par heure.

En laissant de côté les mineurs, on obtenait :

	Hommes	Femmes	Total
Par journée réelle....... fr.	2.86	2.07	2.59
Par journée complète..... »	2.98	2.23	2.73
Par heure............... »	0.271	0.206	0.249

D'après ces calculs les femmes touchèrent en moyenne 71 o/o du salaire des hommes. Pour les jeunes gens la différence entre les sexes est beaucoup moins marquée. Ce n'est guère qu'à partir de la vingtième année que les salaires commencent à se différencier, les salaires des hommes continuant à augmenter jusqu'à la quarantième année, ceux des femmes restant à peu près stationnaires à partir de la vingtième année (1).

Pour connaître de près l'état des salaires suivant les sexes et déterminer jusqu'à quel point cette infériorité continue à exister, même au cas où ouvriers et ouvrières exécutent des travaux sensiblement pareils et manifestent la même productivité en travail, il faut examiner chaque branche d'industrie séparément et tenir compte de tous les facteurs particuliers propres à influer sur les conditions du travail et du salaire.

1. *Les salaires dans l'industrie gantoise,* t. I, *Industrie cotonnière,* 6ᵉ partie, chap. I, § I, p. 167.

Nous n'avons pas à entrer ici dans les détails ; relevons seulement que l'infériorité du salaire des femmes est confirmée pour tous les pays et pour l'immense majorité des industries.

Mais il est difficile d'en trouver des exemples nets et typiques. Le premier volume de notre ouvrage montre sous quelles conditions il est possible de mesurer exactement la quantité du travail fourni par deux personnes ; mesurer cette quantité à l'aide de la quantité des produits n'est admissible, en définitive, que pour certaines catégories très spéciales de travail physique simple comme celui des scieurs de bois ou des paveurs (1). Les faits utilisables deviennent plus rares s'il faut rechercher, afin d'avoir l'équivalence des éléments de comparaison, des cas où ouvriers et ouvrières travaillent dans le même milieu social, voire dans la même entreprise.

Il y a cependant quelques industries qui offrent des exemples comme nous en cherchons, telles les industries textiles où la quantité de l'étoffe ou du fil produits sert de mesure exacte pour le calcul du travail fourni, tant dans le tissage que dans la filature. Voyez, dans le Rapport du *Board of Trade* anglais sur les « taux-étalons de salaires aux pièces et échelles mobiles » publié en 1900, les tarifs de salaires d'hommes et de femmes pour le tissage à Huddersfield. Dans les deux tarifs il s'agit du même travail (tissage de laine) calculé chaque fois pour 18 écheveaux à 10 pieds anglais par écheveau ; la vitesse des machines est la même dans les deux cas. En comparant les deux tarifs pour les mêmes numéros du même article, on voit que la main-d'œuvre féminine est payée moins (de 10 à 20 o/o d'ordinaire) que la main-d'œuvre masculine de qualité identique (2).

1. Voir *Théorie de la Valeur*, pages 184 et 191.
2. Cf. BOARD OF TRADE, *Report on Standard Piece Rates of Wages and Sliding Scales in the United Kingdom*, London, 1900, pages 127-129. De même à Gand dans les filatures de coton : « Les tarifs sont sensiblement

Etant données la situation inférieure actuelle de la main-d'œuvre féminine et les facilités qu'elle offre à l'exploitation patronale, la pression exercée par les salaires de femmes sur les salaires d'hommes et la substitution de la main-d'œuvre féminine à la main-d'œuvre masculine agissent sans interruption et nécessairement. Aussi ce double effet est-il universel, de sorte que les populations ouvrières s'en plaignent dans tous les pays. Ces plaintes se rapportent à toutes les industries, au commerce, au transport, etc. — pour autant du moins que la rudesse du travail et les forces physiques qu'il exige n'excluent pas ou ne limitent pas de prime abord la concurrence féminine.

Lors de l'Enquête spéciale de 1895-1896 faite aux Etats-Unis sur le travail et les salaires d'hommes, de femmes et d'enfants, on a recherché les motifs pour lesquels les entrepreneurs dans les diverses industries et les différents Etats de l'Union préfèrent la main-d'œuvre de femmes et de filles à celle d'hommes et de garçons. Les motifs énumérés par les patrons furent d'ordre très différent et parmi eux la plus grande *aptitude* du sexe féminin au travail demandé jouait naturellement un rôle prédominant (1). Nous avons vu le progrès continuel du machinisme constituer un facteur essentiel pour la détermination de la place abandonnée, dans différentes industries, à la main-d'œuvre féminine.

La substitution du sexe féminin au sexe masculin caractérise donc l'adaptation sans cesse changeante des capacités productives de chaque sexe au développement de la technique. Cette adaptation explique par exemple

plus bas pour les femmes que pour les hommes. » (*Les salaires dans l'industrie gantoise*, I, *Industrie cotonnière*, 4ᵉ partie, chap. I, sect. II, p. 119.)

1. Voir *Eleventh Annual Report of the Commissioner of Labor*, chap. I, pages 30-31 ; cf. également le tableau IV, pages 583-610, auquel le lecteur est renvoyé par ce Rapport.

pourquoi, dans une vieille industrie comme le tissage, les femmes ont dans plusieurs fabriques complètement supplanté à la longue les hommes dans le travail de l'ourdissage ; et pourquoi une nouvelle branche d'occupation comme les téléphones est partout accaparée presque entièrement par les femmes à cause de leur voix et de leur résistance nerveuse aux fatigues considérables de ce service.

Interrogés sur les motifs qui leur faisaient préférer la main-d'œuvre féminine, les entrepreneurs américains donnèrent des réponses insérées au tableau IV de l'Enquête de 1895-1896 (1). Le plus souvent, ils reconnurent qu'ils la préféraient parce que les femmes et les jeunes filles ont « davantage de disposition » (*better adapted*) pour certaines activités. D'autres dirent que les femmes et les jeunes filles sont « plus sûres et plus faciles à surveiller », « plus faciles à embaucher »; « plus propres », « plus laborieuses », « plus adroites », « plus soigneuses », « plus polies ». Ces attestations sont complétées parfois par d'autres : « Elles ne boivent pas », « elles sont moins portées à faire grève », etc. Telles les réponses des patrons, véritable litanie où dominent de beaucoup les *better adapted* ; puis, d'une franchise tout américaine, le refrain « à meilleur marché » (*cheaper*).

Et ces deux motifs, bien loin de s'exclure, comme on le pourrait croire, se combinent et se complètent l'un l'autre. Ainsi meilleur travail et moins payé : d'où un argument de plus contre cette théorie économique qui a cru voir dans la productivité du travail la base générale du salaire.

Etant données les qualités reconnues aux femmes par les entrepreneurs (non seulement d'Amérique, mais de bien d'autres pays (2), on en arrive à se demander pour-

1. *Eleventh Annual Report, loc. cit.*
2. Différentes enquêtes faites en Europe prouvent en effet que les raisons de la supplantation de la main-d'œuvre masculine par la main-

quoi la main-d'œuvre féminine, sous le régime actuel
d'une concurrence effrénée, n'a pas fait davantage encore
de progrès dans plusieurs branches de production.
L'Enquête américaine énumère les explications suivantes
que donnent les entrepreneurs, explications vraiment
caractéristiques et dont certains éléments seront encore
analysés plus loin¯: « La machinerie se substitue gra-

d'œuvre féminine sont les mêmes dans tous les pays. Voir, par exemple,
l'enquête conduite en 1896 par la « Société Éthique » (*Ethische Gesell-
schaft*) à Vienne sur les « conditions de travail et de vie des ouvrières
salariées viennoises » : « Le laisser-aller des femmes a donc pour résultat que, dans la même profession et avec le même travail, elles reçoivent
moins de salaire que l'homme. C'est ainsi, par exemple, qu'un entrepreneur, entendu en qualité d'expert (p. 396 du Compte rendu) justifie
le fait que les heures supplémentaires sont payées à un taux plus élevé
aux hommes qu'aux femmes en disant que les hommes auraient fait
grève et les femmes non.

« Dans ces circonstances, on ne saurait s'étonner de voir dans toute
une série de branches de travail une supplantation de la main-d'œuvre
masculine par la main-d'œuvre féminine ; ainsi, par exemple, dans la
reliure, la confiserie, la chapellerie, les ateliers de tailleurs et dans
diverses branches de la métallurgie. » Le lecteur est renvoyé spécialement aux pages : 41. 92, 97, 104, 129, 165, 291 et 420 du Compte
rendu. (Voir *Die Arbeits-und Lebensverhæltnisse der Wiener Lohnarbeiterinnen. Ergebnisse und sténographisches Protokoll der Enquête über
Frauenarbeit abgehalten in Wien vom I. Mærz bis 21. April 1896, Wien,*
1897, Introduction, p. XII.)

Pour l'agriculture en particulier, je renvoie à l'Enquête que le Board
of Trade à Londres a publié sur les salaires et les gains des ouvriers
agricoles dans le Royaume-Uni : « Le nombre des femmes ouvrières en
Écosse est grand, surtout dans les districts arables (le Rapport renvoie à
son Annexe XIV à la page 282) et spécialement dans les *Border Counties*
et dans les *Lothians.* Dans ces districts, le nombre des femmes égale à
peu près, dans plusieurs exploitations agricoles, celui des hommes, et
dans quelques entreprises cultivant beaucoup de pommes de terre, il y
a parfois plus de femmes que d'hommes. »

« Il est compréhensible que l'entrepreneur écossais trouve avantageux
de s'assurer les services d'un nombre considérable de jeunes femmes
fortes et actives à environ la moitié du salaire des hommes, pour les travaux des champs et particulièrement pour ceux concernant la culture en
grand des pommes de terre et des navets. » (*Report by* Mʳ Wilson Fox
*on the Wages and Earnings of Agricultural Labourers in the United King-
dom,* p. 68. Cf. aussi *Second Report,* p. 87.)

duellement à la main-d'œuvre des femmes dans plusieurs industries, à mesure que le travail automatique est fait davantage par les machines ; très souvent, les femmes, ayant plus de dispositions pour un certain travail et étant moins chères, sont moins sûres ; elles sont de par leur conformation physique, impropres au maniement d'objets lourds ; elles ont toujours rempli certaines occupations, les hommes n'y étant pas aptes et ne s'y étant jamais adonnés ; elles ne peuvent s'employer que dans certaines occupations ; la main-d'œuvre féminine est très rare et il est difficile de trouver des femmes convenables ; les hommes font de meilleur travail que les femmes, et s'ils étaient faits pour certains travaux et s'y entendaient, on les préférerait aux femmes ; dans maintes circonstances on ne saurait compter sur elles ; certaines industries occupant beaucoup de femmes sont peu à peu forcées de cesser leur production par suite des changements de la mode : ainsi la fabrication de boîtes de fantaisie en peluche est remplacée par celle de boîtes en celluloïd ; l'Union des cigariers s'oppose à l'emploi de femmes. »(1).

En ce qui concerne les industries d'atelier de différentes branches, c'est le travail à domicile, dont nous nous occuperons dans un prochain chapitre, qui accapare une grande partie des ouvrières (2), tandis qu'enfin, dans l'agriculture et dans l'élevage des bestiaux, etc., l'exode des ouvrières

1. *Eleventh Annual Report*, pages 30-31.
2. « D'autre part, une forte concurrence est faite aux ouvrières, et cette concurrence ne vient pas seulement de la part des femmes et des jeunes filles des basses couches de la population qui viennent se présenter en masse sur le marché, et pour les ouvrières d'atelier non seulement de la part des ouvrières à domicile, mais aussi de celle des jeunes filles et femmes des classes moyennes. Dans les salons de couture apparaissent, à côté des « filles-apprenties » (*Lehrmædchen*), les « demoiselles-apprenties » (*Lehrfræuleins*), et nombre de femmes de la petite bourgeoisie cousent des cravates, ou s'occupent d'ouvrages de broderie et de passementerie. » (*Die Arbeits-und Lebensverhæltnisse der Wiener Lohnarbeiterinnen, loc. cit.*)

à la ville empêche souvent la main-d'œuvre de devenir surabondante (1).

Recherchons maintenant comment il se fait que le travail des femmes, comparé à celui des hommes, se présente comme une marchandise inférieure. Nous avons déjà discuté ci-dessus un cas analogue, celui des ouvriers « non qualifiés » comparés aux ouvriers de métier.

D'abord, on ne saurait prétendre que le travail féminin serait, de par sa nature, une catégorie de travail moins utile ou moins productif que le travail des hommes. En effet, dès qu'on ne tient compte, dans le jugement sur sa valeur, que de la nature des besoins humains qui sont satisfaits, le travail féminin pris dans son ensemble n'est pas inférieur au travail masculin en valeur d'usage (individuelle ou sociale). A Paris, où le travail du plus simple ouvrier adulte, homme de peine ou manœuvre, est payé aujourd'hui de 5o à 7o centimes l'heure, la femme de ménage exécutant des travaux domestiques de toute sorte n'en est encore qu'au tarif de 3o ou 35 centimes. Pourrait-on en conclure que son travail est, dans la même proportion, moins utile ou moins productif que le travail fourni par le manœuvre adulte, en ceci qu'il répondrait à des besoins moins réels? Assurément non, et on voit ici, plus clairement qu'ailleurs, l'utilité pour l'acheteur de ce travail — utilité provenant de la nature des besoins satisfaits — repoussée à l'arrière-plan.

On ne saurait non plus penser qu'il s'agit du travail d'un soi-disant sexe faible qui, moins résistant à la fatigue, ferait des journées de travail plus courtes ou un travail moins intense. C'est ainsi que la main-d'œuvre féminine se rencontre surtout dans les sphères d'occupation où les journées de travail sont le plus longues.

---

1. « On se plaint fréquemment aujourd'hui qu'il est très difficile d'avoir des filles de ferme, les jeunes femmes préférant des emplois en ville. » (*Report by* Mʳ WILSON FOX, *loc. cit.*, et *Second Report, loc. cit.*)

Le rapport de l'offre à la demande de travail fournit ici de nouveau sans doute une partie de la solution cherchée. La main-d'œuvre féminine s'offre, dans les différentes branches de profession auxquelles elle peut se présenter dès à présent, en quantité surabondante ou du moins plus grande qu'elle n'est demandée au marché.

Nos observations sur le travail des manœuvres valent encore dans le cas présent: la valeur d'usage et par suite la valeur d'échange et le prix de marché du travail baissent nécessairement sous l'influence de l'offre considérable des bras.

Néanmoins on se tromperait si on voulait voir dans le rapport de l'offre à la demande de travail une explication générale et décisive d'un phénomène économique et social aussi complexe que l'est l'infériorité de rétribution de la main-d'œuvre féminine.

Tout d'abord la demande de main-d'œuvre féminine est, dans plusieurs branches de profession, plus grande que l'offre, étant donnés, précisément, les bas prix auxquels cette main-d'œuvre se vend. Si les propriétaires écossais se plaignent de la rareté de « jeunes femmes fortes et actives » qu'ils voudraient louer pour les travaux des champs « à environ la moitié du salaire des hommes », c'est plutôt l'étalon habituel du salaire des ouvrières enraciné dans les mœurs et les coutumes du pays qui détermine ici le rapport de l'offre à la demande de main-d'œuvre féminine que le contraire. Dans ce cas encore il y a action et réaction, mais le rapport de l'offre à la demande n'est pas le facteur dominant.

Passons maintenant à une branche très spéciale d'industrie féminine, l'industrie dentellière. On y trouve en face d'une demande constante ou, pour certains articles, même croissante de main-d'œuvre, une diminution continuelle du nombre des dentellières, ce dernier phénomène étant dû à différentes causes et surtout au fait que les jeunes filles dans les villes préfèrent de plus en plus le travail mieux rétribué des usines au travail de la dentelle. Si, les mains qui viennent s'offrir au travail diminuant et la demande de main-d'œuvre au marché ne diminuant pas, les salaires devaient nécessairement monter jusqu'au moment où l'offre et la demande s'égalent, l'industrie dentellière belge ne serait pas menacée de la ruine (1). Ici de nouveau il se manifeste que le rapport de l'offre à la demande de main-d'œuvre n'est qu'un facteur spécial et accessoire. Ce facteur intervient sans doute dans la détermination définitive du salaire, causant çà et là une hausse plus ou moins importante des salaires ou, au contraire, une baisse, selon le cas; mais l'intervention de ce facteur n'explique pas à elle seule l'infériorité en valeur du travail de la femme en tant qu'il est marchandise. Les ouvrières sont bien souvent, parce que femmes, moins payées que les hommes travaillant à côté d'elles, abstraction faite de leur nombre ou même malgré le nombre relativement restreint auquel elles se présentent sur le marché; de même que les femmes, en leur qualité de femmes, sont souvent moins payées que les hommes, abstraction faite de la question de savoir si le produit de leur travail peut être égal à celui du travail des ouvriers masculins.

Pour une étude sérieuse du travail et du salaire des femmes, on est donc de prime abord renvoyé à l'étude de

---

1. « Il n'existe pas, dans l'industrie dentellière, de chômage involontaire régulier. Le nombre des ouvrières tendant à décroître et la demande ne diminuant pas, les ouvrières qui veulent travailler ont toujours de l'ouvrage ; d'ailleurs, les fabricants préfèrent augmenter leur stock pendant les périodes de morte saison plutôt que de s'exposer à perdre leurs ouvrières. » (ROYAUME DE BELGIQUE, OFFICE DU TRAVAIL, *La dentelle et la broderie sur tulle*, par PIERRE VERHAEGEN, Bruxelles, 1902, t. II, chap. V, p. 158.) Voir aussi la *Conclusion* de cet ouvrage (*loc. cit.*, p. 219): « L'avenir de l'industrie dentellière belge est menacé. D'une part, le nombre des ouvrières va en diminuant. De 150,000, qu'il était en 1875, il est tombé, en 1896, à 47,000 et certainement il ne s'est pas accru depuis lors. »

cette infériorité qui s'attache au sexe féminin comme tel.
Et même on est obligé de commencer par cette dernière
étude pour s'expliquer le rapport de l'offre à la demande
de main-d'œuvre féminine, et cela encore au cas où l'offre
dépasse la demande ; car ce cas se présentant dans maintes industries a des causes économiques profondes. Pourquoi l'offre de cette main-d'œuvre dépasse-t-elle si souvent
la demande, même à des salaires inférieurs ? On ne saurait trouver une explication satisfaisante de ce problème
qu'en tenant compte de la situation économique et sociale
particulière de la femme dans la société moderne.

Remarquons d'abord que les femmes — en partie par
suite de leur constitution physique, en partie aussi par
suite de leur éducation — ne peuvent guère se présenter,
dans plusieurs branches de production que pour le travail de manœuvres, ou même pour le maniement d'objets
légers seulement (1). En ce qui concerne le travail de
fabrique, particulièrement la conduite des machines, et le
travail agricole, entrent donc en jeu, dans l'établissement du rapport de l'offre à la demande de main-d'œuvre féminine, toutes les influences dont nous avons traité
plus haut en parlant du travail des manœuvres et des
journaliers agricoles. Ces influences ont une action plus

---

1. « Pour le travail *non qualifié* tant qu'il n'exige pas une grande
force corporelle, mais seulement de l'attention et de la dextérité, la
main-d'œuvre féminine peut être employée avantageusement; et cette
application est d'autant plus fréquente que des occupations de nature
simple et mécanique sont rendues de plus en plus nécessaires dans la production moderne par suite du haut développement de la division des
activités et de l'emploi considérable de machines-outils. Comme ouvrière
qualifiée, au contraire, la femme est réduite à quelques industries peu
nombreuses appartenant presque toutes aux groupes des industries du
textile et de l'habillement ». (*Statistik des Deutschen Reichs*, N. F., Bd. 119,
Geerbe und Hand el im Deutschen Reich, chap. III, sect. V, p. 84. Cf.
également *St. d. D. R.*, Bd. 111, pages 81-82 où, à côté du textile et
de l'habillement, n'entrent en considération comme industries occupant
des ouvrières qualifiées que l'orfèvrerie, la vannerie, les ouvrages tressés
en bois, en paille, etc., et la manufacture du tabac.

efficace encore pour le travail des manœuvres femmes en particulier.

C'est ainsi que, dans plusieurs fabriques et ateliers, partout notamment où le travail est du travail « non qualifié », les femmes adultes sont traitées sur le même pied que les mineurs, filles et garçons. Il en est ainsi par exemple dans l'industrie minière. Dans les branches d'industrie où l'on trouve proportionnellement le plus grand nombre d'ouvrières, — les industries textiles proprement dites, — le travail de la femme est sans doute en grande partie et pour plusieurs sections de l'industrie, du travail de métier ; mais là encore, nous l'avons vu, il reste le plus souvent limité à l'exécution de quelques manipulations simples et répétées, en sorte qu'il ne diffère pas essentiellement du travail du manœuvre ou de l'aide dans le sens strict du mot.

Enfin, c'est en grande partie par suite de leur éducation uniforme que les capacités particulières exigées dans certaines branches d'industrie appelées d'ordinaire industries de femmes (modes, corsets, fleurs, plumes, etc.) sont trop répandues et à tous degrés dans la population féminine, de sorte que l'offre des bras y reste considérable, souvent même pour des catégories de travail qualifié. Cette remarque vaut en somme pour tout travail à l'aiguille (couture, broderie, etc.) et non moins pour le travail du ménage.

On ne saurait par exemple attribuer moins de capacités professionnelles ou moins d'expérience à une ménagère placée à la tête d'une famille, ou à la directrice d'un hospice, d'un orphelinat, d'un hôpital, et qui s'occupent non seulement de l'entretien d'une maison, mais de la cuisine, des enfants, des malades et remplissent par suite plusieurs emplois à la fois, qu'à l'ouvrier de métier, même le plus habile dans une industrie moderne. Aussi n'oserait-on affirmer que la tâche spéciale de ces femmes ne nécessite pas un certain « apprentissage ». Or, toutes les femmes étant préparées par leur éducation à acquérir les mêmes capacités et la même expérience, chaque ouvrière pouvant se résoudre à faire des ménages et chaque demoiselle de magasin à accepter la direction d'une institution quelconque, les femmes dans les branches particulières de profession qui sont leur domaine actuel se font entre elles une concurrence que les hommes ne rencontrent pas généralement dans les branches de production qui leur sont propres.

Il y a donc lieu de réfuter ici de nouveau cette idée, déjà combattue par nous, que les catégories de travail considérées sur le marché comme inférieures en valeur seraient nécessairement celles qui demandent peu d'expérience professionnelle et pas ou peu d'apprentissage.

Je choisis de nouveau, pour combattre cette idée, l'exemple de l'industrie dentellière. La dentellière intelligente et industrieuse et travaillant dans les conditions les plus avantageuses, réussit rarement en Belgique à gagner plus de 1 franc à 1 fr. 50 par jour pour quatorze ou quinze heures de travail, et souvent son salaire reste encore inférieur à ce prix, même dans les villes comme Bruges, Courtrai, Bruxelles, Louvain, Malines (1). Pourtant cette ouvrière n'est pas seulement spécialiste dans son métier au meilleur sens du mot, mais dans plusieurs cas elle est une véritable « artiste », fut-ce « inconsciente » (2).

---

1. Voir PIERRE VERHAEGEN, *La dentelle et la broderie sur tulle*, t. II, chap. IV, sect. III, *Salaires payés dans les ateliers des fabricants*. Les ouvrières employées dans les deux grandes maisons étudiées par M. Verhaegen, — chez Mlle Minne Dansaert à Haeltert et chez M. Georges Martin (Compagnie des Indes), fabricant à Bruxelles et à Paris, — sont un peu mieux payées que celles qui font la dentelle à domicile. Et pourtant ce n'est qu'exceptionnellement qu'on rencontre dans ces ateliers des salaires au-dessus de 2 francs par jour jusqu'à un maximum de 2 fr. 50.

2. « Pauvre artiste ignorée et vivant la vie des humbles, la vie de

Quant à l'apprentissage de la dentelle, les ouvrières qui font les fines dentelles aux fuseaux doivent apprendre leur métier très jeunes pour acquérir l'agilité des doigts et pour pouvoir vaincre toutes les difficultés du métier : « L'apprentissage de la fine Valenciennes dure de cinq à six ans ; la formation d'une bonne ouvrière en Malines prend de six à huit ans et demande un travail assidu et constant. » (1).

Dans tous les cas où le travail appelé « qualifié » ou « supérieur » est mieux payé que le simple travail de fabrique, on constate, plus encore pour la main-d'œuvre féminine que pour la main-d'œuvre masculine, que ce n'est pas tant la qualité spéciale du travail qui est mieux estimée et lui fait reconnaître la « supériorité » en question que la difficulté de trouver de la main-d'œuvre de remplacement. L'agilité indéniable et le goût artistique que doit posséder la dentellière expérimentée sont cultivés dans chaque école dentellière et dans plusieurs couvents des Flandres, et c'est pour cette raison même que ces qualités sont moins appréciées — en rémunération matérielle — que par endroits l'habileté professionnelle de l'ouvrière de fabrique dont la routine, acquise à la longue, n'appartient souvent qu'au personnel déterminé d'une fabrique (2).

Une deuxième raison particulièrement propre à déprécier le prix du travail des femmes tient à ce que leurs

privations, de souffrance et de dur labeur ! » (PIERRE VERHAEGEN, loc. cit., t. I, Introduction, p. 2.)

1. Loc. cit., t. II, chap. II, p. 21.

2. Ainsi, la Statistique française a trouvé qu'en 1891, pour les femmes dans le département de la Seine, le salaire moyen pour dix heures de travail était supérieur à 3 francs dans les fabriques de couleurs où une grande habitude est nécessaire pour exécuter convenablement les broyages à la main. (Salaires et durée du travail dans l'industrie française, t. I, Analyse, 1re partie, B, sect. IV, p. 370.)

De même cette Statistique a constaté que la moyenne du salaire dépassait pour les femmes 4 francs dans l'orfèvrerie et la bijouterie-joaillerie

salaires sont généralement, dans les familles ouvrières, des « salaires d'appoint » destinés à compléter les salaires des hommes. Comme le salaire dans les catégories d'ouvriers « non qualifiés » est sensiblement déterminé par le coût d'entretien habituel du milieu, c'est dans ces catégories que se présentent le plus souvent des cas où les gains des chefs de famille ne répondent pas suffisamment, pour une raison quelconque, à la norme de vie ordinaire de la famille ouvrière. Dans ces cas, il faut que les gains accessoires d'autres membres de la famille viennent combler le déficit (1). Dans un chapitre suivant je traiterai des « salaires de famille » et j'aurai à examiner certains cas spéciaux de ce genre ; mais, dès à présent il faut tenir compte du besoin des familles ouvrières d'atteindre un certain degré habituel de bien-être matériel parce qu'il explique pourquoi le travail à domicile le plus mal payé est accepté par les mères de famille, les jeunes filles ou les vieilles femmes pour ajouter quelques sous par jour à d'autres sources de revenu (2).

parisienne, ceci pour des causes spéciales sur lesquelles nous reviendrons. (*Ibid.*, sect. IX, p. 418.)

1. Mlle MARIE BAUM, inspectrice du travail dit sur l'industrie de la confection dans la ville de Carlsruhe : « Dans la pratique, la fixation des salaires des ouvrières s'établit — dans la confection comme dans le travail de fabrique — en se fondant sur le point de vue que l'ouvrière n'a pas besoin de pourvoir seule à son entretien et peut par suite se contenter d'un gain atteignant la limite minima du coût d'entretien — si même il ne descend pas au-dessous. » *Drei Klassen von Lohnarbeiterinnen in Industrie und Handel der Stadt Karlsruhe*, Karlsruhe, 1906, chap. II, p. 114.) L'auteur constate l'existence de cas de différences en salaire entre ouvrières exécutant le même travail selon leurs besoins immédiats : « Parfois on considère comme une chose des plus naturelles qu'une ouvrière qui n'habite pas dans sa famille obtienne un salaire plus élevé que sa voisine, parce que celle-ci habite chez ses parents. » (*Ibid.*, p. 115.)

2. Voir parmi les 263 cas étudiés spécialement par M. PIERRE VERHAEGEN (*La dentelle et la broderie sur tulle*, t. II, p. 43-124) plusieurs exemples de vieilles dentellières habitant les « hospices » (*Godshuizen*) pour vieilles femmes et qui gagnent des salaires de 20 et 15 centimes,

Peu leur importe si elles contribuent ainsi à faire
baisser davantage le salaire de l'ouvrière réduite à ses
propres forces pour son entretien ou ayant d'autres personnes à sa charge.

De cette façon ce n'est pas seulement le salaire de la
femme mariée qui abaisse celui de la femme non mariée
ouvrière indépendante ; mais de même le salaire de la
fille abaisse celui de la mère de famille, les salaires des
vieilles ouvrières et des enfants, ceux de la génération
dans la force de l'âge.

La pression exercée par les salaires d'une catégorie d'ouvrières sur ceux d'une autre n'est pas limitée à
certaines branches d'industries comme celles de la dentelle ou du vêtement (voir la note 2 à la p. 245). Cette
pression se fait également sentir dans différentes catégories de travail intellectuel salarié sous la forme d'honoraires et qui considérées régulièrement comme des
sources de gains d'appoint, sont souvent pour cette raison payées à un prix de beaucoup inférieur à celui du
plus simple travail manuel. C'est ainsi que s'explique le

---

voire même de 12 et 10 centimes *par jour*, tout en travaillant *quatre* ou
cinq heures. Cf. en particulier à l'endroit cité les numéros : 56 (journée de
travail : 3 h. 1/2, salaire : 15 centimes par jour) ; 74 (journée de travail :
3 heures, salaire : 12 centimes par jour) ; 186 (journée de travail :
7 heures, salaire : 20 centimes par jour) ; 201 (journée de travail :
10 heures, salaire : 30 centimes par jour) ; 203 (journée de travail :
7 heures, salaire : 16 centimes par jour) ; 208 (journée de travail :
6 heures, salaire : 16 centimes par jour) ; 209 (journée de travail :
5 h. 1/2, salaire : 25 centimes par jour) ; 211 (journée de travail :
4 heures, salaire : 10 centimes par jour) ; 212 (journée de travail :
5 heures, salaire : 15 centimes par jour) ; 213 (journée de travail :
3 h. 1/2, salaire : 10 centimes par jour) ; etc. L'enquête faite par
M. Verhaegen ne contient pas seulement des salaires de cette nature payés
aux vieilles ouvrières. Ainsi le n° 46 donne l'exemple d'une ménagère
mère de 7 enfants à Bruges, fabricant par semaine 3 aunes de petite
guipure à 12 centimes l'aune et gagnant ainsi 6 centimes par jour pour
une heure de travail ; une autre ménagère (n° 14) travaillant dans les
mêmes conditions gagne 5 francs par mois, soit 16 centimes par jour
pour 3 heures de travail ; etc.

bas prix auquel sont d'ordinaire payées les traductions de romans-feuilletons et même de livres.

Si le salaire des femmes présente généralement, sous le régime social actuel, le caractère d'un gain d'appoint, la raison profonde en est dans la forme même de ce rôle domestique dont nous venons de parler.

D'une façon à peu près générale, la jeune fille des classes ouvrières — et en grande partie aussi celle des classes moyennes — va seulement travailler dans les fabriques, les ateliers ou les bureaux de commerce jusqu'au moment de son mariage, et se refuse à tout travail au dehors dès que « le mari lui gagne son pain ».

L'enquête spéciale faite aux Etats-Unis sur le travail et le salaire des hommes, des femmes et des enfants constata sur un total de 79,987 ouvrières dont les conditions conjugales ont été étudiées que : 70,921 ouvrières, soit 88.7 o/o étaient *non mariées* ; 6,775, soit 8.5 o/o étaient *mariées* ; 2,011, soit 2.5 o/o étaient *veuves* ; tandis que 36, soit moins de 0.1 o/o vivaient en état de *séparation* de leur maris; l'état conjugal de 244 personnes, soit 0.3 o/o, restait inconnu (1). Les résultats obtenus par cette enquête se rapportent à 1,067 établissements industriels répartis sur 30 Etats de l'Union.

En Allemagne, le recensement général de la population du 14 juin 1895 constata l'existence, dans les industries et les professions, de 160,498 *femmes mariées*, soit 12.6 o/o de l'ensemble des ouvrières ou 14.1 o/o des ouvrières adultes (2).

Si la femme ne quitte pas immédiatement après son mariage la fabrique ou l'atelier, rarement elle accepte un travail salarié au dehors une fois mère, et plus rarement encore à partir du deuxième enfant. Raison de plus

---

1. *Eleventh Annual Report of the Commissioner of Labor*, chap. I, p. 18.
2. *Statistik des Deutschen Reichs*, N. F., Bd. 119, *Gewerbe und Handel im Deutschen Reich*, chap. III, sect. V, p. 87.

pour la femme ex-ouvrière d'utiliser, par un commerce quelconque ou par le travail à domicile, les heures disponibles en dehors du soin du ménage (1).

Dans plusieurs cas, les tentatives de l'ouvrière-mère de famille pour gagner quelque argent tout en s'occupant de sa maison s'accentuent à mesure que croissent les soucis de la vie, en sorte qu'à la fin le travail des enfants doit également devenir productif. Alors prend naissance l'industrie de famille avec ses salaires caractéristiques.

Vient maintenant un troisième facteur : c'est le manque d'entente entre les ouvrières dans leurs revendications relatives aux conditions de travail, et leur manque d'organisation. D'où, pour la partie représentant l'offre sur le marché du travail, une position particulièrement faible vis-à-vis de la partie représentant la demande.

Les femmes ont, plus que les hommes, vécu de génération en génération renfermées dans leur ménage. En outre de cette circonstance, c'est surtout leur éducation (intellectuelle, morale, religieuse) qui a contribué le plus à leur docilité connue et fait d'elles un soutien tenace des vieux modes de travail. Nous n'avons pas à examiner d'une manière approfondie l'influence de chacun de ces facteurs ; nous n'avons pas davantage à nous occuper de cette autre question si souvent posée : si les femmes sont plus portées, par la nature, à l'individualisme que les hommes. Pour notre Théorie générale nous n'avons qu'à tenir compte de ce fait certain que les femmes

1. Cf. encore la situation à Gand : « Des 729 ouvriers cotonniers mariés, dit M. Louis Varlez, qui ont répondu à notre demande, et qui presque tous avaient épousé des ouvrières, il n'y en avait plus que 247 qui eussent leurs femmes au travail ; de ceux-ci, tous ou presque tous n'avaient pas d'enfants ou n'en avaient qu'un ou deux. Parmi les autres femmes, 83 avaient entrepris un petit négoce ou dirigeaient un petit cabaret ; 24 rendaient des services personnels comme domestiques, femmes à journée, repasseuses ou relaveuses, gardaient des enfants, mais la majorité, près de 400, étaient sans profession aucune. »(Les salaires dans l'Industrie gantoise, I. Industrie cotonnière, 6e partie, chap. I, § 5. p. 181.)

ouvrières se montrent, d'une façon régulière, plus conservatrices vis-à-vis du mouvement ouvrier moderne et
qu'elles s'en tiennent plus opiniâtrement à l'effort isolé
pour modifier leurs conditions de travail que les hommes. Malgré le sentiment qu'elles doivent avoir de l'impuissance économique de l'individu isolé vis-à-vis de l'entrepreneur capitaliste isolé (et bien plus encore vis-à-vis
d'une coalition d'entrepreneurs), les femmes n'ont pu arriver, dans aucun pays du monde, à s'organiser en masse et
à s'entendre sur la conduite à suivre dans leur intérêt
commun. Non seulement les syndicats de femmes ouvrières, tels qu'ils existent pour certaines branches de métier
dans les pays les plus développés, comptent régulièrement
une proportion beaucoup plus faible de l'ensemble des
ouvrières occupées dans ces mêmes branches que n'en
comptent les syndicats d'ouvriers correspondants; mais
ces groupements de femmes sont encore généralement
sous l'influence directrice d'hommes, et bien souvent ce
n'est que grâce à cette influence masculine qu'ils peuvent
subsister.

Il s'agit ici d'une question fort importante. Tout ce qui
a été dit déjà de l'influence exercée par l'organisation et
par la force de résistance des ouvriers sur la norme habituelle de la vie ouvrière, — et cela tout particulièrement
en ce qui concerne les diverses catégories des ouvriers
« non qualifiés », — tout cela s'applique encore davantage
aux ouvrières. Les entrepreneurs capitalistes ne savent
que trop que les femmes sont encore plus à leur merci que
les hommes, même les plus faibles, et c'est ce qui leur
fait si souvent préférer la main-d'œuvre féminine à la
masculine. Que leur conviction s'exprime dans l'affirmation que les femmes sont « plus faciles à surveiller », ou
« moins portées à faire grève », ou sous quelque autre
forme analogue ; ou tout simplement par l'évaluation de
la main-d'œuvre féminine à la moitié de la valeur de mar-

Cornélissen   17

ché de la main-d'œuvre masculine, — au fond cela revient au même.

Là où les femmes ouvrières constituent un groupement ouvrier uni, on voit aussitôt diminuer et même disparaître leur infériorité relative quant aux conditions de travail. C'est donc avant tout l'organisation syndicale qui constitue pour les femmes ouvrières le moyen d'obtenir un relèvement de salaire.

Un seul exemple suffira : l'Enquête française de 1891-1893 (voir la citation à la page 239) n'avait observé l'application du principe : « A travail égal, salaire égal » que dans une seule industrie en France — la taille des pierres précieuses. L'Enquête attribue ce fait uniquement à « la difficulté de l'apprentissage », difficulté restreignant la concurrence et qui permettrait aux femmes d'arriver au même salaire que les hommes, c'est-à-dire à plus de 9 fr. en moyenne par dix heures (1). Du premier coup d'œil, cette explication apparaît déjà comme incomplète. Tout en reconnaissant que la nécessité d'un long apprentissage peut être un facteur essentiel d'une hausse du salaire, on rencontre d'autre part tant de métiers de femmes exigeant un apprentissage long et difficile et où pourtant les salaires sont extrêmement bas, que l'intervention de ce seul facteur ne saurait fournir une explication suffisante du phénomène en question. Le fait que la taille des pierres précieuses constitue une industrie de luxe n'employant qu'un nombre restreint d'ouvriers et d'ouvrières peut être également pris en considération, mais tout aussi « industrie de luxe » est par exemple l'industrie dentellière, laquelle s'adresse également, pour la vente de ses produits à un marché international et est tout autant localisée dans quelques centres peu nombreux de production. Et pour-

---

1. Voir *Salaires et durée du travail dans l'industrie française*, t. I, Analyse, 1re partie, B, sect. X, p. 420. Cf. également le tableau comparatif n° IV relatif aux différents groupes d'industrie, pages 354-355.

tant, l'industrie dentellière présente précisément l'exemple d'une industrie où les salaires des femmes sont excessivement bas.

La seule raison profonde du phénomène discuté qui soit admissible est celle que m'a donnée, lors d'une discussion sur ce point, M. Le Guery, secrétaire de la Chambre Syndicale des Ouvriers Diamantaires de Paris : l'application, par l'organisation ouvrière, de tarifs uniformes s'appliquant à tous les ouvriers sans distinction de sexe. Que le long apprentissage ne joue en somme dans toute cette question qu'un rôle secondaire, cela se voit lorsqu'on considère des catégories de travail dans l'industrie diamantaire où un tel apprentissage ne s'impose pas et où se présentent pourtant les mêmes faits. Tel spécialement le travail des « sertisseuses » qui ne demande qu'un apprentissage assez limité et nullement supérieur à celui que nécessitent beaucoup d'autres métiers de femmes. En juillet 1904, au moment de mon enquête, le tarif pour le travail des sertisseurs était à Paris de 12 francs par meule et par semaine. Si donc le sertisseur travaillait pour trois ou quatre ouvriers diamantaires (ayant chacun sa meule), il pouvait gagner 36 ou 48 francs par semaine et ce salaire était gagné aussi bien par la sertisseuse que par son collègue homme. On se voit ainsi ramené, à propos de cette catégorie d'ouvriers, à reconnaître le rôle principal joué par l'organisation pour le maintien du principe « A travail égal, salaire égal pour homme et femme ».

Aussi ne manque-t-il pas, dans l'industrie diamantaire, d'appels aux femmes à s'affilier au syndicat ouvrier ; et on ne cesse de leur rappeler que c'est grâce à l'organisation ouvrière si le principe de l'égalité des sexes est du moins maintenu dans cette industrie en dépit des tentatives patronales et souvent aussi de l'indifférence et de la passivité des intéressées (1).

1. On pouvait lire dans *L'Ouvrier Diamantaire*, organe syndicaliste et

L'industrie diamantaire constitue un cas très spécial
où les hommes organisés donnent volontiers leur concours
aux femmes en vue du maintien et du relèvement des
conditions communes du travail. Mais d'une façon générale il convient de dire que les ouvrières dans les différentes branches de métier n'ont guère reçu jusqu'ici d'appui
de la part des hommes, qui même, le plus souvent, ont
pris une attitude hostile (1).

corporatif, n° 6, du 1er juin 1905, article *Le travail féminin* : «... Autrefois, on créa des ateliers composés exclusivement d'ouvrières, avec des
salaires très bas, et il fallut toute l'énergie des organisations pour amener l'introduction des hommes et faire des ateliers mixtes, où le tarif de
façon se releva petit à petit.

« C'est aux ouvrières à bien se pénétrer, que la situation normale
qu'elles occupent, est due aux efforts des diamantaires, depuis vingt-
cinq ans, et celles qui, dans les périodes de chômage, ont eu à travailler dans d'autres industries, savent bien, qu'à ce moment, elles n'ont
pas été rétribuées, comme les hommes à côté de qui elles prenaient
place, malgré l'égalité de durée et de production dans le travail.

« Dans l'atelier, l'ouvrière doit se considérer comme un producteur
égal à l'ouvrier, ayant mêmes droits et mêmes devoirs, apportant loyalement sa collaboration pour arriver à plus de bien-être avec moins de
labeur. »

1. Parmi les motifs énumérés par le Onzième Rapport annuel du *Commissioner of Labor* des États-Unis et disant pourquoi le travail féminin ne
fait pas davantage de progrès, figure aussi l'opposition faite à l'emploi
de femmes par l'Union des cigariers (voir plus haut page 245). Cette
opposition est en rapport avec celle qu'a faite cette même organisation
ouvrière au travail mécanique, l'Union n'ayant jamais refusé *en principe*
d'admettre des femmes comme membres. Cf. sur ce dernier point le
Bulletin n° 67 (nov. 1906) du *Bureau of Labor* à Washington, pages 721-
722 et 751.

L'exemple cité ici n'est pas isolé, ni limité aux États-Unis. Au Xe congrès national corporatif en France tenu à Rennes du 26 septembre
au 1er octobre 1898, le délégué Batbielle de la *Fédération Typographique Française* put encore déclarer : « La Fédération typographique n'admet pas les femmes dans les syndicats et il serait à désirer
que toutes les Fédérations qui sont assez fortes en fissent autant. »
(*Compte rendu des travaux du congrès*, Rennes, 1898, p. 179.) Les délé-
gués typographes n'étaient pas seuls parmi les syndiqués français à
combattre en principe le travail salarié féminin : on trouve exprimé par
endroits, dans le compte rendu officiel du congrès de Rennes, lors des

Il s'agit ici d'une lutte pour l'existence. Précisément parce que les entrepreneurs capitalistes, dans maintes industries, préfèrent la main-d'œuvre féminine à cause de son moindre prix, l'ouvrier qui ne regarde que son propre intérêt matériel immédiat et ne voit pas plus loin que l'étroit horizon de sa fabrique en arrive à considérer la femme ouvrière comme une rivale, une intrigante qui le supplante et qui lui nuit dans ses tentatives pour améliorer ses conditions de vie. Les hommes s'opposent dans plusieurs branches de métier à l'arrivée des femmes de la même manière que les ouvriers d'Australie et de l'Amérique du Nord s'opposent à l'immigration des Chinois et des Japonais. De leur côté, les femmes ne trouvent souvent à travailler et à vivre que sous condition de ne pas demander immédiatement le même salaire que les hommes; de sorte que l'application rigoureuse du principe : « salaire égal pour un travail égal » reviendrait en somme, dans plusieurs industries, à l'expulsion des femmes (1).

D'une manière générale, les ouvriers hommes feront mieux alors — même au point de vue de leur propre intérêt matériel sinon direct, du moins futur — de tâcher de vaincre la résistance des femmes lentement et à l'amiable en les amenant à l'entente des deux sexes, plutôt que de s'opposer en principe à l'entrée des femmes dans les fabriques et les ateliers et d'exacerber ainsi l'animosité et l'hostilité entre hommes et femmes dans le même métier.

En France la lutte qu'ont en vain poursuivie les typo-

discussions et propositions concernant le travail des femmes, des sentiments conservateurs et même réactionnaires du même ordre.

1. C'est ce que, au congrès de Rennes, constata pour son métier le délégué du syndicat de la brosserie de Paris : « Dans cette profession ont emploie beaucoup de femmes, et elles sont payées 30 et 40 o/o meilleur marché que les hommes. On leur a proposé de se syndiquer et de demander ensuite un salaire égal à celui des hommes. Elles ont répondu que les patrons, dans ce cas, préféreraient n'employer que des hommes, et elles ont refusé. » (*Loc. cit.*, p. 178.)

graphes pour la suppression du travail des femmes prouve comment cette vérité s'impose dans la pratique (1).

Cependant, je n'ai pas à m'occuper ici du côté pratique du syndicalisme. Pour ma Théorie, je n'ai qu'à constater que le manque d'organisation est un des facteurs les plus influents de l'infériorité dans laquelle la femme ouvrière se trouve sur le marché de travail par rapport à son collègue homme.

La coopération des différentes causes successivement exposées ici explique les difficultés que rencontre la femme lorsqu'il s'agit de trouver les moyens d'existence qui lui sont nécessaires, à elle et à sa famille. Dans des branches entières d'industrie, elle a pour ainsi dire tout contre elle : la nature du travail pour lequel elle peut offrir ses services, sa constitution physiologique, et la situation économique qu'elle occupe dans la famille. La conviction de son impuissance, le sentiment — inconscient peut-être — qu'elle manque de force de résistance économique et sociale, pèsent lourdement sur elle, en sorte qu'on ne saurait guère s'étonner que l'ouvrière n'ait pas même l'éner-

---

1. Il s'agit ici d'un cas analogue à celui de plusieurs anciennes organisations syndicales qui, par une conception étroite de leur intérêt, ont tâché de maintenir, dans les conditions modernes de la production, les stipulations relatives aux apprentis jadis en vigueur. SIDNEY et BEATRICE WEBB ont fait ressortir les difficultés où se sont mises les organisations typographiques en Angleterre : « C'est ainsi que nous arrivons à la conclusion paradoxale que c'est précisément le maintien de cette réglementation de l'apprentissage par les unions typographiques locales qui a aujourd'hui transformé le métier dans la pratique en un métier « ouvert ». Comme, dans les districts ruraux, un certain nombre de garçons apprennent, en fait, le métier de compositeur et sont éventuellement poussés vers les villes, les unions ouvrières sont en face d'un dilemme. Si elles maintiennent strictement leurs règlements d'apprentissage et refusent d'admettre ces « hommes illégaux », elles se trouvent désarmées dans leurs négociations avec les employeurs par la présence d'une masse toujours croissante d'ouvriers non-syndiqués peu disposés à écouter une organisation dont ils sont exclus. » (Industrial Democracy, London, 1897, t. II. chap. X, pages 467-468.)

gie de saisir l'occasion, au cas où la possibilité lui en serait donnée, d'améliorer ses conditions de travail (1).

Dans les diverses catégories de travail féminin, le salaire n'atteint pas le niveau du coût d'entretien de l'ouvrière, pas même au cas où ce terme désigne, dans le sens classique, un niveau de famine. Pour l'ouvrière isolée, réduite pour son entretien à ses propres forces, et plus encore pour la femme qui a une famille à nourrir, le rapport général entre le coût de production et le salaire peut même être renversé : c'est que pour elle — cas spécial et personnel — le coût nécessaire de la vie, tel qu'il est enraciné dans les mœurs de la population ouvrière ambiante, ne décide pas de la hauteur de son salaire ; mais, au contraire, c'est l'étalon du salaire une fois fixé qui décide quels besoins de l'ouvrière et de sa famille peuvent être satisfaits. Si ce cas présente un caractère exceptionnel dans les diverses catégories de salaire, pourtant il est encore assez fréquent pour que, surtout dans les pays les plus développés, retentissent des plaintes contre les conséquences cruelles du régime de concurrence capitaliste. Lorsque, sous ces conditions et vu la manière de vivre qu'elles supposent, le corps de l'ouvrière ne peut pas supporter les fatigues du travail, ni trouver dans une nourriture et un repos suffisants une compensation pour la perte de ses forces, l'ouvrière s'étiole et tombe malade ; elle doit recourir à l'assistance publique, ou meurt ; en tous cas, elle cesse d'appartenir aux rangs de la population ouvrière productive.

En résumé, pour la plus grande partie de la main-d'œu-

1. « — Quand on rentre le soir de la fabrique on est comme un cheval ou un bœuf qu'on dételle de la charrue ; on se couche et on ne pense plus à rien, même pas à la possibilité de se chercher une meilleure place .» — Cette déclaration d'une experte (n° 104, p. 367) nous paraît être typique de la disposition d'esprit d'une grande partie de la population ouvrière féminine. » (*Die Arbeits-und Lebensverhæltnisse der Wiener Lohnarbeiterinnen*, Introduction, p. VII.)

vre féminine, exception faite seulement de quelques catégories mieux rétribuées de travail « qualifié », le salaire
est toujours dominé par le *coût de production de la force
de travail*. Mais ce coût de production, variant naturellement selon le milieu social, n'est que rarement relevé
jusqu'au niveau atteint par le coût de formation et d'entretien de la force de travail mâle de catégorie correspondante.

Fréquemment, par suite de la faiblesse et de l'ignorance
des ouvrières, il n'y a en fait qu'une des parties — la partie représentant la demande — qui décide, sur le marché,
de la valeur d'échange du travail et détermine le salaire.
Les entrepreneurs capitalistes constituant cette partie ne
trouvent vers le bas que l'unique limite posée par la
nature à l'étalon de famine, au-dessous de laquelle la force
de travail cesse d'être encore productive. Mais cette limite
ne s'applique qu'aux ouvrières isolées et non pas aux
femmes dont le salaire n'est qu'un gain d'appoint, de sorte
qu'elle reste toujours très élastique. D'autre part, les
entrepreneurs capitalistes rencontrent ici, comme partout,
une limite maxima qui est prescrite au salaire par le prix
des produits du travail ; mais ici cette dernière limite ne
nous regarde pas. (Voir ci-dessus pages 200-201.)

L'inégalité si fréquente du salaire des deux sexes
malgré l'égalité de leur production fait particulièrement
ressortir dans plusieurs catégories de travail féminin
que la *productivité* du travail et, en général, sa *valeur
d'usage* pour le consommateur (*valeur d'usage individuelle ou sociale*) est mise à l'arrière-plan ; ce qui
domine, c'est la *valeur de production du travail*, mais
abaissée par les circonstances particulières énumérées.

Cependant, la productivité et la valeur d'usage du travail ainsi mises à l'arrière-plan ne peuvent pas être considérées comme restant absolument sans action. Elles peuvent tout spécialement faire sentir leur influence pour le

maintien de petites différences en salaire entre les ouvrières d'une même catégorie, mais dont le travail n'a pas la
même intensité ni la même productivité. Beaucoup des
remarques antérieures relatives au travail des ouvriers
« non qualifiés » en général s'appliquent donc à celui
des femmes. Partout où l'ouvrière est payée aux pièces,
on voit nettement comment la productivité se mesure par
la quantité du produit (longueur de la dentelle, nombre
des paires de gants cousus, etc). Puis, pour des catégories
de travail « non qualifié » exigeant une force physique
considérable, ou nuisible à la santé et dangereux, la
valeur d'usage peut acquérir une influence exceptionnelle
et, tout en n'étant pas le facteur principal pour la détermination du salaire, le hausser cependant (1).

1. Ainsi l'Enquête sur les industries françaises constata, dans les industries alimentaires du département de la Seine, que les femmes les mieux
payées par dix heures de travail (3 francs à 3 fr. 50) se rencontrent dans
la boulangerie où le métier de porteuse de pain exige beaucoup de force
et de santé à cause des grandes fatigues qu'il occasionne. (Cf. *Salaires
et durée du travail dans l'industrie française*, t. I, Analyse, B., sect. III,
p. 362.)

CHAPITRE XIII

TRAVAIL ET SALAIRES DES JEUNES GENS
ET DES VIEUX OUVRIERS

Ce n'est qu'en passant que nous aurons à nous occuper, pour notre Théorie générale, des conditions de travail et de salaire des jeunes ouvriers, et cela principalement, quant à leur influence sur le travail et le salaire des ouvriers adultes.

Ils sont, dans un nombre considérable d'industries, en même temps des *apprentis*, appelés à s'assimiler leur métier par une préparation plus ou moins longue.

Lorsque les connaissances techniques qu'exige un métier sont de nature à créer une certaine situation privilégiée à l'ouvrier qui les possède parfaitement, il se peut que le jeune ouvrier — du moins pendant les premières années de son apprentissage et à condition qu'on s'occupe sérieusement de lui — non seulement ne touche aucun salaire, mais soit même obligé, dans nombre de cas, de payer son patron ou l'ouvrier qui veut bien se charger de son éducation technique.

Par contre, dans plusieurs catégories de travail « non qualifié » et particulièrement dans le travail de fabrique exigeant très peu ou pas d'apprentissage, les jeunes ouvriers pourront souvent devenir productifs pour leur employeur dès le moment où ils entrent à son service. Dans ce cas, ils pourront « gagner de suite ». Lorsqu'en

outre le travail ne demande pas une grande force physique, les salaires payés aux jeunes ouvriers peuvent être
relativement élevés dès le commencement.

Ceci explique la grandeur du contingent d'enfants que
peuvent engager celles d'entre les branches de la grande
et de la moyenne industries où la machine s'est substituée
peu à peu à la main pour les travaux les plus lourds, spécialement les industries textiles.

On sait que l'enrôlement en masse d'enfants a provoqué, sur le continent comme en Angleterre, des cas nombreux d'exploitation et d'assassinat d'enfants surtout au
début des industries ; et que de tels cas, tacitement tolérés sinon immédiatement favorisés par les parents et les
tuteurs comme par les directions de plusieurs orphelinats,
n'ont pu être réprimés sous leurs aspects les plus atro-
ces qu'après de longues années et sous la pression de l'in-
dignation publique. Mais la possibilité d'une exploitation
profitable pour les entrepreneurs capitalistes jointe à des
salaires relativement élevés pour les enfants est tellement
immanente à la nature de certaines industries qu'aujour-
d'hui encore l'action de l'opinion publique et l'intervention la plus nette de la législation restent impuissantes à
la supprimer.

Le travail d'enfants et de jeunes ouvriers est encore
un facteur considérable pour la production sociale dans
tous les pays. Le Recensement général allemand du
14 juin 1895 trouva dans l'industrie et le commerce sur
6,871,504 ouvriers des deux sexes (inclus les membres
de la famille des exploitants occupés comme ouvriers)
6,268,354 adultes (soit 91.2 o/o) et 603,150 ouvriers au-
dessous de seize ans (soit 8.8 o/o). Le Bureau Impérial de
Statitisque estima le nombre des jeunes ouvriers relevé
ici comme inférieur à la réalité, les services fréquents
rendus en dehors des fabriques par des enfants obligés

encore de suivre l'école n'étant déclarés que d'une manière imparfaite et étant donc incomplètement recensés (1).

Le travail des jeunes ouvriers dans les différentes branches de métier comparées entre elles présente un phénomène remarquable si l'on regarde l'importance des entreprises. Dans tous les pays une proportion beaucoup plus grande d'enfants se rencontre dans les métiers d'artisans et dans la petite industrie que dans la moyenne et surtout dans la grande. Au moment du Recensement de 1895 dans l'industrie et le commerce allemands, les jeunes ouvriers formaient jusqu'à 15.2 o/o du personnel ouvrier total dans les petites entreprises (de 1 jusqu'à 5 personnes) ; 10.2 o/o dans les entreprises moyennes (de 6 à 20 personnes) ; et 5.9 o/o seulement dans les grandes entreprises (de plus de 20 personnes). Cette proportion du nombre des jeunes ouvriers diminuant avec l'importance des entreprises se constate dans toutes les sphères de production bien qu'elle soit le plus prononcée dans l'industrie (2).

L'apprentissage, l'éducation technique de la jeune génération ouvrière dans toutes les directions de la production sociale, joue un rôle prépondérant (3). Parmi les

1. *Statistik des Deutschen Reichs*, N. F., Bd., 119, *Gewerbe und Handel im Deutschen Reich*, chap. III, sect. IV, p. 77.

2. *Ibid.*, p. 78. Dans les calculs de la Statistique ne sont pas compris cette fois les membres de la famille des exploitants employés comme ouvriers (soit 396.777 adultes et jeunes gens) parmi lesquels les femmes des chefs d'entreprise, donc adultes, constituent un grand contingent. Les chiffres ne se rapportent qu'aux 6.474.727 ouvriers et aides proprement dits dans l'industrie et le commerce allemands.

3. La même Statistique constata que presque trois quarts de l'ensemble des jeunes ouvriers (426.299 personnes de moins de seize ans) appartenaient aux sept groupes suivants de métiers ;

Vêtements et Nettoyages ;   Bâtiment ;
Travail des métaux ;   Industrie du bois ;
Alimentation ;   Commerce.
Industries textiles ;
Plus particulièrement encore ce sont les métiers de tailleurs, menui-

apprentis se rangent dans plusieurs branches de métier,
en outre des enfants, nombre de jeunes ouvriers de
plus de seize ans, tandis que, d'autre part, de grandes
catégories de jeunes ouvriers ne sauraient être comptées
parmi les apprentis proprement dits. Ceux-ci appartiennent pourtant encore en grande partie aux petites entreprises. Ainsi, en Allemagne, 401.982 apprentis (soit 57.3 o/o
de tous les apprentis occupés dans l'industrie et le commerce) furent rencontrés dans les entreprises de une à
cinq personnes (1).

La raison de ce phénomène se trouve dans la division
des activités portée à un si haut degré de développement
sous l'action du machinisme moderne. Les grandes entreprises industrielles n'offrent pas à la jeune génération
ouvrière la même occasion d'éducation complète que les
petites. Dans les grandes entreprises, les apprentis, pour
être instruits complètement dans leur métier, devraient
passer sans cesse d'une section de l'entreprise à une autre,
voire même d'une machine à une autre, et gêneraient ainsi
dans leur travail les ouvriers adultes. Seuls les très grands
entrepreneurs peuvent renouveler leur personnel suivant
leurs besoins en installant des ateliers spéciaux d'apprentissage (2).

Si l'on tient compte encore de ce que la grande indus-

siers, cordonniers, boulangers, serruriers, bouchers et maçons qui ont
le plus fort contingent de jeunes ouvriers. (*Ibidem.* Cf. aussi *loc. cit.*,
aux pages 102* et suiv. de l'Annexe de cette Statitisque, l'aperçu
détaillé N° 8.)

1. *Ibid.*, sect. III, p. 69.

2. Les grands entrepreneurs qui se chargent de l'éducation technique
des jeunes ouvriers sont du reste peu nombreux. En général on peut
dire d'eux ce que disent SIDNEY et BEATRICE WEBB (*Industrial Democracy*,
t. II, chap. X, p. 477) : « L'employeur possédant une grande entreprise
n'aime pas à être ennuyé par des garçons, s'il doit leur apprendre à fond
leur métier. Même au cas où le père, ayant fait des économies, offrirait
une prime de 20 ou 30 livres, cela ne saurait tenter le capitaliste de
nos jours qui paie en salaires seuls des centaines de livres par semaine. »
La situation change du reste avec l'industrie et même d'après la loca-

trie emploie déjà d'elle-même une proportion plus forte
d'ouvriers « non-qualifiés » que les petits établissements,
il apparaît enfin comme naturel que le nombre des
apprentis proprement dits soit très restreint dans les
grandes fabriques (1).

Par contre, l'atelier du petit patron offre d'ordinaire
une occasion beaucoup plus favorable pour leur formation
technique, formation peu chère et, sinon en réalité du
moins en apparence, intégrale. Les procédés de fabrication embrassent ici généralement le métier entier malgré
l'espace étroit dans lequel ils sont appliqués, tandis que
les divers détails d'exécution se succèdent régulièrement
presque tous les jours.

La différence sur ce point entre les petits et les grands
établissements se manifeste avec le plus de netteté en
ce qui concerne les apprentis mâles dans les industries
proprement dites. Dans les petits établissements de l'industrie allemande les apprentis constituaient presque
le tiers (31.3 o/o) du personnel masculin; dans les établissements de six à vingt personnes seulement 15.8 o/o ;

---

lité.- Certains grands entrepreneurs s'occupent de plus en plus, ces
temps derniers, de l'instruction technique de leurs futurs ouvriers,
estimant que l'éducation donnée par les maîtres artisans ne suffit pas
aux exigences de l'industrie moderne. Par contre, d'autres entrepreneurs
renoncent à faire instruire de jeunes ouvriers à cause du peu de succès
obtenu et du fait que souvent les ouvriers une fois suffisamment instruits,
abandonnent leur patron. Voir à ce propos les rapports des inspecteurs
de fabrique du district de *Breslau* d'une part et de ceux de *Potsdam*
et de *Minden* de l'autre. (*Jahresberichte der Gewerbeaufsichtsbeamten
und Bergbehörden für das Jahr*, 1906, Band I, *Preuszen*, sect. II.)

1. Cf. la remarque de l'Inspection des fabriques dans le grand-duché de
Hesse : « Dans la très grande majorité des fabriques de Hesse il n'y a
pas du tout d'apprentis. Les jeunes gens qui entrent dans les fabriques
après avoir quitté l'école sont en règle générale à considérer comme des
« jeunes ouvriers ». (*Jahresberichte der Gewerbeaufsichtsbeamten für das
Jahr* 1902, Band III, *Hessen*, Annexe, p. 222. L'annexe en question
contient plusieurs remarques intéressantes sur l'éducation des apprentis
dans les fabriques proprement dites.

et dans les établissements occupant plus de vingt personnes à peine 4 o/o (1).

C'est aux sphères correspondantes de l'industrie artisane et de la petite industrie que la moyenne et la grande
industries doivent recourir d'ordinaire pour trouver la
plus grande partie de leur main-d'œuvre qualifiée. En
particulier ce sont les apprentis de certains petits métiers
qui peuvent s'employer ensuite dans diverses spécialités
d'une même sphère de production et qui fournissent continuellement une main-d'œuvre multiple aux diverses
branches voisines de la moyenne et de la grande industries. Telles la serrurerie, la forge et la petite fabrication
d'armes à feu pour les grandes usines de métallurgie (2).
De même le personnel d'apprentissage supérieur dans le
commerce fournit un contingent considérable à l'administration des grandes entreprises de l'industrie et du transport.

Quant aux femmes, on conçoit d'après tout ce qui a été
dit dans le chapitre précédent sur l'éducation uniforme
des jeunes filles, que le nombre de métiers comprenant un
fort contingent d'apprentis est plus restreint que pour
les hommes. Ainsi le Recensement allemand constata que
plus de la moitié (55.5 o/o) de toutes les apprenties dans
l'industrie et le commerce du pays sortaient de l'industrie
du vêtement et plus particulièrement comme couturières,
tailleuses et modistes. Puis 20.7 o/o de toutes les apprenties étaient employées dans le commerce comme demoisel-
les de vente, etc. (3).

1. *Statistik des Deutschen Reichs*, N. F., Bd. 119, *loc. cit.*, p. 70.

2. *Loc. cit.*, pages 72-73. Voir ce que M. DU MAROUSSEM (*L'Alimentation
à Paris*, p. 132) fait remarquer relativement à la pâtisserie avec son
personnel nombreux d'apprentis. Dans les pâtisseries parisiennes, un
quart des apprentis seulement demeurent dans le métier ; la moitié se
dirige vers les restaurants et les offices des grandes maisons ; le dernier
quart change de profession. Le bon cuisinier français « doit sortir de
la pâtisserie ».

3. *Loc. cit.*, p. 71.

Une étude approfondie de l'apprentissage dépasserait les cadres du présent ouvrage. Aussi n'entrerons-nous pas dans certaines questions d'actualité : la surabondance d'apprentis dont souffrent en plusieurs endroits beaucoup de métiers (boulangerie et pâtisserie, imprimerie, tapisserie, coiffeurs et friseurs, etc.) ; le règlement différent du contrat d'apprentissage ; enfin, la nécessité surtout de la fondation et de l'élargissement de bonnes écoles professionnelles publiques prêtes à se substituer de plus en plus à l'apprentissage selon l'ancienne méthode. Ces questions et d'autres ont été déjà le sujet de nombre de monographies intéressantes et leur étude est sans doute de la plus grande importance dans une histoire du développement du capitalisme. Mais elles ne nous regardent qu'autant que l'apprentissage et sa réglementation peuvent influer sur les conditions de travail et de salaire des jeunes ouvriers.

Ce qui caractérise particulièrement la production sans ordre ni règle sous le régime de la concurrence capitaliste vis-à-vis de l'apprentissage, c'est que l'ancien rapport du maître à l'apprenti se délie et disparaît de plus en plus. En même temps disparaît le contrat d'apprentissage, vraie base, depuis le Moyen Age, d'une collaboration entre générations successives, et qui a survécu jusqu'à des temps relativement récents dans les droits et les devoirs reconnus de part et d'autre par les patrons comme par les apprentis (1).

Des contrats réguliers entre patrons et jeunes ouvriers sont devenus rares dans les pays industriels modernes :

1. Sidney et Beatrice Webb constatent la ténacité avec laquelle les réglementations corporatives médiévales relatives à l'apprentissage ont survécu jusqu'à nos temps modernes dans un pays industriel aussi développé que l'Angleterre : « Ces réglementations ayant pour but à la fois d'assurer l'entraînement technique du métier et de protéger les artisans dans leur monopole économique ont leurs représentants dans le trade-unionisme moderne ». (*Industrial Democracy*, t. II, chap. X, p. 455.)

« Aujourd'hui, dit l'Enquête française de 1891-1893 pour le département de la Seine, ces contrats ne sont guère pratiqués dans les règles que dans l'ameublement, le travail des métaux nobles ; dans les autres industries, des conventions verbales appuyées sur la coutume règlent, le cas échéant, la condition des apprentis (1). »

Cependant, qu'il y ait ou non contrat écrit de nos jours entre apprenti et patron, ce dernier tient avant tout à rendre lucrative la main-d'œuvre du premier. L'entrepreneur capitaliste moderne ne connaît plus l'orgueil du maître artisan précapitaliste, qui initiait consciencieusement l'apprenti confié à ses soins à tous les secrets du métier et aidait son compagnon jusqu'au moment où celui-ci, par la construction de son « chef-d'œuvre », s'était acquis le droit à la maîtrise. Par contre, avec la concurrence moderne, l'entrepreneur capitaliste doit faire tous ses efforts pour conserver sa situation économique et c'est la consolidation et l'extension de son entreprise qu'il prend à cœur avant tout. Entre l'entrepreneur moderne et l'apprenti il y a donc dès l'abord le même gouffre qu'entre l'entrepreneur et l'ouvrier salarié adulte. « Profiter autant que possible contre le moins possible d'argent et de peine », telle est la formule actuelle de part et d'autre.

1. *Salaires et durée du travail dans l'industrie française*, t. I, 2ᵉ partie, N, p. 517. Cf. pour l'Angleterre chez S. ET B. WEBB (*loc. cit.*, pages 456 et suiv.) quelques exemples typiques d'apprentissage suranné ayant survécu sous différentes formes jusqu'aux temps modernes. Et pourtant ces auteurs arrivent pour leur pays à la conclusion suivante : « Ainsi, malgré de fortes tendances en faveur des règlements d'apprentissage dans les *trade-unions*, on ne saurait dire que ceux-ci sont en vigueur de nos jours autrement que dans une petite fraction du monde trade-unioniste et, sauf l'exception remarquable des chaudronniers, cette fraction décroît même constamment. » (*Loc. cit.*, p. 476.) Une situation analogue en ce qui concerne l'apprentissage a été constatée pour les Etats-Unis dans le Bulletin n° 67 (nov. 1906) du *Bureau of Labor* à Washington, pages 704 et suiv. Conf. également, pour certains métiers particuliers, pages 711-712.

Cornélissen   18

La Statistique française citée ci-dessus caractérise fort bien le rapport actuel entre patron et apprenti en termes suivants : « Qu'il y ait contrat écrit ou verbal, le patron tient à recouvrer les frais que lui occasionne la présence des apprentis pendant le temps de l'apprentissage ; c'est ainsi que, lorsqu'ils sont tout nouveaux, ils sont occupés une partie de leur temps à faire des courses, au nettoyage ; puis, lorsqu'ils commencent à pouvoir produire, ils travaillent aux fabrications de la maison, font des ouvrages faciles, quelquefois sont mis aux pièces, comme les ouvriers faits; mais, dans ce cas, le prix qui leur est alloué ne représente qu'une fraction du prix qui serait payé à l'ouvrier.

« Cette transformation de l'apprenti en producteur, légitimée tout d'abord par la nécessité de rembourser le patron du temps perdu par ses ouvriers pour l'éducation de l'apprenti, peut devenir une source d'abus assez considérables et inévitables. » (1).

Dans ces conditions l'apprenti devient de la main-d'œuvre à bon marché et se prêtant plus facilement que la main-d'œuvre adulte à l'exploitation capitaliste.

---

1. *Loc. cit.*, p. 518. En Allemagne, M. WERNER SOMBART, qui a utilisé un matériel considérable, esquisse ainsi les situations respectives dans l'atelier moderne : « Les anciens rapports du maître vis-à-vis de l'apprenti sont détruits ; toutes les opinions concordent à juger d'une manière très défavorable le traitement et la formation des apprentis. Ainsi la population ouvrière se détache complètement d'abord — quand elle ne l'a pas déjà fait — de l'ancienne hiérarchie des classes en se groupant autour de nouveaux idéals. On ne saurait douter que ceux-ci ne soient ceux des prolétaires en général : dès aujourd'hui, le passage de l'atelier du maître aux salles de travail de l'entrepreneur est chose familière à l'ouvrier dans la plupart des branches de métier, de même qu'occasionnellement il revient des unes à l'autre : le serrurier, le menuisier, le cordonnier, le tanneur, le charpentier, le tonnelier et nombre d'autres compagnons sont aujourd'hui occupés dans l'industrie artisane, demain dans l'entreprise capitaliste. Rien d'étonnant à ce qu'il se développe chez eux une conscience de classe commune (n'importe si le hasard les fait travailler ici ou là): la conscience de classe du prolétaire. »(*Der moderne Kapitalismus*, t. I, Chap. XXVIII, pages 648-649.)

Voici quels facteurs favorisent l'exploitation intense et systématique de la main-d'œuvre mineure dans les petits ateliers :

1° Dans les petites entreprises, c'est très souvent par l'emploi de main-d'œuvre à bon marché que les patrons doivent tâcher de tenir tête à la concurrence qui leur est faite par la grande et la moyenne industries. Beaucoup de petits patrons se cachent donc, dans plusieurs branches d'industrie, derrière l'apprentissage pour exploiter à leur aise les jeunes ouvriers (1) ;

2° La petite entreprise ne connaît pas d'une manière générale la régularité qui caractérise plutôt la grande industrie moderne. Fluctuant incessamment selon l'avalanche ou l'arrêt des commandes et peu apte à entasser dans les petits ateliers des ouvriers supplémentaires aux moments de presse, l'industrie artisane doit nécessairement recourir à certaines époques à une exploitation effrénée de la force de travail humaine par le surmenage et le travail de nuit, et ceci particulièrement aux dépens des jeunes ouvriers ;

3° Le petit patron s'oppose, sous le régime capitaliste, à une éducation complète de l'apprenti avec toutes les connaissances professionnelles qu'il devrait lui communiquer et qui permettraient à l'apprenti d'atteindre, une fois ou

---

1. Voici une remarque caractéristique qu'a faite dans son Rapport annuel pour 1903 un inspecteur du travail wurtembergeois : « Le petit patron des campagnes n'est plus du tout à même de payer les salaires qu'on doit payer de nos jours à un bon ouvrier, et c'est à son propre préjudice qu'il se cramponne à l'usage traditionnel de nourrir ses aides, et aux heures irrégulièrement longues de travail, c'est-à-dire aux deux institutions qui sont précisément, depuis des années, combattues principiellement par les ouvriers qualifiés. » (*Jahresberichte der Gewerbe-Aufsichtsbeamten und Bergbehœrden für das Jahr* 1903, Berlin, 1904, Band II, Württemberg, III Bezirk, sect. II^a, p. 97.) Cf. ensuite pour l'Allemagne sur l'exploitation des apprentis dans les petits établissements WERNER SOMBART, *loc. cit.*, t. II, Chap. XXXVII, pages 569 et suiv.

vrier fait, la plus haute capacité technique dans son métier. Même au cas où le petit patron artisan serait capable de donner une instruction technique intégrale à l'apprenti, telle que l'exige l'industrie moderne, il doit pourtant voir avant tout dans le jeune homme confié à ses soins le concurrent futur qui bientôt viendra augmenter encore le nombre de ses rivaux sur le marché dans une sphère de production très souvent déjà menacée de la ruine. A ce point de vue, il occupe une tout autre situation vis-à-vis de l'apprenti que le maître artisan du Moyen Age. Et la crainte d'une concurrence possible que le petit patron de nos jours doit toujours éprouver ne perd pas même sa raison d'être, si plus tard ce nouvel ouvrier s'en va dans la moyenne ou dans la grande industrie, au lieu de s'installer à son tour quelque part comme petit patron.

4° Dans les petites entreprises, les soi-disant apprentis habitent encore en grande partie chez le patron (1). C'est là une circonstance secondaire par laquelle leur sur-travail, au delà de la limite des heures de travail des jeunes ouvriers prescrite par la législation de la plupart des pays modernes, échappe facilement à tout contrôle du

1. « De l'ensemble des apprentis il y a donc plus de la moitié (56,4 o/o) qui habite chez le patron. C'est ce qui est surtout le cas dans la section prépondérante de l'industrie proprement dite. Cette proportion du nombre des apprentis s'élève aux deux tiers dans le commerce et aux quatre cinquièmes dans le jardinage artistique et commercial.

« C'est dans les petites entreprises que les apprentis habitent le plus fréquemment chez leurs maîtres ; ils y atteignent, dans l'industrie proprement dite comme dans le commerce, les trois quarts de la totalité des apprentis. Cela arrive peu dans les entreprises plus grandes et très rarement dans les entreprises de plus de 20 personnes, notamment en tant qu'elles appartiennent à l'industrie proprement dite.

« Parmi les groupes de métiers où les apprentis habitent très fréquemment chez leurs patrons, se font remarquer les industries alimentaires, hôtels et auberges, élevage et pêche, jardinage artistique et commercial. Dans ces métiers, plus des quatre cinquièmes des apprentis vivent au foyer du chef d'entreprise. » (*Statistik des Deutschen Reichs*, N. F, Bd. 119, *loc. cit.*, p. 72.)

dehors. Sur ce point, le travail des jeunes ouvriers dans les petites entreprises offre précisément un exemple marquant de l'impuissance où se voit réduite la législation protectrice sur un point où elle devrait intervenir de la manière la plus catégorique (1).

5° Les parents et tuteurs manifestent très souvent le

1. Voici par exemple la situation dans les pâtisseries parisiennes : « Ainsi logé et nourri, l'ouvrier est quelque peu en dehors des investigations des pouvoirs publics au sujet des heures de travail. Comment saisir le moment précis où le régime normal du « gros bonnet » (chef de fourneau) et des ouvriers, c'est-à-dire les treize heures pleines moins les repas, de 7 heures du matin à 8 heures du soir, s'étend démesurément jusqu'à ne plus laisser que quelques heures de sommeil ?

« Le surmenage irrégulier et silencieux, pour ainsi dire, sans nul signe extérieur, n'en pèsera pas moins sur ces trente ouvriers (nous parlons des plus fameuses maisons), obligés de faire face, entre 5 et 10 heures du soir, à cent cinquante « villes », sans parler du service des soirées. Dans une mêlée pareille, le plus faible, l'apprenti, n'est naturellement pas épargné. » (P. DU MAROUSSEM, L'alimentation à Paris, p. 110. Voir encore sur cette même catégorie d'ouvriers (pâtissiers)ibid., p. 131 : « L'apprenti suit les fluctuations incessantes de la production. Les lois de protection semblent impuissantes. La température portée à 30 degrés et davantage le porte à l'alcoolisme ; il n'y a pas jusqu'à cette coutume de la mise en réserve des vieux os (indemnité réservée au plongeur ou à l'apprenti qui en tient lieu), qui n'augmente encore les miasmes de l'air respirable. C'est dans ce milieu que se suivent les journées quelquefois de seize, exceptionnellement de vingt heures (travail et repos intercalés). »

La situation des garçons laitiers est à peine meilleure que celle des apprentis pâtissiers. Dans les ateliers des laitiers-nourrisseurs le personnel supporte, comme le patron, des journées de travail de dix-neuf heures, à certains jours. « C'est que le laitier-nourrisseur appartient, comme le maraîcher, comme le blanchisseur, à cette catégorie d'ouvriers suburbains que Le Play considérait comme les plus surmenés de tous les ouvriers d'Europe. » (Ibid., p. 289.) A peine mieux se trouvent les apprentis dans les charcuteries de Paris : « Le logement, parfois la soupente, où deux garçons sont entassés par lit, permet d'éveiller les ouvriers de meilleure heure : 5 heures en été, 6 heures, 6 h. 1/2 l'hiver. Le soir, ils peuvent prolonger plus avant dans la nuit cette tâche, qu'aucune réglementation ne peut limiter, au fond de l'arrière-boutique. Le repos ne commence qu'à 9 h. 1/2, 10 heures ; l'hiver, à l'époque de la presse, au mois de décembre surtout (préparation des saucissons), pas de halte avant minuit. » (Ibid., p. 273.)

désir de tirer aussi tôt que possible quelque profit du travail des jeunes ouvriers confiés par eux à un patron. Si on veut porter un jugement sur ce désir, il faut d'abord tenir compte des circonstances de vie dans lesquelles se trouvent d'ordinaire ces parents et tuteurs eux-mêmes. Et il faut prendre en considération que les apprentis des industries et du commerce issus des classes moyennes ou des rangs ouvriers les mieux rétribués se dirigent de préférence soit vers les écoles professionnelles, soit vers les ateliers d'apprentissage qui sont annexés à certaines entreprises de grande industrie, — c'est-à-dire vers des institutions où ils ne recevront pas de salaire, et où peut-être ils doivent encore payer pendant quelques années, mais où ils trouvent, en revanche, l'enseignement théorique nécessaire combiné à l'instruction pratique. C'est donc surtout la masse des apprentis issus de la population ouvrière moins aisée ou complètement indigente qui, dans les circonstances actuelles, doit recourir aux petits patrons. Et il est évident que, pour eux, la nécessité de gagner un salaire s'impose très vite, sinon dès le commencement de leur entrée dans la vie productive. Ce motif encore contribue à expliquer les plaintes élevées partout sur la diminution en qualité des apprentis dans les petites entreprises, où ils ne sont plus en réalité que de jeunes ouvriers.

L'ensemble de toutes ces raisons fait comprendre pourquoi une partie considérable des «apprentis» est tout aussi exploitée que la grande majorité des jeunes ouvriers «non qualifiés » dans les diverses fabriques et qui n'ont passé par aucun apprentissage technique (1).

1. Quiconque s'imagine que l'enfant n'est cruellement exploité qu'au début de la production grand-capitaliste et ne l'est plus sous le régime industriel moderne et dans les pays les plus avancés, fera bien de consulter l'enquête sur « le travail des enfants aux États-Unis» de M. HANNAH R. SEWALL (*Child Labor in the United States, Bulletin of the Bureau of Labor*, n° 52, mai 1904). Remarquable dans cet article est la place

Quant aux salaires des jeunes ouvriers on comprend
facilement qu'une proportion quelque peu fixe de ces salaires à ceux des ouvriers adultes dans la même industrie
ne saurait être établie, non plus qu'une proportion analogue entre les différentes catégories d'ouvriers. Le fait
que le salaire du jeune ouvrier est une fraction du salaire
qui aurait dû être payé à l'ouvrier adulte pour le même
travail, fait très caractéristique et manifeste dans nombre
d'industries, ne dit pourtant rien dans sa généralité pour
la connaissance de la proportion de paiement des deux
catégories d'ouvriers. Dans tous les cas où le jeune ouvrier
doit être considéré en même temps comme apprenti, c'est
précisément l'apprentissage qui fournit en grande partie
l'explication du paiement inférieur que nous venons de
constater, ce mot d'apprentissage exprimant l'ensemble
des obligations du jeune ouvrier vis-à-vis de son patron
et le dédommagement qu'il doit à ce dernier pour la
perte de temps causée soit au patron même, soit aux ouvriers et pour les soins qu'il en a reçus.

Dans toutes les catégories de travail « non qualifié »
où le jeune ouvrier n'est que « aide », fait des courses,
porte de petits fardeaux, contribue à la conduite de cer-

reconnue par l'auteur à l'influence déprimante exercée sur les enfants au
point de vue physique, intellectuel et moral par le travail de fabrique.
Telle l'observation générale suivante : « Les enfants souffrent de la
dépense de force physique nécessitée par leurs occupations. Rarement
on leur assigne des tâches qui réclament beaucoup d'adresse, ou — à
ne considérer que les mouvements — beaucoup de force. C'est la répé-
tition continue de mouvements simples pendant de longues heures, et la
nécessité de rester debout ou du moins constamment sur les jambes qui
mettent à l'épreuve le pouvoir d'endurance des enfants. » Dans les filatures visitées, la tâche des enfants « ne consistait le plus souvent qu'à ratta-
cher les fils cassés, ce qui les obligeait à des allées et venues incessantes
devant leurs machines, les yeux fixés sur les centaines de fils en mouvement, afin de découvrir et de réparer chaque rupture au moment même
où elle se produisait. » (loc. cit., p. 512). L'Enquête contient nombre de
bonnes observations du même ordre sur le travail sédentaire des enfants,
les moyens employés pour les exciter au travail (organisation en équipes,
paiement aux pièces, etc.).

taines machines, etc., l'explication cherchée ne saurait être trouvée que dans la moindre force de résistance physique ou sociale du jeune ouvrier comparativement à celle de l'ouvrier adulte. Ceci s'applique aussi en grande partie à beaucoup de jeunes ouvriers dits « apprentis ». Plusieurs remarques faites ci-dessus relativement au travail des femmes valent pour le travail des jeunes ouvriers, et souvent même à un plus haut degré. Le jeune ouvrier en tant que producteur (abstraction faite de sa position comme apprenti) se trouve incontestablement dans des conditions moins favorables encore que la femme ouvrière. En outre de sa moindre force de résistance et du manque d'organisation, il subit l'action de deux autres facteurs : d'abord, son travail est toujours travail d'aide ou de manœuvre pour lequel la demande trouve facilement satisfaction quant aux facultés physiques et intellectuelles exigées ; puis, son salaire est plus encore que celui des femmes, un « gain d'appoint ».

D'où suit que le travail des jeunes ouvriers doit nécessairement exercer une influence de dépréciation sur les conditions de travail et de salaire des ouvriers adultes, hommes et femmes, et cela pour toutes les occupations simples dans lesquelles les forces physiques ou l'intelligence tout entières des adultes peuvent être remplacées par les forces et l'intelligence de l'enfant. La substitution progressive, aux ouvriers adultes, des soi-disant « apprentis » ou « aides », guidés par quelques ouvriers qualifiés comme contre-maîtres ou par le patron petit entrepreneur en personne, est pour cette raison une forme caractéristique de l'évolution moderne des industries. Et ce phénomène se présente aussi bien dans la petite industrie que dans telles branches de la moyenne et de la grande industries où le développement continuel du machinisme rend de plus en plus superflues la force physique et la dextérité professionnelle de l'ouvrier de métier adulte. C'est ainsi que dans les industries textiles, le travail des jeunes ouvriers prédomine parfois pour des sections entières de la fabrication, surtout dans la filature, au point que la journée de travail des jeunes ouvriers règle souvent celle des ouvriers adultes.

Il s'agit ici d'une opposition des intérêts économiques entre ouvriers adultes et jeunes ouvriers de même nature que celle constatée déjà entre ouvriers-hommes et ouvriers-femmes dans les mêmes fabriques et ateliers. Cette opposition d'intérêts cesse naturellement pour l'ouvrier adulte au cas où celui-ci peut se glisser comme une sorte de « sous-entrepreneur » ou de surveillant indépendant entre le patron proprement dit et les jeunes ouvriers. Dans ce dernier cas, l'ouvrier adulte introduit dans la moyenne et la grande industries un système dont la forme extrême, sous le nom de *sweating system*, a pris une extension si effroyable dans l'industrie à domicile et que nous aurons à examiner dans un chapitre suivant (1).

Vu les influences nombreuses qui interviennent dans les conditions de salaire des jeunes ouvriers, influences de nature tant générale que particulière et concernant tantôt la branche spéciale du métier ou la région et ses coutumes, tantôt la personne même de l'ouvrier, on ne pourrait que difficilement parler d'une valeur générale ou d'un prix général du travail de jeunes ouvriers, moins encore formuler en termes généraux comment se détermine chaque fois le prix particulier réalisé par le travail des jeunes ouvriers.

Quant aux apprentis proprement dits, exception faite de ceux qui ne sont que de la main-d'œuvre à bon marché, les conditions de l'apprentissage, variables selon l'industrie et la région, rendent impossible l'expression d'une loi générale de l'établissement du salaire. Puis, en ce qui

1. Cf. sur la situation dans l'industrie cotonnière de Gand, plus particulièrement dans les préparations du tissage. *Les salaires dans l'industrie gantoise*, t. I, 4º partie, chap. II, pages 126-127.

concerne le travail « non qualifié », la réglementation du salaire des jeunes ouvriers doit être considérée plutôt comme un complément de celle du salaire des adultes, et le salaire plutôt comme un gain d'appoint dans le budget de la famille ouvrière, que comme une réglementation du salaire des jeunes ouvriers fondée indépendamment sur la *valeur de production* ou la *valeur d'usage* de leur travail.

Cela n'empêche pas qu'un *coût de production spécialement élevé* de la force de travail pourra se réfléter pour le jeune ouvrier dans un taux relativement élevé du salaire. Il en est ainsi, par exemple, au cas où le métier entraîne l'usure rapide des habits ou que le travail nécessite une nourriture très substantielle. De même la *valeur d'usage* et la *productivité du travail* peuvent éventuellement intervenir d'une manière essentielle et cela surtout pour la détermination de différences en salaire entre jeunes ouvriers d'une même catégorie. C'est ainsi que, pendant les années de l'apprentissage, le salaire pourra varier selon la productivité de l'apprenti et s'élever lentement à mesure précisément que le jeune ouvrier devient plus productif et demande moins de soins. Dans beaucoup de fabriques, il existe des tarifs spéciaux pour le travail des jeunes ouvriers, tarifs qui, tout en témoignant de l'infériorité en valeur de la main-d'œuvre adolescente accordent cependant aux jeunes ouvriers des salaires variant selon la quantité du produit fourni.

Les salaires des vieux ouvriers, hommes et femmes, sont plus encore que ceux des jeunes ouvriers, une fraction plus ou moins importante des salaires payés aux ouvriers adultes (dans la force de l'âge). Leur salaire s'établit sur celui de ces derniers, mais non d'après des règles spéciales et séparées.

Ceci est surtout manifeste lorsque le vieux ouvrier reste attaché au métier qu'il exerçait dans la force de l'âge et continue à travailler à côté d'ouvriers plus jeunes et plus forts qui ne se distinguent de lui, quant au salaire, qu'en ce qu'ils sont payés quelques sous de plus l'heure ou quelques francs de plus la semaine. La même constatation vaut également pour les vieux ouvriers qui, à mesure que leurs forces commencent à décliner, sont relégués à des travaux moins pénibles, disons comme concierges, portiers, lampistes, gardes-magasins, gardes-barrières, porteurs de petits fardeaux, employés à l'enlèvement des décombres, etc. Dans les mines, les vieux ouvriers remontent du fond et deviennent ouvriers de surface ; dans les filatures de coton, les fileurs usés deviennent porteurs de rouleaux ou rangeurs d'époules.

Dans les cas où les vieux ouvriers peuvent continuer à travailler comme ouvriers de métier, leur salaire peut, tout en diminuant successivement et en devenant inférieur à celui de l'ouvrier adulte rester pourtant supérieur pendant plusieurs années à celui du manœuvre dans la même branche de métier ou dans des branches voisines. J'ai même été surpris de voir plusieurs fois dans les ateliers combien la dextérité acquise par de longues années d'expérience et la réflexion, l'arrangement intelligent du travail, servent le vieil ouvrier et le mettent à même de compenser l'usure de sa force physique, de ses yeux, etc.

Dans plusieurs industries modernes, et particulièrement dans les grands centres, les ouvriers de quarante-cinq et cinquante ans sont considérés comme étant déjà trop vieux et trop usés. Chaque place dans l'atelier devant rapporter une somme déterminée à l'entrepreneur capitaliste, chargé de frais élevés pour amortissement de son capital, loyer, impôts, éclairage, etc., il regarde souvent la hauteur du salaire de ses ouvriers comme une chose accessoire pourvu qu'il puisse surajouter un certain pourcentage de ses frais de production et réaliser le montant total par les prix de marché de ses articles. En même temps se manifeste ici avec évidence que la notion de « vieil ouvrier » s'attache moins que celle de « jeune ouvrier » à un certain âge atteint, mais plutôt à un certain degré d'intensité du travail variant selon les diverses sphères d'industrie et les milieux sociaux.

En somme, il est donc compréhensible que la plus grande partie des vieux ouvriers, même s'ils continuent à travailler dans l'industrie de leur âge mûr, ne peuvent plus exécuter que des travaux de manœuvres et d'aides. Et ce fait est d'autant plus facile à expliquer que les organes qui servent le plus à l'ouvrier dans le courant de sa vie productive, s'usent aussi le plus vite. Le vieil ouvrier est alors obligé de renoncer à des travaux pour l'exécution desquels il a le plus d'expérience, et à devenir aide ou manœuvre dans des métiers similaires. Résultat inévitable d'un mode de production basé sur la concurrence des travailleurs. Le bon ouvrier affaibli ou devenu vieux est régulièrement payé à un taux inférieur à celui des ouvriers de métier même moins habiles mais plus capables de supporter la fatigue. Et c'est pour cette raison que nous avons traité ici séparément des conditions de travail et de salaire de ces ouvriers.

On ne saurait reconnaître un rapport de dépendance aussi étroit entre les salaires des vieux ouvriers et la *valeur de production* de leur travail que celui qu'on constate quand il s'agit d'ouvriers dans la force de l'âge, lesquels sont nécessaires à la bonne marche de la production. Puis, comme il s'agit en général, chez les vieux ouvriers, d'une infériorité en travail provenant de l'affaiblissement de leurs forces physiques ou intellectuelles, la *valeur d'usage* et particulièrement la *productivité* du travail acquièrent une influence sensible et jouent le même rôle que dans l'établissement de différences en salaire

entre ouvriers d'une même catégorie de métier. Ceux
d'entre les entrepreneurs capitalistes — et leur nombre
est considérable — qui obligent leurs ouvriers âgés ou
affaiblis à travailler aux pièces afin de connaître exactement la quantité de travail fournie par eux, mesurent
d'une manière directe les différences en salaires d'après
la productivité du travail. Mais, lorsque les entrepreneurs n'appliquent pas au travail de leurs ouvriers âgés
le tarif en vigueur pour leurs autres ouvriers, le rapport
entre les différences en salaires d'une part et les différences en productivité du travail des vieux ouvriers et
des ouvriers dans la force de l'âge de l'autre reste d'ordinaire visible. Là où il en est autrement, c'est-à-dire quand
le patron ne tient pas compte des différences en productivité du travail pour le cas spécial des ouvriers âgés, et
qu'il les occupe dans des circonstances exceptionnellement favorables, c'est qu'il n'agit plus comme entrepreneur capitaliste exploiteur de force humaine de travail,
mais comme homme se sentant quelque obligation envers
ses semblables.

CHAPITRE XIV

LES CONDITIONS DE TRAVAIL DANS LES INDUSTRIES A DOMICILE
SALAIRES FAMILIAUX. — LE SWEATING SYSTEM

En délimitant le domaine du présent livre nous avons exposé les difficultés que rencontre quiconque veut distinguer les ouvriers en chambre modernes des petits patrons-artisans restés indépendants. Répétons seulement, pour caractériser en quelques mots le travail à domicile étudié ici, que c'est le travail d'un ouvrier prolétaire qui, tout en étant souvent en possession des quelques instruments de travail dont il a besoin, reçoit d'ordinaire ses matières premières de quelque entrepreneur industriel ou commercial et, en tous cas, cède à celui-ci le produit de son travail contre une rémunération portant le caractère d'un salaire.

L'ouvrier en chambre actuel produit pour la consommation d'autrui. Il se distingue ainsi du travailleur à domicile, qui produit pour satisfaire immédiatement à ses propres besoins et à ceux de sa famille (préparation du pain, tricotage, parfois aussi tissage de quelques étoffes et vêtements, construction de meubles simples, etc.).

L'ouvrier en chambre travaille les matières premières qu'il reçoit chez lui, au lieu que l'ouvrier salarié moderne travaille dans une usine ou dans un atelier.

Ce n'est pas directement qu'il fabrique pour les consommateurs de ses produits, mais pour le compte du patron entrepreneur duquel il dépend et c'est par là qu'il diffère du maître-artisan.

Pour types de transition entre les artisans indépendants et les ouvriers en chambre, on peut prendre ces
nombreux petits patrons dans différentes branches de
métier qui, en apparence, ont conservé une certaine indépendance mais qui, par les avances en argent ou en
matériaux (matières premières et secondaires, ou machines et outils) qu'ils reçoivent, sont déjà en réalité liés à
un commerçant, à un propriétaire de magasin, ou à un
entrepreneur industriel quelconque. Lorsque ces petits
patrons emploient à leur tour des ouvriers, ils ne se distinguent souvent en rien des « sous-entrepreneurs » ou
sweaters dont nous étudierons le rôle industriel dans le
présent chapitre.

Comme types caractéristiques de cette catégorie de
soi-disant patrons occupant en réalité des places de sous-
entrepreneurs, on peut citer les petits maîtres tailleurs,
cordonniers, menuisiers, etc., établis dans les villes et
qui travaillent en même temps « sur commande » pour les
clients et « en confection » pour les grands magasins. Le
sous-entrepreneur (trait d'union entre le grand entrepreneur et les ouvriers salariés proprement dits) et le petit
patron indépendant s'assimilent ici insensiblement l'un à
l'autre. Et c'est le plus ou moins de dépendance de chaque petit patron, dans les cas posés, vis-à-vis du grand
capitaliste qui doit servir de critérium pour sa localisation dans l'une ou l'autre catégorie de patrons.

Il en est autrement de ces petits patrons qui se créent
encore, tout seuls, un débouché pour leurs articles, même en ne travaillant plus sur commande mais en confectionnant pour la vente sur un marché quelconque —
comme le faisaient naguère un grand nombre de petits
menuisiers parisiens du Faubourg Saint-Antoine qui, le
samedi, transportaient les meubles fabriqués par eux au
marché en plein air appelé la « Trôle »(avenue Ledru-Rol-
lin). Ces patrons ont conservé dans le sens économique,

sinon toujours dans le sens financier du mot, tous les
caractères du petit patron ou maître artisan indépendant.

Pour l'histoire du développement de la production capitaliste, la description de la manière dont s'accomplit dans la
pratique la transition de la petite entreprise indépendante
à l'industrie en chambre moderne serait sans doute d'un
intérêt essentiel. Mais une telle description ne tomberait
plus dans le cadre d'une théorie générale du salaire et
du travail salarié. Et c'est dans le volume suivant seulement que nous entreprendrons l'étude des conditions que
l'industrie à domicile pose à l'entrepreneur capitaliste.

Pour déterminer quelles sont les branches industrielles qui se prêtent le plus particulièrement au travail à
domicile, il faut d'abord répartir les ouvriers à domicile
en différentes catégories :

a) Les ouvriers et ouvrières qui, travaillant tout le jour
dans des fabriques ou des ateliers, rapportent chez eux de
l'ouvrage qu'ils finissent dans la soirée ou pendant la
nuit pour le livrer le lendemain matin.

b) Les ouvriers et ouvrières travaillant chez eux, soit
directement pour un fabricant ou propriétaire de magasin, soit pour le compte d'un intermédiaire (petit patron
ou commerçant).

c) Ceux qui travaillent dans l'atelier d'un sous-entrepreneur (*Zwischenmeister, sweater*).

Diverses enquêtes spéciales ont prouvé que le travail à
domicile de la première catégorie d'ouvriers se rencontre
dans les branches les plus différentes d'industrie et particulièrement dans celles où domine la main-d'œuvre féminine (1). Le travail à domicile doit être considéré ici comme

1. Voir par exemple l'Enquête Viennoise déjà citée : « En outre des
heures supplémentaires faites dans l'atelier, il y a le travail au domicile
des ouvriers. Ainsi la plupart des ouvrières rapportent chez elles, dans la
saison, de l'ouvrage auquel elles travaillent encore plusieurs heures à
domicile. » (*Die Arbeits-und Lebensverhæltnisse der Wiener Lohnarbeite-*

un complément du travail à l'atelier et pour l'entrepreneur comme un procédé commode de prolongation de la journée de travail du personnel jusqu'aux limites extrêmes que peut supporter l'organisme humain.

La Commission de Statistique Ouvrière en Allemagne, chargée en 1896 d'une enquête sur les conditions de travail dans la confection de vêtements et de lingerie, fait remarquer dans son compte-rendu (rapport de M. Von Scheel) : « Un troisième inconvénient concerne *la longueur des heures de travail*, particulièrement pendant la saison. La journée de travail est non seulement démesurée dans l'industrie à domicile, mais souvent aussi allongée d'une manière déraisonnable par les ouvrières des fabriques et des ateliers qui emportent de l'ouvrage chez elles. » (1).

C'est là une constatation générale. Cette forme de travail à domicile se rencontre dans la capitale comme dans la petite ville de province et même à la campagne.

Les ouvriers et ouvrières de la deuxième catégorie sont les plus nombreux dans les diverses industries de l'habillement. Dans la cordonnerie ils sont en grand nombre et ils confectionnent aussi bien les chaussures les plus élégantes que les plus ordinaires. Le travail à domicile compte beaucoup de main-d'œuvre de cette catégorie dans ce qu'on appelle la « confection » de vêtements pour hommes et enfants, et de certains vêtements de dames (surtout des manteaux) ; dans celle de la lingerie, dans la bonneterie,

---

rinnen, Introduction, p. VIII.) Dans le compte rendu des réponses, on trouve des exemples de cette catégorie de travail à domicile pour les industries les plus diverses : *reliure* : pages 4, 20, 28 et 30 ; *confiserie* (particulièrement *enveloppement de bonbons*) : p. 45 ; *galvanisation* : p. 89 ; *confection de vêtements de dames, confection de manteaux* : p. 140, *confection de cols* : p. 144 ; *industrie des métaux* (plus particulièrement *limage de cuillers à soupe*) : p. 342 ; *fabrication de tubes à cigarettes* : p. 514 ; *couture de chapeaux de paille* : p. 575. Et ainsi de suite.

1. *Drucksachen der Kommission für Arbeiterstatistik, Verhandlungen,* n° 12, Berlin, 1897, p. 3.

la pelleterie et la corderie. Cette forme de travail à domicile se rencontre également dans les industries de l'ameublement, spécialement dans la fabrication de meubles ordinaires en bois blanc et surtout de chaises, c'est-à-dire de meubles pour lesquels le dessin ou le modèle sont toujours les mêmes et dont la confection n'exige pas chez l'ouvrier de grandes capacités techniques. Puis le travail à domicile est encore fréquent dans quelques industries des métaux, surtout dans la fabrication à la main de petits outils (marteaux, bêches, râteaux, etc.) et d'armes à feu (fusils, revolvers) et dans la coutellerie. Enfin elle se retrouve dans certaines branches du textile, dans la fabrication de petits articles de ménage (brosserie, vannerie, etc.), dans l'industrie des jouets en bois et en métal, dans celle des poupées, de certains articles de sellerie et de reliure, ainsi que d'articles légers de luxe (passementerie, dentelles, broderie sur tulle, ombrelles, couronnes funéraires). Et ainsi de suite.

La situation économique des ouvriers et ouvrières travaillant dans les ateliers de sous-entrepreneurs présente la plus grande analogie avec celle des ouvriers salariés occupés dans les fabriques et ateliers des entrepreneurs indépendants. Néanmoins nous devons compter ces ouvriers parmi les travailleurs à domicile non seulement parce que le soi-disant atelier du sous-entrepreneur sert d'ordinaire en même temps à ce dernier de salle à manger, mais aussi parce que cette troisième forme d'industrie se développe de la façon la plus naturelle et la plus directe en partant de la deuxième : l'ouvrier en chambre embauche à son tour des « apprentis » ou des « aides » et devient ainsi sous-entrepreneur, tout en travaillant avec ses salariés et en restant ouvrier en chambre lui-même(1).

1. Le sous-entrepreneur cordonnier dans une des nombreuses ruelles de l'*East End* de Londres coupe le cuir pour la chaussure et prépare l'ouvrage pour deux, trois ou parfois quatre « finisseurs » travaillant

La transformation de l'ouvrier en chambre isolé en sous-entrepreneur est souvent encouragée — surtout dans les sphères de production où il s'agit de produire pour le grand public — par les fabricants qui donnent du travail au dehors. L'enquête susdite de la *Kommission für Arbeiterstatistik* et les nombreux ouvrages sur la confection en Allemagne publiés lors de la grande grève dans cette industrie à Berlin (printemps 1896) ont prouvé que les grands confectionneurs favorisent dans leur propre intérêt la sous-entreprise. N'ayant pas volontiers affaire à un grand nombre d'ouvriers, — qui rend plus difficile l'administration et le règlement de leurs affaires, — ils donnent systématiquement à chacun de leurs ouvriers à domicile le plus d'ouvrage possible ; par là ils amènent leurs ouvriers en chambre à embaucher à leur tour des aides, c'est-à-dire à se transformer en sous-entrepreneurs. Même phénomène dans l'industrie de la lingerie à Paris (1).

On doit donc logiquement considérer le travail fait, chez les sous-entrepreneurs comme une forme spéciale de travail à domicile. Il est, selon la nature des industries, plus fréquent dans une industrie que dans une autre.

Si on compare les diverses industries où se pratique le

avec lui dans le même local. Il lui suffit de louer un atelier qui lui sert en même temps de chambre, de s'acheter un établi et des instruments de travail peu coûteux : outils, encre, papier de verre, poix, benzoline, acide oxalique, bref les objets que désigne en bloc le mot londonien de *grindery*, et de prendre à sa charge l'éclairage et le chauffage. Puis, soit qu'il travaille lui-même comme ouvrier de métier ou non, il doit en tous cas livrer (*shop*) les articles produits, c'est-à-dire qu'il doit les apporter au fabricant pour le compte duquel il travaille, comme il doit s'occuper de fournir les matières premières et secondaires, et, avant tout le cuir.

1. OFFICE DU TRAVAIL, *Enquête sur le travail à domicile dans l'industrie de la lingerie*, tome I, Paris, 1907 ; cf. entre autres p. 36.

travail à domicile d'après la nature des produits (on trouvera plus loin leur comparaison d'après le travail) on remarque que :

a) Toutes ont pour but la fabrication d'objets légers et facilement transportables ;

b) Circonstance accessoire, quelquefois importante : elles ont pour objet, le plus souvent, mais pas toujours, la production d'articles destinés au grand public pour lesquels les débouchés sont faciles à trouver.

Comme preuve que les deux traits caractéristiques formulés sous *b* ne se présentent pas toujours, on peut mentionner l'industrie dentellière et la broderie sur tulle, la fabrication de certaines soieries de luxe (1) et de certains articles de lingerie (2).

Dans un volume ultérieur on verra que, d'un point de vue technique et en ce qui concerne les entrepreneurs capitalistes, l'industrie à domicile est une déconcentration du processus de travail opposée à sa concentration dans les fabriques et les grands ateliers.

Ici l'industrie à domicile ne nous intéresse qu'autant qu'il s'agit des conditions de travail et de salaire des ouvriers. De ce point de vue nous devons la caractériser comme un procédé méthodique des entrepreneurs pour se libérer de leurs frais en *capital fixe* (bâtiments, machi-

1. Voir par exemple pour cette industrie *Le Temps* du 9 mars 1904, article *L'enquête sur l'industrie textile* : « Il est à remarquer que l'atelier à domicile n'a survécu à l'invention du métier mécanique que dans les industries de luxe. Ce sont ces dernières — nous l'avons vu à Lyon, nous le verrons à Saint-Etienne — qui, soumises aux caprices de la mode, ont le plus à souffrir de l'évolution industrielle. »

2. « Il y a, dans la confection de lingerie, un grand développement de l'outillage mécanique : machines à festonner, à surjeter, à faire les boutonnières ; et on peut prévoir que, de plus en plus, le travail à la main ne se rencontrera que pour l'objet de luxe. » *Enquête sur le travail à domicile dans l'industrie de la lingerie, loc. cit.,* déclaration d'un fabricant de lingerie de femme (n° V, p. 32). Voir aussi *ibid.,* p. 36, la déclaration d'un fabricant de chemises : « Le travail à domicile est nécessaire pour les articles de luxe, parce qu'il y a trop de variété et de fantaisie. » Et ainsi de suite.

nes, outils, etc.) ou en *capital circulant* (pour loyer, impôts, chauffage, éclairage, primes d'assurance, etc.) d'ordinaire des deux en même temps, aux dépens, soit des
ouvriers directement (forme de travail à domicile décrite
sous *b*), soit des sous-entrepreneurs (forme décrite sous *c*).
Le régime de la sous-entreprise leur permet en même
temps de fabriquer sans subir les conséquences qu'entraînerait le contact direct avec la grande masse de leurs
ouvriers, surtout dans les grands centres où le mouvement
ouvrier est fort et actif.

Mais l'industrie à domicile offre d'autres avantages
encore aux entrepreneurs : d'abord les ouvriers en chambre, par suite de leur faiblesse économique et de leur isolement, constituent des matériaux humains bien plus à la
merci de l'arbitraire patronal que les ouvriers des fabriques et ateliers. Ces derniers travaillant en nombre dans
des salles communes sont plus portés à discuter ensemble leurs conditions de travail et à s'organiser afin
d'améliorer leur situation économique. Les premiers, au
contraire, ne font guère la connaissance les uns des autres
autrement que pour se disputer une pièce de travail ou
l'accès aux guichets le jour de la livraison.

Deuxième avantage : dans l'industrie à domicile l'entrepreneur peut plus facilement que dans l'industrie en
fabrique se soustraire aux stipulations de la loi relatives
à la durée du travail, à l'hygiène, etc. ; et cela s'applique particulièrement aux prescriptions législatives concernant le travail des femmes et des enfants telles qu'elles
existent déjà plus ou moins dans tous les pays modernes.

Nous reparlerons plus loin du premier de ces avantages : le deuxième sera étudié dans un chapitre spécial
traitant de l'influence de la législation sur les conditions
du travail sous le régime capitaliste.

Les avantages en question, et surtout la circonstance
que la rente foncière ou le loyer pour bâtiments de tra-

-vail et d'administration sont très élevés dans les grands
-centres, expliquent pourquoi les entrepreneurs préfèrent
-fréquemment, dans les villes grandes et moyennes, de
faire fabriquer à domicile.

Il ne s'ensuit pas que les ouvriers à domicile habitent
nécessairement la ville. Le système de la sous-entreprise,
ou l'emploi de « facteurs », de « commissionnaires » chargés de visiter les habitations ouvrières, permet souvent
aux grands entrepreneurs de n'établir dans un centre
quelconque que leurs bureaux d'administration et d'expé-
dition, avec parfois un local de vente, ou encore un modeste
local de travail, ce dernier destiné à la préparation ou au
finissage des articles. Ainsi les grands fabricants ont seulement besoin dans la ville où siège leur entreprise, d'un
état-major d'administrateurs et d'ouvriers qualifiés ; tandis qu'ils font confectionner les articles à la campagne,
dans des régions où la main-d'œuvre est à bon marché et
où la population est docile.

Les diverses industries où le travail à domicile domine
ont chacune leurs besoins particuliers. Celles de la dentelle et de la broderie sur tulle, ou l'industrie gantière
sont, par exemple, particulièrement propres, par la facilité du transport des matières premières et des articles
confectionnés, à être disséminées même dans les plus
petits hameaux, — à condition toujours que certains
intermédiaires, commerçants ou « facteurs », ou encore les
directeurs des orphelinats ou des écoles-ateliers de con-
grégations religieuses, se chargent de tenir les entrepreneurs des villes en contact régulier avec les populations ouvrières travaillant pour eux.

L'industrie dentellière repose en majeure partie sur le
travail à domicile dans les campagnes, les grandes maisons pour lesquelles les dentellières travaillent se trouvant dans les villes ; et il en est de même de l'industrie
gantière, où les fabricants n'occupent en atelier dans les

centres où siègent leurs industries que les ouvriers et
ouvrières nécessaires à la coupe et au finissage des gants,
tandis que la couture et la piqûre sont faites à domicile,
surtout à la campagne (1).

Le transfert partiel ou entier du processus de travail
à la campagne est encore possible dans diverses autres
branches d'industrie : par exemple dans une grande partie de la cordonnerie et de la fabrication de chaises et de
meubles ordinaires en bois blanc. L'existence de villages
entiers de cordonniers et de chaisiers, etc., et le grand
nombre de petits patrons établis dans le voisinage des
grandes villes où se trouvent les magasins pour le compte
desquels ils travaillent, montrent que la localisation de
ces industries dépend surtout des conditions économiques
et techniques des masses employées. Ce qui importe aux
grands fabricants, ce n'est pas d'avoir leur personnel
ouvrier sous la main, mais de l'avoir en main.

Il en est un peu autrement dans certaines industries de
confection, d'articles de modes, etc., qui, liées à une saison, et aux caprices de la mode, doivent pouvoir attirer
ou repousser facilement la main-d'œuvre nécessaire à des
époques déterminées de l'année : « La plus grande partie
de la grande industrie a donc quitté Vienne et il n'y a que
l'industrie saisonnière qui y soit restée et qui même s'y
soit développée. Chose bien naturelle, car une industrie
qui peut être obligée à chaque instant de modifier le nom-

1. Ainsi l'industrie dentellière belge tout entière était concentrée en
octobre 1896 dans 126 maisons se trouvant principalement à Bruxelles
et dans l'agglomération (41), à Bruges (32) et à Courtrai (18). Mais, il
existait à la même époque environ 900 intermédiaires répartis dans
diverses provinces. De même la broderie à la main sur tulle (fabrication
de voilettes, rideaux, etc.), est principalement centralisée en Belgique à
Bruxelles et dans l'agglomération où se trouvaient, en 1896, pas moins
de 36 des 45 maisons de vente du pays ; mais les grandes maisons, se
confondant avec les maisons de dentelles, étaient représentées dans le
pays par 55 intermédiaires. (Voir *Recensement des Industries et des
Métiers*, t. XVIII, 2ᵉ partie, 1ʳᵉ sect., chap. I, p. 145.)

bre de ses ouvriers doit s'établir dans une localité où elle peut continuellement puiser, comme dans un grand bassin, la main-d'œuvre dont elle a besoin pour s'en débarrasser à la première occasion, sans avoir à craindre de perdre par suite de famine ou d'émigration les ouvriers dont elle aura besoin la saison d'après. » (1).

Ceci a une importance particulière pour les grandes maisons de confection de Paris, Berlin, etc., travaillant même pour une clientèle transatlantique. Pour ces maisons, beaucoup dépend de la question de savoir si un nouvel article éveillera subitement une demande extraordinaire, cas auquel elles ont à embaucher rapidement un nouveau personnel dont elles doivent se débarrasser immédiatement lorsque la presse sera finie.

Dans les grandes villes, les entrepreneurs capitalistes disposent toujours des matériaux humains nécessaires en s'adressant aux plus pauvres et aux plus misérables et, en partie, aux immigrants nouvellement arrivés et se trou-

---

1. *Die Arbeits-und Lebensverhæltnisse der Wiener Lohnarbeiterinnen,* Introduction, p. VIII. Voir aussi l'interrogatoire (p. 640 du Compte rendu) de l'expert *Richter* (fondé de pouvoirs de la maison V. Suppanic, fabricant de lingerie):

D *Ofner :* Vous donnez beaucoup de travail aux gens du dehors, n'est-pas ? Savez-vous s'il se trouve parmi eux beaucoup de sous-entrepreneurs ? — *Exp. Richter :* La sous-entreprise, ça ne nous regarde pas. Pour moi, j'ai entendu dire que quelques-uns occupent à domicile 12, 18, 20 jeunes filles. La somme des salaires s'élève pour eux à 180 ou 190 florins par semaine. Nous désirons seulement que le travail soit bien fait. Qui le fait, et combien les sous-entrepreneurs occupent de personnes, cela ne nous regarde pas.

D *Schwiedland :* Est-ce que les gens du dehors sont aussi occupés d'une manière fixe, toute l'année ? — Exp. *Richter :* Il arrive qu'il y a moins de travail, et dans ce cas les ouvriers à domicile qui sont depuis le plus de temps à notre service ont la préférence. Ceux-là ont toujours du travail.

D *Schwiedland :* Ce travail à domicile a donc pour vous l'avantage d'une certaine élasticité. Car vous pouvez embaucher et repousser les gens comme vous voulez. »

L'expert ne répond pas sur ce point.

vant dans la détresse (1). Les quelques ouvriers qualifiés et spécialistes dont le grand confectionneur a encore besoin en plus de ses ouvriers à domicile n'empêchent pas que la très grande partie du travail se fait dans les ruelles et les culs-de-sac des quartiers pauvres.

On distingue donc d'abord, quant au recrutement des ouvriers en chambre, deux catégories d'industries : celles qui fabriquent des articles légers et facilement transportables, ne sont pas liées à une saison et peuvent utiliser le travail à domicile dans les campagnes ; et, d'autre part, les industries saisonnières, particulièrement celles de la confection, qui sont réduites au travail à domicile des villes.

Il y a encore une troisième catégorie : celle des industries à domicile qui font partie de quelque branche de grande industrie centralisée en fabrique, à laquelle elles se soudent. Les ouvriers travaillant dans ces industries à domicile se groupent autour des établissements ou au moins autour des villes où la grande industrie en question est localisée. C'est ce que font par exemple les 6,700 ouvriers et ouvrières recensés en 1896 à Liège (2,400) et dans 59 communes voisines comme travaillant à domicile aux diverses opérations d'achèvement des fusils et des revolvers (2).

Etant donné l'avantage de l'industrie à domicile pour des cas spéciaux, on s'explique facilement pourquoi, mal-

1. « Les gens sont impuissants à résister par l'organisation ou par tout autre moyen à l'avilissement progressif de leur sort et à la diminution de leurs gains ; car ils n'ont qu'à choisir : accepter l'ouvrage au prix offert, ou s'en aller ailleurs, leurs places étant bientôt prises par des « greeners », personnes nouvellement arrivées de la Pologne et de la Russie. » (House of Lords, *First Report from the select Committee of the House of Lords on the Sweating System*, London, 1888, p. 37, Interrogatoire de M. Arnold, Henry White, auteur du livre *Problems of a Great City.*)

2. *Recensement Général des Industries et des Métiers*, loc. cit., p. 146.

gré le perfectionnement successif de la technique et l'invention continuelle de nouvelles machines, elle peut toujours tenir tête, dans tant de sphères de production, à la grande production mécanique, bien qu'elle perde du terrain dans d'autres, dans la cordonnerie et dans diverses branches de la lingerie par exemple. Dans certaines industries à domicile, comme à Berlin dans la confection de vêtements pour hommes et garçons, les grands entrepreneurs utilisent, dans un atelier central et pour une partie seulement de leur industrie (la coupure des étoffes), les machines de travail les plus modernes, souvent mises en mouvement par un moteur électrique, tout en faisant exécuter à domicile les autres opérations. Dans d'autres industries, comme celle de la dentelle et de la broderie sur tulle, l'article fabriqué à la main se maintient à côté des imitations fournies par les grandes fabriques et malgré elles. Il faudrait naturellement recourir à une étude spéciale de chaque cas afin de déterminer pour quels motifs parmi ceux énumérés l'industrie à domicile ne disparaît ni ne diminue, bien mieux s'étend à l'intérieur de plusieurs branches de production (1).

1. Je citerai deux exemples caractérisant ce processus ; non seulement ils s'appliquent à des industries et des régions diverses, mais une étude détaillée montrerait qu'ils diffèrent également par les influences qui décident, dans chaque cas, du développement du travail à domicile. En Angleterre le Rapport de l'Inspection des fabriques pour l'année 1902 note p. e. le fait remarquable de la renaissance de la fabrication de dentelles aux fuseaux (comtés de Buckingham, Bedford, Oxford et Northampton) et de gants tricotés (Hampshire) sous la forme d'industrie à domicile. (Voir *Annual Report of the Chief Inspector of Factories and Workshops for the Year* 1902, London, 1903, Part I, *General Report*, p. VI. Cf. aussi *ibidem* les *Sectional Reports, Southern Division*, p. 3.)

Les inspecteurs du travail en France constatent des faits de la même nature dans leur Rapport pour l'année 1902. Le Rapport sur la 4e circonscription (Nancy) signale l'accroissement du nombre des ateliers de famille dans l'industrie de la confection pour hommes, et l'inspecteur divisionnaire de la 6e circonscription constate qu'à Rouen aussi « les

Les statistiques modernes constatent d'une façon générale une infériorité marquée des salaires payés dans l'industrie à domicile par rapport à ceux de l'industrie en
fabrique et en atelier ; dans diverses régions ils sont inférieurs aux plus bas qui soient payés dans toutes les industries en fabrique c'est-à-dire aux salaires des manœuvres
et journaliers.

L'enquête de 1891-1893 sur les industries françaises a
réussi à obtenir accessoirement des renseignements sur
15,000 à 20,000 ouvriers travaillant à leur domicile, en
dehors du département de la Seine, pour le compte d'industriels leur fournissant généralement la matière première.
Ce nombre ne comprend qu'une très faible fraction de toutes les personnes occupées chez elles dans un grand pays

---

ateliers de famille tendent malheureusement à augmenter ».Cet inspecteur cite l'exemple suivant : « Une patronne couturière, à la suite de
procès-verbaux réitérés, a remplacé le travail à l'atelier par celui à
domicile. Elle évite ainsi la surveillance de l'inspection, supprime les
frais d'un local, du chauffage, de l'éclairage et augmente enfin ses bénéfices en payant à forfait ». Pareilles déclarations constatant les progrès
de l'industrie à domicile se trouvent dans le même Rapport pour d'autres régions : 2ᵉ circonscription (Limoges), 10ᵉ (Marseille), 11ᵉ (Saint-
Etienne). (Voir Ministère du Commerce, etc., Direction du Travail,
*Rapports sur l'application pendant l'année 1902 des lois réglementant le
travail*, Paris, 1903, 1ʳᵉ partie, chap. I, pages XXI-XXIV.)

Le Rapport pour l'année 1904 constate le même phénomène général.
La *Commission supérieure du travail* dit : « La rapide et toujours croissante augmentation du nombre de ces ateliers (de famille) n'est plus
aujourd'hui contestable. On signale des industries qui n'occupent plus
que quelques ouvriers et ouvrières dans leur établissement principal et
dont tous les travaux sont faits au dehors. » (*Rapports sur l'application
des lois réglementant le travail en 1904*, Paris, 1905, 1ʳᵉ partie, chap. I,
p. XVI.)

Les Rapports pour les années 1905 et 1906 sont moins affirmatifs : « Les
avis sont partagés sur la question de décider si les ateliers de famille sont
actuellement en accroissement ou en diminution », dit le Rapport pour
1905 (1ʳᵉ partie, chap. I, p. XV) et le Rapport pour 1906 fait remarquer
que l'accroissement de ces ateliers présente un mouvement limité à quelques industries très spéciales.

comme la France ; il a pourtant une certaine importance
pour quiconque prend en considération que les salaires
sont relevés ici sur les livres de paie des entreprises étudiées et que les ouvriers à domicile travaillent fréquemment pour plusieurs établissements à la fois. Pour que
cette enquête accessoire ne perdît pas toute sa valeur
on a dû se limiter à ne relever le nombre et les salaires
des ouvriers à domicile que lorsqu'il a été possible d'admettre que ces ouvriers travaillaient pour une seule maison.

« Il semble, conclut l'Enquête, que, dans les industries textiles proprement dites, le salaire à domicile soit
sensiblement inférieur au salaire à l'usine ; dans d'autres
industries, la différence semble moins appréciable. » (1).

Mais cette conclusion, déjà formulée en termes si généraux, perd encore de sa portée lorsqu'on tient compte de
ceci, qu'en province bien des ouvriers travaillant à leur
domicile se livrent en même temps à l'agriculture, en
sorte que le salaire annuel, tel que l'Enquête l'a calculé,
n'est plus, dans bien des cas, qu'une « limite inférieure »
du salaire moyen réel.

On sait combien difficile il est pour les statistiques de
fournir des données exactes sur les salaires à domicile pour un pays entier et une série d'industries. Tout
ce que les statisticiens peuvent faire, c'est de formuler une règle très générale qui ne vaut que comme
telle. Cependant, pour certaines branches d'industrie spécialement étudiées et où les recherches sont faciles à faire,
quelques enquêtes sur les conditions de travail et de
salaire d'ouvriers à domicile confirment les résultats généraux déjà obtenus.

Quelques exemples : malgré les termes prudents et
modérés des conclusions de la Commission de Statisti-

1. *Salaires et durée du travail dans l'industrie française*, t. IV, *Analyse,*
1re partie, 4e section, XI, p. 209. Cf. pour une étude détaillée le tableau
XXXII, *loc. cit.,* pages 210 et suiv.

que Ouvrière en Allemagne (1896), elle a dû constater néanmoins que : « Comparé au travail en fabrique et en atelier, le travail à domicile, qu'il soit fourni par le confectionneur ou par le sous-entrepreneur, présente, comme l'Enquête l'a démontré, les inconvénients les plus sensibles, surtout en ce qui concerne la longueur des heures de travail et la modicité des salaires. En outre les ouvriers à domicile souffrent davantage des irrégularités du travail saisonnier et du manque de travail pendant la morte-saison, parce qu'on cherche en premier lieu à donner du travail aux ouvriers en atelier. » (1).

En ce qui concerne les industries de la dentelle et de la broderie sur tulle, nous avons déjà relevé (2) l'infériorité des salaires gagnés par les ouvrières en chambre par rapport à ceux des ouvrières peu nombreuses qui travaillent en atelier. Dans sa monographie de ces deux industries en Belgique, M. Pierre Verhaegen conclut : « Un des principaux éléments de la crise actuelle, c'est... la modicité des salaires payés aux ouvrières par les fabricants et les facteurs ou, en d'autres termes, le manque de proportion entre le prix de revient de la dentelle, qui constitue le salaire, et son prix de vente. » (3).

Pour une étude quelque peu approfondie de toutes les

---

1. *Drucksachen der Kommission für Arbeiterstatistik, Verhandlungen*, N° 13 (*Bericht*), p. 5. Voir sur les mêmes industries le Rapport de l'Inspection du travail en France pour l'année 1904 : « Mais c'est dans l'industrie de la confection et de la lingerie qu'ils (les abus) affectent le caractère le plus marqué d'une exploitation sans scrupule... C'est ainsi que dans un atelier de lingerie de la région du Nord, l'inspecteur signale que deux femmes gagnent 1 fr. 50, à elles deux, pour quinze heures de travail à la machine à coudre. Et encore faut-il prélever le prix du fil, des aiguilles, le chauffage et l'éclairage. On cite à Bourges, dans la lingerie, des salaires journaliers de 0 fr. 40. » (*Rapports sur l'application des lois réglementant le travail en 1904*, 1re partie, chap. I, pages XV-XVI.)

2. Voir ci-dessus p. 251, note.

3. *La dentelle et la broderie sur tulle*, t. II, chap. IV, sect. X, p. 151.

influences agissant sur les conditions de travail des
ouvriers en chambre et qui font qu'ils restent toujours
dans une situation bien plus mauvaise que leurs camarades des fabriques, il faut recourir au détail des statistiques.

C'est ainsi que dans les industries de la dentelle et de la
broderie sur tulle en Belgique, on découvre juxtaposées
les formes les plus variées et toutes les nuances de l'industrie à domicile : cas où l'ouvrière expérimentée doit entièrement pourvoir par son travail à son entretien, parfois
aussi à celui de ses parents ; où toute une famille ouvrière
fait de la dentelle ou de la broderie sur tulle et où commencent à poindre les salaires familiaux ; où le gain de la
dentellière présente un caractère très net de « salaire
d'appoint » ; cas de travail à domicile en ville, tant dans
les maisons ouvrières que dans les orphelinats et maisons
de retraite ; de travail à la campagne, accessoire souvent
aux travaux agricoles principaux ; de travail comme forme
spéciale dans les écoles dentellières ou écoles-ateliers des
couvents dont les directrices ou supérieures vendent directement aux grands fabricants ; enfin, cas où l'ouvrière
travaille pour un fabricant et cas où elle doit céder son
ouvrage à un intermédiaire (« facteur », « koopvrouw »).

J'ai déjà cité en passant (pages 253-254, note), à propos de
la pression que les ouvriers et ouvrières à domicile exercent sur les salaires payés en atelier, quelques-uns des
salaires infimes que reçoivent certaines dentelières ou
brodeuses sur tulle en chambre. C'étaient là des salaires
exceptionnels, descendant jusqu'à 20, 15 et même 10 centimes par jour, souvent pour plusieurs heures de travail, et présentant fortement le caractère de salaires
d'appoint.

On peut opposer à ces salaires minima les salaires
maxima qui sont payés dans certaines localités de Belgique, villes et villages qui sont des centres des industries

de la dentelle et de la broderie sur tulle, d'après les 263 cas spéciaux étudiés par M. Pierre Verhaegen (1).

Dans ces branches d'industrie la plus longue journée de travail ne permet que très rarement aux ouvrières intelligentes et actives de pourvoir entièrement à leur entretien d'après la norme de vie du milieu. Il n'y a que quelques ouvrières des plus qualifiées travaillant avec une adresse extraordinaire ou capables d'exécuter comme « patronneuses » des premiers exemplaires de dentelles qui fassent ici exception. Si la dentellière ou la brodeuse sur tulle de capacités moyennes sont obligées d'entretenir encore de leur salaire des parents ou toute une famille, elles ne réussissent pas à atteindre la norme de vie des familles de manœuvres ou de journaliers, pas même dans les milieux sociaux les plus simples, campagne des Flandres, province d'Anvers, Luxembourg (2).

La conclusion à laquelle nous arrivons ainsi ne s'applique pas seulement aux industries de la dentelle et de la broderie sur tulle en Belgique ; il en a été formulé d'analogues pour plusieurs autres branches d'industrie à domicile et pour des pays divers.

C'est ainsi que la Commission de Statistique Ouvrière dit dans son Rapport sur la confection de vêtements et

1. *Ibid.*, sect. II, pages 43-125.

2. Quiconque veut comparer, pour l'industrie dentellière, la situation des ouvrières des milieux belges à celle des ouvrières d'autres milieux, peut se référer par exemple aux résultats de l'exposition de produits des industries à domicile en Allemagne qui a eu lieu en 1906 à Berlin. Ces résultats ont été classés pour le *Bureau für Sozialpolitik* par MM. Cl. Heisz et A. Koppel et publiés par eux dans leur livre *Heimarbeit und Hausindustrie in Deutschland*, Berlin, 1906. Par la fabrication de dentelles aux fuseaux, une vieille femme de quatre-vingt-un ans à Bærenstein a gagné 1 1/2 pfennig l'heure, et sur le carton relatif à l'objet exposé on avait inscrit qu'une ouvrière expérimentée et habile pourrait atteindre par un travail pareil un salaire de 3 pfennigs l'heure, soit 2,16 marks pour 72 heures de travail.

de lingerie en Allemagne : « Quant aux *salaires*, les chiffres montrent que des salaires suffisants pour vivre ne
sont guère payés qu'aux ouvriers de métier faits et aux
ouvrières spécialement qualifiées pour leurs travaux les
meilleurs. » (1).

L'Enquête sur la lingerie parisienne ne formule pas de
conclusions générales ; mais les chiffres de salaires donnés
par 217 ouvrières et classés par les enquêteurs en 9 colonnes (de moins de o fr. o5 à plus de o fr. 40) font voir la
misère dont souffrent les ouvrières à domicile dans cette
industrie : « L'examen des tableaux par colonne montre
que sur ces 217 ouvrières, 109 (colonnes 2 à 4, soit 6o o/o)
gagnent moins de o fr. 16 l'heure ; et encore que 186
(colonnes 2 à 6, soit 85 o/o) gagnent moins de o fr. 26. »
Puis, les enquêteurs remarquent : « ce tableau rensei-
gne très incomplètement sur les ouvrières irrégulières de
la lingerie : femmes âgées, malades, très chargées de
famille, celles qui demandent du travail aux œuvres d'assistance, bref les plus misérables. Ces ouvrières ne savent
pas leur gain annuel et encore moins leur gain à l'heure ;
or ce sont précisément celles auxquelles une heure de
travail rapporte le moins. Il est donc hors de doute que
le total de la colonne 2 du tableau [moins de o fr. o5] est

---

1. *Drucksachen*, etc. *Verhandlungen*, no 13 (*Bericht*), p. 6. Cf. aussi le
jugement d'arbitrage à Berlin en matière de grève générale dans la
confection de vêtements pour hommes et pour garçons dans cette ville :
« En s'appuyant sur les renseignements obtenus, le Bureau de conciliation
a acquis la conviction qu'il existe réellement des abus dans la branche
d'industrie de la confection pour hommes et pour garçons, les salaires
payés étant tombés souvent à un niveau où le salarié ne peut mener
une existence digne d'un être humain quand bien même il travaillerait
activement et intensivement. » (*Das Gewerbegericht, Auszerordentliche
Beilage zu n° 6*, 1896, Berlin und Frankfurt a. M., p. 79.)

L'exposition de Berlin de 1906 a démontré que cette constatation
vaut encore de nos jours dans l'Allemagne tout entière et pour les
branches d'industrie à domicile les plus différentes.

inférieur à la réalité, et de même, quoique à un degré moindre, le total de la colonne 3 [de o fr. o6 à o fr. 10]. » (1).

Si nous tâchons de nous expliquer les causes intrinsèques du malaise des ouvriers à domicile, nous rencontrons d'abord tous les motifs déjà énumérés lors de notre étude du travail des femmes. Je les résume brièvement, comme étant communs à toutes les branches d'industrie à domicile, en renvoyant en même temps aux traits caractéristiques indiqués plus haut (pages 249 et suiv.) :

I) *Le travail dans ce qu'on appelle les industries à domicile est d'ordinaire d'une sorte n'exigeant pas de grandes forces musculaires et peut être exécuté par des personnes faibles fournissant une main-d'œuvre qui est à bon marché (femmes, enfants, estropiés, vieux ouvriers).*

En outre, il est en grande partie du travail « non qualifié » ne demandant pas ou très peu d'apprentissage ; et dans les cas où un apprentissage plus ou moins long est nécessaire, il porte sur des connaissances très répandues à divers degrés et souvent transmises, par l'éducation, à l'intérieur de catégories déterminées.

Le premier paragraphe n'a pas besoin d'explication (2).

1. *Enquête sur le travail à domicile dans l'industrie de la lingerie*, t. I, V⁰ partie, sect. IV, p. 742.

2. « En ce qui concerne la répartition du personnel des industries à domicile, il y a lieu de constater : *la grande extension de la main-d'œuvre féminine* parmi les ouvriers isolés et le personnel auxiliaire, *la participation au travail rémunérateur d'un grand nombre de membres de la famille et l'emploi fréquent d'enfants et d'adolescents.* Cela ressort nettement des chiffres de cette statistique, bien qu'ils ne soient que des chiffres minima. Tandis que dans les entreprises à main-d'œuvre salariée il n'y a que les 4.6 o/o du personnel de l'ensemble des professions qui soient des membres de la famille des chefs d'entreprise, ce pourcentage est de 10.2 pour l'industrie à domicile, desquels ne sont, de nouveau, considérés comme membres de la famille que ceux d'entre les auxiliaires qui ne sont pas des aides de métier proprement dits, en sorte qu'il n'est

Quant au deuxième, certaines industries comme celles de la dentelle et de la broderie sur tulle semblent constituer des exceptions (comparez cependant ce qui a été dit p. 252 sur la formation de la main-d'œuvre dans l'industrie de la dentelle).

Mais c'est dans l'industrie de la confection de vêtements qu'on voit le plus nettement ce que signifie le fait que le travail soit qualifié ou non. En effet, dans cette industrie se rencontrent de tout autres conditions de travail et de salaire pour la confection de certains vêtements comme les pardessus, les redingotes, dont le finissage demande une grande habileté technique, que pour celle des pantalons, gilets, vestons, bref des articles qui, une fois coupés, sont faciles à achever et sont par suite confiés à des ouvriers tailleurs moins capables, à des demi-ouvriers et à des femmes. Aussi le fameux *sweating system* est-il peu connu dans les branches supérieures de la confection ; le travail de l'ouvrier en chambre qui sait coudre des pardessus ou des redingotes est proprement du travail de spécialistes dont la situation ressemble davantage à celle du maître artisan précapitaliste exécutant et exploitant toujours la même «partie». Il en est de même dans la cordonnerie pour l'ouvrier sachant fabriquer les chaussures les plus fines, des souliers de bal par exemple, etc.

II) *Le salaire ouvrier dans l'industrie à domicile présente régulièrement le caractère, soit :*

1° *D'être un « salaire d'appoint » qui complète les gains*

---

pas tenu compte de tous les membres de la famille qui mettent toute leur force productive au service du chef d'entreprise.

« Les aides d'au-dessous de seize ans qui constituent 8.8 o/o du personnel auxiliaire dans l'ensemble des métiers, en constituent 15.1 o/o dans l'industrie à domicile ; et c'est justement dans cette industrie que les données sur le travail des enfants sont les plus défectueuses. » (*Statistik des Deutschen Reichs*, N. F., Band 119, chap. IX, I. *Hausindustrie*, sect. 4, p. 202.)

que retire la famille de l'ouvrier d'autres sources que du travail à domicile en question, soit :

2° *D'être un « salaire familial » constitué par les divers salaires gagnés par plusieurs membres d'une même famille travaillant ensemble à un même métier.*

Ces deux cas doivent être envisagés séparément.

Salaire d'appoint. — Dans sa monographie, M. Pierre Verhaegen caractérise de la façon suivante le mode de travail dans l'industrie dentellière : « La dentelle se fait généralement à domicile, par des filles ou des femmes, et pour ces dernières, elle constitue le plus souvent un salaire d'appoint ; elle est livrée à des intermédiaires locaux, qui sont seuls en rapport avec les ouvrières et portent les dentelles chez les fabricants. » (1).

Le travail de la dentellière exécuté en chambre est en grande partie du travail accessoire, s'ajoutant à d'autres occupations de l'ouvrière qui vaque aux soins de la famille ou du ménage ; souvent l'ouvrière n'a même pas besoin de sortir de chez elle pour aller livrer le produit de son travail ; le « facteur » vient le chercher en faisant chaque semaine la tournée des maisonnettes ouvrières et des fermes de la campagne. Pour celles d'entre les ouvrières qui consacrent toute leur journée à la fabrication de dentelles, le salaire obtenu est encore fréquemment un gain d'appoint venant alors compléter le gain du mari, du frère ou, s'il s'agit de jeunes filles, des parents.

Ce qui précède montre combien défavorables sont les conditions de travail et de salaire de l'ouvrière dentellière ; elles correspondent à celles dont nous avons longuement parlé en traitant du travail des femmes. La dentellière en chambre abaisse, par les prix de travail dont elle se contente, le salaire de l'ouvrière en atelier fabriquant le même article ; les diverses catégories d'ouvrières

---

1. *La dentelle et la broderie sur tulle,* t. 1, 1ᵉ partie, chap. I, sect. II, p. 69.

à domicile se nuisent les unes aux autres ; et ceci est d'autant plus vrai que cette industrie se combine facilement dans les familles ouvrières non seulement avec des métiers en fabrique, mais aussi avec le travail agricole qui, dans certaines contrées, se substitue périodiquement au travail des dentelles lors de la fenaison, de la moisson, quand les travaux agricoles exigent tous les bras disponibles et procurent des gains supérieurs à ceux que donnent les dentelles. Le travail de la dentelle est si bien reconnu comme ne procurant qu'un gain d'appoint que, même au cas où la dentellière est entièrement réduite à ses propres forces pour subsister, elle se voit normalement conduite à augmenter ses ressources en tenant par exemple une petite boutique ou un cabaret (1).

Ce qui est dit ici des branches d'industrie prises comme exemples vaut aussi pour d'autres industries à domicile. En Allemagne : « Pour une partie considérable des ouvrières en chambre, le gain provenant du travail de confection est un gain d'appoint, particulièrement pour les femmes qui complètent ainsi le salaire insuffisant du mari, et, pour les jeunes filles, le budget du ménage. »(2).

Le Rapport publié par la Société Ethique de Vienne sur les conditions de travail et de salaire des ouvrières de cette ville distingua, en outre du travail à domicile supplémentaire de l'ouvrière en atelier, le « travail à domicile proprement dit », exécuté par des femmes en plus de leur ménage (3).

A Vienne aussi, le travail à domicile étant souvent une occupation accessoire destinée à fournir un gain d'appoint aux familles, a eu pour effet d'abaisser les conditions générales du travail et du salaire (4).

1. Cf. ibidem, Introduction, Etude des milieux, sect. II, p. 57.
2. Drucksachen, etc., n° 13 (Bericht), pages 3-4.
3. Die Arbeits-und Lebensverhæltnisse der Wiener Lohnarbeiterinnen, Introduction, p. VII.
4. Un exemple typique de ce travail à domicile est fourni dans l'En-

Les conditions que nous venons de décrire permettent aux familles ouvrières dont plusieurs membres travaillent de s'offrir dans la concurrence à un prix moindre que ne le saurait faire l'individu isolé — ouvrier ou ouvrière — forcé de pourvoir seul à sa subsistance, peut-être aussi à celle d'une famille.

quête viennoise par le témoignage d'une experte, piqueuse en chaussu res. (Exp. n° 166) : « Je suis piqueuse, ouvrière à domicile dans la chaus-sure. Je vais chercher à la fabrique de l'ouvrage pour moi-même, ma sœur et quelques femmes et jeunes filles que j'occupe. Le nombre des personnes que j'occupe varie d'après la saison qui est très irrégulière. En été il y a, pendant quatre à cinq mois, beaucoup à faire et en plus de ma sœur j'occupe à ce moment trois à quatre personnes. S'il y a peu d'ouvrage, je travaille seule avec ma sœur. Je n'ai pas d'apprenties. Mes ouvrières sont le plus souvent de bonne famille. Elles ne travaillent pas chez moi, mais chez elles...

« Dr Schwiedland : De quelle manière trouvez-vous alors les femmes qui travaillent pour vous ? — Exp. n° 166 : En partie par annonces, en partie se présentent chez moi les femmes qui désirent gagner de l'argent de poche...

« Dr Ofner : Si vous n'aviez du travail que pendant cinq mois, qu'est-ce que vous avez fait alors le reste du temps ? — Exp. n° 166 : Mais, pour moi aussi ce n'est qu'un gain d'appoint... » (Loc. cit., p. 619.)

Comme parallèle j'emprunte un autre exemple à la ganterie de Gre-noble où des femmes de conditions sociales tout à fait différentes s'occu-pent aux travaux de broderie et de la « finission » des gants :

« Des femmes d'employés de commerce, voire même des femmes de fonctionnaires, exécutent en cachette ces divers travaux qui leur sont procurés discrètement par quelque personne de leur connaissance. Elles acceptent, pour leur tâche, des salaires dérisoires qui ne constituent pour elles qu'une sorte d'argent de poche qu'elles utiliseront, à la fin du mois, pour s'acheter quelque objet de toilette, c'est du moins ce qu'elles disent aux personnes qui sont dans leur confidence.

« L'apprentissage pour ces travaux est fort court : huit jours tout au plus. On nous a signalé et nous avons tenu à vérifier qu'un grand nom-bre de filles de mauvaise vie arrivent à se procurer également du travail de « finission » ou de broderie qu'elles exécutent tandis qu'il fait grand jour.

« Certaines dames exploitent aussi leurs domestiques en les obligeant à broder ou finir des gants, à leurs moments perdus et à la veillée, sans que ces pauvres filles touchent jamais le fruit de ce travail supplémentaire.

« Nous pourrions citer des exemples de ces faits que nous réprou-vons...

« Il est inutile d'ajouter que la multiplicité de ces pseudo-ouvrières au

Salaire familial. — On ne saurait guère parler dans les industries de la dentelle et de la broderie sur tulle de *salaires familiaux* dans le sens donné plus haut à ce terme. Pour cela le processus de travail dans ces industries porte trop du côté ouvrier un cachet individuel; la division des activités si caractéristique de tant d'autres industries à domicile et qui fait qu'une famille entière sous la direction d'un ouvrier de métier (le père de famille par exemple) peut participer à un même processus de production, cette division des activités n'a pas la même portée dans les industries de la dentelle et de la broderie sur tulle. Ceci n'empêche pas qu'une famille entière — mère et filles par exemple — peut s'adonner à ces industries; mais, dans ce cas, la totalité des salaires de la famille ne présente pas le même caractère organique que dans certaines autres industries à domicile. Cependant, la possibilité que tout le monde travaille dans les familles de dentellières et de brodeuses donne déjà un aspect particulier à la nécessité que chaque salaire individuel y réponde à un mininum habituel de bien-être personnel.

Parfois on donne au terme de *salaire familial* un sens plus large que nous ne l'avons fait ci-dessus, et on entend par là le total des gains d'une famille ouvrière, père, mère et enfants de tous âges — que tous coopèrent ou non à un même processus de travail.

C'est ainsi que M. Louis Varlez, dans son Rapport sur l'industrie cotonnière gantoise, a consacré un chapitre entier à ce qu'il appelle le « salaire familial » dans cette industrie où il arrive fréquemment que tous les membres d'une famille ouvrière, depuis le père jusqu'au plus jeune enfant, vont travailler dans la fabrique, disons : le père

rabais pèse énormément sur le taux des salaires des véritables gantières. » (Léon Côte, *L'industrie gantière et l'ouvrier gantier à Grenoble*, 2ᵉ partie, chap. IV, p. 178, note.)

comme tisserand, la mère comme fileuse ou dévideuse, les enfants comme « rattacheurs » ou porteurs et porteuses de pots, etc.

Il est évident, comme le dit M. Varlez(1), qu'en étudiant les salaires individuels on n'a encore qu'une idée « très insuffisante » du gain de la famille ouvrière. Il nous faut signaler le fait remarquable que nécessairement, sous le régime capitaliste, les industries où il est d'usage que des familles entières travaillent dans les différentes branches de métier, présentent des salaires individuels plus bas en moyenne que les industries où un tel usage n'existe pas, soit pour des raisons techniques ou pour des habitudes populaires. Si ce fait ne se produit pas uniquement dans les industries à domicile, c'est du moins dans ces dernières qu'il présente l'aspect le plus frappant.

En considérant plus spécialement les salaires familiaux dans le sens plus étroit du mot, on remarque qu'ils se rencontrent surtout dans telles branches d'industrie à domicile où l'ouvrage peut être fait en grande partie par des ouvriers « non qualifiés » — hommes, femmes ou enfants — à condition qu'un ouvrier qualifié du métier ait la direction du processus de travail entier, fût-ce en même temps avec l'exécution de certaines parties de l'ouvrage ou de qualités supérieures du produit confectionné. Il en est ainsi dans les manufactures de tabac de plusieurs pays où les ouvriers cigariers travaillent aidés par la main-d'œuvre non qualifiée d'apprentis « poupiers » et « écoteurs » ; de même dans la vannerie, la corderie, la cordonnerie ; de même encore dans la confection de vêtements, où non seulement culottiers, giletiers, etc., sont spécialisés, mais où plusieurs parties du travail (coudre des boutonnières, attacher des boutons, des crochets, etc.) peuvent être exécutées par des ouvriers et ouvrières et par des apprentis. Il est évident que, dans

1. *Loc. cit.*, 6ᵉ partie, chap. II, p. 192.

toutes ces branches d'industrie, la der⸱⸱ème forme de travail à domicile distinguée par nous se confond facilement avec la troisième forme (la sous-entreprise). Il en est ainsi dès le moment que l'ouvrier en chambre commence à louer comme aides et apprentis de toute sorte de la main-d'œuvre étrangère à sa famille. Dans la confection des vêtements, les aides et les apprentis sont souvent en nombre considérable. Dans les grandes villes, ils sont fréquemment logés la nuit dans la chambre même qui leur sert le jour d'atelier ; les ouvriers et sous-entrepreneurs travaillant à domicile sont d'ailleurs le plus souvent réduits eux-mêmes par la concurrence à une situation réellement triste.

Je citerai à ce sujet quelques remarques publiées par l'Inspection des fabriques et des mines en Prusse pour l'année 1904. Elles s'appliquent au district de Mersebourg et sont intéressantes par l'aperçu général qu'elles donnent des industries à domicile dans une région entière : « Vraiment misérables sont les conditions de salaire dans *l'industrie à domicile* qui règne ici dans les domaines les plus divers : fabrication de cigares, d'articles en papier et en carton, couture de peaux, confection, fabrication de jouets, de fichus, de cure-dents, etc. Le gain le plus bas est procuré par le frangeage (*Knüpfarbeit*) de fichus et de châles. Nouer des franges à un fichu ou à un châle riche est payé à raison de 10 pfennigs. Le gain journalier le plus élevé est de 50 à 60 pfennigs. La fabrication de cure-dents est aussi très mal payée. Pour 1000 cure-dents de bois fendu et taillé, liés en petits paquets, on paie, selon la qualité, 15 à 40 pfennigs. L'ouvrier en chambre doit fournir le bois et le coton de couleur pour lier les paquets. Une femme avec deux à trois enfants en fabrique en moyenne 2,500 à 3,000 par jour et gagne tout au plus 1 mark 20 pfennigs ; mais d'ordinaire seulement 0.75 à 1 mark. Ce qui se paie encore le mieux, c'est la fabrication des cigares lors-

que les femmes et les enfants peuvent aider. Un rolleur
habile peut, avec sa femme comme poupière et deux enfants
comme écoteurs, fabriquer jusqu'à 3,500 cigares par semaine qui, payés à forfait 7.50 à 9 marks, selon la sorte
rapportent pour la famille un salaire hebdomadaire de
26.25 et 31.50 marks. Il faut cependant déduire encore de
cette somme le montant de la dépense du voyage jusqu'au
lieu de la livraison, — d'ordinaire Leipzig, — et souvent la
livraison fait encore perdre une journée entière. » (1).

Plusieurs enquêtes entreprises dans divers pays modernes ont fourni des descriptions semblables des industries
à domicile. Là où l'industrie à domicile s'est développée
en industrie familiale et où le salaire a pris définitivement
la forme de salaire familial, on observe comme trait général
que le salaire individuel, même des meilleurs ouvriers de
métier, ne garantit pas à l'ouvrier son entretien au niveau
atteint par l'ouvrier en fabrique de la même localité. Par
la concurrence, la force du nombre se perd même à un tel
point que les salaires familiaux tendent à se fixer à un
taux qui permettrait à une famille ouvrière moyenne d'obtenir, dans des conditions normales de la production, à
peu près le salaire individuel gagné par un ouvrier d'industrie en fabrique. Naturellement, si on veut préciser, la
comparaison doit être faite entre les industries familiales et celles d'entre les industries en fabrique où, pour des
raisons techniques ou coutumières, les familles ouvrières
sont entièrement réduites pour leur subsistance au salaire
individuel de l'ouvrier fait (2). Dans le cas le plus favora-

1. *Jahresberichte der Gewerbe-Aufsichtsbeamten und Bergbehœrden für das
Jahr* 1903, Berlin, 1904, Band I, *Preuszen, Regierungsbezirk Merseburg*,
sect. IV, p. 213. Pour l'année 1905, c'est surtout l'inspecteur du district
d'Anhalt qui a fourni des renseignements intéressants sur les gains des
ouvriers et ouvrières à domicile. Cf. *Jahresberichte* etc., 1905, Berlin,
1906, Band III, *Bezirk Anhalt*, sect. IV.

2. Si l'étalon habituel du salaire force, d'une part, l'ouvrier dans les
industries familiales à utiliser tous les membres disponibles de sa famille

ble, lorsque s'impose la présence d'un ouvrier de métier, on constate une tendance à la concordance du salaire
familial et du salaire de l'ouvrier habile dans les industries où on ne connaît pas le travail en chambre. Là
cependant où l'industrie à domicile est considérée comme
n'employant que de la main-d'œuvre « non qualifiée » ou
du moins traitée comme telle, le salaire de famille tend
même à concorder seulement avec le salaire habituel,
dans le même milieu social, du manœuvre ou du journalier des industries et métiers en atelier.

III) *L'industrie à domicile favorise particulièrement
le manque d'entente et d'organisation, c'est-à-dire l'impuissance ouvrière.*

Nous revenons ici à un facteur mentionné déjà plus haut
dans l'énumération des avantages offerts aux entrepreneurs par l'industrie à domicile ; il ne nous reste à faire à
ce propos que quelques remarques complémentaires.

L'isolement du travail en chambre crée et développe
chez l'ouvrier un esprit de soumission à une force qu'il ne
se sent pas de taille à combattre ; d'où la moindre énergie

les entrepreneurs capitalistes de l'autre comptent tellement sur ce recrutement qu'ils se réclament dans certaines industries d'une sorte de droit
sur l'ensemble du matériel humain dont dispose la famille ouvrière.
On trouve un exemple typique de ces conceptions patronales dans les
rapports de l'Inspection du travail aux Pays-Bas pour l'industrie bri-
quetière. L'inspecteur du 6e district (Province d'Utrecht) après avoir
constaté que le salaire des ouvriers les mieux placés dans cette industrie
atteint tout au plus 380 florins par an, fait la remarque suivante :
« Déjà dans un rapport précédent il a été relevé que le fabricant ne
loue pas le travail de l'homme, mais le travail de la famille entière.
Nous avions déjà noté l'exemple d'une bonne qui avait dû abandonner
son service parce qu'elle était réclamée par le fabricant chez qui travaillait son père ; cette fois j'ai eu connaissance du fait suivant que je dois
au chef d'une fabrique de machines : un garçon travaillant chez lui
comme apprenti et ayant beaucoup de goût pour l'industrie des machines fut réclamé par le fabricant de briques chez qui travaillait son père,
sous menaces, en cas de refus, de chasser le père de son habitation. »
(*Verslagen van de Inspecteurs van den Arbeid in het Koninkrijk der Nederlanden over 1901 en 1902, vol. II, 6e circonscription, chap. IV, p.* 775.)

de l'ouvrier à domicile, son peu d'initiative à améliorer ses conditions matérielles (1).

L'impuissance et la soumission se manifestent chez les ouvriers et ouvrières à domicile autant vis-à-vis des intermédiaires, sous-entrepreneurs, facteurs, etc., que des grands fabricants (2). L'organisation ouvrière, ce moyen d'action si puissant en faveur du relèvement de la population ouvrière, s'étendra toujours difficilement parmi les ouvriers et ouvrières à domicile; et cette organisation ne me semble guère possible et durable que là où les ouvriers salariés plus favorisés par le sort interviennent pour soutenir le mouvement d'émancipation des catégories d'ouvrières dont il s'agit.

Les remarques faites ci-dessus relativement aux industries de la dentelle et de la broderie sur tulle s'appliquent aussi, plus ou moins, à toutes les branches de l'industrie à domicile (3). Ce qui, dans quelques-unes d'entre elles, aggrave encore tout particulièrement la situation

1. C'est ainsi, entre autres, que M. PIERRE VERHAEGEN constate à propos des dentellières : « La réunion de ces deux éléments — d'une part, situation de femmes travaillant isolément, d'autre part, subordination étroite et nécessaire des ouvrières à leurs employeurs — a abouti à cette situation que les dentellières sont restées en dehors de toute tentative d'émancipation aussi bien qu'en dehors de la sphère d'action des pouvoirs publics. » (*Loc. cit.*, t. I, 1re partie, chap. I, sect. I, p. 64.)

2. « Les ouvrières n'ont jamais rien fait pour modifier une situation qui les livre pieds et poings liés à la merci des facteurs. Elles manquent naturellement d'initiative et n'osent pas s'insurger contre ceux qui leur procurent leur modeste gagne-pain. » (*Ibid.*, chap. II, sect. II, § 1, p. 200.)

3. Voilà pourquoi la *Commission supérieure du Travail* en France a pu dire dans son Rapport pour l'année 1904 : « Il faut reconnaître que cette tendance (au développement de l'industrie à domicile) répond à divers ordres de préoccupations industrielles. Mentionnons d'abord, après les inspecteurs, l'intérêt qu'a l'industriel à mettre en concurrence les ouvriers afin d'obtenir les prix de façon les plus réduits possibles. Il arrive à ce résultat d'autant plus facilement que les ouvriers ne sont point réunis en ateliers, ne se connaissent point et par conséquent ne peuvent s'entendre entre eux. » (*Rapports sur l'application des lois réglementant le travail en 1904*, 1re partie, chap. I, pages XVI-XVII.)

des ouvriers à domicile, c'est la circonstance qu'elles sont des industries saisonnières surmenant le plus possible les ouvriers à certaines époques de l'année pour les laisser inoccupés et sans ressources pendant la morte-saison. Les entrepreneurs, même s'ils voulaient céder à certaines revendications spontanées de leurs ouvriers pendant la presse, trouveraient, dans de telles branches, trop facilement l'occasion, lorsque la saison est passée, non seulement de reprendre tous les avantages accordés, mais aussi de se venger sur tels d'entre leurs ouvriers qui se seraient mis en avant pour présenter les revendications jadis acceptées.

La grève générale dans la confection de vêtements pour hommes et garçons à Berlin en 1896 est de nouveau typique à ce point de vue, et fournit un exemple instructif de la puissance des entrepreneurs capitalistes dans une industrie saisonnière.

Le 19 février 1896, au milieu de la saison, un accord s'était fait entre les grévistes et les confectionneurs berlinois. Une commission mixte formée par les deux parties avait même réussi ce même jour à dresser un tarif minimum provisoire de salaires. Immédiatement après la conférence, le Bureau de Conciliation (dans ce cas le *Gewerbegericht* de Berlin) dut entreprendre des enquêtes, afin de se mettre exactement au courant de la situation. Se confiant aux promesses reçues, les ouvriers avaient repris le travail. Cependant, la saison commençait à passer. Et les entrepreneurs, qui avaient manifesté d'excellentes intentions aux moments de presse, rompirent bientôt leurs promesses, décidés à ne plus voir que leur intérêt immédiat à mesure que le moment favorable au mouvement ouvrier s'écoulait plus définitivement (1).

1. Ce qui a fait dire au Bureau de Conciliation : « Cette rupture publique par la grande majorité des confectionneurs de l'entente conclue a forcé le Bureau à acquérir la conviction qu'ils n'ont eu d'autre but, en faisant des concessions à leurs salariés par l'accord du 19 février 1896,

En outre des trois causes énumérées en I, II, III, et qui correspondent à celles décidant de l'infériorité en valeur du travail des femmes, nous avons à traiter d'autres facteurs encore influant dans le même sens d'abaissement sur l'industrie à domicile. Je distingue :

IV) *La facilité pour l'ouvrier d'exécuter son travail chez lui et la préférence donnée par suite, dans certains cercles ouvriers, au travail à domicile sur le travail en atelier ou en fabrique.*

On pourrait discuter longuement sur l'existence générale ou non de cette préférence. Les avantages et désavantages du travail à domicile et du travail en fabrique peuvent être évalués de part et d'autre. Et les cas ne manquent pas où les ouvriers intelligents préfèrent travailler dans les grands ateliers modernes plutôt que dans l'atmosphère étouffante d'une chambre de travail ouvrière. Cela n'empêche pas que des masses considérables d'ouvriers tiennent au contraire à leur domicile et que le fait d'y pouvoir travailler dans certaines industries contribue évidemment à y rendre la main-d'œuvre abondante et à abaisser les salaires.

Cette influence du domicile se manifeste déjà lorsqu'on compare l'artisan indépendant à l'ouvrier travaillant au dehors dans le même métier ou des métiers similaires. Un exemple : l'Enquête de 1891-1893 sur les industries françaises a recherché pourquoi, dans les industries des cuirs et peaux, le salaire habituel des cordonniers qui

que de faire cesser une grève qui, en pleine saison, leur était nuisible, mais sans avoir eu l'intention d'exécuter l'accord la saison finie, et de se baser sur lui pour fonder une entente durable avec leurs salariés.

« C'est à cette même conviction qu'est arrivé le Bureau de Conciliation à l'occasion de négociations ayant pour objet de terminer les conflits à l'aide d'un tarif définitif à élaborer par une commission tarifière... » (*Das Gewerbegericht, Auszerordentliche Beilage zu n° 6, 1896, article Schiedsspruch des Gewerbegerichts Berlin in dem allgemeinen Ausstand der Berliner Herren-und Knaben-Konfektionsindustrie.*)

exécutent des chaussures chez eux, ne dépasse pas la moyenne trouvée pour le personnel des ateliers, bien que ces ouvriers ne soient pas des manœuvres, mais des artisans. « La faiblesse de ce salaire, fait remarquer le Rapport, tient certainement à ce que le travail peut s'exécuter à domicile, c'est-à-dire dans des conditions fort recherchées. » (1).

L'attraction plus grande du travail à domicile sur un grand nombre d'ouvriers doit donc être considérée comme un facteur agissant en sens inverse de la nature particulièrement rude, dangereuse ou malsaine du travail. Le caractère agréable du travail peut augmenter éventuellement l'offre de main-d'œuvre en abaissant ainsi le salaire, de même que le caractère désagréable ou répugnant peut diminuer l'offre et le hausser par là quelque peu (2).

1. *Salaires et durée du travail dans l'industrie française*, t. I (Département de la Seine), 1ʳᵉ partie, B. VI, p. 387. Cf. également pour la France *Rapports sur l'application des lois réglementant le travail en 1904*, loc. cit., p. XVII.

2. Il faut cependant être prudent en portant ici un jugement sur les différences en salaires. En voici une preuve : parmi les 43 tarifs concernant les *ouvriers tailleurs* qu'a étudiés le *Bureau Impérial de Statistique* en Allemagne en 1903-1904, plusieurs contiennent des stipulations relatives aux différences en salaires entre le travail en atelier et le travail à domicile. Et, fait curieux, au temps comme aux pièces, les salaires payés pour travail à domicile sont ici un peu plus élevés que ceux payés pour travail en atelier. Les tarifs envoyés au *Kaiserliche Statistische Amt* sont, pour la plus grande partie, des tarifs d'atelier, et d'ordinaire une petite augmentation est accordée pour le travail à domicile. Ainsi le tarif des salaires à Hambourg, basé sur le travail en atelier, contient la phrase suivante : « Aux ouvriers à domicile est accordée une majoration de 10 o/o sur le prix aux pièces. » A Schlesvig une grande pièce est payée 1 mark, une petite pièce 0,50 m. en plus, lorsque le travail est fait à domicile, A Heilbronn où le tarif est basé sur le travail à domicile, on retranche au contraire du tarif convenu 1 mark pour une grande pièce, 20 pfennigs pour une petite, lorsque le travail est fait en atelier. (Voir *Reichs-Arbeitsblatt*, mai 1904, p. 139.)

Cette contradiction ne peut être qu'apparente. Evidemment, les tarifs supérieurs accordés pour le travail à domicile n'expriment pas ici une valeur économique supérieure correspondante de ce travail. On ne saurait

Le facteur considéré ici fait sentir son influence sur les prix du travail dans plusieurs industries à domicile modernes et plus particulièrement dans celles où prédomine le travail de femmes (1).

V) *L'existence de sous-entrepreneurs, d'intermédiaires (maîtres-ouvriers ou commerçants de différentes catégories) qui s'interposent entre les grands entrepreneurs et les ouvriers ordinaires.*

Dans certaines branches la sous-entreprise est la plaie de l'industrie à domicile. Des enquêtes nombreuses en ont exposé toutes les mauvaises conséquences dans différents pays ; la littérature, anglaise et américaine surtout, a montré le sous-entrepreneur sous la forme d'une personne qui fait « suer » les travailleurs les plus malheureux, les moins capables de résistance, et a dépeint, sous le terme de *sweating system*, la pire exploitation à la-

les expliquer que par les efforts des organisations ouvrières pour faire disparaître, par une pression exercée sur les patrons, le travail à domicile dans le métier des tailleurs, et cela à cause de l'action sociale de l'industrie à domicile sur ce métier. C'est bien ainsi que le juge le *Kaiserliche Statistische Amt :* « On ne saurait méconnaître les efforts qui ont été faits pour abolir peu à peu le travail à domicile par des stipulations y relatives dans les tarifs. Ainsi, dans les tarifs pour Altenbourg (S. A.) et Weimar l'abolition du travail à domicile est expressément prescrite ; à Cassel et à Brunswick, le travail à domicile n'est payé à un taux supérieur qu'au cas où il n'y a plus de place dans les ateliers de confection ; dans le tarif pour Solingen, il est écrit que chaque entrepreneur devra installer des ateliers dans la mesure du possible. » *Ibidem.* Voir aussi p. 140 un tarif analogue relatif à la *cordonnerie* ; il s'agit du tarif pour Brème où se rencontre par exemple une stipulation concernant la confection de bottes à l'écuyère et fixant ainsi le prix de ce travail : à domicile 13.00 marks, en atelier 11.00 marks, clouées 8.50 marks.

1. Voir dans l'Enquête organisée par la Société Ethique à Vienne, la déclaration d'un expert de la brosserie (Fritz Grosch) : « Les femmes obtiennent un salaire plus élevé dans les ateliers ; car, à domicile, la femme peut travailler comme elle veut. Elle en apporte une douzaine chez elle, et travaille après avoir terminé son ménage. C'est pour cela que les gens s'offrent à n'importe quel prix, afin de gagner, fût-ce quelques kreuzer seulement, sans avoir à travailler au dehors. » (*Die Arbeits- und Lebensverhältnisse der Wiener Lohnarbeiterinnen*, pages 276-277.)

quelle le travailleur puisse être exposé ; le terme de *sweater* a passé de l'anglais dans toutes les littératures pour désigner le type de l'exploiteur.

Le petit patron cordonnier ou tailleur qui, dans son prétendu « atelier », travaille sur confection avec deux, six, dix aides ou apprentis n'a pas les mêmes possibilités que le grand entrepreneur industriel pour choisir entre différentes méthodes afin de maintenir et d'étendre son entreprise, d'augmenter son bénéfice ou même de tenir tête à la concurrence, sans recourir immédiatement à l'abaissement des salaires ou à la prolongation des heures de travail de son personnel. Il ne peut guère penser à perfectionner son outillage, qui n'a pas une grande importance et se compose d'ordinaire des outils les plus simples, ni à introduire de nouveaux procédés de fabrication d'après les inventions scientifiques les plus récentes. Pour cela le processus de production dans son entreprise est trop primitif et lui-même, par son éducation et ses conditions de vie, trop peu instruit. Il ne peut non plus économiser d'une façon quelque peu sensible sur ses matières premières ou secondaires qu'il doit lui-même acheter en petites quantités de seconde ou de troisième main.

Si enfin ses dépenses pour loyer, impôts, chauffage et éclairage sont modiques, on ne saurait oublier qu'il est précisément accepté comme intermédiaire par son employeur, le grand capitaliste, parce que celui-ci veut se décharger de ces dépenses, en sorte que le moindre coût de production émanant de ce dernier chef est porté en compte dans les prix modiques qu'obtient le sous-entrepreneur pour les articles fabriqués. Voilà donc l'ensemble des raisons pour lesquelles tout bénéfice que voudrait gagner le sous-entrepreneur doit-être réalisé par lui dans l'exploitation directe de la main-d'œuvre employée. Ses ouvriers, aides et apprentis, sont les seuls auxquels il

puisse tâcher de faire porter les charges de la production
et de la vie en régime capitaliste (1).

Inutile de citer ici des extraits de l'importante littérature relative au *sweating system ;* les rapports d'enquêtes,
les journaux et les revues ont assez fait connaître au
grand public les souffrances et les horreurs qu'endurent
les ouvriers dans l' « Enfer du travail ».

Le *sweater* dépeint d'ordinaire est le plus souvent un
petit patron de grande ville ; un autre type de *sweater*,
le commerçant de l'industrie à domicile rurale, a été trop
laissé dans l'ombre. Qu'on lise à son sujet le passage suivant de M. Pierre Verhaegen sur les « facteurs » dans
les industries de la dentelle et de la broderie sur tulle
en Belgique :

« Les facteurs ont compris que rien, ou presque rien,
ne devait les arrêter dans leur âpre poursuite de la fortune et ils ont inauguré, depuis une trentaine d'années,
un régime d'exploitation des ouvrières qui n'a peut-être
pas son équivalent parmi les industries à domicile établies en Belgique. Cette exploitation revêt toutes les formes : les facteurs gagnent sur le fil ; de plus, un certain
nombre d'entre eux paient en nature ; mais surtout, ils
font descendre les salaires jusqu'à ce minimum en dessous
duquel le travailleur préfère se croiser les bras ; assez
souvent même ils le dépassent, car ils savent la force
d'endurance de leurs ouvrières et la passivité avec laquelle
elles subissent leur sort ; ils connaissent le besoin qui les
contraint d'ajouter un appoint, si modeste soit-il, à leur

---

1. « Ayant obtenu l'ouvrage, ces petits patrons ne sont pas à même d'influer sur le prix du cuir, de l'encre, des outils, du loyer, ni sur aucun des
autres éléments constitutifs du coût d'exécution de l'ouvrage ; et pour cette
raison, ce sont les salaires des ouvriers, de l'équipe d'hommes qu'ils emploient, qui forment le seul élément dans le problème de la fabrication
de chaussures propre à être comprimé ; celui-ci est carrément élastique. »
(House of Lords, *First Report,* etc., *loc. cit.,* p. 36.)

Cornélissen   21

pauvre budget, et l'impossibilité où elles sont presque toutes de trouver ailleurs cette ressource : c'est le *sweating system* avec son cortège d'abus et de misères, ses longues heures de travail et les défections qui se produisent, tous les jours plus nombreuses, dans les rangs de ses victimes. » (1).

Nombreux sont les exemples, dans la liste des cas spécialement étudiés par M. Verhaegen, qui pourraient être cités à l'appui de ce jugement sévère. Non seulement à la campagne, mais aussi dans les villes (comme à Bruges et ailleurs) les malheureuses dentellières n'ont pas même le courage de se passer des intermédiaires « facteurs » et « *koopvrouwen* ». Cela d'abord parce qu'ils forcent les ouvrières à rester à leur service en leur donnant des avances sur leur salaire, et très souvent encore parce que les simples ouvrières craignent l'intermédiaire et croient qu'elles doivent lui remettre leur ouvrage sous peine d'être condamnées par le conseil des prud'hommes (2). Le fait que l'industrie à domicile peut recruter la main-d'œuvre parmi les plus misérables et les moins intelligents, c'est-à-dire parmi ceux qui peuvent le moins se défendre, ce fait a une influence essentielle.

Mais le jugement qu'on porte sur la sous-entreprise en soi se modifie à mesure qu'on se rend un compte exact de la place économique occupée par ses représentants et qu'on examine la possibilité de son abolition.

Il semble facile de réclamer la suppression pure et simple de tous les intermédiaires entre patrons et ouvriers et d'exiger que les deux parties nécessaires à la production sous le régime capitaliste entrent en rapport direct l'une avec l'autre. Mais la suppression de la sous-entreprise signifie dans nombre de cas l'abolition indirecte de l'in-

1. *La dentelle et la broderie sur tulle*, t. II, chap. IV, sect. 1, p. 39.
2. Voir surtout pour Bruges, *ibid.*, sect. 11, § 2, pages 49-50.

dustrie à domicile et n'est possible qu'en cas de substitution progressive de l'industrie en atelier ou en usine à
l'industrie à domicile. La relation étroite entre celle-ci et
la sous-entreprise, envisagée déjà ici en passant pour les
grandes villes, est parfois plus manifeste encore dans les
campagnes, où l'industrie à domicile est pratiquée en
grande partie dans les petites fermes et les maisons
ouvrières isolées. Tel est le cas par exemple des industries
de la dentelle, du gant, de la broderie sur tulle, des jouets
et de la sculpture sur bois, etc. Dans tous ces cas, la sous-
entreprise comme élément intermédiaire dans le processus
de la production ne disparaîtra qu'avec l'industrie même
et cela non seulement à cause des grandes distances dont
on doit tenir compte, mais très souvent aussi parce que
l'intermédiaire possède des connaissances techniques que
l'ouvrier n'a pas et que le fabricant de la ville ne peut
venir lui apporter en personne.

Ensuite, on aurait tort de vouloir accumuler les mauvaises conséquences sociales de l'industrie à domicile uniquement ou même en majeure partie sur le dos des intermédiaires. C'est ce qui ressort déjà de notre examen des
raisons pour lesquelles les grands entrepreneurs industriels
tendent à donner l'ouvrage à domicile et à se servir d'intermédiaires. Et cela se manifeste également lors d'une
comparaison des salaires. Dans les industries de la dentelle et de la broderie sur tulle, les cas sont nombreux où
les salaires des ouvrières travaillant directement pour les
fabricants sont tout aussi bas que ceux qui sont payés par
les facteurs. De même dans d'autres industries on voit les
intermédiaires n'être tout au plus que les instruments
dont se servent les grands industriels et n'être tolérés par
eux que parce qu'ils facilitent aux patrons proprement dits
l'abaissement des salaires jusqu'au plus bas degré possible
et la plus grande économie possible sur leurs frais de
production.

Voilà, par exemple, pourquoi la Commission de Statistique Ouvrière en Allemagne, partie de l'opinion courante que la sous-entreprise est la plaie par excellence des industries de la confection, a dû modifier, au cours de son enquête, son jugement sur le rôle social du sous-entrepreneur (*Zwischenmeister*).

La Commission a dû reconnaître que, dans les industries de la confection, il travaille régulièrement avec ses ouvriers, qu'il se charge des relations directes avec le confectionneur (recherche et livraison de l'ouvrage), de la distribution et de la direction du travail, besogne à laquelle s'ajoute encore régulièrement l'exécution de certaines parties du finissage (repassage, pose de boutons, etc.). Bien souvent aussi la Commission s'est rendu compte que la coupure des étoffes incombait au *Zwischenmeister* (comme celle du cuir au *sweater* cordonnier de Londres). Enfin, dans les très petits ateliers, l'ouvrier sous-entrepreneur prend encore sa part d'autres travaux de toutes sortes.

Mais c'est particulièrement au sujet des salaires que la Commission est arrivée à des conclusions intéressantes : « L'enquête n'a pas trouvé de points d'appui pour justifier l'assertion que la sous-entreprise comme telle entraîne pour les ouvriers des réductions de salaires ; et en particulier, quant à l'assertion que ce sont les *Zwischenmeister* qui surtout abaissent les salaires, on s'est heurté à cet argument très juste que là où les confectionneurs occupent directement les ouvriers, les salaires ne sont nullement plus élevés. » (1).

Ces constatations se retrouvent un peu partout. La Commission d'Enquête qui a étudié en 1896 les conditions de travail des ouvrières viennoises, malgré sa critique de la sous-entreprise, a fini pourtant par dire : « Néanmoins, on

---

1. *Drucksachen*, etc., *Verhandlungen*, n° 13 (*Bericht*), p. 4.

ne serait pas entièrement juste envers la sous-entreprise, si on ne tenait pas compte de ce qu'elle est destinée, elle aussi, à répondre aux besoins variables de travail. Les entreprises des *Zwischenmeister* sont les cadres à l'intérieur desquels peuvent être répartis automatiquement, d'après les besoins des entrepreneurs, un nombre plus ou moins grand d'heures de travail. » (1).

Sous le triste régime de production que sont les industries à domicile des grandes villes, et surtout les industries saisonnières, la sous-entreprise est un mal inévitable, aussi inévitable que dans les industries à domicile des campagnes.

Bien qu'il soit rare que les salaires individuels atteignent, dans les industries à domicile, le niveau du coût d'entretien des ouvriers intéressés pris chacun pour soi et moins encore celui d'une famille ouvrière, j'ai cru cependant devoir ranger les conditions de travail et de salaire dans ces industries parmi celles des catégories de travail salarié où la tendance la plus forte est celle à la concordance entre le salaire et le coût de subsistance de l'ouvrier.

Pour autant que les salaires des ouvriers à domicile sont des salaires d'appoint, ils aident à hausser d'autres salaires jusqu'à ce niveau du coût de subsistance que l'ouvrier veut d'abord atteindre et qui a été noté pour les différentes catégories de travail salarié étudiées jusqu'ici. Le salaire d'appoint gagné par l'ouvrier à domicile doit être considéré régulièrement comme nécessaire au budget de la famille ouvrière (2).

Dans le salaire familial proprement dit, le rapport

1. *Die Arbeits-und Lebensverhælinisse der Wiener Lohnarbeiterinnen*, Introduction, p. VIII. Cf. aussi l'opinion très différente qu'expriment sur les « entrepreneuses » les ouvrières dans la lingerie parisienne. (*Enquête sur le travail à domicile dans l'industrie de la lingerie*, t. I, Vᵉ partie, VII, p. 759 et les endroits auxquels renvoie le texte.

2. Voir entre autres *Drucksachen*, etc., *ibidem*.

entre chacun des salaires individuels qui le composent et
le coût d'entretien du membre de la famille qui le gagne
est difficile à déterminer ; mais, comme on l'a vu, un
tel rapport entre le salaire familial dans son ensemble
et le coût de subsistance nécessaire de la famille ouvrière entière est au contraire manifeste. Le niveau
de ce coût peut varier selon le milieu social et la branche de métier particulière (voir pages 313-314), mais ce
rapport ne disparaît jamais et se maintient même au
cas où ce niveau serait sensiblement dépassé dans des
familles ouvrières comptant plusieurs membres adultes.

Nous avons fait ressortir déjà la nécessité de tenir
compte, en jugeant des salaires dans l'industrie à domicile, du milieu social. Pour les détails je renvoie au chapitre XVII du présent ouvrage ; mais il faut être prudent
dans leur interprétation. Par exemple : si, dans les industries belges de la dentelle et de la broderie sur tulle, on compare les salaires des villes aux salaires des campagnes, il n'y
a pas lieu de parler d'une différence quelque peu sensible
dans le taux du salaire selon le milieu social, et il paraît
même souvent, la comparaison portant sur un grand nombre de communautés et des groupements très différents,
que les salaires payés dans les campagnes sont plutôt plus
élevés que ceux payés dans les villes. La raison en est
que les industries de la dentelle et de la broderie sur tulle
sont encore le plus vivaces à la campagne. En ville, au
contraire, où les jeunes femmes séduites par les salaires
plus élevés des usines désertent en masse l'industrie
dentellière, c'est la main-d'œuvre usée des hospices qui lui
est restée fidèle, ainsi que les mères de famille ayant
quelques heures par jour à donner au travail dentellier.
Ainsi, malgré des déviations apparentes, la règle générale s'applique aussi à ces industries où les salaires des
campagnes, étudiés de près, ne cessent jamais d'exercer
une pression sur les salaires des villes et de les abaisser.

Pour l'industrie à domicile en général, cette pression commence à se révéler dès que le travail peut être exécuté en partie ou en entier à la campagne, loin des grands centres où sont établis les entrepreneurs. Par exemple, dans la cordonnerie et la chaiserie, les bas salaires payés dans les villages ouvriers (1) exercent une influence indéniable sur les salaires payés en ville ; de même dans l'industrie gantière (2), dans la lingerie (3), etc.

L'influence exercée par la province et la petite ville se fait encore sentir dans plusieurs branches de la confection où le travail à domicile reste plus particulièrement localisé dans les grandes villes. Prenons comme exemple la situation dans la confection de vêtements berlinoise en 1896 : « Il est apparu que cet abaissement des salaires ne trouve pas au fond sa cause dans les conditions d'écoulement de cette branche d'industrie, mais dans les efforts de quelques maisons pour concurrencer certaines

---

1. Voir par exemple, sur l'industrie à domicile dans les villages saxons de chaisiers, LUDOLF MAASS, *Der Einfluss der Maschine auf das Schreinergewerbe in Deutschland*, chap. V, p. 74 : « Grâce aux prix scandaleux que le grand commerçant paie, il force le chaisier à domicile à travailler avec une hâte excessive et à exploiter la main-d'œuvre des membres de sa famille (pour le tressage et le vernissage). Par là, le commerçant accélère beaucoup la production et peut livrer les chaises ordinaires à meilleur marché encore que le grand fabricant. Celui-ci en abandonne la production et se livre entièrement à la fabrication de chaises de meilleure qualité. »

2. Voir l'Enquête viennoise et particulièrement l'interrogatoire de l'experte n° 135, sous-entrepreneuse dans la couture de gants : « D{^r} *Schwiedland* : Est-ce que, depuis que vous travaillez, les prix ont été abaissés par les fabricants ? — Exp. N° 135 : Il y a dix ans, j'obtenais 13 kreuzers pour une paire de gants pour homme ordinaires pour laquelle je reçois aujourd'hui 9 à 10 kr. Cet abaissement du prix provient de la concurrence que font les ateliers de couture des campagnes. » (*Die Arbeits-und Lebensverhæltnisse*, etc., p. 500.)

3. Nombre de lingères travaillant à Paris à domicile se plaignent de la concurrence que font la province et — autres milieux collaborant essentiellement à l'abaissement des salaires — les couvents. Voir *loc. cit.* III° partie, n°s 96, 111, 112, 116, 317, 367, etc.

entreprises établies hors ville, qui fabriquent, dans des conditions locales tout autres, une marchandise tout à fait inférieure. On a nettement constaté qu'une telle concurrence avec des villes plus petites (par exemple Aschaffenburg) où la subsistance ouvrière est beaucoup moins chère que dans la capitale est une tentative vaine. Pour cette raison, l'opposition ouvrière à un abaissement de salaire avec ce point de départ a dû être reconnue comme parfaitement justifiée. » (1).

Ainsi, pour le travail à domicile sous ses différentes formes, la *valeur d'usage* et tout particulièrement la *productivité du travail* exercent toujours une influence sensible. Et, ici de nouveau, cette influence se traduit spécialement dans les *différences* en salaires. Pour certaines branches d'industrie à domicile (dentelle et broderie sur tulle, lingerie, etc.), il se manifeste que, malgré le bas niveau général des salaires, les salaires individuels varient indéfiniment. Depuis les ouvrières les moins capables jusqu'aux plus habiles, les salaires montent peu à peu pour atteindre presque le niveau du salaire des manœuvres-hommes, — c'est-à-dire celui du coût d'entretien minimum d'une famille ouvrière.

Ces variations innombrables des gains du travail s'expliquent d'autant plus facilement que, dans l'industrie à domicile surtout, le travail est fait aux pièces et se compte d'après le nombre d'exemplaires ou le métrage des articles fabriqués.

La différence en valeur d'usage du travail peut encore se réduire, dans l'industrie à domicile comme dans l'industrie en atelier, parce qu'un article fabriqué est plus recherché qu'un autre ; et ici encore cette différence peut entraîner des différences correspondantes en salaires. Ainsi une dentellière tout en étant douée des mêmes

1. *Das Gewerbegericht, Ausserordentliche Beilage zu* n° 6, 1896, p. 79.

capacités et tout en travaillant avec la même intensité gagnera plus par la fabrication de dentelles de Bruges que par celle de Valenciennes pour cette simple raison que la Valenciennes est temporairement moins recherchée.

Il suit de tout ce qui précède que les deux valeurs de *production* et d'*usage* se rencontrent et agissent partout l'une sur l'autre dans l'industrie à domicile; et que c'est sous l'action commune de ces deux valeurs que s'établit en définitive la *valeur d'échange* du travail et son expression en argent, le *salaire*.

CHAPITRE XV

CONDITIONS DE TRAVAIL DES OUVRIERS DE MÉTIER (OUVRIERS « QUALIFIÉS ») ET DES SPÉCIALISTES DANS LES DIVERSES BRANCHES DE PRODUCTION

Nous devons dès à présent opposer aux diverses catégories d'ouvriers dits « non qualifiés », manœuvres et aides, les ouvriers dits « qualifiés » ou « de métier » et les spécialistes dans les diverses branches d'industrie. Et nous rangeons dans ces dernières catégories tous les ouvriers dont le travail exige un apprentissage spécial plus ou moins long ou la possession de certains dons naturels (physiques et intellectuels) particuliers et plus ou moins exceptionnels.

Prenons comme exemple une grande usine moderne de filature et de tissage. On regardera comme ouvriers de métier et spécialistes les tisserands et fileurs ; le mécanicien de la fabrique ; les aiguiseurs, qui ont à remettre les cardes et à les tenir en état ; les divers ouvriers et ouvrières qui travaillent au finissage des tissus et qui, par toutes sortes de trucs qu'ignorent les clients, corrigent les défauts de fabrication et réussissent à donner aux étoffes l'aspect

séduisant recherché ; les plieurs, qui dans les grands établissements de tissage comme dans les ateliers de teinturerie et d'apprêts, sont de véritables artistes ; etc. Le
travail des dernières catégories énumérées est parfois
simple en apparence, mais peut exiger en réalité de grandes capacités techniques, voire souvent un goût spécial.

Consultons de nouveau, pour Paris et sa Banlieue, la
Statistique française de 1891-1893 (1) :

« A partir de 5 fr. 5o, on commence à trouver, outre les
manœuvres bien exercés, les ouvriers de métiers difficiles, à leur début dans la profession, et ceux dont le métier
offre peu de difficultés.

« A partir de 9 francs par dix heures, on a des ouvriers
de choix payés à l'heure ; mais les ouvriers de métier
ordinaires, dans le travail des métaux, dépassent encore
ce taux lorsqu'ils sont aux pièces.

« Nous avons vu, d'autre part, que le salaire des
ouvriers de choix pouvait atteindre 12 à 15 francs (ferblantiers, bijoutiers, graveurs, sculpteurs, décorateurs, forgerons) et parfois 20 à 25 francs.

« On voit entre quelles limites étendues varie la valeur
relative du salaire dans les diverses professions. »

Ces données sont nécessairement formulées en termes très généraux ; les maxima et minima de salaires
notés pour les diverses catégories de travailleurs diver-
gent fortement ; en partie, il n'y a d'indiqué que le salaire
minimum. Il n'en saurait guère être autrement dans un
aperçu aussi vaste, s'étendant aux industries et aux métiers les plus différents d'une agglomération considérable. Et lorsque cette même statistique, en dehors du
milieu spécial d'une capitale, s'efforce de formuler les
résultats de son étude dans la période donnée pour la

1. *Salaires et durée du travail dans l'industrie française*, t. I (Département de la Seine), Analyse, 2e partie, I., pages 511-512. Cf. pages 174-175 du présent volume.

France en‘i.:e, ses conclusions sont nécessairement. exprimées en termes plus vagues encore jusqu'à ce qu'enfin la possibilité de formuler des conclusions générales prenne fin, d'après l'opinion même des statisticiens (1).

En effet, les ouvriers de métier et les spécialistes sont les plus difficiles à classer d'après des règles générales, précisément à cause de la complexité des influences qui interviennent pour chaque cas en particulier.

Néanmoins, les conditions de travail de ces ouvriers dans les diverses sphères de production présentent des concordances. Toutes réserves formulées et toutes précautions prises, il est possible de poser quelques règles générales concernant le travail et le salaire de ces catégories d'ouvriers comparées à celles qui sont étudiées dans les chapitres précédents.

Voici déjà une règle formulée en termes très généraux et qu'on doit proprement regarder comme la base de toutes les recherches sur le point qui nous occupe (Cf. p. 181) :

Dans les branches de métier les plus différentes et toutes circonstances de production égales, par exemple dans les mêmes entreprises, le travail des ouvriers de métier et des spécialistes obtient des conditions de marché meilleures que le travail des soi-disant ouvriers non qualifiés.

Nous avons vu appliquée déjà cette règle dans plusieurs industries : dans la confection de vêtements et de chaussures à domicile (cf. ci-dessus p. 306) ; dans l'industrie de la dentelle (p. 303); dans l'agriculture lorsqu'il agissait d'opposer les ouvriers spécialistes de l'horticulture ou de la fruiticulture, etc., aux journaliers ordinaires (p. 226) ; et ainsi de suite.

Le rapport entre le prix de travail que peut réaliser

1. Cf. *ibid.*, t. IV, 1re partie, 4e sect., V, p. 198.

l'ouvrier qualifié comparé à l'ouvrier « non qualifié » ou peu qualifié varie dans les diverses branches de production selon les circonstances dans lesquelles les ouvriers de chaque catégorie offrent leurs bras, circonstances que nous devons maintenant étudier de plus près pour les ouvriers de métier et les spécialistes.

Dans le chapitre X, nous avons comparé les salaires des aides et des ouvriers de métier dans le bâtiment à Paris, puis en France dans deux métiers typiques, enfin aux Etats-Unis dans un seul métier (aide charpentier et charpentier). Nous avons alors constaté une certaine stabilité dans la proportion des salaires des manœuvres et des ouvriers de métier, proportion qui peut se formuler de deux manières : les salaires des ouvriers « non qualifiés » n'atteignent en moyenne que les deux tiers environ des salaires que gagnent sous les mêmes conditions de travail, voire dans les mêmes entreprises, les ouvriers de métier ; ou bien les salaires des ouvriers de métier dépassent de la moitié ceux des manœuvres.

Nous avons vu que le facteur sur lequel s'établit essentiellement le salaire dans les diverses catégories de travail « non qualifié » est le coût nécessaire à la formation et à l'entretien de l'ouvrier, coût variable suivant le milieu social. Nous retrouvons ce même coût dans les catégories de travail « qualifié », au point que la différence de salaire entre les ouvriers des deux catégories porte nettement, dans plusieurs industries, le caractère d'un *supplément* qui s'ajoute, pour la fixation du salaire des ouvriers de métier, à celui des ouvriers « sans métier ».

Le coût d'existence minimum traditionnellement fixé dans une population pour l'ouvrier et sa famille disparaît donc plus ou moins aux yeux de l'observateur quand il s'agit de la catégorie spéciale d'ouvriers étudiés ici. Mais ce coût minimum subsiste toujours comme une

sorte de limite inférieure se révélant dès que la situation
de l'ouvrier qualifié, sous des circonstances de travail
particulièrement défavorables pour lui, n'est plus privilégiée comparée à celle de l'ouvrier non qualifié.

Le cas supposé ici peut se présenter d'abord lorsque la
demande des produits de l'ouvrier spécialisé diminue sensiblement comparée à celle des articles fabriqués par
l'ouvrier non qualifié ou peu qualifié. Maintenant que la
dentelle de Malines devient de moins en moins recherchée comme article de commerce, la dentellière expérimentée pour cet article perd l'avantage qu'elle avait sur
l'ouvrière ordinaire ; son salaire peut baisser jusqu'au
niveau de famine de cette dernière, et il devient possible
même qu'elle gagne plus en faisant de petites dentelles
ordinaires que de belles pièces (1). Voilà un exemple
comme on en trouverait bien d'autres dans les branches
de production les plus différentes, surtout par suite du fait
que la généralisation de la demande d'un article tend
toujours à en mettre au premier plan les qualités inférieures aux dépens des qualités les meilleures et les plus
chères et que les ouvriers très habiles sont parfois peu
aptes à la fabrication de camelote.

L'avantage que l'ouvrier habile ou le spécialiste a dans
son métier sur l'ouvrier peu qualifié ou sur le simple manœuvre peut également se perdre lorsque — la demande de
main-d'œuvre étant la même pour les deux catégories —
le nombre des ouvriers plus qualifiés s'accroît beaucoup
plus vite que celui des moins qualifiés. Mais ce dernier
cas se présente plus rarement, attendu que les ouvriers
les plus qualifiés et les spécialistes dans les diverses industries peuvent souvent prendre la place des ouvriers moins
qualifiés et manœuvres et concurrencer ainsi ces derniers,

1. Voir un cas typique de ce genre chez PIERRE VERHAEGEN, *loc. cit.*,
t. II, chap. IV, sect. II, p. 112 (n° 208).

mais que l'inverse n'est guère possible. Régulièrement, sous le régime de la libre concurrence, l'offre de main-d'œuvre peu qualifiée tendra pour cette raison dans les diverses industries à dépasser plus vite que l'offre de main-d'œuvre très qualifiée la demande effective du travail de l'une et l'autre catégories. Aussi verrons-nous que c'est surtout cette offre plus grande d'ouvriers peu qualifiés qui décide de la différence, pour les conditions de travail et de salaire, entre eux et les ouvriers qualifiés. Mais les ouvriers qualifiés perdraient leur avantage si, par exemple, en cas de mauvaise situation du marché, les ouvriers dits « non qualifiés » réussissaient par la force de l'organisation à empêcher l'afflux dans leur métier de main-d'œuvre extérieure et à repousser tous ceux qui descendent vers eux des catégories supérieures du métier. Même conséquence en fait, si les ouvriers plus qualifiés refusent par orgueil professionnel, dans les circonstances supposées, d'occuper les places d'ouvriers soi-disant « non qualifiés ».

Supposons que la différence en conditions de travail et de salaire soit le plus prononcée en faveur des ouvriers de métier et en défaveur des manœuvres d'une même branche d'industrie : même dans ce cas le salaire des premiers, voire celui des plus capables d'entre eux (vrais ouvriers de choix), ne saurait être considéré comme se réglant uniquement sur la productivité de leur travail, c'est-à-dire, en dernière instance, sur les prix de marché de leurs produits. Ceci serait en contradiction avec le fait fondamental, exposé au commencement du présent ouvrage, que le travail est lui-même une marchandise dont le prix est réglé par ses propres conditions de marché.

Dans la pratique, cela se démontre déjà par ce simple fait que l'entrepreneur capitaliste, s'apercevant que ses marchandises rapportent au marché plus ou moins que le

prix escompté par lui, n'aura pas à hausser immédiatement le salaire de ses ouvriers dans l'un des cas, pas
plus qu'il ne pourra dans l'autre leur faire supporter les
pertes subies.

Dans l'un de ces cas le raisonnement de l'entrepreneur
capitaliste sera le suivant : Qu'est-ce que mes ouvriers
ont à réclamer ! j'ai acheté leur travail aux conditions de
marché momentanées de cette marchandise spéciale ; si
ces conditions ont été éventuellement en leur défaveur, à
eux, vendeurs, tant mieux pour moi, acheteur ; s'ils veulent hausser leurs salaires, qu'ils tâchent d'influer de leur
côté sur les conditions du marché, comme je m'y efforce,
moi, du mien.

Dans l'autre cas au contraire, dès que l'entrepreneur
s'avisera d'abaisser les salaires au-dessous du taux
habituel de l'industrie et du milieu spécial, les ouvriers
le sommeront aussitôt de maintenir leurs salaires, tout
en fabriquant avec perte, ou bien de cesser son entreprise
par manque de main-d'œuvre compétente.

Même constatation pratique lorsqu'il s'agit de tarifer
dans une fabrique soit un nouvel article, soit un article déjà
fabriqué, mais exécuté sur une nouvelle machine, c'est-à-
dire de déterminer le prix d'un travail dont la productivité n'est pas suffisamment connue. Si, dans ces cas, les salaires aux pièces étaient provisoirement fixés d'après le
produit fourni (sans naturellement que l'ouvrier reçoive le
produit intégral de son travail, ce qui serait incompatible
avec le régime de production capitaliste) une telle mesure
imposée par la contrainte ne pourrait avoir qu'un caractère temporaire et ne serait pas propre, d'un point de vue
capitaliste, à servir de base à la réglementation définitive
des salaires. Du côté de l'entrepreneur surtout, elle serait
ce qu'un document anglais a appelé « un saut dans l'obscur »(1), et elle devrait être modifiée dès qu'il se démontre-

1: Voir dans le Rapport du BOARD OF TRADE, *Report on Standard Piec*

rait que les salaires fixés d'après la mesure transitoire seraient de beaucoup inférieurs ou supérieurs à ceux payés aux ouvriers d'industries similaires dans le même milieu social et aux ouvriers de la même branche dans des entreprises voisines.

Pour neutraliser dès l'abord les conséquences d'un tel « saut dans l'obscur », on emploie différents procédés. Fréquemment on applique des « échelles mobiles » (*sliding scales*) en usage surtout dans les industries anglaises et destinées à faire concorder du moins quelque peu les salaires ouvriers avec les prix de vente des produits, et on établit un *minimum* et un *maximum* que les salaires ne peuvent pas dépasser, si hauts ou si bas que soient éventuellement les prix de marché des marchandises (1).

Rates of Wages and Sliding Scales in the United Kingdom (1900), l'échelle mobile des travailleurs du Fer et de l'Acier dans les *Midlands* d'Angleterre. Les salaires des puddleurs–ouvriers de fabrique se règlent dans ces régions sur une échelle mobile acceptée de part et d'autre par les patrons et les ouvriers et d'après laquelle le taux du salaire par tonne présente toujours une certaine relation avec le prix de vente du fer qui est noté bimensuellement par des teneurs de livres choisis exprès. Le secrétaire du Conseil de salaires (*Wages Board*) décrit en termes suivants comment l'échelle mobile actuelle s'est établie peu à peu, par sauts et par bonds, après essais successifs, à partir d'octobre 1889 où l'on avait accepté une base nouvelle pour le calcul des salaires : « Comme il s'agissait ici d'une innovation et nous trouvant sans expérience, ce fut en réalité un saut dans l'obscur lorsque nous fixâmes la prime à 1 *shilling* 9 *pence* par tonne. Bientôt cette prime fut reconnue comme trop élevée parce qu'elle donnait un taux de salaire supérieur à celui de l'Angleterre du Nord. La question de la prime fut alors laissée pour un temps de côté bien que les teneurs de livres continuassent à relever les chiffres, et pendant quelque temps le principe conducteur fut de fixer pour les Midlands un taux de puddlage supérieur de 6 *pence* par tonne à celui de l'Angleterre du Nord. En juillet 1893 des données suffisantes avaient été recueillies quant aux effets de la nouvelle base de calcul et l'échelle fut mise en vigueur (*was made self-acting*) à raison d'une prime de 1 sh. 6 p. par tonne. » (*Loc. cit.*, p. 28.)

1. Voir par exemple dans le même Rapport anglais les tarifs de salaires des travailleurs du Fer et de l'Acier dans la Galles du Sud et dans le Monmoutshire (*Ibidem*, p. 31).

De même le fabricant désirant introduire un nouvel
article quelconque ou exécuter de vieux articles sur des
machines nouvelles, fait souvent travailler ses ouvriers
au temps, même s'ils avaient l'habitude de travailler aux
pièces, jusqu'à ce qu'il connaisse exactement la quantité de produit qu'ils pourront fournir en moyenne sous
les conditions de production nouvelles, de manière à adapter au nouveau système de production les conditions de
travail et à établir un tarif définitif. C'est là un procédé
appliqué dans plusieurs industries : fabriques de chaussures, filatures et tissages, et même dans les industries à
domicile.

Toutes les réglementations de salaires qui ont pour but,
comme les échelles mobiles, de faire varier les gains des
ouvriers selon la productivité de leur travail, servent aux
patrons de moyen pour stimuler le zèle de l'ouvrier afin
de le faire fournir, dans chaque unité de temps, la plus
grande quantité de produit possible. Cette méthode de
stimulation est plus rémunératrice pour l'entrepreneur
capitaliste à mesure précisément que la main-d'œuvre
est plus qualifiée et que des stimulants d'autres sortes
(surveillance par des contremaîtres, menaces de congé en
cas de productivité insuffisante, etc.) manquent leur effet
si même ils ne sont pas absolument impraticables d'après
la nature du métier. La main-d'œuvre qualifiée n'étant pas
si facile à remplacer que la main-d'œuvre « non qualifiée », l'ouvrier de métier habile sera traité d'ordinaire
par son employeur avec certains égards et cela selon
qu'il est plus capable. L'entrepreneur capitaliste guidé
par son intérêt bien compris, peut souvent accorder une
concordance plus étroite entre le salaire et la productivité du travail pour les ouvriers très qualifiés que pour
les ouvriers moins qualifiés. Et c'est particulièrement
dans la grande industrie avec son contingent considérable d'aides et de manœuvres qu'il y a lieu de constater

à ce propos l'existence de privilèges réels accordés aux
ouvriers plus qualifiés aux dépens de ceux qu'on compte
parmi les « non qualifiés », ouvriers dits « sans métier ».
Evidemment il est plus facile de favoriser dans une
grande usine quelques personnes en nombre relativement
restreint que de rendre les conditions de travail suppor-
tables pour tout le monde ou à peu près. Et c'est ainsi
que le principe *divide et impera* est appliqué avec succès
par plusieurs grands industriels vis-à-vis de leur personnel.

Lorsque la productivité du travail devient un facteur
plus puissant pour la fixation du salaire et qu'on détermine en même temps, par l'établissement d'un minimum
et d'un maximum, les limites dans lesquelles pourra se
mouvoir le rapport direct entre le salaire et la productivité du travail, on ne fait en fin de compte que déterminer
un supplément au-dessus du salaire qui correspond pour
l'ouvrier à un minimum de frais de subsistance, mais non
un rapport absolu et durable du salaire à la productivité
du travail. La comparaison des salaires des ouvriers « non
qualifiés » et des ouvriers « qualifiés » enseigne même que,
dans plusieurs ateliers ou fabriques, ce n'est pas la base
proprement dite du salaire qui change, mais que c'est plus
particulièrement le supplément en question ; bref ce
qu'on voit varier avec la productivité du travail, c'est la
différence en salaire entre les deux catégories d'ouvriers.

Cela se manifeste non seulement lors de l'application
du système des échelles mobiles avec minimum et maximum de salaire, mais aussi lors de celle des « primes »
accordées dans nombre de fabriques et d'ateliers au-dessus
d'un certain salaire minimum et qui montent avec la productivité du travail. Même constatation lorsque l'ouvrier
travaille « aux pièces » d'après un tarif fixe, mais tout en
étant assuré d'un salaire minimum qui lui est garanti. De
tels systèmes et d'autres analogues sont très fréquents

dans certaines branches de la grande industrie (mines de houille, verreries à bouteilles, filatures, tissages, etc.) surtout pour des catégories de travail pour lesquelles la quantité et la qualité du produit sont extrêmement influencées par la qualité des matières premières travaillées ou par des circonstances de production extérieures, dépendant de la nature du sol, du temps qu'il fait, de l'action plus ou moins favorable de certains procédés chimiques, etc. (1).

On verra dans un prochain chapitre qu'un rapport étroit lie toujours dans la pratique le salaire au temps et celui aux pièces, bien que le second semble refléter plus fidèlement que le premier la productivité du travail. Si la garantie d'un certain minimum de subsistance comme base du salaire continue toujours à exister, elle n'est pas toujours, sous les différents modes de calcul du salaire et dans tous les cas qui peuvent se présenter, visible au même degré. Et c'est particulièrement en ce qui concerne les catégories de travail qualifié des ouvriers de métier et des spécialistes que les économistes ont pu le plus facilement tomber dans l'erreur de croire que le salaire est directement réglé, sans plus, par la productivité du travail de l'ouvrier.

Dégageons maintenant les causes sur lesquelles est fondée, en dernière analyse, la situation favorisée de l'ouvrier de métier ou du spécialiste comparativement à celle de l'ouvrier « sans métier » ou peu qualifié. De la simple constatation des faits relatifs à cette situation, on peut déjà

1. Voir par exemple pour l'Angleterre *Report on Standard Piece Rates of Wages*, etc. (1900), p. X où on est renvoyé à la méthode de fixation du salaire des souffleurs de bouteilles dans le Lancashire et certaines régions de l'Angleterre du Nord : « L'employeur y garantit à l'ouvrier un taux minimum de salaire au temps, abstraction faite de la quantité de travail produit, en lui promettant en même temps une certaine somme d'argent en plus s'il produit dans un temps donné une quantité déterminée. »

entrevoir leur explication. Cependant, pour notre Théorie générale, les divers motifs entrant ici en jeu ont encore besoin d'être exposés brièvement. Nous ne répéterons pas à cette place toute l'explication donnée plus haut (p. 182 et suiv.) pour démontrer que les conditions de marché moins favorables qu'obtiennent les ouvriers « non qualifiés » ne proviennent pas de ce que leur travail satisferait des besoins moins urgents et moins intenses que le travail des ouvriers qualifiés et qu'il posséderait par suite une moindre valeur d'usage — individuelle ou sociale — que ce dernier ; ni de ce qu'il existerait une différence absolue en productivité de travail pour les deux catégories.

Comme on peut parler d'une différence en productivité aussi longtemps qu'on compare des activités humaines absolument pareilles dans une branche de production quelconque, il est naturel que les conditions de travail de l'ouvrier de métier expérimenté ou du spécialiste peuvent s'améliorer à mesure que, dans la même unité de temps, il fournit plus de produits ou des produits de meilleure qualité que son voisin moins habile. Mais lorsqu'on fait abstraction des différences en salaire entre ouvriers d'une même catégorie, — différences réglées ici, comme chez les ouvriers « non qualifiés », par la productivité respective du travail, — et que, en opposition à pareilles différences en salaires, on veut précisément s'expliquer toutes les différences entre ouvriers travaillant dans des sphères de production très différentes et fournissant des produits hétérogènes, dans ce cas, nous l'avons vu, le motif du plus ou moins de productivité n'est plus efficient (1).

Conformément aux conclusions auxquelles nous avons abouti lors de notre étude des ouvriers « non qualifiés »

1. Cf. ce qui a été dit à ce sujet dans notre critique de la Théorie « utilitaire », plus haut p. 128.

(p. 184), nous constatons: Pour s'expliquer les différences dans les conditions de travail des ouvriers de métier et des spécialistes d'une part, des ouvriers dits «sans-métier» de l'autre, et tous les avantages dont jouissent régulièrement les premiers comparés aux seconds; pour s'expliquer aussi toutes les différences en rémunération entre ouvriers fournissant des produits hétérogènes, il faut moins regarder les produits respectifs de chaque travail ou les besoins humains satisfaits par ces produits, que les personnes des travailleurs et plus particulièrement le nombre de ceux qui se présentent chaque fois au travail, et la norme de vie qu'ils réclament.

Le professeur américain T. N. Carver, quoique mettant au premier plan, comme « utilitariste », dans sa théorie du salaire, la productivité du travail, a fait pourtant la remarque suivante :

« Il est impossible de dire avec certitude que le travail du caissier est d'une façon absolue plus productif que celui du maçon... Si le caissier reçoit un meilleur salaire que le maçon, cela ne tient pas à quelque habileté supérieure absolue, mais à ce que l'espèce d'habileté que possède l'un est moins abondante que celle que possède l'autre. » (1).

Cette remarque est très juste. Et la même règle que nous avons vu déjà s'appliquer pour les ouvriers soi-disant «non qualifiés » vaut aussi d'une manière générale pour les catégories d'ouvriers dits « qualifiés ». Plus la main-d'œuvre disponible pour chaque travail spécial reste inférieure à la demande dans la vie sociale, plus le facteur de la valeur d'usage intervient avec force pour hausser le salaire. Et naturellement l'inverse est vrai au cas où l'offre de main-d'œuvre dépasse la demande. Pour le reste vaut égale-

1. T. N. CARVER, *The Theory of Wages adjusted to recent Theories of Value*, dans *The Quarterly Journal of Economics*, Boston, juillet 1894, p. 402.

ment la remarque faite ci-dessus (p. 185) qu'il n'est pas
question ici de la valeur d'usage au sens général du mot,
ni de tous les besoins réels qui pourraient demander
satisfaction, mais seulement de la valeur d'usage au
sens limité et capitaliste qui caractérise la société actuelle.

Cependant, si les conditions plus favorables dans lesquelles le travail qualifié se trouve normalement au marché et même les différences en salaire entre diverses catégories de ce travail doivent être expliquées par le rapport
relatif de l'offre à la demande de main-d'œuvre, il s'ensuit nécessairement que ces conditions favorables cessent d'exister — même pour les ouvriers de métier et les
spécialistes les plus qualifiés — dès que leur main-d'œuvre cesse d'être plus recherchée sur le marché de travail
que celle de l'ouvrier moins habile ou moins spécialisé.

Ceci arrive en réalité et se révèle de toutes manières à
quiconque compare entre elles les diverses industries. Le
phénomène constaté dans le présent chapitre (p. 334) relativement aux ouvriers « qualifiés » et « non qualifiés » du
même métier vaut encore pour les diverses industries en
général : les ouvriers de métier plus qualifiés dans une
industrie quelconque peuvent perdre leur supériorité en
rémunération et être rabaissés au rang des manœuvres et
aides ou au-dessous à mesure que des circonstances techniques, les changements de la mode, etc., rendent la marchandise spéciale qu'est leur travail moins recherchée sur
le marché que jadis. Il est évident que cela tient précisément à la plus grande influence qu'exerce dans leur cas
la valeur d'usage du travail, c'est-à-dire la valeur et le
prix des articles fabriqués par eux.

Dans plusieurs sphères, des métiers entiers d'ouvriers
qualifiés ont été complètement déprimés parce que la
demande de leurs produits diminuait ou cessait entièrement, — soit dans un sens absolu, soit du moins comme
articles de travail qualifié. Ainsi ont disparu successive-

ment dans les pays industriels avancés plusieurs catégories de travail à la main dans les industries textiles (tissage de certaines étoffes, imprimerie sur coton, etc.) ; dans d'autres métiers, — ceux par exemple des graveurs sur bois et sur cuivre, sérieusement atteints par les inventions et les perfectionnements techniques, — le travail de l'ouvrier de métier n'est pas entièrement repoussé du marché, mais ses conditions de travail ont néanmoins baissé considérablement, même s'il appartient aux ouvriers les plus qualifiés.

L'habileté professionnelle dans une sphère quelconque de production ne conduit donc pas nécessairement à des conditions de salaire dépassant la norme de vie des ouvriers « non qualifiés » ; cette vérité se manifeste encore avec évidence dans les industries où, par suite de circonstances particulières (la formation surabondante d'apprentis par exemple), le nombre des ouvriers de métier a augmenté de façon à faire de la possession des capacités spéciales nécessaires la part commune de toute une population ouvrière. Cet autre facteur de la dépréciation du travail qualifié par suite d'un rapport défavorable de l'offre à la demande de main-d'œuvre a été déjà envisagé à propos des vastes catégories du travail féminin. Mais elle n'est pas limitée à ces catégories. Par exemple : dans l'industrie cotonnière à Gand (comme ailleurs) le nombre des « rattacheurs » a augmenté peu à peu de telle façon qu'ils ne réussissent dans beaucoup de filatures à devenir « fileurs » qu'à l'âge de trente ou trente-cinq ans, non pas parce que les capacités du métier leur manquent avant cet âge, mais parce que le nombre des concurrents pour chaque place est trop grand (1). Il est

_____

1. « En 1817, on devenait fileur à 17 ans ; cet âge s'est petit à petit élevé, parfois jusqu'à 30, 35 ans, âge auquel quelques-uns des rattacheurs parviennent à devenir fileurs. Il y a des exceptions, mais de plus

naturel que la concurrence que leur font ainsi les aides
et les apprentis pèse lourdement sur la situation économique des ouvriers de métier, même les plus habiles (1).

En outre, la situation plus ou moins favorisée des
ouvriers de métier et spécialistes, tout en se maintenant,
offre encore souvent un revers qu'on aurait tort de négliger. A cause de leur développement dans une direction
très spéciale, ils se trouvent plus ou moins placés en
dehors du grand courant de la concurrence; cependant, en
temps de malaise et de crise dans leur industrie spéciale,
ils trouvent aussi moins d'occasions à changer de métier
sans devenir immédiatement ouvriers non qualifiés ou
manœuvres (2). Il arrive ainsi fréquemment que les ouvriers
de métier et les spécialistes travaillent dans des conditions plus avantageuses que les ouvriers « non qualifiés »,
mais que, par contre, leur travail est aussi plus irrégulier que celui de ces derniers, de sorte que leur situation
n'est pas en somme aussi favorisée qu'il semble. Si donc

---

en plus rares. » (*Les salaires dans l'industrie gantoise*, I. *Industrie cotonnière*, 3e partie, p. 97.)

1. « Les ouvriers se cramponnent littéralement à leur place de fileur,
et cette nécessité de s'entendre bien avec les patrons a fait d'eux
la classe d'ouvriers la plus douce, la plus obéissante de la ville de Gand.
Les fileurs sont parmi les ouvriers les mieux payés de Gand, mais
ils savent qu'une réclamation intempestive, une observation déplaisante
suffit à faire d'eux les plus misérables parmi les misérables. » (*Loc. cit.*,
p. 99.)

2. « Ainsi, il n'est pas possible, le plus souvent, à un ouvrier ayant
un métier déterminé de changer de profession. En changeant de profession, il ne pourrait que tomber au rang d'ouvrier sans métier ou de
manœuvre, et la plupart ne peuvent se résoudre à une déchéance qui
risque de compromettre irrémédiablement leur avenir. Il ne peut donc
passer d'un établissement à l'autre qu'à la condition que tous les deux
occupent des ouvriers de sa profession. Cela limite singulièrement la
possibilité pour lui de trouver de l'ouvrage, et rend inévitable, dans
chaque métier employant des ouvriers exercés, l'existence d'une population ouvrière flottante en surplus de l'effectif moyen et jouant le rôle
d'un *réservoir de main-d'œuvre*. » (*Salaires et durée du travail dans l'industrie française*, t. I, Analyse, 2e partie, F, p. 485.)

le danger du chômage involontaire est fortement aggravé parmi les ouvriers « non qualifiés » par la facilité avec laquelle ils sont jetés d'une entreprise à une autre et même d'une branche d'industrie à une autre, — situation qui en fin de compte rend chacun le concurrent de son voisin, — parmi les ouvriers qualifiés c'est l'inverse : ils tombent facilement dans le chômage et, dans certaines branches d'une manière régulière et périodique, à cause précisément de leur difficulté à changer de métier.

En outre des conditions plus favorables de l'offre et de la demande, les conditions meilleures pour l'organisation constituent encore souvent un facteur essentiel au maintien de la situation plus avantageuse des ouvriers qualifiés. Ces meilleures conditions, en partie conséquences du développement intellectuel supérieur de ces ouvriers, concernent en particulier ceux qui sont entassés dans les ateliers et les fabriques. A ce point de vue, la moyenne et la grande industries leur sont plus propices. Parfois ces avantages augmentent encore dans des industries très localisées, comme différentes branches de la métallurgie (fabriques d'armes, chantiers de construction de navires), les industries minières, l'industrie diamantaire, etc. Mais les avantages d'une telle localisation ne sont pas absolus ni généraux, et c'est même un fait remarquable que les ouvriers qualifiés qui sont isolés dans les grandes usines où ils sont occupés à des métiers accessoires (comme mécaniciens, contremaîtres, dessinateurs, etc.) se trouvent fréquemment dans une situation tout aussi favorisée en comparaison des masses ouvrières (qualifiées et non qualifiées) qui les entourent. Il s'agit, dans ce dernier cas, d'influences de nature complexe ; et nous ne saurions oublier surtout que les occupations de ces ouvriers isolés exigent souvent une connaissance approfondie du métier ou quelque formation scientifique, ou encore la confiance du patron.

En somme, la *valeur de production* subsiste toujours pour les différentes catégories des ouvriers qualifiés comme élément constitutif de la valeur d'échange et du prix de marché de leur travail. La stabilité que nous avons pu constater à diverses reprises quant au supplément de salaire obtenu par les ouvriers de métier et les spécialistes en plus du salaire des ouvriers dits « sans métier » nous permettrait même de parler d'un coût d'entretien habituel pour ces premiers, coût spécial supérieur (de moitié, pour les cas étudiés plus haut) au coût d'entretien minimum valable pour l'ouvrier « non qualifié ». Ce point de vue étant accepté, la valeur de production de la main-d'œuvre serait régulièrement plus élevée pour les ouvriers de métier et spécialistes que pour les manœuvres et aides.

Mais nous ne saurions perdre de vue que le supplément de salaire dont il est question ici ou — si on préfère admettre l'existence de deux étalons de vie — la différence en coût d'entretien entre les deux catégories d'ouvriers ne s'explique pas uniquement par la différence en frais dans les deux cas (frais de formation de la main-d'œuvre) mais par l'action différente de la valeur d'usage du travail, action dans laquelle ces frais n'entrent que pour une partie et non d'une manière régulière.

L'action irrégulière et très variable de la valeur d'usage agrandit ou restreint successivement le gain supplémentaire obtenu par les ouvriers de métier et fait que ce gain varie plus que ne le fait le coût d'entretien minimum habituel pour chaque milieu social. Si on veut donc distinguer une norme de vie spéciale pour les ouvriers de métier et les spécialistes dans les diverses industries, on devra reconnaître pourtant qu'elle ne présente pas la même stabilité relative que le coût d'entretien minimum enraciné dans chaque population ouvrière et que nous avons vu servir de facteur essentiel pour la détermination du prix de marché de la main-d'œuvre « non qualifiée ».

Puis, en outre de l'influence exercée dans chaque milieu social sur le taux du salaire par la norme de vie habituelle des ouvriers de métier, on remarque une tendance non moins certaine des variations successives du salaire à modifier l'étalon de vie.

L'influence plus intense de la valeur d'usage du travail explique pourquoi cette tendance réactive est d'ordinaire plus sensible chez les ouvriers qualifiés que chez les ouvriers « non qualifiés ».

En résumé, à cause de la stabilité relative que conservent les conditions de travail des ouvriers de métier et des spécialistes, on peut parler à leur propos d'une norme de vie spéciale et d'une valeur de production supérieure de leur main-d'œuvre ; on peut aussi considérer le supplément de salaire obtenu par les ouvriers qualifiés au-dessus de celui des ouvriers « sans métier » comme un rehaussement d'importance très variable en-dessus d'un niveau fondamental beaucoup plus stable. Cela revient en fin de compte au même. En tout cas, le niveau inférieur que constitue, pour chaque milieu, le coût minimum d'entretien d'une famille ouvrière, continue d'exister pour les ouvriers qualifiés, et se manifeste de nouveau comme niveau fondamental toutes les fois que l'action de la valeur d'usage ne les favorise plus en comparaison des ouvriers « non qualifiés ».

Ensuite, l'effet plus intense, chez les ouvriers qualifiés, de la valeur d'usage du travail dans l'établissement de sa valeur d'échange se marque dans deux directions : d'abord en tant que facteur spécial pour la création de différences en salaire entre ouvriers d'une même branche ou d'une même entreprise, partout où la différence en productivité entraîne nécessairement — les tarifs de salaires étant les mêmes — des gains effectifs différents pour les

ouvriers en question ; puis comme un facteur qui, abstraction faite de la quantité du produit fourni et uniquement
à cause de la variation dans le rapport de l'offre à la
demande de main-d'œuvre, hausse le salaire lorsque la
main-d'œuvre est plus recherchée ou le baisse lorsque
celle-ci est moins demandée. En fait l'un des cas se présentera dans les périodes d'extension et de prospérité,
l'autre en temps de stagnation et de crise des industries.

La limite maxima jusqu'où, normalement, les salaires
peuvent monter par l'action spéciale de la valeur d'usage
du travail est naturellement tracée, aussi bien pour les
ouvriers qualifiés que « non qualifiés », par les prix de
vente des articles produits. Mais, exceptionnellement et
surtout dans la grande industrie, cette limite peut être
franchie pour les ouvriers qualifiés si ceux-ci ne constituent qu'une fraction relativement faible du personnel
ouvrier.

Parfois l'entrepreneur capitaliste, selon qu'il peut
maintenir plus rigoureusement la grande majorité de ses
ouvriers à des taux de salaires abaissés jusqu'au minimum, trouvera plus avantageux de dépasser la limite
maxima indiquée ici en faveur d'un petit nombre d'ouvriers de choix dont la main-d'œuvre rare lui est absolument nécessaire pour assurer la bonne marche de ses
affaires.

CHAPITRE XVI

CONDITIONS DE TRAVAIL DE CERTAINS SALARIÉS PRIVILÉGIÉS

Je considère comme salariés privilégiés tous ceux qui, par leur naissance, leurs aptitudes naturelles, ou leur éducation, occupent des emplois qui sont en fait fermés à la concurrence des grandes masses, que l'offre et la demande de main-d'œuvre y règne ou non librement.

Si la fixation des prix de marché est libre pour la marchandise travail d'un point de vue *juridique* (les étalons de salaires comme il y en avait au Moyen Age ayant cessé d'exister dans tous les pays modernes), cela n'empêche nullement qu'elle ne s'établit pas toujours librement entre salariants et salariés d'un point de vue *économique*.

Parmi les emplois dont il s'agit ici, je range d'abord tous ceux pour l'occupation desquels est indispensable une certaine éducation scientifique et technique que peuvent seulement atteindre, dans les conditions sociales actuelles, des individus dont l'existence matérielle est plus ou moins assurée (ingénieurs, chimistes, médecins, notaires, avocats, architectes, etc.); puis, ceux de tous les individus qui, dans un métier ou une profession facilement accessible, occupent une place supérieure, grâce à leurs dons naturels (dessinateurs et peintres décorateurs, stucateurs, forgerons d'art, ciseleurs sur métaux, graveurs, etc.).

Ces deux rubriques ne forment, à mon avis, qu'une seule catégorie, parce qu'il ne s'agit ici que de deux formes sous lesquelles la puissance économique particulière du salarié le met dans une situation avantageuse vis-à-vis de l'employeur qui a besoin de ses services, situation que la très grande majorité des ouvriers salariés ne peuvent pas occuper. Il s'agit en effet d'occupations autour desquelles se dresse une barrière que le salarié ordinaire n'arrivera pas à franchir, et je n'ai pas à rechercher si cette barrière est fondée sur l'intelligence ou le talent exigés, sur des privilèges de classe, ou encore sur les uns et les autres à la fois. Les individus dont il est question peuvent être des salariés proprement dits lorsque, par exemple, en qualité d'ingénieurs, de chimistes, ou d'ouvriers d'art, ils travaillent dans une entreprise grand-industrielle, ou, en qualité de médecins, ils sont au service d'une caisse de maladies ou d'une compagnie d'assurances, etc.

Pour toute cette catégorie de salariés les plus qualifiés on ne saurait négliger complètement l'action qu'exerce le coût de production de la main-d'œuvre. Le coût de formation et d'entretien de la force de travail entre ici aussi en jeu comme un facteur essentiel dans l'établissement de la valeur d'échange et du prix de marché du travail. Nous savons que la théorie marxiste est fausse dans sa conception étroite et exclusive du « travail plus complexe » ou travail « d'un poids spécifique supérieur » et qui, coûtant des frais de formation plus élevés, aurait « pour cette raison » une valeur de marché plus élevée que la « force de travail simple » (1). Mais néanmoins on ne saurait écarter complètement l'influence du coût de production plus élevé du travail très qualifié, travail de savant ou d'artiste.

Le médecin spécialiste ayant poursuivi ses études jusqu'à l'âge mûr avant de commencer une pratique régulière, ou même le simple praticien de village n'ayant complété

1. Voir ma *Théorie de la Valeur*, p. 194 et suiv.

sa formation scientifique qu'à l'âge viril, portent tout
naturellement en ligne de compte, dans les notes qu'ils
présentent à leurs clients ou dans leurs exigences vis-à-
vis des sociétés désirant employer leurs services, le coût
de formation de leur force de travail spéciale.

Même dans certaines limites on pourrait de nouveau
parler, pour les salariés les plus qualifiés, d'un certain
coût d'entretien et de formation minimum, coût supérieur
à celui dont traite le chapitre précédent et comprenant
par exemple l'instruction secondaire ou supérieure. En
effet, une société d'assurances voulant engager un médecin, les autorités d'une ville, d'une province recherchant
les services d'un professeur, doivent tenir compte de ce
minimum. Mais le niveau de ce coût minimum spécial
montre encore moins de stabilité et vient davantage en
seconde ligne pour les salariés les plus qualifiés et les
plus privilégiés que pour toutes les catégories d'ouvriers
précédentes. Ce qui, pour l'individu comme pour le
groupe, s'impose ici avec une puissance essentielle, c'est
la valeur d'usage de chaque sorte de travail.

Tandis que tel ingénieur, telle chanteuse, tel médecin,
tel avocat, tel architecte, etc., peut acquérir la richesse
en quelques années à peine; tel autre ne trouvera guère,
dans le même milieu social, qu'à gagner de quoi vivre
modestement et sans dépasser les exigences minima de
sa catégorie. Et ce n'est pas même une différence manifeste et incontestable dans la qualité du travail fourni
qui décide de revenus aussi différents. Souvent c'est l'apparence seule d'une telle différence qui décide, et c'est
précisément dans les catégories de travail intellectuel ou
artistique dont il est question que souvent une réclame
habile conduit au succès mieux que des études, de l'expérience ou du talent.

Puis on voit ici, par l'influence prédominante de la
valeur d'usage, les salaires ou les honoraires obtenus réa-

gir sur la norme de vie spéciale du salarié avec plus de
force que pour les ouvriers salariés dont traite le chapitre précédent. Bref, comme nous l'avons constaté
aussi pour les ouvriers les moins rétribués, — en particulier pour les femmes et dans l'industrie du *sweating*, —
c'est la règle suivante qui se pose : ce sont plutôt les
salaires, appointements ou honoraires qui décident de la
norme de vie du salarié et des besoins, désirs ou caprices
qu'il pourra satisfaire, que le contraire.

Nous retrouvons de même dans les catégories de salariés étudiées ici un autre phénomène : c'est que la valeur
d'usage que le travail représente pour les entrepreneurs
ou les consommateurs agit sur sa valeur d'échange et sur
son prix dans deux directions :

D'abord, une productivité plus grande ou meilleure du
travail peut toujours hausser sa rémunération. C'est sur
l'action de la valeur d'usage dans ce sens que reposent en
général les différences en salaires, appointements et honoraires de salariés exerçant une même profession, mais y
manifestant des talents divers, réels ou apparents : telles
par exemple les différences en appointements ou honoraires entre le médecin ordinaire et le « spécialiste », entre la
danseuse ou chanteuse quelconque de café-concert et
« l'étoile », etc. Ensuite, la valeur d'usage peut agir de
nouveau dans cet autre sens que, abstraction faite de la
qualité des services rendus et simplement par suite des
rapports variables de l'offre et de la demande sur le marché, les salaires ou honoraires augmentent en cas de rareté
relative et diminuent au contraire en cas de surabondance
de main-d'œuvre convenable. Sur l'action de la valeur
d'usage dans cette direction reposent par exemple les
appointements et les honoraires supérieurs que les salariés les plus qualifiés, ingénieurs, médecins, etc., obtiennent dans des régions où leurs services sont très recherchés, comme aux colonies.

Cornélissen   23

Enfin nous devons encore envisager l'action de la valeur d'usage dans un troisième sens dont nous n'avons guère eu à nous occuper jusqu'ici : c'est celle que le travail ou le temps de travail représente pour la personne même du salarié auquel il n'est pas indifférent, naturellement, s'il consacre son travail à une tâche désagréable et pénible ou bien à une œuvre agréable, vu surtout que, s'étant une fois chargé d'une tâche quelconque, il n'en peut pas exécuter en même temps une autre, ni donner son temps au repos et aux plaisirs.

Bien qu'ayant réfuté dans notre critique de la « Théorie utilitaire » les assertions des économistes qui ont mis les évaluations personnelles de la « peine » et du « souci » (*toil and trouble*) du salarié à la base de leur théorie générale du travail et du salaire (1), nous aurions cependant tort de refuser toute portée à ces évaluations. En effet, même pour la catégorie des ouvriers « non qualifiés », manœuvres et aides dans les diverses industries, les salaires montent régulièrement quelque peu lorsque le travail est particulièrement dangereux ou malsain ou encore malpropre (2).

Mais il est évident que, pour les catégories des salariés les plus privilégiés où l'individualité du travailleur s'impose le plus, la valeur d'usage que représente pour lui le travail et le temps de travail interviennent souvent avec une intensité toute spéciale dans l'établissement de la valeur d'échange et du prix du travail.

A mon avis, M. Bœhm-Bawerk se trompe en supposant que c'est précisément pour le travail qualifié que le salaire dépend le moins de la peine qu'éprouve le travailleur ; mais j'admets avec lui que cet élément, qui est la valeur que l'ouvrier très qualifié pourra attribuer personnelle-

---

1. Voir surtout plus haut pages 128 et suiv.
2. Voir à ce propos surtout pages 194-195.

ment à son travail et à son temps, ne saurait être considéré comme l'élément décisif dans la fixation de la rémunération du travail (1).

La nature particulièrement agréable et surtout honorable d'un travail peut amener le travailleur à se mettre à la disposition d'un entrepreneur ou d'un client, sinon gratuitement, du moins contre une rémunération vraiment ridicule. Un sculpteur fournira contre une faible compensation ou peut-être pour rien la statue qui ornera sa ville natale ; la chanteuse collaborera avec désintéressement, en même temps que toute sa troupe, à une fête de charité. Mais ce ne sont là que des prix que j'appellerai des *prix d'occasion* du travail et j'emploierai ce même terme dans ma conclusion pour caractériser des prix qu'on ne saurait considérer comme l'expression nette en argent de la valeur de marché du travail.

Dans les prix d'occasion de cette espèce, le rapport entre le prix et la valeur d'échange du travail est rompu dans ce sens que le prix reste évidemment beaucoup *en dessous* de la valeur d'échange. Mais il est clair que, pour les travailleurs dont il s'agit ici, il peut y avoir surtout des prix d'occasion vers le haut, montant *au-dessus* de la valeur d'échange du travail fourni. C'est ce qui arrive surtout lorsque le travailleur salarié, par la nature qualifiée de son travail, est le seul qui puisse exécuter à

---

1. « Enfin, quant au taux absolu du salaire pour le travail *qualifié*, il est évidemment plus indépendant encore de l'idée que se fait le travailleur de la peine que ce travail lui donne. Je ne crois pas que jamais un théoricien quelconque ait éprouvé sérieusement la tentation ou ait pu l'éprouver, de présenter la grandeur de la peine que donne le travail comme l'élément décisif à la longue dans l'établissement des appointements de fonctionnaires supérieurs, d'excellents comédiens ou chanteurs, d'ouvriers particulièrement habiles, de directeurs d'usine, d'avocats, de médecins, etc. » (BŒHM-BAWERK, *Der letzte Maasstab des Güterwertes*, dans la *Zeitschrift für Volkswirtschaft*, etc., Wien, 1894, Heft II, p. 204.)

un moment donné un travail demandé et que, la concurrence étant éliminée pour lui, il représente seul l'offre de
main-d'œuvre. Dans ce cas le *prix d'occasion* peut même
devenir, du point de vue du travailleur, un *prix de monopole*,
la partie représentant l'offre du travail ayant tellement le dessus, pour le moment, qu'elle impose ses conditions à l'autre.

En cas d'exploitation de travail sous le régime du salariat, l'autre partie — le patron — sera donc obligée d'imposer le même prix à sa clientèle comme élément constitutif de ses frais de production. C'est une sorte de « monopole naturel » de ce genre que possèdent certains grands
artistes, peintres, statuaires, littérateurs, architectes
dont les œuvres sont fort recherchées, journalistes habiles
dont le talent est réclamé lors d'une certaine situation
politique du pays, etc.

On pourrait de nouveau poser ici, comme limite
maxima du prix de travail sous de tels rapports de monopole, la valeur d'échange du produit, — par exemple le
prix net que rapporte l'édition d'un livre ou le montant
total des entrées d'une représentation théâtrale. Mais on
ne saurait oublier que le prix du produit dont il est question se trouve précisément haussé par la force du monopole que possède le travailleur. On ne saurait oublier
non plus que, dans les services fournis par le rédacteur
de journal recherché ou le médecin spécialiste célèbre, le
produit du travail ne se laisse pas peser et mesurer
comme une chose visible et palpable.

Les prix de monopole dont il s'agit ici sont le pendant
de ces autres prix de monopole qui s'établissent lorsque
la partie représentant la demande de travail domine sur
le marché, prix que nous examinerons dans le chapitre sur
les trusts et les cartels.

Faisons remarquer seulement dès à présent que ces
deux espèces de prix ne sauraient être négligées dans notre

Théorie générale. Nous n'avons pas seulement à envisager l'établissement des prix de travail aux cas où ceux-ci sont soi-disant des *prix de libre concurrence*, mais aussi aux cas où ils portent plus ou moins nettement le caractère de *prix de monopole.*

Dans les catégories de travail qualifié et très qualifié étudiées ici, et surtout lorsque se présentent des prix d'occasion et des prix de monopole, le *coût de production* de la main-d'œuvre est relégué au dernier plan, par contre les salaires, appointements ou honoraires y sont réglés principalement par la *valeur d'usage* du travail. Et cette valeur d'usage peut exprimer non seulement l'utilité du travail suivant les évaluations du consommateur, mais aussi suivant celles du travailleur, alors qu'il accepte de consacrer son temps et son travail à un ouvrage donné, et non pas à un autre.

QUATRIÈME PARTIE

Etude de quelques influences spéciales agissant sur les conditions de travail et en premier lieu sur la hauteur du salaire.

CHAPITRE XVII

INFLUENCE DU MILIEU SOCIAL SUR LES CONDITIONS DE TRAVAIL. — ACTION ET RÉACTION RÉCIPROQUES ENTRE LES SALAIRES PAYÉS DANS LES CAMPAGNES ET LES SALAIRES PAYÉS DANS LES CENTRES D'INDUSTRIE ET DE COMMUNICATION

Dans la troisième partie de cet ouvrage, nous avons rapidement passé en revue les différents facteurs collaborant à l'établissement de la valeur d'échange et à la fixation du prix définitif du travail, et nous avons constaté que les diverses catégories de travail distinguées sont en rapport direct avec l'influence exercée, dans chaque cas, par les facteurs principaux. Dès à présent nous avons à étudier plusieurs de ces facteurs en particulier ; et il nous faudra examiner l'action de chacun d'eux dans la vie sociale avant de pouvoir présenter à grands traits nos conclusions, c'est-à-dire avant de formuler la théorie générale de l'achat et de la vente de la marchandise travail.

Nous traiterons d'abord de l'influence exercée régulièrement, dans chaque contrée, par le *milieu social* sur les conditions de travail des ouvriers salariés, et cela aussi bien sur la réglementation du travail et de sa durée que sur l'établissement du salaire.

L'action du milieu dans les deux directions distinguées est de nature complexe, en sorte que la plus grande prudence est nécessaire à quiconque voudrait tirer des nombreux faits particuliers une conclusion générale quelconque.

Pour les salaires, la grande enquête française de 1891-1893 est arrivée à la conclusion suivante : « Le salaire dépend à la fois de la région et de la localité, mais d'une manière assez complexe, car il est impossible d'apercevoir, par exemple, une relation simple entre le taux des salaires et la situation géographique ou le chiffre de la population de chaque localité. » (1).

Si cette constatation vaut sous cette forme pour les diverses localités d'un grand pays comme la France prises en général, cela n'empêche pas qu'il peut exister entre certaines localités et plus encore entre certaines régions d'un même pays des différences en salaire qui sont en rapport étroit avec, par exemple, la situation géographique de ces localités ou de ces régions. Mais la situation géographique et la densité de la population ne sont en somme que deux éléments de l'ensemble qui constitue le « milieu social ». Il comprend en outre les mœurs et coutumes de la population, la norme traditionnelle de bien-être matériel et de civilisation, le développement intellectuel et le degré d'organisation des classes ouvrières, etc. Il va de soi que tous ces éléments s'enchevêtrent et influent les uns sur les autres.

L'Enquête française citée, tout en se déclarant incapa-

1. *Salaires et durée du travail dans l'industrie française*, t. IV, *Résultats généraux*, sect. VI, p. 23.

ble d'indiquer une relation simple entre le taux des
salaires et les conditions géographiques de chaque localité, a pourtant cherché à ranger les départements de la
France par ordre de décroissance du taux ordinaire · des
salaires en utilisant dans ce but les données fournies par
l'enquête auprès des conseils de prud'hommes (1896)
aussi bien que les résultats obtenus par elle-même.

Mais dans ces conditions il n'a pas été possible aux
statisticiens de l'Office du Travail de classer, au point
de vue voulu, les départements dans un ordre rigoureux et précis. Tout au plus ont-ils pu former sept catégories entre lesquelles ils ont réparti les divers départements. Dans chacune de ces catégories, les départements sont placés à peu près au même rang lorsque
l'on envisage · l'échelle des salaires des manœuvres (les
deux rubriques de *journalier* et de *terrassier*) et celle
de sept métiers choisis dans les principaux groupes
industriels (*compositeur d'imprimerie, cordonnier, tailleur d'habits, charron, maréchal-ferrant, plombier,
maçon*). Mais, l'ordre des départements n'étant pas le
même suivant qu'il s'agissait ou non de travail qualifié,
on a pris, pour chaque département, la moyenne des chiffres de salaire des deux groupes de métiers, chiffres qui
étaient déjà, eux-mêmes, des moyennes.

Le premier groupe ne comprend que le département de
la Seine, le deuxième celui de Seine-et-Oise où le voisinage de Paris et l'afflux des Parisiens en été a une
influence considérable, tandis que le dernier qui indique
le taux de salaire le plus bas comprend les départements
de la Bretagne, du Sud- Ouest et des plateaux du Centre.

Les résultats de cette étude de soi-disant « moyennes
de salaire » dans leur relation avec la population et le lieu
d'habitation (ville ou campagne) ne renseignent guère sur

1. Voir *ibidem, loc. cit.* ; Cf. aussi les tableaux XXXIV et XXV,
pages 240-243.

l'influence du milieu social telle que nous tenons à l'étudier ici.

Ces résultats présentent moins d'intérêt encore si l'on tient compte de ce que l'ordre des départements serait tout autre en les groupant suivant le coût de la vie ouvrière. Par exemple, entre le département de la Seine et le département où la valeur estimative du salaire pour manœuvre et ouvrier de métier ordinaire est la moins élevée, l'écart des chiffres de salaire représente 63 o/o de la valeur admise pour le département de la Seine. Par contre l'écart entre les indices calculés par la Statistique de la dépense occasionnée par le logement et la nourriture dans des conditions d'existence à peu près déterminées est de 37 à 39 o/o seulement par rapport à l'indice le plus élevé, celui du département de la Seine (1).

De telles recherches comparatives auraient sans doute fourni des résultats d'une plus grande portée et plus dignes de confiance si le statisticien s'était limité à étudier deux milieux très spéciaux ; et la vaste superficie du territoire sur lequel a porté l'enquête n'a pas pu compenser ce que l'étude devait nécessairement perdre en valeur scientifique pour chaque détail.

Pour une étude plus détaillée de l'influence exercée par le milieu social sur les conditions de travail des ouvriers dans un seul pays et des contrées d'étendue plus restreinte, que celles dont nous venons de parler, je renvoie particulièrement aux recherches intéressantes entreprises en Belgique lors du recensement de 1896.

L'Office belge du Travail a adopté comme limite des diverses régions l'arrondissement administratif. Comme il s'agissait moins de découvrir le salaire le plus fréquent que de chercher à grouper tous les salaires existants par degrés successifs en nombre suffisant pour caractériser la

1. Voir *loc. cit.*, pages 256-257 ; Cf. les tableaux auxquels renvoie le texte.

région, on a calculé jusqu'à quel taux il fallait aller, en partant du taux le plus bas, pour trouver les trois quarts des ouvriers.

Puis, pour donner plus de poids aux recherches, on a étudié l'influence des régions dans la *petite industrie* en considérant des métiers représentés dans la plupart des localités et impliquant des conditions identiques de travail, d'apprentissage et de technique. On a choisi quatre métiers exercés par des hommes : les *tailleurs*, les *cordonniers*, les *maçons* et les *menuisiers*. De plus, pour assurer l'homogénéité des milieux comparés, on a exclu tous les ateliers comptant plus de 20 ouvriers et l'on n'a considéré que les hommes de plus de seize ans.

Les résultats obtenus par la Statistique belge méritent notre attention surtout dans leur rapport avec ceux fournis par d'autres enquêtes.

Voici ce que démontre l'examen du cartogramme joint à ces premières recherches :

On distingue en Belgique quatre centres de hauts salaires, c'est-à-dire quatre centres où, pour les métiers étudiés, il faut aller jusqu'à 4 francs (ou 4 fr. 50) pour trouver les trois quarts des ouvriers. Ce sont :

« 1° *La région industrielle du Hainaut,* composée des quatre arrondissements de Charleroy, Mons, Soignies et Thuin ;

« 2° *La région industrielle de Liége-Verviers,* composée des deux arrondissements de ce nom ;

« 3° *L'arrondissement de Bruxelles* ;

« 4° *L'arrondissement d'Anvers* (1).

Nous étudierons chacun de ces centres en suivant la Statistique belge :

1° *Région industrielle du Hainaut.* — Aucune grande ville ne se trouve dans cette région : Charleroy et Mons,

---

1. *Recensement des Industries et des Métiers* (31 octobre 1896), t. XVIII, 2ᵉ partie, 1ʳᵉ section, chap. II, 9, p. 306.

les principaux chefs-lieux d'arrondissement, n'ont que
25,000 habitants environ. Mais toute la région a bien
exclusivement le caractère industriel, car c'est là que sont
concentrées les plus grandes exploitations charbonnières,
métallurgiques et verrières du pays : « Les hauts salaires
dans les petits métiers semblent donc dus à l'attraction
exercée par la grande industrie à forts salaires. » (1).

En effet, nous nous trouvons ici, quant aux petits métiers industriels, en face d'un phénomène analogue à celui
que nous avons constaté déjà plus haut (p. 207) d'après la
Statistique anglaise pour le travail agricole dans le voisinage des grandes entreprises industrielles (charbonnages,
fonderies et aciéries, carrières) (2).

2° *Région industrielle de Liége-Verviers*, composée
notamment de centres houillers, métallurgiques et textiles extrêmement importants. Liége, avec 165,000 habitants, exerce manifestement son influence de grande ville,
mais les salaires sont élevés aussi dans les grosses
communes et même dans les petites de la province. La
Statistique fait remarquer qu'il n'y a, en effet, que pour

1. *Ibidem.*
2. Le fait constaté par nous à l'endroit indiqué s'applique aux salaires agricoles dans le Pays de Galles, mais suivant la Statistique anglaise
citée à cet endroit la situation est la même dans tout le Royaume-Uni,
Voir par exemple *Report by Mr* WILSON FOX *on the Wages and Earnings of
Agricultural Labourers in the United Kingdom, General Summary*, p. 2. Cf.
aussi dans le *Second Report*, p. 4, où on lit : « Les gains ouvriers ont été
les plus élevés en Ecosse, en Angleterre et dans le Pay. de Galles dans le
voisinage des grands centres industriels et miniers. Ceci est également vrai
pour l'Irlande, bien que les gains y fussent généralement plus bas qu'en
Grande-Bretagne ; les gains les plus élevés s'y rencontrent dans le comté
de Dublin et dans ceux de Down, Antrim et Armagh dans l'Ulster. »
La Statistique des Etats-Unis constate le même phénomène de hauts
salaires agricoles dans les régions industrielles, par exemple pour les
Etats de l'Est (Nouvelle-Angleterre) : « Les salaires sont élevés ici à cause
de la grande variété des industries qui déterminent une demande pour
toute espèce de travail utilisable. » (*Report of the Industrial Commission*,
vol. XI, *Agriculture*, sect. III, chap. III, p. 121.)

les tailleurs, dans le troisième groupe(moyennes et petites communes) que le cartogramme serait modifié, les trois quarts des ouvriers se trouvant à des taux inférieurs à 3 francs, et non à 4 francs : « Il en résulte donc bien que, *dans cette région comme dans la première, les taux élevés de salaires dans les petits métiers semblent dus à l'attraction des salaires de la grande industrie.* » (1).

Il s'agit ici d'un phénomène remarquable concernant les alentours d'une grande ville moderne située dans le centre de toute une région industrielle ; et ce phénomène fait ressortir surtout l'influence plus profonde exercée sur le taux des salaires par l'industrialisation d'une région — que par la densité de sa population. En dehors de la sphère où la densité de la population fait sentir son influence, les salaires restent élevés dans le cas étudié ici.

La Statistique française citée plus haut est arrivée à des conclusions analogues. Elle a constaté : « S'il y a une relation entre le taux des salaires et la concentration de la population, cette relation n'est pas simple, car, assez fréquemment, le salaire est plus élevé dans une localité d'une population donnée que dans une autre plus peuplée, dans le même département. » (2).

Néanmoins, l'influence de la grande ville et celle en général de la concentration de la population ne peut pas être écartée non plus. Elle est d'ordinaire inséparable de l'intensité de la production et du développement de la productivité du travail dans l'industrie et le commerce. C'est ce que démontrent avec évidence les deux derniers centres de hauts salaires en Belgique :

3° *Arrondissement de Bruxelles.* — La Statistique belge commence ici par isoler la capitale et son agglomération

---

1. *Recensement, loc. cit.,* p. 307.
2. *Salaires et durée du travail dans l'industrie française,* t. IV, 2° partie, sect. I, p. 243.

(540,000 habitants). Et elle fait remarquer que, abstraction faite de ces deux milieux, les salaires diffèrent plus dans l'arrondissement de Bruxelles que dans celui de Liége des salaires payés au chef-lieu : « *L'attraction exercée par les salaires de la grande ville, cette fois, est donc plus localisée, bien que son rayonnement soit manifeste, et très explicable par les facilités de communication (trains ouvriers, tramways, etc.), qui font percevoir à distance l'action des hauts salaires.* » (1).

De même :

4° *Arrondissement d'Anvers.* — Le taux des salaires y contraste nettement avec les taux inférieurs des trois arrondissements limitrophes, et est dû uniquement à l'influence de la grande ville et particulièrement du port d'Anvers, où les débardeurs réalisent des salaires relativement élevés.

En dehors des quatre régions de hauts salaires, la Statistique distingue en Belgique :

a) *Les régions mixtes,* avoisinant les régions de grande industrie dont l'influence se fait encore sentir aux alentours : « *Les salaires relativement élevés dans le sud de la province de Luxembourg (arrondissements d'Arlon, Virton, Neufchâteau et Bastogne, loin d'être une exception à cette tendance, la confirment nettement ; l'attraction qui s'exerce dans cette partie est celle des hauts salaires de l'industrie métallurgique de la région de Longwy (France) et du grand-duché de Luxembourg.* » Sur 6,700 ouvriers habitant les quatre arrondissements en question, 3,500, soit près de la moitié, vont travailler dans ces régions (2).

b) *Les régions à bas salaires,* se rencontrant exclusivement dans la partie flamande du pays : la Flandre occidentale, le nord de la Flandre orientale, le Limbourg et

1. *Recensement, loc. cit.*
2. *Ibid.*, pages 307-308.

l'arrondissement de Turnhout. La Statistique belge fait
remarquer ici : « Ce n'est point que dans ces régions la
grande industrie n'existe pas : il s'y rencontre à coup sûr
des établissements importants, mais ils appartiennent en
général à ce groupe d'industries dont les bas salaires ont
déjà été signalés (aux pages 271-273 du même volume), à
savoir, les industries textiles du lin et du coton. »

La Statistique ajoute : « Si Gand, la première ville du
pays par l'importance de la population occupée dans les
industries et métiers (42,000 personnes), n'apparaît pas
avec des salaires plus élevés, c'est sans doute encore par
suite de la prédominance de l'industrie textile » (1).

La ville de Gand avec son industrie du lin et du coton et
sa main-d'œuvre féminine et enfantine nombreuse fournit
un de ces exemples de grandes villes à salaires extrêmement bas comme les recherches statistiques en désignent
dans tous les pays, — illustrations remarquables du fait
qu'à elle seule l'existence de la grande industrie ne suffit
pas pour hausser les salaires dans une région, mais que la
nature spéciale de l'industrie, le développement intellectuel, l'organisation, etc. de la population sont autant de
facteurs qui interviennent en ces matières. En comparant
par exemple aux salaires des industries textiles gantoises
les salaires beaucoup plus élevés qui sont payés en Angleterre dans les mêmes industries, on voit quelle influence
prépondérante exercent ces facteurs, sans compter l'expérience pratique acquise dans la lutte contre le patronat
menée par les populations ouvrières anglaises pendant de
si longues années.

En tout ceci l'action et la réaction s'entremêlent. En
fait, nous ne saurions décider jusqu'à quel point c'est la
nature d'une industrie qui a favorisé dans un pays l'accroissement des salaires et en même temps le progrès matériel
et intellectuel de la population, et jusqu'à quel point c'est

1. *Ibid.*, p. 308.

au contraire le développement de la population, et entre autres l'organisation des classes ouvrières, qui a donné son cachet à l'industrie du pays en influant à sa façon sur le taux des salaires.

La Statistique belge a également cherché à dégager l'influence des régions sur les salaires dans la *grande industrie*. Elle a choisi douze industries représentées dans un assez grand nombre d'arrondissements et impliquant une technique assez uniforme.

Les établissements industriels étudiés se répartissent en : ateliers de construction de machines, fonderies de fonte, fabriques d'acide sulfurique, usines à gaz, fabriques de caoutchouc, filatures mécaniques de lin, de coton, de laine, fabriques de cigares et tabacs, entreprises de construction de bâtiments, imprimeries typographiques et sucreries. Pour rendre les données comparées aussi homogènes que possible, on a exclu de la Statistique tous les établissements n'appartenant pas visiblement à la grande industrie (les limites adoptées quant au nombre d'ouvriers diffèrent, comme de juste, d'après la nature de chaque industrie).

L'impression d'ensemble que donnent les trois cartogrammes relatifs aux salaires des ouvriers de plus de seize ans confirme tout ce qui a été dit ci-dessus pour les petits métiers. Les grands centres industriels ont une influence essentielle sur le taux des salaires, bien que moins visible, attendu que les établissements comparés appartiennent eux aussi à la grande industrie.

Ce qui frappe immédiatement, c'est *la grande variété des salaires pour certaines industries*, précisément suivant les milieux sociaux.

L'Office belge du Travail, pour le démontrer, juxtapose les chiffres de salaires suivants :

*On trouve les trois quarts des ouvriers dans les taux
des salaires inférieurs à :*

DANS LES IMPRIMERIES

3.oo francs (arrondissements de Hasselt et Louvain)(1);
4.oo francs (arrondissements de Gand, Tournai, Namur,
 Charleroy, Verviers);
5.oo francs (arrondissements d'Anvers, Bruxelles, Malines, Liége, Mons, Soignies);

. DANS LES SUCRERIES

3.oo francs (arrondissements d'Ostende, Ypres, Courtrai, Bruxelles, Liége, Hasselt);
4.oo francs (arrondissements de Gand, Eecloo, Aude-
 narde, Tournai, Mons, Soignies, Thuin,
 Charleroy, Namur, Nivelles);
5.oo francs (arrondissements d'Ath, Saint-Nicolas, Anvers, Huy);

DANS LES TISSAGES MÉCANIQUES DE LAINE

3.oo francs (arrondissements de Bruxelles, Dinant);
4.oo francs (arrondissement de Tournai);
5.oo francs (arrondissement de Verviers) (2).

Mais le caractère différent des industries comparées ici
se fait, lui aussi, sentir d'une façon nette. Prenons quelques exemples : Dans la première catégorie d'entreprises
grand-industrielles étudiée, — les ateliers de construction
de machines avec leur contingent considérable d'ouvriers

---

1. Livres religieux et presse catholique. Dans l'arrondissement de
Hasselt, du reste, on n'en rencontre dans les diverses entreprises industrielles pas une seule où on doive aller au-dessus de 3.oo francs par jour
pour y trouver les trois quarts des ouvriers.

2. *Loc. cit.*, p. 3o8.

qualifiés et expérimentés, — on ne trouve aucun arrondissement où les trois quarts des ouvriers s'obtiennent déjà à des taux de salaires inférieurs à 3 francs par jour. Et bien que l'influence de la situation des établissements soit manifeste et que par exemple les trois quarts des ouvriers cherchés s'y trouvent déjà à 4 francs par jour dans l'arrondissement de Louvain et dans trois des arrondissements du Hainaut (Tournai, Ath et Mons), dans la grande majorité des arrondissements les trois quarts des ouvriers se trouvent seulement à des taux inférieurs à 5 francs.

Par contre, lorsqu'on compare les industries du premier cartogramme (ateliers de construction de machines, fonderies de fonte, fabriques d'acide sulfurique, usines à gaz) à celles du deuxième cartogramme (fabriques de caoutchouc, filatures mécaniques de lin, de coton et de laine) on voit la différence entre le premier groupe d'industries et le deuxième et surtout les industries textiles.

Les arrondissements de Bruxelles (pour fabriques de caoutchouc seulement) et de Verviers (pour les filatures de laine) sont les seuls où les salaires soient assez élevés pour qu'on doive aller jusqu'à 5 francs par jour afin de trouver les trois quarts des ouvriers. Et même les cas sont en majorité dans le pays où ces trois quarts des ouvriers se rencontrent déjà à des taux de salaires inférieurs à 3 francs.

Ce qui a été constaté jusqu'à présent, c'est l'influence des grands centres industriels et commerciaux sur les conditions de travail et de salaire des ouvriers dans les communes rurales et les petites villes industrielles. Envisageons maintenant le phénomène contraire : l'influence des milieux ruraux sur les industries urbaines.

Pour cela j'examinerai de nouveau les conditions dans les industries textiles parce que, à côté d'autres facteurs, la concurrence des campagnes et sa réaction sur les conditions urbaines du travail s'y manifeste avec plus de netteté :

Le Rapport sur l'industrie cotonnière gantoise dit : « Depuis quelque dix ou quinze ans, beaucoup de patrons gantois ont été établir des tissages dans les campagnes, tout autour de la ville : des centaines de métiers battent à Wetteren, à Sleydinge, à Waerschoot, à Bellem, à Somergem, à Laerne et dans beaucoup d'autres localités. Ces tissages, où les ouvriers se contentent de tarifs inférieurs à ceux de Gand, font la concurrence la plus acharnée aux établissements gantois. Les salaires de l'ouvrier moyen, et surtout de l'ouvrier médiocre, sont ainsi ravalés à Gand au niveau déprimant des salaires de la campagne, et des rémunérations assez fortes ne peuvent continuer à être assurées qu'aux ouvriers entreprenant les travaux difficiles, qui restent encore le monopole de la ville. » (1).

Ici se présente un phénomène relevé déjà dans un chapitre précédent (Cf. p. 76-77). C'est que les salaires dans les tissages tendent évidemment à la baisse depuis les dernières années, tendance que les perfectionnements mécaniques continuels et l'accroissement incessant de la productivité du travail ne parviennent guère à neutraliser, et qui s'explique surtout par l'influence des conditions de travail des campagnes sur celles des grands centres industriels.

Des faits analogues peuvent être constatés également dans d'autres branches du textile et dans tous les pays. C'est ainsi — pour prendre encore un exemple caractéristique — que la Commission parlementaire d'Enquête sur l'industrie textile française qui, au printemps 1904, visita la région lyonnaise, constata que les fabricants de soieries ont porté la misère dans les familles ouvrières de la

1. *Les salaires dans l'industrie gantoise, I. Industrie cotonnière,* 1re partie, chap. III, p. 60.

grande ville précisément en transportant leur industrie en
grande partie à la campagne, un peu partout dans le Rhône
et dans les départements limitrophes. L'industrie lyonnaise de la soie s'est non seulement transformée, mais elle
s'est aussi déplacée. A part les quelques milliers de canuts
attendant patiemment la rénovation de leur industrie de
luxe, et à part quelques fabriques en ville, le tissage de
soie et de soie de coton se trouve éparpillé de nos jours
dans toutes les directions à la campagne. Le fabricant
ou négociant seul est resté en ville où se localisent les
oscillations du marché.

La cause profonde de ce déplacement d'une industrie
entière doit être cherchée dans le désir des grands fabricants d'éviter les hauts salaires urbains et de moins s'exposer aux grèves, aujourd'hui fréquentes dans les populations plus développées des villes.

Examinons en même temps l'ensemble des raisons qui
amènent l'ouvrier rural à produire au-dessous des salaires de la ville. Ce n'est pas seulement que les besoins
dont il cherche la satisfaction par son travail sont moindres dans le milieu simple de la campagne ; ni que la puissance de l'organisation y est moins connue ; c'est aussi
et surtout à cause de la plus grande dépendance dans
laquelle se trouve l'ouvrier des campagnes vis-à-vis de
son fabricant, par suite de l'absence d'autres industries
que celle dans laquelle il travaille. On considère d'ordinaire le travail de fabrique à la campagne comme n'étant
qu'un complément au travail agricole. Il est cela souvent,
et pour une partie des populations ouvrières des campagnes, mais il l'est moins qu'on ne le suppose ; et il l'est
bien moins encore dans les milieux industriels nouvellement créés où les ouvriers sont en grande partie atti-
rés des villes par les promesses des fabricants, quand
ils n'ont pas été forcés d'émigrer par suite du chômage
dans les industries urbaines et de venir s'y rendre à dis-

crétion avec la conscience d'en être à leur dernière chance vitale (1).

Heureusement pour les ouvriers des villes, il se présente une contre-tendance dans les industries qui semblent se prêter plus facilement au transfert à la campagne. C'est que la population rurale à laquelle s'ajoutent les éléments les plus faibles des villes, n'est pas tout de suite, même après quelques années, aussi bonne pour l'exploitation capitaliste moderne qu'on pourrait le supposer. Et voici une preuve remarquable que la norme de vie habituelle d'une population, répondant à la satisfaction d'un certain ensemble historiquement déterminé de besoins et de désirs, domine toujours dans l'établissement du taux des salaires pour les vastes sphères du travail industriel et agricole ordinaire. Le taux inférieur des salaires, servant toujours aux grands entrepreneurs capitalistes de motif au transfert de leurs entreprises des villes à la campagne, pose d'autre part des limites particulières à l'exploitation de la nouvelle main-d'œuvre et, par suite, au rendement même du transfert. L'état général de la civilisation, les mœurs et les habitudes, ayant passé de génération en génération, viennent dans les campagnes s'opposer

1. « L'ouvrier citadin peut changer de métier, me disait l'un d'entre eux (un façonnier) si le sien ne l'entretient plus, mais l'ouvrier paysan est à la merci du fabricant, et nous aussi. Nous acceptons l'ouvrage à n'importe quel prix, afin d'occuper notre matériel et de nourrir nos ouvriers, qui, sans cela, mourraient de faim et seraient obligés de quitter le pays.

« J'objectai que le tissage devait être pour la plupart de ces ouvriers un salaire d'appoint, qu'ils devaient posséder des terres, s'occuper d'agriculture.

« — Ceux-là sont peu nombreux, répondit mon interlocuteur, parce que l'industrie du tissage est très ancienne dans notre région. Charlieu a toujours travaillé pour Lyon.

« Et d'ailleurs, ajouta-t-il, si votre objection peut s'appliquer à un certain nombre d'ouvriers paysans, il est juste d'observer, par contre, que les fabricants ont favorisé l'exode des ouvriers urbains vers la campagne, et que ceux-là sont impropres à la culture. » (Le Temps du 8 mars 1904, article L'enquête sur l'industrie textile.)

comme un facteur réactionnaire à l'expansion de la productivité du travail au delà d'une certaine limite.

Les entrepreneurs capitalistes se plaignent souvent du manque de besoins des campagnards : « Contents d'un salaire de 8 ou 10 francs par semaine, il est difficile d'obtenir d'eux l'effort nécessaire pour leur faire gagner 12 ou 14 francs. » Voilà, d'après le Rapport sur l'industrie gantoise, la plainte de certains patrons venus s'installer à la campagne (1).

Ainsi se manifeste de nouveau un phénomène déjà constaté plus haut (pages 59 et suiv.) : de bas salaires ou, au contraire, de hauts salaires ne correspondent pas nécessairement, dans les diverses branches de production, à des frais peu élevés ou très élevés du travail.

Les entrepreneurs capitalistes pourraient souvent obtenir des dividendes supérieurs de leurs capitaux, ou bien réaliser le même pourcentage de profit sur des capitaux d'exploitation beaucoup plus forts, s'ils réussissaient seulement à exploiter d'une manière plus intense la main-d'œuvre campagnarde. Cependant, la résistance que la population ouvrière oppose dans les campagnes à une exploitation moderne de la main-d'œuvre humaine empêche souvent les fabricants d'y introduire précisément les machines les plus nouvelles et les plus compliquées, dont le rendement serait plus élevé.

Il est naturel que le manque de capacités chez les popu-

1. *Les salaires dans l'industrie gantoise*, loc. cit., p. 73. Cf. l'opinion de M. Charbin, fabricant de velours à Lyon, telle que l'a résumée le journal *Le Temps* du 3 mars 1904 : « Il possédait un tissage dans la Drôme. Or, nous disait-il, quand les femmes de cette région avaient gagné un salaire de 1 fr. 50, elles arrêtaient leur métier et bavardaient entre elles, jugeant inutile de se fatiguer pour gagner davantage. Leur indolence était telle que le patron dut fermer son usine. » Il se peut que cette déclaration soit exacte. On connaît d'autres cas du même genre. Et on peut en effet, se plaçant à un point de vue capitaliste, reprocher à ces braves femmes de la campagne de n'être pas encore mûres pour le surmenage et l'exploitation par la grande industrie moderne.

lations des campagnes pour la production grand-industrielle peut varier non seulement suivant le climat ou la
région mais différer même dans chaque région de village
en village. La présence d'une population qui non seulement
a peu de besoins et beaucoup de docilité, mais qui est
encore assez intelligente pour pouvoir être exploitée par
les entrepreneurs jusqu'à un degré déterminé, est un élément qui se prête aux annonces dans la presse grand-
capitaliste et à la vente, au même titre que, par exemple,
l'existence, en un endroit déterminé, d'une chute d'eau de
haute puissance ou de bons moyens de transport. Le « milieu social » dans lequel est située une entreprise industrielle représente donc, de ce chef, de la valeur commerciale.

Il nous faut maintenant rechercher de quelle manière
et par quels procédés les conditions de travail et de vie
des populations urbaines influent sur celles des populations rurales, et inversement, et cela avec la même nécessité.

La double action dont il s'agit est surtout manifeste dans
tous les cas où les mêmes ouvriers sont occupés successivement, suivant la saison, dans plus d'un métier, par
exemple comme ouvriers agricoles pendant les mois du
printemps et de l'été, et dans les sucreries en automne et
en hiver.

Les salaires dans de tels cas se complètent l'un l'autre.
Et, l'ouvrier occupant alternativement un métier ou l'autre, il y aura entre les deux catégories de salaire un échange
continuel, sinon une branche de production sera négligée
pour l'autre à des moments où toutes deux exigent de la
main-d'œuvre.

Mais l'action réciproque en question se dessine encore
lorsque les mêmes ouvriers, au lieu de travailler alternativement dans deux ou trois métiers, ont toujours le choix,
pour un métier spécial ou des occupations similaires, entre

différents milieux situés assez près l'un de l'autre pour
qu'il existe entre eux des rapports réguliers et fréquents
de commerce et de communication. C'est pourquoi le développement des moyens de transport rend plus intense d'année en année l'influence qu'exercent les différents milieux
les uns sur les autres nationalement et internationalement.

Ainsi s'expliquent en grande partie les bas salaires qui
sont payés dans telles branches d'industrie et même de
grande industrie qui, par leur nature, sont pratiquées en
pleine campagne, à la lisière des forêts, aux bords de la
mer, avec le concours d'une population simple et pauvre.

Supposons que ce ne soient pas les mêmes ouvriers qui
travaillent en été dans les champs et en automne dans
les sucreries ; même dans ce cas l'influence réciproque
entre salaires de fabrique et salaires agricoles serait
encore marquée par suite de la situation des sucreries en
pleine campagne. Des influences analogues à celles agissant ainsi sur les salaires dans la fabrication du sucre se
font également sentir dans nombre d'autres industries :
dans diverses branches des industries textiles (voir plus
haut), dans la scierie du bois (1), etc.

L'action dont il est question peut se faire sentir régulièrement même jusqu'à des distances relativement grandes, voire même au delà des frontières nationales ; et
cela non seulement parce que chemins de fer, bateaux à
vapeur et tramways transportent aujourd'hui plus vite
et surtout à meilleur marché les marchandises et les personnes, mais aussi par suite de vieilles coutumes qui
entretiennent une communication constante entre divers
milieux. Si les nourrices parisiennes se recrutent de préférence dans des contrées déterminées de la France (Bretagne, Berry, etc.) , ou celles de Marseille dans les cam-

1. Cf. sur l'industrie de la scierie du bois en Allemagne LUDOLF
MAASS, *Der Einfluss der Maschine auf das Schreinergewerbe in Deutsch-*
land, chap. III, p. 53.

pagnes de l'Italie (Rivière, Toscane), le lien qui rattache
ainsi chacune de ces grandes villes aux milieux ruraux
en question semble déjà assez fort pour assurer un exode
régulier d'ouvriers et d'ouvrières de ces campagnes aux
villes. Et cet exode par exemple pourra éventuellement
influer fortement en ville sur les salaires de différentes
catégories ouvrières : domestiques des deux sexes, jardiniers, garçons laitiers, cochers, débardeurs et ouvriers du
port, etc. (1).

Nous avons affaire ici chaque fois à un principe de l'exploitation capitaliste dont nous avons parlé déjà dans
notre premier volume (2). C'est qu'une différence durable dans le degré d'exploitation des ouvriers dans différentes branches de production (et plus encore dans la
même branche) serait contraire au principe de la libre
exploitation du travail, — du moins pour autant qu'elle
ne reposerait pas sur une différence correspondante en
habileté des ouvriers.

A l'endroit cité nous avions affaire aux conditions sociales des populations ouvrières au début de la production
capitaliste, lorsque l'introduction des machines commençait seulement à révolutionner les industries. Cette phase
transitoire fait toujours mieux voir l'action exercée par
le milieu social sur les conditions de travail et de salaire
des ouvriers dans les nouvelles industries qui pullulent ;
en même temps qu'elle fait voir la rénovation et la transformation que peut subir le milieu social, lui-même, par
des changements profonds et fondamentaux dans les
vieilles conditions de la production.

Dans ces dernières dizaines d'années la Russie a tra-

1. Voir par exemple l'influence que l'afflux de main-d'œuvre de l'Italie du Nord et surtout de Toscane a exercé sur le mouvement gréviste
des débardeurs de Marseille en 1900-1901, paralysé en grande partie par
cet afflux.

2. *Théorie de la Valeur*, p. 248.

versé une période analogue, à ce point de vue, à celle par où l'Europe occidentale a passé dans la première moitié du XIXᵉ siècle. La journée de travail excessivement longue du prolétariat artisan et agricole transformé en personnel d'industrie ; l'exploitation révoltante de l'enfance ; la dépendance des ouvriers russes vis-à-vis des entrepreneurs industriels, véritables potentats régionaux ; la modicité extrême des salaires, tous ces phénomènes qui concourent visiblement à la révolution actuelle, reflètent nettement la vie de misère et de souffrance séculaires du paysan russe. Ainsi s'explique pourquoi chaque automne des dizaines de milliers de paysans, affamés, après des voyages à pied de plusieurs milles, viennent chercher par le travail industriel dans les fabriques un appoint aux gains insuffisants que leur donnait la culture des champs.

C'est en particulier l'action du milieu social sur les salaires ouvriers que nous avons envisagée jusqu'à présent. Mais cette action se fait aussi sentir sur la nature du travail fourni, ainsi que sur le règlement du travail (durée de la journée du travail, longueur des pauses, etc.). Citons quelques faits. En discutant les raisons pour lesquelles les salaires de la meilleure classe d'ouvriers n'avaient pas plus augmenté ces dernières dizaines d'années que ceux des ouvriers moyens, un rapporteur irlandais (M. Bailey) dans sa réponse au *Board of Trade* répondit : « Jadis la meilleure classe d'ouvriers restait dans le district et y cherchait du travail agricole. Mais par suite de la demande croissante d'ouvriers compétents à Belfast (travaux de construction de navires, etc.) et dans d'autres districts, ces dernières trente ou quarante années, la meilleure classe d'ouvriers s'est peu à peu retirée de la campagne et dans les temps plus récents il y a beaucoup moins de différence en qualité et en capacités

entre les ouvriers agricoles qu'autrefois. D'où la tendance
à l'égalisation des salaires, la différence entre « l'ouvrier
moyen » et l'ouvrier de « meilleure classe » ayant grandement diminué. » (1).

Voici maintenant un exemple pour illustrer l'influence
que le milieu social peut exercer au dehors de son enceinte
immédiate en ce qui concerne le règlement du travail et
plus particulièrement des repos : L'Office français du
Travail, lors de son enquête de 1891-1893, a trouvé dans
le département de la Seine la durée du repos principal
supérieure à une heure dans 12 o/o seulement des établissements, tandis qu'en province elle a été reconnue supérieure à une heure pour 44 o/o des établissements. (2).
C'est le milieu social de la capitale, où les distances
sont trop grandes pour permettre aux ouvriers d'aller
prendre régulièrement leur repas à domicile pendant la
pause principale du travail, qui se distingue ici par son
influence particulière. Aussi s'explique-t-on facilement
que les faits observés sur ce point par la Statistique française se trouvent partout confirmés quand les conditions
sont analogues (3).

1. *Report by* Mr Wilson Fox *on the Wages and Earnings of Agricultural Labourers in the United Kingdom,* pages 102-103.

2. Voir *Salaires et durée du travail dans l'industrie française,* t. IV,
1re partie, 2e section, II, p. 63.

3. Voir par exemple les rapports des inspecteurs du travail saxons
pour l'année 1903. La loi accorde, sur leur demande, aux ouvrières qui
ont un ménage à leur charge une *pause d'après-midi* plus longue que
celle du reste du personnel. Cette prescription, dit l'Inspection du travail, n'a pas trouvé d'opposition de la part des patrons ; mais les
ouvrières elles-mêmes ne désiraient pas partout pareille prolongation du
temps de repos. Tandis que les inspecteurs des districts de Bautzen et de
Zittau rapportent que les ouvrières mariées font régulièrement et volontiers usage de la permission obtenue, c'est le contraire qui a été constaté parmi les ouvrières dans les fabriques de Leipzig et de Dresde et
leur agglomération. Les ouvrières du district de Leipzig ont demandé
une abréviation, au lieu d'une prolongation de leur repos principal.
De même à Dresde : « Les conditions de la vie dans la grande ville et
les grandes distances entre l'atelier et le domicile ouvrier font apparaître

L'action exercée par le milieu social sur le prix du travail peut différer suivant l'élément composant qui fait sentir son influence spéciale ; aussi se peut-il que c'est une fois la *valeur de production,* une autre fois la *valeur d'usage* du travail qui se présente comme particulièrement influencée, en sorte que c'est par la voie d'une des deux formes composantes de la *valeur d'échange,* sinon par toutes deux ensemble, que l'action du milieu social s'y reflète et agit sur le *prix de marché définitif* du travail, le *salaire.*

L'action la plus manifeste, sans doute, est celle du milieu social sur la valeur de production du travail, parce que ce sont en premier lieu les mœurs et les habitudes de la population ouvrière, le bien-être et l'état de civilisation traditionnels, le développement intellectuel et l'organisation éventuelle des ouvriers qui décident de la hauteur de ce coût d'entretien minimum au-dessous duquel même l'ouvrier le plus simple refuse généralement de se présenter sur le marché dans un milieu social donné. (Cf. ci-dessus p. 189.)

Mais l'action sur la valeur d'usage du travail est, elle aussi, facile à comprendre et on constate même cette action dans un sens double. D'une part, le développement intellectuel et technique de la population dans un milieu déterminé peut influer directement sur la productivité du travail, la rendant inférieure ou supérieure à celle que présentent d'autres milieux. (Cf. p. 60 et suiv.) De l'autre, le milieu social (densité de la population, situation géographique à proximité ou non de bons moyens de transport et de communication, ou de riches ressources naturelles, puis force organisatrice de la classe ouvrière) peut

ce désir comme justifié. » (*Jahresberichte der Gewerbe-Aufsichtsbeamten und Bergbehœrden für das Jahr 1903, Band II, Sachsen, Kreishauptmannschaft Dresden,* sect. II, B, p. 181.)

influer dans toutes les directions sur le rapport de l'offre à la demande de main-d'œuvre et par là sur la valeur d'usage que présente le travail pour la production sociale.

CHAPITRE XVIII

ÉTENDUE DES ENTREPRISES.
SON INFLUENCE SUR LES CONDITIONS DE TRAVAIL

La grande industrie moderne possède, dans plusieurs branches de production, des avantages techniques, sur l'industrie artisane et sur la petite et la moyenne industries, qui consistent dans l'emploi plus rationnel et dans l'économie de main-d'œuvre et de moyens de travail (machines, outillage, matières premières et secondaires, etc.).

Ici ces avantages ne nous intéressent que pour autant qu'ils concernent immédiatement la nature et l'organisation du travail et le prix qu'il peut obtenir. Pour l'ouvrier salarié entrent tout d'abord en jeu les avantages qui proviennent directement des meilleures conditions dans lesquelles se trouvent, relativement à la technique et à l'hygiène, les salles de travail, les machines et tout l'outillage dans les grands établissements modernes. On sait que, sauf rares exceptions, ces établissements sont le mieux pourvus d'appareils pour préserver la santé et assurer la sécurité, parfois même le confort des ouvriers. Les salles de travail y sont plus vastes et plus hautes, munies de fenêtres plus nombreuses et plus larges, de bons ventilateurs, éclairées de plus en plus à l'électricité, mieux défendues contre les risques d'incendie et complétées, trop rarement encore il est vrai, par des salles de bain, des réfectoires, des parcs et des jardins, etc.

Tout ceci est confirmé par des statistiques officielles et par nombre d'enquêtes pour tous les pays de civilisation moderne. D'autre part, il est facile de constater combien les ouvriers, dans les branches de production les plus différentes, savent eux-mêmes apprécier les avantages en question et même les exiger (1).

J'ai souvent entendu dire par des ouvriers de divers métiers — et précisément par ceux dans la force de l'âge et en situation de choisir le genre d'ateliers où ils voulaient travailler : « Etant donné que nous devons vendre nos bras au service d'autrui, nous préférons travailler dans une grande fabrique moderne, dans un atelier bien éclairé et ventilé où nous avons de l'air, nos outils sous la main, où les machines sont en bon état, où les matières premières nous sont apportées, pour ainsi dire, à l'établi, où nous n'avons pas à quitter à chaque instant notre place pour des besognes accessoires, pour, par exemple, aiguiser nos outils sur une meule à main, où le travail le plus lourd nous est fait par les machines, que de travailler dans de petites boîtes où il n'y aura rien de tout cela, où les machines et les outils sont souvent vieux et en mauvais état et où, par exemple dans les industries du bois, on demande encore à l'ouvrier de faire marcher avec ses pieds une vieille machine à scier, de raboter et de percer à la main toutes les pièces de bois dont il a besoin. »

Ces avantages, concernant la nature du travail et les circonstances techniques dans lesquelles il est exécuté, sont complétés encore souvent par d'autres relatifs à l'organisation de la production.

---

1. Voir entre autres, sur les charpentiers de Berlin, PAUL VOIGT, *Das Tischlergewerbe in Berlin*, dans *Untersuchungen über die Lage des Handwerks in Deutschland*, Band IV, n° XI, p. 399. — L'auteur note : « Quelle valeur les ouvriers attachent à bon droit à des ateliers sains se démontre par ceci qu'ils ont organisé dans tous les quartiers de la ville des commissions spéciales pour le contrôle des ateliers (*Werkstatt-Kontrollkommissionen*) »

Dans les grands établissements, le travail est, d'une
manière générale, plus fixe et plus régulier que dans les
petits. Employant un vaste capital d'exploitation et —
chose la plus importante d'un point de vue technique —
des machines coûteuses qu'ils ne doivent pas laisser chô-
mer un seul jour sans nécessité, les grands entrepreneurs
capitalistes ont le plus haut intérêt à ce que leurs établissements travaillent le plus régulièrement possible. Aussi
tâchent-ils, par l'emmagasinage de larges provisions de
réserve de leurs marchandises comme par une organisation rationnelle et systématique de la fabrication, de se
rendre autant que possible indépendants des fluctuations
saisonnières et même de ces chocs irréguliers du marché
qui sont attribuables à une rareté exceptionnelle ou bien
à un afflux subit et inattendu des commandes (1).

Dans la grande industrie la journée de travail est généralement plus courte que dans l'industrie artisane ou dans
la manufacture. Sans doute, le travail laisse parfois moins
de liberté de mouvement à l'ouvrier dans les grandes entreprises que dans les petits ateliers ; mais cette circonstance n'a qu'une importance secondaire et, de plus, n'est
pas générale. La liberté de mouvement et le plus ou moins
de facilité pour l'ouvrier d'interrompre à un moment donné
le travail, de l'abandonner au besoin pour quelques heures,
pour une journée entière, est très différente dans les diverses branches de production ; elle varie suivant l'industrie. Si, d'un côté, la marche régulière de la production
dans la grande industrie ne tolère pas de la part de l'ouvrier cette interruption arbitraire du processus de travail

1. « Le fait qui se dégage le plus nettement, c'est l'accroissement de
stabilité que les établissements importants assurent à leur personnel ;
la grande industrie évite les fluctuations fréquentes et rapides du
chiffre du personnel ». (*Salaires et durée du travail dans l'industrie française*, t. IV, *Résultats généraux*, sect. V, p. 22).

qui est parfois possible dans les petits établissements et davantage dans l'industrie à domicile, — néanmoins les avantages offerts ainsi par les systèmes de production les moins développés comparés aux systèmes plus développés d'un point de vue technique, ne sauraient compter comme une compensation suffisante à la journée de travail plus longue et au travail plus pénible dont se plaignent les ouvriers des branches qui le sont moins. La combinaison des avantages de part et d'autre qu'on a cru parfois trouver dans les petits ateliers à force motrice mécanique (fabriques collectives) n'a pu se réaliser jusqu'à présent que dans quelques branches de production.

Mais c'est surtout en ce qui concerne les salaires que les grandes entreprises d'industrie et de transport ont le plus décidément l'avantage sur les petites et les moyennes entreprises. L'Enquête française déjà citée constata, sur ce point aussi, une amélioration manifeste des conditions de travail dans les grandes entreprises comparées aux petites : « Dans leur ensemble, la durée de travail est plus courte, moins soumise à variation au cours de l'année ; les salaires sont moyennement plus élevés. Cette tendance ne se manifeste pas seulement en faveur des industries qui, comme les mines, les usines métallurgiques, les compagnies de transport, sont le terrain propre de la grande industrie : on l'observe encore dans d'autres groupes où les grands établissements compensent, par des avantages économiques certains, la contrainte morale que la concentration des entreprises impose à la population ouvrière, laquelle ne renonce pas sans regret à la vie plus irrégulière, mais en un sens plus indépendante, de l'ancienne industrie (1).

Ensuite, leur propre intérêt bien compris conduit les grands industriels à offrir à leur personnel certains

---

1. *Ibid.*

« avantages économiques ». C'est ce qu'un représentant des grands trusts aux Etats-Unis, M. Charles-M. Schwab, a formulé en termes suivants : « Les grandes entreprises dépendent à un degré beaucoup plus marqué de la grande habileté ouvrière que les petites. Il leur faut continuellement créer de nouveaux métiers pour pouvoir vivre et croître. Elles peuvent le faire seulement en ayant et en gardant à leur service les meilleurs ouvriers. » (1).

Unilatérales, ces considérations ne tiennent pas compte de la complexité des phénomènes sociaux, c'est-à-dire ici, surtout de la relation entre l'importance des entreprises étudiées et *a*) la nature de l'industrie, *b*) l'influence du milieu social.

Pour reconnaître l'action différente exercée par la nature des industries et leur organisation technique parti-

1. CHARLES-M. SCHWAB, dans la *North American Review*, mai 1901, p. 660. D'après M. Schwab, les avantages offerts par la grande industrie ont d'autant plus de portée à mesure que l'ouvrier est plus capable dans son métier : « Sous le vieux système individualiste des affaires, il n'y avait pour l'ouvrier qualifié qu'une occasion limitée pour augmenter ses gains et pas d'occasion du tout, en pratique, pour arriver à la participation à l'entreprise. Les entreprises, sauf exceptions notables peu nombreuses, étaient maintenues sous forme de corporations de famille fermées. Des étrangers n'y étaient que rarement admis. Quelque expérimentés que fussent ces étrangers, ils restaient salariés toute leur vie. » (*Ibid.*) A propos des avantages matériels de l'industrie capitaliste, et surtout de la grande industrie, sur l'industrie artisane, on trouve des matériaux considérables chez WERNER SOMBART, *Der moderne Kapitalismus*, t. II, chap. XXV, p. 446 et suiv. : « Dans plusieurs métiers ce processus (que les ouvriers les plus capables abandonnent l'industrie artisane pour entrer dans les grandes entreprises) a déjà fait des progrès tels qu'il ne reste plus à l'industrie artisane qu'un misérable rebut de main-d'œuvre auxiliaire : ouvriers vieillis, ivrognes, paresseux, estropiés, gâcheurs de leur existence... Fréquemment ils en sont arrivés à constituer un prolétariat nomade, errant de çà et de là, au sein duquel les maîtres artisans, surtout dans les petites localités, sont obligés de faire leur choix pour recruter leur personnel. » (pages 446-447.) M. W. Sombart cite, pour marquer les différences en salaires entre l'industrie capitaliste et l'industrie artisane entre autres quelques chiffres relatifs à la cordonnerie (Leipzig) et à la boucherie (Berlin) où ces différences se font voir directement sur les tarifs.

culière, on peut de nouveau consulter la Statistique française. Elle constate que la durée de la journée de travail ne semble pas moyennement plus longue en province que dans le département de la Seine, parce qu'il y a dans la grande industrie compensation entre les usines de l'industrie textile, où la durée moyenne du travail journalier était — dans la période 1891-1893 — de onze heures et demie, et les mines, où cette durée moyenne n'atteignait pas neuf heures et demie (1).

D'autre part, la même Enquête française contient les résultats d'une étude des salaires dans six fabriques de chaussures à Paris comptant successivement — rangées par ordre de décroissance — de 249 à 46 ouvriers. Ces établissements montrent une tendance à l'augmentation de la « moyenne des salaires » lorsque l'importance de l'établissement diminue (2).

Cependant, en y regardant de plus près, on rencontre parmi les 249 personnes occupées par le premier et plus grand établissement (n° 137) non moins de 106 « apprentics », « garçons », et « fillettes » gagnant en moyenne 1 fr. 65 par journée de travail ou 500 francs pour l'année. Par contre dans le plus petit des établissements étudiés (n° 140) 32 places sur les 46 était occupées par la rubrique d'ouvriers indiquée sous le terme de « coupeurs et divers » gagnant des salaires moyens de 6 francs par journée de travail ou 1,800 francs pour l'année. Dans ce dernier établissement, le nombre des apprentis était de 2 seulement. Cela tient à ce que, dans le premier de ces établissements, on a affaire à une fabrique confectionnant des chaussures ordinaires destinées au grand public, tandis que le dernier est un de ces ateliers parisiens typiques fabriquant

1. *Salaires et durée du travail dans l'industrie française,* t. IV, 1ʳᵉ partie, 2ᵉ sect., IV, 2, p. 99.
2. Voir la liste comparative, *ibid.*, t. I, p. 388. Pour une étude plus détaillée des établissements en question, cf. le tableau I sous les numéros indiqués.

seulement les chaussures de meilleure qualité, en grande partie des chaussures de luxe.

Comme troisième cas qui peut se présenter et qui caractérise de nouveau, d'un autre point de vue encore, l'influence de la nature des industries dans le problème étudié, je renvoie à l'Enquête faite par l'Office belge du Travail sur l'industrie charbonnière du pays. En premier lieu, cette Statistique a constaté « qu'il n'y a pas de rapport entre le taux du salaire et la grandeur de l'exploitation ». « Tel charbonnage de 262 ouvriers a les 79 o/o de ses ouvriers à veine gagnant de 3 fr. 50 à 5 francs ; tel autre, avec 263 ouvriers dans le même bassin en a 77 o/o entre 4 fr. 50 et 6 francs. En résumé, *une grande variété existe entre les salaires* ». Résultat analogue quant à l'augmentation considérable des salaires constatés en mai 1900 (période d'une prospérité exceptionnelle de l'industrie charbonnière) comparés à ceux d'octobre 1896 : « Les tableaux montrent clairement d'ailleurs qu'aucun rapport ne peut être établi entre l'importance de la hausse d'une part, et, d'autre part, le nombre d'ouvriers de chaque charbonnage en 1896 ou l'accroissement de ce nombre entre 1896 et 1900. » (1).

Voici maintenant comment, avec la nature spéciale de chaque industrie, le milieu social fait tout particulièrement sentir son influence.

Voyons de nouveau la situation à Paris. Comme plusieurs autres très grandes villes, Paris n'est pas un centre de grande industrie proprement dite ; c'est au contraire le terrain naturel où pullulent les petites industries de plusieurs genres, et particulièrement les industries de luxe et d'art. L'établissement de grands ateliers et usines y coûte cher, tandis que les salaires y sont particulièrement élevés, non seulement à cause du coût d'entretien

1. *Statistique des salaires dans les mines de houille* (octobre 1896-mai 1900) pages 29 et 37.

élevé de l'ouvrier, mais aussi et surtout par suite des
capacités et de l'intensité de travail qu'on exige de lui.

C'est là la raison pour laquelle l'Enquête française citée
a dû séparer la capitale du reste du pays en traitant de la
longueur de la journée du travail étudiée en rapport avec
l'importance des établissements : « Dans un grand nombre d'industries, il est visible que la durée moyenne du
travail journalier augmente à mesure que l'importance
des établissements diminue ; ce résultat n'avait pas été
constaté dans le département de la Seine. » (2).

De même, il est aisé de comprendre pourquoi un phénomène général comme l'augmentation des salaires proportionnellement à l'importance des établissements ne
présente pas normalement le même aspect dans le milieu
spécial de Paris que dans le reste de la France. Ce phénomène se révèle d'une façon nette pour le pays dans son
entier, mais beaucoup moins pour le milieu spécial de la
capitale. Ici, la tendance correspondante semble beaucoup plus croisée par des tendances contraires et ces dernières semblent, dans nombre d'industries, plus fortes
qu'elle.

Quant aux salaires, il suit de tout ce qui précède que
c'est plus spécialement la *valeur d'usage* du travail qui
est influencée par l'étendue et l'importance des établissements et qui reflète, en dernière instance, sa puissance
accrue dans la hausse du prix de marché définitif de la marchandise travail. C'est entre autres la plus grande productivité du travail, conséquence de l'organisation technique
meilleure de la production, qui permet aux grandes entreprises de mieux payer les ouvriers les plus qualifiés, et
souvent aussi les aides et manœuvres. Pour le travail qualifié, il faut encore tenir compte du fait que le grand

---

1. *Salaires et durée du travail dans l'industrie française*, t. IV, loc. cit.,
p. 100 ; cf. aussi *ibid.* 2ᵉ sect., II, p. 63.

entrepreneur a non seulement une puissance d'achat supérieure à celle du petit patron, puissance qui le met à
même de mieux payer, mais que, bien souvent, il y est
même obligé.

CHAPITRE XIX

INFLUENCE EXERCÉE PAR LA MARCHE GÉNÉRALE DE LA PRODUCTION.
CONTRACTION ET EXPANSION DES INDUSTRIES

Lors de notre étude des différentes catégories de métiers et de professions s'est déjà souvent manifestée l'influence que peuvent exercer, sur les conditions de vente et d'achat du travail, les capacités professionnelles de l'ouvrier et la productivité du travail qui leur correspond. Et nous avons vu d'une manière générale que c'est soit d'après la qualité, soit d'après la quantité du travail fourni, soit parfois d'après toutes deux que l'entrepreneur juge de ces capacités et de la différence en productivité de ses ouvriers.

L'action de la productivité s'est montrée avec autant d'évidence dans les entreprises industrielles lorsqu'elle se traduit par un produit dont la quantité ou la qualité supérieures sont dues à l'emploi de machines meilleures ou plus nombreuses. Le tisserand travaillant sur des métiers plus modernes et meilleurs que ses collègues, ou qui se décide à conduire quatre machines au lieu de deux (ce qui tient en même temps à des capacités professionnelles), pourra augmenter son gain de travail à cause du rendement supérieur des instruments de travail dont il se sert. C'est ainsi, de même, qu'un manœuvre conduisant dans un grand atelier une machine-outil à reproduire des pièces en grandes quantités, peut souvent arriver à gagner vite un salaire égal sinon supérieur à celui de l'ouvrier de métier expérimenté d'industries similaires produisant à la main, d'après dessin, des articles de luxe ou d'art et dont la profession exige un goût affiné et un apprentissage de plusieurs années.

Enfin la productivité d'une entreprise peut entraîner une hausse ou une baisse des salaires selon que les conditions naturelles favorisent plus ou moins le travail humain. Ainsi, par des efforts pareils les mêmes individus pourront réaliser des gains supérieurs dans des cines de houille riches que dans des veines pauvres, ou sur des terres vierges, très fertiles, que sur des terres maigres (1).

Dans tous les cas considérés ici il s'agit de *différences* en *productivité directe* entre les entreprises, différences attribuables à des *avantages techniques* ou *naturels* dont toutes ne jouissent pas, et concernant la quantité ou la qualité, ou toutes deux combinées, des produits fournis. Ces différences en productivité peuvent entraîner à leur tour des différences en gain de travail pour les ouvriers dans une même sphère de production.

A cette première forme de productivité des entreprises s'en oppose une autre, très spéciale, la forme de *productivité indirecte*, qui croît ou décroît à mesure de l'expansion et de la haute activité, ou, au contraire, de la contraction et de la dépression d'une industrie, et qui témoigne de l'augmentation ou au contraire de la diminution de la

---

1. Voir par exemple, pour les salaires agricoles aux Etats-Unis, *Reports of the Industrial Commission*, vol. XI, *Agriculture*, part. III, chap. III, p. 121 : « Les salaires les plus élevés sont payés sur les côtes du Pacifique ; puis viennent les Etats des Montagnes Rocheuses. C'est là le résultat inévitable de la situation et des circonstances, en grande partie des avantages climatiques favorisant la culture de produits qui ne peuvent pas être aussi facilement obtenus, si même on les peut obtenir, dans d'autres régions des Etats-Unis. »

demande de produits et, par suite, de la demande de main-d'œuvre. Le rapport de l'offre et de la demande de produits et de main-d'œuvre variant continuellement, la même quantité de produits ou de travail de mêmes espèces peut donc obtenir sur le marché, à différentes époques, des valeurs et des prix différents.

Cette productivité indirecte, qui ne se rapporte pas à la quantité ou à la qualité du produit, reflète avec l'état du marché tous les facteurs propres à influer sur lui : tels la situation économique et politique du pays, l'influence spéciale d'une guerre, de la mode, de la spéculation des grands capitalistes, etc.

Avec la même quantité de travail et à l'aide du même outillage, une population agricole peut obtenir dans une année de mauvaise récolte 1 million d'hectolitres de blé et, dans une année de bonne récolte, 2 ou 3 millions, etc.; de même une certaine quantité de blé peut valoir une année 1 million, et une autre année 2 ou 3 millions de francs et ceci, bien entendu, abstraction faite de la variation possible dans la valeur de l'argent ou la qualité du blé, et uniquement par suite de la demande accrue, par rapport à l'offre, de cette marchandise. Et puisque, en dernière instance, ce sont des valeurs d'échange et non pas des valeurs d'usage ou des valeurs de production qui s'équivalent, en quantités données, sur le marché ; puisque, sous l'ordre capitaliste de la société, c'est la valeur d'échange, et non pas les valeurs d'usage ou de production des produits, qui influe, comme facteur de la *productivité*, sur les salaires ouvriers, il est évident que la *productivité directe* et la *productivité indirecte* ne sauraient être séparées l'une de l'autre, d'un point de vue économique, pour le problème du salaire. Elles s'entre-croisent et même elles se confondent entièrement quant à leur action, dès qu'on compare des sphères de production différentes et des produits hétérogènes.

L'exemple cité opposant le travail du manœuvre qui conduit une machine-outil moderne à celui de l'ouvrier de métier expérimenté fabriquant à la main des objets de luxe ou d'art, montre nettement les deux formes de productivité entremêlées dans leur action. Pour savoir si un objet de luxe ou d'art, épingle, broche ou bouton, représentera la valeur et le prix de dix, cent, mille, ou peut-être de dix mille épingles, broches ou boutons simples, fabriqués à la machine, ce n'est pas seulement du développement technique de la production de chaque catégorie d'objets qu'il faut tenir compte, mais aussi de l'état du marché avec tous ses facteurs : caprices de la mode, concurrence des producteurs, spéculations de toute sorte sur les objets fabriqués et surtout sur les matières premières, etc.

La succession dans la production sociale de périodes de développement et de haute activité industrielle suivies d'un état stationnaire, voire d'arrêts dans la production ou même de crises partielles ou générales, puis d'une reprise lente ou brusque de l'activité productrice, et ainsi de suite, — toutes ces alternatives sont inhérentes au développement et à l'expansion de la production capitaliste. La direction nationale et internationale de la production par les grands industriels et financiers unis en cartels et en trusts pourra sans doute donner un cours plus régulier aux fluctuations fortes et spontanées du marché mondial ; mais cela ne s'applique qu'à ces hausses et baisses du marché qui sont dues à la saison ou à la mode, en tout cas à celles seulement qu'on peut prévoir et éviter ; la nécessité d'expansion et de contraction à laquelle est soumise la production capitaliste, parce que capitaliste, continuera à se manifester après comme avant.

Lorsque, dans une branche quelconque de production, la demande de marchandises augmente, soit par suite des efforts des entrepreneurs capitalistes à trouver de nou-

veaux débouchés nationaux ou internationaux, soit par
suite de l'ouverture de nouvelles sphères d'activité résultant de besoins nouvellement nés dans le public, ou de
nouvelles inventions et découvertes, — cette demande
accrue de marchandises peut entraîner un accroissement
de la demande de main-d'œuvre nécessaire. En conséquence, le rapport modifié de la demande à l'offre de travail pourra hausser la valeur d'usage du travail et par
elle sa valeur d'échange et son prix de marché, le salaire.

Mais il ne s'agit pas ici d'une relation simple de phénomènes intelligibles à première vue, mais d'une relation
complexe et enchevêtrée. D'abord, lorsque la demande de
produits augmente sensiblement dans une branche de
production, les entrepreneurs capitalistes peuvent, en tant
que spéculateurs désirant exploiter les besoins de leurs
semblables, préférer ne pas étendre leur production, malgré la demande croissante, afin de hausser ainsi la valeur
d'usage et, par suite, la valeur d'échange et les prix de
marché de leurs articles. Puis, s'ils décident d'étendre
leur production, ces entrepreneurs peuvent encore chercher à augmenter la productivité de leurs établissements
en perfectionnant leur machinerie, leur outillage, etc.
Dans ce dernier cas, l'augmentation de la puissance productrice technique de leurs établissements peut laisser
intact le personnel de travail ou même le faire diminuer.

Enfin, troisième cas, les entrepreneurs peuvent augmenter plus ou moins proportionnellement le nombre de
leurs ouvriers, au fur et à mesure que croît la demande
de leurs produits.

Laquelle de ces trois méthodes d'action semblera éventuellement aux entrepreneurs la plus rémunératrice, ceci
dépendra nécessairement de plusieurs circonstances : de
la période de production et de l'influe   n de toutes sortes de facteurs sociaux, politiques psychologiques ; de la
nature de chaque industrie ; du développement techni-

que de chaque entreprise en particulier; de l'organisation nationale et internationale tant des patrons que des ouvriers ; etc.

Fréquemment on combinera deux de ces méthodes. Par exemple, soit une branche d'industrie prise dans son entier : souvent dans une période d'expansion industrielle les entrepreneurs, tout en étendant la puissance productrice technique de leurs entreprises par l'introduction de nouvelles machines, laisseront en même temps s'accroître la demande de main-d'œuvre, mais à un degré moindre que s'ils avaient voulu répondre à la demande totale de leurs articles par un simple agrandissement de leurs entreprises sans introduction de perfectionnements techniques.

Etant donné l'état ascendant du marché des marchandises dans une sphère de production quelconque, une augmentation des salaires ouvriers est donc possible, — surtout au cas où d'autres facteurs, notamment une forte organisation ouvrière, collaborent dans la même direction. Mais le développement du capitalisme, de même qu'il pose des limites à l'extension d'une industrie, en pose aussi à l'augmentation des salaires qui l'accompagne.

Dans un sens social général et pour une sphère de production ou plusieurs sphères prises ensemble, on peut dire que nulle augmentation des salaires ouvriers ne saurait empêcher le développement et l'expansion mêmes de la production capitaliste dont elle provient puisque, dans ce cas, le point mort serait atteint ; d'où, aussitôt, une réaction.

Les entrepreneurs capitalistes ne consentent pas à employer dans un but productif une partie toujours croissante de leurs revenus s'ils ne peuvent s'attendre par l'extension de leurs entreprises à une augmentation de leurs bénéfices. Comme entrepreneurs capitalistes, ils ne

travaillent pas pour satisfaire les besoins de leurs semblables, mais pour réaliser du profit.

Dans notre prochain volume seront étudiées les limites
qui se posent à l'extension de la puissance productrice des
industries. Et l'on y verra qu'une réaction dans le sens
indiqué est un phénomène normal dans chaque branche
d'industrie où l'expansion des forces productrices commence à répondre entièrement à une nouvelle demande
accrue de produits, de sorte que l'offre en couvre complètement la demande. En vertu du principe de l'inertie et de
la propension naturelle du capital à l'accumulation, il se
manifeste alors régulièrement une tendance à dépasser
les besoins actuels du public. C'est alors que commence-
ront tôt ou tard à se présenter les phénomènes en sens
inverse de ceux décrits plus haut.

Etudions à leur tour ces autres phénomènes : par suite
de l'encombrement du marché et de la diminution des prix
qui en résulte, peut-être aussi par suite de la hausse des
salaires ou du prix des matières premières, les possibilités
de recueillir des bénéfices diminuent pour les entrepreneurs, et par là diminue également leur désir de développer leurs entreprises. La réaction se déclare, et la baisse
du prix des articles fabriqués peut avoir comme conséquence une baisse du prix de la marchandise travail.

Mais ici encore il s'agit de phénomènes complexes.
Les entrepreneurs capitalistes, voulant faire face à un
état du marché où l'offre de produits dépasse la demande,
peuvent recourir à une organisation meilleure de leur production et à des économies sur d'autres éléments de leurs
frais de production que sur l'élément travail. En réussis-
sant à diminuer leurs prix de revient par des améliorations techniques, ils peuvent parfois continuer à réaliser
un bénéfice suffisant, malgré la baisse des prix de marché
de leurs articles et tout en maintenant les salaires de leurs
ouvriers au même niveau qu'auparavant. Ils seront d'au-

tant plus portés à agir dans ce sens à mesure que d'autres
facteurs — en premier lieu, de nouveau, une forte organisation ouvrière — les pousseront dans cette même direction et notamment s'opposeront à une baisse des salaires. Si le cas supposé ici se présente, la baisse du prix
des articles fabriqués n'entraînera donc pas nécessairement une baisse des salaires dans la branche de production envisagée. Cependant, s'il n'y a pas d'opposition forte
et systématique de la part des ouvriers, la baisse du prix
des marchandises aura bien des chances d'être suivie
d'une baisse du prix de la main-d'œuvre, et cela même au
cas où le nombre des ouvriers ne diminuerait pas, le
stock entier des marchandises trouvant des débouchés à
un prix abaissé (1).

Il se peut aussi que les entrepreneurs capitalistes, jugeant
en tant que spéculateurs, trouvent plus avantageux de
restreindre la production de leurs articles dès le moment
que la baisse du prix commence à se faire sentir, et cherchent ainsi à maintenir dès le début le rapport de l'offre à
la demande au même niveau, sinon à le modifier encore
en leur faveur. Dans ce cas, le prix de marché des articles
fabriqués peut se rétablir ou même augmenter; mais, la
quantité demandée de ces articles ayant diminué d'une
façon absolue, la demande de travail — toutes autres circonstances restant invariables — diminuera dans la même
proportion.

Il est évident que différentes influences décideront,
dans ce cas, de la manière dont se manifestera la diminution de la demande de main-d'œuvre : les établissements de productivité moindre seront fermés, pratique
fréquemment appliquée ces dernières années par les

1. Par un accroissement de la demande des marchandises provenant
de la baisse de leur prix. Voir à ce propos *Théorie de la Valeur*, pages
319-320.

cartels et trusts patronaux ; les entrepreneurs congédie-
ront une partie de leur personnel ; ou encore ils le feront
travailler tout entier quelques heures de moins par jour
ou quelques journées de moins par semaine ; etc.

En tout cas, dans les circonstances supposées et vu le
rapport modifié de l'offre à la demande de travail, les
salaires tendront à baisser, et cette baisse se produira
même de suite, à moins que des tendances contraires —
en premier lieu, de nouveau, une opposition de la part des
organisations ouvrières — ne l'empêchent.

Laquelle des conséquences successivement exposées se
manifestera en réalité lorsque l'offre des articles fabriqués dans une industrie commence à en dépasser la
demande, — ceci dépend encore, naturellement, de maintes circonstances : nature de l'industrie, organisation tant
des patrons que des ouvriers, etc. Nous n'avons voulu
qu'exposer les différents cas qui peuvent se présenter,
aussi bien pour les entrepreneurs capitalistes que pour les
ouvriers, d'après l'état sans cesse changeant du marché. Cette exposition démontre d'abord la complexité
des phénomènes économiques. Pour une étude plus détaillée du problème, nous devons recourir à des faits réels et
placer les divers cas énumérés ci-dessus dans leur cadre
historique et social précis.

En recherchant la relation entre la productivité des
entreprises par rapport à un état donné du marché et
d'autre part le prix du travail, on s'aperçoit que cette
relation se présente sous un aspect différent suivant les
branches de production et les milieux sociaux.

On constate d'abord que cette relation se fait sentir plus fortement à mesure que le milieu social étudié
est moins développé d'un point de vue économique et
social, et que l'intervention de forces naturelles ou de
moyens de production techniques dont les résultats ne
sauraient être connus d'avance rendent plus chimérique

tout calcul de la qualité et de la quantité présomptives du produit, et par suite tout jugement préalable sur la valeur d'usage du travail.

Dans les milieux agricoles arriérés produisant pour le marché mondial, les salaires ouvriers peuvent doubler et plus que doubler selon que la moisson promet d'être plus riche et que paysans et grands propriétaires peuvent fonder de meilleures espérances et des spéculations sur la récolte probable de leurs terres. Les conditions de vie des ouvriers salariés oscillent alternativement, dans ces milieux, entre une aisance matérielle relative et la famine absolue. Il en est par exemple ainsi dans les grands districts cultivateurs de céréales de la Russie : « La plus importante des circonstances qui agissent tous les ans sur la quotité des salaires à la journée, particulièrement dans les gouvernements des terres noires, c'est la prévision de la récolte : dans la région des steppes, les années de bonne récolte, les prix (de la journée de travail) augmentent d'une manière fort considérable ; ils doublent et même ils triplent ; et, dans les années de mauvaise récolte, ils baissent d'autant. » (1).

Un phénomène analogue se présente dans toutes les branches d'industrie pendant la période de début de la grande industrie capitaliste, lorsque les améliorations techniques et particulièrement l'introduction successive de nouvelles machines révolutionnent la production presque d'année en année. Dans cette période, où les entrepreneurs capitalistes ne connaissent pas exactement eux-mêmes la productivité des machines nouvellement introduites, les salaires, même des ouvriers ordinaires conducteurs de machines, apparaissent comme sen-

---

1. V. Moratchevsky, article *Ouvriers agricoles* dans *La Russie à la fin du XIXe siècle*, p. 600. Pour la raison exposée dans la préface (p. 4) je n'utilise pas les diagrammes joints au texte.

siblement influencés par la productivité du travail. Dans les industries nouvelles ils montent facilement, doublent, triplent, quadruplent même, — jusqu'à ce que les nouveaux procédés de fabrication se généralisent et que les ouvriers recrutés de toutes parts commencent à s'adapter progressivement au nouveau travail exigé. Alors le rapport entre le prix du travail et l'avantage ou le plaisir que l'entrepreneur capitaliste ou le consommateur peuvent en tirer devient de plus en plus lâche, ce prix baisse et, pour les grandes catégories des ouvriers de fabrique ordinaires, simples conducteurs de machines, il tend à rejoindre plus ou moins vite le niveau de ce coût minimum d'entretien de l'ouvrier et de sa famille dont nous avons parlé.

C'est ainsi, par exemple, qu'alternativement, pendant la première moitié du xixᵉ siècle, les salaires des ouvriers cotonniers dans les fabriques gantoisès ont doublé, triplé et quadruplé à chaque début d'une période de prospérité de l'industrie, période marquée toujours par l'introduction de nouvelles machines, et qu'à chaque nouvelle crise, — soit, comme en 1813 et en 1830, sous l'influence des grands événements politiques, soit, dès 1811, comme conséquence immédiate de la surproduction, — ils sont retombés jusqu'au niveau, et même au-dessous du niveau de famine d'où ils étaient partis (1).

Ces périodes de révolution des industries, pendant lesquelles les fabricants deviennent avant tout des spéculateurs, sont en même temps celles où les salaires mani-

1. Voir *Les salaires dans l'industrie gantoise*, 1. *Industrie cotonnière*, 1ʳᵉ partie, chap. II., pages 25 et suiv., et notamment, pour l'accroissement rapide des salaires dans la période de 1808-1811, p. 30 : « Les salaires montaient, à des taux inouis, légendaires aujourd'hui encore. Le fileur gagnait 5, 6, 7 et 8 francs par jour, salaire infiniment supérieur aux besoins d'un ouvrier à cette époque. Le charpentier, dont l'apprentissage était plus long, plus coûteux que celui du fileur, ne gagnait pas 2 francs, et il devait encore travailler avec ses propres outils; »

festent la tendance générale la plus prononcée à la hausse
— abstraction faite des brusques chocs qu'ils subissent —
et qui sont les plus propres, par suite, à faire s'enraciner
dans une population ouvrière de nouveaux besoins et à
relever ainsi d'une façon durable le niveau matériel du
milieu social. Par exemple, nous avons constaté lors de
notre étude du mouvement historique des salaires (p. 72)
que l'accroissement des salaires a été le plus fort en France
dans la période 1853-1865, sous le deuxième Empire,
période de grands travaux publics, de construction de
chemins de fer, et en général d'une haute activité des
industries.

L'observation de phénomènes analogues, dans l'Angleterre de la fin du xviiie siècle, avait amené Adam Smith
à formuler la règle générale suivante : « Ce n'est pas la
grandeur actuelle de la richesse nationale, mais c'est son
accroissement continuel qui entraîne une hausse dans les
salaires du travail. En conséquence, ce n'est pas dans les
pays les plus riches que les salaires sont le plus élevés,
mais c'est dans les pays qui font le plus de progrès, ou
dans ceux qui marchent le plus vite vers l'opulence. »
« L'Angleterre, ajoutait Smith, est pour le moment un
pays beaucoup plus riche qu'aucune partie de l'Amérique septentrionale, cependant les salaires du travail sont
beaucoup plus élevés dans l'Amérique septentrionale que
dans aucun endroit de l'Angleterre. » (1)

1. ADAM SMITH, *Wealth of Nations*, L. I, chap. VIII, pages 68-69. Cf.
trad. franç., tome I, p. 87. Au milieu du xixe siècle, un auteur français, EUG. BURET, exprime encore l'idée de Smith en termes suivants :
« Le travail ou la production de la richesse ne profite à la grande masse
des nations que dans la période où elles débutent dans la carrière de
l'industrie, lorsque la demande toujours croissante du travail maintient
les salaires à un taux supérieur à la dépense que nécessitent les besoins
du travailleur... » « Quand le mouvement de la richesse est stationnaire,
et que la production suspend son activité progressive, alors la condition des
basses classes devient gênée, et les salaires ne tardent pas à tomber bientôt
au niveau des plus indispensables besoins. » (*De la misère des classes laborieuses en Angleterre et en France*, 1840, t. II, Livre III, chap. I,
pages 61-62.)

Cornélissen   26

La théorie proposée par Smith, bien que trop exclusive déjà pour son époque, devait d'autant plus sembler exacte que les masses ouvrières étaient encore inorganisées et qu'il ne pouvait y avoir au temps de Smith, bien moins que de nos jours, une surveillance rigoureuse des conditions du marché de la part des deux parties, ouvriers et entrepreneurs ; les bonds subits de l'offre et de la demande donnaient, plus encore à cette époque qu'aujourd'hui, les impulsions décisives entraînant spontanément des fluctuations du prix des produits et régissant par suite les hausses et les baisses des salaires.

Si le début agité des industries capitalistes a été particulièrement propre à hausser soudain et sensiblement les salaires des ouvriers recrutés au hasard, il est un facteur psychologique et social qui a beaucoup contribué à enraciner dans les mœurs et les habitudes des populations ouvrières les avantages matériels une fois acquis. C'est qu'il est plus facile de laisser vivre l'homme (ou une population entière) dans des conditions de pauvreté primitive que de l'y faire retomber une fois qu'il a connu des conditions économiques meilleures. L'inertie humaine s'oppose, dans chaque population, à des baisses de salaire lors de périodes de contraction industrielle et de crise consécutives à une période de prospérité subite où les entrepreneurs capitalistes avaient été obligés de hausser les salaires et de collaborer ainsi, eux-mêmes, à l'introduction dans la population ouvrière d'une norme de vie supérieure. Voilà pourquoi les plaintes patronales sur les exigences croissantes et les salaires prétendus extravagants des ouvriers se sont fait entendre partout dans la période de première éclosion des industries, lorsque de nouveaux procédés de fabrication se frayaient un chemin. Ces plaintes se font encore entendre — à des époques d'arrêt dans la production moins fortes sans doute qu'aux moments de presse — lorsque les entrepreneurs capitalistes se voient forcés d'obtenir de la main-d'œuvre qualifiée à n'importe quel prix (1).

Un effet analogue à celui d'un développement rapide de la technique et de l'introduction incessante de nouvelles machines se produit dans certaines industries — plus particulièrement dans les industries de luxe — par les changements de la mode. Ils sont, eux aussi, propres à pousser brusquement les salaires à la hausse pour les faire tomber ensuite à un niveau de famine par le seul fait qu'ils font osciller par sauts et par bonds les prix de marché des produits (2).

1. C'est dans les colonies que les larmes des entrepreneurs capitalistes coulent le plus volontiers, surtout dans les cas où des circonstances spéciales — un climat malsain par exemple — limitent encore l'offre de main-d'œuvre. Voir par exemple de nos jours les touchantes lamentations capitalistes sur la rareté et la cherté du travail à Calcutta, ville, comme on sait, malsaine : « Malgré l'importance et l'extension de la migration et l'amélioration notable des communications de ces dernières années, c'est une plainte universelle que l'offre existante de main-d'œuvre est tout à fait insuffisante et que sa rareté et sa cherté croissantes sont un frein puissant au progrès industriel. » (Census of India, 1901, vol. I, Calcutta, 1903, 1ʳᵉ partie, Report, chapitre II, Migration, pages 94.95). A cette plainte officielle qui tient si peu compte, en parlant du « progrès industriel », du sort de la population intéressée, elle aussi « industrielle » (car un Recensement officiel devrait plutôt caractériser les hauts salaires ouvriers comme une condition favorable au bien-être du pays), les recenseurs ajoutent quelques exemples: « Dans certaines saisons, un ouvrier non qualifié peut gagner à Calcutta une roupie (c'est-à-dire 1 fr. 67) par jour en portant du charbon, et le taux ordinaire est de 8 à 10 annas (il y en a 16 par roupie) par jour pour les hommes et de 5 à 6 annas pour les femmes. On prétend que la main-d'œuvre devient plus rare chaque année et tout récemment de bons ouvriers non qualifiés dans les docks de Calcutta obtenaient 1 roupie 8 annas, (2 fr. 50) par jour. Ce taux, naturellement, fut payé seulement pendant une période de presse particulière, mais il montre combien lentement, sous les conditions existantes, l'offre de travail s'adapte à la demande. De bons tisserands dans les filatures de jute sont payés environ 6 roupies par semaine et les tisserands moyens reçoivent 3 roupies 8 annas. » (Ibidem, note à la p. 94.)

2. « Voilà donc, — a-t-on dit en 1901 sur l'industrie dentellière belge, — en l'espace de dix ans, deux hausses des salaires, et, dans chaque cas, elles ont eu pour cause une transformation économique de l'industrie et

Contrairement à la forte influence que la contraction ou l'expansion des industries exercent sur les salaires ouvriers dans les Etats industriels ou agricoles arriérés et particu-lièrement pendant la période de début de la grande pro-duction capitaliste, contrairement encore aux fluctuations profondes que subissent partout les salaires dans les indus-tries de mode et de-luxe, la marche plus régulière de la grande industrie sous le machinisme moderne donne aux salaires ouvriers une stabilité beaucoup plus grande et les soustrait davantage à l'influence des alternatives d'activité et de dépression de la production.

Commençons de nouveau par l'agriculture, ce qui noūs permettra d'opposer, dans notre étude, aux conditions de travail caractéristiques d'un pays arriéré comme la Rus-sie, celles qu'on a observées ces dernières dizaines d'an-nées dans les grands centres agricoles des Etats Unis.

La grande dépression monétaire de 1873 à 1879, qui marque dans l'histoire financière des Etats-Unis une période de grand malaise dans la production, a fait jusqu'à sa fin baisser les prix des marchandises et les salaires ouvriers. Les salaires agricoles furent le plus bas en 1879. Pour-tant il n'y eut pas une poussée de baisse comparable à celle qu'on avait constatée dans la période de début de la production grand-capitaliste. Par rapport à 1875, lorsque le contre-coup de la dépression commença à se faire sen-tir, la baisse des salaires fut, pour le pays entier et les quatre années suivantes, d'environ 18 o/o. Naturelle-ment cette baisse a été le plus forte dans les grands centres industriels, commerciaux et financiers. Cela s'ap-

une nouvelle orientation de la mode. Que demain la vogue du lacet passe, — et cela ne se fera pas attendre, — une foule d'ouvrières se trouveront sans travail et devront perdre beaucoup de temps à rappren-dre leur ancien métier. La mode aura, cette fois là, provoqué la baisse des salaires. » (PIERRE VERHALGEN, *La dentelle et la broderie sur tulle*, t. II, chap. IV, sect. V, p. 139.)

plique surtout aux Etats orientaux où nombre d'ouvriers industriels se trouvant sans travail s'adressèrent à l'agriculture pour y gagner leur vie, faisant concurrence ainsi aux ouvriers agricoles proprement dits. Dans ces Etats, la diminution des salaires, pour la dite période, fut de 26 o/o environ. Dans les Etats du Milieu la baisse fut de 25 o/o. Par contre elle n'atteignit que les 15 o/o dans les Etats du Centre occidentaux ôù la dépression ne se fit sentir que vers la fin de la période, lorsque les ouvriers surabondants des grandes usines commencèrent à émigrer vers l'occident, tant comme fermiers que comme ouvriers agricoles. Les Etats du Sud, étant à peu près dans la même situation, présentèrent une baisse des salaires d'à peu près 17 o/o. Les Etats du Pacifique, éloignés et presque indépendants, pourvoyant en grande partie à leurs propres besoins, et où la monnaie n'avait subi aucune dépréciation, n'éprouvèrent guère de diminution dans les salaires agricoles ; elle y fut de 8 o/o seulement (1).

Examinons maintenant les phénomènes inverses qui se manifestèrent dès que, en 1879, la situation économique eût commencé à se modifier rapidement aux Etats-Unis et que, sous la poussée de l'amélioration générale des conditions de production, les agriculteurs, eux aussi, furent portés à reprendre leurs vieilles routines agricoles, puis à étendre leurs entreprises et à perfectionner leur système de culture, bref à engager plus de main-d'œuvre. Dès la prochaine enquête agricole, en 1882, l'accroissement moyen des salaires, sur l'étendue entière des Etats-Unis, se montra de plus de 15 o/o. Et les extrêmes furent trouvés, cette fois encore, dans les deux régions maritimes. Dans les Etats orientaux, la hausse des salaires atteignit jusqu'à 24 o/o. Cela s'explique par la prédominance exercée dans la production de ces Etats par

1. *Reports of the Industrial Commission*, vol. XI, *Agriculture*, 3ᵉ partie, chap. III, sect. 5, p. 128.

les grandes industries en usine, l'agriculture en ses
diverses branches n'y jouant qu'un rôle secondaire et
relativement peu important. Dans les autres parties
des Etats-Unis se présentèrent des faits analogues à ceux
de la période 1873-1879, mais en sens inverse. Dans les
Etats du Centre occidentaux, l'augmentation des salaires
fut d'environ 17 o/o, ou un peu plus, en ce qui concerne
les salaires avec logis et nourriture,' le taux de ces derniers étant tombé très bas en 1879. Dans les Etats du
Milieu et du Sud, le progrès des salaires de 1879 à 1882
fut à peu près le même que dans ceux de l'Ouest. Mais
les Etats du Pacifique constituèrent de nouveau une exception remarquable. Le malaise de la période 1873-1879 ne
s'y était guère fait sentir. Comme il n'y avait pas eu de
dépression pour ainsi dire, on ne saurait non plus y parler d'un rétablissement des affaires. La prospérité éton-
nante de ces côtes, les *booms* sur l'or, le blé, les moutons
et les bestiaux, les fruits et les vins, avaient attiré peu à
peu un courant d'immigrants tel, qu'au lieu d'une hausse,
on constata dans ces régions une baisse des salaires d'environ 7 o/o (1).

Le Rapport de l'*Industrial Commission*, utilisé ici,
traite encore de l'influence exercée sur les salaires et le
travail salarié par la crise de 1894-1897. Elle eut sans doute
une influence très profonde, mais sans désorganiser la vie
sociale entière avec les conséquences terribles qu'entraînent de pareils désastres dans les pays industriels et agricoles arriérés : « Les industries sont plus développées, les
conditions de production plus stables qu'autrefois, et il y
a plus de capital disponible pour soutenir le choc du malaise ; pourtant les effets n'en purent être évités. Quelques-uns ont cru que les salaires n'avaient pas diminué
parce que des employés expérimentés occupant des posi-

1. *Ibid.*, sect. 6, p. 29.

tions entraînant une responsabilité conservèrent leurs
places et leurs paiements pendant ces quatre années de
désastre ; mais les grandes masses des ouvriers moins
appréciés que ceux-ci pour l'efficacité de leur activité et
la confiance qu'on avait en eux, furent obligés d'accepter
des salaires moindres ou de céder leur place à quelques-
uns d'entre tous ceux, si nombreux, qui cherchaient un
emploi. Une alternative plus déplorable encore, ce fut la
perte de situation par suite de la décision de l'employeur
de se tirer d'affaire de son mieux à l'aide de sa propre
famille, étant donné le profit douteux qu'il voyait dans
l'emploi de main-d'œuvre salariée. Il y a de vastes districts où les pertes des ouvriers dans la panique récente
ont beaucoup plus tenu au sans travail qu'au travail à
salaire réduit. »(1). Sauf quelques modifications notables,
la situation générale a été analogue à celle de la période
de 1873-1879. Il en a été de même, plus récemment, dans
la grande crise de 1907-1908.

Je n'insisterai pas sur ces modifications. Ce n'est que
dans leurs grands traits que les données américaines peuvent nous servir ici. L'aperçu historique du mouvement
des salaires agricoles que nous venons de citer repose sur
les enquêtes consécutivement faites par le ministère de
l'Agriculture des États-Unis et à leur égard valent ici de
nouveau les observations que j'ai déjà formulées dans
mon chapitre sur le mouvement historique des salaires
(pages 77-78). Les données fournies par ces enquêtes n'ont
d'autre valeur que celle de *chiffres d'évaluation* de *moyennes de salaires*, et n'offrent aucunement la garantie d'exactitude que demandent des recherches quelque peu appro-
fondies et détaillées. Aussi ne pouvais-je m'en servir que
pour constater dans ses grandes lignes un phénomène
social d'un caractère général ; mais pour étudier ensuite
comment et *de quelle façon* la contraction|ou, au contraire,

1. *Ibid.*, sect. 7, p. 130.

l'expansion dans la production influe sur les salaires et encore sur diverses catégories de salaires, il faut recourir à des chiffres de salaires recueillis et contrôlés d'après une meilleure méthode.

Cependant une remarque s'impose à propos du fait général que la dépression, pendant les crises américaines (y compris celle de 1907-1908), s'est fait sentir, dans de vastes districts, plutôt par le chômage des ouvriers que par la réduction de leur salaire.

Il s'agit en effet d'une tendance générale, propre à susciter des difficultés à toute étude de l'influence exercée sur les salaires par les oscillations dans la production. Cette tendance tient au facteur psychologique dont il a été parlé : que l'homme est plus disposé à maintenir toute amélioration acquise que de s'efforcer à obtenir des avantages nouveaux. Et elle se révèle en ceci qu'un taux de salaires — calculé aux pièces, à l'entreprise, ou à l'heure, au jour, etc.; il n'importe — résiste avec une ténacité remarquable à toute pression de baisse. Le fait qu'en temps de crise l'ouvrier demandera que ses heures de travail soient diminuées avec restriction correspondante de la production plutôt que de subir sans résister une baisse du taux des salaires, explique souvent que ce taux reste invariable ou même qu'il monte dans une période de contraction de la production.

« Il est étrange, fait remarquer un Rapport du *Board of Trade* anglais, qu'une année de dépression comme 1893 ait montré une hausse effective des salaires ; mais il faut se rappeler que la comparaison s'applique aux taux des salaires et non pas aux gains totaux et qu'une dépression causée par la marche lente des affaires diminue d'ordinaire les gains ouvriers, en influant sur la régularité du travail avant de toucher aux taux des salaires. » (1).

1. BOARD OF TRADE, *Changes in Rates of Wages and Hours of Labour in the United Kingdom in 1893*, p. XVI.

L'attachement des ouvriers à un tarif de salaires une fois obtenu fait qu'ils s'opposent régulièrement à tout abaissement de ce tarif et explique le grand nombre de grèves de défense qu'ils entreprennent dans tous les pays en temps de contraction dans la production et malgré le peu de chance de succès qu'offrent proportionnellement ces mouvements défensifs comparés aux grèves d'attaque et aux mouvements visant l'amélioration des conditions de travail en temps d'expansion des industries et de haute activité des affaires (1).

Pour les raisons que nous venons de développer, la prudence s'impose donc à quiconque étudie le mouvement des salaires en relation avec la marche générale de la production ; et il est notamment préférable de choisir, pour point de départ des comparaisons éventuelles, plutôt les gains totaux des ouvriers que les taux de leurs salaires au temps ou aux pièces.

En outre, ceux d'entre les ouvriers qui sont congédiés les premiers en temps de malaise et de crise seront d'ordinaire les moins capables, tandis que les meilleurs ouvriers garderont toujours leur place le plus longtemps. Par contre, dans une période de haute activité et d'expansion des industries, ce sont des individus de moindres capacités, des demi-ouvriers, surtout des jeunes gens, qu'on embauchera en grand nombre. Mais, comme les ouvriers expérimentés gagnent les meilleurs salaires, les jeunes gens et les mauvais ouvriers les salaires les plus bas, on s'explique pourquoi dans plusieurs branches d'industrie (surtout dans celles où la main-d'œuvre « non quali-

---

1. Voir par exemple, pour l'industrie houillère française, un aperçu intéressant des grèves relatives au salaire ou aux conditions du travail survenues dans les bassins de la Loire, du Nord et du Pas-de-Calais, de 1848 à 1902 in François Simiand, *Le salaire des ouvriers des mines de charbon en France*, pages 351 et suiv. Les dates et les résultats des grèves sont placés ici dans des colonnes distinctes, suivant qu'elles se rencontrent dans une phase de hausse, ou dans une phase de baisse du prix.

tiée » domine) ce sont précisément les périodes de stagnation des affaires et de crise qui se caractérisent par des
« moyennes de salaires » relativement élevées, tandis que,
au contraire, les périodes de haute activité et de prospérité présentent des moyennes plus basses. Et c'est là une
raison de plus pour se méfier, dans les études économiques, de l'usage de « salaires moyens » (1).

Abordant maintenant la question de savoir de quelle
façon et dans quelles proportions la marche générale de
la production affecte les salaires ouvriers de diverses catégories, j'emprunterai des cas typiques à une grande industrie déterminée, — celle du charbon, — en me référant
à deux études sur l'industrie houillère française et à une
statistique sur les salaires dans les mines de houille en
Belgique, la dernière relevant des salaires effectivement
payés, fournis par les livres de paie des entrepreneurs.

Les deux études sur l'industrie houillère française sont
de M. F. Simiand qui a utilisé la *Statistique de l'industrie minérale* publiée par l'administration des mines,
depuis 1833, par volumes d'abord irréguliers, puis trien-
naux, puis annuels (2).

1. « Les salaires moyens s'élèvent quand une industrie ou une spécialité industrielle subit une crise, quand elle est dans un état morbide,
quand les ouvriers sont en excès ; ils s'abaissent dès que la condition s'a-
méliore, que la santé industrielle revient, que les ouvriers sont recherchés.

« A preuve pourrions-nous citer ici les fileurs de coton, les rattacheurs
et les dévideuses, tous métiers malades qui voient les salaires augmenter
avec l'âge des ouvriers, tandis que les fileuses, très recherchées aujour-
d'hui, voient leur salaire moyen baisser d'année en année par suite de
l'abondance du recrutement des enfants. » (Louis VARLEZ, *Les salaires dans l'industrie gantoise*, I. *Industrie cotonnière*, 6e partie, chap. I,
§ 5, p. 184.)

Comme règle générale, « presque érigée en loi », selon l'opinion de
M. Varlez, ceci est naturellement trop apodictique et par suite inexact.
Mais le fait constaté ici est néanmoins caractéristique pour une industrie
comme celle du coton avec son contingent considérable de manœuvres
et de jeunes gens.

2. FRANÇOIS SIMIAND, *Le salaire des ouvriers des mines de charbon en
France*, Paris, 1907 ; et *Essai sur le prix du charbon, en France et au*

M. Simiand fait observer que le coût de la main-d'œuvre dans l'industrie houillère française est un « élément
qui, relativement à lui-même, ne présente pas de variations brusques ni de variations très fortes », comme le font
au contraire le prix et le bénéfice net des entrepreneurs.
Le coût de la main-d'œuvre par tonne semble être une
quotité stable, dans une période donnée, relativement au
prix sur les lieux de production : bien que le prix varie, il
reste une même fonction de ce prix (selon les calculs de
M. Simiand 42 ou 43 o/o environ avant 1860, 45 o/o de
1860 à 1870, 45 o/o de 1876 à 1881, 47 à 48 o/o de 1882 à
1886, 50 à 52 o/o de 1891 à 1897). Lorsqu'il y a une forte
hausse du prix, le coût de la main-d'œuvre représenté

XIXe siècle, dans *l'Année sociologique*, t. V, Paris, 1902. Malheureusement, ces deux monographies se bornent, comme élément principal ou
secondaire d'étude, à des « salaires moyens ». Chaque exploitant de
mines fournit chaque année aux ingénieurs des mines : 1o le chiffre total
des salaires payés pendant l'année ; 2o le chiffre total des journées de travail comptées pendant l'année ; 3o le nombre total des ouvriers inscrits
pendant l'année dans son exploitation. Voir sur les côtés faibles comme
sur les avantages que présente une étude du salaire dérivée de pareilles
données, *Le salaire des ouvriers*, etc., chap. I, pages 26 et suiv. La statistique officielle donne ou permet à l'auteur de calculer dans son étude :
1o un salaire moyen par ouvrier et par journée de travail ; 2o un salaire
moyen par ouvrier et par an, pour chaque année depuis 1847 (sauf quelques lacunes), et pour l'ensemble des mines carbonifères soit de la France
entière, soit de chaque département. Elle donne ou permet de calculer,
pour chaque année depuis 1882, un salaire moyen par journée de travail
et un salaire moyen par an 1o de l'ouvrier du fond, 2o de l'ouvrier du
jour. Elle donne en outre, également depuis 1882, ces différentes notions
par bassin houiller (et non plus seulement par département).
    Il est évident que, dans ces conditions, on n'obtient le mouvement des
salaires d'aucune catégorie d'ouvriers miniers. Tout compte fait, il ne
s'agit dans les études de M. Simiand que des *sommes totales moyennes
payées en salaires par les Compagnies des mines de charbon*.
    Si utiles que puissent être de pareilles études, nous n'avons dans le pré-
sent ouvrage à nous servir des deux monographies de M. Simiand que
pour autant que les résultats où elles arrivent relativement au salaire
ouvrier confirment des phénomènes que nous avons constatés déjà ailleurs,
bien que ces phénomènes puissent prendre toujours une allure particulière dans l'industrie spéciale du charbon.

dans une tonne de charbon suit cette hausse en valeur absolue, mais baisse relativement. « Ainsi de 1871 à 1873, il descend de 45 o/o à 37 o/o, de 1889 à 1891 il descend de 51 o/o à 46 o/o, de 1897 à 1899, il descend de 51 o/o à 48 o/o. » Mais lorsque, après une telle hausse, le prix part en baisse, le coût de la main-d'œuvre continue de monter, même en valeur absolue ; il monte *a fortiori* en valeur relative et atteint ainsi un niveau supérieur à celui où il était avant la hausse du prix ; puis, lorsqu'il se met en baisse en valeur absolue, il ne baisse toutefois pas relativement, mais se maintient nettement au même niveau relatif, ou même continue souvent de monter en quotité relative. « Par exemple, de 1885 à 1889, la quotité monte de 46 à 52 o/o, et atteint ainsi un maximum dans l'année où le prix est le plus bas. » (1).

Le mouvement de la main-d'œuvre présente la même allure dans l'industrie houillère que celui du prix sur les lieux de production, prix de marché du charbon au premier stade des échanges (le « prix sur le carreau ») qui est nettement séparé par M. Simiand, non seulement du prix sur les lieux de consommation et du prix d'importation, mais aussi du coût de production ou prix de revient. Mais le coût de la main-d'œuvre ne suit que lentement et après coup les hausses du prix : « il semble admissible en effet que l'ouvrier ne soit pas aussitôt informé des possibilités que le cours du marché lui donne de demander une augmentation avec succès ; l'augmentation est obtenue, effectivement, à la faveur de la marge que donnent les prix hauts, mais elle n'est pas proportionnelle, le patron, vraisemblablement, se défendant d'aller trop vite et d'engager l'avenir imprudemment. » (2).

1. *Essai sur le prix du charbon*, pages 68-69 ; Cf. aussi *Le salaire des ouvriers des mines de charbon*, chap. II, sect. IX, pages 93-94.

2. *Essai sur le prix du charbon*, loc. cit., p. 72. Plus nettement encore qu'entre le prix du charbon et le coût de la main-d'œuvre par tonne produite, cette différence en mouvement se présente entre le prix du

Lorsque le prix du charbon se met à baisser, il est évident que cette baisse doit entraîner une pression patronale pour la réduction du coût de la main-d'œuvre représentée dans chaque tonne de charbon, et ceci d'autant plus que le travail humain joue toujours un rôle prépondérant dans l'industrie houillère française où un travail essentiel comme l'abatage du charbon se fait encore presque entièrement sans l'intervention des machines.

Cependant, on voit dans l'industrie houillère se présenter le même phénomène qui nous a frappé déjà dans d'autres branches de production : « Une force de résistance très puissante se révèle. Si le coût de la main-d'œuvre finit par baisser un peu, absolument, par contre, au point de vue relatif, le rapport de ce coût au prix augmente. La force qui agit ici pour retenir les positions acquises est vraisemblablement l'*habitude de vie*, l'habitude que l'ouvrier a prise d'un certain genre de vie, permis par un certain salaire, et qu'il ne modifie, une fois qu'il lui est devenu nécessaire, qu'avec la plus grande résistance. » (1). M. Simiand en trouve une preuve plus complète, si à l'étude du taux du coût de la main-d'œuvre s'ajoute la considération du salaire journalier et de la quantité de charbon produite par jour : « S'il est vrai que les deux forces en présence sont bien, d'une part, la tendance patronale à abaisser le prix de revient et notamment les frais de main-d'œuvre, et d'autre part, la tendance ouvrière à conserver le même genre de vie, les frais de main-d'œuvre se calculent pour l'entrepreneur par unité de produit obtenu, et le genre

charbon et le salaire moyen par jour. La formule générale à laquelle arrive M. Simiand dans son analyse spéciale du salaire est, pour une phase de hausse du prix : « Hausse du coût de la main-d'œuvre par tonne et hausse du salaire par jour, corrélatives à la hausse du prix du produit et relativement moindres (surtout la seconde), avec baisse de la production par journée ». (*Le salaire des ouvriers des mines de charbon*, chap. III, sect. IX, p. 179. Cf. aussi *ibid.*, chap. IV, sect. I, p. 202.)

1. *Essai sur le prix du charbon*, pages 72-73.

de vie au contraire s'apprécie pour l'ouvrier en raison du gain par unité de vie (année, semaine, journée) et non par unité de produit : c'est donc le salaire par jour surtout qui tendra à rester constant ou à augmenter, et c'est le coût de la main-d'œuvre, au contraire, qui tendra surtout à être abaissé : l'expérience confirme en effet que, dans les périodes de baisse de prix, la pression pour la réduction des frais de production aboutit à augmenter la production par jour et par ouvrier et réduit ainsi beaucoup moins le salaire journalier que le coût de la main-d'œuvre ; au contraire, en période de hausse de prix, la production par jour et par ouvrier diminue parce que le coût de la main-d'œuvre peut se relever. Malgré tout, en dépit de cette ressource indirecte de l'augmentation de la production par jour, la force de résistance du salaire est telle que le coût de la main-d'œuvre, on l'a vu, n'arrive pas à être réduit proportionnellement au prix et qu'après une hausse des prix dont il a profité pour s'élever, ce coût réussit à baisser moins et par suite à prendre une part proportionnellement plus forte du prix. » (1).

---

1. *Loc. cit.*, p. 73. La formule générale à laquelle arrive sur ce point M. Simiand dans son étude spéciale du salaire est la suivante : « Avec la baisse du prix, baisse du coût de la main-d'œuvre par tonne, mais consolidation ou baisse beaucoup moindre du salaire par jour, par une hausse de la production journalière. » (*Les salaires des ouvriers des mines*, p. 179.) On rencontre dans plusieurs autres industries le même mouvement des prix et des salaires constaté ici par M. Simiand pour l'industrie du charbon : le caractère relativement constant des salaires journaliers et hebdomadaires, leur tendance remarquable à se maintenir dans les périodes de stagnation des industries et à hausser dans les périodes de prospérité malgré une diminution constante du coût de travail pour les entrepreneurs. C'est ce qu'on constate nettement par exemple dans les industries du textile où les tarifs, bases du calcul des salaires, baissent d'année en année contre l'opposition des ouvriers, mais où, à chaque diminution des tarifs, le calcul est fait d'ordinaire de façon que cette diminution soit compensée par l'augmentation de la productivité du travail, conséquence surtout du perfectionnement des machines. En fin de compte le mouvement général dans les industries du textile montre que les salaires ouvriers maintiennent leur niveau ou haussent légèrement, tandis que

S'il est fort compréhensible que les entrepreneurs capitalistes s'efforcent à diminuer constamment le coût de production par unité de leur produit et qu'ils y tendent d'autant plus que la résistance des ouvriers à la baisse de
leurs salaires journaliers ou hebdomadaires est plus tenace,
il est non moins clair que les ouvriers de leur côté s'opposent souvent aussi à la diminution incessante du coût de
production par unité du produit, même si leurs salaires
par jour ou par semaine, etc., n'en souffrent pas. Ils le font
notamment dans les cas où l'accroissement de la productivité du travail est accompagné d'une augmentation de
l'intensité de leurs activités physiques ou nerveuses, etc.
C'est ainsi qu'on voit les tisserands dans les diverses branches du textile s'opposer souvent à l'augmentation du nombre de métiers confiés à chaque ouvrier. Cette opposition
qui ne manque jamais d'être fortement désapprouvée par
les patrons et par la grande presse qu'ils inspirent (1),
s'explique du point de vue des ouvriers, non seulement
par la crainte d'une surproduction et de la misère qui en
est la suite, mais aussi par la réaction de l'organisme
humain contre l'accroissement continuel de l'intensité du
travail. Car, si les ouvriers dans la force de l'âge peuvent
encore donner l'effort exigé de leurs muscles et de leurs
nerfs dans les tissages modernes, les ouvriers d'âge mûr
et en général tous ceux qui ne peuvent pas tenir tête à la
production folle des temps modernes sont ou bien écartés

---

la productivité de leur travail croît sans cesse et d'une manière considérable. (Voir le chapitre sur le mouvement historique des salaires
pages 76-77.)

1. « La question la plus controversée en ce moment entre patrons et
ouvriers est, comme à Armentières, celle qui concerne la conduite de
plusieurs métiers par un seul homme ou une seule femme. Actuellement,
ils conduisent deux métiers à la fois ; les patrons voudraient leur en faire
mener trois et même quatre, ils s'y refusent. Cette obstination est fâcheuse,
car l'ouvrier gagnerait un salaire supérieur et son patron, fabriquant à
meilleur marché, vendrait davantage. » (*Le Temps* du 9 mars 1904, article *L'enquête sur l'industrie textile.*)

de la production ou bien, les tarifs baissant continuellement, ils se voient réduits de plus en plus à un salaire de
famine (1).

La statistique des salaires dans les mines de houille publiée par l'Office belge du Travail comprend d'abord les
données concernant les salaires effectivement payés, ouvrier par ouvrier, dans les mines de houille en Belgique,
telles que ces données ont été recueillies à l'occasion du
Recensement général des industries et des métiers au
31 octobre 1896. Seulement, de profondes modifications
s'étant produites dans le taux des salaires de ces ouvriers,
il a paru utile de fixer, au moyen d'une enquête complémentaire, le sens et l'étendue des variations constatées
dans ce domaine. Cette dernière enquête est de mai 1900.

Son importance pour nos études tient surtout à ceci
que l'année 1896 peut être considérée comme une année
moyenne quant à l'état du marché charbonnier, tandis
que l'année 1900 s'est marquée par une grande prospérité
pour l'industrie houillère. L'enquête permet donc d'étu-

1. Voir le témoignage suivant du secrétaire d'une Union de tisserands
de coton devant l'*Industrial Commission* des Etats-Unis : « C'est une
plainte générale : « Je me sens fatigué ce soir, je vais rentrer et souper,
et je ne pense pas du tout à sortir mais à me coucher immédiatement. »
Comme je l'ai dit, quiconque travaille de nos jours dans les fabriques, sait
qu'il en va tout autrement qu'il y a 25 ou 30 ans, car la vitesse des machines a été augmentée jusqu'à un haut degré et il faut tout de même
tenir tête. Dans certaines fabriques de cette ville et probablement d'autres villes de cet Etat, l'ouvrier est forcé de fournir un certain produit par
semaine, et, si le produit est insuffisant, il est renvoyé. On est tenu de
fournir ce produit-là ou la place est prise par quelqu'un d'autre et l'on
est sur le pavé. J'ai connu des tisserands qui craignaient tellement de ne
pas finir la quantité de produit voulu que, rentrés chez eux, ils ne pouvaient pas dormir tant la pensée les hantait de ce qui arriverait s'ils ne
pouvaient pas achever l'ouvrage. Il fut un temps où il n'en était pas
ainsi. » (*Report of the Industrial Commission*, vol. XIV, Washington, 1901,
p. 578, Interrogatoire de James Whitehead représentant de la *Weavers'
Progressive Association* de *Fall River* et environs.) Cf. aussi p. 86 du
présent ouvrage.

dier l'effet sur les salaires d'une prospérité plutôt exceptionnelle de l'industrie charbonnière.

Naturellement, parmi les faits constatés par cette enquête il s'en rencontre certains qui se rapportent plus
particulièrement à l'industrie du charbon et qui ne nous
intéressent pour nos recherches générales que parce qu'ils
nous rappellent à la prudence dans l'étude des problèmes
sociaux. C'est ainsi, par exemple, qu'on a constaté pour
l'industrie houillère, que « l'augmentation du personnel
ouvrier due à une période de prospérité se produit presque exclusivement par l'embauchage d'ouvriers de plus de
seize ans » (1); constatation qui contraste singulièrement
avec celle que nous avons faite plus haut à propos de l'industrie cotonnière du même pays (à Gand) pour les fileuses chez qui le salaire moyen baisse dans une période de
prospérité précisément par suite du plus grand recrutement d'enfants.

Mais le phénomène constaté pour l'industrie houillère
s'explique aisément lorsqu'on observe que l'augmentation
des hommes adultes porte principalement sur les ouvriers
du fond et plus particulièrement sur ceux qui sont occupés à l'abatage de la houille (exigeant principalement de
la main-d'œuvre adulte et techniquement expérimentée)

---

1. *Statistique des salaires dans les mines de houille* (Oct. 1896 — mai 1900),
§ II, 3, p. 31. Voici la comparaison des quatre catégories ouvrières distinguées par l'Enquête :

	1896	1900			
Hommes de plus de 16 ans...... ..	76,452	88,730	soit +	16.04	o/o
Femmes----» »	4,336	4,143	» —	4.60	»
Garçons de moins »	5,703	5,419	» --	4.97	»
Filles » »	1,796	1,846	» +	2.77	»

Dans deux bassins, le nombre des filles a également diminué.

« Ce double phénomène, ajoute la Statistique belge, de l'augmentation du nombre des hommes adultes et de la diminution des autres catégories d'ouvriers est général pour tous les bassins, sauf des exceptions
insignifiantes. » (*Ibid.*, p. 30.)

Cornélissen   27

et aux travaux souterrains qui en dépendent directement (1).

Mais en outre de phénomènes spéciaux de cette espèce, il y en a d'autres qui nous semblent présenter un caractère beaucoup plus général et être communs, à des degrés divers, à toutes les branches de production. Ainsi, une analyse plus détaillée du mouvement des salaires dans les diverses catégories d'ouvriers montre que l'augmentation des salaires dans les mines de houille de 1896 à 1900 a été le plus prononcée pour les hommes adultes travaillant au fond (2). Puis, si l'on compare les salaires des hommes adultes travaillant au fond à ceux des diverses autres catégories (voir pour ceux-ci les tableaux annexes de la Statistique belge, pages 52-57), on observe également pour celles-ci des hausses beaucoup moins importantes : « La hausse dont ont bénéficié les houilleurs adultes travaillant au fond a été au moins deux fois plus forte que pour les autres catégories quelconques. » (3).

Nous pouvons ici formuler la règle générale, qu'une augmentation des salaires due à la prospérité des industries tendra à porter d'abord et dans les proportions les plus sensibles sur les *ouvriers de métier* proprement dits qui sont occupés à la production principale des articles de consommation demandés dans les périodes de haute activité industrielle en quantités plus grandes que d'ordinaire.

1. Parmi les 12,278 hommes adultes dont s'est accrue la population ouvrière des mines de houille, 10,655 ont été embauchés pour les travaux du fond et 1,623 seulement pour ceux de la surface. De ces 10,655 ouvriers, 3,692 étaient occupés à l'abatage du charbon, 3,730 au chargement, au transport et à l'extraction, et 3,686 à l'ouverture et l'entretien des galeries.

2. On trouve les 3/4 au moins des houilleurs adultes :

Au fond { En 1896, entre fr. 3.00 et 5.00 } soit une hausse variant
{ En 1900, entre fr. 4.00 et 7.50 }   entre 1 fr. et 2 fr. 50

A la { En 1896, entre fr. 1.50 et 3.50 (⁻   soit une hausse
surface { En 1900, entre fr. 2.50 et 4.50 {   de 1 franc
(*Loc. cit.*, § II, 4, p. 32.)

3. *Ibid.*, pages 32-33.

Ces ouvriers de métier sont les plus difficiles à remplacer et à compléter par l'embauchage de nouveaux bras, beaucoup plus que le personnel chargé de l'exécution de travaux accessoires, ou que les manœuvres et aides de diverses catégories, comme dans les mines de houille les ouvriers de la surface travaillant aux services des machines et à la manutention, au lavage, au triage, au chargement et au transport du charbon.

Dans les chapitres X et XV du présent ouvrage, en comparant les conditions de travail des manœuvres et aides avec celles des ouvriers de métier et des spécialistes de diverses industries, nous avons pu constater toute la portée de cette règle. Et il en est de même de cette autre règle, étroitement liée à la précédente, qu'une baisse des salaires provenant d'une stagnation des affaires et d'une crise dans les industries tendra également à porter d'abord, et dans les proportions les plus sensibles, sur les ouvriers de métier (1).

Conformément à la première règle, il est clair que, parmi les ouvriers adultes travaillant au fond dans les mines de houille, c'est spécialement pour ceux occupés à l'abatage du charbon que la hausse des salaires est le plus caractérisée (2). De même, dans le cas inverse, en ce qui concerne la baisse des salaires.

Mais il y a plus. Une étude détaillée montre également.

---

1. C'est ainsi que M. Simiand a pu constater pour l'industrie houillère française que « dans les phases de baisse (1883-1886, 1892-1896), le salaire du jour baisse moins que le salaire du fond ». (*Le salaire des ouvriers des mines de charbon*, chap. II, sect. I, p. 51.)

2. Voir pour les résultats sur ce point *Statistique des salaires dans les mines de houille*, p. 33. Mais le phénomène s'observe encore avec plus de netteté dans le tableau général (C) donné par la Statistique belge en annexe à la page 51. Ce tableau donne un aperçu de tous les bassins houillers belges réunis, et on y voit du premier coup d'œil que la hausse des salaires, dans la période 1896-1900, a été la plus forte pour les ouvriers occupés à l'abatage (ouvriers à veine) et après pour ceux travaillant à l'ouverture et à l'entretien des galeries.

que la hausse des salaires n'a pas porté dans les mêmes proportions sur tous les ouvriers de la même catégorie. Lorsqu'on compare séparément entre eux les salaires des ouvriers travaillant au fond pour les deux époques étudiées, on remarque :

« 1º Les ouvriers gagnant moins de 3 francs ont vu leur salaire augmenter de 1 franc environ ;

« 2º Les ouvriers gagnant de 3 à 4 fr. 50, c'est-à-dire près des 2/3 de l'ensemble, ont bénéficié d'augmentations plus fortes, et ils se sont éparpillés dans les catégories supérieures de salaires, notamment entre 4 fr. 50 et 7 fr. 50, soit une hausse de 1 fr. 50 à 3 francs ;

« 3º Pour les ouvriers, très peu nombreux, qui gagnaient plus de 4 fr. 50, la hausse a été au moins égale à celle du second groupe, et souvent plus forte encore. » (1).

On voit donc nettement, pour les ouvriers de métier de diverses catégories travaillant au fond, que les meilleurs d'entre eux, ceux qui gagnaient déjà à une époque de production moyenne, comme en octobre 1896, des salaires relativement élevés, ont vu augmenter encore ces salaires dans des proportions régulièrement supérieures à ceux des ouvriers de métier moins capables travaillant à leur côté : « La hausse n'a pas été uniforme, elle a été la plus forte pour les ouvriers à salaires élevés. » (2). Les ouvriers de métier les plus qualifiés atteignent dans des périodes de prospérité, comme en mai 1900, ce que nous appellerons dans notre conclusion des *salaires d'occasion.*

Autre constatation importante, se rapportant plus particulièrement encore à l'industrie houillère : c'est que, par la hausse, les salaires effectifs des ouvriers les mieux payés se sont « dispersés »; et cette dispersion constitue même, comme le dit avec raison la Statistique belge, « le phénomène le plus caractéristique du mouvement des

1. *Ibid.*, texte, pages 35-36.
2. *Ibid.*, p. 35.

salaires de 1896 à 1900 ». On l'observe très nettement en considérant dans l'Annexe de cette Statistique le tableau de la page 83 (tableau C) : pour tous les bassins houillers belges réunis, les deux catégories d'ouvriers les mieux payés — les « ouvriers à veine » et les « bouveleurs » — sont seules à ne renfermer en 1900 aucun nombre en caractères gras, parce qu'aucun taux de salaire ne correspond à au moins 20 o/o du personnel total de ces catégories. En 1896, il n'en est ainsi que pour les « bouveleurs » seulement. La raison pour laquelle les salaires des ouvriers bien payés, en progressant, se dispersent davantage, est surtout le mode de calcul du salaire : ils sont payés le plus souvent d'après la quantité de produit fourni, d'ordinaire dans l'industrie houillère à la tâche en commun. De plus, ici comme dans beaucoup d'autres branches de grande industrie, l'ouvrier peut souvent dans une quinzaine participer à plusieurs « entreprises », et le jour de la paie les combinaisons les plus diverses peuvent ainsi se réaliser.

Le manque d'uniformité dans le mouvement des salaires des divers bassins s'explique de même par le système de paiement divers en vigueur pour les ouvriers les plus qualifiés. Ceux-ci, voilà ce qui ressort d'une étude minutieuse des salaires, charbonnage par charbonnage, ont eu plus d'occasions, sous le système de paiement à l'entreprise, d'obtenir des augmentations de salaires très diverses que les catégories d'ouvriers payés à la journée, les aides et les manœuvres (chargeurs, traîneurs, etc.) (1).

Il découle de tout ce qui précède que la forme de valeur constitutive pour la fixation définitive du salaire sur laquelle porte spécialement la marche générale de la production, est la *valeur d'usage du travail.*

---

1. Cf. *ibid.*, pages 36-37 où sont comparés, au point de vue du mouvement des salaires de 1896 à 1900 les quatre bassins houillers principaux de Belgique : Liége, Couchant de Mons, Centre et Charleroi.

Cette forme de valeur peut être atteinte différemment. D'abord dans ce sens que :

a) la *productivité directe* des entreprises capitalistes augmente ou diminue à mesure qu'une quantité plus ou moins grande de produits est fabriquée dans la même unité de production (par une journée de travail plus ou moins longue, une intensité du travail plus ou moins grande, une organisation technique de la production plus ou moins développée) ; ou que

b) la *productivité indirecte* des entreprises augmente ou diminue à mesure qu'une même quantité de produits réalise un prix de marché plus ou moins élevé selon l'état d'expansion, de stagnation ou de contraction des industries et de la demande des produits.

Lorsque l'entrepreneur voit croître, pour une de ces raisons, sinon pour plusieurs, la valeur de marché du produit total de son entreprise, il peut augmenter aussi, proportionnellement ou non à cet accroissement de valeur, les salaires de ses ouvriers, comme il voudra diminuer ces salaires dans le cas inverse, lorsque la valeur de marché de ses produits décroîtra.

En qualité d'entrepreneur capitaliste, il pourra être plus enclin à intervenir immédiatement dans le dernier cas que dans le premier ; et si, dans le premier, il décide une modification des salaires, il pourra être peu disposé surtout à accorder une majoration des salaires proportionnelle à l'accroissement du surproduit qu'il réalise. Mais il y a une circonstance qui l'obligera en tant qu'entrepreneur à augmenter les salaires dans l'un des cas, comme elle l'entraînera à les diminuer dans l'autre. C'est que, selon la marche générale de la production et l'état du marché des marchandises, la demande de main-d'œuvre peut différer (1). Le travail humain ayant son propre état

1. Cf. ci-dessus, pages 394 et suiv. les différents cas qui peuvent se présenter à ce propos.

de marché, gagne par sa rareté et, au contraire, perd par son abondance relative en *valeur d'usage*. En somme, c'est par une action très complexe que la marche générale de la production influe sur les salaires ouvriers.

Mais il n'est pas question ici, dans aucun des cas envisagés, d'une influence exercée sur la *valeur de production* du travail. Un long développement et une longue prospérité des industries tendent sans doute, par l'accroissement de la valeur d'usage du travail et, par conséquent, de sa valeur d'échange et de son prix de marché, à hausser peu à peu la norme de vie des populations ouvrières, faisant ainsi augmenter la valeur de production du travail. De même un long malaise, une stagnation permanente des industries et la surabondance de main-d'œuvre qui en résulte sont propres à faire baisser la norme de vie de l'ouvrier et avec elle la valeur de production du travail. Cependant, dans un cas comme dans l'autre, c'est précisément la modification sensible et constante du salaire qui influe sur la valeur de production du travail, influence contre laquelle cette valeur réagit. En tout cas, la marche générale de la production influe d'abord sur le salaire et par lui sur la valeur de production du travail. mais non pas d'abord sur la valeur de production du travail et par elle sur le salaire.

CHAPITRE XX

MODES DE CALCUL DU SALAIRE. — FORMES ET CIR-
CONSTANCES DU PAIEMENT DES SALAIRES. — LEUR
INFLUENCE SUR LES CONDITIONS DE TRAVAIL

I. — *Salaire calculé d'après la quantité du travail (salai-*
res aux pièces, à la tâche, à l'entreprise) ou d'après la
durée du travail (salaire au temps).

Les modes de calcul du salaire selon le caractère du
travail et la nature de son produit ont été traités dans un
chapitre précédent (pages 47 et suiv.). Ce qui nous occupera
spécialement ici, c'est la question de savoir quelle influence
ils exercent sur les conditions de travail et plus particulièrement sur le taux des salaires. Il faut donc rechercher
si les deux modes de calcul du salaire : d'après la durée
du travail et d'après la quantité de travail exécuté sont
à même de modifier effectivement les relations entre salariant et salarié, et de favoriser d'une manière quelconque l'une des deux parties en présence.

C'est d'abord le rapport des deux modes entre eux qui
demande notre attention. Car, si en théorie par le mode de
calcul du salaire d'après la quantité de travail il est fait
abstraction du temps dans lequel l'ouvrier exécute une tâche convenue, dans la pratique l'employeur et l'ouvrier
s'efforcent, chacun de son côté, d'obtenir des conditions
sous lesquelles l'ouvrier moyen, en travaillant à l'entre-

prise ou aux pièces, peut réaliser un salaire déterminé par jour, semaine, mois, etc. De même, sous le mode de calcul du salaire au temps, on peut en théorie laisser de côté la quantité de travail exécutée dans une unité déterminée de temps, mais dans la pratique l'employeur et l'ouvrier supposent tous deux tacitement qu'une certaine quantité moyenne sera faite. L'ouvrier prendra soin, normalement, d'économiser sa force de travail et de ne pas donner un effort supérieur à celui qui est demandé régulièrement à l'ouvrier de son métier ; l'employeur de son côté placera nécessairement son ouvrier devant l'alternative d'être congédié ou de fournir, dans une unité déterminée de tenfps, au moins un certain minimum de travail. Ainsi un tarif de salaires à l'entreprise ou aux pièces aura toujours un certain salaire au temps comme base seconde reconnue par les deux parties, soit tacitement, ou par entente expresse. Par contre, un tarif de salaires à l'heure, au jour, à la semaine, etc., sera toujours en relation avec la quantité de travail à fournir pour l'unité de durée. Les deux modes de calcul du salaire, bien que différents dans leur forme, restent, dans la pratique, toujours liés l'un à l'autre (1).

Ce rapport se trouve nettement exprimé, par exemple, dans tous les tarifs qui garantissent aux ouvriers travaillant à l'entreprise ou aux pièces un certain minimum de

1. « On comprendra aisément que, le paiement d'un ouvrage se faisant d'après son résultat ou d'après le temps, la quantité du travail exécuté et le temps nécessaire pour l'exécuter sont des facteurs qui, tous deux, entrent plus ou moins en ligne de compte dans chaque accord concernant le paiement de salaires. Ainsi, d'une part, un tarif de salaires aux pièces renvoie toujours tacitement et, dans certains cas explicitement, à la somme d'argent que peut gagner un ouvrier travaillant suivant le tarif pendant un temps donné. De l'autre, le patron suppose que le salarié travaillant au temps ne produira pas, dans un temps donné, moins d'une quantité plus ou moins explicitement convenue et qu'il *donnera consciencieusement une vraie journée de travail.* » (*Report on Standard Piece Rates of Wages and Sliding Scales in the United Kingdom* (1900), *Introduction*, p. X.)

salaire par heure. Voir l'exemple donné ci-dessus à la page 340 (note) concernant les verriers à bouteilles du Lancashire et de certaines parties du nord de l'Angleterre (1).

Mais dans maints autres cas, bien que cela ne soit pas expressément indiqué, le salaire à l'heure ou à la semaine que l'ouvrier doit pouvoir obtenir en travaillant sous un tarif convenu aux pièces ou à l'entreprise est sous-entendu ; de sorte que le tarif même n'a d'autre rôle que d'indiquer le produit moyen qui est exigé de l'ouvrier lorsqu'il travaille des matières premières spécifiées à l'aide d'un outillage déterminé (2). Ceci est particulièrement visible lorsque des modifications à un tel tarif sont proposées par les ouvriers qui se fondent alors sur ce motif que le tarif en vigueur ne garantit plus, dans les circonstances actuelles, un certain salaire moyen par jour ou par semaine, etc., tel qu'il est habituel dans le métier.

Prenons comme exemple la manière d'agir ordinaire parmi les ouvriers houilleurs de Northumberland : « S'il se démontre que les ouvriers tout en travaillant avec leur habileté et leur soin ordinaires ne réussissent pas à

---

1. Cf. aussi plusieurs exemples typiques de taux de salaires aux pièces ou à l'entreprise avec garantie d'un salaire minimum dans les tarifs publiés en Allemagne par le Bureau Impérial de Statistique (*Reichs-Arbeitsblatt*, mai 1904, n° 2). Voir particulièrement les pages 124 (bâtiment), 136, (stucateurs et travailleurs du bois), 137 (tonneliers), 139 (tailleurs), 141 (vitriers), 143 (tailleurs de limes, mouleurs, polisseurs et potiers d'étain).

2. Voir par exemple le tarif compliqué et détaillé des fileurs de coton du district d'Oldham : « En réalité la liste est basée sur la supposition d'un salaire normal par semaine de tant d'heures de travail .» (*Report on Standard Piece Rates*, etc. (1900), p. 89.)

Les représentants des compagnies minières et les ouvriers des mines constatent le même fait pour l'industrie houillère française. (Voir les affirmations citées par M. François Simiand, *Le salaire des ouvriers des mines de charbon*, chap. IV, sect. X, pages 291-292 ; Cf. aussi les enquêtes auxquelles l'auteur se réfère.)

De telles constatations sont partout faciles à trouver dans les tarifs de salaires en vigueur pour des travaux à l'entreprise ou aux pièces.

obtenir des gains hebdomadaires égaux à la somme adoptée comme base de l'accord sur les taux de salaires aux pièces en vigueur dans l'industrie, — la moyenne du comté (*County average*), — les ouvriers intéressés portent l'affaire devant le Comité Mixte (*Joint Committee*) formé de représentants des employeurs et des employés et lui exposent leur cas. Ils apportent des preuves pour démontrer que, si le taux du salaire par tonne a été suffisant jusqu'à une date récente pour atteindre la « moyenne du comté », ils ne sont plus à même, à présent, parce que la veine dans laquelle ils travaillent est devenue plus difficile à exploiter, de fournir la même quantité de produit par jour qu'avant, de sorte que leurs gains sont tombés au-dessous de la « moyenne du comté » ; et ils demandent que, pour pouvoir arriver de nouveau à cet étalon de gains, le taux de salaire à la tâche payé pour l'abatage du charbon dans cette veine soit augmenté proportionnellement. Le Comité, s'il est convaincu que les faits sont bien comme on le prétend, peut augmenter le taux du salaire par tonne en conséquence. » (1).

La Statistique des divers pays montre, et les ouvriers savent par expérience, que, tout compte fait, les gains ouvriers à l'entreprise ou aux pièces sont toujours tant soit peu supérieurs aux gains obtenus au temps ; ce fait envisagé en connexion avec le rapport constaté entre les deux modes de calcul du salaire prouve qu'il ne peut s'agir ici que d'une différence en intensité du travail, ou de la prolongation des heures de travail lorsque le paiement du salaire se fait d'après la quantité. En effet, c'est par l'une de ces deux voies que l'ouvrier, grâce aux efforts particuliers qu'il fait, parvient à dépasser quelque peu la moyenne de son salaire. Normalement on devrait constater toujours une différence en gain effectif de l'ouvrier en faveur du mode de paiement à l'entreprise ou aux pièces.

1. *Report on Standard Piece Rates*, etc. (1900), *Introduction*, p. XX.

S'il n'y en a pas, c'est que les entrepreneurs, précisément par l'application du système de la rémunération d'après la quantité, réussissent à connaître aussi bien que les ouvriers eux-mêmes le produit que ceux-ci sont capables de fournir. Et ils ont régulièrement une forte tendance à baisser les tarifs pour travail à l'entreprise ou aux pièces, de sorte que la différence entre les salaires sous les deux modes de paiement soit en tout cas réduite à un minimum. En définitive, ce ne sont que les ouvriers les plus habiles, les plus agiles, ou les plus forts, bref ceux qui sont capables de produire davantage que la moyenne qui, régulièrement, jouiront des avantages que présente le mode de paiement des salaires à l'entreprise ou aux pièces. Par contre les ouvriers de capacités moyennes n'auront pas à constater une différence sensible dans leurs salaires selon que l'une ou l'autre des deux méthodes de paiement est appliquée (1).

Il est donc compréhensible que les organisations ouvrières dans plusieurs branches d'industrie font une lutte acharnée au système de travail à l'entreprise ou aux pièces. Dans une publication du Bureau Impérial de Statistique d'Allemagne qui englobe à peu près un millier de tarifs de salaires en vigueur dans des branches de métier très différentes et dans toutes les parties de l'Allemagne,

---

1. « Il semblerait que le travail aux pièces, augmentant la productivité, devrait toujours être favorable à l'existence de salaires élevés. Il n'en est pas *toujours* ainsi. Dans les fabrications courantes, qui demeurent les mêmes depuis longtemps, il n'y a en général pas de différence entre le prix payé aux pièces et le prix payé à la journée pour le même travail ; parfois les ouvriers à la journée gagnent plus que ceux aux pièces, en raison des qualités spéciales qu'on réclame d'eux. Quoi qu'il en soit, le travail aux pièces semble, au total, avantageux au point de vue du salaire des ouvriers. Ainsi dans le département de la Seine, la moyenne des salaires de l'ensemble des ouvriers payés au temps passé est un peu inférieure à la moyenne des salaires de l'ensemble des ouvriers. Il n'a pu être fait de calcul analogue pour les établissements de province. » (*Salaires et durée du travail dans l'industrie française*, t. IV, *Résultats généraux*, IV, p. 20.)

les traces de cette lutte se voient dans les sphères les plus diverses (1). « Travail d'accord, travail d'assassin » *(Akkordarbeit-Mordarbeit)*, c'est là une expression courante dans le mouvement syndical allemand. En Angleterre et aux États-Unis, plusieurs unions ouvrières interdisent absolument tout travail aux pièces ou à l'entreprise, et de même en France : dans tous les pays modernes et dans beaucoup d'industries, la lutte contre le mode de paiement du salaire d'après la quantité de travail fourni va toujours en croissant (2).

L'argument principal des ouvriers contre le système de travail à l'entreprise ou aux pièces est qu'il met les entrepreneurs à même de trouver le point extrême jusqu'où ils peuvent pousser l'exploitation de leurs ouvriers sans arriver aux dernières limites que la nature pose aux forces physiques de l'homme. Karl Marx a bien caractérisé dans ce sens le salaire aux pièces comme « la forme

1. *Reichs-Arbeitsblatt, loc. cit.* Voir en particulier pour la lutte contre le travail à l'entreprise et aux pièces : p. 124 (ouvriers du *bâtiment*, chez qui, dans toute une série de tarifs de salaire, le travail à l'entreprise et aux pièces est même expressément exclu) ; p. 129 (les *peintres*, chez qui cette tendance à l'exclusion formelle est encore plus forte ; un tiers des 36 tarifs de salaires étudiés par le Bureau de Statistique défend ou bien absolument le travail aux pièces et à l'entreprise ou bien en limite l'application à « la nécessité extrême ») ; p. 130 *(couvreurs)* ; p. 131 *(paveurs)* ; p. 138 *(potiers)* ; p. 141 *(vitriers)* ; p. 142 *(ferblantiers).* Par contre on rencontre parmi les *batteurs d'or fin* (p. 142) un tarif général en vigueur pour l'Allemagne entière (depuis le 15 juillet 1903) dans lequel un article remarquable (§ 6) prescrit : « La rémunération des ouvriers et ouvrières se règle sur la nature de l'occupation et le système de travail ; elle se fait *aux pièces. Le salaire à la semaine n'est permis que pour les ouvriers auxiliaires et les apprêteurs.* »

2. Dans les fixations de salaires légaux (Cf. les règlements dits *awards* en Nouvelle-Zélande) on constate de même une tendance remarquable d'hostilité, sous la poussée des organisations ouvrières, au système du travail aux pièces et à l'entreprise : « Dans un certain nombre d'*awards*, le travail aux pièces est limité, et il paraît exister de la part de la Cour une disposition à s'opposer à cette forme de paiement ». (Victor S. Clark, *Labor conditions in New Zealand*, dans le *Bulletin*, n° 49 (nov. 1903) du *Bureau of Labor* de Washington, p. 1215.)

de salaire répondant le plus nettement au mode de production capitaliste. » (1).

Aussi longtemps que l'entrepreneur ne connaît pas exactement la productivité de ses ouvriers, puisqu'ils utilisent des machines ou des matières premières nouvelles, ou encore des matériaux connus d'après un modèle neuf, le salaire restera normalement réglé, même s'il est payé aux pièces, d'après la durée du travail. Par exemple, le salaire par jour, ou par semaine, etc., d'un ouvrier de capacités moyennes sera accepté comme le prix de travail pour le produit qu'un tel ouvrier peut fournir dans l'unité de temps. On dresse d'ordinaire de cette façon un premier tarif pour travail à l'entreprise ou aux pièces. Les frais de travail pour la quantité x d'un article déterminé fabriqué dans un milieu social donné, sont fixés par exemple à 4 francs, et pour gagner ces 4 francs, un certain nombre d'heures de travail, disons dix heures, seront considérées comme nécessaires. L'ouvrier placé devant un tel tarif, grossièrement composé, cherchera l'occasion de hausser ses gains de travail : il commencera à travailler plus vite, il appliquera de nouveaux procédés techniques relatifs à la *sériation* du travail, procédés qui lui permettront de finir plus tôt. A la fin, pour fabriquer une pièce qui lui a coûté au commencement dix heures de travail, il n'aura besoin que de neuf, peut-être même de huit ou sept heures. Et son salaire augmentera en proportion.

Mais, normalement, le fabricant, en supposant qu'il paie trop cher sa main-d'œuvre, tâchera de diminuer le taux du salaire dès que les gains réels de ses ouvriers

1. Karl Marx, *Das Kapital*, t. I, ch. XIX, p. 569 ; cf. trad. fr., p. 241, col. 2. « La qualité du travail, fait observer Marx, est ici contrôlée par l'ouvrage même, qui doit être d'une bonté moyenne pour que le prix aux pièces soit entièrement payé. En ce sens, le salaire aux pièces devient une source inépuisable de prétextes de retenues de salaire et d'escroqueries capitalistes. » (*Ibid.*, pages 565-566 ; cf. trad. fr., p. 240, col. 1.)

dépasseront sensiblement l'étalon de salaire courant dans son industrie et son milieu. Il commencera à abaisser peu à peu le prix qu'il offre pour chaque pièce, et cela à mesure que chaque pièce demandera moins de temps de fabrication. En fin de compte, — et toutes les autres circonstances restant invariables, abstraction faite surtout de la résistance possible des organisations ouvrières, — le salaire ouvrier sera retombé à l'ancien niveau.

La situation sera donc la même qu'auparavant, avec cette différence que l'ouvrier sera obligé de travailler d'une manière plus intense, de mieux arranger son travail, etc., bref, de donner plus de force physique et intellectuelle pour obtenir le même salaire.

Lorsqu'ensuite l'entrepreneur trouvera sur le marché une offre considérable de main-d'œuvre, il s'arrangera pour imposer à tous les ouvriers, même à ceux de moindres capacités, les conditions de travail sous lesquelles l'ouvrier expérimenté, lui, peut accepter de l'ouvrage à l'entreprise ou aux pièces et obtenir le salaire habituel dans son métier ; le tarif de salaires à l'entreprise ou aux pièces ne permettra qu'exceptionnellement aux autres d'atteindre, dans ce cas, le salaire qu'ils gagnaient auparavant.

Le mouvement général du salaire constaté déjà pour l'industrie du textile, c'est-à-dire le peu de progrès qu'ont fait dans divers pays les salaires ouvriers pendant plusieurs dizaines d'années, comparé à l'accroissement considérable de la productivité du travail (par l'introduction de machines perfectionnées, exigeant une activité de plus en plus intense), — ce mouvement présente un exemple concret et frappant de la tendance qui existe nécessairement dans chaque industrie où domine le travail à l'entreprise ou aux pièces.

Un ouvrier excellant dans l'industrie parisienne du meuble et travaillant à la pièce me disait : « En arrangeant de mon mieux mon travail, et en économisant autant que je le pouvais mon temps, j'aurais pu gagner un franc l'heure. Mais un franc l'heure, c'est le salaire du contremaître de notre atelier. Or, en obtenant ce salaire comme ouvrier ordinaire, j'aurais amené le patron à diminuer le tarif sous le prétexte qu'il laisse trop de gain à l'ouvrier. Je ralentissais donc mon travail lorsque je m'apercevais de mon avance et prenais soin d'avoir fini mon ouvrage un jour ou deux plus tard que je ne l'aurais pu, afin de ne pas gêner mes camarades d'atelier, et de ne pas me nuire à moi-même en fin de compte. »

Ce que vise l'entrepreneur capitaliste moderne agissant dans le sens indiqué, c'est la transformation de l'*intensité* du travail et de la *productivité* du travail *individuelles* de ses meilleurs ouvriers travaillant de toutes leurs capacités, en *intensité* et *productivité* du travail *générales*. En d'autres termes, il tâche de proclamer la dépense de travail nécessaire pour la production de ses articles dans les conditions les plus favorables, comme l'*étalon général du travail dépensé dans son atelier entier*. La quantité de travail exécutée dans ces meilleures conditions deviendrait ainsi la *quantité généralement exigée*, donnant la mesure d'après laquelle il paierait tout son personnel.

Mais chez l'ouvrier moderne travaillant à l'entreprise ou aux pièces, c'est la tendance contraire qui se manifeste. Il tâchera normalement de transformer les *frais de travail imposés par le patron comme généraux* pour un article donné en *frais de travail individuels* ; c'est-à-dire de les adapter à ses besoins personnels.

Je citerai, à titre d'illustration, un exemple que j'ai observé dans un atelier d'appareils de photographie à Paris.

Le patron ou contremaître dit à un ouvrier expérimenté : « Voici, vous me ferez une douzaine de chambres du modèle que vous voyez là. Je peux vous la payer 100 francs :

c'est le prix *général* pour tout le monde, et vous pouvez avec ce prix obtenir le salaire par jour habituel. »

Mais l'intérêt personnel de l'ouvrier s'oppose ici à l'intérêt personnel du patron ou du client futur :

« Bien, se dit-il. Je recevrai cent francs. Momentanément je ne saurais influer sur ce prix. Seulement, je peux influer sur l'ouvrage que je fabriquerai pour cent francs. Je veux avoir mes capacités plus que moyennes compensées par un salaire proportionné. L'ouvrier moyen dans ma branche atteint, en ce moment, huit francs par jour pour dix heures de travail. Si je peux, je veux gagner, moi, neuf francs. Pour obtenir ce salaire, je dois avoir fini ma douzaine de chambres photographiques en 11.111...jours, soit 111. 111... heures... »

Et, comme cet ouvrier a l'habitude de cette manière de travailler, il débite le bois en économisant de son mieux son temps, et fixe d'avance dans les grandes lignes le moment où il devra avoir fini de scier, de raboter, de coller, et de monter ses pièces. S'il pousse à l'extrême, il cessera peut-être, disons le rabotage du bois, à l'heure précise qu'il a calculée, en se disant que ses planches doivent être assez lisses, puisque le temps qu'il s'était fixé est venu.

« Et si elles ne le sont pas ? » ai-je demandé à cet ouvrier.

« Tant pis pour le client! »

Bref, cet ouvrier moderne a appliqué toute une série de procédés, de trucs de métier et d'économies de travail dont seul l'homme de métier peut juger; mais il a livré sa douzaine de chambres photographiques en 11 jours. Si son patron lui avait fait des observations, l'ouvrier lui aurait répondu que la faute en est au tarif et qu'il a la ferme conviction de lui avoir livré pour cent francs de travail.

On comprend que la seule chose dans ce cas dont s'inquiète l'ouvrier moderne c'est de confectionner un objet

tout juste assez bon (et pas trop mauvais) pour pouvoir passer et fonctionner suffisamment, du moins pour
quelque temps. Dans le cas cité, les chambres photographiques par exemple, devaient fermer d'une manière excellente, ne pas laisser entrer le jour ; puis, à première
vue, elles devaient avoir l'air d'être bien finies. Ce
sont là les points importants ; pour le reste l'ouvrier de
métier moderne a les mains libres sur beaucoup de points,
et le reste... est en somme indifférent aussi au patron. Si
le client a besoin, un an après, d'un nouvel appareil, le
vieux laissant entrer le jour, tant mieux pour le fabricant.

Le raisonnement tenu ici par un ouvrier travaillant les
appareils de photographie, qui m'a longuement exposé les
trucs de son métier, s'applique plus ou moins à des branches d'industrie très différentes : les industries du meuble (armoires, chaises, tables), la carrosserie, la peinture
en bâtiment, la boulangerie, etc. Bien mieux, c'est le procédé de travail appliqué jusqu'à un certain point par
chaque travailleur, ouvrier salarié ou travailleur indépendant, qui règle son travail d'après sa rémunération,
depuis le jardinier ayant accepté d'entretenir un jardin et
qui, selon le prix qu'on lui paie, soignera plus ou moins
la taille des arbres, le choix des fleurs, etc., jusqu'à l'architecte qui présente à son client le devis d'une maison
d'après le prix que celui-ci voudrait dépenser. En ce qui
concerne plus particulièrement le travail salarié au service d'un entrepreneur, nous reviendrons aux procédés
décrits lorsque, dans un chapitre suivant, nous aurons à
traiter du « sabotage ».

Nous venons de parler des désavantages économiques (1) pour l'ouvrier, du système de travail à l'entreprise ou aux pièces ; il présente aussi des avantages.

  1. En outre des désavantages de cette nature, il se présente dans certaines branches d'industrie un inconvénient moral pour les ouvriers dans
le mode de paiement du salaire à la tâche ou aux pièces. C'est que, sous

En premier lieu, il faut parler ici de la liberté de mouvement de l'ouvrier et de l'indépendance relative qui lui est laissée quant à l'arrangement et à la sériation de son travail. Ensuite, si l'ouvrier moins habile ou moins fort n'obtient pas le même salaire, sous le système de travail aux pièces, que l'ouvrier plus habile ou plus fort travaillant à ses côtés, il court aussi moins de danger, souvent, de battre le pavé sans travail en dehors du temps de la presse. Sous le système de travail au temps, c'est de plus en plus la règle, dans tous les pays modernes, surtout aux Etats-Unis et en Angleterre, qu'un certain étalon de salaire par heure, ou par jour, etc., soit convenu entre les entrepreneurs capitalistes et les associations ouvrières, ces dernières surveillant, aussi bien que possible, les ateliers, pour éviter qu'on y travaille au-dessous du tarif. Mais le résultat de cette tactique est que les ouvriers les plus agiles ou les plus forts, ceux qui sont dans la force de l'âge, ont toujours du travail aux dépens des ouvriers plus lents ou plus faibles parmi lesquels, cependant, peuvent se trouver des hommes de métier de grandes capacités techniques.

En somme, les désavantages énumérés à cause desquels on pourrait s'opposer, d'un point de vue ouvrier, au mode de calcul du salaire d'après la quantité de travail fourni, n'empêchent pas ce mode de subsister et même de gagner du terrain partout où il est imposé par la nature de l'in-

---

ce mode d'établissement du salaire, les patrons peuvent accorder les meilleurs travaux à leurs protégés, à ceux parmi les ouvriers qui, dans un sens économique ou politique, etc., font le mieux leur jeu. Il en est ainsi surtout dans les industries où le produit du travail dépend étroitement de l'aide de la nature. Cf. à ce propos, pour l'industrie houillère française, les plaintes nombreuses des ouvriers lors de l'enquête parlementaire de 1902-1903. (CHAMBRE DES DÉPUTÉS, *Procès-verbaux de la Commission des mines*; par exemple : tome II (Région du Nord), pages 7-8, 15 et suiv., 53, 59 et suiv., 129, 137, etc.)

dustrie et du travail. Là, les efforts des ouvriers et de leurs
associations se dirigent de plus en plus vers l'obtention
de tarifs fixes qui garantissent le calcul exact de la quantité fournie de travail (1). Telle est la situation générale
dans les pays de production capitaliste moderne, non seulement dans les diverses branches d'industrie, mais aussi
dans l'agriculture (2). De même, le système de travail à
l'entreprise ou aux pièces fait continuellement du progrès
dans les fabriques et ateliers où la législation ouvrière

1. La typographie, par exemple, se prête l'après sa nature au mode de
rémunération du travail d'après le nombre des lettres par ligne pour le
travail de composition ordinaire (manuscrit ou réimpression), tandis
qu'au contraire le travail de correction se prête mieux au paiement à
l'heure. Aussi cette base de rémunération a-t-elle été de règle dans
le métier, on pourrait même dire pour certaines régions durant le
cours des siècles : « Le système de paiement des compositeurs d'après
le nombre des lettres composées existe, croit-on, jusqu'à un certain
degré, depuis l'introduction de ce mode d'imprimerie au xve siècle. Dès
1785 déjà, une *Echelle londonienne de prix pour travail de composition* est
connue comme ayant été en vigueur, et cette échelle a été la base d'après
laquelle les compositeurs ont travaillé depuis. Cependant, des remaniements et des modifications ont été apportés au tarif londonien par le consentement mutuel des représentants de patrons et d'ouvriers, aux dates de
1793, 1795, 1800, 1805, 1810, 1847, 1866, 1872 et 1891. » (*Report on
Standard Piece Rates of Wages and Sliding Scales in the United Kingdom*
(1900), p. 218.)
Le premier tarif de la typographie parisienne (tarif de 1843), en uni-
formisant et en sanctionnant la situation de l'époque, a fixé les salaires
suivants :
« Prix du mille d'n des corps les plus employés (8 au 12) :
« Manuscrit, o fr. 55 ; réimpression, o fr. 50.
« Corrections payées à raison de o fr. 50 l'heure. »
(Voir MINISTÈRE DU COMMERCE, OFFICE DU TRAVAIL, *Les associations
professionnelles ouvrières*, t. I, Groupe V. — *Industries polygraphiques*,
p. 709.)
2. « Le travail à la tâche est allé en croissant, particulièrement dans
toutes sortes d'ouvrages où il peut être appliqué avec avantage et parfois
même en dépit de quelques désavantages. » (U. S. DEPARTMENT OF AGRI-
CULTURE, *Wages of Farm Labor in the United States, Results of twelve
Statistical Investigations*, 1866-1902, Washington, 1903, p. 10.

pose des limites aux heures de travail, en sorte qu'une exploitation plus intense de la main-d'œuvre ne peut être atteinte que par la hausse de la productivité des activités dans chaque unité de temps, et non pas par une prolongation de la journée de travail (1).

La lutte de principe contre le système du travail à l'entreprise et aux pièces se limite donc de plus en plus, dans les cercles ouvriers, aux cas spéciaux où ce système présente des inconvénients techniques sérieux relatifs à la santé des ouvriers ou à la possibilité d'accidents de travail, dans tous les métiers par exemple où l'accélération du processus de travail peut entraîner des dangers réels pour la vie ouvrière, — tels les métiers du bâtiment.

On a vu que le système de paiement d'après la quantité de produit fourni est apte à augmenter quelque peu les conditions de travail et plus particulièrement le salaire des ouvriers si on le compare au système de paiement au temps ; et on a vu de même que ceci n'est possible que par la stimulation naturelle de la force de travail sous le premier de ces régimes, d'où résulte un accroissement de l'intensité et de la productivité du travail. Celui des éléments entrant en jeu dans l'établissement du prix de marché du travail qui se présente ici comme directement influencé par le mode de calcul du salaire, c'est donc *la valeur d'usage* du travail. Le salaire plus élevé réalisé correspond à la quantité plus grande des produits, ou à la qualité supérieure d'une même quantité fournie dans la même unité de temps (heure, jour, semaine, etc.).

II. — *Paiement en nature*. — « *Truck system* ».

Pour l'exposition des différentes formes sous lesquelles le paiement en nature a subsisté, même dans les pays les plus avancés, je renvoie à un chapitre précédent

1. Phénomène déjà constaté par exemple par Karl Marx, *loc. cit.*, p. 571.

(page 43 et suiv.). C'est encore l'influence que la forme de paiement du salaire exerce sur les conditions de travail des ouvriers qui seule nous intéresse ici.

Sur ce point, il m'a été impossible de constater quelque chose comme une règle vraiment générale et qui vaudrait pour les diverses sphères de production. En effet, la question de savoir si le paiement du salaire en monnaie ou en objets de consommation est préférable pour les ouvriers semble dépendre de bien des circonstances : de la nature du métier, du milieu social, de la nature et des qualités spéciales des objets de consommation qu'on donne en paiement, de la puissance économique des ouvriers et des organisations ouvrières vis-à-vis des patrons, souvent même de facteurs purement personnels.

Les bergers dans les districts septentrionaux du comté de Northumberland (voir notre citation dans la note de la page 45) semblent préférer souvent la rémunération, même entièrement en nature. Par contre, on a constaté aussi dans la même contrée une préférence des ouvriers agricoles ordinaires à recevoir tout leur salaire en monnaie (1). Pareilles constatations contradictoires se retrouvent dans diverses industries et sous des formes multiples. Naturellement on doit tenir compte ici, surtout en ce qui concerne les jeunes ouvriers, d'une influence psychologique bien propre à amener les ouvriers à préférer le paiement de leur salaire en monnaie même avec perte, et uniquement pour la raison que ce paiement leur met dans les mains la marchandise qui est régulièrement prise en échange contre toutes les autres, et qui peut être mise

---

1. « En vérité, la pratique de ouvriers à tenir des vaches (par l'intermédiaire du paysan) est devenue beaucoup moins générale dans ce comté, les hommes préférant recevoir leurs salaires entiers en monnaie, bien que la perte du lait soit dite avoir pour les enfants des résultats plutôt mauvais. » (*Report by* Mʳ WILSON FOX *on the Wages and Earnings of Agricultural Labourers in the United Kingdom,* p. 21.)

de côté (épargnes) ou employée les jours de fête pour le divertissement et le jeu.

Ce facteur psychologique rend particulièrement difficile les recherches sur l'influence qu'exerce la forme de paiement du salaire. Tout au plus peut-on poser une règle élastique : *l'ouvrier aura le plus de chance que le paiement de son salaire en nature lui sera avantageux, lorsque les objets de consommation constituant ce paiement appartiennent aux produits mêmes de l'entreprise où il travaille.* En effet, quand il s'agit de bois pour les bûcherons, de tourbe pour les ouvriers des tourbières, de vin pour les viticulteurs, de charbon pour les mineurs, etc., on peut admettre que, normalement, le patron pourra donner plus de produits en paiement à ses ouvriers qu'ils ne recevraient, si payés en monnaie, en échange de celle-ci de marchandises au marché. Mais cette règle perd déjà toute portée dans les cas où l'entrepreneur compte à ses ouvriers les produits fournis au prix du marché. Souvent il va même plus loin, en sorte que l'obligation pour les ouvriers de recevoir en paiement des objets de consommation devient pour eux une perte sérieuse. Les abus de cette nature sont surtout caractéristiques, il est vrai, pour les pays de production capitaliste arriérée (1), mais ils subsistent aussi dans les pays les plus modernes et malgré la lutte acharnée que leur font les ouvriers. En fait, dans de tels cas de « carte forcée », le patron considère ses ouvriers comme des clients pour la vente de ses articles, bien mieux, comme de bons clients sur lesquels, par sa position de patron, il peut exercer une pression

---

1. Voir le témoignage suivant du Rév. J. S. Moffat sur certaines catégories d'ouvriers agricoles dans la Colonie du Cap : « Dans les exploitations viticoles des provinces occidentales, les ouvriers sont payés nominalement au taux de 2 shillings par jour, mais cela veut dire, dans plusieurs cas, 1 shilling en monnaie et le reste en vin à emporter le soir. » (*The Natives of South Africa*, publication du *South African Native Races Committee*, London, John Murray, 1901, App. A, question I : *Wages*, p. 256.)

dont il ne peut user vis-à-vis du reste de sa clientèle.

Abstraction faite de la question de savoir si le paiement du salaire en nature est favorable ou non aux ouvriers, ce système de paiement subsistera plus longtemps dans les branches de production où il répond directement à l'intérêt de l'entrepreneur (1). Si d'une part ce système s'est conservé jusqu'à nos temps récents dans plusieurs industries et sous les formes les plus diverses à cause de la nature de l'occupation qui n'en tolérait pas l'abolition (comme pour les domestiques, beaucoup d'employés de boutique, le personnel des cafés et restaurants), de l'autre, la conservation de la rétribution en nature doit être souvent envisagée comme un moyen accessoire de l'entrepreneur pour augmenter son bénéfice.

C'est ainsi qu'il faut comprendre ce système coercitif qui impose à l'ouvrier l'obligation de se procurer ses marchandises dans des magasins déterminés *(truck sytem)*. Sous ce système, l'ouvrier reçoit bien son salaire payé en monnaie (parfois encore en « bons ») mais sous la condition implicite de s'approvisionner dans les boutiques qu'on lui indique. Ce système est surtout appliqué dans les pays où le développement capitaliste des industries est à son début (2).

1. « Pourquoi, tout d'abord, cette vie du foyer, ordinaire pour le compagnon de jadis dans la plupart des industries, s'est-elle conservée en cette industrie particulière (la pâtisserie) ? L'*intérêt* du patron était d'accord ici avec la tradition, et il a maintenu celle-ci. » (P. DU MAROUSSEM, *L'alimentation à Paris, Pâtissiers*, p. 109.)

2. M. SCHULZE-GÆVERNITZ expose comment une portion notable des gains ouvriers retournent indirectement, en Russie, dans la poche des patrons par l'intermédiaire de magasins dépendant de la fabrique. Lorsque les fabricants russes ne possèdent pas de magasins à eux, ils indiquent souvent à leurs ouvriers dans quelles maisons du voisinage ils doivent se fournir. En reconnaissance de ce service, les commerçants accordent aux fabriques parfois jusqu'à 15 o/o de commission sur les achats effectués par leurs ouvriers. Et avec l'inspecteur de fabrique Ianjoul, M. Schulze-Gævernitz remarque que « souvent on ne sait si la fabrique est là pour la boutique ou la boutique pour la fabrique ». (*Volkswirtschaftliche Studien aus Russland*, chap. I, sect. VI, p. 136.)

Si cependant l'obligation de s'approvisionner dans des magasins déterminés ne montre plus, pour les ouvriers dans les pays avancés, un caractère aussi brutal, elle s'est pourtant conservée sous différentes formes, souvent malgré la défense par laquelle la loi la frappe dans plusieurs pays. Les rapports annuels des inspecteurs de fabrique continuent partout à relever des cas multiples où les patrons tournent les lois. Les contraventions sur ce point sont de nature diverse. Parfois des ouvriers adultes ou des enfants sont embauchés sous la condition implicite que les membres de leur famille dépenseront une somme assez élevée dans la boutique tenue par un membre de la famille du patron ou par le contremaître. Parfois aussi, comme fréquemment dans les entreprises de commerce, de manutention et d'arrimage des grands ports de mer, le paiement des salaires se fait au moyen de bons de salaires qui peuvent être échangés dans certaines boutiques ou dans des cabarets voisins. Dans les industries à domicile, les intermédiaires des villages, souvent en même temps boutiquiers, prennent soin que leurs ouvriers et ouvrières restent toujours en retard de paiement sur ce qu'ils prennent à leurs magasins (par exemple dans l'industrie dentellière belge autant en fil à dentelle qu'en objets de ménage); de cette façon les ouvriers et ouvrières de ces industries sont souvent directement forcés de se fournir dans les boutiques des intermédiaires (1). Les cas d'infraction aux lois sur ce point sont d'ordinaire si habilement déguisées, qu'elles sont très difficiles à constater et plus difficiles encore à prévenir. Il en est surtout ainsi lorsque, en apparence, le patron n'empêche aucunement ses ouvriers de dépenser leur salaire où ils veulent, mais que ceux-ci savent très bien par expérience à quels magasins le patron donne la pré-

1. Voir Pierre Verhaegen, *La dentelle et la broderie sur tulle*, t. II, 2ᵉ partie, chap. IV, sect. IX, pages 144-145.

férence et jusqu'à quel point l'usage de leur liberté de s'approvisionner ailleurs sera vengé sur leurs personnes par la perte des bonnes grâces du patron, voire même de leur pain quotidien. La législation moderne, dans ces cas, ne peut réussir qu'à prévenir les applications les plus éhontées du *truck system* et à les faire remplacer par des pratiques de libre accord.

La situation réelle, en ces matières, se trouve nettement exprimée dans le passage suivant d'un des rapports annuels des inspecteurs de fabriques belges : « En ce qui concerne la libre disposition des salaires, il est indéniable que parfois, surtout dans les villages, l'ouvrier est moralement contraint de se fournir des objets nécessaires à son ménage, soit chez son patron, soit chez des membres de la famille de ce dernier. Plusieurs dénonciations nous ont été adressées à ce sujet, mais, malgré des enquêtes très minutieuses, nous n'avons pu établir de délit. Les ouvriers déclaraient faire ces achats librement, mais cependant dans le but de se faire bien voir de l'industriel. Nous avons cru trouver un jour un commencement de preuve de délit dans le fait que des marchandises auraient été vendues aux ouvriers à des prix supérieurs à ceux demandés par les boutiquiers voisins. Après vérification, la différence était fort minime. Nous pensons que, dans des cas semblables, la fraude se fait plutôt sur la qualité des articles, chose difficile à établir pour nous. Quoi qu'il en soit, il y a là un abus fréquent auquel il est fort malaisé de porter remède. » (1).

Le paiement de salaire en nature, ainsi que les pratiques comprises sous le nom de *truck system*, n'influent directement ni sur la *valeur d'usage*, ni sur la *valeur de production* du travail, et leur action ne saurait donc être comptée parmi les facteurs intervenant dans la

1. ROYAUME DE BELGIQUE, *Rapports annuels de l'inspection du travail*, (1901), Bruxelles, 1902, pages 8-9, Rapport de M. VAN DE WEYER, inspecteur du travail à Bruxelles (1ᵉʳ district).

fixation du prix définitif du travail, le salaire. Au contraire, tous les abus provenant des pratiques en question ont ceci de commun qu'ils exercent leur action *après* que l'établissement du salaire au marché a eu lieu. Ce sont des retranchements après coup sur le salaire, explicables par le fait que les entrepreneurs, après avoir profité de l'impuissance économique de leurs ouvriers sur le marché de travail s'arrangent pour profiter encore de leur impuissance dans la vie sociale générale. Bref, les abus provenant du paiement des salaires en nature et surtout du *truck system*, frappent les ouvriers non pas comme *producteurs*, mais comme *consommateurs*, alors que ce sont toujours les mêmes qui les exploitent sous une double forme, — entrepreneurs capitalistes et leurs représentants (parents, contremaîtres ou hommes de paille).

Affaiblis en tant que consommateurs, ces ouvriers sont par contrecoup obligés de se vendre en tant que producteurs à des conditions désavantageuses : d'où suit que les abus étudiés peuvent également influer, d'une manière *indirecte* et *par réaction*, sur la valeur et le prix du travail.

Nous avons déjà traité de l'impuissance de l'ouvrier en tant que consommateur dans notre premier volume (1). Ici il y avait lieu de mettre en lumière les abus auxquels donne lieu le paiement du salaire en nature et l'obligation imposée aux ouvriers de s'approvisionner dans des boutiques déterminées, abus d'une rudesse et d'une brutalité qui choquent la sensibilité de nos contemporains.

III. — *Procédés d'action sur le travailleur: Primes et gratifications. — Paiement de sursalaires. — Participation aux bénéfices des entreprises. — Pensions de retraite et caisses de secours. — Avances sur le salaire. — Amendes et retenues sur le salaire.*

Nous avons maintenant à traiter, dans la mesure où ils

1. *Théorie de la Valeur*, pages 301 et suiv.

influent sur la fixation du salaire, de toute une série de procédés pratiqués par les entrepreneurs capitalistes pour stimuler l'activité des ouvriers ou pour prévenir leur négligence et leur insouciance dans le soin des machines et des outils, et dans la manipulation des matières premières et secondaires à leur disposition.

Sous les rapports capitalistes modernes, le processus de la production dans la moyenne et la grande industries devient de plus en plus un processus scientifiquement réglé, et très complexe d'un point de vue technique. Les diverses parties s'y engrènent systématiquement ; les occupations des diverses catégories d'ouvriers se complètent et entrent les unes dans les autres d'une façon harmonique pour atteindre le résultat final voulu.

Pour un grand industriel, la marche régulière de ce processus est une condition qui décide de prime abord du succès et du développement possible de son entreprise. Ceci explique ses efforts pour prévenir des infractions de la part de son personnel au cours tracé d'avance des travaux, éventuellement aussi pour l'encourager à accélérer le processus de fabrication. Dans les branches où, en outre, le trouble et l'arrêt du cours régulier des activités peut être dangereux pour la vie, soit du personnel ouvrier seul, soit encore de personnes du dehors, — comme c'est le cas par exemple dans le service des chemins de fer et dans diverses industries disposant d'un ensemble complexe de machines motrices, de machines-outils à allure rapide ou de machines à outils tranchants, — tout ce que nous venons de dire vaut avec plus de force encore.

Puis, dans nombre d'industries, les fluctuations de la saison et les oscillations imprévues du marché nécessitent à des époques déterminées soit l'expansion, soit la contraction de la productivité des entreprises. Les entrepreneurs capitalistes se trouvent donc souvent obligés aux moments de presse d'atteindre avec le même personnel et le même outillage une activité productive plus que moyenne, donc un produit plus qu'ordinaire. La prolongation de la journée de travail ou l'augmentation de l'intensité du travail, en d'autres termes la compression de plus de travail dans autant d'heures, est dans ces périodes, souvent courtes et brusques de haute activité industrielle, le seul moyen auquel puisse recourir l'entrepreneur capitaliste. Car, l'embau-chage d'un personnel supplémentaire et l'extension temporaire de son entreprise auraient fréquemment pour lui des inconvénients techniques insurmontables, ou resteraient du moins insuffisants, même s'ils étaient possibles. Et c'est de nouveau son intérêt qui amène ici l'entrepreneur à encourager, par toutes sortes de procédés, l'activité et les bons soins de son personnel et à éviter toute interruption dans la production accélérée.

Je citerai parmi les procédés dont il s'agit, en premier lieu les *primes* et *gratifications* payées dans certaines industries en dessus du salaire ordinaire. Elles sont parfois calculées d'après la *production*, comme fréquemment dans les industries textiles et les industries métallurgiques, dans les manufactures de tabac, les fabriques de levure, les verreries à bouteilles, etc. ; dans ce cas c'est le produit supérieur à la moyenne qui est rémunéré par un prix extra. Parfois aussi, c'est l'*économie* pratiquée par l'ouvrier dans l'emploi des matières premières ou secondaires qui est récompensée, comme c'est souvent le cas par exemple pour les mécaniciens relativement à l'usage du charbon et de l'huile. Enfin les *bons soins*, l'*attention* qu'a montrés l'ouvrier dans l'accomplissement d'une tâche peuvent de même donner lieu à une rétribution spéciale. Et ainsi de suite.

Pour la Théorie générale du salaire, ces primes et gratifications n'ont pas une importance considérable. Un dépouillement spécial des notes relatives à ces cas de paiements extra, lors du recensement des industries et des métiers en Belgique (du 31 octobre 1896), a montré qu'au total, pour 18,917 ouvriers belges seulement sur les 607,170 sur lesquels a porté l'Enquête, c'est-à-dire pour 3 o/o environ, le salaire au temps ou à la quantité était complété par des primes.

Il est évident que ces primes complètent surtout le salaire calculé « au temps » ; lors de l'Enquête belge, les quatre cinquièmes du total des ouvriers (soit 15,851 sur 18,917) étaient payés soit à l'heure (5,840), soit à la jour-née (9,301), soit à la semaine, à la quinzaine ou au mois (710) (1).

Plus intéressants que ces procédés d'encouragement sont, pour le problème du salaire, les *sursalaires* payés pour *travail supplémentaire.* L'entrepreneur désirant tirer tout l'avantage possible, pendant une courte période de haute activité dans son industrie, de la prolongation de la journée de travail, a tout intérêt à rémunérer par un paiement extra les heures au-dessus de la journée ordinaire (2). En effet, les heures consacrées à un travail supplémentaire, normalement destinées au repos, sont pour l'ouvrier un bien précieux dont le mauvais usage agit rapidement sur son organisme.

C'est pourquoi les ouvriers distinguent encore, dans plusieurs industries, entre : *travail supplémentaire ordi-naire, travail de dimanche* et *travail de nuit.* Par exem-

---

1. *Recensement général des Industries et des Métiers*, t. XVIII, 2ᵉ partie, 1ʳᵉ section, chap. II, 10, p. 337.

2. Ce qui n'empêche pas qu'en France, lors de l'Enquête de 1891-1893, environ un cinquième seulement des établissements où on fait des heures supplémentaires, payaient ces heures à un taux supérieur au taux normal. (Voir *Salaires et durée du travail dans l'industrie française*, t. VI, *Résultats généraux*, II, p. 15.) Cf. *ibid.*, 1ʳᵉ partie, 2ᵉ sect., IV p. 148 : « Sur 1,200 établissements de province où l'on fait parfois des heures supplémentaires, 274 payent ces heures à un taux supérieur au taux normal ; la proportion est ainsi de 23 o/o, au lieu qu'elle n'est que de 18 o/o à Paris. »
Le fait constaté ici montre avant tout le manque d'organisation des ouvriers français au moment de l'Enquête et leur peu de puissance vis-à-vis de leurs patrons dans la défense de leurs intérêts immédiats.

ple, le Bureau Impérial de Statistique à Berlin, en examinant toute une série (à peu près un millier) de tarifs de salaires établis en Allemagne par accord entre patrons et ouvriers de diverses industries, a constaté que les heures supplémentaires sont payées jusqu'à 50 o/o, en moyenne, au-dessus du taux pour travail de jour ordinaire, tandis que le paiement supplémentaire pour travail de dimanche et travail de nuit atteint les 100 o/o (1).

De la part des ouvriers, on constate une tendance remarquable à s'opposer à tout travail supplémentaire, même s'il est payé à un taux supérieur, et à abolir ce système autant que possible. Dans les tarifs de salaire allemands auxquels nous venons de renvoyer, cela se démontre tout particulièrement pour les métiers où prédomine le salaire au temps. Là se rencontrent fréquemment, dans les tarifs, des stipulations limitant le travail supplémentaire à des cas exceptionnels, à ceux par exemple où la vie humaine courrait danger si le travail n'était pas exécuté, etc. (2).

Mentionnons encore une espèce de gratifications payées au titre de *participation aux bénéfices* ou d'*association à l'entreprise (copartnership)*.

L'Enquête française de 1891-1893 a réuni les gratifications spéciales de cette sorte avec les gratifications ordinaires, comme ayant toutes le caractère d'une « pure libéralité du patron à l'égard de ses ouvriers » (3). Les ouvriers eux-mêmes ne font pas non plus de différence entre

1. Voir *Reichs-Arbeitsblatt*, numéro de mai 1904, p. 124. Cf. pour les détails *ibid.*, p. 125 (ouvriers du bâtiment); p. 129 (peintres) ; p. 130 (couvreurs) ; p. 131 (paveurs) ; p. 134 (brasseurs) ; p. 134 (tailleurs de pierre) ; p. 136 (stucateurs) ; p. 137 (travailleurs du bois) ; p. 138 (potiers) ; p. 140 (tailleurs, cordonniers) ; p. 141 (vitriers) p. 142 (ferblantiers).

2. *Ibid.*

3. *Salaires et durée du travail*, etc., t, I (Département de la Seine), 2ᵉ partie, sect. R, p. 525 ; cf. aussi t. IV, pages 204-205.

les gratifications extraordinaires connues sous le nom de
participation aux bénéfices, et celles dont nous venons
de traiter, sauf aux cas où le contrôle du bilan de l'entreprise leur permet de se mettre plus ou moins au courant
de la marche des affaires.

Cependant, ces cas sont rares. L'Enquête française susdite a observé que la participation effective avec contrôle
possible existait seulement dans 6 établissements sur
475. Parmi ces 6 établissements, l'un appartenait à un
propriétaire unique, les autres à des Sociétés par actions.
Dans 2 des établissements, la participation était liée
à une transformation en coopérative de production. Dans
la France entière, cette même statistique ne rencontra
sur les 2,957 établissements de l'industrie privée étudiés
que 13 établissements comptant 2,853 ouvriers et ouvrières où la participation aux bénéfices était effective en
ce sens que le contrôle de leurs bilans était possible (1).

La situation à ce point de vue, a peut-être changé dans
le cours des quinze années qui se sont écoulées depuis
cette Enquête. Faisons remarquer, cependant, que le recensement belge dont nous venons de parler n'a pu relever
dans tout le pays que six établissements occupant ensemble 1,338 ouvriers où le personnel recevait une part dans
les bénéfices commerciaux de l'entreprise ; ces six établissements étaient : une usine sidérurgique, un atelier de
construction de machines, une fabrique d'appareils de
chauffage, une fabrique d'acide sulfurique, une fabrique
de pots et boîtes à allumettes et une fabrique de brosses.
La Statistique belge ne dit pas si dans ces six cas, le contrôle des comptes de l'entreprise était accordé aux ouvriers (2).

L'explication du fait que la participation aux bénéfices

1. *Ibid.*, tomes I et IV, *loc. cit.* Cf. aussi tome IV, *Résultats généraux,*
IV, p. 21.

2. *Recensement général des Industries et des Métiers, loc. cit.*

est si peu répandue, même dans les industries les plus
développées, et semble encore reculer ces dernières années (1), doit être cherchée dans la nature du travail salarié. Le patron, comme entrepreneur capitaliste, ne peut
pas sérieusement considérer son ouvrier comme *participant* à son entreprise, pour la raison précisément que,
sous le régime capitaliste de la production, le travail est
marchandise et se vend au prix courant.

Voilà pourquoi les entrepreneurs capitalistes doivent
être en principe les adversaires de tout système de participation aux bénéfices qui porterait un autre caractère que
celui d'une « libéralité » de leur part et accorderait aux
ouvriers le droit de contrôle sur les comptes de leurs entreprises. L'idée même que le patron et l'ouvrier pourraient se partager le fruit d'un travail commun contredit
entièrement la nature de la production capitaliste. Et
de même que les ouvriers ne sont guère enclins, sous le
mode actuel de la production, à couvrir le déficit des
entreprises de leur patron, de même ce dernier est bien
loin de vouloir partager vraiment avec eux ses bénéfices.
C'est pourquoi il est proprement incompréhensible qu'on
ait voulu appliquer le système de la participation aux
bénéfices, comme s'il s'agissait d'un principe général, par

1. Cf. à ce sujet pour l'Angleterre la *Labour Gazette*. Dans le numéro
de mars 1902, le *Board of Trade* constate l'existence au 30 juin 1901 de
82 établissements où le système de la participation aux bénéfices était
pratiqué. Parmi ces 82 établissements, 4 étaient situés dans les colonies
anglaises. Le 30 juin 1902, le nombre de ces établissements était encore
de 75 dont 3 aux Colonies (*Labour Gazette* de juillet 1902).
En 1906, le *Board of Trade* compte encore 65 établissements, dont
5 situés dans les Colonies où le même système était en vigueur au 30 juin
1906. L'année précédente, le nombre des établissements était de 66 dont
5 dans les Colonies (*Labour Gazette* d'avril 1907). Voir le même
phénomène de la diminution, pendant les dernières années, des maisons
appliquant la participation aux bénéfices constaté pour la France par
CHARLES GIDE dans les *Rapports du jury international de l'Exposition universelle internationale de 1900 à Paris, Introduction générale*, t. V,
6° partie : *Economie sociale*, ch. I, p. 95.

Cornélissen

une prétendue « association entre le Travail et le Capital, et avec l'appui de la législation. Ceci a été récemment tenté dans le Massachusetts par deux projets de loi, le premier proposant le *copartnership* obligatoire, l'autre, postérieur, le *copartnership* facultatif.

Il en est de même lorsque les gratifications extraordinaires sont payées aux ouvriers sous la forme d'*actions dans l'entreprise,* comme le fait, par exemple, en Amérique la *United States Steel Corporation*.

Les *pensions de retraite* et les *caisses de secours contre les maladies et les accidents* ne sont pas, sans doute, des institutions propres à influer *directement* sur l'activité et les bons soins de l'ouvrier dans l'accomplissement de sa tâche ; cependant, elles exercent une influence *indirecte,* partout où elles ont le caractère de mesures prises par le patron pour attacher à quelque degré son personnel à son entreprise. Les caisses de retraites et de secours, établies surtout par plusieurs grands établissements d'industrie, de commerce, de transport, ont particulièrement pour effet de lier l'ouvrier d'un certain âge à sa place, lorsque la certitude d'être garanti quelque peu contre la maladie et les accidents ou l'espoir de pouvoir un jour se retirer du travail productif avec une pension si modeste soit-elle, peuvent faire de lui un instrument vraiment souple et docile entre les mains de l'entrepreneur (1).

Les *avances sur le salaire* ont de même une influence plutôt indirecte que directe sur les conditions de travail. Dans quelques industries, particulièrement dans celles où, grâce à la nature du produit, un temps assez long doit

---

1. « Sur les 72 établissements observés où il existe une caisse de retraites spéciale, 21 seulement donnent à l'ouvrier la propriété de son livret ; dans les autres, l'ouvrier perd ses droits à la retraite en quittant l'établissement. » (*Salaires et durée du travail dans l'industrie française,* t. IV, 1re partie, 4e section, X, p. 206.)

s'écouler avant que les articles produits soient prêts à la vente, ces avances sont souvent une nécessité pour l'ouvrier. Il en est ainsi par exemple pour la dentellière qui entreprend des volants de grande largeur et qui doit en fournir plusieurs mètres d'un coup ; pour l'ébéniste ou le sculpteur sur bois ayant accepté la fabrication de plusieurs pièces à la fois (par exemple de tout un mobilier de style), etc. D'une manière générale, les avances sur le salaire constituent une sorte de lien entre l'entrepreneur ou son intermédiaire et l'ouvrier. Aussi, dans nombre de cas, — comme fréquemment dans l'industrie dentellière et en général dans diverses branches de l'industrie à domicile, — ce lien devient-il gênant pour l'ouvrier ou l'ouvrière. Il met souvent le salarié dans l'impossibilité d'améliorer ses conditions de travail en changeant de patron (1).

Tous les procédés d'action sur l'ouvrier dont il a été question jusqu'à présent ont un caractère préventif. Ce sont des mesures de précaution destinées à exercer leur influence, soit immédiatement, soit dans un certain laps de temps. Mais en outre, nous avons encore à nous occuper d'autres procédés appliqués par les entrepreneurs capitalistes, et qui sont des mesures de punition pour des irrégularités commises, irrégularités du point de vue patronal, et dont la crainte agit préventivement. Nous parlons des *retenues sur le salaire pour malfaçon*, des *amendes pour emploi abusif de matériaux ou pour détérioration de matériel, matières premières ou produits*, etc.

Tous ces procédés marquent très spécialement la période de début de la production capitaliste ; comme élément important dans la situation de l'ouvrier salarié, ils

---

1. « Ces remises d'avances en espèces ou en fil à dentelle sont le moyen le plus efficace dont dispose le facteur pour conserver ses ouvrières. » (Pierre Verhaegen, *La dentelle et la broderie sur tulle*, t. 1, chap. II, sect. III, p. 226.)

entrent donc en jeu plus particulièrement dans les branches de manufacture et d'industrie les moins développées et pour les populations ouvrières les plus arriérées.

M. Schulze-Gævernitz a constaté, d'après l'inspecteur de fabriques Ianjoul, que, dans les établissements industriels du gouvernement de Moscou, des punitions et des retenues sur les salaires sont appliquées « en quantités fort considérables », « sous les prétextes les plus différents » et « suivant le bon plaisir du patron. » (1).

Dans l'Europe occidentale, ce sont particulièrement les industries à organisation technique la moins développée et celles dans lesquelles prédomine la main-d'œuvre de femmes et d'enfants, où le système des amendes et retenues sur le salaire est appliqué de la manière la plus crue et la plus grave. Les entrepreneurs capitalistes, dans les abus qu'ils font de leur puissance économique, y échappent facilement aux prescriptions élastiques des lois. Les récompenses et les punitions s'y complètent systématiquement.

Voici un exemple que relève le Rapport de l'Inspection du travail en Belgique pour l'année 1901 : Dans certaines filatures de lin, on accorde une « récompense » aux fileuses qui travaillent régulièrement le lundi. « De même, les garçons des continus reçoivent une récompense de 10 centimes par jour si, pendant la semaine, on n'a pas dû leur infliger d'amende. » (2).

Dans des cas pareils, la loi ne peut pas intervenir, si haute que soit la différence en salaire dont se plaindrait l'ouvrier ou l'ouvrière, puisque la « récompense » non payée ne peut pas être considérée comme faisant partie

---

1. GERHART V. SCHULZE-GÆVERNITZ, *Volkswirtschaftliche Studien aus Russland*, chap. II, sect. VI, p. 135.

2. *Rapports annuels de l'Inspection du travail* (1901), 4ᵉ district, Rapport de M. FABRI, inspecteur du travail à Gand, p. 104.

du salaire. Des règlements de fabrique contenant de telles stipulations caractérisent le manque de force de résistance des ouvriers.

Prenons ensuite, pour voir l'influence qu'exerce le milieu social à ce point de vue, un milieu relativement élevé comme celui de la ville de Paris et sa banlieue, où la population, intelligente et active, ne se laisse pas facilement mener et tient à sa liberté. Comparons ce milieu à celui, moins élevé, qu'est en moyenne le reste de la France. L'Enquête de 1891-1893 fait remarquer en ce qui concerne les amendes et retenues de salaires : « En mettant en regard des chiffres de ce tableau ceux des tableaux II et VI, on arrive aux constatations suivantes : 22 o/o des établissements, employant 47 o/o des ouvriers atteints par l'enquête, ont reconnu infliger des *amendes*, en dehors des retenues pour malfaçons ; on n'en avait relevé, dans le département de la Seine, que 6 o/o occupant 13 o/o des ouvriers. » (1).

Même au cas où le montant des amendes et retenues sur les salaires ne tombe pas dans la poche de l'entrepreneur, — ce qui arrive souvent dans les industries arriérées, — elles restent toujours un moyen coercitif entre les mains du patron, en même temps qu'un moyen de chicanes et d'extorsion du salaire ouvrier.

⁂

Tous les procédés d'action sur le travailleur que nous avons passés successivement en revue tendent, dans les

1. *Salaire et durée du travail dans l'industrie française*, t. IV, 1ʳᵉ partie, 4ᵉ sect., IX, p. 204. Cf. aussi pour le département de la Seine, t. I, 2ᵉ partie, R, p. 525 : « Les établissements où l'on donne des amendes ont un effectif moyen supérieur à la moyenne générale. Il convient de dire que ce sont surtout ceux où l'on occupe des femmes qui ont conservé l'usage des amendes, et que le produit en est presque toujours versé à la caisse de secours. »

conditions actuelles de la production, soit : *a*) à hausser la
productivité du travail des ouvriers au-dessus de la
moyenne, parfois à l'empêcher de tomber au-dessous ;
b) à faire entrer le moins possible de matières premières
et secondaires dans la production d'une quantité donnée
de produits ; *c*) à répartir l'usure du matériel de travail
sur une durée de temps plus longue et une quantité de
produits plus grande, en sorte que chaque exemplaire
ou chaque unité quantitative du produit puisse être considéré comme ayant absorbé une part moindre en moyens
de production.

De quelque manière et dans quelque sens que tous ces
procédés agissent, ils influent toujours sur la *valeur d'u-
sage* du travail et par celle-ci sur sa *valeur d'échange*
et on *prix de marché*, le *salaire*.

CHAPITRE XXI

INFLUENCE DE LA LÉGISLATION OUVRIÈRE SUR LES CONDITIONS DE TRAVAIL DES OUVRIERS.

I. — *Généralités.*

On ne saurait exclure des recherches économiques les influences politiques. Notre point de vue, on le sait, est qu'il y a réaction de la vie politique et intellectuelle des populations sur leurs conditions d'existence matérielle qui en sont en dernière analyse la base. Mais, dans notre Théorie générale, l'étude des facteurs politiques n'occupera qu'une place modeste : bien mieux, un seul d'entre eux présente pour nous un intérêt direct et mérite ici une étude quelque peu approfondie. Ce facteur, c'est la législation dite sociale qui, en tant qu'elle se rapporte aux conditions de production et de travail, est précisément destinée à les surveiller et à les corriger.

Sans doute, d'autres facteurs de caractère politique sont eux aussi propres à avoir, selon la nature des diverses sphères de la production, une influence plus ou moins forte sur ces conditions.

C'est ainsi que, tout comme la mode dans les industries de luxe, certains événements de la vie sociale et politique agissent dans toutes les industries sur les conditions de travail et peuvent modifier sensiblement le rapport de l'offre à la demande de main-d'œuvre et par là hausser ou baisser les salaires. Dans l'industrie dentellière, par exemple, les faits politiques ont continuellement amené soit des périodes d'extension et de prospérité, soit au contraire des temps de contraction et de malaise dans la production. On rappellera encore l'action sur les industries de luxe, des vêtements, etc., d'événements d'ordre particulier, comme les expositions (1), les déplacements de chefs d'Etat, les grands mariages mondains, ou princiers, etc.

Tout ce que nous venons de dire vaut particulièrement, dans un grand nombre d'industries et souvent dans plusieurs pays à la fois, pour les guerres. Celles-ci, tout en faisant croître la demande de main-d'œuvre dans certaines branches d'industrie et de transport immédiatement connexes au mécanisme des guerres modernes, paralysent un grand nombre d'autres branches, poussent une partie de la population à la misère, parfois, par répercussion, en dehors des frontières des pays en guerre.

Un seul fait comme exemple : en étudiant le mouvement des salaires agricoles dans les divers comtés de l'Angleterre, on constate un contraste très net entre la période de 1849-1853, précédant immédiatement la guerre de Crimée et caractérisée par un état de dépression dans l'agriculture anglaise, et la période de la guerre même pendant laquelle le manque de main-d'œuvre haussa sensiblement les salaires agricoles. On observe un phénomène analogue en Angleterre vers la fin de 1899 et en 1900 (pendant la guerre du Transvaal) par suite surtout de l'appel aux armes de la réserve et de la milice. Les exigences de la guerre vinrent alors augmenter encore la rareté de main-d'œuvre dans les campagnes, déjà

---

1. Voir Pierre Verhaegen, *La dentelle et la broderie sur tulle*, t. II, chap. IV, sect. V, *Facteurs accidentels qui influent sur le salaire*, pages 135-136. Cf. aussi *ibid.*, p. 139, où, par rapport à l'influence exercée sur les salaires des dentellières belges par les grandes expositions de Paris et de Chicago, a été employé le terme de « salaires d'exposition ».

accentuée par suite de la demande croissante d'ouvriers dans les industries minières et plusieurs autres industries du Royaume Uni (1).

Les événements politiques dont il est question ici — expositions, guerres, etc. — en influençant le rapport de l'offre à la demande de main-d'œuvre, agissent de nouveau sur la *valeur d'usage* du travail et par elle sur sa *valeur d'échange* et son *prix de marché*.

**

La législation ouvrière peut, elle aussi, intervenir effectivement dans les rapports de production et modifier les conditions de travail des ouvriers.

Les mesures coercitives par lesquelles, à travers les siècles, les populations ouvrières ont été combattues dans leurs mouvements émancipateurs par leurs gouvernements respectifs ont démontré l'influence nuisible qu'éventuellement la législation peut avoir pour elles. Dans l'autre sens, la législation dite « protectrice » ouvrière, qui a pour but de soulager la vie des classes laborieuses en régime capitaliste, a eu, dans plusieurs pays, une action positive sur les rapports de production et de travail. Comme législation protectrice du travail elle peut agir de la manière suivante :

1° *Elle peut introduire certaines mesures générales pour sauvegarder la santé et la sécurité des ouvriers.*

Ces mesures comprennent les prescriptions, décrets et arrêtés relatifs à l'espace des locaux de travail et à leur ventilation, à l'évacuation des gaz, vapeurs, poussières,

---

1. *Report by* Mr. Wilson Fox *on the Wages and Earnings of Agricultural Labourers in the United Kingdom*, pages 47 et 54. Cf. aussi *Second Report*, pages 65-66. Voir particulièrement les salaires payés durant une série d'années dans une exploitation agricole du *Suffolk*, *Report*, *Appendix* VIII, p. 235 ; *Second Report*, p. 201.

à la salubrité des établissements (nettoyage des ateliers, emplacement, état d'entretien et nombre des cabinets d'aisance, installation de lavabos, de réfectoires), à la construction d'appareils protecteurs autour des machines motrices, des machines à outils tranchants, des machines-outils à allure rapide, et en général à la construction et à la mise en marche des machines de toutes sortes, etc.

Personne ne saurait nier qu'en ce domaine la législation peut déployer une action considérable, à condition du moins que la surveillance de l'exécution des prescriptions légales soit confiée à des inspecteurs de fabriques capables et surtout suffisamment nombreux.

Mais, pour avoir une action efficace sur les procédés de fabrication et les circonstances dans lesquelles s'exécute le travail, la législation protectrice devra entrer dans des détails minutieux et modifier pour ainsi dire ses prescriptions pour chaque industrie en particulier, en accentuant sa surveillance, selon le cas, sur des parties déterminées. Car les dangers et les inconvénients de la production pour la santé ou la sécurité des ouvriers varient d'après la nature des industries. Dans les travaux préparatoires de la verrerie, les poussières des matières premières, de craie, de sable, souvent aussi de combinaisons accessoires d'arsenic ou de plomb, menacent la santé ; devant les fourneaux, les ouvriers se trouvent exposés à des températures très élevées ; tandis qu'on constate dans les sections du polissage, l'influence malsaine d'une atmosphère chargée de particules de verre. Dans les fabriques de caisses et de boîtes d'emballages, dans les teillages de lin, les scieries de pierre, les fours à chaux, etc., il y a danger pour l'ouvrier de respirer les poussières des matériaux travaillés. Dans les blanchisseries et teintureries, les vapeurs des eaux de savon et de toutes espèces de mélanges chimiques peuvent avoir une influence nuisible sur la santé des ouvriers. Dans les ateliers de galvanisation et d'émaillage, dans les fonderies, etc., ce sont des mesures de protection contre les exhalaisons souvent empoisonnées dont les locaux de travail peuvent être remplis qui s'imposent. De même on doit prendre dans les mines de houille des précautions contre les écroulements et les explosions de gaz ; et ainsi de suite.

2° En outre de la surveillance pour ainsi dire professionnelle que demande presque chaque industrie séparée, la législation ouvrière peut encore avoir pour but de *surveiller spécialement les procédés de fabrication dans les industries présentant pour le personnel des causes particulières de danger* : telles la fabrication de céruse et autres composés du plomb, l'industrie des allumettes, le triage de chiffons, etc. La loi peut même interdire complètement certains procédés de fabrication (par exemple celle des allumettes à phosphore blanc ou jaune). Nous mentionnons en particulier, à ce propos, les prescriptions légales concernant la sous-entreprise (*sweating system*).

3° Sans intervenir directement dans les conditions de travail entre salariants et salariés, la législation ouvrière peut viser à *adoucir aux ouvriers les conséquences de l'exploitation capitaliste* et à *neutraliser leur dépendance à l'égard des patrons* par des *mesures spéciales de protection et de prévoyance*. Dans ce sens peuvent être promulgués des lois et décrets concernant la responsabilité des entrepreneurs en cas d'accidents ; l'assurance des ouvriers contre la maladie ; les pensions de retraites ouvrières en cas de vieillesse ou d'invalidité ; l'interdiction du *truck system*, du paiement des salaires dans les cabarets, d'amendes et de retenues au-dessus d'un certain pourcentage du salaire. Et ainsi de suite.

4° La législation peut avoir pour but d'*amoindrir les conflits entre les deux puissances dites Capital et Travail en chargeant certaines personnes ou certains corps*

d'intervenir, dans la lutte des intérêts entre les deux
parties, en vue de la *conciliation* ou de l'*arbitrage*.

C'est ainsi qu'au cours des dernières dizaines d'années
sont nées, dans la plupart des Etats modernes de l'Europe,
de l'Amérique et de l'Australie, des institutions juridiques (*Conseils de prud'hommes, Boards of Arbitration,
Gewerbegerichte,* etc.) établies suivant des jurisprudences
spéciales et visant toutes, sinon l'intervention directe des
autorités dans le règlement du contrat de travail, du
moins la sauvegarde de son exécution. En outre de ces institutions et souvent aussi en connexion avec elles, se sont
encore constitués, dans plusieurs Etats, des corps spéciaux
ayant pour but la prévention, la conciliation à l'amiable,
ou encore l'arbitrage définitif des conflits de travail collectifs entre patrons et ouvriers. Les « Conseils de conciliation » et « Cours d'arbitrage », pourvus dans les divers
pays de compétences et de pouvoirs très différents, ont
une sphère d'activité plus large que les Conseils de
prud'hommes ; sont de leur ressort plus spécialement
les mouvements de salaires, grèves, lock-outs et boycottages, etc.

5° *La législation, enfin, peut intervenir effectivement et
immédiatement dans l'établissement des conditions de
travail des ouvriers,* et cela aussi bien en ce qui regarde
la *réglementation des heures de travail,* (prescription
d'une journée maxima de travail, de la durée des pauses
pour les repas, etc.), que la *fixation des salaires (salaire
minimum).*

Lorsque les mesures législatives de cette dernière catégorie s'appliquent même au travail des ouvriers masculins adultes, elles font partie d'ordinaire de ce système
interventionniste qui se généralise de plus en plus dans
les pays modernes, et qui consiste à surveiller ou à interdire certains procédés de production (comme le *sweating system*) ou certaines industries présentant des dan-

gers particuliers pour les ouvriers. Par exemple le travail
souterrain dans les mines et les carrières est de plus en
plus et dans la plupart des pays soumis à la surveillance de l'Etat.

En considérant les diverses sphères de l'industrie, de
l'agriculture, du commerce et des transports en général,
on observe que l'intervention législative visée au § 5, est
d'ordinaire limitée encore, dans les divers pays, au travail (non pas au salaire) des femmes et des enfants. Là où
il en est ainsi, elle s'exprime par des prescriptions minutieuses concernant la durée maxima du travail, les inter-
ruptions du travail, le travail du dimanche et de nuit,
l'apprentissage théorique et pratique des jeunes ouvriers,
l'interdiction du travail féminin pendant des périodes
déterminées avant et après l'accouchement, etc., etc.

Dans tous les pays modernes on constate en outre la
tendance plus ou moins forte, chez le peuple comme chez
les gouvernants, à élargir de plus en plus le domaine de la
législation ouvrière dans le dernier sens distingué et à
l'étendre aussi à la réglementation du travail et du salaire
des ouvriers adultes et à toutes les branches de production qui seraient ainsi complètement mises sous la domination de l'Etat.

Même au cas où cette intervention de l'Etat reste limitée au travail des femmes et des enfants, elle peut souvent exercer une influence considérable sur le travail non
réglementé des hommes adultes. La statistique anglaise,
par exemple, a constaté que le nombre des ouvriers dont
les heures de travail hebdomadaires ont été diminuées
fut beaucoup plus élevé en 1902 que dans les autres années
depuis 1893 (première année où ces données statistiques
furent recueillies), « et ceci, dit le *Board of Trade* anglais,
grâce à la modification des heures de travail hebdomadaires des ouvriers employés dans les établissements textiles
et dans les imprimeries, blanchisseries et teintureries,

Dans ces industries, le maximum des heures de travail pour les femmes, jeunes ouvriers et enfants est réglé par une loi, et au commencement de 1902 le temps de travail fut réduit d'une heure le samedi, le maximum des heures par semaine devenant alors 55 $\frac{1}{2}$.» Le Rapport ajoute : « Les heures de travail des hommes employés dans les mêmes industries ne sont pas réglées légalement, mais, dans la majorité des cas, elles diminuèrent en même temps. En tout, plus d'un million d'ouvriers dans les industries du textile ont vu diminuer par la loi leurs heures de travail hebdomadaires, soit directement, soit indirectement. » (1).

Un phénomène analogue a été constaté lors de l'introduction de la loi du 30 mars 1900 en France, réglementant non seulement le travail des femmes et des enfants, mais en même temps celui des hommes adultes dans les « ateliers mixtes ». Aux termes de l'article 2 de cette loi, la durée du travail des ouvriers adultes ne peut dépasser dix heures quand ils sont occupés dans les mêmes locaux que des femmes ou des enfants (2).

II. — Cas typiques de législation ouvrière.

a) *Protection du travail des femmes et des enfants.* — J'ai mentionné tout particulièrement dans le paragraphe précédent (§ 5) la législation sur le travail des femmes et

---

1. BOARD OF TRADE, *Report on   changes in Rates of Wages and Hours of Labour in the United Kingdom in 1902,* London, 1903, p. XVIII. Cf. aussi ce qui est dit relativement aux industries du textile, p. XXXII du même Rapport : « En plus des 787,000 femmes, jeunes ouvriers et enfants, 250,000 hommes environ ont été également atteints par la réduction des heures de travail. »

2. Voir en particulier les Rapports de la *Commission supérieure du travail* pour les années 1902 et 1904. La loi du 30 mars 1900 avait fixé deux délais successifs de deux ans pour l'abaissement de la durée du travail journalier à dix heures et demie depuis le 31 mars 1902, et à dix heures depuis le 31 mars 1904.

des enfants parce qu'elle illustre les difficultés que rencontrent les tentatives, même les mieux intentionnées, à résoudre les problèmes du salaire et du travail salarié par des lois. J'y reviendrai ici, en laissant de côté toutes les prescriptions législatives précédemment énumérées (sauvegarde de la santé et de la sécurité spécialement des femmes et des enfants, de la propreté des locaux de travail, etc.) parce qu'elles n'interviennent pas directement dans l'établissement des conditions de marché du travail dont l'étude est le but spécial du présent ouvrage.

C'est une plainte générale des inspecteurs de fabrique dans divers pays et pour des industries très diverses qu'on invente toutes sortes de procédés pour tourner la législation sur le travail des femmes et des enfants et pour en enfreindre les prescriptions partout où elle intervient d'une façon quelque peu sensible dans les rapports de travail existants (1), et sauf au cas où elle impose des modifications tellement infimes qu'elle n'atteint plus son but théorique.

Ces détours et ces infractions proviennent surtout des entrepreneurs capitalistes contrecarrés dans leurs procédés d'exploitation ; puis, aussi, des ouvriers lorsqu'ils se voient forcés par l'état arriéré de leur industrie et les dures nécessités de la vie à accepter pour eux-mêmes et pour les leurs un travail excessif. Fréquemment même patrons et ouvriers font cause commune pour enfreindre la loi (2).

1. D'où par exemple les plaintes des inspecteurs du travail dans différentes parties de l'Allemagne sur les multiples infractions à la Loi sur la protection des enfants du 30 mars 1903, mise en vigueur le 1ᵉʳ janvier 1904, loi dont l'action s'étend même aux « propres enfants » des employeurs, c'est-à-dire qu'elle s'applique au travail d'enfants dans l'industrie à domicile dans toute son étendue.

2. Les Rapports des inspecteurs de fabrique en Prusse pour l'année 1903 fournissent un exemple caractéristique d'infractions à la loi sur le travail des enfants dans les briqueteries. Voir le rapport de l'inspecteur

L'étendue et la gravité de ces infractions diffèrent selon
le cas ; et elles varient surtout selon que la législation se
heurte plus ou moins nettement à la façon de vivre de la
population et aux modes habituels du travail d'une région
ou d'une industrie déterminées.

Il y a des centres industriels où, même après de longues
années d'application d'une loi sur le travail des femmes et
des enfants, on constate encore qu'elle est violée d'une
façon générale. Il en est ainsi dans certaines régions de la
Belgique, en ce qui concerne l'industrie dentellière, soumise
à la loi du 13 décembre 1889 sur le travail des femmes (1).

L'Inspection du travail aux Pays-Bas a relevé le fait que
la police communale constata au cours de l'année 1902
dans la ville de Groningue 104 infractions à la Loi sur le

---

pour le district de Potsdam qui constate en outre : « Il est plus difficile
encore de trouver l'occasion d'imposer une pénalité. Bien que les propriétaires des briqueteries et les contremaîtres sachent parfaitement que les
femmes emploient leurs enfants au travail et le tolèrent implicitement,
parce que autrement les femmes demanderaient des salaires à la tâche plus
élevés, il est rare pourtant qu'on puisse prouver que le propriétaire de
la briqueterie ou le contremaître ont été au courant de l'emploi des
enfants. » (*Jahresberichte der Geerbe-Aufsichtsbeamten und Bergbehœrden
jür das Jahr 1903, Band I, Preussen, Regierungsbezirk Potsdam, sect. II,
A, pages 20-21.) En 1904 l'inspecteur constata une amélioration sensible en ce qui concerne le travail illégal d'enfants, amélioration attribuée
à la collaboration de la police locale. Mais déjà le Rapport pour 1905
dut constater, comme il avait été fait deux ans auparavant, l'impuissance
des autorités. De même le Rapport pour 1906 (Berlin 1907) qui constate que sur 101 infractions à la loi sur le travail d'enfants dans le district de Potsdam 36 se rapportèrent aux briqueteries.

1. « La loi de 1889 est surtout violée d'une façon flagrante dans les
ateliers de broderie sur tulle, à Lierre. On exige des enfants qu'elles
connaissent leur métier avant d'être admises dans ces ateliers ; beaucoup
d'entre elles sont âgées de moins de douze ans et travaillent pendant de
longues heures chaque jour. Un facteur de Lierre me disait que, dans les
moments de presse, les jeunes filles de tout âge employées dans son atelier travaillent assez fréquemment jusqu'à seize et dix-sept heures par
jour. Dans presque aucun atelier de dentelle ou de broderie, la loi de
1889 n'est affichée. » (PIERRE VERHAEGEN, *La dentelle et la broderie sur
tulle* (1902), t. II, chap. VII : *Législation du travail*, p. 172.)

travail *(Arbeidswet)* mais *aucune infraction* pendant
toute cette année dans tout le reste de la province de Groningue. De même, dans toute la province de Drenthe la
police des communes ne constata qu'une seule infraction
en 1901 et deux en 1902. Aussi l'Inspecteur du travail de la
circonscription, attribua-t-il ce phénomène au défaut complet de surveillance de la part des autorités communales :
« Quelques bourgmestres déclarent franchement que l'État
doit prendre soin de l'exécution de ses propres lois. » Et la
plainte de cet Inspecteur est caractéristique sous la forme
générale suivante : « Maintenant que la Loi sur le travail,
déjà en vigueur pendant treize ans, est encore enfreinte
toujours dans une assez vaste mesure, il faut, au cas où
les forces manquent, mettre à la disposition de l'Inspection un personnel auxiliaire, si du moins l'on tient sérieusement à ce que la loi soit appliquée. » (1). On peut trouver
partout des exemples pareils en nombre considérable.

Afin de prévenir des contraventions et d'adapter le
mieux possible la réglementation uniforme et rigide de la
loi à la vie sociale si changeante et si souple, la législation
sur le travail des femmes et des enfants, même la moins
sévère, a dû accorder dans tous les pays nombre de tolérances et d'autorisations aux patrons qui dérogeaient aux
prescriptions même essentielles de la loi ; et c'est encore
une plainte générale des inspecteurs du travail que toutes
les tolérances de cette espèce rendent illusoire dès l'abord
l'action de la législation.

A peine les industries allemandes commencèrent-elles à
se rétablir de la crise par laquelle le xx° siècle avait
débuté, que la reprise des affaires fit croître la demande
de main-d'œuvre féminine. Partout on vit alors la législation annihilée par les autorisations accordées aux patrons

1. *Verslagen van de Inspecteurs van den Arbeid in het Koninkrijk der
Nederlanden over 1901 en 1902,* 2° vol., 8° circonscription, chap. I, pages
1033-1034.

à dépasser les limites fixées par la loi, et notamment celles de la durée du travail (1).

L'influence de la législation ouvrière se trouve paralysée dès le début par toute une série de clauses de restriction et d'exception utilisées aussitôt que commence une période de haute activité industrielle, c'est-à-dire précisément au moment où la loi devrait agir effectivement pour corriger les pires abus.

Il va sans dire que l'application de ces clauses est le plus fréquente dans les industries dites saisonnières, comme les diverses branches de la confection du vêtement, les industries de la mode, la fabrication des poupées, les industries des conserves (fruits, légumes, poissons), la chapellerie, la cordonnerie, etc. Mais le mal n'est pas limité à ces industries particulières, il présente un caractère nettement général (2).

Enfin, les conséquences pécuniaires qu'entraînent pour les entrepreneurs capitalistes les infractions à la législation ouvrière contre-balancent rarement les bénéfices

1. L'Inspection wurttembergeoise du travail, dans son Rapport pour l'année 1903 (1er district), fait remarquer : « Dans le milieu des représentants ouvriers, on se plaint de ce que les autorisations au travail supplémentaire sont trop volontiers accordées par les autorités, souvent sans enquête suffisante des motifs présentés, et on réclame, dans les entreprises où le besoin du travail supplémentaire revient régulièrement, une augmentation du matériel d'exploitation ou la constitution de stocks pendant la morte-saison. » (*Jahresberichte der Gewerbe-Aufsichtsbeamten und Bergbehœrden für das Jahr 1903, Berlin, 1904, Band II, Württemberg, Bezirk* I, sect. II, , B, p. 10.)

Pour le deuxième district, il est dit dans le même Rapport : « Pour autant que l'a démontré l'examen des listes d'autorisations accordées par les autorités compétentes, il n'y a eu de refus de requêtes, bien que dans plusieurs cas l'obligation de travailler imposée aux ouvrières ait été excessive d'après l'avis des inspecteurs du travail. » L'auteur du Rapport précise cette déclaration à l'aide de quelques chiffres en insistant sur les dangers pour la femme d'un travail qui la surmène. (Voir *Ibid.*, *Bezirk* II, sect. II, B, p. 49.)

2. L'Inspection du travail en France dit, dans son Rapport pour l'année 1904, sur la prolongation autorisée de la durée du travail : « Tous

matériels que ces infractions leur procurent, surtout à des moments de presse dans leurs industries (1).

Tous ces faits témoignent moins de l'imperfection des textes d'une législation quelconque qu'ils ne caractérisent la difficulté qu'éprouve toute législation, nécessairement uniforme, à répondre aux besoins infiniment divers et changeants de la vie sociale.

Mais même là où la législation sur le travail des femmes et des enfants réussit, dans ce sens que ses stipula-

les ans, on constate un accroissement important dans le nombre de jours pendant lesquels la dérogation a été pratiquée. » (*Rapports sur l'application des lois réglementant le travail en 1904*, Paris, 1905, 1re partie, chap. V, p. LVII.) Et voici le tableau par lequel le Rapport pour l'année 1906, Paris, 1907 (chap. V), constate ces diverses augmentations :

ANNÉES	NOMBRE D'ÉTABLISSEMENTS	NOMBRE DE JOURS DONT LA DURÉE A ÉTÉ PROLONGÉE, EN CE QUI CONCERNE		
		les enfants de moins de dix-huit ans	les filles de plus de dix-huit ans et les femmes	les adultes visés par la loi du 30 mars 1900
1900	1,912	505,656	1,450,311	490,699
1901	1,917	482,190	1,410,484	985,110
1902	3,611	841,695	2,111,943	2,050,357
1903	4,451	966,600	2,376,340	2,647,874
1904	6,209	1,399,388	3,491,651	3,891,053
1905	6,824	1,785,222	4,234,293	4,368,893
1906	7,053	1,685,052	3,955,377	4,448,737

1. Traitant de la durée du travail de personnes protégées par la loi, l'Inspection du travail aux Pays-Bas a exprimé cette idée en termes suivants : « Les chefs d'entreprise, même ceux qui regardent l'infraction aux dispositions de la Loi sur le travail comme une sorte de mal social, évaluent pourtant leurs intérêts en jeu par rapport aux conséquences judiciaires éventuelles, et les amendes infligées jusqu'ici ne sauraient être considérées en réalité comme entrant pour eux, à quelque degré, en ligne de compte. » (*Verslagen van de Inspecteurs van den Arbeid in het Koninkrijk der Nederlanden over 1901 en 1902*, 1er volume, 2e circonscription, chap. II, p. 281.)

tions sont observées et que les effets en sont indéniables, on ne saurait considérer ces effets comme utiles et salutaires dans toutes leurs conséquences et intégralement pour le bien-être de la population.

Je fais d'abord remarquer qu'une législation spéciale sur le travail des femmes et des enfants, en s'efforçant à réglementer et à limiter ce travail, entraîne trop facilement leur renvoi de nombre de fabriques et d'ateliers. On peut sans doute louer emphatiquement les avantages de ce renvoi, en relevant : les occasions nouvelles qu'il fournit aux hommes adultes de trouver du travail ; la création d'une vie familiale plus régulière ; l'impulsion spéciale donnée aux entrepreneurs capitalistes, par l'exclusion de main-d'œuvre inférieure, à perfectionner le matériel de production, et ainsi de suite. Cependant, peut-être serait-il bon de tenir compte aussi des intérêts de ceux qu'on « protège » en les faisant renvoyer. Cette protection du travail féminin, avec sa tendance à chasser les ouvrières de la production, signifie pour nombre d'entre elles, dans les conditions sociales actuelles, l'impossibilité de gagner leur vie indépendamment de l'homme : d'où l'abondance nécessairement croissante de la main-d'œuvre féminine dans telles branches de métier qui restent libres aux femmes, par conséquent abaissement général des salaires de femmes dans tous ces métiers, puis extension de la prostitution, et en général de la dépendance, de la pauvreté et de la misère pour toutes les femmes qui sont réduites à leurs propres forces pour subsister.

De ce côté encore, on retrouve le défaut de la législation de mesurer toujours par le même étalon les circonstances et rapports sociaux les plus variables et les individus vivant dans des conditions de vie fort différentes.

La prétendue législation « protectrice » de la femme porte, dans les divers pays, ce caractère accusé d'être une législation d'hommes, par laquelle les législateurs hommes tiennent en premier lieu à garantir les intérêts de leur propre sexe.

Pour les jeunes ouvriers, la protection spéciale dont il s'agit, en tant qu'elle a abouti à leur renvoi des ateliers à l'âge où ils ont à apprendre leur métier, a trop souvent brisé complètement leur formation professionnelle. Comme la formation professionnelle de la jeunesse ouvrière est d'ordinaire vraiment défeçtueuse, quand elle ne fait pas complètement défaut dans plusieurs industries même dans les pays industriels les plus avancés, on ne saurait négliger l'influence de la législation sur ce point(1).

1. En 1902, après la mise en vigueur partielle de la loi du 30 mars 1900, les plaintes devinrent immédiatement fréquentes en France sur les renvois nombreux de femmes et surtout de jeunes ouvriers dans plusieurs industries.

Dans le Rapport de l'Inspection du travail pour l'année 1902, il est dit par exemple relativement à la IVe circonscription (Nancy) : « Si dans la grande industrie, notamment l'industrie textile, on n'a pu renvoyer les femmes et les enfants qui sont indispensables, il n'en a pas été de même dans la petite industrie, mécaniciens, serruriers, menuisiers, charpentiers, fumistes, entrepreneurs, tous ont voulu conserver leur liberté d'action en renvoyant les enfants, et dans l'année 1902 les cas de renvois ont été très fréquents. La conséquence la plus regrettable c'est la disparition de l'apprentissage, on ne fait plus d'ouvriers. M. l'Inspecteur des Vosges signale dans son rapport que, dans une branche spéciale de l'industrie des métaux, les patrons ne trouvent plus d'ouvriers professionnels convenables et sont obligés de faire venir des ouvriers de l'étranger qu'ils payent fort cher, au grand détriment des Français qui n'ont pas fait d'apprentissage. » (*Rapports sur l'application pendant l'année 1902 des lois réglementant le travail*, 1re partie, chap. III, p. XLV.)

Qui s'intéresse aux plaintes analogues relatives à d'autres contrées de la France n'a qu'à lire, dans le même Rapport, les témoignages de plusieurs autres inspecteurs du travail.

Ces plaintes furent aussi pressantes et nombreuses après la mise en vigueur complète de la Loi, en 1904 : « Dans la circonscription de Paris, le Service évalue à un millier environ le nombre des enfants renvoyés des ateliers ; les inspecteurs reconnaissent que ces renvois n'ont pas toujours été définitifs, et que, le moment de presse passé, ces jeunes ouvriers sont souvent réembauchés quitte à être ensuite à nouveau débauchés lorsque l'industriel désire encore augmenter la durée de travail de ses ateliers. Cette pratique permet aux industries qui ne sont point inscrites parmi celles où la durée du travail des ateliers mixtes peut être prolongée d'ob-

Il est vrai qu'on nous propose un remède contre le mal constaté. L'Inspection du travail en France qui jugeait si sévèrement l'application de la loi du 3o mars 1900, a cru en trouver un dans l'application de la réduction légale des heures de travail à la population ouvrière tout entière (1). Quiconque, cependant, examine le revers

tenir sans autorisation, et par le seul jeu des dispositions légales, le régime de la loi du 9 septembre 1848, et parfois même l'affranchissement total de toute restriction quant à la durée du travail.

« Les inspecteurs signalent, en outre, que le nombre effectif des renvois d'enfants ne saurait servir de base pour apprécier l'importance du mouvement. Il faut également faire entrer en compte le nombre impossible à apprécier des jeunes apprentis qui, devenus adultes, n'ont point été remplacés par d'autres apprentis. Nombre d'industriels ont, en effet, formellement déclaré qu'ils ne renverraient pas leurs apprentis mais qu'ils n'embaucheraient plus d'enfants pour ne point être empêchés de travailler, en cas de besoin, plus de dix heures par jour. Les établissements où s'est produite cette mesure sont surtout ceux où le nombre des apprentis est limité, où par conséquent ils ne peuvent être considérés comme un rouage indispensable, et où leur admission avait surtout pour objet leur instruction professionnelle et le recrutement d'ouvriers d'élite. » (*Rapports sur l'application des lois réglementant le travail en 1904*, 1re partie, chap. III, pages XXXI-XXXII.)

Cette fois encore, des observations analogues s'entendent dans les contrées les plus différentes du pays. Dans la région de Dijon le nombre des enfants renvoyés depuis 1900 est évalué à 1,950 ou 2,000 ; dans l'Aisne (circonscription de Nancy) il y avait environ 1,050 enfants renvoyés, et ils n'ont pas été repris. Et ainsi de suite. « En somme, disait à l'inspecteur de Moulins un secrétaire de syndicat, c'est nous travailleurs qui souffrons de cette situation, parce que nos enfants sont exclus de l'atelier au moment où ils pourraient et devraient apprendre un métier ; l'enfant de l'ouvrier, grâce à une loi mal faite, va donc n'avoir pour lui que l'école de la rue, c'est-à-dire l'école du vice. » (*Ibid.*, p. XXXIII.)

Les Rapports pour les années 1905 et 1906 constatent toujours le même phénomène de renvoi des enfants, bien que les réponses des inspecteurs semblent moins concluantes que par le passé.

1. Voir le Rapport déjà cité pour l'année 1902 où la *Commission supérieure du travail* fait remarquer : « Nous avons voulu citer tous les rapports des inspecteurs divisionnaires dans leurs passages relatifs au renvoi du personnel protégé, et en particulier des apprentis. Il résulte de l'ensemble de ces citations ainsi que des résultats statistiques qui les précèdent que la situation actuelle mérite d'appeler l'attention des Pouvoirs publics.

« Les Inspecteurs divisionnaires croient que l'unification générale de la

d'une législation ouvrière partielle protectrice des femmes et des enfants seuls, ne saurait être aveugle pour les inconvénients autrement grands qu'entraînerait nécessairement la réglementation légale du travail pour les ouvriers de tout âge et de tout sexe. Ces inconvénients se manifesteront de nouveau avec d'autant plus de force que l'intervention de l'Etat se heurtera plus décisivement aux mœurs et aux coutumes des peuples et à l'évolution régulière de la lutte des classes.

On a vu que le renvoi des femmes de certaines industries (et de même, jusqu'à un certain point, celui des enfants) tend à rendre la main-d'œuvre féminine surabondante sur le marché dans d'autres industries, par conséquent à y faire baisser les salaires, — et ceci surtout dans le pire des systèmes industriels, l'industrie à domicile. C'est là le domaine que le législateur atteint avec le plus de difficulté et auquel les enfants, chassés des ateliers et fabriques, peuvent le plus facilement recourir (1).

Qu'on étende donc la réglementation légale aussi à l'industrie à domicile ! C'est ce que réclament souvent les ouvriers privilégiés, lorsqu'ils souffrent de la concurrence que leur font les ouvriers à domicile. Mais cette inter-

durée de travail serait la seule mesure susceptible de remédier aux inconvénients qui viennent d'être signalés. » (*Rapports*, etc. (1902), *loc. cit.*, p. XLVIII.)

1. « Le travail d'enfants légalement interdit dans les fabriques se transporte, lors des périodes de haute activité industrielle, dans l'industrie à domicile. » (*Jahresberichte der Gewerbe-Aufsichtsbeamten und Bergbehœrden für das Jahr 1897*, Berlin, 1898, Band I, Preuszen, Regierungsbezirk Arnsberg, sect. II, A, p. 334.)

Dans le Rapport de l'Inspection du travail en France pour l'année 1902 il est dit de la circonscription de Nantes :

« Dans la deuxième section (le Mans), un certain nombre d'industriels (galochiers, chaussures) occupant des femmes ont organisé le travail à domicile pour conserver pendant douze heures leur personnel adulte. » (*Rapports*, etc. (1902), *loc. cit.*, p. XLVI.)

Pareilles constatations se rencontrent fréquemment dans les rapports des inspecteurs du travail des divers pays.

vention dans le cercle familial et la vie au foyer des citoyens n'est pas facile à introduire chez des populations qui ont en horreur l'asservissement politique et social(1).

On ne saurait non plus abolir purement et simplement les industries à domicile, surtout dans les pays de vieille civilisation, sans frapper cruellement dans leurs moyens d'existence des milliers de malheureux. Ce dont a besoin la population qui doit recourir à l'industrie à domicile, c'est d'être secourue et aidée, mais non pas d'être anéantie (2).

1. Dans le Rapport de l'Inspection du travail en France pour l'année 1902 il est observé à ce sujet : « La question, pour être entièrement résolue, devrait donc comprendre tout travail industriel effectué à domicile. Or, les principes de notre droit public opposent sur ce point, aux investigations du service, la sauvegarde de l'inviolabilité du domicile. » (*Rapports*, etc. (1902, chap. I, p. XXI.)

2. « Si, cependant, en considération des abus du travail à domicile, abus reconnus pleinement par la Commission, on a réclamé dans la presse et ailleurs son abolition complète, et ceci en faveur surtout du travail en atelier chez les confectionneurs, — la Commission pourtant n'a pu considérer cette demande comme justifiée, déjà pour cette raison que, par l'abolition de l'industrie à domicile, un grand nombre de gens seraient sensiblement frappés dans leurs gains, notamment des personnes qui ne pourraient pas passer à la fabrique, ni tout à fait à l'atelier, et ne sauraient non plus se priver des gains que leur rapporte la confection (femmes qui ne peuvent abandonner complètement leur ménage, leurs enfants, les membres malades de leur famille, etc.) ». (*Drucksachen der Kommission für Arbeiterstatistik, Verhandlungen*, n° 13 (*Bericht*), p. 5.) Sous le régime capitaliste actuel, cette conclusion est absolument juste. L'enquête dont il s'agit ici donne à ce propos une discussion typique entre le président de la Commission et le tailleur social-démocrate Johannes Timm, connu par la part active qu'il a prise dans la grande grève de l'industrie de la confection à Berlin en 1896.

M. Timm avait prétendu : « Il n'y a pas d'autre issue que d'étendre purement et simplement toute la législation sur les assurances ouvrières et toutes les mesures de protection à l'industrie en chambre, d'établir un contrôle d'hygiène, etc., et cela aura pour effet que d'autres formes d'entreprise que celles de maintenant seront appliquées d'elles mêmes... » Je suis donc d'avis que, si on veut arriver à quelque chose, on ne pourra faire autrement qu'étendre les prescriptions à toute l'industrie à domicile, aux ouvriers en chambre isolés, etc. »

Le président lui répondit : « La question se pose alors : de quelle manière contrôler l'observation de ces prescriptions ? C'est là que gît la

Comme toujours, les premiers atteints par les mesures législatives sont ceux qui ont le plus de peine à gagner leur vie et qui offrent déjà la moindre résistance à l'oppression économique. Un mémoire sur le travail d'enfants aux Etats-Unis parle longuement des parents qui, dans plusieurs Etats de l'Union, font de fausses déclarations ou de faux serments relativement à l'âge de leurs enfants pour échapper aux stipulations de la loi (1). Ceci tient à ce qu'il est plus facile aux classes de la bourgeoisie et des ouvriers privilégiés de réglementer la vie des plus

grande difficulté. On ne peut pourtant pas placer un sergent de ville devant chaque maison où sont probablement employés de tels ouvriers en chambre. Il faudrait donc disposer d'autres moyens quelconques pour rendre possible l'application des prescriptions. A mon avis, cette question se lierait étroitement à une autre que j'ai effleurée déjà, notamment : serait-il justifié d'éliminer de l'industrie certaines classes de personnes ? Et c'est bien là que vous voudriez arriver, et c'est à cela que vous aboutiriez en effet avec votre proposition de ne laisser dorénavant exécuter le travail que dans des ateliers. Cela pourrait aussi être atteint, une fois la chose déclarée admissible, en prescrivant que le travail de confection ne pourra dorénavant être accordé qu'à des personnes qui tiennent un livret de travail. Une telle prescription aurait pour effet immédiat que tous ceux qui peuvent se passer d'un tel travail n'en ayant pas directement besoin pour la satisfaction de leurs besoins de vie, éviteraient d'avoir à s'y soumettre. Par exemple, les filles ou les femmes de petits fonctionnaires n'accepteraient pas un tel livret. »... Et ainsi de suite. La discussion se poursuivit sur ce dernier point, sans que M. Timm dît si, oui ou non, sa proposition était justifiée et si les ouvriers privilégiés doivent s'efforcer à éliminer de la production de plus pauvres qu'eux.

(Voir *Drucksachen*, etc., n° 10, *Protokoll über die Verhandlungen der Kommission für Arbeiterstatistik vom 14 bis 17. und 20. bis 21. april 1896 und die Vernehmung von Auskunftspersonen über die Verhæltnisse in der Kleiderkonfektion*, p. 68.)

Cf. encore, comme un exemple typique de législation de quatrième état, dont les lourdes conséquences devraient être portées par les ouvriers à domicile du cinquième état, le projet de loi sur l'industrie à domicile présenté le 28 février 1906 au *Reichstag* par le parti social-démocrate allemand (le projet dit *Albrecht und Genossen*). Consulter plus particulièrement les §§ 2, 8, 9, 19 et 21 (dernier alinéa). On trouve ce projet de loi dans le *Reichs-Arbeitsblatt*, année IV, n° 3 (mars 1906), pages 254-256.

1. Voir HANNAH R. SEWALL, *Child labor in the United States*, dans *Bulletin of the Bureau of Labor*, n° 52 (mai 1904), pages 487 et suiv.

pauvres qu'à ces derniers d'exécuter les prescriptions
des lois (1).

Enfin, le droit de surveillance que la législation confère
sur la vie des citoyens et producteurs intéressés peut facilement tomber entre les mains de corps ou d'autorités
hostiles aux revendications prolétaires, et devenir alors un
moyen spécial d'assujettissement des masses, aboutissant
parfois à une domination policière ou cléricale qui n'était
guère prévue par les législateurs. Cet inconvénient peut
devenir d'autant plus grave que la population a davantage
l'habitude de la réglementation et de la servitude. La
législation « sociale » vient alors augmenter les chaînes
que la population porte déjà avec une patience héréditaire.

1. Pour montrer comment raisonnent à ce sujet même les inspecteurs
du travail, j'emprunte un exemple aux Pays-Bas : L'inspecteur de la première circonscription (le Brabant septentrional et le Limbourg) men-
tionne une enquête faite par l'inspectrice adjointe auprès de 663 ouvrières
mariées, quant aux motifs qui les poussent à aller travailler dans les
fabriques. Cette enquête a abouti au résultat suivant : « que la majeure
partie des femmes mariées sont forcées de travailler dans les fabriques
par suite de conditions sociales défavorables ». « Frappante, ajoute le
Rapport, est l'influence des gains du mari s'ils sont minimes ; dès que
ces gains dépassent un certain montant (6 à 7 florins) le travail en fabrique de la femme diminue fortement. »
Ce résultat de l'Enquête n'a pas empêché l'Inspection du travail de
conclure de la manière suivante : « Les renseignements fournis semblent
cependant confirmer d'une manière générale qu'il est désirable d'interdire
le travail en fabrique à la femme mariée. » L'Inspection propose seulement au cas où on l'interdirait : 1° des « clauses d'exception » ; 2° « des
dispositions transitoires très larges », — sans même comprendre qu'on
aboutirait nécessairement de cette façon soit à des tolérances ou à des
infractions qui transformeraient les « exceptions » en règle générale, soit
à la tyrannie exercée dans le domaine économique par le plus fort sur
le plus faible, soit encore aux deux ensemble.
En effet, parmi les quinze motifs recueillis par l'Inspection hollan-
daise relativement au travail des femmes mariées dans les fabriques, il
n'en figure pas un seul qui ne présente une importance capitale pour
les personnes enquêtées et qui ne fasse redouter l'arbitraire du législateur qui se proposerait d'intervenir. (Voir *Verslagen van de Inspecteurs
van den Arbeid in het Koninkrijk der Nederlanden over 1901 en 1902*,
1er volume, 1re circonscription, chap. II, pages 101 et 103.)

Les effets, à ce point de vue, de la législation ouvrière allemande, par exemple, frappent à chaque pas l'observateur attentif (1).

b) *Législation ouvrière en Nouvelle-Zélande: fixation du salaire et de la durée du travail pour les ouvriers adultes.* —Choisissons encore pour compléter à grands traits notre étude sur la nature et l'influence de la législation ouvrière un des pays où cette législation se trouve appliquée dans les conditions les plus avantageuses pour les ouvriers et où par suite elle est développée avec la plus grande conséquence, pays considéré comme un modèle pour sa législation ouvrière. Je fais allusion aux Etats de l'Australie et plus spécialement au « paradis de l'ouvrier », la Nouvelle-Zélande.

1. Comme exemple, je renvoie pour la Prusse aux « *stipulations concernant l'exécution de la loi sur le travail des enfants dans les entreprises industrielles* » : « *Section C, Autorisation d'exceptions dans l'emploi d'enfants pour la livraison de marchandises et d'autres sortes de courses.*

Art. 8. — ... Les dimanches et jours de fête il faut observer la prescription du § 9, sect. 3, al. 2 de la Loi, d'après lequel le travail n'est pas permis ces jours-là pendant la demi-heure précédant le commencement du service religieux principal, ni pendant ce service. »

« *Section E, Cartes de travail.*

Art. 11. — Ont besoin d'une carte de travail tous les enfants employés comme *étrangers* à la famille dans le sens de la Loi (cf. le chiffre 9 de la présente stipulation) pour autant que le travail n'est pas exécuté accidentellement au cours de quelque service isolé (cf. le chiffre 9, sect. 3.)

Art. 12. — Les cartes de travail sont distribuées par les autorités de police de la localité » ..... (Voir *Reichs-Arbeitsblatt*, 1re année, n° 9 (déc. 1903), pages 732 et 733. Cf. aussi le texte de la loi, (Loi d'Empire du 30 mars 1903) *ibid.*, n° 1 (avril 1903), pages 51 et suiv.)

Le principe formulé par nous vaut même pour des pays moins soumis à la domination policière que la Prusse. Lors des troubles dans le Nord de la France, en 1906, ont paru dans la presse ouvrière des plaintes sur certaines arrestations d'ouvriers mineurs dont les gendarmes avaient pu trouver les adresses au moyen des livrets de caisse de retraite.

Pourtant les caisses de retraites ne semblent pas établies en France pour servir à la gendarmerie !

Prenons de nouveau, pour plus de commodité dans la comparaison, les deux points principaux de légalisation relevés plus haut, la réglementation du salaire et celle des heures de travail.

La barrière devant laquelle s'est arrêtée généralement la législation ouvrière est définitivement franchie en Nouvelle-Zélande où elle intervient très nettement dans le contrat de travail et de salaire des ouvriers adultes.

L'*Industrial Conciliation and Arbitration Act* de 1900, «consolidation» d'une loi primitive du même nom de 1894 et des divers amendements y introduits en 1895, 1896 et 1898, amendée elle-même en 1901 et 1903, comprend parmi les « choses de caractère économique » (*industrial matters*) pour lesquelles elle admet l'intervention des autorités :

« *a*) Les salaires, subventions, ou rémunérations des ouvriers employés dans une industrie quelconque ou les prix qui y sont payés ou à payer en conséquence de cet emploi ;

« *b*) Les heures de travail, le sexe, l'âge, la qualification ou la situation des ouvriers, et le mode, les termes et les conditions de leur emploi. » (1).

En réalité, la Cour d'arbitrage (*Court of Arbitration*)

1. Voir *Industrial Conciliation and Arbitration Act*, 1900, art. 2, *The Labour Laws of New Zealand*, éd. 1902, p. 106.

Les mots « industrie » et « ouvriers » sont pris dans toute cette loi dans le sens le plus large du mot. Et depuis qu'en 1901 un amendement a nettement défini le sens du mot « ouvrier » (*worker*) dans la loi, celle-ci est devenue en fait applicable à tout travail salarié, même au travail agricole. En effet cet amendement considère comme *worker* « toute personne de tout âge ou de tout sexe qui est employée par un patron quelconque pour faire, contre salaire ou rémunération, un travail quelconque, qualifié ou non qualifié, manuel ou intellectuel. » (*Ibid.*, p. 143.)

Qu'on lise ensuite l'alinéa *a*) cité ci-dessus en relation avec l'article 92 de la loi : « La Cour par une sentence (*award*) ou par une prescription promulguée sur demande de l'une des parties pendant la période de vigueur de l'*award*, peut fixer un taux minimum de salaire ou d'autre rémunération, avec dispositif spécial de fixation d'un taux inférieur pour tout ouvrier incapable de gagner le minimum prescrit. » (*Ibidem*, p. 133.)

de la Nouvelle-Zélande, usant de la grande autorité que lui confère la loi, est intervenue pour réglementer dans toutes les directions de la production sociale et dans les contrats de travail conclus entre patrons et ouvriers.

Dans les sentences arbitrales ou *awards* rendues par la Cour, d'après les habitudes existant dans chaque métier, pour les branches d'industrie et les groupements d'ouvriers les plus divers, il n'est en effet aucun point pouvant être compris dans un contrat privé entre patrons et ouvriers qui ne soit atteint (1).

Passons à la critique : En Nouvelle-Zélande les entre-

1. M. Victor S. Clark, observateur attentif, a classé de la façon suivante les points sur lesquels la Cour d'arbitrage de la Nouvelle-Zélande a rendu déjà, en fait, des prescriptions :

Concernant les parties de *a*, cité ci-dessus :

1° Salaires au temps hebdomadaires ; 2° salaires au temps journaliers ; 3° salaires au temps à l'heure ; 4° salaires au temps mensuels ; 5° tarifs pour travail aux pièces ; 6° salaires pour apprentis et inventeurs ; 7° salaires de mineurs ; 8° salaires pour travail supplémentaire et pour jours de fête ; occasionnellement la Cour a aussi établi des jours de fête dans les divers métiers ; 9° salaires pour travail urbain et suburbain ou rural en cas de salariés envoyés loin de leur domicile ; 10° salaires réclamés à payer pour le temps d'incapacité au travail du salarié pour blessures reçues pendant le travail ; 11° fixation de temps et de lieu du paiement de salaires ; 12° prescriptions relatives aux salaires inférieurs à payer à des ouvriers peu capables et lents.

Concernant les points de *b* :

1° Les heures de travail et leur répartition sur les différents jours de la semaine ou de la quinzaine ; 2° les heures pour les repas ; 3° le sexe dans certains métiers, comme dans la question du contrat d'apprentissage chez les imprimeurs ; 4° la proportion des jeunes ouvriers aux adultes employés ; 5° l'âge des jeunes ouvriers employés ; 6° l'existence ou l'absence d'un contrat d'apprentissage dans divers métiers ; 7° le terme de l'apprentissage ; 8° en relation avec le paragraphe *a* ci-dessus, la fixation des conditions sous lesquelles le travail aux pièces peut être admis ; 9° les termes des contrats pour le travail à la tâche, par exemple dans les mines ; 10° les opérations ou les catégories de travail que diverses classes d'ouvriers auront le droit d'exécuter ; 11° le droit implicite à contrôler l'introduction de machinerie dans une entreprise de manufacture ; 12° le classement des départements de fabrication à la main. (VICTOR S. CLARK, *Labor conditions in New Zealand, dans Bulletin of the Bureau of Labor,*

preneurs capitalistes ont d'abord fréquemment réussi, et
réussissent encore, à tourner la loi. Certains patrons ont
fait travailler par exemple leur personnel féminin par
équipes successives et ont inventé ainsi un moyen pour
tenir leurs établissements ouverts jusqu'à une heure tar-
dive en laissant néanmoins la durée du travail des femmes
et des enfants dans les limites prescrites par la loi. Il ne
s'agit ici que d'un inconvénient propre à toute loi et que
nous avons déjà caractérisé. On pourrait même admettre
que, plus les autorités interviendront dans les conditions
de travail, plus le nombre des infractions et des fraudes
diminuera. Cet argument vaut d'autant plus pour un pays
comme la Nouvelle-Zélande où les entrepreneurs industriels et financiers sont beaucoup moins puissants que dans
les Etats modernes d'Europe et d'Amérique.

C'est, sans doute, pour la population entière une circonstance heureuse, quant à la réglementation des salaires ouvriers, que le minimum officiel du salaire introduit
dans les industries de la Nouvelle-Zélande, ne soit pas fixé
directement par les stipulations uniformes de la loi même,
ni par quelque décision administrative de portée générale,
mais par les sentences de la Cour d'arbitrage, modifiables
d'après la nature de chaque métier comme d'après la
région; — c'est-à-dire par des sentences qui, tout en laissant la porte ouverte à toutes sortes d'exceptions et même,
de contradictions flagrantes, peuvent mieux pourtant
qu'une loi ou qu'un décret gouvernemental s'adapter dans
la pratique aux cas spéciaux.

Cependant, malgré cette circonstance, l'étalon trop
général par lequel les décisions de l'autorité mesurent
ici les rapports multiples et variables et les conditions
incessamment changeantes de la vie réelle a des incon-

n° 49, novembre 1903, Washington, pages 1203-1204 et 1212.) Ce
tableau pourrait être augmenté d'après les sentences arbitrales rendues.

vénients indéniables pour les ouvriers comme pour les patrons.

La fixation d'un minimum de salaire dans les industries de la Nouvelle-Zélande a d'abord fait naître la tendance directe à l'uniformisation des salaires au détriment des ouvriers les plus habiles, inconvénient qui vaut essentiellement pour ceux-ci parce que, ne formant qu'une minorité relativement faible, ils ne sauraient recourir d'ordinaire à cette résistance organisée qu'est la grève. Naturellement, il s'agit ici de salaires pour *travail au temps* ; quant aux *tarifs* pour travail *aux pièces* ou *à l'entreprise, à la tâche*, etc., les conditions sont plus favorables pour les ouvriers habiles. Puis, la situation dans laquelle sont placés ces ouvriers, par le minimum officiel des salaires, varie d'après la nature du métier et de l'industrie et d'après le milieu social. Mais d'une manière générale, on ne saurait nier que l'étalon de salaire de l'ouvrier moyen tend à s'imposer, sous le régime légal suivi en Nouvelle-Zélande, à tous les ouvriers sans exception, et que le salaire minimum prescrit peut facilement devenir de fait le salaire courant uniforme (1).

D'autre part, la situation en Nouvelle-Zélande, sous le système du travail au temps, est plus difficile encore pour les ouvriers médiocres, pour tous ceux qui ne sont pas capables d'obtenir le minimum de salaire prescrit par l'autorité, bien qu'ils soient à même de gagner un salaire moindre seulement de quelques shillings par semaine. Ces ouvriers sont fréquemment congédiés après l'établissement d'une sentence de la Cour. Il est vrai que les *awards*

---

1. La tendance dont il s'agit me semble plus sérieuse que ne veulent d'ordinaire le reconnaître les autorités de la Colonie. Qu'on lise les notes prises à ce sujet par M. Victor S. Clark de ses interviews avec des entrepreneurs, des administrateurs de syndicats ouvriers, des inspecteurs du travail, etc., *loc. cit.* pages 1207-1208.

de la Cour d'arbitrage contiennent une clause disant que
l'ouvrier qui se sent incapable de gagner le salaire minimum peut se contenter d'un salaire moindre; mais d'ordinaire la mise en pratique de cette prescription est réglée (d'après la sentence arbitrale même) par le patron de
concert avec le président ou avec le secrétaire du syndicat ouvrier directement intéressé qui fixe le salaire inférieur dont il est question en délivrant une permission spéciale.

Par ce moyen, le sort des individus dont il s'agit est mis
entre les mains de la grande majorité d'ouvriers de capacités moyennes. Reconnaissons que cette même remarque
vaut aussi dans plusieurs cas où des *tarifs de salaire*
sont conclus entre patrons et ouvriers sans intervention
des autorités, tarifs devenant de plus en plus usuels dans
tous les pays modernes et dans les industries les plus diverses. Pourtant, nous ne saurions nier que l'inconvénient relevé, s'il peut exister en dehors de toute intervention légale et administrative, a reçu dès l'abord, en Nouvelle-Zélande, l'approbation et la sanction de la loi. Dans
ce pays, les inconvénients et les abus résultant de la
forme du pacte sont, pour ainsi dire, figés sous forme
d'un institution publique (1). Sous la législation en vigueur en Nouvelle-Zélande, l'ouvrier dont la production

1. Le Rapport du Ministère du Travail en Nouvelle-Zélande pour l'année 1903, relève un cas très caractéristique de lock-out appliqué par un
groupe de patrons contre leurs ouvriers, par suite de la fixation d'un minimum de salaire obligatoire du genre étudié ici :

L'industrie du meuble à Auckland avait marché jusqu'au commencement de 1903 d'après un contrat conclu entre patrons et ouvriers. Le
1er mars de cette année, ce contrat vint à expirer par suite d'une sentence
de la Cour d'arbitrage qui augmentait le salaire minimum des ébénistes
de 2 pence l'heure. Les patrons décidèrent cependant, dans un grand
nombre de cas, de ne pas payer l'augmentation à certains d'entre leurs
ouvriers ayant gagné jusqu'à cette époque l'ancien salaire minimum.
Les ouvriers en question furent donc « suspendus » de leur travail jusqu'au moment où ils auraient obtenu les « certificats d'incompétence »
qui leur étaient nécessaires pour pouvoir travailler au-dessous du mini-

ordinaire reste au-dessous de la moyenne, soit que son intelligence est inférieure à la moyenne, soit qu'il a un défaut corporel, s'opposera souvent à l'octroi d'une permission de travailler au-dessous du salaire minimum pour la raison qu'elle le diminue publiquement d'une façon temporaire, sinon durable, aux yeux de ses collègues, en le plaçant dans une catégorie inférieure de travailleurs. Aussi longtemps que quelques personnes seulement sont les victimes de cette manière de procéder, on peut encore traiter à la légère les inconvénients qu'elle entraîne. Mais, comme M. Clark fait remarquer avec raison, quand une période de baisse des prix et de dépression des industries viendra de nouveau frapper la Nouvelle-Zélande, la valeur du travail diminuant, en sorte qu'un grand nombre d'ouvriers viendront accroître les rangs des « incompétents », une lutte deviendra imminente entre la minorité de ceux qui sont hautement qualifiés et la majorité des ouvriers moins capables sur la question de la justesse des sentences arbitrales elles-mêmes. Cette lutte amènera la discorde dans les rangs ouvriers et mettra en péril l'efficacité de la loi (1). Reste à savoir si, les conditions de marché ayant changé de la sorte, les organisations ouvrières ne seront pas

mum de salaires fixé par la Cour. Bien que les maisons intéressées dans le conflit continuassent leurs affaires, il s'agissait pour les soixante-dix ouvriers frappés d'un véritable lock-out. Ils étaient mis sur le pavé par des circonstances en dehors de leur volonté, et même au cas où ils auraient voulu reconnaître leur propre « incompétence », cela ne leur aurait guère servi, attendu que le secrétaire du syndicat (auquel un ou deux d'entre eux avaient fait appel) refusait de considérer comme incompétents des ouvriers gagnant le salaire minimum au moment de la promulgation du nouvel award. Les efforts du Gouvernement furent vains pour persuader les patrons à réintégrer les ouvriers exclus et l'affaire fut portée devant la Cour d'arbitrage, les patrons étant inculpés d'avoir violé par action combinée la sentence rendue. Mais l'existence d'une « combinaison » ne put être prouvée, et la Cour décida en faveur des patrons, jugeant que la preuve n'était pas fournie qu'il y avait eu violation de l'award. (Voir *Report of the Department of Labour, New Zealand*, 1903, pages IV-V.)

1. VICTOR S. CLARK, *loc. cit.*, p, 1211.

Cornélissen   31

de nouveau poussées à l'action économique et au moyen
de lutte que sont les grèves, et les patrons, eux, aux lock-
outs (1). En tout cas, cette paix sociale dont l'existence
en Nouvelle-Zélande est annoncée à grand fracas en tous
lieux, paraît étroitement liée à la période de prospérité
des industries accompagnée de rareté de main-d'œuvre
qu'a parcouru la Colonie par suite d'un ensemble de circonstances, parmi lesquelles le système de protection
commerciale avec des tarifs douaniers très élevés a joué
un rôle important.

Nous reviendrons sur ce dernier point, mais il faut relever encore un autre inconvénient que subissent les classes ouvrières sous la législation néo-zélandaise. C'est que
la faculté des ouvriers de diverses industries à régler eux-
mêmes leurs propres affaires, de même que leur force de
résistance dans la lutte économique, sont sérieusement
menacées sous la tutelle législative et administrative
actuelle.

La Nouvelle-Zélande a été appelée parfois un pays
sans grèves, sans lock-outs ni boycottages. Ceci est vrai
jusqu'à un certain point. Les ouvriers y ont trouvé facilement, dans un état de la production et une situation
politique favorable, la satisfaction de leurs besoins
matériels, tandis que la classe patronale est encore trop
faible, dans ce pays nouveau, pour se défendre énergiquement. Et pourtant, on ne saurait oublier que, si le
nombre des conflits économiques entre patrons et ouvriers
a été restreint depuis l'introduction de l'*Industrial Conciliation and Arbitration Act*, on peut en dire autant
relativement à la période immédiatement précédente à la
promulgation de cette loi. En grande partie, ce fait doit
être attribué à ce que la Nouvelle-Zélande est un pays

---

1. Ceci se constate déjà ces temps derniers par suite de la répercussion
sur l'industrie d'une dépression agricole et commerciale.

par excellence agricole, et que les industries n'y sont pas
encore arrivées à ce développement, ni en même temps
à cette opposition aiguë des intérêts entre entrepreneurs-
capitalistes et ouvriers-prolétaires, qu'ont déjà atteints les
grands centres en Europe et aux Etats-Unis.

Récemment encore, il était généralement admis en
Nouvelle-Zélande, dans les cercles ouvriers et patronaux
à la fois, que la lutte économique n'était pas complètement rendue impossible dans une industrie par la mise
en vigueur d'une sentence de la Cour d'arbitrage. Non
seulement, disait-on, patrons et ouvriers conservent la
liberté de résoudre eux-mêmes toutes les difficultés par
une entente libre des parties, et à la rigueur par une grève
ou un lock-out ; mais grèves, lock-outs et boycottages ne
semblaient aussi nullement exclus, une fois une sentence
rendue par la Cour. Il était admis qu'après la mise en
vigueur d'un *award*, les ouvriers avaient le droit de
réclamer, par action commune, un salaire supérieur
au minimum prescrit et sous menace d'abandonner le
travail en cas de refus de la part des patrons, comme
ceux-ci, d'autre part, avaient le droit d'embaucher ou de
congédier des ouvriers en toute liberté, selon qu'ils croi-
raient que ces derniers seraient à même de gagner ou
non le salaire minimum.

Cependant, lors du conflit dans l'industrie du meuble à
Auckland dont nous avons parlé, le président de la Cour
d'arbitrage fit une communication qui a fait beaucoup de
bruit dans la Colonie. Le Rapport du Ministère du Travail pour 1903 en fait mention dans les termes suivants :
« Le président affirma qu'il agirait d'après l'esprit et non
pas d'après la lettre de la loi, et que, l'esprit de la loi
tendant à prévenir les conflits économiques, il avait le
pouvoir de punir toute infraction à une sentence com-
mise d'un commun accord. » Le Rapport ajoute : « La loi
semble donc être ceci : bien que l'employeur ait individuel-

lement le droit de congédier son ouvrier, ou un ouvrier
individuellement celui de quitter le service de son patron,
il ne doit y avoir d'action concertée dans ce sens, ni par
l'une des parties, ni par l'autre ; ou s'il en est ainsi, cette
action constituera une grève ou un lock-out et tombera
sous le coup de l'*Arbitration Act.* » (1).

Il est clair qu'il s'agit ici d'autre chose que de « prévenir
les conflits économiques », suivant l'expression mesurée
du président de la Cour ; il s'agit d'autre chose aussi que
de « faciliter la solution des conflits économiques par la
conciliation et l'arbitrage » (*to facilitate the Settlement of
Industrial Disputes by Conciliation and Arbitration*),
comme portait le sous-titre de la loi de 1894. C'est le
droit même de grève et en général de l'action économique
en commun, qui se trouve ici réellement menacé pour les
ouvriers (2). Pour les ouvriers plutôt que pour les patrons,
parce qu'il sera toujours plus difficile de prouver l'accord
commun et l'action concertée pour ces derniers que
pour les premiers.

1. *Report*, 1903, p, V. Cette conclusion du *Secretary for Labor* a
semblé tellement juste, qu'elle a été incorporée dans les deux articles
suivants de l'*Amendement du 20 novembre 1903* apporté à la l ' :
« 5) Si, durant le temps qu'un *award* est en vigueur, un employeur,
un ouvrier, une union ou association industrielles quelconques, ou
une combinaison quelconque d'employeurs ou d'ouvriers, a recouru à
des procédés montrant l'intention de rendre vaine quelqu'une des stipulations de l'*award*, cet employeur ou ouvrier, cette union, association ou combinaison, ainsi que chaque membre en particulier de ces
dernières, sera considéré comme ayant commis une infraction à l'*award*
et sera responsable en conséquence.
« 6) Tout employeur qui renvoie de son emploi un ouvrier quelconque
pour la seule raison que l'ouvrier fait partie d'une union industrielle,
s'il est prouvé d'une manière convaincante que cet employeur a renvoyé un tel ouvrier uniquement parce que celui-ci a droit aux bénéfices
d'un *award*, d'un avis ou d'un contrat, sera considéré comme ayant commis une infraction à l'*award*, à l'avis ou au contrat et sera responsable
en conséquence.
2. Tout récemment encore (au commencement de 1908) une amende
a été infligée à l'Union des mineurs pour avoir proclamé une grève dans
les mines de la *Blackball Company*.

Remarquons qu'il n'y a pas d'appel en Nouvelle-Zélande des jugements de la Cour d'arbitrage et qu'ils ne sont sujets à aucune cassation. Sans dout n nouvel amendement à la loi pourrait écarter la mise en exécution de la menace susdite, mais nous n'avons pas à en examiner ici la possibilité. Il nous suffit de caractériser le danger auquel les classes ouvrières restent toujours exposées, en ce qui concerne leur libre action et leur développement économiques, aussi longtemps qu'elles demeurent sous la tutelle étatiste. En 1903, il ne s'était même pas passé dix années depuis la promulgation de la loi ; quel sera le sort des populations ouvrières en Nouvelle-Zélande, supposé leur évolution dans la même direction, au bout de quelques dizaines d'années ? Quel sera leur sort, quand elles auront enfin perdu l'habitude et l'instinct du *self-help* et la conviction de leur propre puissance ?

La réglementation législative de la durée du travail et du taux du salaire pour ouvriers adultes constitue la partie essentielle et caractéristique de cet ensemble de législation par lequel la Nouvelle-Zélande est arrivée jusqu'aux limites que l'intervention de l'Etat puisse atteindre sous l'ordre social actuel. Dans son évolution économique et politique, la Colonie a incessamment progressé dans cette même voie de la contrainte étatiste et de l'étouffement du libre mouvement de l'individu, tant ouvrier que patron.

La transformation qu'a subie, au cours des années, l'*Industrial Conciliation and Arbitration Act* en fournit la preuve. Proposée dans le but de prévenir et d'arranger les conflits économiques, cette loi a eu, à son début, son organe central dans les Conseils locaux de conciliation (*Boards of Conciliation*). Fait remarquable, cependant, ces Conseils n'ont eu que peu d'influence dans la Colonie et n'y ont pu gagner, au cours de leur fonctionnement, la confiance et la faveur de la population, même pas des ouvriers directement intéressés à leur institution. Le centre de la loi s'est ensuite déplacé de plus en plus vers les décisions définitives de la Cour d'arbitrage de la Colonie. Et depuis qu'en 1901 un amendement apporté à la loi a accordé à chacune des deux parties engagées dans un conflit économique le droit de porter la cause directement devant la Cour sans passer par le Conseil local de conciliation, celui-ci, malgré la bonne intention qui avait présidé à son établissement, semble condamné. Si les Conseils de conciliation ne sont pas en fait tombés partout hors d'usage, comme cela a été le cas dans certains districts, leur action et les faits soumis à leur décision n'ont plus qu'une importance secondaire (1). Dans la pratique, la situation créée d'abord par la loi de 1894 n'a été qu'une transition du système de l'abstention complète de l'Etat dans le contrat de travail entre patrons et ouvriers à l'intervention intégrale et aux réglementations définitives et obligatoires. C'est la transition du régime libéral du *laissez faire* au socialisme d'Etat, sous la forme qui lui est propre dans un ordre social basé sur la propriété privée. L'*Industrial Conciliation and Arbitration Act* est devenu la pierre angulaire de cet ensemble d'institutions de Socialisme ou Capitalisme d'Etat, dans l'établissement desquelles la Nouvelle-Zélande est allée plus loin que n'importe quel autre pays (2) et qui ont fait de la Colonie le champ d'expériences de la législation ouvrière comprise au sens que lui donnent, dans les pays moder-

1. Cf. à ce propos *Report of the Department of Labour*, 1904, p. VII.
2. Pourtant, suivant l'exemple de la législation néo-zélandaise, la Colonie de la Nouvelle Galles du Sud a promulgué en 1901 son *Industrial Arbitration Act*. Cette loi faisant un pas de plus, a introduit l'arbitrage *obligatoire* comme l'unique méthode de solution des conflits de travail, et écarté complètement le principe de la conciliation. Mais on a vu, par l'évolution de la législation en Nouvelle-Zélande même, que cette différence porte plutôt sur la forme que sur le fond des deux législations.

nes, les réformateurs de la petite bourgeoisie radicale et, plus rigoureusement encore, la néo-social-démocratie.

Il faudrait, cependant, se garder de vouloir tirer de la réglementation du contrat de travail entre patrons et ouvriers telle qu'on l'a élaborée en Nouvelle-Zélande des conclusions quelque peu générales, et qui vaudraient également pour les pays modernes de l'Europe et de l'Amérique. En outre du caractère spécial de la population et de l'isolement de la Nouvelle-Zélande, en outre de toutes les objections qu'on pourrait formuler contre une comparaison trop rigoureuse de la situation d'un pays de civilisation récente avec celle des pays de vieille civilisation, il faut encore prendre en considération l'état de prospérité sociale et politique exceptionnelle dont la Colonie a joui pendant plusieurs années. C'est cette même prospérité des industries naissantes que d'autres pays ont connue il y a un siècle et plus.

« J'ai une fois de plus à remplir ce devoir agréable, ainsi commence le secrétaire du Département du Travail de la Colonie dans son Rapport sur l'année 1902, d'avoir à vous parler d'une année de prospérité pour les classes laborieuses en Nouvelle-Zélande. La stabilité des emplois, l'extension des industries et les améliorations en ce qui concerne les salaires, les heures de travail, le paiement des heures supplémentaires, etc., ont rendu la position des ouvriers plus facile, d'une manière générale, qu'elle ne l'a été pendant plusieurs années. » (1). Le Rapport pour 1903 commence de même : « La prospérité générale de la Nouvelle-Zélande croissant constamment d'année en année, a atteint en 1903 un point tel que même le critique le plus pessimiste et le plus grincheux (*morbid*) sera forcé de reconnaître le caractère de progression des entreprises industrielles et commerciales de la Colonie » (2). Constatations analo-

1. *Report of the Department of Labour*, 1902, p. 1.
2. *Report*, 1903, p. 1. Après avoir caractérisé à grands traits l'état

gues dans les rapports pour les années 1904, 1905, 1906.

Pour pouvoir juger avec quelque exactitude, dans ces conditions, de l'influence exercée par la législation ouvrière et surtout par la réglementation étatiste du contrat de travail, il faut comparer la Nouvelle-Zélande à des régions de civilisation relativement récente et parcourant, elles aussi, une période de prospérité industrielle commerciale et agricole, mais où l'intervention de l'Etat dans les conditions de salaire n'existe que peu ou pas du tout. Par exemple, il faudrait comparer d'une manière assez détaillée l'état économique de la Nouvelle-Zélande avec celui de certaines régions des Etats-Unis dans les premières années du xxᵉ siècle. Une telle comparaison, faite en connaissance de tous les facteurs qui interviennent de part et d'autre, n'irait pas, comme de juste, sans difficultés (1).

La situation exceptionnelle dans laquelle s'est trouvé assez longtemps la Nouvelle-Zélande, comparée aux pays de vieille civilisation, est encore renforcée par ceci que l'Etat y est le grand entrepreneur employant déjà à lui seul autant d'ouvriers que tous les entrepreneurs particuliers du pays ensemble. Et c'est là une raison pour laquelle toute conclusion qu'on voudrait appliquer aux pays modernes de l'Europe et de l'Amérique en se référant à la situation néo-zélandaise, peut si facilement conduire à des résultats erronés. Par exemple, prenant en considération les différences de caractère des populations et de développement des rapports sociaux entre les classes ouvrières et capita-

général des diverses industries, ce même Rapport dit : « Il est à peine nécessaire, après la constatation précédente, de dire qu'il n'y a pas eu de pression de la part des « sans travail ».

1. Je renvoie en passant au chapitre IV (p. 79) du présent ouvrage notamment à la constatation faite par M. Victor S. Clark. Naturellement une constatation de caractère aussi général n'a qu'une valeur relative, mais elle aide à illustrer la difficulté qu'on rencontrerait si on voulait porter un jugement exact sur l'intervention coercitive de la loi en Nouvelle-Zélande.

listes, on ne saurait s'étonner de ce qu'en France le projet
de loi sur « le réglement amiable des différends relatifs aux
conditions du travail », proposé par le ministre Millerand
(nov. 1900), a été considéré d'une manière générale, dans
les milieux syndicalistes ouvriers, comme une tentative
de la part du gouvernement pour paralyser l'action économique et surtout la propagande de la grève générale
dans les classes ouvrières. C'est surtout à l'opposition
énergique qu'a faite dès l'abord le mouvement ouvrier
français à ce projet de loi qu'on doit attribuer l'échec des
propositions de M. Millerand qui pourtant voulait une
intervention étatiste beaucoup moins prononcée que celle
en vigueur en Nouvelle-Zélande. Même phénomène en
Angleterre où les *trade unions* ont encore récemment, à
leur congrès de Liverpool (1906), repoussé à une énorme
majorité une proposition en faveur de l'arbitrage obligatoire dans les conflits de travail.

Mais même en Australasie, la tutelle étatiste n'est pas
partout acceptée de bon cœur ni tolérée si généralement.
Par exemple, la loi sur la conciliation obligatoire introduite dans l'Australie du Sud sous le ministère radical
Kingston (1894) a été accueillie dès l'abord par une hostilité ouverte, aussi bien de la part des ouvriers que des
patrons, et son échec a été complet. En ce qui concerne
les ouvriers, c'est parce que, d'une manière générale, ils
n'ont jamais eu autant de confiance dans leurs juges
que les ouvriers de Nouvelle-Zélande dans les leurs,
— du moins dans les conditions économiques et politiques actuelles. Il est évident que le manque de confiance
dans les décisions du pouvoir administratif et judiciaire,
voire même la méfiance et l'hostilité à son égard, sont
nécessairement plus prononcés encore parmi les populations ouvrières des Etats-Unis et surtout des pays de
vieille civilisation de l'Europe, — bref, partout où les restes de l'aristocratie de naissance alliés à la ploutocra-

tie moderne dominent dans la justice et l'administration.

De plus, pour juger exactement ce que signifient les tendances des ouvriers de la Nouvelle-Zélande en faveur de l'intervention de l'Etat dans leurs conditions de, travail, on ne saurait négliger le fait déjà relevé en passant que la situation sociale et politique actuelle de la Colonie se maintient vis-à-vis de l'étranger par son système protectionniste avec des droits douaniers particulièrement élevés pour plusieurs marchandises. Grâce à un tel système, il peut se créer, pour une durée plus ou moins longue, une situation privilégiée pour le pays qui l'applique et ce au détriment des pays dont les marchandises sont frappées à l'entrée. Mais une telle situation ne peut plus se prolonger dès que les autres pays usent de réciprocité.

Puis, le protectionnisme tel qu'il existe en Nouvelle-Zélande montre déjà une tendance indéniable à empêcher le plein développement de la production à l'intérieur même du pays. Quiconque, par exemple, consulte les derniers rapports annuels du Ministère du Travail néo-zélandais, constate que l'industrie des chaussures de la Colonie, tout en étant protégée par des droits douaniers élevés, subit de la part des fabriques de chaussures mieux montées et spécialisées des Etats-Unis, de la France et de l'Allemagne une concurrence redoutable, et que le protectionnisme et le socialisme d'État (l'un étroitement lié à l'autre) érigés actuellement en système en Nouvelle-Zélande, présentent à côté de leurs avantages aussi un désavantage certain pour les populations intéressées. Le Ministère du Travail de la Colonie a fait briller un remède admirable pour consoler, en cas que nécessaire, les industriels en chaussures : «Si, dans l'avenir, les charges de transport et les droits douaniers ne peuvent arrêter le courant des importations à bon marché, il faudra hausser les tarifs douaniers, ou bien l'industrie locale mourra. » (1). Chaque économiste, cependant, reconnaîtra immédiatement qu'un tel relèvement des tarifs aura à la longue des conséquences désastreuses. Il fait partie d'un système qui, appliqué avec conséquence, finit par paralyser, même dans un pays neuf comme la Nouvelle-Zélande, le développement des industries nationales.

On comprend d'après ce qui vient d'être dit pourquoi, en examinant les conditions ouvrières en Nouvelle-Zélande, les observateurs venus des États modernes de l'Amérique et de l'Europe ont pu conclure que, pour formuler un jugement définitif relativement à l'influence de la législation ouvrière et de l'intervention de l'État dans les problèmes sociaux, la situation exceptionnelle dans laquelle se trouve la Nouvelle-Zélande doit être portée en ligne de compte, et qu'on devra même suspendre tout jugement jusqu'à ce que la Colonie atteigne la période de dépression industrielle qui forcera le régime actuel à faire ses preuves (2).

1. *Report*, 1903, p. III. Les rapports officiels des années 1904, 1905 et 1906 constatent une amélioration et un mouvement ascendant dans l'industrie nationale des chaussures.

2. J'ai déjà fait allusion (voir p. 481) à l'opinion de M. VICTOR S. CLARK, chargé de mission par le *Bureau of Labor* des Etats-Unis. Voici encore celle de deux observateurs français qui ont presque à la même époque visité la Nouvelle-Zélande : MM. Albert Métin et André Siegfried.

M. MÉTIN après avoir exposé et expliqué les idées protectionnistes des ouvriers en Australasie dit relativement à l'immigration : « Les ouvriers australasiens ont réussi partout, sauf en Queensland, à faire supprimer les dépenses destinées à favoriser l'immigration, telles que propagande, passages gratuits, etc. Par là, ils semblent reconnaître que les hauts salaires et les courtes journées de travail dont ils bénéficient sont dus à des circonstances exceptionnelles, comme la rareté de la main-d'œuvre ; ils semblent douter que l'organisation syndicale puisse les maintenir si le nombre des ouvriers augmentait. » (*Le Socialisme sans Doctrines*, Paris, 1901, chap. III, p. 77.)

De même M. Siegfried : « Il n'est cependant pas prouvé que cette façon de juger des ouvriers soit définitive. Que l'opinion publique subisse un revirement, que le gouvernement change, que la Cour prenne l'habitude ou se voie forcée par les événements de se prononcer contre eux

III. — *Conclusions.*

Etant donné tout ce qui a été dit dans ce chapitre, on arrive à la conclusion que la législation ouvrière, pour autant qu'elle peut s'imposer à la vie sociale et y exercer quelque influence, présente fortement le caractère propre à toute législation de conserver et de sanctionner les situations économiques acquises et de prescrire à tous les citoyens d'un pays certaines règles de vie sociale qui dominent déjà en fait dans la vie économique et les conceptions morales et juridiques des populations.

En considérant la législation ouvrière dans toute sa force, telle qu'elle se manifeste en Nouvelle-Zélande, on constate que les jugements de l'autorité compétente par lesquels est réglé le contrat de travail entre patrons et ouvriers prennent, dans la pratique, les habitudes et usages locaux régnant dans chaque métier comme base des conditions définitives qu'ils imposent à la vente et à l'achat du travail. Le *salaire minimum* fixé par la Cour d'arbitrage néo-zélandaise constitue d'ordinaire ce que la Cour juge être pour le métier un salaire *convenable* répondant à la norme de vie habituelle de la population ouvrière intéressée, norme de vie qui dépend elle-même, on le sait, de causes économiques plus profondes.

et en faveur des patrons, il est très vraisemblable qu'alors le principe de l'arbitrage ne sera plus du tout aussi populaire. Au point de vue ouvrier, et pour parler sans ambages, l'arbitrage est une excellente chose quand Seddon [l'ex-Ministre président] est au pouvoir et quand il s'agit d'élever les salaires ou de diminuer les heures de travail. Mais le jour où le contraire se produirait, qui sait si la grève ne retrouverait pas des partisans et des apôtres ? Comme ces temps de crise peuvent très bien revenir, il est prudent de ne pas considérer l'arbitrage comme définitivement accepté. » (ANDRÉ SIEGFRIED, *La Démocratie en Nouvelle-Zélande,* chap. XII, p. 135.)

Ainsi la législation ouvrière — comme en général toute législation — n'est, en définitive, qu'un reflet plus ou moins exact des rapports sociaux existants ; elle peut réagir sur ces rapports en les corrigeant, en les modifiant dans le détail, mais sans jamais pouvoir diriger la vie sociale.

« Nulle autorité extérieure, si compétente et si juste soit-elle, ne saurait déterminer le cours des industries. Elle peut prescrire des salaires élevés, et, pourvu que les circonstances soient favorables, elle peut être obéie ; mais elle n'a pas de pouvoir pour créer du travail, et elle sera impuissante à maintenir ses prescriptions en présence de conditions défavorables. Au moment de la débâcle tout s'écroulera. »

C'est ainsi que M. Victor S. Clark (1) caractérise la position dans laquelle l'Etat avec toute sa puissance d'intervention se trouve placé en Nouvelle-Zélande vis-à-vis des industries privées. Même une législation aussi circonstanciée est encore impuissante à modifier dans ses grands mouvements la marche de la production et le développement de la vie sociale. Même un corps d'Etat revêtu d'autant de pouvoir coercitif que la *Court of Arbitration* néo-zélandaise, corps disposant à la fois de la faculté de dicter les conditions de travail aux patrons comme aux ouvriers et de fixer la sanction sans appel des contraventions aux prescriptions édictées par lui-même, c'est-à-dire disposant à la fois des pouvoirs législatif et judiciaire, doit incessamment obéir aux situations existantes et dépend dans toutes ses décisions de la vie sociale réelle qu'il est en fait incapable de dominer.

Ce caractère général de la législation ouvrière délimite à la fois la possibilité de son action et sa faiblesse relative ; c'est par ce caractère que s'explique le rôle subordonné

1. *Labor conditions in New Zealand, loc. cit.*, p. 1221.

auquel cette législation, prise en grand, demeure confinée.

Ce qui est nouveau aujourd'hui dans l'évolution des rapports sociaux, est demain vieilli ; la mesure législative ou administrative qui pourrait avoir un effet à un moment donné peut être impuissante peu de temps après. Nul ne saurait inventer ni introduire des prescriptions étatistes relatives au travail et au salaire assez souples pour s'adapter sans cesse aux diverses conditions changeantes de la production, comme aux besoins généraux des populations ouvrières, enfin aux différentes capacités et aux différents besoins de chaque producteur. La législation ouvrière — c'est là son côté faible — tâche de réglementer et de tenir en bride des manifestations de vie qui ne se laissent pas garrotter dans la réalité, mais repoussent l'influence de la loi parce que nées de conditions économiques infiniment variables et changeantes. La législation pressant de près la vie sociale et la modifiant dans ses expressions sur des points de détail, continuera à présenter toujours les inconvénients inhérents à tout obstacle au libre développement social, même aux cas où il s'agit de l'abolition des abus. Qu'on pense par exemple à la misère que créerait nécessairement la législation, abstraction faite encore de sa contrainte insupportable, si elle voulait abolir dans les pays de vieille civilisation le *sweating system* et l'industrie à domicile.

Reprenons, pour illustrer l'impuissance de la législation à diriger la vie sociale dans ses grands mouvements, l'exemple du minimum de salaire obligatoire. On sait que la norme de vie habituelle pour une population ouvrière quelconque ne présente pas un niveau fixe et invariable, pas plus que la marche générale de la production ne suit un cours régulier. (Voir le chapitre IV.) Mais les capacités des individus et leurs besoins particuliers, nous l'avons déjà dit, se modifient aussi incessamment ; ils peuvent fortement varier à l'intérieur d'une seule fabrique ou d'un

atelier, de même que la norme de vie peut changer de
région à région et les conditions de production de fabrique à fabrique. Dans la vie réelle, les rapports de salaire
croissent régulièrement et se modifient sans cesse ; et la
législation sociale, bien loin de pouvoir diriger leur
croissance et leurs modifications innombrables, ne saurait même les suivre et les enregistrer.

Si, sous un contrat libre entre patrons et ouvriers,
une entreprise industrielle arrive dans une situation telle
que le patron doit supposer passée l'occasion de faire du
bénéfice par son exploitation, il se verra en présence de
deux solutions possibles : ou bien il fermera temporairement ou définitivement son établissement ; ou bien il
tâchera de faire des économies et, quant aux salaires, il
proposera à ses ouvriers de restreindre leurs besoins et
d'accepter un gain moindre. Si les ouvriers sont bien
organisés, ils examineront les livres de l'entrepreneur
afin de décider avec lui d'une base fixe, et de ce qu'il y a
à faire dans le cas spécial qui se présente. Si, par contre,
les deux parties intéressées sont soumises à l'observation d'un certain minimum de salaires et même à une
organisation fixe du processus de travail prescrits par la
loi, il n'y a plus de possibilité d'entente et la fermeture de
l'établissement s'impose, à moins que le patron ne se
décide à travailler avec perte sous sa propre responsabilité.

Cette situation ne se manifeste pas si nette et si brutale
dans une période de naissance et de haute activité des
industries, comme l'a parcouru récemment la Nouvelle-
Zélande ; les quelques entrepreneurs capitalistes qui ne
peuvent pas se maintenir dans une telle période disparaissent pour faire place immédiatement à d'autres ; et cela
nous ramène à l'observation déjà faite, qu'une législation
ouvrière prescrivant un minimum de salaire observé généralement (pour autant qu'il ne gêne pas précisément l'ex-

pansion des affaires) dans une période de prospérité, ne le sera plus dans une période de stagnation des affaires et de crise.

Nous n'avons parlé jusqu'ici, en exposant l'impuissance de la législation ouvrière, que des facteurs purement économiques qui en contrecarrent l'action. Cependant, il faut tout autant compter dans plusieurs cas avec des facteurs psychologiques comme les suivants : L'état arriéré dans lequel se trouvent généralement les populations rurales des pays de vieille civilisation fait que la législation « protectrice » du travail n'y est souvent pas observée, justement par suite de la dépendance économique et de la docilité sociale du prolétariat agricole. M. Roblin, traitant, dans son livre sur les populations bûcheronnes du centre de la France, de l'assurance des ouvriers contre les accidents, dit : « L'action que donne l'article 1382 du Code civil est bien illusoire. Et en tout cas, elle est pratiquement impossible dans les espèces où elle serait efficace. Que penserait-on, dans la région, de l'employé qui citerait son patron en justice ? » (1). Voilà une constatation qui, avec des variantes multiples, s'applique aux rapports sociaux entre patrons et ouvriers de la campagne et aux conditions du travail rural, dans les régions les plus différentes du globe, quand l'État intervient en matière ouvrière.

L'impuissance de la législation ouvrière à suivre les mouvements réels de la production explique qu'elle s'est montrée si peu à même d'éviter les grands conflits économiques résultant des oppositions profondes entre les intérêts des diverses classes de la société ; que l'inobservance et la violation des lois ouvrières peuvent continuer dans tous les pays ; qu'en définitive ces lois, comme les lois en général, ne peuvent durer et être tolé-

---

1. L.-H. Roblin, *Les bûcherons du Cher et de la Nièvre, leurs syndicats*, chap. II, pages 37-38.

rées que grâce aux facilités qu'elles offrent — surtout aux
plus forts d'un point de vue économique — de n'en pas tenir
compte ; enfin que toutes les lois ouvrières ne peuvent
avoir d'action sur la vie sociale des hommes que grâce à
leur revision continuelle, leur correction par des amendements et des amendements d'amendements, grâce aussi
aux exceptions et aux autorisations de non-observance
qu'elles doivent tolérer normalement, sinon enregistrer.

En somme, la législation ouvrière, comme les autres,
reste par sa nature limitée dans son action effective à
l'atténuation de toutes les manifestations de la vie sociale
qui, dans une direction quelconque, s'écartent trop des
normes de vie prédominantes et s'opposent à elles. Elle
force les faibles et les retardataires à suivre l'évolution sociale générale, à moins qu'elle ne les anéantisse
au profit de la grande majorité des intéressés (1). D'autre
part, elle oblige les groupes et les individus les plus
avancés à marquer le pas et à suivre l'ornière ordinaire.

Il est naturel que cette action tendantielle de la législation ouvrière diffère encore beaucoup d'après les objets
de son intervention et qu'elle rencontre normalement le
plus de résistance dans la vie sociale sur tous les points
où elle intervient directement dans le contrat de travail
et dans la lutte des forces économiques.

Voilà pourquoi, parmi les cinq formes d'action de la
législation ouvrière énumérées pages 457 et suiv., la cinquième doit être considérée comme celle où cette législation est *la moins puissante*, surtout en ce qui concerne
les conditions de travail des ouvriers adultes. Sauvegarde
de la santé et de la sécurité des ouvriers pour autant
qu'elle ne s'oppose pas trop catégoriquement au développement de la production capitaliste ; surveillance spéciale

---

1. Voir, dans ce chapitre, les observations relatives à la *protection des femmes et des enfants*, au *sweating system*, au *salaire minimum*.

des autorités sur les industries qui présentent pour les
ouvriers des dangers particuliers ; assurances contre la
maladie et caisses de retraites ouvrières, bref toutes les
institutions étatistes dont il a été question au début de ce
chapitre et qui n'agissent pas immédiatement sur les
rapports de marché du travail, — ce sont là des domaines où l'Etat peut intervenir avec quelque utilité plutôt
que dans les conditions du marché et surtout dans le
prix du travail.

De toutes manières, cependant, la législation ouvrière
reste dépendante dans son action de la vie sociale réelle ;
— soit que celle-ci fasse spontanément sentir sa force, en
brisant les liens législatifs aussitôt qu'ils commencent à la
gêner dans son évolution ; soit que, systématiquement,
sous forme d'organisations ouvrières ou patronales, elle
repousse, transforme ou dirige les lois.

La législation et l'organisation ouvrière peuvent parfois se soutenir l'une l'autre, lorsqu'elles agissent dans la
même direction. C'est ainsi qu'on a vu les organisations
syndicales du textile dans le nord de la France (Armentières, Houplines, etc.) réclamer, en automne 1903, la revision des tarifs de fabriques relativement à la journée de
travail légale qui, à partir du 31 mars 1904, ne devait plus
dépasser dix heures pour les ouvriers adultes travaillant
dans les mêmes locaux que des femmes ou des enfants.
Mais, même dans ces cas d'action concordante, il se
démontre constamment que seule l'organisation économique des ouvriers peut réussir à rendre efficiente une loi
ouvrière, de même que la coopération et l'organisation
des patrons peuvent réussir à déformer les projets de loi
et les lois ouvrières et à en paralyser les effets. Les deux
actions, ouvrière et patronale, utilisent directement ou
indirectement la politique, mais en dernière instance, sous
l'ordre social capitaliste, il s'agit toujours d'une lutte
pour la prédominance économique dans les divers do-

maines de la production et de la distribution des richesses.

Pour toutes les raisons que nous venons d'exposer,
la législation ouvrière ne saurait que peu servir au développement et à l'affranchissement économique du prolétariat ouvrier. Étant destinée en tant que législation à
maintenir et à sanctionner l'ordre social existant, elle ne
saurait être en somme que l'expression des intérêts économiques et des conceptions sociales des classes exploi-
tantes et dirigeantes ; elle est peu apte par suite à fournir
en même temps aux classes exploitées et dirigées les
moyens de se délivrer de leur dépendance économique
et politique. Bien mieux, l'émancipation du prolétariat
moderne ne peut s'obtenir que par une lutte essentiellement économique, nécessairement entravée à chaque
pas par la législation, même sur les points où celle-ci
se présente sous la forme de législation « protectrice »
du travail. Et il en sera ainsi tant que les capitalistes et
les propriétaires fonciers conserveront la haute direction de la production et de la distribution des richesses.
Les classes ouvrières, en général, ne sauraient compter
sur l'appui de la loi que dans la mesure où la conservation
de l'ordre social actuel demande que le sort des populations ouvrières reste du moins supportable, ce dont les
classes dirigeantes et leurs gouvernements ne peuvent
juger en fin de compte que par l'état de contentement ou
de mécontentement tel qu'il s'exprime dans les milieux
ouvriers. Les gouvernements tendront toujours à étendre
ou à restreindre leur « protection » en proportion de la
force avec laquelle le prolétariat organisé poussera du
dehors vers l'amélioration de sa situation matérielle et
intellectuelle. C'est l'action des ouvriers salariés et de
leurs organisations, action dont nous étudierons les diverses formes dans le chapitre suivant, qui constitue le facteur principal de leur évolution sociale.

En résumé, les organisations ouvrières doivent donc rester par principe sur un pied de guerre vis-à-vis de la législation, même ouvrière. Et au fur et à mesure que les ouvriers parviendront à mieux comprendre le mécanisme de la production sociale, ils se convaincront davantage qu'un déplacement du centre de gravité dans la société en faveur des producteurs immédiats, les classes laborieuses, ne saurait résulter que de l'accroissement de leur puissance proprement économique. Les ouvriers salariés éprouveront que, sur des points secondaires, ils peuvent être *aidés* dans leur action émancipatrice par la législation, mais que, sur les points fondamentaux, ils devront savoir agir *sans la loi*, et très souvent aussi *malgré la loi* et *contre la loi*.

***

L'action de la législation ouvrière sur la valeur d'échange du travail et sur son prix de marché définitif, le salaire, peut avoir lieu aussi bien par la voie de la *valeur de production* que par celle de la *valeur d'usage*.

Lorsque la législation intervient immédiatement dans les conditions du contrat de travail (voir les cas spéciaux dont il est parlé ci-dessus), la tendance constatée à la conservation et à l'uniformisation des conditions de travail déjà prédominantes signifie la consolidation d'une norme de vie déjà déterminée parmi les ouvriers d'une certaine région et d'une branche de production particulière. La sanction publique de cette norme de vie et sa généralisation dans les catégories d'ouvriers intéressés doivent être envisagée, d'un point de vue théorique, comme la mise au premier plan d'une certaine *valeur de production* du travail, considérée comme norme, au détriment de l'influence qu'exerce, pour l'établissement de la valeur d'échange et du prix de marché définitif du travail, la *valeur d'usage* spéciale, variable selon les cas. Voilà l'explication par la théorie de la concordance tendantielle des salaires minima et maxima dans un tarif de salaires uniforme, phénomène constaté par nous lors de notre étude de l'intervention étatiste dans le contrat de travail en Nouvelle-Zélande.

Mais l'intervention de la législation peut aussi influer plus spécialement sur la valeur d'usage du travail. En ce qui concerne les points réunis en 5, une loi qui chasse les femmes d'une série d'industries où leur main-d'œuvre trouvait encore une place auparavant et qui, par suite, fait augmenter l'offre de main-d'œuvre féminine dans d'autres industries non encore fermées pour elles, a nécessairement pour conséquence, nous l'avons vu, d'abaisser les salaires des femmes dans ces dernières industries. Cette baisse de salaire s'explique naturellement par la modification que subit le rapport de l'offre à la demande de main-d'œuvre et par la diminution de la valeur d'usage du travail féminin qui en est la conséquence.

D'autre part, une loi dont l'intervention a pour effet de rendre plus rare qu'auparavant le travail d'une certaine catégorie ouvrière, par exemple en introduisant des brevets de capacité professionnelle obtenus par un examen, peut hausser la valeur d'usage et, par suite aussi la valeur d'échange et le prix du travail en question, — fût-ce, souvent, au détriment de catégories de travail voisines.

D'une manière générale, pour juger quelle forme de valeur — valeur d'usage ou valeur de production — est directement influencée par l'intervention de la législation, et de quelle façon cette influence se fera sentir sur la valeur d'échange et le prix du travail, il faut considérer chaque cas spécial à part. Et d'ordinaire la conclusion ne devra être dûment formulée qu'avec la plus grande prudence.

Par exemple : on peut constater que la sauvegarde légale de la santé et de la sécurité des ouvriers de certaines branches de production, que l'assurance des ouvriers contre l'invalidité et la vieillesse, que la responsabilité légale des patrons en cas d'accidents pendant le travail, ou toute autre mesure législative de « protection » ouvrière, a eu pour objet l'amélioration du bien-être matériel des ouvriers visés. Mais ceci ne veut pas dire que ces mesures « protectrices » protègent également les salaires. La vie pratique montre au contraire que, sur la base du mode de production capitaliste et de l'ordre social existant, la diminution des risques de maladie et de mort pour l'ouvrier, ou les pensions de retraites ouvrières, etc., tendent à faire baisser les salaires des ouvriers intéressés.

CHAPITRE XXII

PUISSANCE ÉCONOMIQUE DES CLASSES OUVRIÈRE
ET PATRONALE. — INFLUENCE QU'ELLE EXERCE
SUR LES CONDITIONS DE TRAVAIL

I. — *Contrat individuel et contrat collectif de travail.*

Le mouvement ouvrier contemporain et les organisations qui règlent sa tactique de combat trouvent leur origine dans l'antagonisme des intérêts entre l'ouvrier salarié, prolétaire et l'entrepreneur capitaliste, possesseur des moyens de production.

La séparation de l'ouvrier de ses moyens de production qui a été caractérisée déjà, dans l'Introduction du présent ouvrage, comme la base sur laquelle se fondent patronat et salariat et qui s'accomplit toujours plus nettement avec le développement des rapports capitalistes, a rompu tous les liens patriarcaux entre patron et ouvrier, toutes les relations d'autrefois qui se fondaient sur leur coopération au processus du travail, ne laissant d'autre rapport entre les deux parties que les calculs du marché de travail.

Dans le petit atelier, caractéristique du mode de production jusqu'à l'époque de la grande manufacture et du machinisme, patron et ouvrier pouvaient encore se considérer plus ou moins comme des confrères, associés dans le travail, parfois aussi dans la misère. La connaissance que l'un des deux pouvait avoir des conditions de vie de l'eutre, le peu de différence dans la norme d'existence de part et d'autre, la perspective qu'avait toujours le compagnon d'arriver lui-même un jour à la maîtrise, — tout cela fortifiait le sentiment d'une concordance des intérêts qui surgissait immédiatement du travail en commun. Lorsque le mécontentement de la situation personnelle amenait le compagnon à quitter le service de son patron, il pouvait aller offrir ses bras ailleurs, non loin de là parfois, dans des conditions parfaitement analogues, traitant toujours avec le patron sous le régime des rapports de marché individuels.

Quand de nos jours et dans les grandes communes en particulier, patrons et ouvriers des métiers artisans sont arrivés à se grouper séparément dans leurs unions, il est resté souvent entre les deux parties une certaine bonne harmonie résultant de la concordance des intérêts matériels. Sans doute, les relations tendues entre patrons et ouvriers qui existent en dehors des petits métiers dans les grandes entreprises industrielles, agricoles, commerciales, ont fini par troubler cette harmonie, mais sans pouvoir l'anéantir encore complètement (1).

---

1. Voir les rapports entre patrons et ouvriers qu'une enquête sur la petite industrie a pu constater encore en 1893 dans les boucheries de détail à Paris et qui n'ont guère changé depuis : « Pas de grève. La chambre syndicale ouvrière est certainement de toutes ses pareilles celle qui a cherché le plus franchement l'union avec le patronat. Chambre patronale et chambre ouvrière se sont unies pour l'organisation du *placement gratuit*. Les patrons ont accordé leur confiance ; les ouvriers, malgré quelques oppositions, ont désarmé en vue du bien commun. » (P. DU MAROUSSEM, *L'alimentation à Paris*, 2ᵉ partie, p. 235.)

Plus nettement que dans les grands centres d'industrie et de communication, les rapports précapitalistes entre patron et ouvrier se présentent encore de nos jours, pour certains métiers, dans les petites communes et la boucherie à Limoges est vraiment typique à ce point de vue. Cf. un article intéressant de PAUL VERDIER dans la *Revue des Idées* du 15 juin 1905, intitulé : *Une Corporation au XXᵉ siècle, les Bouchers de Limoges.*

Dans les grands ateliers et les fabriques modernes, ce contact personnel immédiat entre le patron et l'ouvrier n'existe plus. Il a disparu à mesure que les établissements ont augmenté d'importance, que l'organisation technique s'y est améliorée et que parfois la surveillance du travail et même la haute direction de la production y ont davantage passé dans les mains de salariés de toutes catégories : directeurs, ingénieurs, comptables, chimistes, chefs d'ateliers et surveillants ordinaires, etc. Ce qui, par contre, se fortifie de plus en plus dans les grandes entreprises capitalistes c'est le lien, résultant lui aussi d'une concordance d'intérêts, entre les ouvriers salariés et plus spécialement entre ceux qui exécutent des travaux analogues.

Dans la fabrique moderne l'intérêt de l'ouvrier comme individu recule devant l'intérêt commun du groupe d'ouvriers appartenant à la même section de travail, ou devant celui des ouvriers du même établissement, voire de la branche d'industrie entière. Les conditions de travail dans lesquelles se trouvent tous les ouvriers salariés sans exception ont créé un intérêt ouvrier collectif avec la nécessité de s'assurer des conditions de travail et une norme de vie communes à côté des intérêts matériels des entrepreneurs capitalistes et souvent en opposition avec eux.

L'entrepreneur lui-même a parfois encore intérêt à conclure un accord avec chacun de ses salariés individuellement. En principe il sait que l'ouvrier se trouve dans une position moins forte sur le marché et est plus facilement réduit à la nécessité d'accepter les conditions de travail qu'on lui offre à mesure qu'il est plus isolé et moins en état de trouver dans l'appui de ses camarades une garantie pour le maintien et l'amélioration de ses conditions de vie. Même de nos jours il ne manque pas d'entrepreneurs capitalistes qui, s'ils se sentent assez forts, imposent à leurs ouvriers le « contrat individuel » ou

« contrat personnel », conventions directes avec chacun,
d'individu à individu. Les professeurs d'Économie et les
juristes, fréquemment porte-paroles et mandataires des
classes dirigeantes, mais porte-paroles restés, quant
aux connaissances pratiques, de quelques dizaines d'années en arrière sur les grands entrepreneurs, ne cessent
pas, même de nos jours, de proclamer ce qu'ils appellent
la « liberté du travail », en entendant par là le maintien
du contrat individuel comme base de toutes les conditions
de travail. Ils défendent le droit de l'employeur à embaucher ou à congédier chaque salarié individuellement, à
côté du droit et du devoir des ouvriers d'accepter ou
d'abandonner, chacun pour soi, le service du patron (1).

A cette conception de la liberté, le salarié moderne en
oppose une autre : la liberté de l'organisation et de l'action
en commun des ouvriers. Poussé par son intérêt bien
compris, l'ouvrier met au premier plan dans la fabrique
le « contrat collectif » ou « contrat commun », lequel admet
comme homogènes et liés entre eux les intérêts de tous

1. Fort remarquables restent toujours, d'un point de vue historique,
les paroles par lesquelles le député Le Chapelier, au nom du Comité
de constitution, a défendu dans la séance de l'Assemblée nationale du
14 juin 1791 la première loi par laquelle en France la jeune bourgeoisie a voulu étouffer le droit de réunion et d'association des ouvriers
(loi du 14-17 juin 1791) : «... Il faut donc remonter au principe, que
c'est aux conventions libres, d'individu à individu, à fixer la journée,
pour chaque ouvrier ; c'est ensuite à l'ouvrier à maintenir la convention
qu'il a faite avec celui qui l'occupe. Sans examiner quel doit être
raisonnablement le salaire de la journée de travail, et avouant seulement qu'il devrait être un peu plus considérable qu'il ne l'est à présent
(Murmures, l'orateur défend ses assertions contre ses honorables collègues),... le comité de constitution avait cru indispensable de vous soumettre le projet de décret suivant, qui a pour objet de prévenir tant les
coalitions que formeraient les ouvriers pour faire augmenter le prix de
la journée de travail, que celles que formeraient les entrepreneurs pour
le faire diminuer ». (Voir le rapport du député Le Chapelier avec le
texte du décret dans la publication de l'Office français du Travail Les
associations professionnelles ouvrières, t. I, Paris, 1899, chap. I, pages 10-14.)

les salariés d'une même section, d'un même établissement ou d'une branche d'industrie entière, et conformément auquel les ouvriers intéressés entrent collectivement en négociation avec leur patron. L'ouvrier dans une grande entreprise industrielle qui, mécontent des conditions sous lesquelles il travaille, voudrait agir pour lui seul, se sentira d'ordinaire inférieur en force économique vis-à-vis de son patron. Restant dans l'isolement, il ne saurait avoir la même influence sur celui-ci que le personnel entier d'une section de fabrique, d'un établissement, d'une industrie ; car, le patron peut plus facilement le remplacer lui comme individu qu'un groupe d'ouvriers.

L'ouvrier peut aller errer de fabrique en fabrique, d'atelier en atelier ; et, supposé qu'il soit une personne de forte volonté et de capacités techniques plus que moyennes, il pourra sans doute obtenir des conditions de travail un peu plus avantageuses que ses collègues. Mais cet avantage n'est pas celui de la grande majorité des ouvriers pris chacun à part ; puis, ce n'est que sous des rapports de production exceptionnellement favorables et à un moment de rareté sensible de main-d'œuvre, que l'ouvrier qualifié, fût-ce des plus capables, peut entièrement se passer de l'appui que lui donnerait l'entente avec ses confrères de métier.

Dans tous les pays et dans toute sphère de production, il est une phase de transition entre la période durant laquelle le contrat individuel entre patron et ouvrier prédomine dans la production et celle où le contrat collectif entre organisations ouvrières et patrons ou unions patronales dirige les conventions de travail. Dans toute cette période transitoire qui dure parfois des dizaines d'années, les populations ouvrières des industries naissantes se présentent comme des masses confuses et peu conscientes, ayant perdu déjà les avantages du régime corporatif de jadis et de ce contrat individuel que favorise le petit métier libre, mais n'ayant pas encore trouvé les moyens de résister à la puissance économique de leurs patrons à l'aide de l'association et de l'organisation par ateliers, puis par industries dans chaque commune et enfin de l'organisation ouvrière nationale et internationale.

Cette période de transition est partout accompagnée de l'impuissance et de la misère des masses ouvrières. On voit alors les économistes de métier des classes possédantes s'efforcer à en excuser les abus par des sophismes économiques sur la liberté dans le sens patronal, et les philanthropes se lamenter et s'indigner (1).

Il y a des pays entiers, comme la Russie, où cette période de transition persiste encore actuellement, même pour les industries techniquement les plus développées. En Russie l'ouvrier de fabrique n'est pas seulement le plus faible

---

1. Voir par exemple Eugène Buret dans son livre : *De la misère des classes laborieuses en Angleterre et en France* (1840) : « Jamais, peut-être, armée vaincue et en déroute n'a présenté un plus lamentable spectacle que l'armée industrielle triomphante. Voyez les ouvriers de Lille, de Reims, de Mulhouse, de Manchester et de Liverpool, et dites s'ils ressemblent à des vainqueurs ! » (*Loc. cit.*, t. I, Introduction, p. 67.)

Frappante est la manière dont Buret oppose l'un à l'autre le patron et l'ouvrier de cette période et caractérise en quelques phrases la dépendance et l'impuissance du second vis-à-vis du premier : « On peut dire que le capitaliste est toujours libre d'employer le travail, et que l'ouvrier est toujours forcé de le vendre. La valeur du travail est complètement détruite, s'il n'est pas vendu à chaque instant. Le travail n'est susceptible, ni d'accumulation, ni même d'épargne, à la différence des véritables marchandises. Le travail, c'est la vie, et si la vie ne s'échange pas chaque jour contre des aliments, elle souffre et périt bientôt. Pour que la vie de l'homme soit une marchandise, il faut donc admettre l'esclavage.

« Le capital, acheteur du travail, est placé dans une position toute différente ; s'il n'est pas employé, il cesse seulement de profiter, il n'est pas anéanti. Il peut donc attendre et différer l'achat afin d'avoir les conditions meilleures. En un mot, le travail n'est pas toujours demandé, mais il est forcé de s'offrir toujours. » (*Ibidem*, pages 49-50.) Il est intéressant de comparer aux rapports économiques de l'époque de Buret les rapports actuels sous la grande industrie et l'action des organisations ouvrières modernes, et de remarquer combien déjà la situation a changé à plusieurs égards.

comme vendeur de travail vis-à-vis de l'entrepreneur capitaliste comme acheteur; mais, par les conditions de demi-esclavage dans lesquelles les populations ouvrières y sont restées jusqu'à nos jours, l'ouvrier a continué d'être livré politiquement à l'arbitraire de son patron (1).

Mais même dans les pays les plus avancés d'un point de vue économique et politique, la période de transition dont nous parlons n'est pas complètement passée pour toutes les sphères de production. Dans les plus arriérées, notamment dans l'agriculture et les industries agricoles, la petite production persiste sous des conditions patriarcales, et même dans les grandes entreprises agricoles il n'y a guère à observer que les premiers symptômes de l'organisation ouvrière avec substitution du contrat collectif au contrat individuel de travail. Pour constater le changement complet que la première action des associations ouvrières accomplit dans les mœurs et les habitudes, dans toute l'évolution sociale et politique des populations rurales, on peut étudier par exemple la situation actuelle des bûcherons et ouvriers agricoles du centre de la France (Cher et Nièvre). Il n'y a que quinze ans à peine, les conditions de travail étaient réglées par l'accord individuel de patron à ouvrier. L'entrepreneur déclarait ses

1. « Dans les fabriques russes, les ouvriers sont souvent battus et, ainsi qu'en fait foi le rapport du *Journal de l'Association technique* mentionné ci-dessus (sur les affaires de la maison Knoop) ils le sont aussi bien par les contremaîtres anglais que par les surveillants russes. Quiconque se scandaliserait de ces mœurs, n'a qu'à réfléchir que, partout, on n'est battu que tant qu'on le veut bien. Aussi longtemps que la bastonnade sera légalement admise pour les paysans, classe de la société à laquelle les ouvriers de fabrique appartiennent, on ne saurait guère s'attendre à ce que l'abus de la bastonnade soit aboli dans les fabriques et les exploitations agricoles seigneuriales... » (SCHULZE-GÆVERNITZ, *Volkswirtschaftliche Studien aus Russland*, chap. II, sect. VI, pages 139-140.)

Qu'on se rappelle que, jusqu'à présent, les grèves sont considérées comme illégales et criminelles en Russie, et que l'insubordination contre les patrons y est regardée comme aussi coupable que celle contre l'Etat.

prix; au bûcheron paysan d'accepter. Ce régime donnait
bien lieu à quelques conflits, qui cependant se terminaient
rapidement, l'ouvrier n'étant pas de taille à opposer une
résistance de longue durée. C'est brusquement qu'éclatè-
rent les grèves de 1891-1892 dues au mécontentement général, à la crise agricole et à la dépréciation formidable des
salaires, accompagnés de toute une série de circonstances accessoires parmi lesquelles la propagande boulangiste
a joué sans doute un rôle important. Ce sont ces grèves
qui ont complètement changé la situation pour les ouvriers
bûcherons et agricoles et donné le premier élan parmi
eux à l'organisation ouvrière (1).

Des mouvements de cette espèce parmi les prolétaires
agricoles ont commencé déjà un peu partout dans les pays
de civilisation moderne (2). Ils représentent la première
période de la lutte pour l'affranchissement économique
et politique des populations ouvrières rurales. Souvent
ces mouvements s'affaiblissent, le premier élan donné, et
parfois les premiers syndicats ouvriers disparaissent
même entièrement sous la persécution qu'ils subissent
dès leur apparition de la part des patrons, paysans et
commerçants ; pourtant, si grande que soit l'opposition
patronale, ces mouvements reprennent sans cesse pour en
fin de compte se combiner en vue d'une action commune.

Evidemment, les organisations ouvrières éprouvent
beaucoup plus de difficultés à la campagne que dans les

---

1. Voir L. H. ROBLIN, *Les bûcherons du Cher et de la Nièvre, leurs*
syndicats, 2ᵉ partie, chap. I, *Les Causes du Mouvement Bûcheron de 1891-*
1892, pages 75 et suiv.

2. De la même époque à peu près que l'origine des premières organisations ouvrières bûcheronnes en France date par exemple celle des
ouvriers agricoles et ouvriers des tourbières dans le Nord des Pays-Bas
(Frise). Les conflits surgissant régulièrement tous les ans entre patrons
et ouvriers des tourbières (*bollejagen*) se transformèrent peu à peu en
un mouvement organisé.

grands centres, mais les causes de leur naissance et de
leur développement sont partout les mêmes. Et lorsque,
après de longues années de travail d'organisation patient
et tenace, les syndicats ouvriers dans une branche de production quelconque prospèrent et donnent la preuve
d'avoir au fond changé la vie et les mœurs des populations ouvrières de leur région, la revendication primitive
du contrat de travail collectif en opposition au contrat
individuel continue à constituer la base de tous les efforts
ouvriers pour l'amélioration des conditions matérielles
de la vie (1).

Comme notre but n'est pas d'écrire une histoire du
mouvement syndical ouvrier, nous n'avons pas à présenter
en détail les persécutions qu'ont subies les associations
ouvrières dans tous les pays avant d'arriver à leur puissance actuelle ; les mesures d'exception par lesquelles la
bourgeoisie s'est efforcée de supprimer les droits de réunion et d'association pour les ouvriers ; les cas nombreux
où des ouvriers ont été traduits en justice pour le simple
motif d'avoir été à la tête d'un syndicat, ou d'avoir dirigé

---

1. Voir comme exemple d'un conflit dans le mouvement syndical
moderne, la grande grève de 1902 des ouvriers des mines d'anthracite de
la Pennsylvanie. Remarquons la revendication suivante des ouvriers :
« Les ouvriers mineurs de l'anthracite ne devraient pas être forcés à faire
ou à signer des contrats individuels, mais avoir le droit de former une
organisation telle et de choisir des agents et administrateurs tels qu'ils
désirent pour agir collectivement au lieu d'individuellement, toutes
les fois qu'ils jugent que leurs intérêts sont le mieux servis de cette
façon. » (*Report on the Anthracite Coal Strike Commission*, dans le *Bulletin* n° 46 (mai 1903) du *Department of Labor*, p. 467.) Cf. également l'opinion de la Commission de grève, nommée avec consentement des patrons
et des ouvriers par le Président des Etats-Unis : « L'occasion de la grève
de 1902 a été la demande de la *United Mine Workers of America* d'une
hausse des salaires, d'une diminution des heures de travail et du paiement du charbon d'après le poids, partout où possible, et où le paiement
se faisait jusqu'ici par chariot. La cause en est plus profonde que l'occasion, et se trouve dans le désir de l'union des mineurs d'être reconnue
par les entrepreneurs. » (*Ibid.*, p. 457.)

un mouvement de salaires. Nous nous contenterons de
relever le simple fait historique que, depuis l'origine des
syndicats ouvriers et dans les pays de civilisation capitaliste les plus avancés pendant le courant entier du
XIXᵉ siècle, s'est précisée une lutte de classes dans laquelle
les gouvernements ont contrecarré les mouvements ouvriers sans jamais s'opposer systématiquement aux associations d'entrepreneurs capitalistes : chambres de commerce, chambres de fabriques, cartels, etc. (1). De nos
jours encore, l'hostilité des gouvernements contre les
associations ouvrières et leur action ne saurait être considérée comme finie dans aucun des pays modernes. Il
suffit de consulter les journaux de n'importe quel pays
lors d'une grève importante, d'un grand mouvement de
salaires pour constater que les gouvernants se rangent,
eux, leur justice, leur police et leur armée, du côté des
entrepreneurs capitalistes. Le fait qu'on emploie partout,
dans les conflits sérieux entre le Capital et le Travail, des
soldats pour sauvegarder les personnes et les biens des
entrepreneurs, sinon pour occuper provisoirement les
locaux et les places des ouvriers grévistes, prouve qu'il s'a-
git toujours encore d'une lutte de classes dans laquelle les

1. Aussitôt après l'adoption par l'Assemblée nationale du projet de
décret mentionné plus haut, son rapporteur remarqua : « J'ai entendu
dire autour de moi qu'il faudrait faire une exception pour les chambres
de commerce des villes. Certainement ; vous imaginez bien qu'aucun de
nous n'entend empêcher les commerçants de causer ensemble de leurs
affaires. Je propose donc d'insérer dans le procès-verbal une disposition
ainsi conçue :

« L'Assemblée nationale, considérant que le décret qu'elle vient de
rendre ne concerne point les chambres de commerce, a passé à l'ordre
du jour. »

Cette motion fut adoptée. (Voir *Les associations professionnelles ouvrières*, loc. cit., p. 14.)

Ainsi l'on voit dès le début de la période contemporaine, le droit de
réunion en vue de la discussion des intérêts communs accordé aux entrepreneurs commerciaux et industriels, mais refusé, sous prétexte d'émeute,
aux ouvriers.

classes possédantes s'opposent par tous moyens économiques et politiques à ce que les classes exploitées parviennent à s'émanciper (1).

Ce qui, au cours des dernières dizaines d'années, a été obtenu par l'action des organisations ouvrières en améliorations des conditions de vie matérielles, a été incontestablement le fruit d'une véritable lutte et de sacrifices considérables de la part des ouvriers, et ceci dans tous les pays sans exception. « Ce que le travail a gagné, il l'a obtenu par la lutte » (*What labour has won, labour has fought for*) ; voilà une expression caractéristique qu'on entend fréquemment dans la bouche des ouvriers tradeunionistes anglais. Et partout l'ouvrier, de par l'expérience pratique, a l'habitude de considérer l'organisation comme la garantie nécessaire pour le maintien de la paix armée dans laquelle le Capital et le Travail se trouvent l'un en face de l'autre, tant que n'éclate pas entre eux de conflit direct.

Mais les entrepreneurs, eux, reconnaissent également la puissance de l'organisation ouvrière pour le maintien et l'amélioration des conditions de travail et de vie des ouvriers. Et si cette reconnaissance a été précisément,

---

1. Actuellement, en ce qui concerne l'intervention du pouvoir public dans les conflits ouvriers, on pourrait faire une exception pour certaines colonies australasiennes où l'action gouvernementale repose précisément sur la reconnaissance officielle des associations ouvrières et même sur leur protection. En Nouvelle-Zélande, la réglementation du travail sous l'*Industrial Conciliation and Arbitration Act* a eu pour effet que, dans plusieurs industries, les membres des syndicats ouvriers sont favorisés en fait, relativement aux prescriptions de travail, comparés aux non-membres et que, plus fréquemment encore, les sentences de la Cour d'arbitrage contiennent du moins une clause défendant aux patrons de porter préjudice aux intérêts des ouvriers syndiqués dans leur choix de main-d'œuvre.

Reste à savoir si, quand la Nouvelle-Zélande aura dépassé définitivement la période de début économique où elle se trouve encore, la lutte de classes n'y prendra pas le même aspect que dans les pays de vieille civilisation.

Cornélissen   33

dans la période du premier développement des syndicats
ouvriers, la raison de l'hostilité des entrepreneurs capitalistes contre tout ce qui ressemblait à l'organisation de
leur personnel ; si on doit chercher dans cette reconnaissance les causes profondes de toutes les mesures coercitives des lois et de tous les abus commis par les tribunaux
contre les coalitions ouvrières, — dans maintes branches
de production la situation a beaucoup changé sur ce point
et les opinions patronales ont fini souvent par se modifier complètement. C'est surtout dans les branches de
production les plus développées que les patrons, une fois
convaincus de leur impuissance à éliminer l'organisation
ouvrière et son influence économique, en ont non seulement accepté l'existence, mais ont fini même par ne plus
vouloir s'en passer. Ils ont compris que le contrat collectif leur permet de s'entendre plus facilement avec leur
personnel pour tout ce qui regarde l'exécution systématique du travail, puisque ce contrat leur évite d'avoir à
s'occuper de la vie personnelle et des revendications
individuelles de chacun de leurs ouvriers.

J'ai, pour ma part, rencontré cette opinion patronale
surtout *a*) dans les branches d'industrie où les entrepreneurs capitalistes ont été à même, par l'introduction de
perfectionnements techniques, de faire des économies
considérables dans leur production, de manière à pouvoir fabriquer à bien meilleur marché qu'auparavant ou
que ne fabriquent encore leurs concurrents ; et *b*) dans
les industries où les patrons, par leur coalition jointe surtout à une entente avec leurs ouvriers, voient la possibilité de maintenir élevés les prix de leurs marchandises
sans avoir à craindre de concurrence immédiate, le tout
au détriment, naturellement, des consommateurs.

Dans de tels cas, l'intérêt particulier des patrons les
oblige à fabriquer régulièrement et avec toute la puissance productrice de leurs établissements ; puis, à être

le moins possible gênés et contrecarrés dans leur plan
de campagne par des conflits avec leurs ouvriers. L'entente directe avec leurs personnels entiers, éventuellement
aussi avec l'organisation ouvrière locale ou nationale de
leur industrie, leur assure alors des avantages réels.

Par contre, l'hostilité primitive des entrepreneurs capitalistes contre l'organisation ouvrière (abstraction faite
de certaines influences personnelles et locales qui peuvent
entrer en jeu) a persisté surtout dans les sphères de
production où l'antagonisme des intérêts spéciaux des
patrons et des ouvriers ne s'est pas seulement maintenu,
mais est même devenu plus aigu, par exemple par l'introduction de machines ayant eu pour effet de mettre les
ouvriers en masse sur le pavé. Ainsi les grands patrons
imprimeurs ont été, dans plusieurs régions, en lutte
sérieuse avec les typographes, — lutte qui continue encore
en maints cas, — d'abord à propos de l'introduction des
linotypes, puis de la limitation de la production par lino-
type, et sur laquelle ont insisté particulièrement les
unions typographiques anglaises (1).

1. M. Maurice Low a fait, pour l'Office du Travail à Washington,
une enquête sur les Unions ouvrières et l'industrie britannique (*Labor
unions and British industry*, dans *Bulletin of the Bureau of Labor*, n° 50
(janv. 1904). Remarquables dans son Rapport sont les déclarations de plusieurs grands industriels anglais en faveur de l'organisation ouvrière,
surtout à cause de la possibilité qu'elle donne d'arriver à des négociations et à des contrats *collectifs*, au lieu d'*individuels*. Cf. spécialement
sur ce point les déclarations de M. Arnold F. Hills, président des *Forges
de la Tamise* (loc. cit., p. 24) ; de M. George S. Gibb, directeur du *North
Eastern Railway* (p. 61) ; de Sir Benjamin C. Brown, un des plus grands
constructeurs de machines en Angleterre (pages 64-65). Cf. au contraire
les opinions *contre* les syndicats ouvriers et leur action de Sir George
Livesey, un des plus grands employeurs londoniens et président du Conseil des directeurs de la Compagnie du Gaz *South Metropolitan* (pages 32 et
57) ; Major Vane Stow (secrétaire de l'Union de patrons imprimeurs
londoniens, la *Master Printers' Association*) qui s'opposa particulièrement
à la lutte des typos contre les machines, mais reconnut quand même, d'un
point de vue patronal, l'avantage du contrat collectif sur le contrat indi-

II. — *Influence spéciale exercée par l'organisation
ouvrière sur les conditions de travail. « Action
directe » ; grèves et lock-outs ; boycottage ; sabotage ;
obstruction ; etc.*

L'action qu'exerce l'organisation des ouvriers pour le
maintien et l'amélioration de leurs conditions de travail
a des effets réels se manifestant dans toutes les branches
de production et les pays des civilisations les plus différentes. On trouve sur ce point des preuves en abondance
et pour plusieurs métiers dans les chapitres précédents,
et notamment dans ceux qui constituent la troisième partie du présent volume (1).

Dans les diverses périodes de production et les différentes phases de développement que parcourt l'organisation ouvrière, celle-ci n'agit pas toujours d'une manière
également visible pour les ouvriers, ni aussi directement
sensible par la hausse des salaires, la diminution des
heures de travail, etc. Ceci s'est montré particulièrement
dans notre chapitre sur le *mouvement historique des
salaires*, comme à plusieurs autres endroits de ce volume.

La puissance de l'organisation ouvrière se révèle d'ordinaire de la manière la plus frappante à l'observateur du
dehors lorsqu'elle en est à ses débuts. A ce moment elle
coïncide fréquemment avec une période de révolution
technique surgissant tout à coup par l'introduction de
machines économisant le travail humain et avec la transi-

viduel (p. 46) ; de M. Michael Brett, secrétaire de la vaste Union des
grands armateurs, la *Shipping Federation* (p. 54) ; etc.

1. Voir par exemple pour les manœuvres et aides dans les diverses
industries ci-dessus, pages 197 et suiv. ; pour les journaliers et ouvriers
agricoles pages 221 et suiv. ; pour les femmes ouvrières pages 256 et
suiv., etc.

tion de la petite ou grande manufacture à la moyenne ou grande industrie modernes.

Cette coïncidence n'est pas une condition indispensable pour que l'organisation agisse avec force et visiblement. « Dans beaucoup de villages la simple fondation d'une branche (de la *National Agricultural Labourers' Union*) a entraîné une hausse subite des salaires. » C'est en ces termes que Sidney et Beatrice Webb s'expriment sur l'action de l'organisation des ouvriers agricoles anglais dans sa période de début en 1872. Et pourtant on n'aurait guère pu parler à ce moment d'une révolution technique complète de l'agriculture anglaise, bien que des machines économisant le travail humain y eussent progressivement été introduites (1).

Là, où la période de début de l'organisation ouvrière coïncide avec une véritable révolution technique de la production, les premiers succès remportés par cette orga-

1. Sidney et Beatrice Webb, *The History of Trade Unionism*, chap. VI, p. 317. Cf. ce qui est dit sur les conditions de travail des journaliers et ouvriers agricoles ordinaires ci-dessus, pages 222-223.

Voici encore un exemple typique de hausse des salaires sous l'impulsion de l'organisation ouvrière à son début emprunté au « Rapport final » de l'*Industrial Commission* des États-Unis. Il ne s'agit dans cet exemple, comme on le verra, que de « salaires moyens » : « L'influence de l'organisation ne s'est nulle part manifestée avec plus de force que dans le cas des mineurs de charbon bitumineux. Dans l'Illinois leurs salaires baissèrent fortement dans les années précédant 1884. Ils baissèrent encore de 17 o/o environ de 1890 à 1896, mais en 1897, lorsque se constitua sur une vaste étendue la première forte organisation des mineurs, leurs salaires haussèrent de 30 à 40 o/o. Qu'on compare cette hausse importante à celle, très modérée, de 4.6 o/o de 1898 à 1901 éprouvée par les taux de salaires journaliers pour les 192 occupations citée ci-dessus d'après les rapports du Ministère du Travail. »

Ce sont des exemples de cette catégorie qui ont amené le même rapport américain à cette conclusion : « que le facteur le plus important en faveur du progrès des salariés est leur capacité à fonder et à maintenir une organisation. » (*that the most important factor in promoting the progress of wage-earners is their ability to effect and maintain an organization*). (*Final Report of the Industrial Commission* (vol. XIX de la série), Washington, 1902, section *Labor*, p. 734.)

nisation peuvent être attribués surtout à l'accroissement de la productivité du travail. En effet, son intérêt peut amener alors l'entrepreneur capitaliste, afin de résoudre ou de prévenir les conflits avec ses ouvriers, à leur céder une partie de ses bénéfices. Dans plusieurs autres cas, par contre, on doit se dire avant tout, pour juger de l'importance des premiers succès ouvriers, que dans la période qui précéda immédiatement l'organisation, la situation ouvrière était fortement déprimée, et que la première organisation elle-même n'a été autre chose que l'expression toute spontanée d'une résistance forcée à une oppression décidément insupportable (1). Dans ces cas, l'opposition, surtout si elle éclate sur une étendue assez vaste pour attirer l'attention générale, aura rapidement les sympathies publiques. Alors, un premier succès, même important, remporté soit aux dépens des entrepreneurs, soit des consommateurs qui doivent se soumettre à une hausse des prix, est souvent plus facilement obtenu que des améliorations moindres dans des périodes ultérieures de lutte acharnée (2).

Cependant, si l'influence de l'organisation ouvrière se révèle dans la période de sa première éclosion par une amélioration visible de la situation ouvrière, — il n'en ressort aucunement que cette influence est nécessairement moindre dans les périodes suivantes et que, par suite, les ouvriers peuvent alors se passer complètement de l'association.

L'action de l'organisation se manifeste autant dans le maintien et la défense des améliorations une fois acquises que dans la conquête de nouveaux avantages, et dans toutes les branches de production arrivent régulièrement

1. C'est ce qui est excellemment exposé pour les bûcherons du centre de la France dans l'ouvrage cité de L. H. Roblin, *Les bûcherons du Cher et de la Nièvre*, 2ᵉ partie, chap. I, pages 83 et suiv.

2. Voir sur ce point le chapitre IV du présent ouvrage.

des périodes où les ouvriers, ayant obtenu un état de bien-être donné, doivent s'occuper principalement de la défense de leur situation contre la réaction patronale, souvent aussi contre les effets désastreux d'une crise. Ces revirements successifs, cette hausse et cet arrêt ou cette baisse des chances pour les ouvriers d'améliorer les conditions matérielles de leur vie, sont des phénomènes aussi réguliers que le sont l'action et la réaction dans la production capitaliste elle-même. Pour reprendre l'exemple donné plus haut, l'action des organisations ouvrières agricoles anglaises s'est autant révélée dans la période de 1873 jusqu'à la crise agricole générale de 1879 par le maintien des avantages une fois obtenus, qu'elle s'était manifestée dans la période de début par l'amélioration immédiate des conditions de travail (1).

Autre cas typique, se rapportant cette fois à l'industrie : celui des typographes parisiens restés pendant un quart de siècle (jusqu'aux grèves de 1906) dans la même situation. Tandis que les salaires des ouvriers du Livre se trouvaient souvent dans certaines villes de France au sommet de l'échelle des salaires ouvriers, et dans d'autres à côté de quelques catégories de salaires du Bâtiment (maçons, couvreurs, etc.), à Paris, les typographes étaient restés depuis de longues années au-dessous des ouvriers de plusieurs autres branches de métier (2). Lorsqu'on recher-

1. « En 1872 et 1873, immédiatement après la guerre franco-allemande, les taux des salaires haussèrent de nouveau considérablement, et l'agitation parmi les ouvriers, menée par Joseph Arch, a aidé à maintenir le niveau élevé jusqu'à la période de dépression agricole qui a suivi la saison désastreuse de 1879. » (A. WILSON FOX, *Agricultural Wages in England and Wales during the last Fifty Years*, dans *Journal of the Royal Statistical Society*, 1903, p. 280.)

2. Voir le tableau comparatif des tarifs typographiques parisiens depuis 1843 dans la publication de l'OFFICE DU TRAVAIL, *Les associations professionnelles ouvrières*, t. I, Paris, 1899, 2ᵉ partie, groupe V, p. 772 : « Le tarif n'ayant pas été modifié depuis 1878, dit l'Office, il en résulte que l'augmentation des salaires a été de 30 0/0 en 55 ans. »

che les causes de la dépression des salaires chez les
ouvriers typographes parisiens, on aperçoit qu'elles sont
multiples et que c'est par l'action combinée de ces causes
que leur mouvement a pu rester comme paralysé si longtemps après l'échec de la grève de 1878 : l'émigration d'une
grande partie des travaux d'imprimerie en province où
le coût de la subsistance de l'ouvrier est beaucoup moins
élevé ; la concurrence faite au travail des hommes par les
femmes ; l'introduction de machines à composer ; l'hostilité bien prononcée contre les syndiqués de la part des
grands patrons qui, pour combattre l'influence de la
Société Typographique Parisienne, avaient créé une
société de secours mutuels (en 1880) en obligeant tout le
personnel de la *composition* (hommes et femmes) des
imprimeries adhérentes à en faire partie, — obligation
qui était surtout sévèrement imposée dans les premières
années après la grève, au point que plusieurs patrons
refusèrent d'embaucher des ouvriers syndiqués. On voit
par tout cela qu'on a affaire ici à un ensemble complexe
de facteurs et que, des années durant, il s'est plutôt agi
pour les typographes parisiens de maintenir leurs conditions de travail que de chercher à les améliorer. L'introduction des linotypes dans les imprimeries parisiennes a mis
les compositeurs à la main jusqu'à un certain degré dans
une situation analogue à celle dans laquelle se sont trouvés longtemps les tisserands à la main après l'introduction
des métiers mécaniques. De plus, il faut tenir compte de la
tactique de lutte de l'organisation typographique qui est
arrivée peu à peu à restreindre son action principalement
aux secours mutuels, avec cette conséquence, dont nous
traiterons plus loin, de favoriser le conservatisme, surtout
chez les administrateurs de l'organisation, et de paralyser peu à peu l'énergie et la capacité pour la lutte économique de l'organisation même. Aussi est-ce le retour à la
combativité et à ce qu'on appelle « l'action directe » qui a

fait retrouver aux ouvriers typographes parisiens, enfin dédaigneux du modérantisme des leaders, l'énergie nécessaire pour remporter leurs victoires de 1906 et occuper une meilleure place parmi les salariés.

Abstraction faite de la période de début, l'organisation ouvrière peut encore entraîner une amélioration directe des conditions de travail dans les périodes de haute activité et de prospérité des industries ; dans les périodes de stagnation et de crise, au contraire, le maintien des avantages acquis n'est même pas toujours facile.

La possibilité d'action de l'organisation ouvrière pour l'établissement des conditions de travail dans chaque période varie avec les différentes sphères de production et la nature des industries. Dans certaines branches de la grande industrie, comme l'industrie du textile et l'industrie minière, il est fort difficile aux ouvriers de se tenir au courant de la marche générale des affaires en suivant le mouvement des prix de marché des marchandises. Un état particulièrement favorable aux entrepreneurs dans une période de rénovation industrielle ne leur apparaît souvent sous son véritable aspect qu'après coup et lorsque les hauts bénéfices des années grasses sont déjà transformés en perfectionnements des bâtiments, machines et instruments de travail, ou dévorés par les dividendes payés aux actionnaires. Et lorsque, dans de telles périodes de développement et de prospérité d'une industrie, les entrepreneurs capitalistes ont soin d'offrir à leurs ouvriers quelque petite amélioration, ils réussissent facilement à prévenir des conflits sérieux avec leur personnel ; si des conflits éclatent, ce ne sera d'ordinaire que plus tard, lorsque la stagnation prévue ou commençante des affaires poussera les patrons à résister aux revendications ouvrières (1).

1. Voir ci-dessus p. 412.

D'autre part, dès qu'il y a stagnation ou crise industrielle, les ouvriers sont immédiatement frappés par la
baisse des salaires ou toute autre aggravation de leurs conditions de travail ; en sorte que leur résistance pourra se
manifester en même temps que le changement de la situation industrielle et le recours des patrons aux économies
par une réduction des salaires.

Ce double phénomène amène souvent l'observateur du
dehors à supposer que dans les périodes d'extension et
de prospérité des industries l'organisation ouvrière
n'exerce pas une influence essentielle, parce qu'alors elle
se tient souvent à l'arrière-plan sans prendre une part
active aux négociations sur le marché de travail. Il pourra
donc facilement se figurer que cette organisation ne commence normalement à se manifester que lors d'un arrêt
dans la production, lorsque les entrepreneurs capitalistes
se disposent à retirer les avantages qu'ils ont dû accorder auparavant à leurs ouvriers.

Le Rapport déjà cité sur l'industrie cotonnière de la
ville de Gand dit : « ...C'est le progrès mécanique, joint à
la bonne marche des affaires, qui paraît être la cause
décisive de la marche en avant des salaires. L'influence
du syndicat nous paraît s'exercer surtout pour empêcher
les reculs, pour en constater, en régler soigneusement les
étapes. »(1). Bien que cette assertion soit, sous cette forme
trop générale, trop catégorique et, par conséquent,
inexacte, et qu'elle soit démentie par l'étude comparative
des résultats des grèves dans diverses périodes de production, — d'extension ou d'arrêt et de contraction
des industries, — il faut pourtant reconnaître la part de
vérité qu'elle renferme et qui est même facile à démontrer pour toutes les sphères de production sans exception.

1. *Les salaires dans l'industrie gantoise*, I. *Industrie cotonnière*, 1ʳᵉ partie, chap. III, pages 54-55.

Examinons ce phénomène d'un peu plus près. Dans les périodes de prospérité des industries, les efforts pour l'amélioration des conditions de vie par l'organisation sont souvent faibles et difficiles à constater, pour la simple raison qu'une telle amélioration se réalise déjà sans que cette force soit mise en mouvement, par la demande intense de main-d'œuvre et la concurrence que se font les entrepreneurs capitalistes entre eux. D'autre part, dans les périodes de stagnation des affaires, le rôle principal échoit souvent aux organisations ouvrières par manque de facteurs favorables aux ouvriers ou à cause même de l'intervention de facteurs défavorables. Mais ceci ne prouve pas que l'organisation ouvrière n'a pas la même puissance dans les deux cas et que souvent cette puissance n'est pas obligée de se manifester. En outre, il faut tenir compte encore, pour une juste explication des phénomènes, du facteur psychologique dont nous avons déjà parlé (1).

Dans d'autres mouvements sociaux que ceux qui concernent le contrat de travail des ouvriers, — comme dans les grands mouvements historiques pour l'abolition de l'esclavage qui ont remué au XIXᵉ siècle la Russie et les Etats-Unis, ou ceux pour le suffrage universel dans plusieurs pays d'Europe,—on constate de même une résistance de l'homme à la perte d'avantages une fois obtenus. Et c'est encore ce facteur psychologique qui explique pourquoi l'action des organisations ouvrières (comme celle, spontanée, des ouvriers non organisés) se manifeste avec tant de puissance et de tenacité lorsqu'il s'agit de prévenir la dépréciation des conditions de vie ouvrière acquises ; puis, pourquoi l'observateur sera si facilement porté à croire que l'organisation ouvrière est plus à même de développer sa puissance *défensivement qu'agressivement*, pour une amélioration nouvelle. Naturellement, il ne s'agit ici que d'une aptitude des ouvriers et de

1. Voir page 402 et pages 408-409.

leurs efforts tendanciels dans une direction ou dans une autre. A la longue, l'ouvrier s'adapte aussi à la dépréciation, souvent considérable, de sa situation économique. Nous l'avons vu nettement dans les chapitres précédents, à propos de l'industrie à domicile et surtout pour les petits métiers artisans persistant, malgré leurs tristes conditions d'existence, côte à côte avec la grande industrie de plus en plus triomphante.

En outre, s'il est vrai que le développement technique et une haute activité des industries peuvent amener déjà à eux seuls et sans l'appui de l'organisation ouvrière, par la conscience qu'ont les ouvriers de leur intérêt véritable, une amélioration de la situation ouvrière, il ne s'ensuit ni que ce cas se posera nécessairement, ni que l'amélioration sera proportionnelle aux possibilités pour les patrons d'augmenter leurs bénéfices, ni encore — fait le plus intéressant pour nous — qu'elle atteindra le même niveau, selon que les patrons se trouvent ou non en face d'ouvriers organisés : car, de puissantes organisations administrées par des ouvriers compétents et expérimentés d'un point de vue technique tiennent compte des variations du marché et de toutes les chances que courent les entrepreneurs. Remarquons, à ce propos, que là où l'organisation ouvrière est le plus développée, l'échelle des salaires se règle aussi le plus fidèlement sur la marche générale des affaires. (Voir ce qui est dit des échelles mobiles, p. 554.) Là, au contraire, où les perfectionnements techniques et l'accroissement de la productivité du travail humain ne sont pas accompagnés des efforts ouvriers pour l'amélioration de leurs conditions de travail, il n'y a rien qui empêche les entrepreneurs, toutes les autres circonstances restant invariables, de ne penser qu'à l'augmentation de leur propre profit et d'exiger peu à peu de l'ouvrier un travail de productivité supérieure ou même des capacités techniques plus affinées contre le même salaire qu'aupara-

vant ou du moins sans hausser ce dernier proportionnellement à l'augmentation de la productivité (1).

Nous ne nous hasarderons pas à calculer d'après les
statistiques les avantages qui sont dus, dans divers pays
et dans différentes branches de production, à l'organisation ouvrière. Non seulement des difficultés de nature
technique, mais aussi des raisons de principe nous en
empêchent.

Même si nous osions, dans des calculs de ce genre, mettre tous les avantages matériels — et aussi les pertes —
uniquement au compte de l'action collective des ouvriers,
ce qui cependant ne serait admissible ni d'un point de
vue théorique, ni d'un point de vue pratique, une évaluation quelque peu exacte de ces avantages ou de ces pertes
matériels pour chaque cas spécial présenterait les plus
grandes difficultés et apparaîtrait impossible aussitôt que
les calculs porteraient sur une grande industrie ou toute
une région.

Sans doute les tentatives ne manquent pas de statisticiens qui ont voulu calculer en grand, même pour les industries d'un pays entier et pour une période de production
déterminée, d'une année par exemple, les avantages
obtenus et les pertes matérielles subies par les ouvriers
dans les conflits de travail (2).

1. C'est pourquoi le Rapport Final de l'*Industrial Commission* des Etats-
Unis a pu arriver à la conclusion générale suivante relative au travail :
« Le degré de puissance relative des employeurs et des ouvriers les uns
par rapport aux autres, varie grandement dans diverses industries et se
montre dans les différences en profits et en salaires ; des différences dans
les méthodes et les procédés de paiement des salaires ; des différences
dans les heures de travail, la santé et la sécurité de la population
ouvrière ; et dans l'importance relative du travail des femmes et des
enfants. » (*Final Report of the Industrial Commission*, t. XIX de la série,
Labor, p. 723.)

2. Voir par exemple, dans les divers volumes de la *Statistique des grèves
et des recours à la conciliation et à l'arbitrage* que publie la *Direction du
travail* en France, les « évaluations » auxquelles se livrent tous les ans
les statisticiens officiels français pour faire connaître le prétendu « total »

Cependant, abstraction faite encore du peu de valeur technique et scientifique qu'ont nécessairement de pareils calculs, surtout lorsqu'ils s'appliquent à de grandes populations ouvrières pour lesquels les « moyennes » de salaire se perdent dans le vague, nous renonçons à nous en servir déjà pour ce motif de principe que les avantages matériels effectivement acquis et les pertes réellement subies ne se laissent pas mesurer d'après l'augmentation des salaires momentanément obtenue ou la baisse en salaires éventuellement subie, en soustrayant du gain en cas de succès la perte subie par les ouvriers pendant les jours chômés ou, en cas d'échec, en totalisant les pertes. Ce mode de calcul est propre à fausser les notions.

Une augmentation des salaires ou toute autre amélioration des conditions de travail obtenue dans une fabrique quelconque ou dans un centre industriel déterminé fait régulièrement sentir son influence bien au delà du cercle des ouvriers immédiatement intéressés ; et parfois le résultat obtenu par ces derniers entraîne des avantages réels pour les ouvriers de toute une industrie, nationalement ou même internationalement. Il en est de même de

---

des pertes supportées par les ouvriers et des avantages pécuniaires qu'ils ont obtenus annuellement dans l'ensemble des grèves ayant « eu pour but une question d'argent : le maintien ou l'augmentation des salaires ». La Direction du travail calcule dans les deux grandes divisions — augmentation et réduction de salaire — et pour chaque résultat (réussite, transaction, échec) « le salaire moyen des grévistes avant et après la grève, le montant des salaires perdus pendant les jours chômés par les grévistes proprement dits et la perte moyenne pour chaque gréviste, le bénéfice brut pour tous ces ouvriers après trois cents jours de travail, le bénéfice net, également pour tous les ouvriers — c'est-à-dire le bénéfice brut diminué du montant des salaires perdus — puis le bénéfice net de chaque gréviste au bout de ces trois cents jours, et enfin le nombre de jours nécessaires pour établir la compensation des salaires perdus pendant la grève ». Dans un total général, « il a été fait un bloc des réussites, des transactions et des échecs, afin de donner le résultat pour l'ensemble des grévistes ».

l'action inverse qu'exerce toute diminution quelque peu
sensible des salaires dans un milieu industriel quelconque (1).

C'est là la grande loi des interactions économiques, qui vaut
pour les rapports de travail comme en général pour tous
les phénomènes de la vie sociale. Une grande grève qui a
échoué peut même avoir sa répercussion sur les conditions de travail et de vie dans des industries qui ne sont
pas en connexion immédiate avec celle où la grève s'était
déclarée. C'est ce qu'on a pu observer lors de la grève
générale du mois d'avril 1903 en Hollande, et de celle de
la fin de 1905 en Russie, etc. Par contre, un mouvement
victorieux comme la grande grève de 1889 des débardeurs
et ouvriers du port à Londres a donné l'élan pour l'organisation et l'amélioration des conditions de travail dans
plusieurs branches de métier anglaises, — surtout pour les
ouvriers non qualifiés, — et même en dehors de celles de
la navigation et du commerce anglais. Bien mieux, on sait
combien ce mouvement a influé favorablement sur les
conditions de travail dans les colonies anglaises austra-
liennes.

Puis, les calculs comme ceux que nous critiquons
ici ne tiennent pas non plus compte de l'influence morale
qu'exerce l'organisation ouvrière déjà par le fait de son
existence, considérée à part de tous les mouvements réels
de grève, lock-out ou boycottage, etc. Souvent ce n'est

1. Les statisticiens français ont eux-mêmes reconnu cet important
phénomène économique sans en voir toutes les conséquences pour la
portée scientifique de leurs évaluations. Ils disent : « On sait que les
modifications de salaire, fixées à la suite d'une grève dans un ou plusieurs établissements, tendent à s'introduire peu à peu dans les autres
établissements de la même industrie, au moins dans une même localité,
et que, par conséquent, les pertes ou les gains des grévistes ont rapidement leur répercussion sur le salaire des ouvriers qui n'ont pas pris
part à la grève ». (DIRECTION DU TRAVAIL, *Statistique des grèves et des
recours à la conciliation et à l'arbitrage survenus pendant l'année 1906*, Paris
1907, p. XII.)

pas la grève effective, mais uniquement la *possibilité pour les ouvriers de se mettre en grève* (grâce à la puissance de leurs organisations, au haut développement des idées de solidarité ouvrière, etc.) qui amène les entrepreneurs dans une industrie à accepter certaines revendications ouvrières ou qui les fait renoncer à l'introduction de réformes nuisibles aux intérêts de leur personnel.

*
* *

C'est l'antagonisme des intérêts économiques entre les diverses classes de la société, cause profonde de la genèse des organisations ouvrières, qui leur prescrit la tactique qu'elles doivent suivre.

Chez les salariés les plus simples et les moins développés, c'est souvent une misère prolongée qui a donné le premier élan à la lutte, à la grève et, par elle, à l'organisation ouvrière (1).

Là où, par contre, dans les catégories d'ouvriers les plus intelligents, surtout chez les artisans-spécialistes, certaines associations ouvrières ont survécu aux périodes antérieures de production, ces associations ont cependant subi une transformation radicale, à mesure que leurs industries se modifiaient au point de vue technique. D'abord pures sociétés de secours mutuels, elles se sont successivement changées en syndicats modernes. Ayant été auparavant en excellents termes avec les patrons qui, fréquemment, adhéraient à l'union de leurs ouvriers comme « protecteurs », « donateurs », ou « membres d'honneur », ces associations ouvrières vieux modèle se sont vues poussées lentement par la vie pratique à adhé-

1. « Chez les bûcherons [en France], la grève a précédé le syndicat : celui-ci n'a été que la conséquence de celle-là. » (*Les associations professionnelles ouvrières*, t. I, groupe I, p. 286.)

rer aux principes et à la tactique de la lutte de classes.
Telle a été l'évolution historique d'un grand nombre d'associations ouvrières en Angleterre, en France, en Hollande, un peu partout dans les pays modernes de l'Europe, et ceci précisément dans les branches de production de haut développement technique et où la séparation du capitaliste exploitant et des prolétaires exploités devenait de plus en plus nette.

Selon les circonstances, la lutte des organisations ouvrières prend des formes différentes dont voici les principales :

La grève. Sous ce terme nous rangeons chaque interruption du travail entreprise collectivement par un certain nombre d'ouvriers dans le but de faire accepter par leur patron certaines revendications posées par eux et relatives au travail ou aux conditions de son exécution. Comme arme de lutte contraire, les patrons ont le *lock-out* qui est appliqué lorsqu'un patron ferme son atelier et refuse le travail aux ouvriers à moins qu'ils n'acceptent les conditions qu'il leur propose. Dans une grève l'initiative du conflit appartient donc aux ouvriers, tandis que dans un lock-out, c'est au patron ou à l'association patronale.

La *mise en interdit* ou *boycottage.* L'arme de la mise en interdit ou du boycottage peut être employée par les ouvriers autant en qualité de producteurs que de consommateurs. Le boycottage dans le premier de ces sens consiste dans le refus collectif des ouvriers d'avoir des relations amicales ou bien de travailler ensemble avec tel ou tel camarade dont les actes, à ce qu'ils pensent, nuisent à l'intérêt ouvrier général ; puis encore dans leur refus de travailler au service de tel ou tel entrepreneur chez qui ils ont déjà travaillé ou non (ce qui le différencie du mouvement de grève) et dont l'établissement est mis à l'index parce que l'entrepreneur refuse d'écouter certaines revendications ouvrières.

Cornélissen   39

Dans les deux cas énumérés, le boycottage a donc le sens d'une exclusion des conventions de travail, qu'on fait subir au boycotté (ouvrier ou patron) pour le forcer à faire des choses utiles ou à cesser de faire des choses nuisibles aux intérêts des boycotteurs.

Comme consommateurs, les ouvriers peuvent collectivement appliquer le boycottage avec chances de succès vis-à-vis d'entrepreneurs qui produisent des articles destinés au grand public. La population ouvrière d'une certaine contrée peut refuser ainsi de boire la bière d'une brasserie déterminée, ou de lire un journal parce qu'il est imprimé dans une imprimerie mise à l'index, etc.

Il est évident que les entrepreneurs capitalistes, de leur côté, disposent aussi de l'arme du boycottage, qu'ils peuvent dans une certaine contrée appliquer soit à certains ouvriers personnellement, soit à des associations ouvrières. Ils peuvent refuser l'admission dans leurs fabriques ou ateliers à des « meneurs » d'organisations ouvrières, ou même à tout membre de ces organisations en général (1).

Il faut remarquer que le boycottage de la part des patrons a été souvent appliqué, et l'est encore dans toutes les régions et dans toutes les industries où l'organisation ouvrière est à son début. Aussi ce boycottage comme mesure coercitive a-t-il beaucoup contribué à donner à l'évolution lente des populations ouvrières ce caractère de lutte incessante que nous avons relevé plus haut.

Du côté des ouvriers s'ajoute, comme complément au boycottage des patrons hostiles à leurs revendications, l'application d'une marque syndicale ou *label* dont les grandes unions ouvrières permettent l'apposition sur tels articles de commerce qui sont fabriqués aux conditions

---

1. Voir page 520 la conduite des patrons imprimeurs de Paris vis-à-vis de la Société Typographique Parisienne.

de travail approuvées par elles (c'est-à-dire en premier lieu d'après les tarifs reconnus). Des Etats-Unis, le *label* a été successivement importé dans d'autres pays et pour diverses branches d'industrie. Il s'agit ici encore d'une arme de lutte économique que les masses ouvrières ont à leur disposition, non pas en tant que producteurs, mais comme consommateurs.

Le *sabotage* ou l'application dans les fabriques et ateliers du système dit *le travail selon le salaire*, système connu en Angleterre et aux Etats-Unis sous le nom de *Go Canny* ou *Ca Canny* (va sans te presser). Comme tactique de combat, ce système consiste en ceci que les ouvriers s'ils sont mécontents de leurs conditions de travail, sans voir la possibilité de forcer la main au patron par la lutte *active* et de lui imposer leurs revendications, font collectivement à leur adversaire une *résistance passive*, en donnant pour de mauvais prix de la mauvaise marchandise, et ceci dans le but d'obliger ainsi le patron à consentir à la modification du contrat de travail.

Lorsque le travail est payé au temps (à l'heure, la journée, etc.), le sabotage s'applique à la *quantité du travail*, l'ouvrier s'efforçant de fournir par heure, jour, etc. la moindre quantité possible. Lorsque l'ouvrier travaille à l'entreprise ou aux pièces, la tactique de lutte s'applique à la *qualité de l'ouvrage* que l'ouvrier réglera d'après le salaire qui lui est payé ou en dessous.

Plus haut (voir p. 434) nous avons fait remarquer que tout travailleur règle plus ou moins son travail d'après la rémunération qu'il reçoit, comme le fait, en fin de compte, le patron-entrepreneur vis-à-vis du client et en payant son ouvrier d'après la quantité et la qualité du travail fourni. Ce qui donne à ce procédé le caractère d'une arme de combat dans la lutte de classes, c'en est l'application collective, systématique et préméditée dans le but d'agir indirectement sur le patron.

L'Obstruction, autre forme de *résistance passive* consistant en ceci que les ouvriers salariés, tout en continuant à travailler, désorganisent le service dans les entreprises capitalistes par un manque systématique de bonne
volonté. Cette tactique ne s'exprime pas nécessairement
par un mauvais travail ou par la non-observance des
ordres donnés, mais de préférence par une stricte application des règlements. Telle l'obstruction des travailleurs
des chemins de fer en Italie, au commencement, et en
Autriche, vers la fin de l'année 1905.

Les différentes formes d'action des ouvriers et de leurs
associations que nous venons d'énumérer ont ceci de
commun qu'avec chacune d'elles l'ouvrier prend personnellement et immédiatement part à la lutte effective. Il
est vrai que, sous certaines formes d'action, comme la
grève, il reste des fonctions et des missions remplies par
des « mandataires », des « représentants » de la collectivité
ouvrière, avec responsabilité vis-à-vis de ceux dont ils
tiennent leur mandat. C'est ainsi par exemple qu'en
temps de grève les négociations des ouvriers avec le
patron se font d'ordinaire par l'intermédiaire des administrateurs du syndicat, ou d'une commission de grève, etc.
Mais, même en faisant abstraction de la responsabilité de
ces intermédiaires, il est certain que la grève reste toujours l'action des ouvriers eux-mêmes.

En opposition à l'action *parlementaire* ou *représenta-
tive*, — action qui est *indirecte*, — toutes les formes de lutte
dont nous venons de parler sont à considérer comme des
formes d'*action directe* des ouvriers. En ce qui concerne
l'amélioration des conditions sociales, la première action
repose sur la législation et sur les réformes à réaliser par
elle, en tout cas sur l'action *autonome et autoritaire* de
certains « représentants » de la collectivité ; tandis que la
deuxième forme d'action prend l'aspect du *self-help* individuel et collectif.

L'*action directe*, prise dans le sens que nous lui don-
nons et qu'elle prend de plus en plus dans les milieux
ouvriers, n'exclut pas, naturellement, l'influence exercée
sur les divers corps gouvernementaux. Mais, quant à cette
influence, elle se distingue de nouveau de l'*action parlementaire* parce qu'elle se présente comme une *pression
de l'extérieur*, surgissant *immédiatement du sein des
populations ouvrières*. Son but est alors de forcer les
corps gouvernementaux en question à prendre certaines
mesures, ou à renoncer à certaines autres, à introduire
une loi demandée, ou au contraire à abolir une loi dont la
population ne veut pas, etc. La pression sur les corps
gouvernementaux est due, dans ces circonstances, à l'opinion publique et ses expressions directes par des mouvements de masse (*manifestations, grèves partielles ou générales, révolte à main armée*).

Les partisans de l'action directe, en défendant sur ce
point leur tactique, se basent sur la supposition que les
corps gouvernementaux et les représentants de tous les
partis politiques sans exception sont davantage disposés à introduire des réformes qui sont des améliorations
pour la population ouvrière à mesure qu'ils ressentent plus
fortement la puissance économique de cette population et
qu'ils entrevoient mieux que les masses populaires —
grâce à l'organisation acquise — ont une force suffisante
pour modifier d'elles-mêmes une situation sur laquelle eux,
gouvernants, ne veulent pas ou ne peuvent pas influer, ou
à la modification de laquelle ils s'opposent même systématiquement.

Pour pouvoir comprendre quelque peu l'esprit du mouvement ouvrier moderne et juger du moins en connaissance
de cause sa tactique et les phénomènes qui l'accompagnent,
il faut se placer au point de vue de cette même lutte de
classes, inévitable sous le régime social actuel. Souvent
des phénomènes qui seraient inexplicables d'un point de

vue philosophique général et sans qu'on prenne en considération les cas spéciaux qui se présentent, sont parfaitement clairs si on les étudie d'un point de vue de guerre
sociale.

Déjà en ce qui concerne l'utilité sociale de l'action
ouvrière, il faut ici dissiper certaines erreurs et quelques
malentendus. D'un point de vue théorique et pour l'observateur du dehors, il peut sembler que toute campagne dans
la lutte de classes ne doit commencer qu'au cas où les
ouvriers sont convaincus que les entrepreneurs contre
lesquels leur action est dirigée sont matériellement à
même d'accorder les revendications formulées et qu'ils
ne sont pas placés devant l'alternative de résister ou bien
de renoncer à leur bénéfice, sinon de succomber dans la
concurrence. Cependant, les choses ont un aspect tout
autre du point de vue de la lutte de classes. Même au
cas où l'amélioration des cor..ditions de vie pour les populations ouvrières entraînerait la ruine de certains d'entre
les entrepreneurs capitalistes, les classes ouvrières comme
telles ne sauraient faire une exception, quant à leurs
revendications, en faveur de ces victimes. Pour le mouvement général, il s'agit de savoir si l'industrie dans
son ensemble pourra continuer d'exister et de se développer lorsque les revendications ouvrières seront accordées, ou si, au contraire, celles-ci devront être modérées,
parce que irréalisables pour le moment dans une mesure
générale. D'autre part, en tant qu'entrepreneur capitaliste placé devant les nécessités de la concurrence,
le patron ne se demande pas non plus si ses ouvriers
peuvent vivre convenablement ou non avec le salaire
qu'il leur paie.

Etudions maintenant les différents aspects que prend
la tactique de la lutte de classes. Comme la grève a pour
caractère fondamental d'être une action collective et commune, il dépend précisément du degré de son étendue, de

la solidarité et de l'énergie avec laquelle elle poursuit son œuvre, qu'elle aboutisse ou non à des avantages réels. Il est donc compréhensible qu'à côté de la persuasion, la majorité des ouvriers entrés en grève usent fréquemment de menaces, de l'intimidation en paroles ou par le fait vis-à-vis de ceux qui voudraient continuer le travail ou occuper les places momentanément libres.

D'un point de vue théorique, on peut objecter que la liberté de travailler ou de ne pas travailler doit être un droit pour chaque citoyen. Aussi les lois de presque tous les Etats modernes proclament-elles l'inviolabilité de ce droit, défendue également par les économistes officiels pour des motifs théoriques, tandis que la presse des grands entrepreneurs capitalistes ne laisse passer aucune occasion favorable pour s'élever contre la tyrannie qu'exercent les syndicats ouvriers en touchant à ce droit.

C'est sans doute une grande difficulté qui se présente ici (1). Elle augmente encore par la perspective du développement continu de l'union ouvrière et par le danger indéniable, dont nous reparlerons, que l'organisation ne devienne à la fin un joug insupportable, même pour les ouvriers qu'elle est appelée à soutenir et qu'elle s'est montrée à même d'affranchir de l'oppression de classe.

Mais cela n'empêche pas qu'il s'agit ici d'un phénomène de lutte de classes et que tous les problèmes que cette

---

1. Une Commission d'arbitrage qui a manifesté la meilleure volonté d'être impartiale, celle qui a amené la fin de la grande grève de 1902 des mineurs dans les mines d'anthracite de la Pennsylvanie s'est trouvée vraiment embarrassée : « Il ne peut y avoir aucun doute que sans menaces, intimidation et violence contre ceux qui, sans cela, seraient disposés à continuer le travail ou à prendre les places de ceux qui l'ont abandonné, la contrainte sur les patrons qu'a toujours pour but une grève serait moins puissante pour les forcer à admettre les revendications ouvrières. C'est là le point dangereux de toute l'affaire... » (*Report of the Anthracite Coal Strike Commission* dans *Bulletin of the Department of Labor*, n° 46 (mai 1903), p. 500.)

lutte posée étant des questions de guerre et ne pouvant être autres, vu la structure générale de la société, c'est d'un point de vue de guerre seulement qu'ils peuvent être résolus. Dans la plupart des pays modernes, les classes dirigeantes et les gouvernements qui sont leurs mandataires ne reconnaissent pas non plus, lors d'une guerre politique ou commerciale de leur pays, le « droit » philosophique de tout citoyen à refuser ou non de défendre la « patrie » ; ils ne s'occupent guère de la « liberté inviolable » de chaque individu. Les autorités font fusiller en temps de guerre quiconque refuse de faire cause commune avec elles et de s'enrôler s'il en a l'âge. Aussi devrait-on, pour être conséquent, applaudir à l'humanité plus grande montrée par les ouvriers que par les classes dirigeantes toutes les fois que leurs intérêts commerciaux ou coloniaux sont en péril. Et pourtant, la lutte de classes vient défendre les intérêts vitaux de toute la population ouvrière, au moins aussi importants pour la nation entière que ceux des financiers, commerçants et industriels engagés dans les guerres économiques modernes.

Il faut tenir compte ici d'un dilemme inévitable devant lequel sont placés à chaque instant les ouvriers organisés. C'est que, si les entrepreneurs capitalistes ne sont pas forcés par les nécessités de leur situation à négocier avec leur personnel ouvrier entier, et si les individus récalcitrants ne peuvent être contraints de se joindre à la masse de leurs camarades, ce seront donc ceux-ci qui seront contraints d'abandonner en masse toute résistance et d'accepter purement et simplement les conditions posées par les patrons.

Il faut par suite résoudre toutes les questions pratiques qui se posent dans les grèves et autres mouvements de la lutte de classes d'un point de vue de guerre, par exemple : la revendication des ouvriers à installer des postes devant les ateliers en grève afin de pouvoir mettre au courant de la situation tous ceux qui viennent s'embaucher sur le vu des annonces patronales ; à utiliser à leur gré les fonds recueillis par les organisations ouvrières pour soutenir les grèves ; à s'opposer aux exigences patronales quant à la responsabilité pécuniaire des associations ouvrières pour tout acte commis par leurs administrateurs ou par leurs membres (1). Et ainsi de suite.

De même, théoriquement, et aux yeux du spectateur, il peut sembler raisonnable pour les deux parties intéressées, ouvriers et patrons, de fixer d'avance le moment de la rupture du contrat de travail de part et d'autre ; puis, de tâcher d'abord des deux côtés d'arranger un conflit à l'amiable avant de commencer un mouvement de grève ou de lock-out. Cependant, pratiquement et d'un point de vue de lutte sociale, il en est souvent autrement. En effet, les ouvriers n'ont que rarement autant d'intérêt que les patrons à ce qu'un laps de temps plus ou moins long puisse s'écouler entre les négociations préliminaires et le conflit effectif. Il peut arriver que les ouvriers doivent placer leur patron subitement et à l'improviste devant un conflit pour ne pas lui donner le temps d'emmagasiner des marchandises, de chercher de la main-d'œuvre de tous côtés, bref, de prendre d'avance toutes les mesures nécessaires pour pouvoir continuer ses affaires, fût-ce péniblement, pendant les premiers jours ou semaines, souvent décisifs, d'un conflit. D'un point de vue stratégique, on ne saurait reprocher, dans de tels cas, aux organisations ouvrières d'avoir subitement commencé les hostilités, de même

---

1. Cette dernière question, comme on sait, a pris une importance particulière ces dernières années en Angleterre, depuis le procès de la *Taff-Vale Railway Company* contre le syndicat des employés de chemins de fer, l'*Amalgamated Society of Railway Servants*. La Cour Suprême d'Angleterre avait rendu un jugement favorable à la Compagnie des chemins de fer, mais le Parlement a annulé en décembre 1906, par le *Trade Disputes Act*, l'interprétation de la Cour.

qu'on n'a pu reprocher aux habitants du Transvaal et de l'Etat libre d'Orange d'avoir été mauvais tacticiens en envoyant leur *ultimatum* à l'Angleterre au lieu d'attendre pour commencer les hostilités que les vaisseaux de transport anglais eussent débarqué des troupes en masse dans l'Afrique du Sud ; ni aux Japonais lorsqu'en 1904 ils rompirent subitement les négociations avec la Russie par l'attaque nocturne de Port-Arthur. Ce sont là des nécessités de lutte dont ne tiennent pas compte quelques gouvernements partisans d'un système de conciliation et d'arbitrage obligatoires : on forcerait également les ouvriers et les patrons à se prévenir, un certain laps de temps d'avance, de la rupture des conventions collectivesdu travail. Comme de juste les patrons sont plus disposés à accepter un tel système, car leurs risques de perte sont moindres que ceux des ouvriers.

Ce qui a été dit de la grève, vaut aussi pour toute autre manœuvre de lutte des organisations ouvrières, et notamment du boycottage prononcé contre ceux d'entre les ouvriers qui se présentent dans un mouvement comme gâte-métiers et briseurs de grèves. Ces gens se trouvent vis-à-vis des organisations ouvrières en lutte dans une situation analogue à celle de soldats qui, au moment du combat, quitteraient les rangs pour déserter (1).

Quiconque déplore les conséquences de la lutte militaire ou économique n'a qu'à s'efforcer de contribuer au changement fondamental de la vie sociale actuelle. Inutile d'essayer tant qu'elle est telle, de résoudre les problèmes de lutte qui en résultent par des considérations philosophiques générales sur « la liberté ».

Comme la lutte de classes moderne provient, avec tou-

1. J'attire l'attention sur les paroles par lesquelles, dans la séance du Sénat du 1er août 1882, Tolain a soutenu le boycottage des gâte-métiers, lors des discussions sur l'abrogation de l'article 416 du *Code pénal.* (Voir ce discours dans *Les associations professionnelles*, tome 1, 1re partie, chap. 1, pages 58-59.)

tes ses conséquences, du mode de production actuel, on acceptera volontiers les avantages indéniables de cette lutte, malgré les inconvénients qui lui sont propres. On admettra que le bien-être matériel de populations ouvrières entières a augmenté beaucoup au cours des années grâce à cette lutte, qui a de même développé l'intelligence des ouvriers, élargi leur esprit et leur connaissance des problèmes économiques et politiques, augmenté le sentiment de leur responsabilité et des obligations qui les lient entre eux comme à leur patron.

Mais on ne saurait non plus négliger les inconvénients et les abus auxquels peut amener la lutte de classes sous l'ordre social actuel.

Comme toutes les conventions entre personnes ayant pour but la défense d'un intérêt commun, les organisations ouvrières modernes manifestent des tendances dont le développement considéré d'un point de vue social général et jugé d'après le progrès continu de la civilisation humaine peut tourner leur action en réaction et donner à leurs procédés le caractère d'abus.

Je traiterai ici de quelques-unes de ces tendances et d'abord de l'opposition de certaines organisations ouvrières à l'introduction, dans leur sphère de production, de machines économisant le travail humain et, en général, de perfectionnements techniques qui menacent de faire perdre aux ouvriers certains avantages obtenus. Comme exemple, je citerai la lutte que les unions typographiques ont menée dans plusieurs régions contre l'introduction et l'utilisation intégrale des machines à composer, lutte dont il a été déjà parlé plus haut ; puis la résistance que plusieurs unions de débardeurs et d'ouvriers des ports ont opposée à l'introduction des machines qui remplacent précisément le travail humain le plus rude : grues électriques, élévateurs, etc. Voilà deux formes caractéristiques d'une opposition qu'on peut considérer comme la suite, sous une forme moins aiguë, de la fureur avec laquelle les ouvriers non organisés de la fin du XVIIIe et du commencement du XIXe siècle (1) résistèrent à l'introduction des premières machines.

Le développement progressif des ouvriers et leur appréciation plus exacte de l'évolution de la technique a beaucoup contribué à faire diminuer cette résistance ouvrière aux perfectionnements de la production. Aussi ne se manifeste-elle plus guère que dans les milieux ouvriers les moins instruits d'un point de vue social et politique et dans des circonstances où le remplacement de la main-d'œuvre humaine par la machine prend un caractère violent. Les ouvriers intelligents, les membres des conseils de syndicats ouvriers dont la vue porte assez loin pour reconnaître que les progrès de la civilisation ne peuvent être entravés par les unions ouvrières, limitent leur action à faire conclure des accords avec les entrepreneurs capitalistes tels que les avantages des machines nouvelles économisant du travail humain ne profitent pas uniquement à ces entrepreneurs, mais également en partie aux ouvriers restants qui conduisent les machines (2).

1. Sporadiquement aussi plus tôt.

2. Voici la conclusion générale à laquelle est arrivé l'auteur d'une enquête auprès de plusieurs administrateurs d'unions ouvrières anglaises : « Les *leaders* ouvriers les plus intelligents affirment leur droit à restreindre l'usage de machines perfectionnées et économisant du travail, lorsque cet usage ne profite qu'à l'employeur, et agit au détriment des ouvriers ; par exemple, lorsqu'une machine, dont la conduite ne demande qu'un ou deux hommes ou garçons, remplacerait le travail de peut-être six hommes. Mais ils prétendent qu'au cas où une certaine partie du bénéfice allant à l'employeur tombe en partage à l'employé sous forme d'une augmentation du salaire ou de toute autre amélioration des conditions de travail, l'ouvrier intelligent ne s'opposera pas aux perfectionnements du processus de fabrication. » (MAURICE LOW, *Labor unions and British industry*, dans *Bulletin of the Bureau of Labor*, n° 50 (janvier 1904), Washington, p. 73.)

Pour les Etats-Unis on trouve des renseignements précis sur l'opposition que les organisations ouvrières de nos jours font à l'introduction des

Puis, les manœuvres de lutte étudiées plus haut et qui, jugées d'un point de vue de guerre, doivent être considérées comme étant dans la ligne du progrès général, peuvent entraîner d'autre part des inconvénients et des abus, lesquels, dans un stade avancé de l'évolution syndicaliste, pourront peu à peu prendre le dessus et changer un mouvement d'abord favorable au progrès social en un mouvement de réaction économique.

Le refus de travailler avec des camarades parce qu'ils ont été des gâte-métiers et des briseurs de grève (boycottage) peut facilement aboutir, et a abouti déjà en fait dans certains milieux ouvriers, à un refus de travailler avec quiconque n'adhère pas à un syndicat ouvrier déterminé (*obligation de se syndiquer*). Cette tactique peut même dégénérer de façon à ce que les ouvriers qui la pratiquent refusent de travailler avec des ouvriers (syndiqués ou non) d'*une autre nationalité*, d'une *autre race*, d'une autre *couleur de peau* (refus des Blancs de travailler à côté des Nègres, des Chinois, des Japonais, etc.), ou encore avec les ouvriers de l'*autre sexe* (Cf. pages 260-262). Enfin, les efforts ouvriers pour limiter l'offre de main-d'œuvre par rapport à la demande, efforts qui se manifestent dans·

---

machines et à l'application de nouveaux procédés de fabrication, dans le *Bulletin* n° 67 (nov. 1906) du *Bureau of Labor*, pages 732 et suiv. Les exemples se rapportent aux plombiers, aux cigariers et aux tailleurs de pierres. Et pourtant il s'impose aux États-Unis une solution analogue des difficultés sur ce point à celle que nous venons de constater pour les industries anglaises (Cf. *ibid.*, pages 736 et suiv.). A la 25ᵉ assemblée générale des souffleurs de bouteilles des États-Unis, le président, M. Denis. Hayes, a exprimé ainsi l'opinion des trade-unionistes modernes : « A mon avis, la voie la plus logique pour résoudre cette question n'est pas de faire la guerre aux machines, mais de s'efforcer à en obtenir le contrôle, en sorte que nous puissions non seulement avoir une voix dans la fixation du coût de travail de leurs produits,· mais aussi régler, jusqu'à un certain point, la durée de leur fonctionnement. » (*Proceedings of the Twenty-fifth Convention of the Glass Bottle Blowers' Association*, cité *ibid.*, p. 737.)

leur opposition à l'arrivée des étrangers et des ouvriers d'autre sexe, a de même conduit certains syndicats ouvriers à des mesures pour *limiter le nombre des apprentis*, ou celui des *manœuvres et aides*, ou pour *défendre à ces derniers de se servir des outils caractéristiques de tel ou tel travail qualifié* (1). Et ainsi de suite.

Évidemment, il est fort difficile, dans tous les problèmes ouvriers qu'on doit considérer en principe comme résultant de la tactique de la lutte de classes, de tracer nettement les limites où finit le bon usage, l'utilisation rationnelle d'une pratique et où en commence l'abus, c'est-à-dire de formuler avec précision à quel point le mouvement ouvrier cesse d'aller dans la ligne du progrès de la civilisation pour s'en écarter et devenir réactionnaire (2). Ces limites sont aussi difficiles à déterminer que, par exemple,

1. A propos des aides, cf. pour les Etats-Unis l'enquête publiée par le *Bulletin* n° 67 (nov. 1906) du *Bureau of Labor* à Washington : *Conditions of entrance to the principal trades*, by *Walter E. Weyl, and A. M. Sakolski*, pages 768 et suiv. Les auteurs constatent par exemple que « l'histoire des plombiers, des imprimeurs à la presse, des constructeurs de chaudières et des mécaniciens est remplie de conflits sur la méthode de passage des ouvriers du grade de manœuvre ou aide à celui d'ouvrier de métier fait. » (*Loc. cit.*, p. 771.)

2. Dans le résumé ci-dessus j'ai encore compris l'obligation de se syndiquer parmi les mesures réactionnaires, parce que, à mon avis, l'action ouvrière a déjà franchi sur ce point les limites vers l'abus. Sans doute, je comprends l'aigreur et l'irritation que doit éprouver l'ouvrier syndiqué en voyant que ses collègues non adhérents à l'union ouvrière, profitent directement de tous les avantages que cette union a su obtenir dans une branche déterminée de la production ; mais, selon mon opinion qui se base sur une longue expérience en matières ouvrières, ce motif ne saurait justifier que des ouvriers s'efforcent, parce que syndiqués, d'exercer une autorité absolue sur tous les ouvriers de leur branche d'industrie et décident si un camarade aura la permission ou non de gagner sa vie dans cette branche. Naturellement la force peut, ici de nouveau, devenir un droit, mais pas sans avoir éveillé une opposition qui, à ce que je pense, aura la victoire dans l'avenir parce que représentant un régime de production et de vie sociale plus élevé et qui laissera derrière soi, comme réactionnaire, tout système de contrainte.

celles qui séparent l'épargne, au sens économique général du mot, de la thésaurisation, qui a pour effet de restreindre le développement complet de ceux qui s'y adonnent.

Il est remarquable que le syndicalisme se développe de manière à devenir nuisible, dans le sens indiqué, de préférence dans les métiers les plus avancés d'un point de vue technique et, en général, parmi des ouvriers qui se trouvent dans une situation plutôt privilégiée. Redoutant de perdre les avantages dont ils jouissent par comparaison avec leurs camarades dans d'autres branches de production, ils éprouvent la tentation d'ériger autour de leur métier une sorte de muraille en l'isolant par des mesures du genre que nous avons indiqué. Nous avons constaté déjà que la catégorie des ouvriers privilégiés, dès qu'elle jouit d'un certain bien-être sous l'ordre social actuel commence à manifester des tendances de séparation des catégories restantes, et souvent elle se montre aussi étroitement égoïste vis-à-vis des prolétaires qui ne jouissent pas des mêmes privilèges que les propriétaires et les entrepreneurs capitalistes à l'égard des classes ouvrières. Les abus de la part des syndicats ouvriers dont il s'agit ici se présentent surtout dans les pays les plus développés techniquement. « Les syndiqués américains refusent de travailler avec des syndiqués anglais ou avec des non syndiqués ; nous autres, nous ne faisons aucune différence entre mécaniciens syndiqués ou non syndiqués, ni entre collègues unionistes anglais ou américains, pourvu que les salaires n'en souffrent pas, que tous soient compétents et que, par suite, l'ouvrage soit bien fait. » Telle était, d'après M. Maurice Low (1), la plainte d'un trade-unioniste anglais connu, George N. Barnes, alors secrétaire du syndicat des mécaniciens (*Amalgamated Society of Engineers*).

1. *Loc. cit.*, p. 16.

J'ajoute, pour expliquer le fait exposé par M. Barnes, que le taux des salaires des mécaniciens est plus élevé aux États-Unis qu'en Angleterre, et que plusieurs trade unions anglaises usent régulièrement vis-à-vis des ouvriers de même métier de l'Europe continentale (où les salaires sont d'ordinaire plus bas qu'en Angleterre) de la pratique que M. Barnes désapprouve, lui, chez les syndicats de mécaniciens américains. Un de mes amis politiques, administrateur d'un syndicat de peintres amstellodamois et spécialiste dans une branche de son métier ne put rester à Londres, malgré la bonne volonté de son patron, parce que les ouvriers de l'atelier refusaient de travailler avec des étrangers, même syndiqués. Je connais plusieurs faits de ce genre.

Je citerai encore, pour illustrer et expliquer cette attitude proverbiale déjà pour plusieurs industries d'Angleterre et des Etats-Unis, celle de l'union des diamantaires d'Amsterdam (*Algemeene Nederlandsche Diamantbewerkers Bond*). Il s'agit ici du cas exceptionnel d'ouvriers d'une industrie de luxe produisant des articles sur la vente desquels une baisse ou une hausse des salaires a une influence moindre que dans d'autres industries produisant des articles destinés au grand public. Dès que les ouvriers diamantaires, grâce à leur organisation (1) et à la situation exceptionnelle de leur industrie, ont atteint des taux de salaires supérieurs à ceux des ouvriers de la plupart des autres industries amstellodamoises, ils s'efforcent d'empêcher ces derniers d'aborder l'industrie diamantaire et rendent difficile aux anciens ouvriers diamantaires le retour au métier en temps de haute activité industrielle (2). En outre, ils appliquent la pratique de la *limitation du nombre des apprentis*.

1. D'après son organe, le *Weekblad*, l'A. N. D. B. compte environ huit mille membres.

2. Voici les termes par lesquels l'A. N. D. B. a exposé la pratique suivie vis-à-vis des anciens ouvriers diamantaires dans son *Rapport annuel*

Les ouvriers privilégiés du *Bond* ne s'inquiètent pas si leur tactique sera peut-être imitée dans d'autres industries, si une partie de la population ouvrière sera condamnée à la misère la plus atroce et si une grande fraction de la génération ouvrière future sera ainsi exclue de l'instruction nécessaire à une occupation productive quelconque (1).

Aussi longtemps, cependant, qu'il est de l'intérêt com-

---

pour 1904-1905 : « C'était une question sérieuse pour le Conseil de l'Union (BONDSBESTUUR) de savoir s'il fallait admettre ces gens, et, si oui, sous quelles conditions. Tout en ne jugeant pas désirable de charger l'industrie d'une main-d'œuvre plus ou moins inutilisable, ou en tout cas à moitié usée et craignant aussi de surcharger de nouveau le marché, attendu qu'on avait déjà 500 apprentis, on décida pourtant d'admettre ces gens, en comprenant qu'on ne saurait ou ne pourrait guère empêcher quelqu'un d'exercer un métier qu'il connaît ; en ajoutant que nombre d'entre ces ouvriers n'avaient quitté le métier que peu de temps auparavant, de sorte qu'on ne saurait refuser ceux-ci, tandis qu'on ne saurait non plus tracer la limite entre les ouvriers admissibles et les non admissibles... »

Mais l'Union eut soin de ne pas oublier les restrictions et les difficultés :

« En suite de quoi, on décida d'accepter les ouvriers en question comme « ouvriers admis » (*geadmitteerden*) et non pas comme membres de l'Union. Ils pouvaient alors être inscrits dans un registre spécial, sans avoir de droit à recourir aux caisses de secours, sauf à celle des grèves, etc... » (*Verslag nopens den toestand en de verrichtingen van den Alg. Ned. Diamantbewerkersbond over het tijdperk 1 September 1904 — 31 Augustus 1905, etc.*, rubrique « *Geadmitteerden* », pages 29-30.)

En vertu de cette décision, l'ouvrier désirant travailler ainsi comme « ouvrier admis », devait se rendre avec quatre témoins (diamantaires) au siège de l'Union des diamantaires d'Amsterdam pour y subir un interrogatoire, tandis que les témoins devaient déclarer que l'ouvrier en question avait travaillé auparavant dans le métier de diamantaire.

1. Encore un peu dans cette direction et l'Union des diamantaires d'Amsterdam se trouvera en plein revenu à l'institution corporative du Moyen Age qu'imitent déjà certains syndicats ouvriers modernes tels que ceux des gantiers français qui ont décidé que « *nul ne pourra apprendre le métier s'il n'est fils d'ouvrier gantier* ». (Voir la décision des Syndicats d'ouvriers gantiers citée par M. CHARLES GIDE dans les *Rapports du Jury international* de l'*Exposition universelle internationale de 1900 à Paris, Introduction générale*, tome V, 6e partie, note à la p. 83.)

Cornélissen   35

mun que tous les citoyens aient la possibilité de se rendre
aptes à exercer et d'exercer en fait un métier productif
quelconque et que cette possibilité ne soit aucunement
limitée, mais au contraire qu'elle soit élargie de plus en plus
et facilitée dans toutes les directions, en sorte que chaque
citoyen puisse, avec les mêmes chances de succès, s'adonner à toute fonction à laquelle il est apte, — jusqu'alors
on ne saurait qualifier les procédés en question que de
réactionnaires et de *nuisibles au bien-être général*. Remarquons encore que tous ces procédés ont leur répercussion sur les ouvriers d'autres métiers et d'autres pays. Par
exemple, pour en revenir aux diamantaires, les conventions des congrès diamantaires internationaux tendent de
plus en plus à étendre la tactique du *Bond* d'Amsterdam
aux ouvriers diamantaires belges, français, suisses, etc.

En outre de la tendance de ces unions ouvrières réactionnaires à fermer le métier pour les ouvriers moins privilégiés, on constate fréquemment une entente de plus en
plus amicale avec les entrepreneurs capitalistes, jadis si
ouvertement combattus. Par exemple, à la fin de 1905,
l'Union des diamantaires d'Amsterdam s'était si bien
entendue avec l'Union des joailliers de cette même ville
(*Amsterdamsche Juweliers Vereeniging*) que les deux
syndicats publièrent une communication par laquelle ils
proclamèrent leur domination absolue sur toute l'industrie
diamantaire. Ayant soigneusement enchaîné les ouvriers
de cette industrie et empêché autant que possible à ceux
du dehors l'accès de leur métier, les administrateurs du
syndicat ouvrier, de concert avec l'Union patronale,
décidèrent d'empêcher dorénavant aussi tout entrepreneur de venir s'installer à Amsterdam sans leur approbation et sans l'acceptation par le postulant des conditions
de travail prescrites par les deux organisations de patrons
et ouvriers (1).

1. La communication en question, publiée sous forme d'annonce dans

Dans le chapitre suivant, nous aurons à revenir sur
l'entente qui se fait dans plusieurs industries entre
patrons et ouvriers afin d'exposer combien elle menace les
consommateurs. Constatons dès à présent qu'il ne s'agit
pas sans doute d'une paix définitive, mais d'un armistice
dans la lutte de classes pour certaines industries, armistice, cependant, qui ne saurait qu'aggraver encore l'antagonisme des intérêts entre patrons et ouvriers dans toutes
les autres industries, et empirer la situation économique
générale des masses du prolétariat international.

Considéré d'un point de vue international, le mouvement syndicaliste d'un pays entier et dans les industries
principales, peut de même parcourir une période de conservatisme et de réaction plus ou moins prononcée; il en

les journaux par les deux syndicats, est assez intéressante pour l'insérer
in extenso ci-dessous :

AMSTERDAMSCHE JUWELIERSVEREENIGING.

(Approuvée par décret royal du 27 avril 1896.)

ALGEMEENE NEDERLANDSCHE DIAMANTBEWERKERSBOND.

(Approuvé par décret royal du 15 sept. 1902, n° 59.)

Les Conseils des organisations susnommées portent à la connaissance
des intéressés que quiconque vient s'établir comme employeur dans
l'industrie diamantaire, ou quiconque étant déjà employeur établi se
décide à fabriquer des articles autres que ceux dont il avait l'habitude, ou
qui veut modifier considérablement son mode de fabrication, doit s'adresser, pour tout ce qui concerne l'établissement ou la modification des
salaires ouvriers et les conditions de travail générales, à l'une des deux
unions soussignées. Les deux Conseils régleront alors, de concert avec
l'employeur intéressé, les salaires et les conditions de travail.

En suite de quoi il est porté à l'attention des intéressés qu'il ne
sera pas permis aux ouvriers d'aller travailler chez un employeur visé
par les considérants ci-dessus et qui ne s'est pas soumis à cette réglementation.

Le Conseil de l'A. J. V.   *Le Conseil de l'A. N. D. B.*
HERMAN J. HARTZ, secr.   JAN A. VAN ZUTPHEN, secr.

Amsterdam, décembre 1905.

sera ainsi lorsque, temporairement, ces industries conservent la prédominance mondiale, au détriment des colonies
et des pays plus arriérés. Lorsque les grands entrepreneurs
intéressés sont assez habiles pour céder une partie de
leurs bénéfices à leur personnel ouvrier, ou se voient obligés à le faire sous la pression des organisations ouvrières,
la lutte de classes peut se trouver dans ces pays repoussée
à l'arrière-plan pour un temps et sembler étouffée par la
lutte pour la prédominance commerciale.

Dans cette évolution qui transforme les syndicats
ouvriers d'organes de combat pour la lutte de classes en
institutions conciliatrices, il faut mentionner l'influence
de leurs administrateurs et principaux employés chez
lesquels les tendances au *statu quo* dans leurs métiers
dominent volontiers. D'ordinaire ces administrateurs ont
des emplois bien payés, surtout dans les unions des
ouvriers les plus privilégiés, et le passage de ces hommes
de la vie ouvrière à la vie petite bourgeoise fortifie singulièrement leurs tendances conservatrices latentes. Le
remplacement fréquent de ces dignitaires de syndicat par
d'autres ouvriers semblerait un remède facile ; mais il
faut tenir compte de l'influence personnelle que ces
hommes et que les corps administratifs d'un syndicat
régional ou national exercent précisément sur les organisations d'ouvriers « aisés », influence qui se trouve
continuellement renforcée encore par l'esprit conserva-
teur qui anime ces organisations dans leur ensemble (1).

1. Je ne citerai que deux documents concernant l'Union des diamantaires d'Amsterdam et d'abord un passage d'une circulaire datée du
15 février 1906, et signée par le premier président de l'Union (M. Henri
Polak) et le deuxième secrétaire (M. Bern. A. Wins) :

« Nous avons décidé dans notre assemblée (l'assemblée du Conseil),
du mercredi 14 février dernier, que *jusqu'au 24 février inclusivement,
tous les ouvriers doivent rester chez leurs patrons actuels, tandis que les
patrons, jusqu'à cette date, ne devront pas embaucher d'autres ouvriers.*

Si, cependant, les antagonismes de classe entre l'entrepreneur capitaliste et son personnel peuvent être suspendus temporairement, pour les catégories des ouvriers les plus favorisés, par la communauté des intérêts dans la concurrence avec l'extérieur, les antagonismes qui sont fondamentaux ne sont pas supprimés pour cette raison, pas même dans les cas spéciaux envisagés.

L'A. J. V. a, conformément à cette mesure, défendu à ses membres d'embaucher jusqu'à la même date de nouveaux ouvriers. »

Il s'agit dans la circulaire en question de certaines branches de l'industrie diamantaire où s'étaient produits, d'après le Conseil de l'Union, des abus, raison pour laquelle elle convoqua tous les membres de ces branches à une réunion *pour le 21 février.*

Ces procédés caractérisent la pression qu'exercent les fonctionnaires des syndicats ouvrier et patronal sur tout le processus du travail ; voici maintenant la copie conforme d'une lettre que je cite pour illustrer cette même influence sur chaque ouvrier personnellement, même dans sa vie privée :

« *Algemeene Nederlandsche Diamantbeerkersbond.*

« Amsterdam, le 2 novembre 1905.

« Monsieur......, en ville,

« Notre président vous a invité hier à vous présenter aujourd'hui à son bureau, afin de vous expliquer sur des propos que vous avez tenus. Mais vous avez refusé de venir. Cependant, l'affaire ne peut pas en rester là.

« Lorsqu'un membre de notre Conseil convoque un membre de l'Union ou un « ouvrier admis », celui-ci est obligé de comparaître. Nous vous invitons donc une fois encore à venir à notre bureau et ceci demain, immédiatement après la fin de votre travail, si du moins le samedi est pour vous jour de repos (*). Si vous travaillez le samedi, vous aurez à venir demain pendant le repos. Si vous ne comparaissez pas, nous proposerons au Conseil de l'Union de vous retirer votre permission « d'ouvrier-admis » (*uw admittenten-bewijs in te trekken*).

Conseil administratif de l'A. N. D. B

JAN A. V. ZUTPHEN

Secrétaire. »

*) Les ouvriers diamantaires amstellodamois sont en grande partie juifs.   Chr. G.

Pour bien faire comprendre la portée de l'ordre donné ici par un administrateur syndiqué à un ouvrier sous menace de lui ôter son gagne-pain, il faut se rappeler que la Hollande est un pays relativement libre. Un citoyen hollandais qui reçoit l'ordre d'un commissaire de police de comparaître au bureau de celui-ci, a le droit de répondre qu'il ne lui convient pas de venir et qu'il attend le mandat formel du juge d'instruction.

L'ouvrier moderne peut commencer à présenter des tendances conservatrices particulières lorsqu'il reçoit sous l'ordre social actuel ce que l'ouvrier anglais appelle « une paie journalière royale pour une journée de travail royale » (*a fair day's pay for a fair day's work*) ; mais dès qu'il s'agit de définir ce qu'on doit entendre par chacune de ces expressions, les intérêts contraires d'entrepreneur capitaliste et d'ouvrier salarié s'opposent continuellement, chacun tâchant de son côté de donner aussi peu que possible et d'obtenir le plus possible sur le marché (1). Et même sous les conditions de production et de salaire les plus développées, la parole de la Commission d'arbitrage dans la grande grève de 1902 des mineurs d'anthracite de la Pensylvanie garde sa valeur : « Aussi longtemps que les employeurs et les employés continueront à se regarder comme des adversaires et des antagonistes, leurs relations resteront peu satisfaisantes et tendues et il ne faudra que peu de chose pour provoquer cette guerre ouverte qui s'appelle une grève » (2). Et tel sera le cas tant que quelques individus resteront, dans chaque branche d'industrie, possesseurs de la terre, du sous-sol et du capital (par exemple des houilles et du matériel énorme de travail et de transport nécessaires pour l'extraction de l'anthracite), tandis que les grandes masses des populations continueront à mettre au service

1. M. MAURICE Low dit dans les conclusions de son Rapport : « Une journée de travail royale pour une paie journalière royale c'est superbe, mais ce n'est pas faire des affaires (*it is not business*) disent certains employeurs. En paroles cela sonne bien, mais cela n'a aucune signification en pratique. En quoi consiste une journée de travail royale pour une paie journalière royale ? ont sans cesse demandé les employeurs, et ils n'ont pu apprendre autre chose que ceci, qu'une journée de travail royale est le minimum duquel se contente la demande de l'employeur, mais que la paie journalière royale est le maximum qui peut être obtenu de l'employeur par le syndicat. » (*Labor unions and British industry, loc. cit.*, p. 74.)

2. *Report of the Anthracite Coal Strike Commission, loc. cit.*, p. 465.

de ces quelques individus leurs forces physiques et intellectuelles. L'antagonisme des intérêts de classe dont il s'a-
git ne saurait prendre fin qu'avec la propriété individuelle
de la terre et du capital ; et la solution définitive des conflits de travail dont nous avons traité ici en ce qui concerne leur influence sur les conditions de travail, ne peut
avoir lieu qu'au fur et à mesure que s'atténuera la séparation du travailleur de ses moyens de production. Il faut
pour cela que les masses ouvrières, développées entre
temps par la lutte au point de vue technique, intellectuel et moral, s'emparent progressivement de la direction
dans la production et la distribution des richesses.

Si nous considérons à grands traits l'évolution du mouvement ouvrier, nous observons dans tous les stades de
la lutte de classes et dans le grand ensemble des grèves,
boycottages, etc., la lente évolution de la société dans
cette voie de la mise en commun et de la socialisation de
la production.

Dans la première phase du développement des organisations ouvrières modernes, on les voit se limiter à une
lutte pour le maintien et pour le relèvement des conditions de travail et de vie immédiates. Alors il s'agit encore
pour elles, pendant de longues années, de conflits, souvent de peu d'importance apparente, pour obtenir une
hausse de salaire de quelques centimes l'heure, ou une
diminution de la journée de travail d'une heure, etc., et
pour le maintien, dans les périodes de dépression et de
crise, de ce qui a été obtenu dans les années d'extension
et de prospérité. Mais, pendant toute cette période de
premier développement syndical, les ouvriers ne font pas
d'efforts directs pour intervenir dans le système de production et pour disputer consciemment aux patrons le
produit du travail de tous. Rien d'étonnant à cela, vu
l'impuissance complète, à ce stade, des ouvriers salariés et
de leurs représentants à juger les conditions de produc-

tion d'un point de vue technique et financier, bien plus encore à les diriger si peu que ce soit.

Et pourtant, en un certain sens, tout effort des populations ouvrières pour améliorer leurs conditions de travail et de vie dans cette période de premier développement de l'organisation, est en même temps le commencement de la lutte pour la propriété des moyens de travail et pour la conquête de la haute direction de la production. En effet, tout effort de cette nature pose en principe et dès l'abord la question de la direction des fabriques, ateliers et mines, etc. Pied à pied les deux parties se disputent, dès cette première phase, la suprématie dans la réglementation du travail, souvent aussi dans la nomination ou le congé des surveillants, contremaîtres, directeurs, etc.

Même dans les pays les plus avancés d'un point de vue industriel, les organisations ouvrières n'ont guère dépassé encore cette première phase de développement syndical (1).

1. Reprenons l'exemple de la grève de 1902 dans les mines d'anthracite de la Pensylvanie. Lorsque les mineurs formulent leurs revendications, on voit qu'il s'agit encore pour eux d'une pure vente de la marchandise travail d'après l'état du marché et sans qu'ils se préoccupent des bénéfices des propriétaires de mines. Les motifs sur lesquels ils basent leur demande d'augmentation du salaire sont les suivants :

« 1° Le taux actuel des salaires est beaucoup plus bas que le taux des salaires payés dans les charbonnages bitumineux pour du travail essentiellement semblable.

« 2° Le taux actuel des salaires est plus bas que dans d'autres occupations demandant des capacités et un entraînement équivalents.

« 3° Les gains annuels moyens dans les charbonnages d'anthracite sont beaucoup moindres que les gains annuels moyens dans les charbonnages bitumineux pour du travail essentiellement semblable. » Etc. (Report, loc. cit., p. 465.)

Les réponses des Compagnies minières témoignent du même esprit : « Les salaires payés par la Compagnie à ses employés pour leur travail sont plus élevés que ceux payés dans la même région, voire même dans le pays en général pour des travaux similaires dans d'autres branches do métier... » (Ibid., Appendice A, Réponse de la Delaware and Hudson Company, p. 523.)

Mais peu à peu, une lutte avantageuse ne semble plus possible pour les ouvriers désirant améliorer leurs condi- tions de travail et de vie sans tenir compte dans cha- que conflit des recettes et des bénéfices des entrepre- neurs. Les ouvriers se voient donc obligés à la longue de suivre attentivement la marche générale des affaires dans leur industrie. Souvent, nous l'avons vu, les ou- vriers ne peuvent facilement se faire une idée nette et exacte de cet état qu'après coup ; cependant, les admi- nistrateurs généraux et les fonctionnaires locaux des grands syndicats ouvriers sont souvent, par leur expé- rience et l'étude de leur milieu, de vrais connaisseurs de la situation dans leur branche particulière. Parfois ils y connaissent non seulement dans tous les détails le pro- cessus de fabrication et les conditions de travail, mais aussi l'ensemble de la production. Par exemple, il est avéré que plusieurs représentants des unions ouvrières de fileurs et de tisserands, de mineurs, etc., en Angle- terre, sont parmi les experts spéciaux les plus renommés pour les calculs concernant les conditions de production et de travail et les modifications entraînées par la mar- che des affaires, l'introduction de nouvelles machines, etc. Ils sont devenus de vrais spécialistes pour l'élaboration des tarifs de salaires et de leurs remaniements corres- pondant aux prix des matières premières et des pro- duits fabriqués qu'ils connaissent aussi bien que les patrons eux-mêmes. Plusieurs organisations ouvrières dans les pays modernes sont donc peu à peu arrivées à la deuxième phase de leur développement, où les deux par- ties, entrepreneurs et ouvriers, calculent soigneusement dans l'établissement des salaires, les recettes et dépenses des entreprises. Essentiellement, cette phase se caracté- rise comme une lutte pour la possession des produits eux- mêmes, du moins pour celle de l'excédent du prix des marchandises par rapport à l'ensemble des dépenses avancées par les entrepreneurs en capital fixe et circulant et que ceux-ci s'approprient sous forme de bénéfice et les actionnaires des grandes sociétés sous forme de dividende.

Les « échelles mobiles » et tous les contrats entre patrons et ouvriers où le prix des marchandises fabriquées sert de base pour la fixation des salaires sont la forme visible de cette deuxième phase de développement (1).

Cependant, en acceptant de tels contrats, les patrons ont déjà reconnu en fait le droit des ouvriers à se mêler de leurs affaires (2).

Les organisations ouvrières ne sont pas arrivées jusqu'ici à dépasser la deuxième phase de développement. Et même on a vu que les catégories d'ouvriers plus ou moins privilégiés qui l'ont atteinte, tendent plutôt à devenir conservateurs et à s'établir de leur mieux comme une classe intermédiaire entre la bourgeoisie et les grandes masses du prolétariat.

Cependant, leur situation à ce propos dépend essentiel-

---

1. Dans la même grève en Pensylvanie, la Commission, après une étude soigneuse de la situation ouvrière, et après avoir accordé aux ouvriers une augmentation de salaire, est arrivée à élaborer une *échelle mobile*, basée sur un tarif minimum de salaires comme étant « *dans son essence un système de partage du profit* ». (Cf. *Report, loc. cit*, pages 497-498.)

2. Par exemple, pour la composition de la nouvelle « échelle mobile » des travailleurs du fer et de l'acier dans les *Midlands* d'Angleterre, les experts ont examiné les livres de 17 maisons. (Cf. la *Labour Gazette* de juillet 1906, p. 197.)

Si opiniâtrement que les entrepreneurs capitalistes s'opposent à toute immixtion de la part de leurs ouvriers dans les affaires internes de leurs entreprises, ils y sont amenés de force par les circonstances. Voir de nouveau la grève de Pensylvanie et les premières négociations entre patrons et mineurs d'anthracite. Dans la réponse donnée à M. John Mitcholl, président de la *United Mine Workers of America*, par Geo F. Baer, président de plusieurs compagnies minières, on lit : « Nous vous avons envoyé les chiffres montrant les frais d'extraction et d'écoulement sur le marché du charbon et les prix qu'ils réalisent, dans l'espoir de vous convaincre qu'il était absolument impossible de hausser les salaires. » (*Ibidem*, p. 461.)

lement de l'état privilégié où se trouvent certaines industries spéciales d'un pays, ou de la prédominance des industries d'un pays déterminé sur le marché mondial. Et cette
situation ne saurait être considérée comme constante et
invariable, vu le progrès continuel de la civilisation et la
généralisation du développement industriel. Dans les
industries naissantes de plusieurs pays comme la Russie,
le Japon et la Chine, où non seulement le machinisme,
mais aussi la main-d'œuvre nationale commencent à répondre de plus en plus aux conditions de production modernes ; puis, dans l'émancipation économique vis-à-vis de la
mère-patrie qui s'accomplit peu à peu dans nombre de
colonies des grands pays industriels (Australasie, Afrique
du Sud, Inde, Indo-Chine, etc.), on voit nettement se présenter la tendance au nivellement progressif et international des rapports de production et des conditions de travail. Ces phénomènes font prévoir que tous les avantages
nationaux dans la production mondiale, comme tous les
privilèges qui s'attachent pour patrons et ouvriers à des
branches de production particulières, disparaîtront peu à
peu par migration tant des capitaux que des ouvriers.

Les populations des pays anglo-saxons, germaniques et
en partie latins, habituées à gagner des salaires élevés, se
voient toujours serrées de près par l'armée industrielle de
réserve, et placées devant l'alternative de changer les
bases mêmes du régime de production actuel, ou bien de
retomber au niveau du bien-être matériel des populations
slaves, soit même mongoles ou nègres, doivent prendre
conscience de la nécessité d'une transformation radicale
des rapports de production.

Jusque-là, cependant, les organisations ouvrières ne
sauraient s'attaquer à la propriété des entrepreneurs
capitalistes qu'en haussant de plus en plus leurs revendications, afin de rendre cette propriété plus illusoire et de
la restreindre jusqu'à ce qu'elle ne soit plus qu'une

propriété d'apparence dont la valeur de marché diminuera progressivement avec la diminution de son rendement et la difficulté croissante de son exploitation.

III. — *Tentatives de conciliation des intérêts des employeurs et des ouvriers. Essais de rattachement du producteur à ses moyens de production.*

Comme l'enfer économique est, lui aussi, pavé de bonnes intentions, il n'a pas manqué d'essais et de plans entiers pour joindre de nouveau les intérêts de classe aujourd'hui opposés des employeurs et des ouvriers.

Je range en partie parmi eux l'établissement des échelles mobiles et en général de toutes sortes de contrats et de tarifs conclus entre patrons et ouvriers pour une période de production déterminée, une année par exemple. A mon avis, ils rentrent tous dans cette catégorie, en tant qu'ils règlent souvent la manière dont seront résolus à l'amiable tous les différends surgissant entre patrons et ouvriers relativement aux conditions de travail.

En opposition au principe de l'intervention étatiste pour la conciliation et l'arbitrage en cas de conflits économiques, principe étudié dans le chapitre précédent d'après les *awards* de la Cour d'arbitrage néo-zélandaise, c'est le principe du *self-help* des deux parties, patronale et ouvrière, dont il sera question ici. Et comme, à plusieurs reprises, nous avons comparé aux colonies australasiennes les États-Unis, nous remarquerons que des contrats de même nature et tout aussi compliqués que les *awards* néo-zélandais sont de plus en plus conclus dans les grandes industries des États-Unis par la libre convention entre les organisations ouvrières et les coalitions patronales. Le *Bulletin* de l'Office du Travail à Washington a publié régulièrement, ces dernières années, des conventions

(*agreements*) entre patrons et ouvriers dans le sens dont
il s'agit.

Il n'empêche que l'appel à l'Etat n'a pas manqué aux
Etats-Unis, fût-ce pour réclamer son intervention d'après
les conceptions américaines, mais dans un sens moins
rigoureux que dans certains Etats australasiens (1). Ce
n'est pas le principe de *l'arbitrage obligatoire*, mais celui
de la *conciliation* et de *l'arbitrage facultatifs* qui domine
aux Etats-Unis avec souvent *l'enquête* et la *publicité obligatoires* (2). Cependant dans tous les cas où l'enquêteur
a dans sa compétence d'examiner les livres des entrepreneurs (3), comme de s'informer directement des gains
effectifs et des frais de vie réels des familles ouvrières,
le droit absolu et illimité des entrepreneurs capitalistes à
diriger leurs propres affaires sans l'immixtion d'autrui a
reçu un premier coup sensible. Une enquête faite dans
ces conditions est un appel à la critique publique, et la
propriété privée des capitalistes apparaît comme moins
inattaquable et moins placée hors de l'atteinte de l'opi-

1. Voir sur les diverses lois concernant la conciliation et l'arbitrage
aux Etats-Unis l'intéressante étude de M. LEONARD W. HATCH, *Govern-
ment industrial arbitration*, dans le *Bulletin of the Bureau of Labor* des
Etats-Unis, n° 60 (sept. 1905). Les pages 570-579 traitent de la loi fédé-
rale, les pages 579-655 des lois en vigueur dans les divers Etats.

En outre des lois sur la conciliation ou l'arbitrage en vigueur au
commencement de 1905 dans 24 Etats de la Confédération des Etats-
Unis, tandis que la même matière est réglée dans un autre de ces Etats
par la constitution, la loi de 1898 sur la conciliation et l'arbitrage régit
la Confédération tout entière, mais elle ne s'applique qu'aux compagnies de chemins de fer en tant que servant aux relations commerciales
entre les Etats et pour cette partie de leur personnel qui est chargée du
service des trains.

2. Voir entre autres les deux principes opposés nettement l'un à l'autre dans le « projet de loi en vue de l'enquête et de la publicité obligatoires » qui fut publié en 1903 par la Commission d'arbitrage dans
la grève des mines d'anthracite en appendice à son Rapport, *loc. cit.*,
p. 671.

3. Voir à ce sujet, pour les lois en vigueur aux Etats-Unis, LEONARD
W. HATCH, *loc. cit.*, pages 1594-595.

nion de tous que ne le faisait supposer généralement
jusqu'à présent le régime de production capitaliste.

Après les Etats-Unis, c'est surtout l'Angleterre qui
offre actuellement les exemples les plus nets de ce qu'est
la solution des différends entre patrons et ouvriers par
l'application d'échelles mobiles et de tarifs de salaires, etc.,
complétée par les décisions de commissions mixtes élues
par les deux parties intéressées. L'organisation de ces
commissions (*Joint Committees, Boards of Conciliation
and Arbitration*, etc.) présente en Angleterre des formes multiples. Parfois la Commission mixte d'entrepreneurs et d'ouvriers nomme un président « indépendant »
où « neutre » (*independant chairman, neutral chairman*)
dont l'intervention n'est demandée qu'au cas où les deux
parties en présence ne peuvent pas s'entendre, et au jugement duquel patrons et ouvriers ont décidé d'avance de
se soumettre (1). Par contre, dans d'autres industries
anglaises, comme celles du textile et de la métallurgie, il
existe bien des commissions mixtes nommées par patrons
et ouvriers et ayant pour but la solution à l'amiable
des différends qui surgissent, mais sans qu'elles recou-
rent à l'intervention d'un « président indépendant » ou
arbitre.

Le *London Labour Conciliation and Arbitration
Board*, établi après la grande grève des débardeurs et
ouvriers de port londoniens de 1889, fournit l'exemple
d'une Cour de conciliation locale en cas de conflits économiques. Ce corps, composé de 12 membres représentant les employeurs de l'agglomération et élus tous les
ans par la Chambre de Commerce, et de 12 membres
représentant les ouvriers et nommés par les syndicats

---

1. Voir par exemple le cas du *Joint Committee* des mineurs de Durham,
Durham Miners' Association, où un des juges de la Cour d'Appel, Lord
Davey, a rempli tant d'années comme « président indépendant » à peu
près la fonction d'un juge de cour d'appel dont l'arrêt est décisif.

ouvriers londoniens, offre ses services pour la solution à l'amiable des différends qui surgissent sur le territoire de la ville. Aux cas où la conciliation des deux parties ne lui réussit pas, le même corps recommande aussi le recours à l'arbitrage sous ses auspices. Enfin le *Conciliation Act* de 1896 a accordé au Ministère du Commerce (*Board of Trade*) le pouvoir de faire partout où éclate ou menace d'éclater, dans le Royaume-Uni, un conflit entre patrons et ouvriers, une enquête sur l'origine et sur toutes les circonstances du différend, et de faire toutes les démarches qu'il jugera utiles pour organiser une entrevue entre les parties adverses, afin d'arriver à une solution à l'amiable de leur différend. Sur la demande des employeurs et des ouvriers, le Ministère peut également désigner un conciliateur ou nommer un Bureau de conciliation, ou encore un arbitre.

Il faut reconnaître que les institutions de conciliation ou d'arbitrage telles que nous venons d'en énumérer quelques-unes, ont réussi déjà à éviter ou à résoudre à l'amiable un grand nombre de conflits. Par exemple, le Rapport publié par le même Ministère anglais sur les modifications dans les salaires et les heures de travail dans le Royaume Uni pour l'année 1902 constata que « les modifications de salaires ont été pour 80 o/o de la population ouvrière arrangées par des Bureaux de conciliation et d'arbitrage, des Conseils de salaires, des Echelles mobiles ou autres organes de conciliation. Ce pourcentage élevé, dit le Rapport, est dû au fait que les modifications dans les industries du charbon et du fer, où elles furent le plus étendues en 1902, sont d'ordinaire réglées maintenant par ces moyens. » (1).

1. BOARD OF TRADE, *Report on Changes in Rates of Wages and Hours of Labour*, 1902, Londres, 1903, p. IV. Le Rapport pour l'année 1901 donne comme pourcentage « les trois quarts des ouvriers » ; celui pour 1903 donne 78 o/o, (les grèves qui n'ont pas réussi ne sont pas

La conciliation et l'arbitrage ainsi compris constituent le mode d'arrangement le plus parfait des conflits économiques auquel on puisse arriver sous le régime capitaliste. Mais ils ne suppriment pas l'antagonisme des intérêts. Et si efficace que soit leur influence pour la solution des petits différends relatifs aux conditions de travail, — surtout des différends qui portent un caractère personnel ou local, — il n'empêche pas que, dans les conflits sérieux affectant l'existence profonde des deux parties et propres à nuire à leurs intérêts les plus essentiels, c'est toujours à la force économique de chacune d'elles qu'appartient en fin de compte la décision. La conciliation et l'arbitrage ne sont autre chose, en fait, que les formes sous lesquelles la solution à l'amiable des différends est praticable sur la base des situations économiques acquises par les parties intéressées. Ni l'un, ni l'autre ne présentent dans une période de stagnation et de contraction internationale une garantie suffisante pour la conservation du mode de production capitaliste lui-même.

Parmi les projets et les plans destinés à relier les intérêts séparés des entrepreneurs capitalistes et de leurs salariés, nous devons ensuite classer les divers systèmes de *primes* et *gratifications*, de *participation aux bénéfi-*

---

comptées). Cp. cependant à ces chiffres ceux que fournissent les Rapports pour les années 1905 et 1906. Le premier dit : « La proportion des ouvriers pour qui les modifications de salaires ont été arrangées par des Bureaux de conciliation et d'arbitrage, des Conseils de salaires et d'autres organes de conciliation monte à plus de 44 o/o du total ». Le Rapport ajoute : « C'est là un pourcentage moindre que celui atteint les quatre années précédentes, par suite du nombre comparativement restreint de mineurs (dont les salaires sont réglés dans la plupart des districts par des Bureaux de Conciliation) dont les salaires ont subi des modifications dans le courant de l'année ». (*Loc. cit.*, p. 4.) Enfin le Rapport pour l'année 1906 (Londres, 1907) donne le chiffre de « plus de 37 o/o » pour les modifications de salaires arrangées par des Bureaux de conciliation et d'arbitrage, des Conseils de salaires, etc. et de « environ 5 o/o » pour celles arrangées d'après des échelles mobiles. (*Loc. cit.*, p. 3.)

ces et *d'association aux entreprises* dont nous avons parlé dans un chapitre précédent comme de procédés d'action sur les ouvriers salariés.

Les éloges que les systèmes de ce genre ont recueillis de la part des philanthropes des classes possédantes et de certains grands industriels dits « fabricants modèles », nous obligent à en envisager l'influence pour l'anéantissement des antagonismes de classes.

Au printemps 1903 le roi de l'acier, M. Carnegie, présidant à Londres une réunion de l'Institut du fer et de l'acier (*Iron and Steel Institute of Great-Britain*) a glorifié le principe de l'association des ouvriers aux entreprises comme une garantie de la paix sociale entre le Capital et le Travail, et comme « la base solide pour la solution de la plupart des différends les plus fâcheux » (*the solid foundation for the solution of most of the troublesome questions between them*).

Le grand industriel dont le nom est lié aux conflits sanglants de la grande grève de Pittsburg (1892) a dit qu'une des principales causes du succès de la compagnie Carnegie a été la répartition libérale des bénéfices entre tous ceux qui aident à les réaliser, procédé par lequel elle a fait, des plus habiles de ses ouvriers, ses associés (1).

---

1. Voir le compte-rendu du discours de M. Carnegie dans le journal *The Times* du 8 mai, et dans *Le Temps* du 9 mai 1903. Pour les détails relatifs au schéma de participation aux affaires qu'a élaboré pour son personnel le Trust de l'acier des Etats-Unis, cf. en outre du premier de ces comptes rendus, l'article : *Stockholding by employees, Scheme of U. S. Steel Corporation*, dans *The Labour Gazette* du *Board of Trade* anglais (n° de février 1903). Cet article donne un aperçu du rapport, daté 7 janvier 1903, dans lequel le plan de la *United States Steel Corporation*, mis en exécution au commencement de 1903, est exposé longuement.

Enfin on trouve également un exposé du même schéma de participation aux affaires du Trust et un aperçu historique jusqu'à la fin de l'année 1907 dans la brochure : *Profit-Sharing Plan of the United States Steel Corporation*, discours lu par GEORGE W. PERKINS au huitième dîner annuel de la *National Civic Federation*, le 16 décembre 1907.

Cornélissen   35

On rencontre de nos jours, dans tous les pays, de grands industriels comme M. Andrew Carnegie, ayant au même degré l'amour de la réclame et le goût de la philanthropie. Mais leur nombre est encore restreint, comme nous l'avons démontré suivant des données statistiques, et pour des raisons déjà exposées (1).

Quant au système de la participation des ouvriers aux bénéfices ou de leur association aux entreprises, sa contradiction avec le principe fondamental de la production capitaliste selon lequel le travail salarié est une marchandise, suffit pour expliquer pourquoi ce système ne peut supprimer l'antagonisme entre patrons et ouvriers, et pourquoi il n'est pas appliqué davantage sous chacune de ses formes. Cependant, un tel système, comme celui des primes et des gratifications en général, peut encore beaucoup contribuer à séparer temporairement des grandes masses ouvrières certaines catégories de salariés plus ou moins privilégiés, en les transformant peu à peu en une classe intermédiaire de la manière que nous avons exposée ci-dessus. Les mesures patronales incorporées dans ces systèmes peuvent aider ainsi à repousser à l'arrière-plan la lutte de classes (2). Mais l'opposition des classes réapparaîtra toujours de nouveau, malgré l'application de la participation aux bénéfices ou de l'association aux entreprises, dès que des conditions de production défavorables, arrêt des affaires et crise, se feront sentir, et que les ouvriers salariés retomberont au niveau de salaire et à la norme de vie du prolétariat industriel d'autres branches de production ou d'autres pays.

C'est en apparence seulement que l'application de systèmes de ce genre, si glorifiés qu'ils soient, peuvent relier

1. Voir le chap. XX, pages 447 et suiv.
2. M. George W. Perkins (loc. cit., p. 13) évalue le nombre des « sociétaires » (partners) qu'a gagné, par son système d'association à l'entreprise, le Trust de l'acier à environ 50,000.

les intérêts profonds des classes possédantes et des classes non-possédantes ; en réalité, ils ne font que soustraire à la vue l'antagonisme fondamental de ces intérêts, sans pouvoir en supprimer l'action. On n'en saurait attendre autre chose si on considère le rapport dans lequel toute espèce de primes et de gratifications (même sous forme de participation à l'entreprise) met l'ouvrier vis-à-vis du patron-entrepreneur. On a vu que le système des primes sous sa forme la plus simple constitue un supplément au salaire ouvrier, tout en laissant à l'entrepreneur capitaliste la direction complète de ses affaires, sans contrôle quelconque de la part des ouvriers. Cette remarque vaut tout autant, lorsque la prime ou la gratification est payée à l'ouvrier sous forme d'actions dans l'entreprise où il travaille, comme le comprend la *United States Steel Corporation*. Les grands entrepreneurs capitalistes veilleront soigneusement à ce que les actionnaires recrutés de cette façon n'aient pas la majorité des voix à l'assemblée générale, et qu'ils n'exercent en réalité aucune influence sur la haute direction des affaires (1).

Sous le système de la participation aux bénéfices, les patrons conservent de même la liberté la plus complète dans la direction de leurs entreprises, les ouvriers n'ayant le droit, tout au plus, que de se mettre au courant de la marche générale des affaires par le contrôle du bilan des entreprises. Sans doute, ils portent alors plus d'intérêt qu'auparavant aux affaires, mais n'ont aucun moyen d'y intervenir. Dans ce sens, les deux systè-

---

1. Ceux parmi les grands industriels qui, d'eux-mêmes, cèdent en partie ou en entier leurs établissements à leurs ouvriers, soit pendant leur vie, soit après leur mort, sont à considérer, non pas comme des entrepreneurs capitalistes, mais comme des philanthropes. Et des établissements, comme le Familistère de Guise, fondé par Godin et appartenant tout entier aujourd'hui aux 1.800 ouvriers qui y travaillent, ne caractérisent nullement les tendances générales du développement de la production capitaliste.

mes examinés ici restent en valeur au-dessous des « échelles mobiles », sous le régime desquelles les ouvriers se
présentent du moins comme des ayants droit, au même
titre que les entrepreneurs, lorsqu'il s'agit de partager
l'excédent entre le prix de revient et le prix de marché
des marchandises. Ils dépendent alors moins de la bienveillance de quelque grand industriel, bienveillance basée,
en somme, sur son intérêt (1). Le système des « échelles
mobiles », comme méthode de répartition des bénéfices,
répond donc davantage au principe de la suppression des
antagonismes de classes et de l'abolition du régime capitaliste de la production que les systèmes fallacieux de
la participation aux bénéfices et de l'association aux
entreprises.

Mieux que toutes les mesures patronales dont nous
avons parlé, c'est le système d'adjudication ou de con-
cession de travaux publics ou particuliers à des groupements ou à des associations d'ouvriers qui contribuera à
réunir les ouvriers et leurs moyens de production et par
suite à amener l'apaisement de la lutte de classes.

Il ne s'agit pas ici du système de travail *à la tâche en*

1. « Nul employeur ne prétend qu'en payant une prime, il est animé
de motifs philanthropiques ; il la paie parce qu'il croit que cela lui rap-
portera. » (MAURICE Low, *Labor unions and British industry, Conclusion,*
loc. cit., p. 73.) Typique est la réponse que Sir George Livesey, un
fabricant « modèle » dit avoir reçue d'un collègue, un des plus
grands fabricants du Nord de l'Angleterre, comme il lui exposait son
système de faire participer ses ouvriers aux bénéfices : « Est-ce que cela
ne vaut pas 5 o/o de sentir que vos ouvriers sont contents et satisfaits des conditions de leur travail ? » Et la réponse du fabricant fut :
« 5 o/o : mais cela vaut 20 o/o, et encore c'est bon marché à ce prix-là ! »
(*Ibid.*, p.35.) C'est dans un sens analogue que GEORGE W. PERKINS s'est
exprimé dans son discours sur le schéma de participation aux bénéfices
du Trust de l'acier : « On a cru que cela ne serait pas seulement royal
vis-à-vis de l'ensemble du personnel, mais que c'était là une excellente
affaire (*excellent business*) pour les actionnaires. » (*Loc. cit.*, p. 3). L'excellente affaire consiste surtout en ceci que les actions (papier) vendues
aux ouvriers au pair sont payées par ceux-ci à l'aide d'une partie de leurs
salaires, numéraire qui revient ainsi dans les caisses des patrons,

commun ou *à l'entreprise en commun*, tel qu'on l'applique dans les industries minières (voir ci-dessus, p. 49) ou parmi les typographes français (travail *en commandite*) ; mais au contraire d'un système de production sous lequel une collectivité d'ouvriers occupe occasionnellement ou constamment la fonction de *chef d'entreprise* et remplace donc, collectivement, non pas un *contremaître* ou un *surveillant*, mais bel et bien un *patron-entrepreneur*.

En France, le décret des 15-19 juillet 1848 avait déjà réglé la participation des associations ouvrières de production à l'exécution des travaux publics, et la loi du 15-23 novembre de la même année fixait les conditions de prêt sous lesquelles de telles associations pourraient disposer du crédit de l'Etat (1).

Les premières tentatives dans cette direction ne pouvaient guère réussir. A des époques plus récentes, cependant, la participation directe des associations ouvrières à la production a déjà mené à de bons résultats auxquels la législation a collaboré dans certains pays. En France, le décret du 4 juin 1888 a favorisé les associations ouvrières de production pour tous les travaux ou fournitures faisant l'objet des adjudications de l'Etat et, à égalité de rabais entre une soumission d'entrepreneur ou fournisseur et une soumission de société d'ouvriers, la préférence est même donnée à cette dernière. Puis, un avis du Conseil d'Etat, du 27 juin 1889, a rendu les dispositions du décret de 1888 applicables aux adjudications des départements, et la loi du 29 juillet 1893 a admis, dans les mêmes conditions, les associations ouvrières aux adjudications des travaux communaux (2).

---

1. Voir les articles du décret et de la loi en question dans la publication de l'*Office du Travail: Les associations professionnelles ouvrières*, t. I, 1re partie, chap. I, p. 32.

2. *Ibid.*, pages 88-89.

Dans l'application de telles mesures législatives et ad-
ministratives, la vieille Europe est de nouveau dépassée
de beaucoup par des pays de civilisation plus récente.

En Nouvelle-Zélande, par exemple, l'exécution de travaux publics par des ouvriers travaillant pour leur propre
compte (système connu sous le terme de *Cooperative System*) a déjà pris un élan considérable pour des travaux
de terrassement, la construction de chemins de fer, de
ponts et d'édifices publics. C'est ainsi que plusieurs vastes édifices publics à Wellington et ailleurs ont été exécutés directement par des groupements ouvriers. Le travail, sous le système néo-zélandais, introduit non pas
par une loi, mais par simple mesure administrative, est
d'abord taxé par l'ingénieur local dans le ressort duquel
il rentre ; après approbation par l'ingénieur en chef de la
Colonie, l'exécution en est confiée aux ouvriers au prix
fixé par le gouvernement. Ce dernier fournit l'outillage
principal que les groupements ouvriers ne sauraient
apporter eux-mêmes : rails, wagons, grues, etc. La grosse
partie des moyens de production est donc ici propriété
en commun (propriété d'Etat) et l'entrepreneur capitaliste comme intermédiaire est définitivement écarté (1).

Le système de l'exécution de travaux par des ouvriers
pour leur propre compte et avec élimination du patron-
entrepreneur, exige toujours de leur part un degré relativement élevé de développement aussi bien intellectuel
et moral que technique.

Ce que l'organisation peut accomplir sur ce point

---

1. Voir ALBERT MÉTIN, *Le Socialisme sans Doctrines*, chap. VII, pages 190-
191. Une étude intéressante du système néo-zélandais d'exécution de
travaux publics par des groupements ouvriers est fourni par le sous-
secrétaire des Travaux publics en Nouvelle-Zélande, M. H. J. BLOW,
The Cooperative System of Constructing Public Works, dans *The New
Zealand Official Year-Book*, 1894. Cf. encore VICTOR S. CLARK, *Labor
conditions in New Zealand, loc. cit.*, pages 1182-1183.

pour l'éducation ouvrière, se démontre nettement par l'histoire des bûcherons du centre de la France où, depuis 1901, plusieurs syndicats ont pris l'habitude de négocier directement avec les marchands en gros. Il ne s'agit pas ici, comme on voit, de l'exécution de travaux publics avec l'appui des autorités locales ou régionales, mais de travaux particuliers, l'exploitation des coupes pour des entrepreneurs commerçants qui portent le bois sur le marché (1).

En ce qui concerne l'évolution de la société dans une direction communiste, les formes d'exécution de travaux en commun par des groupements ou des associations d'ouvriers ont une signification analogue à celle de cette autre forme de « communisme pratique » appliquée par les paysans lorsque, au lieu de continuer à peiner chacun pour soi, ils se procurent des machines agricoles pour compte commun, si possible avec l'aide de la caisse communale, et font en commun leurs achats d'engrais, ou même d'articles de ménage (2).

1. « Cette tactique partie de Cuffy en avril 1901, fut employée ensuite en novembre de la même année à La Guerche, à La Chapelle-Hugon, à Grossouvre, à Sancoins et aujourd'hui, elle semble gagner rapidement du terrain. Elle offre de multiples avantages : elle supprime toutes contestations entre patrons et ouvriers, elle rend inutiles la surveillance et les tracasseries des commis. Une fois le marché signé, l'exploitant n'a rien à craindre : il peut compter sur le syndicat, plus de sabottage à redouter, plus de réserves abattues intentionnellement, ouvrant un droit d'indemnité au propriétaire de la forêt.

« Le contrat conclu est un véritable engagement entre le marchand de bois et la chambre syndicale. « Je soussigné... marchand de bois à...déclare donner l'entreprise de la coupe de bois de...à la chambre syndicale des bûcherons de... pour être exploitée par les membres faisant partie de ladite chambre syndicale ». (L. H. ROBLIN, *Les bûcherons du Cher et de la Nièvre, leurs syndicats*, 2ᵉ partie, chap. VIII, p. 275.)

Qu'on veuille bien se souvenir que, il y a quelques années à peine, les patrons entrepreneurs ne voulaient pas même entrer en négociations avec leurs ouvriers collectivement, mais traiter seulement avec eux d'individu à individu.

2. Voir un exemple remarquable de ce communisme rural esquissé dans

Dans l'un de ces cas comme dans l'autre, on a affaire à des formes de transition de la production individualiste et capitaliste actuelle vers la production à base communiste. Et, par tout ce qui a été dit dans ce chapitre, on voit le rôle prépondérant que jouent, dans ce processus de production, l'organisation et l'action directe des producteurs immédiats.

*
* *

L'organisation ouvrière peut influer sur la *valeur d'échange* et le *prix de marché* du travail aussi bien par la *valeur de production* que par la *valeur d'usage*.

Dans ses tendances à la fixation et au maintien d'un salaire minimum c'est la norme de vie de l'ouvrier et la valeur de production de son travail que l'organisation a pour but de maintenir et de hausser.

Par contre, son action sur le salaire se fait sentir par la valeur d'usage dans les cas où elle tend à rendre la main-d'œuvre plus rare en en diminuant l'offre par rapport à la demande. Les trade unions anglaises qui, d'accord avec les organisations correspondantes des colonies, persuadent une partie de leurs membres d'émigrer en Australie ou dans l'Afrique du Sud, etc., dès qu'une crise commence à sévir dans les industries de la métropole, agissent de la même façon, à ce point de vue, que ces unions d'ouvriers privilégiés qui, en refusant l'accès dure le métier aux ouvriers étrangers ou aux femmes, ou en limitant le nombre de leurs apprentis, s'efforcent de maintenir l'offre de main-d'œuvre au plus bas niveau possible.

Enfin, pour autant que l'organisation ouvrière agit comme facteur dans le développement de l'intelligence et

un article de Gabriel Ellen (Prévot) sur le village de Melisey près de Tonnerre-Yonne, *Dépêche de Toulouse* du 12 septembre 1904.

des capacités professionnelles des ouvriers, en perfectionnant leur formation technique et en favorisant leurs voyages d'une ville à une autre (plusieurs unions ouvrières possèdent une caisse de voyage et fournissent un secours de
route — *viaticum* — à leurs membres lorsqu'ils cherchent
du travail) on peut dire que l'organisation ouvrière augmente la valeur d'usage du travail. En augmentant les
capacités professionnelles et l'intelligence de l'ouvrier, elle
augmente la productivité de son travail et le met à même
de fournir dans le même temps plus de produits ou des
produits meilleurs qu'auparavant.

CHAPITRE XXIII

COOPÉRATIVES OUVRIÈRES ET COALITIONS CAPITALISTES
(CARTELS ET TRUSTS). — LEUR INFLUENCE SUR LES
CONDITIONS DE TRAVAIL DES OUVRIERS. — INDUS-
TRIES EXPLOITÉES PAR L'ETAT OU LES COMMUNES.

Les conditions de travail des ouvriers dans les *coopératives de production et de consommation* sont considérées comme quelque peu meilleures, en général, que celles des ouvriers de même milieu social employés dans les
entreprises industrielles et commerciales particulières.

Bien qu'il ne manque pas de données statistiques et de
faits semblant entraîner des conclusions tout autres, et
que les rapports entre les organisations ouvrières et les
administrateurs de certaines coopératives soient même
tendus, bien qu'il y ait parfois des conflits sérieux, et
des grèves même, dans des coopératives, il est certain
que les fédérations d'achats en gros. dites *Wholesale
Societies* en Angleterre, comme nombre de coopératives
dans toutes les parties du monde peuvent se vanter de
marcher à la tête des entreprises capitalistes quant aux
salaires plus élevés et à la durée relativement plus courte
du travail, l'assurance des ouvriers contre la maladie et
la vieillesse, etc.

A mon avis, l'explication des avantages dont profitent
les ouvriers des coopératives ne doit pas être cherchée
dans la circonstance qu'ils travaillent sous le patronat de

personnes issues en grande partie de leur classe. Ma propre expérience des coopératives ouvrières, se joignant à celle d'autrui, m'a plutôt conduit à la conviction que les ouvriers devenus administrateurs d'une coopérative, comme ceux qui se sont élevés au rang de patron, ne se distinguent pas d'une façon favorable des patrons nés bourgeois et que, pris en général, ils méritent entièrement leur renommée d'être des maîtres durs pour leurs subordonnés.

L'explication du phénomène se trouve plutôt dans le fait, d'ordre purement économique, que les coopératives doivent recruter la majeure partie de leur clientèle dans les milieux ouvriers et même parmi les éléments les plus développés de ces milieux. De cette manière, elles sont bien obligées d'accepter sans objection les tarifs syndicaux pour toutes sortes de travaux qu'elles font exécuter, et même l'acceptation de ces tarifs est fréquemment pour elles une sorte de réclame.

Il est évident que les syndicats ouvriers des industries où les coopératives doivent puiser la main-d'œuvre nécessaire surveillent la situation de ces entreprises sur la marche desquelles ils sont sûrs d'avoir une influence directe ; puis, que la critique ouvrière sera naturellement plus sévère lorsqu'il s'agit d'abus dans des organisations alliées que d'oppression dans les établissements de capitalistes particuliers. En outre, les coopératives doivent en grande partie leur existence à l'initiative des mêmes personnes qui ont fondé ou qui soutiennent particulièrement les syndicats ouvriers ; d'où les liens qui unissent souvent les deux catégories d'associations (1).

1. « Bon nombre de sociétés de consommation, comme par exemple la Société de consommation, de construction et d'épargne *Produktion* à Hambourg, ont été créées par les organisations syndicales, comme incarnation d'une nouvelle idée de distribution et de production coopératives et comme modèle de collaboration entre syndicats et coopératives. » (*Correspondenzblatt der Generalkommission der Gewerkschaften*

En m'en tenant à la règle suivie dans cet ouvrage, de n'utiliser que des cas types, je traiterai quelque peu en détail des rapports entre les coopératives et les syndicats ouvriers tels qu'ils se présentent en Allemagne. Dans ce pays où les coopératives, aussi bien que les syndicats ouvriers, sont unies sous une direction centrale, les rapports entre les deux mouvements ont été fréquemment discutés aux congrès annuels des deux camps. La *Commission Générale* des grands syndicats allemands envoie maintenant ses représentants aux congrès annuels des coopératives allemandes, comme d'autre part le *Secrétariat* de l'Union Centrale des Coopératives de consommation allemandes (*Centralverband Deutscher Konsumvereine*) envoie les siens aux congrès annuels des syndicats. On peut même dire, dans un certain sens, que le mouvement coopératif allemand s'est placé de plus en plus, ces dernières années, sous la protection directe des syndicats.

Les conditions de travail dans les entreprises coopératives avaient été longuement discutées au Congrès coopératif national de Hambourg (1904). A ce Congrès fut conclu avec l'*Union des boulangers* un tarif de salaires et de travail qui accordait aux boulangers travaillant dans des boulangeries coopératives à production continue la journée de huit heures, et dans celles à production non continue la journée de neuf heures, avec six tours par semaine ; puis, un salaire minimum de 21 marks par semaine pour les boulangers ordinaires et 1,500 marks par an pour les brigadiers, avec des suppléments locaux sur les salaires de 2 1/2 à 25 o/o. Un grand nombre de coopératives, et surtout les grandes entreprises désirant témoigner de leur bonne volonté à l'égard des organisations ouvrières, ont mis ce tarif en vigueur immédiatement. Le tarif a été modifié le 1er août 1907, mais le nou-

Deutschlands, n° 27, du 8 juillet, 1905, p. 441.) On pourrait en dire autant de plusieurs sociétés de consommation d'autres pays.

veau tarif offre également aux ouvriers des avantages réels.

Un accord analogue devait se faire en 1904 avec l'*Union des ouvriers du Commerce, des Transports et Communications*, relativement au personnel auxiliaire travaillant dans les entreprises coopératives. Mais le Conseil central de cette Union refusa d'entrer en négociations sur la base d'un contrat tel que celui conclu avec les boulangers, et proposa plutôt un tarif avec salaires de début majorés de suppléments selon les années de service. Les pourparlers se prolongèrent, et il apparut même que plusieurs coopératives, ne tenant pas compte de la décision prise à leur Congrès de Hambourg, de ne conclure aucun contrat autre que sur la base de celui fait avec les boulangers, avaient commencé d'elles-mêmes des négociations sur la base des principes proposés par les ouvriers du Commerce, des Transports et Communications. Les coopératives se virent donc obligées de renoncer à leur décision sur ce point et à leur Congrès de Stuttgart (19-21 juin 1905) elles se mirent à la disposition des syndiqués. La critique adressée la même année au mouvement coopératif par le Congrès syndicaliste national de Cologne avait sans doute beaucoup contribué à ce résultat (1). Le Conseil du *Centralverband* fut chargé d'entrer en relation avec l'Union des ouvriers du Commerce, des Transports et Communications en vue de l'élaboration d'un nouveau tarif qui fut bientôt rédigé (2).

1. « En fait, l'opposition du Conseil central des ouvriers du Commerce, des Transports et Communications avait donc obtenu un succès rapide. Toutefois, le délégué de la Société d'achats en gros, dans sa motivation de la proposition, déclara que celle-ci était le résultat de discussions tenues au Congrès syndicaliste de Cologne, — résultat sans doute très agréable. » (*Correspondenzblatt*, n° 28, 15 juillet 1905, p. 457.)

2. Voir en outre des numéros du *Correspondenzblatt* susdits les n°s 27 et 28 de l'année 1905 (article : *Vom deutschen Genossenschaftstag in Stuttgart*) et aussi le n° 51, du 23 décembre, même année. Cf. également l'Annuaire du *Centralverband Deutscher Konsumvereine* (troisième année).

Le cours de ces négociations est caractéristique pour l'influence que les syndicats peuvent exercer, et exercent déjà en Allemagne, sur les coopératives ouvrières.

Cependant, même en Allemagne, il s'est produit une réaction de part et d'autre dans ces relations. Tandis que certains syndiqués tendent ouvertement à « dicter » purement et simplement aux coopératives les conditions de travail formulées par les syndicats ouvriers, nombre de coopérateurs tâchent de se délivrer le plus possible de la domination syndicale, s'ils n'ont pas commencé même à présenter des tendances nettement patronales et capitalistes. C'est ainsi qu'au congrès des coopératives de Dusseldorf (17-20 juin 1907) une résolution fut adoptée (à l'unanimité moins 3 voix) stipulant :

« Les tarifs de salaire et de travail ne peuvent pas être établis par les coopératives d'après des principes dont l'application est encore très éloignée dans les entreprises particulières concurrentes. » Et plus loin : « ... le Congrès des coopératives doit se refuser à réaliser dès à présent de telles revendications qui dépassent de beaucoup ce que les syndicats peuvent exiger et obtenir des entrepreneurs particuliers, revendications par lesquelles, dans les conditions actuelles, grand nombre d'entreprises coopératives deviendraient incapables de concurrence, ce qui leur rendrait l'existence impossible ainsi qu'aux personnes qu'elles occupent. »

Le Congrès s'est exprimé dans un sens analogue en ce qui concerne les revendications tarifières des employés de magasins et de commerce.

Il s'agit, comme on voit, d'une contre-tendance révélant une certaine opposition d'intérêts entre les syndicats ouvriers et les coopératives et montrant que celles-ci, si directement influencées qu'elles soient par les syndicats, restent pourtant au fond des entreprises capitalistes.

*
* *

Si on se demande quelle forme de valeur est influencée ici directement, on s'aperçoit qu'il s'agit d'un relèvement de la norme de vie des ouvriers travaillant dans les coopératives, c'est-à-dire de *la valeur de production* de leur travail et que c'est par cette forme de valeur qu'augmentent en définitive la valeur d'échange du travail et son prix de marché, le salaire.

En traitant de l'influence exercée par les coopératives sur les conditions de travail, nous n'avons pas à considérer seulement la situation des ouvriers travaillant dans le service même de ces entreprises, mais aussi celle des ouvriers en général dans les diverses branches de production. Or, de ce côté, les coopératives n'exercent nullement une influence aussi favorable ; au contraire, il semble qu'elles tendent plutôt à baisser les salaires ouvriers, ou du moins à les empêcher de monter.

On ne saurait plus maintenir, sans doute, l'hypothèse que toute diminution réelle et constante des prix des denrées de première nécessité entraîne pour les ouvriers une diminution *correspondante* de leurs salaires (1). Néanmoins, une hausse ou une baisse du prix de ces articles tend toujours à influer sur les salaires. Et cette tendance est plus forte à mesure que dans les diverses sphères de métier l'établissement de la valeur d'échange et du prix de marché du travail se fait plus décisivement sous l'action de sa valeur de production et moins sous celle de sa valeur d'usage ; elle se fera sentir plus fortement aussi à mesure que les coopératives comme institutions s'enracineront davantage dans une population : quand, par exemple, plusieurs partis politiques rivaliseront pour organiser de telles entreprises et que les coopératives du parti ouvrier politique ou des syndicats ouvriers auront plus à combattre la concurrence des partis libéral et clérical, etc.

1. Voir à ce propos notre critique sur la « loi d'airain » dans le chap. IX du présent ouvrage.

Dans les cas, cependant, où la diminution du prix de certaines marchandises due aux coopératives n'entraîne pas une perte en salaire pour les ouvriers, ces entreprises font augmenter la valeur de production de la main-d'œuvre ouvrière indirectement ; c'est-à-dire que, tous les autres facteurs restant invariables, elles haussent pour les ouvriers de toute catégorie les salaires réels.

Dans notre premier volume, nous avons examiné les combinaisons d'entrepreneurs particuliers et de sociétés anonymes (*cartels*, *pools* et *trusts*) au point de vue de leur influence sur la valeur des biens productifs et sur celle des articles de consommation. Ici nous aurons à tenir compte de l'influence exercée par ces mêmes combinaisons sur les conditions de vente des diverses catégories de travail salarié.

Bien que, dans divers pays de l'Europe, la constitution de cartels et même leur transformation en trusts commence peu à peu à s'accomplir pour les grandes branches de l'industrie, du commerce et des communications, les documents statistiques dignes de confiance, sur le point qui nous occupe, sont encore extrêmement rares. Cependant, on dispose pour les États-Unis, surtout dans la vaste enquête de l'*Industrial Commission*, d'un matériel déjà considérable et important. On y trouve, pour l'étude des conditions de travail, en outre des chiffres, des documents apportés de tous côtés par les partisans et les adversaires des trusts, les franches déclarations formulées tant par des directeurs de grandes corporations industrielles que par des administrateurs de syndicats ouvriers, des magistrats, etc. Tout compte fait, les matériaux statistiques utilisables pour les Etats-Unis sont de beaucoup supérieurs à tout ce qu'on a recueilli sur le même sujet en Europe.

La grande enquête de l'*Industrial Commission* a été entreprise précisément au moment de la formation de certaines des plus vastes combinaisons industrielles et commerciales des Etats-Unis ou immédiatement après, en sorte que, dans diverses sphères de production, la transition du régime de la libre concurrence à celui des combinaisons et du monopole, et l'action immédiate de ce dernier régime sur les conditions de travail des ouvriers étaient encore nettement présente à la mémoire des témoins. Sans doute, il restera impossible, à plusieurs points de vue, de juger dès à présent quels seront, sur les conditions de travail et de vie des ouvriers, les effets définitifs de la combinaison et de la « consolidation » des entreprises industrielles et commerciales. Mais, grâce aux données que fournissent les documents américains, nous sommes déjà à même de dégager quelques tendances générales de ce système.

Ces tendances sont diverses, et leurs actions et réactions complexes rendent toujours difficile tout jugement sur leurs effets. Nous ne faisons allusion ici qu'aux combinaisons, cartels et trusts, qui ont vraiment pour but une organisation supérieure de la production ou de la distribution des richesses par l'entente temporaire ou durable des entrepreneurs individuels et des sociétés. Quant aux combinaisons capitalistes qui n'ont d'autre but que de s'opposer aux organisations ouvrières, — comme les « cartels de travail » (*Arbeitskartelle*) d'Allemagne et d'Autriche, — elles ont, comme de juste, pour effet d'aggraver les conditions de travail des ouvriers.

Nous aurons d'abord à nous occuper de l'organisation supérieure de la production et de la distribution des marchandises et de toutes les économies réalisées par le régime des combinaisons. Toutes ces améliorations nous intéres-

Cornélissen   36

sent ici en premier lieu parce qu'elles tendent à exclure
des industries une partie de la main-d'œuvre autrefois
nécessaire, avec cette conséquence naturelle d'empirer la
situation économique des ouvriers restants.

Le simple fait de la concentration de plusieurs entreprises d'une même sphère de production dans une seule
main et de la simplification du placement et de l'écoulement
des marchandises a fréquemment entraîné la fermeture
de certains établissements de productivité inférieure et
une simplification telle du processus de production et de
travail qu'il devenait possible d'atteindre dans les affaires
un même effet final ou un effet supérieur tout en économisant beaucoup de main-d'œuvre.

Les catégories de salariés qui sont évincées les premières par l'organisation supérieure de la production ou de
la distribution, sont celles des voyageurs et agents de
commerce, qui jouent un rôle si important, sous le régime
de la libre concurrence capitaliste, comme placiers de
toutes sortes d'articles (1).

---

1. M. Dowe, président de la *Commercial Travelers' National League*,
fit remarquer devant l'*Industrial Commission* que la cessation de la concurrence entre les entrepreneurs capitalistes avait rendu possible aux
patrons l'utilisation d'une lasse moins expérimentée de voyageurs de
commerce qu'autrefois et la diminution considérable du nombre de ce
personnel auxiliaire. Son évaluation en chiffres est la suivante : « Que
plus de 35,000 placiers ont été congédiés par suite de l'organisation de
trusts, et qu'environ 25,000 ont subi une réduction de leur salaire...
soit 60,000 placiers directement atteints par les trusts. » (*Report of the
Industrial Commission*, vol. I (*Preliminary Report*), Washington, 1900,
part. II, pages 27-28, ainsi que part. I, p. 29.) D'autres témoins
placés à la tête de combinaisons industrielles confirmèrent en partie,
chacun pour sa sphère de production, les affirmations de M. Dowe.
Ainsi M. Bradley, un des directeurs de la *Distilling Company of America*,
constata que sa combinaison avait pu congédier 300 placiers (*Ibid,*, part. I,
loc. cit. ; part. II, p. 830.) M. Gates, président de l'*American Steel and
Wire Company*, affirma que son trust n'avait eu à conserver que 15 à
20 de ses 200 à 300 voyageurs de commerce. (*Ibid.*, part. I, *loc. cit.* ;
part. II, p. 1018.)

En outre de cette catégorie d'employés, ce sont ceux qui reçoivent les plus hauts appointements ou salaires, depuis les directeurs et administrateurs jusqu'aux simples surveillants, qui sont tous menacés, sous le régime des combinaisons, d'être les premiers victimes d'une réorganisation des industries par mise à pied complète et immédiate (1).

Il en est souvent autrement pour les ouvriers salariés proprement dits. Les employés principaux de plusieurs combinaisons industrielles des Etats-Unis, particulièrement dans les industries du fer et de l'acier, déclarèrent devant l'*Industrial Commission* que, lors de la formation des trusts, il n'y eut pas de diminution, mais plutôt une augmentation appréciable dans le personnel ouvrier pour les diverses branches de travail ordinaire (2). C'est ainsi

1. Selon M. Gates (cf. *loc. cit.*, part. II, p. 1030) l'*American Steel and Wire Company* avait pu se dispenser de 50 o/o de ses employés obtenant les plus hauts appointements comme inspecteurs et surveillants, etc. (*high-priced men and superintendents*). Puis, dans les industries du fer et de l'acier, ce sont encore M'. Gary, président de la *Federal Steel Company*, M. Guthrio, président de l'*American Steel Hope Company* et d'autres qui vinrent tous témoigner des économies que leurs corporations respectives avaient pu réaliser sur le même chef. (*Ibid.*, part. II, pages 983, 991 et 954.) « Remarquons à titre d'illustration, dit M. Gary, que l'*Illinois Steel Company* avait un président, un premier vice-président, un second vice-président et un agent général de vente avec plusieurs assistants. Le bureau d'un des vice-présidents et la position d'agent général de vente furent supprimés. Les deux compagnies de chemins de fer avaient chacune un corps d'employés principaux, et à présent les employés de l'une sont aussi ceux de l'autre. Ce principe a été appliqué dans toutes les compagnies depuis le haut jusqu'aux ouvriers qualifiés, et là il n'y a pas eu de changements. » (*Ibid.*, part. II, p. 983.) Aux exemples concernant les Etats-Unis ajoutons le suivant : Lors de la formation en 1904 du Trust des papiers points (*Wall Paper Trust*) en Angleterre, furent immédiatement, d'après la presse anglaise, fermées un grand nombre de petites fabriques dont la clientèle fut dorénavant servie par le nouveau syndicat. Un tiers du personnel total des divers établissements combinés fut congédié, et parmi eux surtout beaucoup de commis-voyageurs et de dessinateurs.

2. *Preliminary Report*, part. I, pages 29-30.

que M. Gary communiqua à la Commission un tableau
relatif aux ouvriers et employés de la *Federal Steel Company* et des salaires et appointements reçus par eux.
D'après ce tableau, le personnel total des compagnies constituant ce trust était en octobre 1898 de 18,717 et en août
1899 déjà de 21,859 personnes (1).

On aurait tort sans doute de vouloir trop vite tirer des
conclusions générales de pareils chiffres. D'abord, les
directeurs des grands trusts se sont bien gardés de mettre
expressément l'augmentation de leur personnel au compte
de la formation des trusts ; au contraire, ils ont insisté,
l'un après l'autre, sur la prospérité industrielle générale
et l'accroissement de la demande de marchandises au
moment même de la formation des trusts. M. Gates, inter-
rogé sur la demande croissante d'acier, estima que la production d'acier sous forme de wagons, de vaisseaux, de
charpente pour bâtiments et de ponts en acier atteignit à
elle seule, lors de l'Enquête (nov. 1899), un tonnage égal
au total de la production de fer et d'acier aux Etats-Unis
quinze ou vingt années auparavant (2).

L'observateur se voit donc placé devant la question
difficile de savoir si peut-être certaines industries américaines n'auraient pas eu besoin, même sans la formation
des grandes combinaisons, du même nombre ou d'un nombre plus considérable encore d'ouvriers qualifiés et non
qualifiés.

Mais le fait constaté ici de l'augmentation du personnel
ouvrier total est en outre loin d'être général dans les
industries des Etats-Unis, et les représentants de plusieurs
des grands trusts ont avoué une diminution réelle du nombre de leurs ouvriers de diverses catégories. Il en est
surtout ainsi dans les combinaisons dont la formation a

1. *Ibid.*, part. II, p. 991.
2. *Ibid.*, p. 1028.

été accompagnée de la fermeture et du « démantèlement » (*dismantling*) de certains de leurs établissements mal situés ou mal construits, ou dont l'existence devenait superflue. Le fait de l'amoindrissement du personnel ouvrier dans ces conditions est surtout remarquable si on tient compte de l'accroissement rapide de la population des Etats-Unis.

Pour l'industrie du sucre, M. Havemeyer, président de l'*American Sugar Refining Company*, a dit en parlant de la formation de son trust :

« Nous avions à examiner si nous fournirions ce sucre au consommateur à un bas prix, tout en réservant aux actionnaires un dividende convenable, ou si nous maintiendrions toutes les différentes organisations et garderions tous les hommes au travail. Naturellement, nous avons fermé plusieurs des raffineries, centralisé les fonderies en quelques-unes et nous avons obtenu les résultats cherchés. Mais il y a eu sans doute un grand nombre de gens qui furent congédiés et ont eu à chercher d'autre travail. C'est très dur. » (1).

Même constatation pour le Trust du pétrole (2), les grandes combinaisons du whisky (3), et plusieurs autres trusts.

1. *Ibid.*, p. 122.
2. Voir par exemple la déclaration de M. James W. Lee, le représentant de compagnies de pétrole indépendantes, *ibid.*, p. 290.
3. Voir l'interrogatoire de M. Clarke : « Demande (posée par M. Jenks). Est-ce que, après la formation du *Distillers and Cattle Feeders' Trust*, plusieurs des distilleries qui y entrèrent ne furent pas abandonnées ? R. Un grand nombre le furent.
D. Il y en eut 81 qui entrèrent dans le trust ? — R. Oui.
D. Combien d'entre ces 81 furent abandonnées? — R. Je pense plus de 60 d'entre elles.
D. Est-ce qu'alors beaucoup d'employés de ces 60 distilleries n'eurent pas à chercher du travail d'autre espèce ? — R. Oui, mais une grande partie des 60 distilleries n'avaient pas été en exploitation depuis quelques années, parce que, sous notre système des *pools*, nous avons versé dans la caisse assez pour leur donner le temps d'arrêter leurs affaires. Elles

Il faut reconnaître que le renvoi de salariés de toutes catégories envisagé ici peut être dans la vraie ligne du développement général des industries et qu'il serait irrationnel et contraire au progrès de l'humanité de vouloir conserver régulièrement au travail des personnes dont les occupations ne sont plus nécessaires à l'état moderne de la production. L'organisation supérieure de la production obtenue sous le régime des combinaisons et toutes les économies relatives à la main-d'œuvre que ce régime a occasionnées, doivent être jugées, tant en ce qui concerne le personnel ouvrier ordinaire des établissements que les commis-voyageurs et le personnel de bureaux, au même titre que les économies réalisées par l'introduction de machines nouvelles (1).

Nous devons encore faire ressortir un autre point de ressemblance qu'on cite fréquemment entre la formation des cartels et trusts et l'introduction de nouvelles machines. Souvent on observe, lors de la transformation profonde d'une branche d'industrie par le perfectionnement du machinisme, que le remplacement de la main-d'œuvre humaine par les machines n'est qu'apparent, et que c'est temporairement seulement que les machines accroissent le chômage dans leur sphère de production particulière, l'organisation supérieure du processus de fabrication pouvant entraîner une baisse du prix des articles de consommation telle que la demande croissante de ces articles au marché nécessitera bientôt une main-d'œuvre plus considérable sous le nouveau régime que sous l'ancien. En ce qui concerne les moyens de transport et de communica-

avaient été réduites au repos de cette manière, et la plupart d'entre elles étaient mortes avant que nous organisions le trust. » *Ibid.*, pages 190-191. Ceci veut dire qu'on a autant congédié d'ouvriers sous les *pools* qu'après, sous le *trust*.

1. Voir à ce propos Jer. W. Jenks, *The Trust Problem*, New-York, éd. 1901, chap. IX, pages 182-183.

tions, les chemins de fer fournissent une preuve souvent
relevée de ce que la transformation radicale d'une sphère
d'activités humaines par le machinisme n'entraîne pas
nécessairement un accroissement du chômage. D'après
plusieurs directeurs de grandes combinaisons industrielles et commerciales, la formation des trusts a eu sur ce
point des résultats comparables à ceux du perfectionnement du machinisme (1).

Mais cette comparaison, à mon avis, ne tient pas suffisamment compte de ce que les trusts tendent précisément
à supprimer la concurrence et à monopoliser entre leurs
mains les industries. En effet, cette tendance a ce résultat
que la diminution des prix, sous le régime des combinaisons, ne présente plus la connexion étroite avec les économies réalisées en frais de production que sous le régime
de la libre concurrence entre les entrepreneurs capitalistes.

Il y a plus. Plusieurs grandes combinaisons industrielles et commerciales dès qu'elles ont eu assez de force pour
dominer la concurrence des entrepreneurs indépendants
ou obtenu, pour une raison quelconque, un monopole plus
ou moins définitif dans leur sphère spéciale, ont utilisé leur
puissance précisément pour hausser les prix de leurs marchandises au-dessus du niveau qu'elles atteignaient sous
l'ancien régime de la libre concurrence ; de sorte qu'il ne
peut plus être question à leur propos d'un accroissement
de la demande des marchandises par suite d'une diminution de leurs prix (2).

En tout cas, diverses tendances se croisent ici, ten-

---

1. Voir le *Rapport* de l'*Industrial Commission, loc. cit.*, part, I, pages 33-
34. Cf. également les déclarations des témoins auxquelles le Rapport
renvoie.

2. Voir des exemples de hausse arbitraire des prix sous le régime
des trusts dans le premier volume de cet ouvrage, chapitre final,
sect. II.

dances dont l'action diffère encore selon la nature de chaque sphère de production. L'avenir seulement pourra montrer définitivement si, les diverses branches de production et de distribution étant considérées en bloc, la formation des grandes combinaisons industrielles et commerciales aura entraîné ou non une diminution de main-d'œuvre. Pour le moment on trouve opposées aux assertions de plusieurs directeurs de grands trusts relatives à l'extension de la production et de la demande de marchandises par le public, les opinions d'autres témoins qui ont déclaré devant l'*Industrial Commission* que la formation des grandes combinaisons capitalistes a amené une diminution générale du travail et le renvoi définitif d'ouvriers par milliers (1). Le fait que nombre d'ouvriers ainsi renvoyés réussissent encore aux Etats-Unis à trouver d'autres moyens d'existence doit être jugé à part.

Quant à l'influence de la formation des cartels et des trusts sur les conditions de travail des ouvriers, il est clair que cette formation a pu entraîner une certaine hausse du prix de marché du travail, par suite déjà de l'intensité de la demande. Et ce cas a dû logiquement se poser surtout dans les branches de production où la formation des combinaisons coïncidait avec une période de prospérité générale des affaires. D'où, par exemple, la hausse générale des salaires qui a accompagné la formation des grands trusts dans les industries du fer et de l'acier et dans les branches d'industries similaires.

C'est ainsi que l'*American Tin Plate Company* a introduit pour son personnel des augmentations de salaire de 15 à 20 o/o, tandis que certains de ses ouviers ont obtenu

1. *Report of the Industrial Commission*, vol. XIV, p. VIII ; cf. aussi les interrogatoires, dans les vol. VII et XIV, auxquels renvoie le Rapport.

jusqu'à 50 o/o d'augmentation (1). De même les salaires des employés de la *National Steel Company* ont, selon la déclaration du président, M. Reis, augmenté de 15 à 20 o/o dans la première période du trust (2) ; tandis que les salaires de l'*American Steel and Wire Company* semblent avoir haussé de 40 o/o en moyenne (3). Dans la *Federal Steel Company*, il y eut d'après la déclaration de son président, une augmentation des salaires de 11 o/o en moyenne, c'est-à-dire que les salaires des ouvriers ordinaires augmentèrent de 16 o/o environ, tandis qu'au contraire les appointements des employés supérieurs et des employés aux bureaux centraux diminuèrent de plus de 6 o/o (4). L'*American Steel Hoop Company* a pu de même, d'après son président, M. Guthrie, augmenter les salaires de son personnel de 15 à 25 o/o (5). Et ainsi de suite. En partie cette augmentation générale du salaire des ouvriers proprement dits dans les industries mentionnées semble devoir être atribuée à l'application d'échelles mobiles, bien que souvent la base de ces échelles ait été, elle aussi, haussée.

1. *Preliminary Report*, part. I, p. 30 ; part. II, p. 853 (témoignage de M. Graham, second vice-président du trust), pages 869 et 874 (témoignage de M. Reid, président). Cf. aussi ce qui a été dit sur le contrat de salaire conclu par ce trust avec l'*Amalgamated Association of Iron, Steel and Tinworkers* dans ma *Théorie de la Valeur*, p. 384.

2. *Ibid.*, part. I, *loc. cit.* ; part II, p. 946, où M. Reis dit : « Il y eut une augmentation des salaires en janvier ; une autre, je crois, en mars, et une autre en juin ; de sorte que le Travail — le Travail non qualifié — a eu trois augmentations de salaires depuis le mois de janvier. Le 1er juillet, nous avons fixé l'échelle de salaires valable jusqu'en juillet de l'année suivante, et l'augmentation des salaires a donc été dans certains cas de 15 o/o, et dans d'autres de 20 o/o. » (L'interrogatoire de M. Reis a eu lieu le 17 octobre 1899.)

3. *Ibid.* part. I, *loc. cit.* ; part II, pages 1011-1012 (témoignage du président, M. Gates).

4. *Ibid.*, part. I, *loc. cit.* ; part II, p. 991. Cf. à ce dernier endroit le tableau présenté par M. Gary dont nous avons déjà parlé.

5. *Ibid.*, part I, *loc. cit.* ; part II, p. 954.

Il faut tenir compte aussi des économies que les gran·
des combinaisons tendent à faire, non seulement sur la
main-d'œuvre dans les entreprises coalisées, mais aussi
sur les matières premières et secondaires, sur le transport des marchandises, sur les frais d'emmagasinage, de
réclame et d'écoulement, etc., économies qui, dans leur
ensemble, ont souvent rendu possible aux grands capitalistes dirigeant les combinaisons de céder à leurs ouvriers,
sous forme d'augmentation des salaires, une partie du
surproduit réalisé. Une telle augmentation accroissait
sans doute leurs frais de production généraux, mais dans
certains cas elle devait leur sembler préférable, dans
leur propre intérêt, à une diminution correspondante des
prix de vente de leurs produits au profit des consommateurs, ou même à une nouvelle hausse de leur profit d'entrepreneur.

D'où l'augmentation des salaires dans plusieurs combinaisons autres que celles des industries du fer et de
l'acier, comme dans le trust du sucre, celui du pétrole, etc.
Tous les témoins qui furent entendus par l'*Industrial
Commission* afin de se prononcer sur la *Standard Oil
Company*, aussi bien les adversaires et les concurrents,
que les partisans et les directeurs de ce trust, furent d'accord en ceci que cette compagnie paie des salaires élevés
et assure à son personnel un travail fixe et régulier (1).

Lorsque, devant l'*Industrial Commission*, M. Graham,
de la combinaison du fer-blanc, parla de l'augmenta·
tion susdite des salaires ouvriers de 15 o/o et au-dessus, la question lui fut posée, si les ouvriers avaient

---

1. Voir *Preliminary Report*, part I, p. 29 et les interrogatoires auxquels le Rapport renvoie à cet endroit. Cf. la remarque suivante du
Professeur Jenks : « Récemment les journaux ont affirmé que cette Compagnie (la *Standard Oil Company*) a volontairement augmenté les salaires de 10 o/o. Il faut tenir compte de ce que les dividendes ont déjà
dépassé cette année les 40 o/o. » (*The Trust Problem*, chap. IX, p. 173.)

de leur côté, formulé des revendications. La réponse fut qu'ils avaient réclamé une majoration de leurs salaires de 20 o/o.

D. « Et alors, comme résultat d'un compromis, vous avez augmenté les salaires de 15 o/o ?

R. « Nous les avons augmentés de 15 o/o après avoir trouvé que 15 o/o était le chiffre minimum dont on serait satisfait. Ce fut là le résultat du compromis. » (1).

Les directeurs des grands trusts ne s'expriment pas toujours avec cette franchise ; mais, d'un point de vue économique, c'est toujours à la lueur de la nécessité ou du moins de l'intérêt propre des grands capitalistes qu'il faut juger le phénomène de l'amélioration des conditions de travail et de salaire des ouvriers sous le régime des combinaisons.

Plus on étudie l'organisation et les procédés des coalitions capitalistes modernes, plus on se convainc de ce que la décision sur la manière de disposer du surproduit progressif que réalisent ces compagnies au-dessus de leurs frais de production « s'arrange par la lutte », selon une expression du professeur Jenks. Si un trust ne réussit pas à dominer la concurrence, alors à la longue, sinon immédiatement, la plus grande partie du surproduit réalisé tombera en partage aux consommateurs, sous la forme de diminution du prix des marchandises. Lorsqu'au contraire la concurrence se trouve maîtrisée, les entrepreneurs s'approprient immédiatement la plus grande partie de leur surproduit sous la forme de dividendes payés aux actionnaires, jusqu'à ce qu'ils se voient forcés par leurs ouvriers — si ceux-ci sont bien organisés et tenaces, remarque M. Jenks de partager avec eux. Dans ce cas, la crainte de la concurrence future (la *concurrence potentielle* dont il a été parlé dans notre premier volume)

1. *Ibid.*, part II, p. 853.

peut avoir pour résultat que le consommateur recevra, lui aussi, quelque avantage du gain réalisé (1).

Du point de vue de l'intérêt ouvrier, l'organisation et la menace d'un arrêt complet ou d'une diminution sensible de la production est donc le grand moyen propre à influer sur la « générosité » des grands capitalistes, directeurs de trusts. « Il n'est pas rare, fait remarquer avec candeur M. Jenks (2), que les employeurs trouvent le consommateur plus docile que le travailleur ». Et au début de la formation des combinaisons, lorsque la nécessité s'impose d'une grande régularité dans la mise en marche de l'entreprise, on voit fréquemment les entrepreneurs coalisés s'entendre avec leur personnel ouvrier, afin de tirer, de part et d'autre, tout l'avantage possible de la situation, sans trop s'occuper des intérêts du consommateur.

Si donc la période du début des trusts a été caractérisée historiquement aux Etats-Unis par un apaisement de la lutte de classes, et si même les conflits sérieux entre entrepreneurs et ouvriers ne se sont déclarés que rarement jusqu'ici, la raison n'en est que partiellement attribuable à la prospérité générale des industries dans les dernières années du xixᵉ et les premières du xxᵉ siècles ou à la demande croissante de main-d'œuvre qui accompagnait cette prospérité. La position commerciale exceptionnelle dans laquelle les grands capitalistes américains se sont trouvés vis-à-vis de leurs ouvriers et du grand public consommateur ne saurait être négligée.

Lorsque le *Whiskey Trust* fut organisé pour la première fois, en 1887, rappelle M. Jenks, les salaires de diverses catégories d'employés furent relativement vite augmentés. Et voici de quelle façon parla M. Greenhut,

1. Cf. Jer. W. Jenks, *loc. cit.*, pages 180-181.
2. *Ibid.* p. 179.

président du trust, sur la tactique suivie par sa combinaison (1) :

« Il exprima cette opinion qu'il n'était que juste de donner aux employés une part des bénéfices qui seraient réalisés sous la nouvelle forme d'organisation. Il constata ensuite au cours d'une conversation que l'opinion publique était en général fortement hostile aux trusts, et qu'il serait peut-être sage de montrer que les directeurs de ces organisations n'avaient pas l'intention de les conduire d'une manière égoïste et dans leur propre intérêt seulement, mais qu'ils désiraient répartir royalement, parmi ceux qui étaient engagés dans la production, les avantages qu'ils en tiraient. » (2).

On retrouve souvent des opinions de ce genre formulées plus ou moins franchement dans les interrogatoires de *l'Industrial Commission*. Et toutes, elles rappellent à la prudence quiconque voudrait en partant des relations favorables entre les entrepreneurs coalisés et leur personnel ouvrier dans la première période des trusts, formuler une règle générale relative à ces relations dans l'avenir.

La coopération productive de plusieurs entreprises grand-capitalistes sous une direction centrale, et à un degré plus haut encore la monopolisation plus ou moins complète de certaines branches de l'industrie, du commerce et des transports, assure de suite une supériorité en puissance économique aux patrons coalisés vis-à-vis de leur personnel ouvrier. Il se peut que ces patrons préfèrent, dans les circonstances données, ne pas utiliser trop visiblement cette supériorité ; mais elle persiste cependant, d'une manière latente, comme un danger menaçant pour

---

1. Témoignage de M. Greenhut devant le *Committee of Manufacturers of Congress*. Voir 50 th. *Congress, Second Session*, II. R. n° 4, 165, pages 66-67 ; cité par JEN. W. JENKS, *loc. cit.*, pages 171-172.

2. JEN. W. JENKS, *loc. cit.*, p. 172.

les ouvriers. La supériorité en question se révèle tout
d'abord vis-à-vis de l'ouvrier isolé, lequel peut moins se
défendre, économiquement, lorsqu'il s'est mépris sur la
force d'un trust ayant le monopole de son industrie que
s'il avait seulement résisté à l'arbitraire d'un entrepreneur isolé ; mais la supériorité patronale se fait tout
autant sentir vis-à-vis-du personnel ouvrier d'une fabrique ou d'un atelier entier, ou même de plusieurs établissements à la fois.

Lorsqu'ils se trouvent engagés dans un conflit sérieux
avec le personnel d'un seul établissement ou même de
plusieurs, les entrepreneurs capitalistes unis temporairement ou définitivement dans un cartel ou un trust, peuvent souvent provisoirement fermer les établissements où
le conflit s'est déclaré. Et ils pourront faire exécuter les
travaux commandés aux établissements fermés dans d'autres où il n'y a pas de conflit, fût-ce avec quelque retard
dans l'exécution ou en subissant une certaine perte par la
hausse momentanée de leurs frais de production (1).

Devant l'*Industrial Commission,* on demanda à M. James
W. Lee, représentant de plusieurs compagnies de pétrole
indépendantes, ce qu'il pensait de cette assertion fréquemment formulée : que les directeurs d'un trust dominant un
certain nombre d'établissements et exerçant par là un vaste
monopole sur leur industrie, seraient à même de fermer
un ou plusieurs de leurs établissements dans le but de
diminuer les salaires ouvriers, d'augmenter les heures de
travail ou d'appliquer une autre mesure non désirée par
les ouvriers, et cela sans subir de ce fait une perte dans
leur production par suite de leur pouvoir à transporter
leurs affaires dans quelque autre établissement. Le témoin
donna une réponse nette et caractéristique : « Je pense

---

1. Voir *Preliminary Report,* part I, p. 31. Cf. les interrogatoires auxquels le Rapport renvoie.

que cette assertion peut être exacte, pour cette raison
que, s'ils possèdent le monopole entier de leur industrie,
la quantité de leur production n'est pas en question. Ils
peuvent fermer la moitié de leurs établissements et produire la moitié moins et doubler leurs prix. Ils peuvent
fixer le prix comme ils veulent ; il n'est point de puissance
qui puisse les contraindre de quelque manière que ce
soit. » Et qu'on ne dise pas que les combinaisons, même
les grands trusts possédant réellement un monopole sur
leur branche d'industrie, n'ont guère donné lieu à des abus
prononcés de ce genre : « Les trusts sont encore jeunes,
sauf dans quelques cas rares. Ces trusts avaient besoin
de la bonne volonté de leurs employés, et ils leur ont payé,
largement, de beaux salaires ; et ils n'ont pas eu de difficultés avec leur personnel. » (1).

1. *Ibid.*, part. II, p. 289. M. Lee ne se souvenait pas d'abus de ce
genre. Cependant, le professeur Jenks expose ce qui suit : « Une telle
menace, dit-on, a été faite, l'année passée, dans le cas des fondeurs du
Colorado. On a fait savoir aux grévistes que, s'ils persistaient dans leurs
revendications, la combinaison fermerait l'établissement où la grève mena-
çait, et transférerait les commandes à d'autres établissements. » (*The
Trust Problem*, *loc. cit.*, p. 177.) On a fait allusion au cas des fondeurs
en métaux dans les interrogatoires de l'*Industrial Commission*. Lorsqu'il
fut soumis, d'après les comptes rendus des journaux, à M. Havemeyer,
président du grand trust du sucre, celui-ci répondit : « C'est là une chose
terrible. Je ne voudrais pas me trouver en présence d'un tel cas. Je
pense que j'abandonnerais les affaires, si j'étais jamais en face de conditions pareilles. »
D. « Je vous parle du compte-rendu de l'assemblée du *Smelter-trust*.
Eh bien, pensez-vous que c'est une organisation salutaire que celle qui
possède ce genre de pouvoir ? R. Et comment ferez-vous pour l'empêcher ? » (*Preliminary Report*, part. II, p. 121. L'interrogatoire de M. Havemeyer a eu lieu le 14 juin 1899. Cf. encore, sur le même cas des fondeurs en métaux : *Report*, vol. XIII, *Testimony*, p. 98.)
Un autre cas du même genre est cité devant l'*Industrial Commission*
par Joseph Bishop, secrétaire du Bureau d'arbitrage de l'État d'Ohio,
concernant la grève dans le trust du fil d'acier (*American Steel and Wire
Company*) à Cleveland et dans l'Indiana. Voir *Report*, vol. VII, *Testimony*, p. 481.)
Remarquons enfin qu'il ne s'agit pas tant, pour nous, de la question de
avoir si les trusts se sont déjà fréquemment servis de la puissance coerci-

Il n'y a qu'un seul cas où les deux puissances économiques distinguées d'ordinaire sous le nom de Capital et de Travail s'égalent sous le régime des combinaisons. C'est lorsque l'organisation ouvrière est assez forte pour pénétrer dans tous les coins du pays, partout où les trusts ont leurs établissements; car c'est alors seulement qu'elle sera de taille à résister à cette manœuvre patronale de la fermeture des établissements en grève avec continuation de la production dans des établissements éloignés. Lorsque, dans ce cas, les patrons menacent de transférer leurs commandes à ces autres établissements, les ouvriers menacés pourront faire appel à l'organisation générale et répondre par cette autre menace : arrêter le travail dans tous les établissements du trust. En outre les ouvriers ont ceci en leur faveur — circonstance reconnue d'ailleurs par les directeurs des grandes combinaisons — que le remplacement d'une catégorie ouvrière organisée dans son ensemble et avec toutes ses qualités professionnelles spéciales est beaucoup plus difficile pour un trust que naguère pour l'entrepreneur capitaliste isolé, exploiteur d'une seule usine (1).

tive redoutable dont ils disposent par leur pouvoir de fermer arbitrairement ceux d'entre leurs établissements où ils entrent en conflit avec leurs employés. Ce qui importe surtout pour nous, c'est de constater que les trusts disposent du pouvoir en question.

1. Je citerai encore un autre argument apporté par un représentant d'un grand trust pour indiquer un changement dans la situation en faveur des ouvriers sous le régime des combinaisons. Je m'abstiens d'en faire la critique : « Un directeur ou un *superintendent*, responsable devant un vaste corps d'actionnaires du succès de l'exploitation d'un vaste établissement, est, d'une manière générale, beaucoup plus disposé à traiter avec son personnel à l'amiable, lorsque des différends s'élèvent, que ne l'est le propriétaire individuel d'un établissement. Ce dernier, dans maints cas, trouvera que sa dignité a été offensée, si ses ouvriers prétendent découvrir des défauts dans sa manière de conduire les affaires. Il sait qu'il est, lui, l'arbitre en dernière instance ; et que quelqu'un prétende lui dicter des règles concernant la méthode d'administration de son propre bien, c'est là une chose qu'il ne tolérera pas. » (CHARLES R. FLINT, tré-

Au moment de la grande enquête de l'*Industrial Commission*, les rapports entre les grands capitalistes coalisés d'Amérique et la très grande majorité de leurs personnels ouvriers étaient décidément peu hostiles et, dans plusieurs cas, ils sont restés tels jusqu'à présent.

La majeure partie des représentants des grandes combinaisons qui comparurent devant l'*Industrial Commission* ne manifestèrent aucune animosité à l'égard des organisations ouvrières, et tous se montrèrent plutôt disposés en leur faveur.

M. Archbold, vice-président de la *Standard Oil Company* fit l'éloge des rapports entre la Compagnie et ses 35,000 employés : « Je crois fermement au droit et aussi au devoir du Travail à s'organiser, comme je suis en faveur de la combinaison et de l'organisation du Capital. » (1). La *National Steel Company*, l'*American Steel Hope Company*, la *Federal Steel Company* et l'*American Tin Plate Company*, bien que n'occupant pas exclusivement des syndiqués, en ont un grand nombre à leur service. Elles entrent régulièrement en négociation et concluent des contrats avec l'*Amalgamated Association of Iron, Steel and Tin Workers* et paient d'ordinaire à leurs ouvriers non syndiqués des salaires qui sont basés sur le tarif conclu avec l'*Amalgamated Association* (2).

sorier de la *United States Rubber C°*, article dans la *North American Review*, mai 1901, p. 676.)

1. *Preliminary Report*, part I, p. 29 ; part II, pages 542 et 565.

2. *Ibid.*, part I, pages 30-31 ; part II, p. 946 (Reis) ; p. 955 (Guthrie) ; p. 983 (Gary). Cf. sur le Trust du fer-blanc surtout la déclaration suivante de M. Greer, directeur régional du trust pour le district de New-Castle : Lorsque l'*American Tin Plate Company* acheta les usines particulières, plusieurs d'entre elles travaillaient sous le régime non unioniste (*were running nonunion*) ; c'est-à-dire qu'elles ne reconnaissaient pas l'*Amalgamated Association*, ou la *Tin Workers' Association*. L'*American Tin Plate Company* conclut une entente avec l'*Amalgamated Association* et la *Tin Workers' Association* leur permettant d'unioniser toutes ses usines. Les entrepreneurs acceptèrent en même temps de payer et paient encore les salaires fixés par les tarifs de syndicat. *Ibid*, part II, p. 928.)

Cornélissen   37

Certes, les grands capitalistes américains n'éprouvent pas tous la même sympathie pour l'œuvre organisatrice des ouvriers, et il faut même enregistrer de la part de quelques-uns d'entre eux des preuves d'antipathie personnelle prononcée contrastant fortement avec l'attitude bienveillante dont les grands magnats des trusts témoignent encore généralement (1). —

D'autre part, pendant toute la période du début des combinaisons capitalistes et jusqu'à nos jours, l'attitude des grandes unions ouvrières américaines a été, en général, aussi peu hostile à leur égard que celle par contre des entrepreneurs coalisés l'était au leur. Les ouvriers syndiqués américains vieux modèle reconnaissent généralement la nécessité des combinaisons patronales ; ils repoussent aussi fortement que les entrepreneurs modernes le régime de la libre concurrence des capitalistes ; et jusqu'ici ils pensent pouvoir éviter, par l'organisation ouvrière, tous les abus que la formation des trusts pourrait entraîner pour eux, et tenir tête à tous les procédés tyranniques de la part des magnats du capital.

Dans le Rapport de l'*Industrial Commission* on lit : «.. Des *leaders* d'organisations ouvrières ont affirmé qu'ils ne craignaient pas les combinaisons industrielles pour les motifs déjà mentionnés, mais qu'ils croient que les unions sont à même de tenir tête aussi efficacement aux combinaisons qu'auparavant aux employeurs individuels. Ils

---

1. Pour en trouver quelques exemples je renvoie entre autres aux témoignages de M. Gates susnommé (cf. *ibid*, part. I, p. 31 ; part II, pages 1012 et 1013) ; de M. Schwab, président de la *United States Steel Corporation*, un ennemi renommé de l'organisation ouvrière (voir, au point de vue de la main-d'œuvre, la conduite des combinaisons constituantes de la *U. S. Steel Corporation* : *Report* vol. XIII, *Review of Evidence*, p. XXXI) ; de M. Havemeyer qui, tout en étant personnellement hostile aux syndicats ouvriers, en reconnut cependant la nécessité pour les ouvriers à cause de l'existence des trusts qui autrement « les étrangleraient » (*these corporations would run them out of existence*). (*Preliminary Report*, part II, p. 119 ; et ainsi de suite.)

sont ensuite d'avis que, si les combinaisons sont à même, grâce à leurs économies, d'augmenter les profits de l'industrie, les ouvriers pourront peut-être, par pression, maintenir ou hausser leurs salaires aussi rapidement qu'avant la formation des combinaisons. » (1).

Il semble en général, que les ouvriers syndiqués américains vieux modèle ne se rendent pas suffisamment compte de ce qu'il y a de sérieux dans la puissance économique et la force monopolisatrice croissantes des grandes combinaisons industrielles et commerciales. Ils se laissent plus ou moins fasciner par la situation actuelle. Ils ne semblent pas concevoir que la lutte principale entre leurs forces et celles des grandes coalitions capitalistes commencera seulement lorsque ces derhières auront assez pris pied et étendu leurs constructions dans toutes les directions ; lorsqu'ensuite la concurrence internationale, entraînée par le besoin d'une extension des marchés, se fera sentir plus intensément et qu'à la longue la stagna-

---

1. *Preliminary Report*, part I, p. 31. Dans des interrogatoires ultérieurs l'*Industrial Commission* s'est plus particulièrement occupée d'enquêter l'attitude des ouvriers syndiqués vis-à-vis des combinaisons capitalistes modernes. Cf. entres autres les déclarations de Theodore J. Schaffer, président de l'*Amalgamated Association of Iron, Steel, and Tin Workers* qui pense que les trusts, jusqu'ici, ont eu une « influence salutaire », et que la majorité des membres de son organisation préfèrent avoir affaire aux grandes combinaisons qu'aux petites entreprises. (*Report*, vol. VII, *Testimony*, p. 395) ; de Sam. Gompers, président de l'*American Federation of Labor* qui est plus réservé dans ses expressions et estime que « notre attitude vis-à-vis des trusts est déterminée en grande partie par l'attitude des trusts vis-à-vis du Travail organisé », tout en disant des organisations ouvrières : « Je pense qu'il existe un pouvoir inhérent au Travail organisé capable d'imposer actuellement déjà, et plus effectivement encore dans un avenir prochain, une conduite loyale sous forme de salaires loyaux et de conditions loyales du travail. » (*Ibid.*, pages 642-643); de D. F. Kennedy qui prétend : « Le Travail a toujours constaté qu'il pouvait obtenir davantage des employeurs, là où une industrie a plusieurs centres d'activité, si les employeurs avaient une forme quelconque d'organisation : le travail a pu alors obtenir des conditions meilleures que de chacun d'eux individuellement ; ceci dit d'une façon générale. » (*Ibidem*, p. 753) ; et ainsi de suite.

tion et les crises dans les industries des Etats-Unis ren-
dront inévitables des baisses de salaires.

Les premiers prodromes de la lutte profonde des deux
puissances ouvrière et capitaliste organisées ont été
observés à plusieurs reprises dans les milieux ouvriers
des Etats-Unis, et notés par l'*Industrial Commission* (1).

Ce qui, au début, a nuancé de bienveillance, les rapports entre les unions syndicales vieux modèle des
Etats-Unis et les combinaisons capitalistes, c'est le relèvement momentané du bien-être matériel des ouvriers les
plus qualifiés (*skilled labourers*); c'est-à-dire de ces ouvriers
qui ont encore la prédominance, malgré une opposition
croissante, dans la population ouvrière. C'est un fait indéniable que les salaires de ces ouvriers ont augmenté, parfois considérablement, dans plusieurs sphères de production, de transport et de communications, comme il est
non moins certain que leur travail est devenu plus régulier

1. Intéressante à ce point de vue est, dans le premier volume du Rapport de cette Commission, l'affirmation de M. Griffiths, fabricant de
fer-blanc, se référant surtout à une lettre explicative communiquée par
lui à la Commission et provenant d'un ouvrier au service de l'*American
Tin Plate Company* : Les ouvriers, tout en reconnaissant que leurs salaires ont été haussés, sous le régime du trust, se sentent d'autre part
plus qu'auparavant sous la puissance des entrepreneurs. (Cf. *loc. cit.*,
part. 1, p. 30; part II, pages 904 et suiv.) De la part de la Direction de
l'*American Tin Plate Company* (cf. *ibid.*, part. II, pages 924, 928, 929)
les assertions de M. Griffiths ont été constestées, mais le démenti laisse
intacte la valeur de la déclaration en question et des motifs sur lesquels
elle se basait. Car, encore une fois, il peut y avoir différence d'opinion
entre ouvriers et entrepreneurs d'une branche d'industrie monopolisée sur
la question de savoir si, oui ou non, la combinaison capitaliste a déjà
abusé en fait vis-à-vis de ses ouvriers de sa prédominance économique.
Il n'empêche que ces abus sont inhérents à la nature même des grandes
combinaisons. Cf. encore la plainte de M. Gompers au sujet de la surveillance exercée par les trusts qui « ont rendu la liste noire, là où ils
l'appliquent, plus efficace et plus nuisible, plus oppressive et plus sévère »
(*Report*, vol. VII, *Testimony*, p. 643) ; celle de M. Kennedy qui estime
que les grandes combinaisons industrielles « nous ont rendu complètement dépendants d'elles comme nous le sommes des chemins de fer ».
(*Ibid.*, p. 753). Etc.

et plus fixe par la centralisation de la direction introduite dans les entreprises par les trusts. D'où la séparation plus ou moins nette qui s'est lentement faite entre ces catégories d'ouvriers privilégiés et le prolétariat industriel, commercial et agricole laissé comme résidu. Il s'est formé une sorte d'aristocratie du travail qui présente momentanément de fortes tendances à faire cause commune avec les entrepreneurs (voir pages 543 et suiv.) Cette aristocratie du travail, forte toujours par son organisation, montre rarement les dents aux entrepreneurs pour les avertir des conséquences d'une rupture de l'accord temporairement conclu. Elle se moque, dans plusieurs questions, du sort des vastes catégories ouvrières qu'elle a laissées derrière elle, de ces masses d'ouvriers qui autrefois étaient classées dans les rangs de l' « armée industrielle de réserve », mais qui, vu la marche toujours plus régulière de la production sous les combinaisons modernes, se voient de plus en plus forcées d'aller chercher du travail en dehors de leur sphère d'industrie et de battre les routes des divers Etats en qualité de vagabonds (*tramps*). La circonstance déjà relevée que la période de la formation de plusieurs grands trusts a coïncidé aux Etats-Unis avec une prospérité générale des industries, a détourné l'attention publique de ce prolétariat résiduel ; mais l'avenir prouvera qu'il se pose ici pour les Etats-Unis un problème d'une terrible gravité.

L'entente des grands capitalistes modernes avec les *skilled labourers* organisés s'est accomplie aux Etats-Unis d'ordinaire spontanément et sous la pression des événements, plus rarement cependant d'une manière systématique et par contrat régulier entre les parties. Mais, en tout cas, la tactique suivie de part et d'autre se joint nettement à certains procédés soigneusement élaborés par des patrons, tels que le système connu qu'ont projeté les fabricants de lits de fer en Angleterre. Il y a quelques années (en 1900) ceux-ci, après s'être alliés entre eux pour supprimer la concurrence, se sont entendus ensuite avec l'organisation ouvrière dans leur branche d'industrie pour une action commune. Ils acceptèrent l'obligation de n'employer que des ouvriers syndiqués à un salaire minimum fixé par les ouvriers ; d'autre part les membres des unions ouvrières dans l'industrie des lits de fer s'engagèrent à ne travailler que chez des membres de l'union patronale (1).

Dans l'organisation des trusts aux Etats-Unis, il ne manque pas non plus d'exemples de conventions du même genre conclues entre les organisations patronales et ouvrières (2).

*
* *

La forme de valeur sur laquelle le régime des combinaisons capitalistes influe en premier lieu, quant à la marchandise travail, et par laquelle le salaire est haussé ou baissé, peut être différente, et on se trouve de nouveau

1. Voir, dans son origine, ce même système caractérisé dans le chapitre précédent par l'exemple de l'Union des ouvriers diamantaires d'Amsterdam.

2. Je prendrai de nouveau un cas type et citerai la grande Enquête de l'*Industrial Commission* pour l'industrie du verre à vitre.

M. Byron W. Holt, secrétaire du *Tariff Reform Committee* du *Reform Club* à New-York, qui a fait devant la Commission des communications fort intéressantes relatives à plusieurs trusts, affirma que, depuis l'organisation du Trust du verre à vitre (l'*American Window Glass Company*, formée en octobre 1899), les ouvriers avaient conclu une convention avec les fabricants en vertu de laquelle les fabriques de verre à vitre furent fermées en moyenne 5 ou 6 mois par an. Les ouvriers de cette industrie reconnaissent que c'est là le seul moyen pour maintenir dans certaines limites, tant le taux du profit des patrons que celui des salaires ouvriers. Ils participent ainsi aux bénéfices de cette industrie qui est soutenue par des droits douaniers élevés et sont d'accord avec leurs patrons contre le public qui achète leurs produits. « Ils se rattrapent sur le consommateur » (*they mulct the consumer*). Plusieurs *leaders* ouvriers dans cette industrie du verre à vitre, affirma M. Holt, disent qu'il vaudrait mieux pour les ouvriers pouvoir travailler comme dans les autres industries, c'est-à-dire à des salaires un peu moindres, mais régulièrement. (Voir *Report of the Industrial Commission*, vol. XIII, *Review of Evidence*, p. XXXI, *Testimony*, pages 579 et 565.)

en présence de tendances multiples dans la double direction connue.

Lorsque la formation d'un cartel ou d'un trust entraîne, par le rejet d'une main-d'œuvre superflue, une baisse des salaires ou des appointements, on a évidemment affaire à une décroissance de la *valeur d'usage* du travail, décroissance qui provient alors nettement de la modification du rapport de l'offre à la demande de main-d'œuvre, celle des commis-voyageurs, dessinateurs, comptables ou surveillants ou encore des ouvriers proprement dits. Lorsque, au contraire, une combinaison capitaliste, grâce aux économies qu'elle peut réaliser, est à même de diminuer fortement les prix de marché de ses articles, et que, par suite de leur écoulement plus facile, elle doit étendre son activité industrielle et augmenter le nombre de ses ouvriers, c'est le cas contraire qui peut se présenter : l'accroissement de la *valeur d'usage* du travail plus recherché peut entraîner une augmentation de la valeur d'échange et du prix de marché de ce travail.

Il se peut, on l'a vu par l'exemple des industries du fer et de l'acier aux Etats-Unis (voir ci-dessus p. 585), que la situation nouvellement créée sous le régime des trusts entraîne aussi le relèvement de la base des échelles de salaires, et on pourra dire alors que la *valeur de production* se trouve également augmentée sous le régime des combinaisons, — pourvu du moins que ce soit la formation des trusts qui ait été la cause du phénomène constaté. Car il se manifeste alors que l'homme peut obtenir, sous le nouveau régime de production, une nourriture, un habillement, etc., meilleurs ; c'est-à-dire qu'une norme de vie supérieure pourra s'enraciner dans les mœurs et coutumes des milieux ouvriers. Ce dernier cas se présente souvent quand la hausse des salaires ne provient pas tant du changement du rapport de l'offre à la demande numérique de main-d'œuvre que de la pression exercée par l'organisation ouvrière ou par l'opinion publique ou par toutes les deux.

Il est vrai que c'est l'accroissement de la productivité des entreprises qui rend alors possible aux entrepreneurs de recourir à l'augmentation des salaires et qui les pousse à le faire, en sorte qu'on peut parler, si l'on veut, d'un accroissement correspondant de la productivité du travail humain. Mais il reste toujours fort douteux si c'est en vertu de cet accroissement de la productivité du travail que les entrepreneurs coalisés consentent à l'augmentation des salaires. Il n'en est pas ainsi, certainement, dans les nombreux cas où cette augmentation a lieu contre la volonté des entrepreneurs sous la forte pression des ouvriers, qui se basent précisément sur les nouvelles conditions de la production pour hausser leur norme de vie. La preuve en est facile, lorsqu'on compare ces cas avec d'autres où les entrepreneurs se trouvent en face de masses ouvrières non organisées ou mal organisées, et où il apparaît nettement que, malgré la productivité croissante du travail qui mettrait ces entrepreneurs à même d'augmenter les salaires, cette augmentation ne se réalise pas, ou qu'il se produit même une diminution des salaires (1). Des comparaisons de ce genre sont particulièrement propres à démontrer l'importance du fait que les ouvriers développent leurs besoins matériels et intellectuels parallèlement au développement de leurs industries et aux modifications que subit leur milieu, en même temps qu'ils se mettent à même de contraindre, par la force de leurs organisations, les employeurs à leur assurer la satisfaction de ces besoins nouvellement acquis.

1. Une émotion générale fut éprouvée dans tous les pays par la catastrophe de Courrières (mars 1906, 1,200 mineurs tués, au fond des fosses, par un coup de grisou). La presse radicale et socialiste française dévoila à cette époque au monde étonné les bénéfices des compagnies minières. Elle calcula d'après les propres publications de la *Compagnie*

Evidemment, dans un cas comme celui de la combinaison du fer-blanc aux Etats-Unis (voir ci-dessus) où les ouvriers, d'après le témoignage d'un représentant du Trust, demandèrent une augmentation des salaires de 20 o/o et obtinrent, par un compromis, 15 o/o, il peut sembler difficile de décider, si c'est tout d'abord la *valeur d'usage* ou bien la *valeur de production*, ou encore toutes deux, qui ont été augmentées sous le nouveau régime et par ce régime (ces deux notions devant être distinguées) et par l'intermédiaire de quelle forme de valeur la hausse définitive des salaires a été obtenue en fin de compte. Naturellement il faut juger ici chaque cas spécial pour soi.

Il faut encore s'occuper brièvement de certaines catégories d'entreprises monopolisées qui se distinguent des autres au point de vue des conditions de travail. Il s'agit des branches d'industries, de transport, etc., qui sont dans les mains de l'Etat, comme entreprises nationales, départementales ou communales. Les diverses espèces de monopoles d'Etat deviennent plus nombreuses chaque jour, depuis que, dans tous les pays, croît la tendance à introduire et à développer la propriété et l'exploitation par le Gouvernement central des chemins de fer, des mines et carrières, des télégraphes et téléphones, etc., et que les communes commencent de plus en plus à étendre la sphère de leurs activités d'entreprise en prenant en

des mines de houille de Courrières, que les dividendes payés par cette Compagnie à ses actionnaires avaient monté, dans l'année précédant la catastrophe (1905), jusqu'à 1,040 (mille quarante) o/o. En 1900, chaque action à son niveau réel, 10 francs, avait même rapporté 125 francs (soit 1,250 o/o). (Voir : *Les bénéfices scandaleux de la Compagnie de Courrières*, article de M. EDGARD MILHAUD, professeur d'économie politique à l'Université de Genève, dans *Le Courrier Européen* du 16 mars 1906.) Et pourtant, les mines de Courrières étaient dans une situation mauvaise ! La catastrophe fut immédiatement suivie d'une grève générale des mineurs du Nord et du Pas-de-Calais et c'est alors seulement qu'on vit les compagnies minières offrir une augmentation des salaires de 10 o/o.

régie l'exploitation de tramways, conduites d'eau, usines à gaz, abattoirs, et parfois installations électriques, etc. ; parfois même, comme dans plusieurs villes
d'Angleterre, d'entreprises de commerce et d'industrie
tombant en dehors des « monopoles naturels » de la commune (1). Tous les jours le nombre des ouvriers productifs augmente qui passent des industries privées au service de l'Etat et de la Commune.

Constatons maintenant d'abord que, d'ordinaire, les
conditions de travail sont un peu meilleures pour les
employés de l'Etat et des communes que pour les ouvriers
de métiers analogues et de même milieu social travaillant_
dans les entreprises privées.

Lors de la grande enquête de 1891-1893 en France, la
durée moyenne du travail journalier fut, dans le milieu
social qu'est le département de la Seine, de dix heures et
demie environ dans les établissements de l'industrie privée que les agents de l'Office du Travail ont pu enquêter.
Mais dans les établissements de l'Etat, cette durée
moyenne n'était que de dix heures. Depuis, la journée de
travail a été encore beaucoup réduite, surtout dans les
établissements de l'Etat où elle est souvent abaissée maintenant à neuf et même huit heures. Quant aux salaires,
l'Enquête susdite constata que la moyenne *générale*, pour
les groupes d'industries spécialement étudiés, fut de 6 fr. 15
par journée de travail, soit environ 5 fr. 85 par dix heures de travail. Pour les établissements de l'Etat la
moyenne fut de 6 fr. 30.

1. Le Conseil de comté (*County Council*) de Londres a organisé un service de bateaux à-vapeur sur la Tamise ; la ville de Brighton possède
ses courses de chevaux locales qui lui donnent un bénéfice de 50,000 à
75,000 francs par an ; Brighton et Southborough exploitent des théâtres
communaux; West-Ham débite des pavés et les vend avec un profit à des
entrepreneurs ; Colchester a un banc d'huîtres communal ; Manchester
fabrique du savon, de l'huile, du suif et du mortier comme résidus de
ses industries du gaz et d'autres ; Wolverhampton vend de la glace aux
commerçants de la ville ; Torquay a entrepris l'élevage de moutons ; etc.

En ce qui concerne les ouvrières, la moyenne des salaires observés fut de 3 francs par jour, soit un peu moins
de 3 francs par dix heures dans les établissements de
l'industrie privée ; elle fut de 3 fr. 45 par journée de
dix heures dans ceux de l'Etat (1).

Le fait que nous venons· de caractériser par cet exemple de nature assez générale, n'est pas explicable, sans
doute, par une productivité et un rendement supérieurs
des entreprises de l'Etat et des communes comparés
à ceux des industries privées. ·Il faut plutôt constater
à ce sujet que les établissements de la première catégorie
sont inférieurs en organisation technique et en productivité du travail à ceux de la seconde, bien que l'amélioration dans l'exploitation ait été souvent un motif principal pour la monopolisation d'entreprises par l'Etat ou
par la Commune (2).

L'explication demandée doit être cherchée dans des
causes de nature politique ; notamment dans cette circonstance que les différents partis de gouvernement qui se
font concurrence dans chaque pays se posent volontiers
de nos jours en « patrons modèles ». Ils peuvent le faire
facilement puisqu'ils agissent aux frais du public ; c'est-à-
dire, — le problème vu sous le double aspect de la consommation générale et du rejet des impôts sur le dos des
plus faibles, — aux frais surtout des masses ouvrières,
dans les branches de production libres, non monopolisées.

Le Bureau de Statistique de la ville de Dresde, traitant
des conseils municipaux des villes allemandes qui introdui-

---

1. *Salaires et durée du travail dans l'industrie française*, tome I, Analyse, 2ᵉ partie, E, p. 470, et H, p. 494.

2. Voir par exemple sur l'extension des, industries municipales en
Angleterre dans les dernières dix ou douze années et les motifs pour et
contre, l'enquête de FREDERIC C. HOWE, *Bulletin* nᵒ 62 (janvier 1906)
du *Bureau of Labor* à Washington, pages 2-4 et pages 8 et suiv.

sent l'exploitation communale dans plusieurs sphères d'activités a formulé ainsi la tendance dont nous venons de
parler : « Les municipalités allemandes ne se trouvent ici
qu'à l'entrée d'une voie qui, autant qu'on en peut juger dès
à présent, a pour but de rapprocher de plus en plus la
situation des ouvriers municipaux de celle des fonctionnaires municipaux. » (1).

En effet, les ouvriers de l'Etat prennent partout de plus
en plus le caractère de fonctionnaires des services publics
dans le sens préconisé internationalement par la néo-social-
démocratie pour toutes les sphères de production et de
distribution des richesses. A côté des inconvénients que
ce fonctionnarisme entraîne pour les ouvriers sous forme
de servitude d'Etat (dans laquelle tomberaient aussi les
ouvriers des industries monopolisées), il faut mentionner
certains avantages dont ces ouvriers jouissent, du moins
temporairement, aussi longtemps qu'ils ne sont qu'une
petite minorité des populations ouvrières et que subsiste
la concurrence susdite entre les partis politiques. Se rangent parmi ces avantages, en dehors, souvent, d'une légère
amélioration des tarifs de travail et de salaire, les pensions de retraites, les pensions pour les veuves et les
orphelins, les assurances contre les accidents et la maladie, etc.

L'identification des conditions de travail des ouvriers
dans les entreprises nationales, départementales et communales avec celles des petits fonctionnaires des services
publics a, pour nos études sur le salaire et le travail
salarié, la signification d'une augmentation de la *valeur
de production* et par elle aussi de la *valeur d'échange* et du
prix de marché du travail.

---

1. *Reichs-Arbeitsblatt*, 1re année, n° 7 (octobre 1903), Article : *Lohn-
verhæltnisse der stædtischen Arbeiter in Dresden*; p. 550.

CINQUIÈME PARTIE

Conclusion. — Théorie générale du salaire.

CHAPITRE XXIV

CONSIDÉRATIONS GÉNÉRALES

Dans les chapitres précédents, comme dans notre premier volume lors de notre étude des marchandises en général, deux formes élémentaires de valeur se sont présentées constamment à nous : celle de la *valeur de production* et celle de la *valeur d'usage*. Elles expriment, chacune dans un sens très spécial, un rapport entre les biens (dans le présent volume la marchandise travail) et l'homme.

Pour la valeur de production du travail, il s'est agi toujours dans les pages précédentes du rapport entre le travail et l'ouvrier salarié; pour la valeur d'usage, du rapport entre cette marchandise et son acquéreur, l'entrepreneur capitaliste, derrière lequel vient le consommateur des articles produits par le travail. Plus rarement est entrée en jeu, comme valeur d'usage, la valeur que le travail (ou le temps dépensé au travail) possède pour le travailleur même.

Dans le premier volume, on a vu que certaines richesses spéciales peuvent se présenter sur le marché comme marchandises et y atteindre une valeur d'échange pour la seule raison qu'elles possèdent de la valeur d'usage et sans présenter une valeur de production quelconque. Ce sont là les richesses à la formation desquelles le travail humain n'a pas contribué. Cependant, en examinant le travail humain comme marchandise il faut toujours compter à la fois avec les deux formes élémentaires de valeur susdites.

La marchandise travail possède nécessairement une certaine valeur de production, laquelle dépend de la satisfaction de certains besoins vitaux. Les ouvriers salariés ne sauraient fournir le travail offert par eux sur le marché comme marchandise, sans obtenir le moyen de conserver leur organisme (nourriture, habillement, logement, etc.). En outre l'ouvrier, pour travailler productivement au service d'autrui, réclame également la satisfaction de certains besoins d'ordre intellectuel et moral, historiquement déterminés dans chaque milieu. Enfin, la succession des générations ouvrières nécessaires à la continuité régulière de la production sociale suppose la procréation et l'éducation des ouvriers futurs. C'est pourquoi on a vu, dans les pages précédentes, la valeur de production du travail se ramener au coût de formation et d'entretien du travailleur et de sa famille.

Pour pouvoir présenter son travail comme une marchandise sur le marché, l'ouvrier salarié doit offrir une certaine valeur d'usage, dans ce sens que les besoins ou désirs humains qu'il peut satisfaire font que son travail peut être demandé par un individu quelconque ou par une collectivité d'individus, de sorte que le demandeur soit disposé à offrir, sous forme de salaire, une certaine rémunération en échange du travail.

Les valeurs de production et d'usage du travail salarié se réalisent — ici comme pour les marchandises en général — dans l'échange, convention conclue entre celui qui offre et celui qui demande le travail. La nécessité de cette réali-

sation tient à la nature du travail humain en tant que
marchandise et à la structure générale de la société.

Dans les périodes précapitalistes, où la production se
fait par des individus ou des groupements (étroits ou
larges) pour leur usage propre, le travailleur ne pouvait
qu'exceptionnellement céder les services de son corps ou
de son esprit à autrui sans recevoir en échange, directement ou indirectement, une rémunération en nature.
Une valeur d'usage s'échangeait alors contre une autre.

Vu le développement actuel de la production et du
commerce, il n'est plus indispensable que l'ouvrier salarié
ne reçoive comme rémunération de son travail que des
produits *directement* nécessaires à son entretien. Au contraire, dans le chapitre II nous avons vu que le salaire
en nature, dans la société moderne, est déjà supprimé ou
presque d'une branche de production après l'autre. De
nos jours, il suffit que l'ouvrier reçoive comme rémunération de son travail, une marchandise possédant pour lui
une valeur d'usage *indirecte*, mais constante, en ce sens
qu'il pourra l'échanger, au moment voulu, et facilement,
contre toute espèce d'articles de consommation. On voit
apparaître alors la marchandise monnaie.

Pour la marchandise spéciale qu'est le travail humain,
comme pour les marchandises en général, on remarque
donc que celui qui offre et celui qui demande du travail
se rencontrent en qualité de *vendeur* et d'*acheteur*. Entre
eux (industrie à domicile, certains cas de travail à l'entreprise) peuvent se placer encore des intermédiaires (*sous-
entrepreneurs*, *facteurs*, *agents de commerce*).

De la combinaison des deux *valeurs* de *production* et
d'*usage* et par la rencontre entre vendeurs et acheteurs
de la marchandise travail, naît la *valeur d'échange* du
travail. Et, de la même manière que pour les marchandises en général, le rapport exprimé par cette dernière
forme de valeur se présente comme un rapport entre la

marchandise travail et les personnes du vendeur et de
l'acheteur, ou même entre le travail et d'une part la collectivité des vendeurs (l'union des ouvriers salariés) et de
l'autre la collectivité des acheteurs (la combinaison des
entrepreneurs). La collectivité des consommateurs des
articles produits demeure toujours au second plan.

Avant de formuler dans cette Conclusion notre Théorie
générale du salaire, nous aurons à analyser la nature de
la valeur d'échange de la marchandise travail en même
temps que celle de ses éléments constituants.

Depuis que, pour l'échange de la marchandise travail
comme des autres marchandises, les transactions régulières entre les hommes ont transformé une marchandise
déterminée (la monnaie, or ou argent par exemple) en
marchandise numéraire générale, on peut parler d'un
prix de marché du travail. Et ce prix n'est autre chose
que la valeur d'échange du travail exprimée en monnaie (1). Son nom courant est le *salaire*.

Tous les changements en valeur d'usage que subit la
matière monnaie (or ou argent, etc.) elle-même, indépendamment de la marchandise travail dont la valeur s'exprime en monnaie, atteignent seulement le *prix* du travail,
le *salaire*, mais nullement sa *valeur d'échange*. Le salaire
peut donc augmenter ou diminuer sans que la puissance
d'achat et le bien-être matériel de l'ouvrier varient. La
distinction qui a été tracée dans ce volume entre les *salaires nominaux* et les *salaires réels* correspond régulièrement à ce phénomène, constaté surtout lors de l'étude
comparative des salaires ouvriers à des époques éloignées, ou dans des milieux sociaux différents.

Le prix du travail, le salaire, est, par opposition à sa
valeur d'échange, l'élément réel qui se présente dans l'é-

---

1. Cf., sur les notions de la *valeur* et du *prix* des marchandises, *Théorie de la Valeur*, pages 280 et suiv.

change à la surface des phénomènes du marché, tandis
que la valeur d'échange reste toujours une notion abstraite. Mais le fait réel constitué par l'existence du salaire
et des modifications qu'il subit resterait inexplicable sans
l'analyse de la valeur d'échange du travail, puis des éléments constitutifs de cette valeur, analyse dont la nécessité
se justifie par les variations et les changements de l'état
du marché, du milieu social, de la situation économique
acquise par les ouvriers et les entrepreneurs, des capacités
personnelles des différents ouvriers, etc.

Enfin, pour la marchandise travail comme pour les
marchandises en général, nous devons distinguer entre la
valeur d'échange individuelle ou personnelle, qui est
déterminée par les évaluations purement personnelles de
vendeurs et d'acheteurs définis de travail ; et la *valeur
d'échange sociale*, qui est déterminée pour chaque catégorie de travail, d'une part par sa valeur de production
sociale, et de l'autre par les besoins sociaux, c'est-à-dire
par la demande totale et effective dans le milieu considéré.

Pour bien s'expliquer cette distinction, on doit d'abord
considérer ce coût de formation et d'entretien de l'ouvrier
qui a été donné ci-dessus comme la base de la valeur de
production du travail, et distinguer entre le coût personnel et le coût social.

Il se peut qu'un ouvrier de fabrique se dise : j'ai à
entretenir une famille nombreuse, le coût de la subsistance est plus élevé pour moi et les miens qu'en moyenne
pour les ouvriers de ma catégorie ; je dois donc réclamer
un salaire supérieur au leur. Ou encore, il se peut qu'un
médecin raisonne de la façon suivante : pour pouvoir terminer mes études, j'ai dû emprunter à haut intérêt une
somme d'argent qu'il me faut compenser maintenant par
les appointements que m'alloue la Société de secours qui
m'a engagé. Autre chose est de savoir, si, dans les deux
cas posés, l'ouvrier de fabrique et le médecin, se basant

Cornélissen   38

sur le motif du montant élevé de leur coût de formation
et d'entretien personnel, réussiront à obtenir un salaire
ou des honoraires supérieurs à ceux de leurs collègues,
supposé qu'ils fournissent un travail de même qualité que
ces derniers. Au contraire, si divers que soient les besoins
et les exigences de vie des individus, la norme de vie que
les salariés réussissent à maintenir présente, pour chaque
catégorie de travail et dans chaque milieu social, une certaine stabilité. Et il se forme ainsi, pour chaque catégorie
spéciale de travail et dans chaque milieu social une certaine valeur de production sociale du travail. L'entrepreneur capitaliste tenant compte de la valeur de production
de la main-d'œuvre qu'il emploie (et il y est obligé par les
travailleurs eux-mêmes) ne s'occupe généralement pas du
coût de production personnel que tel ou tel de ses
ouvriers voudrait bien faire valoir, mais uniquement du
coût de production social de sa main-d'œuvre, coût dans
lequel les frais de production individuels sont nivelés.

En outre, il faut tenir compte des actions et réactions
régulières entre la norme de vie de la population et le
taux des salaires. Ce taux, haussant ou baissant par suite
d'influences occasionnelles de nature technique, économique, politique, etc., réagit sur le coût de production de la
main-d'œuvre tel qu'il est enraciné dans les mœurs et habitudes des populations ouvrières, et ce coût, de son côté,
agit comme facteur essentiel pour la fixation définitive
des salaires.

On a vu que le niveau du coût d'entretien habituel de
l'ouvrier peut varier, pour les mêmes catégories de travail
ou pour des catégories similaires, non seulement d'après
la région (salaires ruraux et salaires urbains, etc.), mais
aussi selon le développement intellectuel général et surtout l'agitation (presse ouvrière) et l'organisation de la
population laborieuse, etc.

Pour une connaissance exacte des éléments constitutifs

du coût de formation et d'entretien, il est nécessaire de
tenir compte des rapports de la famille ouvrière entière
avec les industries du milieu ; notamment de la question
de savoir si plusieurs membres des mêmes familles
ouvrières travaillent d'ordinaire dans une même branche
de production, ou dans des branches voisines et obtiennent ainsi des salaires individuels qui se complètent pour
constituer le gain familial. Par exemple, les branches
d'industrie où la femme, même mariée, travaille encore
fréquemment à côté de l'homme, les enfants à côté des
parents (comme dans le textile) se distinguent régulièrement par des salaires individuels plus bas. Dans les industries familiales (industries à domicile) se présente une
tendance à la concordance du salaire total de la famille
ouvrière avec le salaire individuel de l'ouvrier de métier,
de même milieu social travaillant dans les industries où le
travail à domicile est inconnu. Dans le cas le plus défavorable pour les ouvriers à domicile, là où leur industrie n'exige pas la direction d'un ouvrier de métier, le
salaire familial tend même à concorder seulement avec le
salaire individuel habituel du simple journalier ou manœuvre. (Voir ci-dessus pages 313-314.)

Comme il s'agit ici d'une norme de vie générale, d'un
niveau moyen où les différences personnelles s'annulent,
il faut entendre par coût de formation et d'entretien,
pour chaque catégorie spéciale d'ouvriers et dans chaque
milieu social, celui de l'ouvrier qui a une famille moyenne
à sa charge. L'ouvrier fait non marié, ou l'ouvrier marié
sans jeunes enfants, pourront donc plus facilement, quant
au salaire qu'ils gagnent, dépasser vers le haut le
niveau de leurs frais de subsistance occasionnels que
l'ouvrier ayant à sa charge une grande famille. L'ouvrier fait non marié pourra peut être dépenser une
partie de son salaire à autre chose qu'à sa subsistance
immédiate, logement, nourriture, habillement, etc. **Par**

contre, l'ouvrier chargé d'une grande famille restera le plus souvent en-dessous de la norme de vie habituelle pour son milieu et sa catégorie, à moins de trouver par un travail supplémentaire (travail de nuit, travail du dimanche) ou par les gains d'appoint apportés par un ou plusieurs autres membres de la famille, la compensation nécessaire à son salaire insuffisant. Du point de vue ouvrier c'est précisément sur la nécessité de trouver de tels gains d'appoint que repose le développement de l'industrie à domicile sous ses diverses formes.

Une distinction, analogue à celle que nous avons faite relativement à la valeur de production du travail, s'impose également pour sa valeur d'usage ; là encore, on constate un nivellement des diverses valeurs d'usage personnelles, variables selon les cas, et l'existence d'une valeur d'usage sociale et générale.

La valeur d'usage du travail pour la personne même de l'ouvrier salarié n'a pas de sens réel, d'ordinaire, sous les rapports de production capitalistes modernes. L'ouvrier moderne produit pour autrui; son travail, par suite, a seulement une valeur d'usage *immédiate* pour d'autres que lui, tandis que, normalement, il ne lui attribue d'autre valeur d'usage, lui-même, que cette valeur, de nature *médiate*, de lui procurer un certain salaire. Il est rare que la valeur d'usage du travail (ou du temps de travail) pour le travailleur influe réellement sur la rémunération que celui-ci tâchera de réaliser, comme il arrive dans certains cas de travail salarié des plus qualifiés.

Mais la valeur d'usage du travail pour d'autres que l'ouvrier salarié devient, sous les rapports capitalistes de la société, valeur d'usage de marché. Il se peut qu'un entrepreneur capitaliste ou un consommateur attribuent, fût-ce momentanément seulement, une valeur d'usage très élevée à un travail quelconque. Rien n'empêche dans ce cas cet entrepreneur ou ce consommateur de donner pour

ce travail un salaire supérieur à celui qui est payé pour
un travail identique dans le même milieu social. Mais ce
salaire particulier et d'ordre personnel doit être distingué
du salaire général courant que pourra obtenir le travail
en question. Sous le régime capitaliste de la production,
la valeur d'usage du travail est déterminée en dernière instance par le prix que réalisera son produit sur le marché.
Et ce prix porte un caractère général, — plus général à
mesure que les acheteurs et vendeurs sur le marché sont
plus nombreux. Pour juger de la valeur d'usage que le
travail représente, il faut donc envisager, derrière les intérêts de l'entrepreneur capitaliste acheteur de main-
d'œuvre, ceux du consommateur des articles produits ou
de la collectivité des consommateurs d'un article déterminé ; c'est-à-dire, si l'on regarde de plus près, il faut
prendre en considération cet ensemble de rapports qui est
d'ordinaire désigné sous le terme d'*état de marché*.

Il est évident que les évaluations de la valeur d'usage
personnelle du travail que formulent les divers entrepreneurs et consommateurs exercent leur influence sur la
valeur d'usage sociale obtenue par le travail sur le marché capitaliste. Ces évaluations personnelles sont en
somme les éléments constitutifs de cette même valeur
d'usage sociale ; et l'influence de chacune d'elles est donc
aussi certaine que l'est celle de chacun des divers coûts
personnels d'entretien des ouvriers sur la constitution de
la valeur de production sociale et générale variable avec
le milieu social et la catégorie de travail.

Le produit du travail peut différer, parmi les ouvriers
d'une même catégorie, selon les capacités professionnelles, la force physique, la dextérité, le zèle, etc., de chacun
d'eux ; et les différences en valeur d'usage du travail (valeur d'usage sociale et valeur d'usage personnelle pour
l'entrepreneur intéressé) dont il s'agit ici, peuvent se tra-
duire, sous la direction de l'employeur, par des différen-

ces correspondantes dans les salaires obtenus par les ouvriers. Nous avons vu que cette règle s'applique à toutes les catégories de travail salarié sans exception.

L'entrepreneur capitaliste doit, en fixant les salaires de ses ouvriers, tenir compte des différences en valeur d'usage du travail dont nous venons de parler, et il doit compter avec elles aussi bien à propos des ouvriers d'une même catégorie que des diverses catégories de travail comparées entre elles. Cependant, si, en tant qu'entrepreneur, il doit prêter attention à chaque niveau de valeur d'usage, il n'est pas obligé de s'approcher de plus près de ce niveau, dans l'établissement des conditions de travail que ne l'y force la contrainte extérieure. Le fait que le travail humain est marchandise explique pourquoi la productivité et la valeur d'usage du travail n'exercent pas, pour la grande masse des ouvriers industriels, agricoles et commmerciaux, la même action essentielle sur le taux des salaires effectifs que le coût de formation et d'entretien de la main-d'œuvre.

D'ordinaire, l'entrepreneur capitaliste accordera seulement un salaire plus élevé à l'ouvrier plus capable qu'à l'ouvrier moins capable au cas où il doit craindre le départ ou la diminution de production du premier. Puis, même si la valeur d'usage du produit total de son entreprise (le prix de marché effectif obtenu par ce produit) permettait à l'entrepreneur capitaliste de dépasser fortement, dans les salaires de ses ouvriers ou de certaines catégories d'entre eux, le niveau du coût de subsistance socialement établi, il ne tiendra pourtant compte de cette valeur d'usage élevée que s'il y est forcé, soit par les ouvriers, soit par ses concurrents.

Quant à la contrainte que l'entrepreneur capitaliste peut subir de la part de ses ouvriers, on a vu dans le chapitre XXII, que c'est seulement parmi les ouvriers les mieux organisés que les échelles mobiles et autres tarifs de salaires établissent un rapport quelque peu fixe et durable entre les salaires ouvriers et la productivité des entreprises capitalistes ou prix de marché des marchandises produites.

Sous le régime de la libre concurrence, un entrepreneur capitaliste subit aussi une contrainte de la part d'autres entrepreneurs : si l'entrepreneur A augmente les salaires de son personnel pour s'assurer ainsi les meilleurs ouvriers dans sa branche, les entrepreneurs B, C, etc., sont souvent obligés de suivre son exemple, sous peine de perdre leurs propres ouvriers. La contrainte se fait souvent sentir encore en ce que l'entrepreneur A réussit à diminuer les salaires de ses ouvriers, pour autant du moins que cette diminution pourrait lui permettre d'abaisser aussi les prix de ses articles. Ces prix abaissés peuvent alors obliger les entrepreneurs B, C, etc. à diminuer également les salaires qu'ils paient, supposé du moins que leurs ouvriers se laissent faire. Les salaires infimes payés dans diverses branches de travail féminin et dans les industries à domicile, par exemple dans la confection, sont, on l'a vu, dus en grande partie à cette concurrence mutuelle des entrepreneurs et au défaut d'une organisation ouvrière forte.

Voici la règle générale qui se pose pour les employeurs : dans les entreprises capitalistes, des salaires inégaux pour des travaux égaux ne peuvent durer qu'aux cas où les frais de production portant sur d'autres éléments constitutifs du prix de revient que le coût du travail humain (matières premières ou secondaires, machinerie, etc.) diffèrent en sens inverse pour les divers entrepreneurs. Par là s'expliquent les salaires relativement élevés qui sont d'ordinaire payés dans les entreprises les plus grandes et les mieux organisées techniquement.

La contrainte que les employeurs capitalistes peuvent ainsi exercer les uns sur les autres, en ce qui concerne l'adaptation des salaires à la productivité des entreprises et à la valeur d'usage sociale du travail, prend fin sous le

régime des cartels et des trusts où les grands capitalistes
s'entendent pour soutenir leurs intérêts mutuels. L'augmentation ou la diminution des salaires se fait alors après
entente commune des employeurs coalisés, et les ouvriers
qui voudraient formuler des revendications dépassant les
offres patronales se heurteront toujours ici à un obstacle
puissant. D'où un danger réel pour les ouvriers en tant
que producteurs, danger analogue à celui qui a été étudié
dans notre premier volume du point de vue des consommateurs. C'est que sous le régime des cartels et des trusts,
plusieurs milliers d'ouvriers d'une branche entière de production ne rencontrent souvent plus sur le marché qu'un
seul acheteur de travail disposé à les embaucher. D'autre
part, l'organisation ouvrière s'est révélée comme la grande
puissance propre à soutenir les vendeurs de travail par
la substitution d'un unique contrat collectif aux multiples
contrats individuels d'autrefois.

Nous avons donc étudié dans ce livre les conditions de
travail, non seulement sous le régime de la concurrence
libre (entre patrons, ouvriers. patrons et ouvriers), mais
également sous le régime de la coalition et sous celui du
monopole, en comparant et en opposant les uns aux
autres des *prix de libre concurrence* et des *prix de monopole* du travail. Faisons encore remarquer à ce sujet, qu'il
n'y a plus guère de sphère de travail où les transactions
en matière de salaire ne subissent l'action de brevets
d'invention, de patentes, de droits douaniers, ou de quelque restriction légale, etc., supprimant, ou du moins
limitant, la libre concurrence sur le marché de travail.

Mais, si l'on n'a pas eu toujours à faire, dans les chapitres précédents, à des prix de libre concurrence, ce sont
en tout cas des *prix d'affaires* qui ont été étudiés. C'est-à-
dire que, pour la fixation des prix de travail, patrons et
ouvriers s'efforcent tous à remporter le plus grand avantage matériel et à s'assurer les conditions d'achat ou de
vente les plus favorables possibles.

CHAPITRE XXV

ACTION COMBINÉE DE LA VALEUR DE PRODUCTION ET DE LA VALEUR D'USAGE DU TRAVAIL POUR L'ÉTABLISSEMENT DE SA VALEUR D'ÉCHANGE ET DE SON PRIX DE MARCHÉ

Dans la deuxième partie du présent ouvrage, les deux théories économiques principales ont été étudiées quant aux principes fondamentaux de l'établissement de la valeur d'échange et de la fixation du prix de marché du travail.

1. — La Théorie du Coût-de-production base la valeur d'échange du travail sur le « coût de production » ou « coût d'entretien » de la main-d'œuvre, autrement dit sur la « norme de vie habituelle » de l'ouvrier salarié. Elle confond en dernière analyse la valeur d'échange et la valeur de production du travail. Là où les principes fondamentaux de cette théorie contrastent trop visiblement avec la vie sociale réelle, ses représentants distinguent volontiers, à côté de la valeur d'échange réelle et du prix de marché effectif du travail (salaire effectivement payé), une prétendue « valeur naturelle » du travail et un salaire ouvrier « naturel » ou « normal » dont la valeur réelle et le salaire effectif seraient comme des déviations.

2. — La Théorie Utilitaire tombe dans l'extrême contraire en fondant la valeur d'échange et le prix du travail sur son utilité ou sa productivité et en identifiant ainsi sur le marché sa valeur d'échange avec sa valeur d'usage.

Notre critique des deux théories et plus nettement encore
notre étude des conditions de travail des diverses catégories de professions et de métiers (troisième partie du présent ouvrage) et de quelques influences spéciales agissant
sur ces conditions (quatrième partie) ont démontré que le
coût de production et de reproduction de la force de travail, ainsi que l'aptitude du travail à être utile ou du
moins à servir à l'usage d'un employeur, contiennent de
part et d'autre les facteurs décidant du prix définitif et
du salaire effectif qu'obtiendra ce travail. Aussi bien les
conditions socialement nécessaires à la formation et à la
fourniture de la main-d'œuvre que sa destination et les
services rendus par elle, donnent les éléments constitutifs
pour la fixation de sa rémunération en régime capitaliste.

Dans l'échange du travail, comme des marchandises en
général, sur le marché, se manifeste donc la double tendance de la valeur d'échange du travail à coïncider soit
avec sa valeur de production, soit avec sa valeur d'usage.

Et ces deux tendances doivent rationnellement et nécessairement naître parmi les hommes dans la vie sociale et
le mode de production modernes. L'homme doit pouvoir
vivre de son travail ; en général il le vend seulement comme
une marchandise *parce qu'il doit vivre*. Et la tendance générale à évaluer le travail sur le marché d'après la norme
de vie habituelle de la population ouvrière, c'est-à-dire
d'après le coût ordinaire de la formation et de l'entretien
de la force de travail humain, découle naturellement du
mode de production sociale.

Mais, de même qu'aux marchandises en général, les
hommes n'attachent en définitive une valeur au travail
que parce qu'il pourra servir à la satisfaction de leurs
besoins et désirs ; et la mesure dans laquelle le travail
pourra le faire ne saurait être indifférente pour une taxation de sa valeur et de son prix. Ils sont enclins à estimer
les différentes activités productrices comme non équi-

valentes lorsqu'ils considèrent leurs produits ou les services qu'elles rendent comme non équivalents pour la
consommation. Cette tendance se manifestera même si le
travail présente, dans les différents cas, la même valeur de
production. D'autre part, lorsque les produits de différentes espèces semblent équivalents, les hommes tendent à
considérer aussi les diverses activités dont ils résultent
comme équivalentes, c'est-à-dire à rémunérer le travail
par le même salaire, malgré la différence possible quant
au coût de formation et d'entretien de l'ouvrier.

Dans les chapitres précédents, on a vu que la valeur de
production et la valeur d'usage du travail collaborent à
la constitution de sa valeur d'échange et de son prix de
marché dans les proportions les plus diverses en s'entre-
croisant sans cesse dans leurs actions. Lorsqu'on tente de
donner un aperçu général de cette collaboration pour les
diverses catégories de travail salarié, on est frappé des
concordances entre le travail et les marchandises en général.

Au pied de l'échelle des salaires pour les ouvriers adultes (journaliers et manœuvres, ouvriers dits « non qualifiés ») c'est la valeur de production du travail qui exerce
une influence prédominante pour la fixation du salaire.
On a là affaire à des catégories de métiers qui sont le
plus facilement accessibles au premier ouvrier venu
adulte et de constitution saine, et à une main-d'œuvre que
les entrepreneurs capitalistes peuvent par suite le plus
facilement obtenir en quantité suffisante pour continuer
l'exploitation de leurs établissements ; donc à une main-
d'œuvre qui devient aussi le plus rapidement surabondante dans les périodes de dépression et de crise. Aussi
rencontre-t-on dans ces catégories de métiers la plus forte
tendance à la coïncidence du salaire ouvrier avec le coût
de production du travail ; et ce coût de production est le
coût d'entretien minimum pour l'ouvrier et sa famille, —

entretien minimum traditionnellement fixé dans chaque région et enraciné dans les mœurs et les coutumes de la population.

Comme sous-catégorie spéciale, on distingue le travail des journaliers et ouvriers agricoles, dont les salaires sont encore quelque peu inférieurs, d'ordinaire, à ceux des manœuvres et des aides des divers métiers urbains, la différence possible dans la valeur de l'argent étant prise en considération. Ce fait général constaté pour les régions les plus différentes s'explique précisément par la norme de vie plus basse des ouvriers de la campagne, norme de vie que ceux-ci peuvent plus difficilement hausser que les ouvriers des villes par suite de leur isolement, de leur manque d'organisation, de l'infériorité de leur développement intellectuel, etc.

Comme contre-tendance, on a pu observer, dans toutes les catégories du soi-disant travail « non qualifié », les efforts des ouvriers à régler la productivité de leur travail sur le coût d'entretien restreint dont il s'agit pour eux, et à l'adapter aux bas salaires qu'ils obtiennent. Ceci était particulièrement manifeste par exemple pour les conditions de travail des ouvriers agricoles, chez qui on a vu réagir l'état général de la civilisation des milieux ruraux, état fixé dans les mœurs et coutumes de la campagne, contre l'expansion de l'intensité productrice à l'exemple des industries urbaines, de sorte que les besoins modestes des populations rurales empêchent souvent le transfert à la campagne des industries modernes ou rendent même ce transfert impossible.

Cependant, même pour les diverses catégories d'ouvriers dits non qualifiés, on a vu la valeur d'usage du travail influer comme facteur secondaire en combinaison continue avec la valeur de production du travail. D'abord, tout en pouvant être fournie à volonté aux entrepreneurs au taux du coût d'entretien minimum propre à chaque

milieu, la main-d'œuvre non qualifiée n'est pas embauchée
en réalité indéfiniment.« L'armée industrielle de réserve »,
ne participant pas à la production sociale parce que surabondante, se recrute principalement parmi les ouvriers
non qualifiés. Ceux-ci, comme les ouvriers salariés en général, ne sont recherchés par les entrepreneurs qu'autant
qu'ils pourvoient aux besoins de chaque sphère de production, c'est-à-dire à la « demande effective » du marché (1).
Ici se trouve tracée une limite vers le haut pour l'emploi
de main-d'œuvre, limite qui vaut pour toutes les catégories de travail sans exception.

Puis, pour le travail non qualifié comme pour toutes les
catégories de travail salarié, la valeur d'usage fait aussi
sentir son action sur le salaire dans ce sens que le rapport
de l'offre à la demande de main-d'œuvre dès qu'il est
favorable aux ouvriers (c'est-à-dire en cas de rareté de la
main-d'œuvre) peut hausser le taux du salaire même jusqu'au niveau et au-dessus du niveau qui n'est ordinairement atteint que par les ouvriers qualifiés. Il est naturel
que le phénomène inverse pourra se présenter lorsque le
rapport de l'offre à la demande de main-d'œuvre sera au
contraire défavorable aux ouvriers. Cependant, nous
avons constaté la stabilité relative que présente le coût
d'entretien minimum de la population ouvrière dans chaque milieu, et la difficulté qu'éprouvent les entrepreneurs
capitalistes à en franchir le niveau vers le bas. C'est précisément parce que ce coût représente le *minimum d'entretien* contre lequel une population ouvrière a l'habitude
de travailler au service d'autrui, qu'il se laisse plus facilement hausser que baisser.

On a vu aussi que le rapport de l'offre à la demande sur
le marché de travail reçoit une signification toute particulière sous l'influence de l'organisation ouvrière moderne.

1. Cf. pour les marchandises en général, *Théorie de la Valeur*, p. 141.

Là où l'offre collective de main-d'œuvre et le contrat collectif du travail viennent se substituer à l'offre individuelle et au contrat personnel de patron à ouvrier, l'ouvrier occupe une position plus forte qu'auparavant. Et à plusieurs endroits du présent ouvrage on a pu constater qu'une catégorie de travail dite non qualifiée qui était à vendre au gré des entrepreneurs capitalistes à un certain taux de salaire habituel établi par tâtonnements, cessait immédiatement d'être mise en vente dans les mêmes conditions qu'avant, dès la formation d'une organisation ouvrière. Le caractère nouveau que présente alors le rapport de l'offre à la demande de main-d'œuvre et la direction toute spéciale que prend par suite l'action de la valeur d'usage du travail, sont particulièrement propres à relever d'une façon durable le taux du salaire et le coût d'entretien habituel d'une population ouvrière, et ceci surtout pour les ouvriers « non qualifiés ». On a vu en même temps que le taux du salaire et le coût d'entretien habituel des ouvriers subissent eux aussi un changement de caractère sous l'influence de la discussion contradictoire et systématique des conditions de travail entre les deux parties intéressées (1).

Tout autrement que l'organisation ouvrière, la législation a la tendance, là où elle intervient directement dans le contrat de travail, à consolider une norme de vie déterminée de la population ouvrière, et à imposer à toute une catégorie d'ouvriers, comme conditions « normales », les conditions de travail obtenues déjà par l'ouvrier moyen. D'un point de vue théorique, cette tendance a la signification de la mise au premier plan d'une certaine valeur de production du travail considérée comme norme, au détriment de l'action exercée par la valeur d'usage du travail, variable selon les cas (2). Enfin, dans toutes les catégo-

1. Cf. la fin du chap. X du présent ouvrage.
2. Cf. la fin du chap. XXI.

ries de travail, l'action de la valeur d'usage s'entremêle avec l'action principale de la valeur de production dans ce sens qu'elle peut créer des différences de salaire entre les ouvriers salariés d'une même branche de métier ou d'une même entreprise, selon la nature différente du travail ou bien selon les différences en force physique, habileté professionnelle, zèle, etc., et, par suite, en productivité des ouvriers.

Dans les catégories de main-d'œuvre non qualifiée, les salaires des jeunes et des vieux ouvriers restent naturellement inférieurs à ceux des ouvriers dans la force de l'âge. Mais nous n'avons pas pris ici, au pied de l'échelle des salaires, les gains des jeunes gens et des vieux ouvriers comme point de départ, parce que la réglementation de leur salaire n'est pas à considérer comme une réglementation indépendante, mais comme un complément de celle du salaire des ouvriers faits.

Les salaires des vieux ouvriers constituent une fraction des salaires payés aux ouvriers dans la force de l'âge, fraction dont la grandeur est établie sous l'influence de facteurs très divers, qui ne sont pas exclusivement ni toujours de nature économique, et parmi lesquels la valeur d'usage du travail a souvent une importance spéciale.

Les salaires des jeunes ouvriers et apprentis des diverses industries portent trop le caractère de « gains d'appoint » par rapport aux salaires des ouvriers adultes pour pouvoir être regardés comme une catégorie de salaires essentielle d'un point de vue théorique pour l'étude de l'établissement de la valeur d'échange du travail.

Les salaires individuels payés dans les industries à domicile sont eux aussi en grande partie des « gains d'appoint » destinés à compléter d'autres salaires et à les porter au niveau du coût d'entretien habituel d'une famille ouvrière. Comme c'est le salaire familial qu'il faut considérer dans ce cas comme norme pour l'entretien de la

famille ouvrière, les salaires individuels de cette catégorie ne présentent pas non plus le caractère d'une
réglementation indépendante du prix de marché du travail.

Les salaires des ouvrières dans la force de l'âge ont été
reconnus par nous comme inférieurs à ceux des ouvriers
adultes, toutes circonstances de production et de travail
étant égales. Ceci vaut autant pour le travail de fabrique
ou d'atelier que pour le travail à domicile et est très visible dans les catégories de travail non qualifié. L'explication doit en être cherchée surtout dans le manque d'organisation des ouvrières et dans le fait que les salaires de
femmes sont très fréquemment de simples salaires d'appoint à des salaires d'hommes. Nous avons constaté que
les salaires de la très grande partie des ouvrières sont
des salaires pour travail non qualifié que les entrepreneurs capitalistes peuvent obtenir à volonté et en
quantité suffisante; on peut donc les considérer comme
dominés fortement par le coût de production de la force
de travail. Mais, par suite de diverses influences, le
niveau de ce coût et celui du salaire se trouvent régulièrement plus bas pour la main-d'œuvre féminine que pour la
main-d'œuvre masculine. Et surtout, ce n'est que très
rarement que s'applique, sous le régime capitaliste, le
principe « salaire égal à travail égal pour homme et
femme ». Cette constatation prouve, une fois de plus,
combien, dans les catégories de main-d'œuvre situées au
pied de l'échelle des salaires, l'action de la valeur d'usage
du travail recule devant celle de la valeur de production,
cette dernière étant rabaissée pour la main-d'œuvre féminine par suite de circonstances particulières.

A l'autre extrémité de l'échelle des salaires, parmi les
diverses catégories de salariés plus ou moins privilégiés,
nous avons trouvé un groupe peu nombreux de salariés où,
au contraire, c'est la valeur d'usage spéciale du travail

fourni qui prédomine dans l'établissement du prix du travail. Il s'agit là de salariés recherchés pour des œuvres
de science ou d'art et particulièrement doués : artistes,
écrivains, avocats, etc., célèbres, ou de personnes occupant des postes de confiance dans des entreprises grand-
capitalistes : directeurs de grandes usines et mines, de
sociétés d'assurances, rédacteurs en chef de grands journaux, etc. Bref, il s'agit de catégories de travailleurs des
plus qualifiés et des plus aptes à obtenir un succès matériel et pécuniaire considérable, et d'individus qui ne
peuvent pas être remplacés par d'autres de capacités
techniques équivalentes dans leur sphère ; ou, s'ils le peuvent, pour lesquels le coût de formation de leur force de
travail ne saurait entrer en ligne de compte que pour
une part relativement faible par rapport à l'effet matériel
obtenu.

Les salariés de ces catégories peuvent parfois obtenir
pour leur travail des *prix d'occasion* et des *prix de
monopole* dont la hauteur dépend de plusieurs influences
spéciales : non seulement de leurs connaissances ou de
leurs capacités techniques, mais souvent aussi des préfé-
rences ou des caprices d'un public spécial, ou même d'une
réclame habile.

En général, pour toute cette catégorie de salariés, vaut
le principe suivant : la valeur d'usage du travail (personnelle ou sociale) exprime en même temps la valeur
d'échange du travail et son prix de marché (salaire,
appointements ou honoraires). C'est la valeur d'usage
particulière qui hausse ici la valeur d'échange du travail
et la pousse bien au-dessus du niveau de rémunération
atteint par les travailleurs moins doués ou du moins considérés comme tels, et ceci malgré l'influence de la valeur
de production du travail, qui peut être la même dans les
différents cas.

Puis vient cette catégorie de salariés beaucoup plus vaste

du sein de laquelle sort la première et formée par des
salariés qui, tout en n'étant pas des exceptions dans leur
sphère particulière, occupent pourtant des emplois ou
exercent des professions exigeant soit une formation
scientifique et technique spéciale, soit des capacités naturelles dont la possession met déjà le salarié à l'abri de la
concurrence des grandes masses.

Pour toute cette catégorie, le coût de production de la
main-d'œuvre constitue une partie active de la valeur
d'échange et du prix de marché du travail et, très souvent, le coût de production est élevé ici par suite de la
longue éducation technique spéciale, de la formation et
du perfectionnement lents de la force de travail, laquelle
n'atteint son plein développement qu'après plusieurs
années. Mais la valeur d'usage du travail, nous l'avons
constaté, reste encore fréquemment l'élément prédominant.

Dans cette catégorie générale comme dans la précédente
se manifeste ensuite une contre-tendance : l'effort des
salariés à régler leur coût d'entretien et celui de leur
famille sur leurs salaires, appointements ou honoraires,
de sorte que le niveau de ce coût — pour autant qu'on
puisse parler d'un tel niveau — ne présente que très peu
de stabilité pour le groupe entier.

Entre les plus larges catégories de salariés exécutant
le travail soi-disant non qualifié et celles plus restreintes
dont nous avons traité ensuite, se rangent encore diverses
autres catégories présentant toutes sortes de nuances
quant à l'action de la valeur de production et de la valeur
d'usage du travail sur la constitution de sa valeur d'é-
change et de son prix de marché.

Il faut mentionner ici spécialement l'une de ces catégories particulières. C'est celle qui contient ce qu'on
appelle les ouvriers de métier dans les diverses branches
de production et dont les plus habiles (spécialistes, ouvriers

de choix) forment encore un groupe à part très proche des catégories de salariés privilégiés dont nous venons de parler. On a vu que l'action du coût d'entretien minimum traditionnellement établi dans chaque milieu social, et qui joue un rôle prépondérant pour les ouvriers dits « non qualifiés », est ici plus ou moins recouverte par celle de la valeur d'usage du travail ; et celle-ci agit en espaçant les différences en salaire des ouvriers d'une même branche ou d'une même fabrique. Mais le rapport direct entre le salaire et ce minimum d'entretien n'est pas complètement rompu et se manifeste comme base fondamentale du salaire ouvrier dans cette catégorie, dès que l'ouvrier de métier expérimenté perd, par suite de conjonctures défavorables du marché, ses avantages sur le manœuvre ou l'aide à côté duquel il travaille.

La différence en salaire entre l'ouvrier de métier et l'ouvrier dit « sans métier » porte nettement le caractère d'un supplément qui s'ajoute au salaire du second pour former celui du premier. Ce supplément monte, d'après les documents statistiques utilisés ici, jusqu'à la moitié environ du salaire des ouvriers non qualifiés. Or, c'est précisément ce supplément de salaire qui semble subir particulièrement l'action de la valeur d'usage du travail. Si on veut donc regarder une norme de vie spéciale pour les ouvriers de métier comme l'élément essentiel dans la constitution de leur salaire, on la verra ne plus présenter la même stabilité, dans chaque milieu, que ce coût d'entretien minimum qui prédomine pour la fixation du salaire des ouvriers « non qualifiés ». Pour le reste, valent ici de nouveau les remarques faites déjà dans cette conclusion relativement à l'influence de l'organisation ouvrière et de la législation sociale.

Dans chacune des catégories de travail salarié traitées jusqu'ici, on observe des salariés qui ont passé d'un milieu

social inférieur et où la norme de vie ouvrière est relativement basse, à un niveau supérieur où les ouvriers sont
beaucoup plus exigeants. Ce sont des immigrants venant,
de régions où la production est encore peu développée,
dans des pays de progrès industriel moderne, ou encore
des ouvriers de la campagne qui sont venus offrir leurs
bras dans les métiers urbains, etc. Ces salariés pourront revendiquer dans leur nouveau milieu le salaire
gagné par les autres ouvriers de leur branche, supposé
naturellement qu'ils fournissent un travail de même productivité que ces derniers. Mais l'application de cette
règle est loin d'être générale et rigoureuse, par exemple
quand il s'agit de travail de femmes. Et comme ces salariés venus du dehors ont été habitués à une norme de vie
inférieure à celle qu'ils trouvent dans leur nouveau milieu,
on peut les considérer comme une sorte de catégorie
ouvrière à part, tendant toujours à entraîner une baisse
des salaires, tendance qui est d'autant plus sensible que
leur nombre est plus grand. Ces remarques valent avec
plus de force encore là où la valeur de production du travail exerce une influence prédominante pour l'établissement de la valeur d'échange et du prix de marché du travail ; c'est-à-dire précisément dans les catégories de main-
d'œuvre qui subissent dans chaque milieu le plus grand
afflux de main-d'œuvre du dehors. Plusieurs phénomènes relatifs au salaire sont inexplicables si on ne tient
pas compte de l'action spéciale que cette catégorie de
main-d'œuvre exerce constamment sur les conditions
générales du travail. Nous rappelons la tactique des
entrepreneurs industriels qui cherchent pour leurs industries de la main-d'œuvre rurale ou transportent leurs
fabriques des villes à la campagne ; la dépression des
salaires dans l'industrie à domicile et dans les branches
de métier spéciales des manœuvres et aides des diverses
industries ; les divers aspects de la législation qui, selon

les intérêts des partis politiques dominants, favorise dans un pays l'arrivée d'immigrants ouvriers et l'empêche dans un autre. Et ainsi de suite.

Nous avons constamment parlé ici de catégories de travail et de salaire ; mais il faut remarquer qu'il n'existe nulle part de classes nettement séparées, toutes se fondant insensiblement l'une dans l'autre. Puis, il arrive souvent que des salariés peuvent être rangés dans l'une ou l'autre catégorie, selon le point de vue d'où l'on juge leur travail. Enfin les métiers d'une même catégorie de salariés se correspondent toujours plus ou moins dans le même milieu social, de sorte qu'il peut toujours y avoir action et réaction, en ce qui concerne le mouvement des salaires, d'un métier sur un autre et d'une catégorie de travail sur une autre. Et si, malgré tout cela, des catégories de travail voisines présentent encore souvent de grandes variations dans les salaires, c'est parce que le nivellement général des salaires y est arrêté ou amoindri par des contre-tendances.

Ces contre-tendances peuvent a) faire temporairement obstacle aux actions et réactions, ce qui est le cas, par exemple, lorsqu'elles n'agissent provisoirement que dans une seule branche de production, mais pas encore, ou beaucoup moins, dans d'autres. Ainsi l'action de l'organisation ouvrière peut s'étendre à une certaine branche d'industrie mais beaucoup moins à d'autres, même voisines ; b) empêcher constamment la réaction, et ceci au cas où elles agissent dans une branche de production, mais ne le peuvent pas, de par leur nature, dans une autre. Citons comme exemple la monopolisation des industries par les grands entrepreneurs capitalistes qui est en train déjà de s'accomplir dans certaines sphères de grande industrie, tandis que dans d'autres sphères de production, comme dans certaines industries artisanes, elle ne serait pas réalisable.

Nous sommes donc arrivés à la conclusion suivante : La valeur de production et la valeur d'usage, toutes deux composées de divers éléments, collaborent dans les proportions les plus différentes à la constitution de la valeur d'échange et du prix de marché du travail. Elles varient, en ce qui concerne cette proportion, non seulement de catégorie à catégorie de salariés, mais encore, dans l'intérieur de chaque catégorie, de métier à métier, et dans chaque métier, de nouveau de fabrique à fabrique, ou même d'individu à individu.

· A cet égard, on voit de nouveau l'analogie de la nature du travail avec celle des autres marchandises. Ce qui distingue le travail comme marchandise spéciale de toutes les autres, c'est que son coût de production est le coût d'entretien de l'ouvrier, possesseur de la force de travail, c'est-à-dire d'un être doué de pensée (1). Les besoins matériels et intellectuels de l'ouvrier augmentent avec son développement, tandis que la possibilité de leur réalisation croît avec sa force de résistance et sa faculté à s'entendre avec tous ses collègues de travail. L'ouvrier en qui s'incorpore la force de travail et de qui sort le travail comme force créatrice, pourra exercer une influence essentielle sur la définition de ce que sera, dans chaque milieu et dans chaque métier, le coût d'entretien de la main-d'œuvre, et sur le rôle que ce coût jouera dans la fixation du prix de marché définitif de la marchandise travail. Bref, le travail est une marchandise vivante et non, comme les autres, morte. Cette qualité caractéristique fait que le prix de marché du travail varie davantage de forme à forme d'activité et de groupe à groupe que celui des autres marchandises.

Revenons ici à une remarque faite déjà toutes les fois

----

1. Voir l'introduction du présent ouvrage, p. 36.

qu'il s'agissait d'établir la différence en utilité des diverses catégories de travail. En examinant de près cette question dans notre chapitre sur les conditions de travail des
ouvriers « non qualifiés », nous avons dû rejeter l'idée
que le travail des ouvriers dits « sans métier » serait, par
sa nature, inférieur à celui qui est dit qualifié, dans ce
sens qu'il satisferait des besoins humains moins pressants ou que sa productivité serait nécessairement moindre. Puis, posant la question d'une manière plus générale, nous sommes arrivés ailleurs à cette conclusion
qu'on ne saurait plus parler d'une différence en productivité du travail dès qu'on compare des branches de production et des activités humaines différentes. Conformément à la théorie générale exposée dans notre premier
volume, nous avons considéré des espèces de travail de
caractère différent fournissant des produits différents
comme des grandeurs incommensurables (1). Ce que nous
avons appelé différence en valeur d'usage (sociale ou individuelle) entre le travail de catégories diverses est toujours la différence qui se présente sur le marché capitaliste haussée ou baissée par le rapport de l'offre à la
demande de main-d'œuvre.

Les ouvriers dits « non qualifiés » apparaissent comme
les moins favorisés en ce sens surtout que dans leurs
catégories de travail un ouvrier peut plus facilement en
remplacer un autre que dans celle des ouvriers qualifiés et que tous les ouvriers y passent plus facilement
d'une machine à une autre, ou même d'une branche d'industrie à une autre. C'est donc à l'intérieur de ces catégories de travail que la pression du nombre se fait sentir
avec plus d'intensité au détriment de ceux qui cherchent
du travail. Et, comme c'est dans ces mêmes catégories que
les ouvriers sont aussi le plus forcés à vendre directement

1. Voir chap. VIII, p. 128 ; cf. aussi chap. XV, p. 341.

leur travail au jour le jour, il est manifeste que le prix de la marchandise travail offerte sera ici plus facilement qu'ailleurs rabaissé jusqu'au niveau de ce coût de subsistance minimum de l'ouvrier que nous avons défini.

Pour les catégories d'ouvriers non qualifiés c'est surtout la simplification des procédés de travail sous le machinisme et la division moderne des activités qui maintiennent et augmentent ce contingent d'ouvriers n'ayant à exécuter de jour en jour et d'heure en heure qu'une série déterminée de mouvements simples et toujours les mêmes, donc techniquement faciles, si fatigants qu'ils soient en réalité.

Il arrive aussi que le travail qui est exigé des ouvriers se trouvant au pied de l'échelle des salaires demande non seulement une grande expérience, mais un long apprentissage, ou même une intelligence déliée et un goût affiné. Mais dans ces cas il s'agit toujours de certaines qualités spéciales, intellectuelles ou manuelles, qui, grâce à une éducation uniforme, deviennent communes à de grandes masses ouvrières. On a vu que ce sont surtout les diverses catégories de travail féminin où ce phénomène est le plus manifeste (travail de la ménagère, travail qualifié dans les modes, les corsets, les fleurs et plumes, travail de la dentelle de luxe. Et ainsi de suite) (1).

Il faut donc distinguer en faisant des séparations dans les diverses catégories de travail sur ce point, entre du travail demandant un long apprentissage ou une expérience de longues années, mais fréquent dans les populations ouvrières par rapport à la demande effective du marché ; et, d'autre part, du travail demandant de l'ouvrier des capacités professionnelles qui sont relativement rares, pour une raison ou une autre, par rapport à la demande effective. D'où le fait que les salaires ou les appointements des salariés privilégiés dont l'éducation technique ne peut être acquise, sous l'ordre social actuel

1. Voir chap. XII, pages 250-252.

que par des individus ayant leur vie matérielle plus ou
moins assurée, sont si fréquemment poussés à des taux
élevés et ne tombent pas facilement jusqu'au pied de
l'échelle. On s'explique par la même circonstance pourquoi certaines catégories de travail intellectuel simple, ne
demandant que la connaissance de la lecture, de l'écriture
et du calcul, peuvent encore se ranger dans les pays de civilisation arriérée (les colonies par exemple) parmi celles du
travail qualifié, tandis qu'elles se trouvent, dans des
régions plus civilisées, repoussées déjà vers le bas jusqu'au niveau des salaires des manœuvres et aides des
diverses industries (garçons de bureau, copistes, cais-
siers, garçons de boutique ordinaires, etc.).

Un aperçu général des diverses catégories de travail
salarié fait constater qu'en définitive la valeur de production du travail ou le coût d'entretien de l'ouvrier ne constitue jamais le seul facteur décidant du prix de marché du
travail, sans que la valeur d'usage du travail exerce une
influence quelconque. Il n'en saurait être autrement. Tant
que le travail doit posséder une valeur d'usage pour pouvoir être marchandise, tant que reste vrai ce qui a été dit
ci-dessus que nul acheteur n'accepte cette marchandise si
elle ne lui sert pas dans une direction voulue, il va sans
dire que le plus ou moins de valeur d'usage restera toujours un facteur essentiel pour la fixation du prix de
marché du travail.

D'autre part, il serait fort difficile de trouver du travail
dont les évaluations sur le marché se fassent complètement
en dehors de l'influence du coût de formation et d'entretien de la main-d'œuvre. Il est vrai que dans la très
petite catégorie de travail où des dons naturels extrêmement rares ou des qualités de travail occasionnellement
fort recherchées relèvent la valeur d'usage du travail et
avec elle aussi le salaire ou les honoraires jusqu'au point
de pousser entièrement au second plan le coût de forma-

tion et d'entretien, ce coût ne semble plus jouer un rôle. Et pourtant, il serait impossible de l'omettre· tout à fait dans l'étude des rapports du marché.

En effet, si tous les cas où l'influence de la valeur d'usage du travail est absolument prépondérante ne se rapportaient pas précisément à des catégories de travail où le coût de formation et d'entretien de la force de travail est toujours élevé, l'afflux de main-d'œuvre, même pour les formes de travail les plus élevées, y pourrait· plus fortement influer sur les salaires ou les honoraires que ce n'est le cas dans la réalité. C'est le haut coût de formation et d'entretien de la force· de travail qui règle ici, pour une partie souvent très considérable, la rareté du travail comme marchandise. Ce que, en fin de compte, réalisent sur le marché les formes de travail les plus élevées, c'est un prix de monopole basé· sur leur rareté, au dessus du prix de marché qu'atteint, dans la même sphère, la main-d'œuvre de même coût de formation et d'entretien. Ainsi les honoraires d'une Etoile à l'Opéra constituent un prix de mono-·pole au-dessus des appointements que touchent les forces plus humbles de la même entreprise ; de même, la somme fabuleuse que demande pour· une opération sérieuse le chirurgien célèbre est un prix de monopole au-dessus du tarif d'honoraires atteint par le chirurgien peu connu. Et ainsi de suite. D'ordinaire, le prix de monopole dont il est question peut s'élever lentement, ou par secousses, à par·tir d'appointements ou d'honoraires de début beaucoup plus modestes.

Pour la marchandise travail, comme pour les marchandises en général, la collaboration des valeurs de production et d'usage est mal éclaircie par l'image courante des traités d'économie classiques : que le coût de la production et de la reproduction de la force de travail forme une espèce de niveau fixe au-dessous et au-dessus duquel la valeur d'usage du travail (et surtout les variations dans le rapport de l'offre à la demande de main-d'œuvre) fait continuellement osciller le prix de marché du travail, le salaire. Malgré l'influence prédominante que le coût de production et de reproduction de la main-d'œuvre exerce dans la fixation du salaire pour la très grande partie des salariés, cette image exprime fort mal le caractère général de la constitution du prix de marché du travail.

Si on veut choisir une image plus exacte, on peut dire que la valeur d'échange et le prix du travail sont la *résultante* des deux influences qui agissent simultanément sur le marché : valeur de production et valeur d'usage du travail. Pour la formation de chacune de ces deux valeurs constitutives, il faut alors tenir compte de toute une série de facteurs dont nous avons examiné les plus importants dans quelques-uns des chapitres précédents.

Du côté de la *valeur d'usage* du travail, et en tant qu'ils influent sur sa productivité directe, entrent en considération les facteurs suivants : la grandeur et l'importance des établissements en rapport avec leur organisation technique ; l'aide plus ou moins grande apportée au travail humain par les dons de la nature (climat, fertilité de la terre ou richesse du sol en minéraux, etc.) ; la marche générale de la production (crise ou prospérité des industries) ; les modes de calcul des salaires (système de paiement à l'entreprise et aux pièces, ou au temps) ; les capacités professionnelles de chaque ouvrier ; les divers procédés d'action sur le travailleur traités dans notre chapitre XX, etc.

Puis, quant au rapport de l'offre à la demande et à l'état du marché pour la marchandise travail : la durée et les frais plus ou moins élevés de l'éducation et de la formation technique des ouvriers ; le caractère spécial de l'ouvrage exécuté qui peut être agréable ou désagréable, facile ou difficile et pénible, sain ou malsain, etc.; le plus

ou moins de confiance que l'employeur doit avoir dans la
personne du salarié ; la régularité ou l'irrégularité du
travail (travail « fixe » ou travail occasionnel, par exemple). Enfin, en ce qui concerne le même rapport de l'offre
à la demande, il faut encore tenir compte de certaines
influences extérieures comme : celle des événements politiques et de la législation, et surtout celle de l'organisation
ouvrière ; et d'autre part, celle des cartels et trusts ; celle
des monopoles plus ou moins complets de diverse nature ; etc.

Parmi les nombreux facteurs qui peuvent ainsi entrer
en jeu pour la constitution d'une valeur d'usage spéciale,
il y en a quelques-uns (climat, durée et frais d'éducation
et de formation technique, législation, organisation ouvrière, etc.) qui peuvent également influer sur la *valeur
de production* du travail. En outre il faut encore en mentionner quelques autres qui agissent plus spécialement
sur cette dernière forme de valeur et peuvent, dans une
sphère de production déterminée, hausser ou baisser les
salaires. Tels : le milieu rural et agricole ou, au contraire,
urbain et industriel ; le développement général intellectuel de la population ouvrière ; le tempérament populaire ; le fait que le salaire doit être considéré régulièrement comme un « gain d'appoint », ou qu'il doit au
contraire pourvoir seul à la subsistance d'une famille
entière, etc.

Tous ces facteurs s'entrecroisent et se pénètrent l'un
l'autre et leurs actions et réactions font varier et osciller
les salaires entre des limites déterminées.

Etant donné tout ce qui a été dit, nous pouvons indiquer
ces limites :

La limite *minima* est tracée, pour toutes les catégories
de travail, par le coût minimum d'existence pour l'ouvrier
et sa famille. Ce coût minimum, dans la vaste catégorie
des ouvriers « non qualifiés », se trouve au plus bas

niveau où les ouvriers peuvent encore subsister et entretenir une famille (première condition) et jusqu'où le salaire puisse être abaissé par les entrepreneurs capitalistes avant que l'opposition des ouvriers soit assez forte pour contrebalancer effectivement les efforts patronaux dans ce sens (deuxième condition).

L'opposition en question peut être *a*) individuelle, quand les ouvriers, agissant chacun pour soi, quittent en nombre suffisant leur branche de production, ou même le milieu social où ils vivent (exode des campagnes aux villes, émigration); *b*) collective, lorsqu'elle s'exprime par des grèves concertées, ou des révoltes de famine spontanées.

L'individu réduit à un salaire insuffisant pour l'acquisition des premières nécessités de la vie (nourriture, habillement, etc.) voit diminuer, puis disparaître sa force de travail. Et la limite minima qui se pose ici, limite toujours de nature élastique, ne peut donc être franchie d'une manière régulière par l'ouvrier adulte que dans les sphères de production où les salaires individuels sont d'ordinaire complétés par des « gains d'appoint », ou sont eux-mêmes des gains d'appoint, comme c'est particulièrement le cas pour les diverses catégories de travail féminin et les industries familiales.

Lorsque le travail, même de nature très qualifiée, est généralement considéré par les salariés comme très agréable ou honorable, — tel le travail littéraire, scientifique ou artistique, — le taux de la rémunération peut facilement franchir la limite minima que nous venons d'indiquer aussi longtemps que les salariés eux-mêmes ne s'opposent pas avec assez de force à cet abaissement. Non seulement le travail peut, dans ce cas, être exécuté d'une manière régulière à des salaires, appointements ou honoraires inférieurs au salaire de l'ouvrier « non qualifié » dans les industries ou l'agriculture, mais il peut se faire gratuitement, ou même contre un paiement de la part du travailleur (Voir ce qui est dit ci-dessous sur les *prix d'occasion* du travail.) Les faibles salaires gagnés alors portent naturellement toujours le caractère de « gains d'appoint » s'ajoutant à des revenus d'autre source.

Pour les diverses catégories de travail qualifié, on peut de même, nous l'avons vu, admettre qu'il existe une norme de vie spéciale enracinée dans les mœurs et les coutumes des salariés intéressés. Et cette norme de vie, en tant que limite minima pour la catégorie de travail en question limite minima elle aussi spéciale et nettement à distinguer de cette autre limite dont il a été parlé plus haut) doit être considérée de nouveau comme située au plus bas niveau de norme de vie où salaires, appointements ou honoraires peuvent être repoussés sans que l'opposition des salariés, sous une forme quelconque, rende impossible dorénavant toute pression vers le bas. (Cf. la deuxième condition indiquée ci-dessus.)

La limite *maxima* jusqu'où le salaire ouvrier peut être haussé normalement a été définie également en divers endroits de cet ouvrage.

Pour chaque catégorie de travail en particulier, cette limite se trouve au point même où la valeur d'usage du travail pour l'entrepreneur capitaliste serait dépassée, d'après l'évaluation de celui-ci, par la valeur d'usage qu'il attribue à la somme d'argent dépensée en salaire. Et comme l'entrepreneur capitaliste produit en somme pour d'autres personnes, lui aussi, la limite du salaire vers le haut est indiquée par le prix de marché qu'obtient le produit du travail, prix de marché qui doit assurer à l'entrepreneur un certain profit moyen dans sa branche de production, profit qu'il tâchera toujours d'atteindre ou de dépasser. Quand ce profit moyen commence à manquer, l'entrepreneur capitaliste arrête normalement la production dans son entreprise.

Or, dans le prix de marché de ses produits (cf. le premier tome de cet ouvrage), l'entrepreneur se voit tracer une limite qu'il ne pourrait pas hausser arbitrairement, fût-ce même s'il est membre d'une alliance patronale puissante ayant pour but de relever ce prix, ou si même, lui et ses collègues, sont soutenus dans leurs desseins par les ouvriers. Dans les chapitres XXII et XXIII, on trouve exposés différents cas où la hausse des prix de marché se fait avec plus ou moins de succès par l'entente des patrons et ouvriers, mais même dans ces cas des limites se posent. Lorsque la valeur d'échange d'une certaine catégorie d'articles de consommation commence à dépasser leur valeur d'usage pour les consommateurs, ces derniers remplacent successivement ces articles moins recherchés par d'autres, ou tâchent d'obtenir les articles désirés dans d'autres régions du monde où on les fabrique à meilleur marché. Dans un cas comme dans l'autre, ils cessent de faire partie de la clientèle des producteurs (entrepreneurs et ouvriers) qui ne tiennent pas suffisamment compte de leurs désirs et de leurs intérêts (1).

On s'explique ainsi pourquoi les ouvriers, dans les diverses branches de production, ne peuvent pas d'ordinaire relever leurs propres salaires sans tenir compte en même temps de ceux des ouvriers de branches voisines. C'est non seulement que leur main-d'œuvre, au cas où leurs revendications dépasseraient trop sensiblement celles des autres ouvriers, pourrait être remplacée par la main-d'œuvre d'autres branches, mais aussi que la demande effective des produits de leur industrie peut diminuer. Il s'agit ici d'un facteur important pour le nivellement du taux des salaires dans des branches de production voisines.

Mais la limite maxima indiquée ci-dessus est élastique,

1. Voir à ce propos *Théorie de la Valeur*, p. 142 ; cf. également *ibid.* pages 300 et suiv., où est mise en lumière, d'autre part, la dépendance relative des consommateurs vis-à-vis des producteurs.

et ceci à des degrés très différents, selon la catégorie de travail et la branche de production.

Dans certaines industries où des ouvriers spécialistes travaillent des matériaux coûteux et s'occupent surtout du finissage d'objets de luxe, les salaires ne constituent souvent qu'une petite partie dans le prix de marché des objets fabriqués. C'est le cas par exemple dans l'industrie diamantaire et dans diverses branches de fabrication d'objets d'art. Or, dans ces industries le relèvement des salaires paraît souvent possible jusqu'à un niveau bien supérieur à celui qu'atteignent les salaires ouvriers dans des branches d'industrie fournissant des articles qui sont destinés au grand public.

C'est dans une situation privilégiée analogue que se trouvent parfois les ouvriers qualifiés lorsqu'ils ne forment qu'un contingent relativement restreint du personnel ouvrier d'une grande entreprise composée pour le reste d'ouvriers « non qualifiés ». L'augmentation du salaire des ouvriers spécialistes au détriment de celui payé aux ouvriers de fabrique ordinaires est une manœuvre capitaliste fréquemment employée. Pour les ouvriers plus favorisés, il est alors possible que la limite maxima indiqués ci-dessus soit dépassée vers le haut, pourvu du moins que le montant total des salaires dans l'entreprise reste audessous de la limite maxima tracée par la productivité de l'entreprise dans son entier (1).

Notre étude de l'influence exercée sur les conditions de travail par les cartels et les trusts, a constaté l'existence fréquente d'une telle situation privilégiée pour les ouvriers (surtout les ouvriers qualifiés) travaillant dans des branches de production déjà monopolisées par une combinaison capitaliste. Leur situation privilégiée comparée à celle des

---

1. Voir à ce propos la fin du chap. XV ainsi que la remarque faite à la fin de cette Conclusion sur les « salaires d'occasion ».

ouvriers dans les industries libres est surtout manifeste au cas où il existe en face de la combinaison des entrepreneurs capitalistes une forte organisation ouvrière disposée à s'entendre avec les patrons aux dépens des consommateurs.

Quelle que soit l'opposition des consommateurs, cette entente a une importance essentielle pour le problème du salaire. Car on peut donner comme règle générale que, sous le régime capitaliste, une hausse des salaires se compense le plus facilement par une augmentation correspondante du prix des articles de consommation dans les branches de l'industrie, de l'agriculture, du commerce et des communications, où les entrepreneurs ont un monopole plus ou moins complet sur un marché local ou national. Les entrepreneurs y ont moins à craindre la concurrence du dehors, et ils ont donc moins que leurs collègues dans d'autres branches à se tourmenter pour savoir s'ils pourront regagner par l'accroissement de la productivité de leurs entreprises, entraîné par l'introduction de nouvelles machines, d'économies de toutes sortes, etc., ce qu'ils ont perdu en frais de travail par l'augmentation des salaires (1).

1. C'est ainsi que M. Victor S. Clark constate en Nouvelle-Zélande que l'introduction de l'*Industrial Conciliation and Arbitration Act* eut pour effet une hausse générale du prix des marchandises et que les employeurs qui exerçaient un monopole naturel sur un marché local approuvaient les premiers cette loi qui haussait les salaires de leurs ouvriers. Ils étaient sûrs de pouvoir se rattraper sur le consommateur en augmentant les prix de marché de leurs produits. Et certains d'entre eux firent observer à M. Clark que leur profit n'étant en somme qu'un pourcentage fixe au-dessus de leurs frais de production, son montant devait nécessairement augmenter en même temps que ces frais. (Cf. *Labor conditions in New Zealand*, par VICTOR S. CLARK, dans *Bulletin of the Bureau of Labor*, n° 49, nov. 1903, pages 1239-1240.) Dans certains cas, les unions ouvrières en Nouvelle-Zélande reconnaissent ouvertement la nécessité de la hausse des prix de marché, et parfois la Cour d'arbitrage l'accepte éga-

La constitution du prix de marché du travail et la fixation définitive du salaire a lieu en fin de compte, après
une lutte incessante entre les parties intéressées et souvent encore, à l'intérieur de celles-ci, entre les personnes et les groupements qui les constituent : lutte d'abord
entre les ouvriers et les entrepreneurs dans chaque branche spéciale de production ; puis lutte, fréquemment, des
entrepreneurs entre eux à l'intérieur de chaque branche
de production, comme aussi dans des branches voisines ;
lutte enfin entre tous les entrepreneurs, soutenus ou non
par leurs ouvriers, et les consommateurs réagissant toutes les fois qu'ils sentent leurs intérêts matériels menacés. C'est le plus fort qui impose ici en matière de salaire
sa volonté au plus faible.

Cette lutte trouve son origine dans la nature même de
la production capitaliste. Et cette remarque nous ramène
à ce qui a été dit dans le chapitre XXII (p. 555) : que le
développement de la production capitaliste moderne, basée
sur le travail salarié des classes ouvrières, porte nécessairement en soi les éléments d'une transformation fondamentale des rapports de propriété.

Dans le courant du présent volume, on a vu combien

lement en principe. Ainsi, dans ses remarques sur *l'award* de 1903 pour
les mineurs de Waikoto, le Juge disait : « En conséquence d'une
telle obligation [accordée par la sentence précédente] la Compagnie a
haussé le prix du charbon... Les représentants de l'Union objectèrent
que la Compagnie ne pouvait pas de nouveau augmenter le prix du
charbon. Les représentants de la Compagnie reconnurent que cela ne
pourrait être fait loyalement ou sans danger et que la dernière hausse
des prix, entièrement absorbée par l'augmentation des frais de production du charbon, avait eu pour résultat une baisse dans la production et
une réduction des profits. » (*Ibid.*, p. 1240.)

Si, dans le cas donné, les renseignements fournis par la Compagnie
minière étaient exacts, — ce que le Tribunal avait le pouvoir d'examiner
par les livres de la Compagnie, — les ouvriers seraient allés ici jusqu'à la
limite extrême possible sous le régime capitaliste de la production en ce
qui concerne l'augmentation des salaires.

insensé il serait de vouloir arriver au calcul d'un soi disant « salaire juste » ou « salaire équitable ». Tout dépend,
dans les limites maxima et minima qui s'imposent, de la
puissance des parties en présence. Et le prétendu « contrat
libre » conclu entre patron et ouvrier individuellement,
tel qu'il est préconisé par les économistes de l'école bourgeoise libérale comme voie menant au règlement définitif du salaire, n'est autre chose en pratique que l'exploitation économique ouverte du faible par le fort. Il est
compréhensible que, par l'évolution ininterrompue de la
société, les ouvriers des pays les plus avancés ont dû arriver les premiers à l'action organisée contre la suprématie
économique et sociale des patrons, comme ces derniers, de
leur côté, ont dû s'y coaliser pour résister aux revendications formulées par les ouvriers.

Cette lutte sociale continuera dans ses diverses phases,
tant que ses causes fondamentales ne cesseront pas d'a-
gir : c'est-à-dire tant que se maintiendront les rapports
capitalistes de la propriété.

Pour faire suite au premier volume de notre ouvrage(1),
nous faisons remarquer encore que la valeur d'échange et
le prix de marché du travail, comme des marchandises en
général, sont liés à une forme déterminée de société.

Sous toute forme de société et de civilisation, le travail
humain présente nécessairement une *valeur d'usage* spéciale dépendant de sa productivité, c'est-à-dire de l'importance de son produit ; il conserve de même toujours une
valeur de production spéciale, expression d'un certain
coût de production nécessaire à la formation et à l'entretien de la force de travail. Mais la *valeur d'échange* du
travail s'attache seulement à cette phase particulière de
la civilisation pendant laquelle le travail humain est marchandise et peut être acheté et vendu comme toutes les

1. *Théorie de la Valeur*, pages 295 et suiv.

autres marchandises ; la phase où l'esclavage immédiat est aboli, sauf exceptions, mais pendant laquelle l'esclavage médiat et déguisé, consistent dans l'achat et la vente de travail, continue à constituer la vraie base de la production.

CHAPITRE XXVI

LES FORMULES D'UNE THÉORIE GÉNÉRALE DU SALAIRE

Après notre aperçu de la constitution de la valeur d'échange et du prix de marché du travail sous l'action continue des valeurs de production et d'usage, il nous reste encore à examiner les résultats finaux de l'échange sur le marché du travail, c'est-à-dire les prix définitifs du travail, les salaires effectivement payés. Résumant et combinant tout ce qui précède, nous avons à rechercher, pour toutes les catégories de travail, la loi générale qui régit dans le domaine du salaire les tendances et les efforts tant des employeurs que des ouvriers.

Le salaire effectivement payé, qui exprime la valeur d'échange du travail en marchandise monnaie, est la résultante de toutes les influences qui se produisent sur le marché du travail et qui viennent d'être énumérées rapidement. Non seulement le résultat final ne révèle pas quelle partie de la valeur d'échange du travail est due à l'action exercée par la valeur de production, et quelle autre à celle de la valeur d'usage, mais l'influence de chacun des facteurs formant les deux valeurs constitutives s'est également effacée dans l'effet final obtenu.

Le salaire définitivement fixé par le contrat de travail indique le prix que l'ouvrier n'a pas pu dépasser vers le haut dans ses revendications, et au-dessous duquel l'entrepreneur n'a pas pu abaisser la rémunération du travail, vu l'état particulier du marché et la collaboration de tous les facteurs spéciaux intervenant dans chaque cas déterminé.

Conformément à la loi générale du moindre effort, l'entrepreneur obtient dans le salaire, en tant que résultat final, la plus grande valeur d'usage du travail qu'il lui est possible de réaliser, étant donnée la situation économique acquise de part et d'autre par le Capital et le Travail, contre la moindre dépense possible en argent. L'ouvrier de son côté obtient le salaire le plus élevé (la plus grande valeur d'usage pour la subsistance matérielle) qu'il peut atteindre, sous les mêmes conditions économiques, contre le moindre travail possible exigé en échange.

Quant à la fixation définitive du salaire, patron et ouvrier agiront respectivement d'après les lignes de conduite suivantes :

Le patron : a) tâchera, d'une manière générale, de s'approcher le plus près possible, par les salaires qu'il paie, de la limite minima indiquée dans le chapitre précédent ; par l'application de certaines mesures spéciales, comme l'introduction de la main-d'œuvre féminine et enfantine, ou l'organisation de son entreprise en industrie à domicile, il tâchera même de dépasser encore vers le bas cette limite ; b) sous le régime de la libre concurrence, il tâchera de ne pas dépenser plus en salaires que ses concurrents, sous les mêmes conditions de marché, pour un travail identique ; c) au cas où ses ouvriers occupent vis-à-vis de lui la position actuellement la plus forte dans la lutte de classes, et que les deux partis opposés se disputent directement l'excédent entre le prix de marché des produits et le prix de revient, l'entrepreneur s'efforcera de se réserver la plus grande part possible de cet excédent, c'est-à-dire qu'il tâchera de rester le plus

loin possible au-dessous de la limite maxima des salaires.

D'autre part l'ouvrier : *a*) tâchera d'atteindre par son
salaire au moins le niveau du coût d'entretien correspondant à sa catégorie, d'après les mœurs et les coutumes de
son milieu ; *b*) il ne voudra pas gagner moins que d'autres ouvriers de mêmes capacités exécutant des travaux
identiques aux siens sous les mêmes conditions de travail ; *c*) il tâchera de franchir le plus possible vers le
haut la limite minima de son salaire ; puis, là où la lutte
des classes a atteint son plus haut développement actuel,
il s'efforcera de s'approcher le plus possible de la limite
maxima que pose à son salaire la productivité de l'entreprise où il travaille.

Voyons maintenant la portée dans la pratique des principes généraux formulés ci-dessus. Ainsi se manifestera
avec évidence la nécessité qui règle, en régime capitaliste,
la conduite des salariants et des salariés.

Un entrepreneur capitaliste qui veut fonder dans une
sphère de production quelconque une nouvelle entreprise
trouve les prix des diverses catégories de travail fixés
d'avance par le taux de salaires habituel au milieu social
où il vient s'établir (1). Ce taux peut auparavant avoir
subi des modifications sensibles à la suite de négociations
ou de conflits antérieurs entre patrons et ouvriers.

C'est sur la base de salaires ainsi établie en dehors de lui
que l'entrepreneur doit choisir ses ouvriers, — pour autant
qu'il en trouvera. La comparaison des ouvriers entre eux
lui fera préférer, dans chaque catégorie de travail, les plus
capables, les plus forts, les plus sérieux, etc., et il acceptera
de les payer, si nécessaire, un peu mieux que les autres
ouvriers. Il agit sur ce point selon la règle connue, que

1. Voir à ce propos notre critique de la Théorie utilitaire dans le
chap. VIII, p. 124.

1

des valeurs d'usage égales tendent toujours à avoir pour
lui, entrepreneur, une valeur d'échange égale, malgré la
différence possible en valeur de production de la main-
d'œuvre, l'un de ses ouvriers pouvant être arrivé, par
exemple, d'un milieu urbain et un autre d'un milieu rural.

L'influence personnelle que l'entrepreneur, comme
acheteur de main-d'œuvre, exerce ainsi sur la modification des prix du travail, peut sembler n'avoir que peu
d'importance dans le cadre des conditions économiques
générales. Cependant, cette influence est un élément
constitutif de l'influence totale, facteur important sur
le marché, qu'on découvre en considérant la collectivité
des employeurs et leur demande totale de main-d'œuvre dans chaque sphère de production.

Supposons maintenant que l'article spécial que l'entrepreneur nouvellement établi veut fabriquer, des tissus de
coton par exemple, le met en présence de diverses catégories de main-d'œuvre dans lesquelles, au moment de son
établissement et dans le milieu social donné, le salaire
individuel d'adulte est régulièrement tarifé ainsi :

1° Pour travail à domicile, sous l'influence de tous les
facteurs dont le présent volume a traité (le salaire étant
gain d'appoint — ou complété lui-même par des gains
d'appoint — d'ouvriers complètement inorganisés et sans
grande force de résistance économique, de sorte que c'est
le gain familial et non pas un unique salaire individuel qui
doit normalement pourvoir à la subsistance de la famille
ouvrière)...................... *x* francs par semaine ;

2° Pour travail de fabrique simple (soi-disant travail
« non qualifié »)................ 2*x* francs par semaine ;

3° Pour travail de métier d'une catégorie exigeant une
formation technique et des connaissances professionnelles
déterminées (par exemple, travail de fileurs ou de tisserands de coton).. 2 1/2 *x* francs à 3 *x* francs la semaine ;

4° Pour travail de spécialistes (ouvriers de capacités

non ordinaires : tisserands pouvant travailler sur métiers de grandes dimensions, ou sur un plus grand nombre de métiers.................. 4 x francs par semaine (1).

Si maintenant l'entrepreneur, étant donnés le développement technique de son industrie et la concurrence qu'il doit pouvoir soutenir, peut faire exécuter tous ses travaux en travail à domicile, il s'y décide. C'est ce que font le fabricant confectionneur de vêtements, le fabricant de dentelles, de gants, etc. De la façon qu'on connaît, ils se bornent à installer quelque part, dans un centre d'industrie et de communications, un bureau avec quelques ouvriers ou ouvrières de métier habiles tout en faisant fabriquer au dehors la majeure partie de l'ouvrage.

Mais, pour l'industrie cotonnière choisie comme exemple, ce système de production ne serait préférable tout au plus que pour quelques articles très spéciaux de tissage (2).

Dans le chapitre III on a vu que l'emploi de main-d'œuvre à bon marché ne correspond pas nécessairement à des frais de travail peu élevés. Et, dans une industrie où le développement du machinisme a pris un élan aussi fort que dans les diverses branches du textile, l'entrepreneur capitaliste venant s'établir de nos jours dans un des pays modernes doit recourir entièrement, ou presque, à l'industrie en fabrique.

Si d'une façon exceptionnelle, le fabricant de tissus de coton peut faire fabriquer au dehors certains articles accessoires, il sépare dès l'abord nettement les ouvriers travaillant à domicile du reste de son personnel, tâchant

---

1. Les proportions ici indiquées (2, 2/2, 3, 4) ne sont pas prises au hasard, mais répondent à des réalités tendancielles. Cf. ci-dessus pages 181, 239-240, 313-314, 331, 333, etc.

2. Dans un pays industriel comme la Belgique, le Recensement du 31 octobre 1896 a trouvé encore 2,150 tisserands, ourdisseurs, etc., travaillant à domicile pour le compte de fabricants d'étoffes de coton pur. (Voir *Recensement général des Industries et des Métiers*, t. XVIII, 2ᵉ partie, chap. I, p. 147.)

de marchander avec eux sur le taux de x francs par semaine pour l'ouvrier fait. C'est sur cette base qu'il s'empresse d'élaborer les tarifs spéciaux pour chaque article. Peut-être hausse-t-il un peu ses tarifs quand il désire s'assurer les meilleurs ouvriers à domicile de son milieu, ou cédera-t-il à la pression de ses ouvriers en admettant que son arrivée puisse avoir augmenté sensiblement la demande de main-d'œuvre dans ce milieu.

C'est d'une façon analogue que le fabricant nouvellement installé agit envers les diverses catégories d'ouvriers de fabrique et négocie avec eux successivement sur les bases de 2 x, 2 1/2 à 3 x, ou 4 x francs par semaine. Il doit le faire, tant qu'il trouve toutes ses catégories séparées d'une façon suffisamment nette l'une de l'autre dans leur norme de vie respective.

D'après ce principe, le fabricant commence dans son industrie à traiter comme manœuvres et aides (ouvriers dits « non qualifiés ») tous ceux dont le métier n'exige pas un long apprentissage, mais auxquels un peu de pratique suffit pour les mettre à la hauteur de leur tâche. Tels, pour l'industrie cotonnière, les ouvriers travaillant au transport et à la manutention des balles de coton ; dans la filature, les mélangeurs qui ont à briser l'enveloppe de ces balles et à opérer le mélange des diverses catégories ; les batteurs qui commencent les opérations du nettoyage des cotons ; les porteurs de rouleaux, les rangeurs d'époules, etc., dans le tissage, les porteurs d'ensouples qui portent les ensouples garnies à la salle d'encollage ; les ouvriers de la machine à encoller ou à seizer, ainsi que les aides dans diverses autres parties du tissage ; enfin, les peseurs et mesureurs, les magasiniers ou emballeurs, etc. Tous ces ouvriers, avec des emplois si divers, appartiennent dans l'industrie cotonnière à une même catégorie, pour ainsi dire. Aussi est-il assez facile pour le fabricant de les faire passer d'une occupation à une autre selon les exigences du moment.

C'est pourquoi on rencontre une certaine uniformité dans les gains de travail de tous ces ouvriers, bien que le mode de calcul et la forme de paiement des salaires (à l'heure, à la journée, à la semaine, ou encore à l'entreprise, aux pièces, etc.), puissent différer considérablement. Et pourtant, malgré cette uniformité visible, des différences en salaires, correspondant à une productivité variable ne sont nullement exclues, par suite de l'action de plusieurs des facteurs spéciaux énumérés dans le chapitre précédent.

Le fabricant de tissus de coton peut faire différer les salaires des manœuvres, mélangeurs, batteurs, etc., selon l'âge, la force physique ou l'habileté, etc., de chacun d'eux. Pour maintenir les salaires des batteurs au niveau de celui de simples manœuvres, il peut trouver son intérêt à nommer certains d'entre eux, les plus capables, chefs d'équipe, en les payant quelques centimes de plus l'heure. Par contre, il paiera dans la filature aux porteurs de rouleaux — jeunes gens ou ouvriers usés, en tout cas demi-ouvriers — moins qu'aux manœuvres qui font les transports de lourds fardeaux ; et il allouera aux porteurs et porteuses de pots, jeunes gens travaillant dans la carderie, quelques centimes l'heure seulement, d'après la règle générale qu'on sait pour le travail d'enfants. Pour toutes les opérations dans l'industrie du coton qui sont confiées aux femmes, comme fréquemment dans la carderie, l'entrepreneur profite de tous les inconvénients, de tous les obstacles que rencontre la femme ouvrière, en n'accordant que de bas salaires même pour des travaux exigeant de grandes connaissances techniques. L'entrepreneur, sentant bien ici sa puissance économique, repousse le salaire de l'ouvrière faite, considérée comme manœuvre, au-dessous du niveau de x francs par semaine.

D'autre part, il a dans son personnel des ouvriers (comme peseurs et mesureurs des pièces de coton tissées) dont le travail n'est que du travail de manœuvres adultes, mais qui occupent plus ou moins des emplois de confiance. Cette confiance peut se refléter dans une légère amélioration de leur salaire comparé à celui des manœuvres ordinaires. Et ainsi de suite.

Tout ce qui a été dit relativement aux uniformités dans les gains réalisés par les manœuvres et aides, uniformités qui se laissent entrevoir à travers toutes les différences en salaire possibles, vaut également pour les deux catégories supérieures des ouvriers de métiers ordinaires et des spécialistes très habiles. Cependant, on le sait, plus le travail est considéré comme qualifié plus sa valeur d'usage joue un rôle important, de sorte que les différences en salaires y trouvent plus de latitude pour se développer, même d'individu à individu. D'autre part, l'organisation ouvrière réussit ici plus facilement que dans les catégories de travail « non qualifié » à substituer le contrat de travail collectif au contrat individuel et à forcer l'employeur à introduire un tarif de travail et de salaire uniforme comme base du calcul des salaires. Les prix de travail étant des prix de marché, c'est-à-dire des prix d'affaires, il faut admettre que l'employeur, pour les catégories de travail qualifié comme pour le travail non qualifié, ne va pas plus loin dans le haussement des salaires qu'il ne se sent obligé à le faire par les conditions du marché.

La règle générale qui vaut pour l'entrepreneur capitaliste dans sa conduite forcée se manifeste encore avec plus d'évidence dans des régions et des branches d'industrie où les ouvriers dits « non qualifiés » sont devenus conscients de leur puissance au même degré que les ouvriers qualifiés, sachant autant que ces derniers tirer de leur situation, par leur action commune et par la modi-

fication des conditions de marché qui en est la conséquence, tout l'avantage qu'elle peut donner.

Si un entrepreneur fonde un établissement fabriquant
un produit uniforme, des couleurs par exemple, dans lequel il n'a guère besoin d'autre main-d'œuvre que de celle
non qualifiée, qui est, pour l'ouvrier adulte, payée à raison de $2 x$ francs la semaine, il n'a à payer des salaires de
$2 \, 1/2 \, x$ à $3 \, x$, peut-être même de $4 \, x$ francs par semaine
qu'à quelques ouvriers de métier et spécialistes tels que
mécaniciens, ouvriers chargés des réparations ou de l'em-
ballage, etc.

Si cet entrepreneur ne peut pas recourir pour sa fabrication de couleurs au travail à domicile, comme son industrie a un caractère spécial, son personnel ouvrier forme
un ensemble assez homogène. Il se peut que ce personnel
d'ouvriers de fabrique doués seulement d'une certaine
expérience, d'une certaine habitude pour les divers procédés de fabrication de leur industrie (broyages, etc.) ait
été mis par l'organisation ouvrière dans cette situation
particulière vis-à-vis du patron qu'accorde le contrat collectif du travail et à laquelle ne participent pas les
ouvriers non directement employés à la production principale. Dans ce cas, l'entrepreneur capitaliste peut se
voir obligé d'aller même pour les ouvriers dits « simples
ouvriers de fabriques », traités d'ordinaire comme « non
qualifiés », parce que n'ayant pas ou peu d'apprentissage
à faire, jusqu'au taux de $2 \, 1/2 \, x$ ou $3 \, x$ francs par semaine, tout en étant arrêté par la limite maxima dont il a été
parlé.

La différence qui existe généralement entre le travail
de ces ouvriers et ceux reconnus comme véritables « ouvriers de métier » ou « spécialistes » a, dans ce cas, disparu. Ou, pour nous exprimer autrement, le travail des
« ouvriers de fabrique » n'exigeant pas un long apprentissage est admis cette fois dans les catégories de travail

qu'on doit traiter comme du travail de métier ou de spécialistes.

L'entrepreneur capitaliste peut s'opposer à ce que, sous l'action commune de ses ouvriers, les choses marchent de la façon décrite ci-dessus. Il peut s'efforcer d'embaucher d'autres ouvriers manœuvres dans son milieu. Mais si cette tactique peut réussir facilement au cas où il n'aurait à remplacer qu'un seul de ses ouvriers ou un petit nombre d'entre eux, il en sera tout autrement, s'il se trouve en face de tout le personnel ouvrier travaillant aux travaux principaux de son établissement, ou même de l'organisation ouvrière régionale ou nationale dans sa branche d'industrie. On sait que ce qui est appelé simple travail de fabrique et conduite des machines peut devenir une sorte de spécialité au même titre que le travail exigeant un long apprentissage, et le remplacement en nombre des ouvriers exécutant ce travail de fabrique est souvent autrement difficile pour l'employeur que le remplacement d'un ferblantier ou d'un mécanicien quelconque.

Au cas où les ouvriers de métier ou spécialistes employés dans des occupations accessoires sont soutenus de l'extérieur par leur organisation, ils peuvent être à même de maintenir la différence de 1/2 x francs par semaine que nous avons indiquée, pour le milieu social en question, entre les salaires d'ouvriers qualifiés et ceux d'ouvriers non qualifiés ; les salaires des ouvriers employés à des occupations accessoires peuvent de même augmenter, de manière que les ouvriers de métier ordinaires obtiennent 3 1/2 x francs par semaine lorsque les ouvriers de fabrique ordinaires atteignent le niveau de 3 x francs. D'où les hauts salaires que gagnent fréquemment dans les grands établissements industriels les ouvriers de métiers employés à des occupations accessoires (mécaniciens, etc.).

Il y a des périodes où, tout en se trouvant en face d'ou-

vriers non organisés, l'entrepreneur capitaliste est dans
une situation analogue à celle exposée ici pour le fabricant de couleurs en présence d'ouvriers organisés. Dans
des périodes de première éclosion ou de haute prospérité
d'une industrie, lorsque la main-d'œuvre est rare, le rapport de l'offre à la demande de travail fortifie la position
des ouvriers d'une façon analogue à celle qu'on a constatée pour l'organisation ouvrière, et les salaires des
ouvriers dits non qualifiés peuvent alors souvent atteindre ou même dépasser le niveau du salaire ordinairement
payé dans le même milieu social aux ouvriers de métier,
tandis que ces derniers obtiennent des « salaires d'occasion ».

Telles sont les conditions sous lesquelles s'effacent
d'une façon plus ou moins nette les différences dans les
taux de salaires des ouvriers qualifiés et « non qualifiés »
d'un même milieu social, parfois aussi d'une même fabrique. L'exemple des ouvriers diamantaires de Paris, cité
aux pages 258-259, fournit un cas où se trouvent, d'une
manière analogue, supprimées les différences, si fréquentes encore ailleurs, entre les taux de salaire pour
travail d'homme et travail de femme de même qualité. Il
s'agit là d'un cas où le travail d'homme est encore indispensable afin de pourvoir aux besoins de l'industrie, tandis que l'entente conclue entre ouvriers hommes et femmes oblige les entrepreneurs dans cette industrie à
appliquer le principe : « salaire égal à travail égal pour
homme et femme ».

Il s'agit pour toutes les différences en salaire entre les
diverses catégories de travail de situations économiques
acquises par la lutte entre les limites minima et maxima
qu'on connaît. Puis, si les entrepreneurs capitalistes
réussissent souvent à maintenir encore des différences en
salaire, c'est en grande partie grâce au fait que ces différences sont profondément enracinées dans les mœurs et

les habitudes de la population. Le maçon tient à ce qu'il reste une différence en salaire entre lui et le garçon maçon, bien qu'il ne puisse être sérieusement question d'une différence en productivité de leur travail. Des points de vue de ce genre se retrouvent parmi les ouvriers dans toutes les sphères de la production et c'est là un grave obstacle au progrès.

Ainsi la théorie générale développée dans notre premier volume quant aux prix des marchandises se maintient également à grands traits pour la marchandise travail. Mais la constitution de la valeur d'échange et du prix de marché d'après les tendances générales communes à toutes les marchandises est, pour le travail, fréquemment croisée par des tendances particulières dont l'existence repose précisément sur la nature spéciale de cette marchandise et sur la façon dont différentes catégories de travail collaborent à la production des richesses de tout ordre.

Les entrepreneurs capitalistes, dans leur désir de réaliser les conditions de production techniquement les plus avantageuses, tâchent de payer les plus bas salaires possibles qui leur permettent de s'assurer la main-d'œuvre nécessaire et suffisante. En d'autres termes, ils n'acceptent les conditions de travail et les salaires les plus favorables aux ouvriers que ceux-ci puissent revendiquer (au-dessous de la limite maxima) qu'aussi longtemps que la main-d'œuvre qu'ils désirent s'assurer leur apparaît comme indispensable à la bonne marche de l'entreprise.

Si, par aventure, un entrepreneur déterminé ne peut pas continuer l'exploitation de son entreprise, vu les revendications que formulent les ouvriers dans son milieu et le fait que la limite maxima des salaires est dépassée pour son établissement, il ne s'en suit pas que, pour cette raison, les ouvriers doivent modifier leurs demandes. Car il se peut que l'entrepreneur a travaillé dans des conditions de production particulièrement défavorables, et que ses concurrents, en face des mêmes revendications de leur personnel ouvrier, peuvent continuer et réussir à faire un profit suffisant dans leur branche de production. Lorsque les choses en sont là et que les ouvriers sont assez organisés pour s'entendre dans une branche entière de production et imposer à cet entrepreneur les mêmes conditions de travail qu'acceptent les autres, il se voit dans l'alternative d'abandonner complètement son industrie, ou de transférer son établissement dans un milieu social où la population ouvrière sera moins exigeante et plus docile.

Un pareil transfert pourrait être directement nuisible aux intérêts des ouvriers du milieu social supérieur. D'où la propagande que font incessamment les ouvriers des industries urbaines dans les campagnes, partout où, dans leur branche d'industrie, la concurrence serait à craindre de la part des milieux sociaux inférieurs. D'où encore la tactique généralement préconisée par les syndicats ouvriers de ne pas restreindre la lutte pour l'amélioration des conditions matérielles à une seule catégorie ouvrière dans chaque milieu, mais à l'étendre à toutes les catégories sans exception. D'où, enfin, les efforts des ouvriers dans certaines branches d'industrie en fabrique ou en atelier à s'opposer à des systèmes de production directement nuisibles à leurs intérêts, comme l'industrie en atelier avec main-d'œuvre féminine ou l'industrie à domicile. Cette opposition tend à s'exprimer, on l'a vu, aussi bien par des procédés directs que par des tentatives pour combattre les autres régimes de production par l'intermédiaire de la législation. D'une façon comme de l'autre, les ouvriers tâchent de mettre peu à peu tous les entrepreneurs capitalistes devant la nécessité technique d'accepter le système de travail en fabrique ou en atelier avec ouvriers adultes.

Cornélissen   41

Le principe général d'après lequel se constituent la *valeur d'échange* et le *prix de marché* de la marchandise travail est donc en définitive parallèle à celui formulé dans le premier volume de notre ouvrage pour les marchandises en général :

La valeur d'échange du travail et le prix de marché du travail (le salaire) tendent à coïncider, sous le régime capitaliste, avec le coût d'entretien habituel, pendant une période de production et dans un milieu social déterminés, à la catégorie ouvrière limite dont la norme de vie est la plus basse, et où les entrepreneurs trouvent à compléter la main-d'œuvre nécessaire pour continuer régulièrement leurs entreprises et être en mesure de pourvoir à la demande de leurs produits.

Ou, sous une autre forme :

La valeur d'échange et le prix de marché du travail tendent à coïncider avec le coût d'entretien habituel à la catégorie limite d'ouvriers qui réclament la norme de vie la plus élevée, et où les entrepreneurs capitalistes doivent cependant recruter la main-d'œuvre nécessaire pour compléter le personnel ouvrier qui assurera la bonne marche technique de leurs entreprises.

Ceci à l'intérieur de la marge entre les limites minima et maxima du salaire, marge où chaque taux de salaire est déterminé par la force économique de chacune des parties en présence.

Si cette loi générale du salaire semble simple, et si, dans sa simplicité, elle indique en même temps à grands traits aux possesseurs de la force de travail le chemin de leur émancipation, nous sommes obligés de rappeler une fois de plus la complexité des phénomènes économiques, complexité qui a été mise en lumière à maintes reprises et notamment dans le chapitre XIX.

Même au-dessous de la limite maxima tracée aux salaires par la productivité des entreprises capitalistes, les tentatives des ouvriers pour améliorer leurs conditions de travail restent souvent infructueuses en face de la résistance de leurs patrons, parce que ce sont ces derniers qui, propriétaires des moyens de production, en somme la dirigent et en règlent l'adaptation à la demande effective du marché.

Lorsque, la demande au marché des produits étant augmentée dans une sphère de production, un accroissement correspondant de la main-d'œuvre pourrait y sembler nécessaire et l'occasion propice pour un relèvement des salaires, l'intérêt propre des entrepreneurs capitalistes n'aura pas pour cela à faire immédiatement le jeu des ouvriers. Comme on l'a vu, les entrepreneurs trouvent toujours deux autres voies qu'ils peuvent choisir en outre de l'augmentation de leur personnel. Ils peuvent : *a)* ne pas étendre leur production, ou même la restreindre en tâchant de réaliser une hausse de leur profit d'entrepreneur par celle des prix de leurs articles ; ou encore *b)* s'efforcer de répondre à la demande accrue du marché par une organisation technique supérieure de leurs entreprises. Dans les deux cas, le rapport de l'offre à la demande de main-d'œuvre peut rester invariable, si même il ne subit pas une modification nuisible aux ouvriers ; dans le cas mentionné en *b)* l'augmentation de la puissance productive des établissements capitalistes ne sera utile aux ouvriers que si le perfectionnement technique entraîne une augmentation de la main-d'œuvre.

Dans le chapitre cité, il a été exposé comment les entrepreneurs capitalistes peuvent intervenir lorsqu'au contraire la demande de leurs articles diminue, et combien la forme de leur intervention influe sur la question de savoir si, et dans quelle proportion, la décroissance de la demande des marchandises sera accompagnée d'une décroissance de la demande de main-d'œuvre. Et, on l'a vu, ce n'est que dans un sens très restreint, — comme

réaction de leur part contre des mesures patronales nuisibles à leurs intérêts, — que les ouvriers peuvent intervenir dans chaque cas, grâce à leurs organisations. Enfin
le même chapitre a montré aussi que la marche ascendante
ou descendante de la production a une influence très différente sur l'intensité de la demande de main-d'œuvre et
par suite sur le rapport de son offre à sa demande dans
les diverses catégories d'ouvriers comparées entre elles.

La loi générale du salaire formulée ci-dessus doit
être comprise de la façon suivante : au cas où les entrepreneurs capitalistes se voient obligés par les conditions
du marché de travail à aller chercher en partie la main-
d'œuvre nécessaire dans une catégorie supérieure ; ou
encore, si une partie de leur personnel ouvrier, dont le
travail était auparavant considéré comme travail non
qualifié, réussit, par l'organisation, à faire reconnaître
son travail comme plus difficile à remplacer qu'auparavant, c'est-à-dire comme plus qualifié, — le salaire de
toute la catégorie d'ouvriers en question haussera par ce
fait même et sera porté jusqu'au niveau supérieur qui
correspond à la nouvelle situation économique acquise
par les parties. Et cette règle tendra à être générale,
c'est-à-dire à s'appliquer à la catégorie ouvrière entière,
en vertu du principe qu'on connaît et selon lequel, dans
chaque catégorie, un salaire égal est payé pour un travail
égal à tous les ouvriers.

De même il faut admettre la règle inverse suivante :
lorsque la main-d'œuvre payée autrefois à un taux de
salaire déterminé devient successivement disponible par
la généralisation de certaines capacités de travail chez
des catégories d'ouvriers dont le coût d'entretien habituel
n'atteint qu'un niveau inférieur, le salaire de toute la catégorie de travail où ce phénomène se présente baisse jusqu'à ce niveau inférieur.

Mais il s'agit naturellement ici d'une loi tendantielle

seulement. Et l'application absolue et rigide de la règle générale formulée ici pour le mouvement des prix de marché, rencontre même d'autant plus d'obstacles cette fois qu'il s'agit de cette marchandise particulière qu'est le travail humain.

En premier lieu, le nivellement des prix envisagé ici ne s'accomplit pas avec la même facilité sur le marché du travail que sur celui des marchandises en général par suite des contre-tendances qui peuvent l'empêcher.

Puis, on sait que la résistance de la part des ouvriers est toujours très intensive lorsqu'il est question d'une baisse des salaires. Elle l'est même, on l'a vu, quand l'entente et l'organisation ouvrières font encore absolument défaut, et que seules des impulsions spontanées réagissent contre un état de marché défavorable aux ouvriers. Les ouvriers résistent mieux à une baisse éventuelle de leur norme de vie habituelle qu'ils ne savent tirer parti des conditions du marché de travail qui leur sont favorables. Ce facteur de nature psychologique dont il a été parlé longuement n'entre en jeu, naturellement, que pour la marchandise vivante qu'est le travail humain, mais non pas pour les marchandises en général.

Pour le reste valent encore ici toutes les remarques qui nous ont permis de préciser aussi dans notre premier volume la loi générale de la constitution de la valeur d'échange et du prix de marché sous le régime capitaliste.

Supposons que certains entrepreneurs capitalistes se voient obligés, dans une période de production donnée, à aller chercher une partie de leur main-d'œuvre, autrefois régulièrement disponible dans des catégories d'ouvriers dont le coût d'entretien habituel ne dépasse pas un niveau déterminé, dans des catégories supérieures où la norme de vie atteint un niveau supérieur. Il peut arriver, dans ce cas, que la partie en question ne représente

encore qu'une fraction relativement insignifiante de leur
personnel ouvrier entier. De même il est possible
qu'un nombre relativement restreint d'ouvriers d'une
certaine catégorie, par exemple ceux travaillant dans de
grands établissements capitalistes, réussissent à faire
reconnaître leur travail d'ouvriers de fabrique ordinaires
comme du travail qualifié, difficile à remplacer, mais que
le nombre de ces ouvriers soit encore proportionnellement faible, comparé aux masses des ouvriers du dehors
non qualifiés de même catégorie. Dans les cas supposés
ici, on constatera toujours la tendance au nivellement
dans le sens indiqué plus haut, et ceci pour toute la catégorie de travail, non seulement dans les établissements capitalistes en question, mais même dans le milieu social
entier. Mais ce nivellement ne s'accomplira en somme,
même d'un point de vue absolument théorique, qu'avec
lenteur et, provisoirement, qu'en partie. Le point jusqu'où
monte le salaire effectif restera dans la réalité plus proche du point de départ à mesure que la fraction de main-
d'œuvre qui est cherchée dans la catégorie de main-d'œuvre supérieure, ou que le contingent d'ouvriers de fabrique
ordinaires assimilés à des ouvriers 'qualifiés sont moins
importants par rapport au personnel ouvrier entier des
entrepreneurs intéressés ou de la population ouvrière
totale du milieu. Un calcul exact du salaire moyen obtenu dans ces cas pour les ouvriers de toute la catégorie en
question exprimerait nettement en chiffres ce que nous
venons de remarquer. Les salaires payés dès le début au
taux supérieur indiqué doivent être considérés comme
restant encore provisoirement des *salaires d'occasion*,
c'est-à-dire des *prix de marché occasionnels* du travail,
et qui n'expriment pas exactement, ni d'un point de vue
théorique, ni pour la vie pratique, la *valeur d'échange* du
travail sur le marché capitaliste.

Le même phénomène, en sens inverse, peut se présenter

naturellement lorsqu'une main-d'œuvre ordinairement payée au taux supérieur devient peu à peu disponible, par la généralisation de certaines capacités de travail, chez des ouvriers dont la norme de vie habituelle ne dépasse pas le niveau inférieur. En effet, si ce cas ne s'applique encore qu'à une fraction relativement minime de toute la main-d'œuvre de même catégorie, le nivellement des salaires dans toute une fabrique ou toute une région ne s'accomplira pas immédiatement, ni complètement. Et le point jusqu'où le salaire ouvrier baissera dans ce cas restera dans la réalité plus près du point de départ à mesure que la fraction du personnel de fabrique ou que le contingent ouvrier dans la région en question recrutés dans des catégories ouvrières inférieures seront plus faibles par rapport au personnel de fabrique entier ou à la population ouvrière totale du milieu. Ici encore, le calcul exact du salaire moyen mettrait nettement en évidence le phénomène dont nous voulons parler. Si, éventuellement, il pouvait y avoir des cas où les salaires effectivement payés tombent immédiatement au niveau inférieur, ces salaires ne sauraient être considérés que comme des *salaires d'occasion* restant cette fois, non pas au-dessus mais au-dessous du salaire qui exprime en argent la valeur d'échange normale du travail (1).

1. Un exemple pratique de cet ordre est fourni par l'industrie cotonnière pour le travail de fileurs dans plusieurs régions où cette industrie est déjà établie depuis de longues années. La jeune génération de « rattacheurs », aides des fileurs, y est en maintes régions à même de remplacer en partie les fileurs proprement dits, surtout pour des ouvrages de tissage simples, et cela jusqu'à un degré plus haut qu'il ne serait nécessaire pour remplir successivement les places des fileurs devenues vacantes. Mais, d'un point de vue technique, cette disponibilité de main-d'œuvre ira rarement jusqu'au point de faire dominer complètement par les aides les conditions de travail des fileurs, ouvriers de métiers faits. Sous la forme d'une main-d'œuvre surabondante, force de travail latente dans la filature, les rattacheurs exercent donc sans doute, par leur présence, une pression défavorable sur les conditions de travail des fileurs, en réduisant ceux-ci à cet état de dépendance économique où l'ouvrier

On a rencontré, à maints endroits dans le présent ouvrage, des salaires d'occasion dépassant vers le haut ou vers le bas les prix de marché théoriques du travail. Dans mon premier volume, j'ai exposé que l'important pour les entrepreneurs dans les grandes entreprises commerciales ou industrielles est de vendre les grandes masses de leurs produits à un prix qui leur permette de réaliser un certain profit total au-dessus de leurs frais de production totaux. Les propriétaires des bazars et grands magasins n'hésitent pas, par exemple, à offrir certains articles, « articles de réclame », à un prix d'occasion, parfois beaucoup au-dessous de leur prix de marché courant ou général, pourvu que la perte sur ces articles soit réparée par la vente des autres. C'est d'une manière analogue qu'agissent certains grands employeurs vis-à-vis de leur personnel ouvrier. Dans certaines conditions, ils n'hésitent pas à payer des salaires ou des appointements d'occasion, dépassant les prix ordinaires du travail, à un nombre restreint de leurs employés (ingénieurs, surveillants, ouvriers de métier et spécialistes de certaines catégories) qui leur sont indispensables pour la marche régulière de leurs entreprises. Il peut même arriver que ces employeurs trouvent avantageux de dépasser pour ces ouvriers privilégiés cette limite maxima qui est tracée à tout salaire par la productivité du travail, pourvu qu'ils puissent abaisser d'autant plus les salaires de la grande majorité de leurs ouvriers. La limite maxima s'applique dans ce cas, non pas au salaire individuel de chaque ouvrier, mais à la somme totale payée en salaires dans toute une entreprise.

Il ne s'agit ici que de salaires d'occasion dépassant vers

---

est souvent rendu impuissant à réaliser la moindre amélioration de son sort ; mais sans que pour cela les salaires des fileurs ouvriers de métier baissent d'une façon générale jusqu'au niveau inférieur des salaires obtenus par les aides et manœuvres dans l'industrie cotonnière.

le haut le prix de marché courant de la marchandise travail à laquelle ils s'appliquent. Nous avons rencontré en outre d'autres salaires ou honoraires d'occasion qui dépassent le prix de marché courant du travail de leur catégorie dans un sens inverse. On a vu que ces salaires ou honoraires spéciaux peuvent tomber au-dessous de la limite minima tracée à tout salaire, mais qu'ils ne sont pas, eux non plus, l'expression exacte en monnaie de la valeur d'échange du travail (1).

Théoriquement, le *salaire d'occasion* est un *prix occasionnel du travail* que nous devons distinguer comme une dérogation au *prix de marché général ou courant du travail*. Mais, tout en faisant *en principe* une distinction entre ces deux prix, il faut constater pourtant, pour la marchandise travail comme pour les marchandises en général, qu'il est souvent difficile de décider nettement où le prix de marché général cesse et où commence le prix d'occasion. Ceci est d'autant plus manifeste que nous avons distingué au commencement de cette Conclusion l'existence d'une *valeur d'échange individuelle ou personnelle* du travail à côté de sa *valeur d'échange sociale* en définissant la première comme déterminée par les évaluations purement personnelles de vendeurs et d'acheteurs de travail déterminés. On peut donc considérer le *prix spécial* qu'obtient le travail salarié comme un *prix de marché* au même titre que son *prix de marché général* et, dans certaines circonstances, il peut posséder ce caractère d'un *prix de marché occasionnel* dont il est traité dans le premier tome de cet ouvrage pour les marchandises en général (2).

Jusqu'ici, dans les vastes catégories de travail dit « non

1. Voir ci-dessus, pages 355 et 637-638.
2. Voir sur les *prix d'occasion*, *Théorie de la Valeur*, pages 326 et suiv. ; cf. aussi *ibidem*, pages 292 et suiv.

qualifié », comme dans le travail de métier de l'industrie, de l'agriculture, du commerce et des communications, le coût de production du travail qui se présentait comme l'élément principal pour la constitution de la valeur d'échange du travail et de son prix de marché, était toujours le *coût de production social* du travail, norme de vie habituelle à l'ouvrier d'une certaine catégorie dans un milieu social déterminé. Quel rôle, cependant, joue sur le marché du travail la *valeur de production individuelle*, le *coût d'entretien personnel* de chaque ouvrier ?

Il joue d'abord ce rôle d'être l'un des éléments constitutifs du coût de production sociale du travail d'une certaine catégorie, ce coût n'étant en somme qu'une moyenne de tous les coûts d'entretien personnels divers du même milieu.

Ce même coût personnel a une influence toute spéciale sur le passage de la main-d'œuvre d'une catégorie de travail dans une autre, soit que les salariés qui aspirent à une norme de vie supérieure agissent individuellement ou collectivement sur le taux des salaires en s'efforçant de passer de catégories de travail ou de milieux inférieurs à des catégories ou des milieux supérieurs ; soit que des individus ou des groupes pour qui le coût d'entretien personnel est moins élevé viennent, accepter des « salaires d'appoint ». C'est ce déplacement continuel de main-d'œuvre qui contribue essentiellement à l'incessante ondulation des salaires.

Ainsi se trouve éclaircie pour les différentes modalités de la vie réelle la portée de notre formule générale du salaire.

Fin

APPENDICES

APPENDICE I (Voir pages 178-179)

Salaires de maçons et d'aides-maçons dans différentes localités de France

Classés d'après les bordereaux annexés aux cahiers des charges des travaux de l'Etat, des départements ou des communes, mis en adjudication à la fin de 1899 et en 1900.

Cf. *Bordereaux de salaires pour diverses catégories d'ouvriers en 1900 et 1901*, Paris, 1902, I, pages 50-56.

DÉPARTEMENTS	LOCALITÉS	SERVICE	SALAIRE PAR HEURE		POURCENTAGE du salaire des aides-maçons comparé à celui des maçons	DURÉE DU TRAVAIL JOURNALIER	
			Maçons	Aides-maçons		Hiver	Eté
			fr. c.	fr. c.	o/o	heures	heures
AIN	*Bourg*	Ponts et chaussées	0.45 [1] / 0.40 [1]	0.30	70.6	8 3/4	10 3/4
AUDE	*Castelnaudary*	Génie	0.35 [1] / 0.40 [1]	0.30	80.0	10	10
HAUTE-GARONNE	*Toulouse*	Ville [2]	0.45	0.20	44.4	9	10
	Saint-Etienne	Ville [3]	0.50	0.30	60.0	10	10
LOIRE	*Bel-Air*	Ponts-et-chaussées [1]	0.50	0.30	60.0	10	10
	Poncins	*Idem* [4]	0.45	0.30	66.6	10	10
	Canal du Forez	*Idem*	0.45	0.25	55.5	10	10
LOIRET	*Pithiviers*	*Idem* [5]	0.50 / 0.50	0.40	80.0	9	11
MANCHE	*Portbail*	*Idem*	0.45 / 0.40	0.35 [1] / 0.30	72.2	12	12
MORBIHAN	*Vannes*	Génie	0.25	0.17	68.0	9 3/4	12
NORD	*Fives*	Ponts et chaussées	0.50	0.35	70.0	9 1/4	11 3/4
ORNE	*Alençon*	Département	0.40	0.29	72.5	10	10
PUY-DE-DÔME	*Clermont-Ferrand*	Artillerie	0.45 [1] / 0.60	0.35	66.6	8	10
PYRÉNÉES-ORIENTALES	*Villefranche*	Ponts et chaussées	0.50	0.30	60.0	10	10
RHÔNE	*Lyon*		0.60	0.40	66.6	10	10
SEINE	*Paris*	Man. de l'Etat	0.75	0.48	64.0	10	10
	Vincennes	Artillerie	0.80	0.50	62.5	10	10
	Vincennes	*Idem*	0.80	0.50	62.5	9	9
	Vincennes(vieux fort)	*Idem*	0.75	0.475	63.3	10	10
	Saint-Denis	Génie	0.70	0.45	64.3	10	10
SEINE-ET-MARNE	*Bazoches*	Ponts et chaussées	0.50	0.40	80.0	9 1/2	12
	Marly	Artillerie	0.56	0.28	50.0	10	10
SEINE-ET-OISE	*Marly* [6]	*Idem*	0.67	0.35	52.2	9	9
	Satory	*Idem*	0.67	0.35	52.2	9	9
	Le Bouchet	Poudres	0.50	0.25	50.0	10	10
SEINE-INFÉRIEURE	*Fécamp*	Ponts et chaussées	0.50 [1]	0.30	60.0	9	11
	Abbeville	*Idem*	0.40 [1] / 0.35 [1]	0.35	93.3	8 3/4	10
	Montdidier	*Idem*	0.45 [1] / 0.35 [1]	0.35	87.5	8 1/4	10 3/4
SOMME	*Abbeville*	Département	0.45 [1] / 0.40 [1]	0.40	94.1	8 1/2	10
	Amiens	*Idem*	0.525 [1] / 0.475 [1]	0.475	95.0	9	11
	Doullens	*Idem*	0.50 [1] / 0.40 [1]	0.40	88.8	8 3/4	11
	Montdidier	*Idem*	0.50 [1] / 0.45 [1]	0.45	94.7	8 1/2	10 3/4
	Péronne	*Idem*	0.45 [1] / 0.40 [1]	0.40	88.8	8 1/2	10 3/4
TARN	*Castres*	Génie	0.35	0.30	85.7	10	10
	Epinal	*Idem*	0.45	0.30	66.6	10	12
VOSGES	*Gérardmer*	*Idem*	0.45	0.30	66.6	10	12
	Epinal	*Idem*	0.46	0.30	65.2	10	12
TOUS LES DÉPARTEMENTS			0.509	0.348	68.4		

1. Deux catégories d'ouvriers.
2. 5 o/o d'ouvriers étrangers ; 25 o/o de demi-ouvriers à salaire réduit de 25 o/o parmi les *maçons*.
3. Demi-ouvriers 20 o/o ; réduction 20 o/o parmi les *maçons* et les *aides-maçons*.
4. Etrangers 10 o/o ; demi-ouvriers 20 o/o ; réduction

5 o/o parmi les *aides-maçons* ; 10 o/o d'ouvriers étrangers ; 20 o/o de demi-ouvriers à salaire réduit de 20 o/o parmi les *maçons*.
5. 10 o/o d'ouvriers étrangers ; 20 o/o de demi-ouvriers à salaire réduit de 50 o/o parmi *maçons* et *aides-maçons*.
6. Deux chantiers différents.

APPENDICE II (Voir pages 178-179)

Salaires de charpentiers et d'aides-charpentiers dans différentes localités de France

Classés d'après les bordereaux annexés aux cahiers des charges des travaux de l'Etat, des départements ou des communes, mis en adjudication à la fin de 1899 et en 1900.

Cf. *Bordereaux de salaires*, I, pages 13-18.

DÉPARTEMENTS	LOCALITÉS	SERVICE	SALAIRE PAR HEURE		POURCENTAGE du salaire des aides-charpentiers comparé à celui des charpentiers	DURÉE DU TRAVAIL JOURNALIER	
			Charpentiers	Aides-charpentiers		Hiver	Eté
			fr. c.	fr. c.	o/o	heures	heures
ALPES-MARITIMES	Nice	Artiller.	0.70	0.50	71.4	10	10
	Rive gauche du Var	Idem	0.73	0.53	72.6	10	10
	Mont-Chauve	Idem	0.77	0.53	68.8	10	10
	Mont-Agel	Idem	0.77	0.55	71.4	10	10
	Picciaroet	Idem	0.80	0.58	72.5	10	10
	Anthion	Génie	0.63	0.48	76.2	10	10
	Sospel	Idem	0.52	0.38	73.1	10	10
	Barbonne	Idem	0.61	0.43	70.5	10	10
LOT	Gourdon	Ponts et chaussées	0.43	0.30	69.8	10	12
MAINE-ET-LOIRE	Angers	Mairie	0.50	0.35	70.0	10	10
MARNE	Sapignicourt	Ponts et chaussées	0.38	0.35² / 0.25	78.9	9 1/2	12
HAUTE-MARNE	Langres	Commune	0.60	0.40	66.6	10	10
MORBIHAN	Vannes	Génie	0.40³ / 0.35⁴	0.28	74.7	9 3/4	12
NORD	Fives	Ponts et chaussées	0.50	0.35	70.0	9 1/4	11 3/4
	Roubaix	Idem	0.50	0.25	50.0	10	10
	Erre	Idem			52.6	9 3/4	11 3/4
	Cambrai	Idem	0.45	0.25	52.6	9 3/4	11 3/4
	Thun-l'Evèque	Idem	0.50⁵		52.6	9 3/4	11 3/4
	Proville	Idem			52.6	9 3/4	11 3/4
	Cantigneul	Idem			52.6	9 3/4	11 3/4
OISE	Creil	Idem	0.50 / 0.35⁵	0.25	47.6	9 1/4	11 3/4
RHÔNE	Lyon	Département	0.70	0.55	78.8	8	10
SOMME	Abbeville	Idem	0.45	0.40	88.8	8 1/2	10
	Amiens	Idem	0.55	0.40	72.7	9	11
	Doullens	Idem	0.45	0.30	66.6	8 3/4	11
	Montdidier	Idem	0.45	0.35	77.7	8 1/2	10 3/4
	Péronne	Idem	0.45² / 0.50	0.35	73.7	8 1/2	10 3/4
TARN	Albi	Génie	0.35² / 0.33	0.26	76.5	10	10
VAR	Toulon	Idem	0.73	0.55	75.3	10	10
VOSGES	Epinal	Artillerie	0.425	0.35² / 0.38	85.9	9	12
TOUS LES DÉPARTEMENTS			0.542	0.374	69.0		

1. Parmi les *aides-charpentiers* 10 o/o d'ouvriers étrangers ; 10 o/o de demi-ouvriers à salaire réduit de 15 o/o.
2. Deux catégories d'ouvriers.
3. Charpentiers monteurs.
4. Charpentiers ordinaires.
5. Forts charpentiers.

APPENDICE III (Voir page 181)

Salaires de charpentiers et aides-charpentiers en 1900, comparés dans différentes industries des Etats-Unis

Classés d'après le *Twelfth Census of the United States, Special Reports, Employees and Wages*, Washington, 1903, chap. II, pages XLVII-XLVIII, LVIII et LXVI-LXVII.

Groupements d'Etats	Nombre d'ouvriers dont les salaires ont été relevés		Salaires par semaine en dollars (salaires-médians)		Salaires par heure en cents américains (salaires-médians)		Pourcentage du salaire des aides-charpentiers comparé à celui des charpentiers	
	charpentiers	aides	charpentiers	aides	charpentiers	aides	par semaine o/o	par heure o/o
Fabriques d'instruments agricoles								
Etats du Milieu.......	108	697	11.00	8.50	18.00	14.00	77.3	77.8
Etats du Centre.......	198	4,717	13.00	9.00	22.00|	15.00	69.2	68.2
Etats du Pacifique....	41	137	16.00	12.00	27.00	20.00	75.0	74.1
Total des sections....	360[1]	5,568[1]	12.50	9.00	21.00	15.00	72.0	71.4
Ateliers de matériel de chemins de fer								
Etats du Milieu.......	127	914	16.00	7.00	26.00	13.00	43.75	50.0
Etats du Sud.........	47	205	11.50	5.50	20.00	10.00	47.8	50.0
Etats du Centre......	650	3,150	12.00	9.00	20.00	15.00	75.0	75.0
Total des sections....	824	4,303[1]	12.00	8.00	21.00	14.00	66.66	66.66
Chantiers de construction de navires								
Etats de la Nouvelle Angleterre..........	205	36	13.00	8.50	22.00	15.00	65.4	68.2
Etats du Milieu.......	715	1,464	14.00	8.00	24.00	14.00	57.1	58.3
Etats du Centre......	67	134	15.00	9.00	25.00	15.00	60.0	60.0
Etats du Pacifique....	268	1,372	19.50	12.00	32.00	20.00	61.5	62.5
Total des groupements.	1,255	3,015[1]	15.00	10.50	25.00	17.00	70.0	68.0

1. Les chiffres totaux donnés pour les différents groupements d'Etats ne sont pas toujours exactement conformes à la somme qu'on obtient en additionnant les chiffres indiqués pour chaque groupement en particulier ; cf. à ce propos l'introduction aux tableaux analytiques pour les différentes branches de production, *Twelfth Census*, etc., p. XXX.

APPENDICE IV (voir les pages 208 et suiv.)

TABLEAU COMPARATIF DU GAIN ANNUEL D'UN OUVRIER
AGRICOLE ORDINAIRE DANS LE MECKLEMBOURG ET DE
CELUI D'UN OUVRIER « NON QUALIFIÉ » DANS UNE GRANDE
VILLE ALLEMANDE (1).

I. — *Famille d'un ouvrier agricole sans enfants n'habitant pas sous le toit du patron.*

Dans une grande propriété typique du Mecklembourg, un ménage (homme et femme) a reçu pour un battage : de 15 quintaux de blé à la machine à battre avec élévateur à paille, de 12 quintaux à la machine sans élévateur, de 12 quintaux à l'engin-machine et de 8 quintaux au fléau, pour l'hiver 1900-1901, 32 1/4 quintaux de blé, soit 419 marks et pour l'hiver 1901-1902, 31 1/4 quintaux de blé, soit 437 marks, le prix du blé ayant monté.

Soit en moyenne et à un prix de blé modéré...............................   428.00 marks

Des 150 jours du semestre d'hiver, 40 environ n'ont pas été des jours de battage ; et le mari a gagné 60 pfennigs par jour ; soit 40×60 pf...............   24.00 —

La femme est restée chez elle.

Pendant les 150 jours du semestre d'été le mari a gagné 80 pf. par jour, soit 150×80 pf............................   120.00 —

La femme : 125 jours à 65 pf.........   80.00 —

Pour travaux à forfait (faucher, lier, etc.) gain supplémentaire............   48.00 —

En chiffres ronds   700.00 marks

1. D'après la *Deutsche Landwirtschaftliche Presse*, numéro du 18 avril 1903, pages 264-265.

Cornélissen   42

En outre, les gens reçoivent, s'ils ne
veulent pas avoir leur vache, 2 à 3 litres
de lait pur en hiver, 3 à 4 litres en été,
en moyenne 3 litres par jour ; soit
365×3 l. = 1,095 litres; comptés à 10 pf.
seulement par litre ; 1,095×10 pf......   110.00 marks

Il faut remarquer cependant que les
journaliers ont d'ordinaire leur propre
vache pour laquelle ils ont en été pâturage
gratuit, et en hiver soit la nourriture gratuite dans l'étable du maître ou bien le
produit d'un pré qui leur est désigné ; ce
système est plus avantageux pour eux
que de recevoir du patron la quantité
de lait susdite.

De plus les ouvriers reçoivent gratuitement du terrain pour potager et pommes
de terre et lin, et par endroits aussi un
champ pour semer du seigle et de l'avoine.
Le produit de ces terres que l'ouvrier
reçoit toutes labourées et pour lesquelles
par suite il n'a qu'à se procurer les se-
mences et à faire les travaux nécessaires;
peut être évalué à ....   120.00 —

Total   930.00 marks

II. — *Journalier marié sans enfants en ville.*

Si on admet que l'ouvrier « non qualifié » gagne en
temps normal en ville 4 marks en moyenne par jour, le
gain annuel serait de.................   1,200.00 marks
Lorsque les conditions domestiques le
permettent, la femme cherche également

du travail, et gagne peut-être par an.... 200.00 marks

Soit gain annuel moyen d'une famille

ouvrière en ville.................... 1,400.00 marks

A déduire sur cette somme, pour une habitation quelque peu convenable :

Loyer annuel........... 300.00 m.

Pour combustibles....... 60.00 m.   360.00 marks

Reste............. 1,040.00 marks

III. — Ouvriers agricoles non mariés demeurant chez le cultivateur.

Ces gens reçoivent comme salaire, selon leur travail et les conditions locales, de 200 à 400 marks par an en outre du logis et de l'alimentation. Le gain annuel moyen de ces gens ne saurait pas être évalué à 300 marks, attendu qu'on ne paie 300 marks que dans certaines localités et encore aux ouvriers les meilleurs. En réalité, on ne peut compter qu'un gain moyen de 250 marks par an, ou de 5 marks par semaine.

IV. — Journaliers non mariés en ville.

De tels ouvriers non mariés gagnent dans le bâtiment, la terrasse, le travail dans les usines ou par des travaux similaires d'ordinaire entre 3 et 4 marks, soit en moyenne 3.50 marks par jour, ou par semaine.. 21.00 marks

A déduire pour logis et alimentation, environ............................. 12.00 »

Reste par semaine................ 9.00 marks

APPENDICE V (Voir pages 214-216)

TABLEAU COMPARATIF DU GAIN ANNUEL D'UN OUVRIER
AGRICOLE ORDINAIRE SUR LES TERRES ARABLES DU NORD-
OUEST DE LA FRISE (PAYS-BAS) ET DE CELUI D'UN AIDE-
MAÇON A AMSTERDAM.

Année de comparaison *1904* (1)

1. — *Famille d'un ouvrier agricole sans enfants dit à
emploi fixe ; l'homme a un salaire hebdomadaire fixe
en argent, habitation gratuite et quelques salaires
en nature.*

Salaire en argent :
8 florins (2) par semaine pendant six
mois de l'été ; 26 × 8 florins . . . .   208.00 florins
6 florins par semaine pendant les six
mois de l'hiver, 26 × 6 florins . . . .   156.00 florins
Gains en nature :
Produit de 10 acres de terre louée ;
cette terre est cultivée par l'homme le
dimanche et aux heures libres de la se-
maine et partiellement par la femme. . .   20.00 florins
5 hectolitres de pommes de terre, four-
nis gratuitement par le patron cultiva-
teur ; comptés à 2 florins par hectolitre.   10.00 florins
Total . . . .   394.00 florins

1. Les renseignements d'ordre agricole m'ont été fournis par un
ouvrier agricole du nord-ouest de la Frise, ancien rédacteur du journal
De Landman (l'Ouvrier agricole), et ceux concernant les aides-maçons
par deux membres du Conseil de l'Union des aides-maçons amsterdammois. J'ai contrôlé personnellement les chiffres obtenus avant de les
grouper.

2. Le *florin* hollandais à 100 *cents* valait, en décembre 1904, 2 fr. 08.

En outre, jouissance gratuite de la maison pouvant être évaluée à 52 florins par an. La journée moyenne de l'ouvrier agricole est de onze heures (repos déduit). En été (de mai à août) les journées de travail sont plus longues d'une heure ou de deux heures, certains jours pendant la moisson, de trois heures ; en outre, pendant les moments de presse, le temps de repos est souvent diminué d'une heure.

II. — *Famille d'un ouvrier aide-maçon sans enfants à Amsterdam.*

L'ouvrier travaille au tarif minimum fixé à Amsterdam en mai 1904 pour les travaux communaux mis en adjudication.

Travail fourni pendant 230 jours de l'année (déduction faite de 135 jours de fête ou de chômage).

230 jours de 10 heures à 0.25 florins par heure ; 2,300 × 0.25 florins.........	575.00 florins
Gains de la femme comme femme de ménage ; 70 jou. à 0.80 florins ; 0 70 × 0.80 florins..................	56.00 florins
Total...............	631.00 florins
A déduire de cette somme le loyer d'une habitation à 2.25 florins par semaine ; loyer annuel 52 × 2.25 florins.......	117.00 florins
Reste...............	514.00 florins

III. — *Ouvrier agricole non marié demeurant chez le cultivateur.*

Salaire annuel.....................	175.00 florins
En outre logis et alimentation	
Salaire en argent.....	175.00 florins

Journée comme indiqué plus haut de 4 heures du matin à 6 heures du soir, dont trois heures de repos. En été, de mai en août, la journée de travail est plus longue d'une heure ou de deux heures et, pendant la moisson, de trois heures ; pendant les moments de presse, diminution d'une heure de repos ; donc, dans le cas extrême, journée de dix-sept heures, dont deux heures de repos.

IV. — *Aide-maçon, non marié.*

Travail aux mêmes conditions que plus haut ; 230 journées de travail de 10 heures à un salaire de 0.25 florins par heure ; 2,300 × 0.25 florins............   575.00 florins

A déduire logis et alimentation dans une pension de 5.50 florins par semaine ; 52 × 5.50 florins.....................   286.00 florins

　　　　　Reste.................   289.00 florins

APPENDICE VI-A (Voir pages 238)

Salaires des ouvriers en Belgique

Total des ouvriers (hommes de plus de seize ans) dont les salaires ont été déterminés : 467,542					
Nombre d'ouvriers de plus de seize ans gagnant par jour					
moins de fr. 2.50 113,111 1 soit 24.21 0/0	de fr. 2.50 à 4.50 303,909 soit 64.99 0/0	plus de fr. 4.50 50,522 soit 10.81 0/0	plus de fr. 5.00 29,388 soit 6.28 0/0	plus de fr. 6.00 9,678 soit 2.07 0/0	plus de fr. 7.00 4,357 soit 0.93 0/0
0/0	0/0	0/0	0/0	0/0	0/0
moins de 1.50 | 22,276 [4.76]	de 2.50 à 3.00 | 87,015 [18.63]	de 4.50 à 5.00 | 21,134 [4.52]	de 5.00 à 5.50 | 13,934 [2.98]	de 6.00 à 6.50 | 3,668 [0.78]	de 7.00 à 7.50 | 1,127 [0.241]
de 1.50 à 2.00 | 28,644 [6.12]	de 3.00 à 3.50 | 100,392 [21.47]		de 5.50 à 6.00 | 5,776 [1.24]	de 6.50 à 7.00 | 1,653 [0.355]	de 7.50 à 8.00 | 650 [0.139]
de 2.00 à 2.50 | 62,191 [13.30]	de 3.50 à 4.00 | 65,615 [14.04]				de 8.00 à 8.50 | 593 [0.128]
	de 4.00 à 4.50 | 50,887 [10.88]				de 8.50 à 9.00 | 316 [0.069]
					de 9.00 à 9.50 | 326 [0.070]
					de 9.50 à 10.00 | 223 [0.14]
1. Y compris 1,393 ouvriers ne touchant aucun salaire.					plus de 10.00 | 1,122 [0.24]

ROYAUME DE BELGIQUE, OFFICE DU TRAVAIL, *Recensement général des Industries et des Métiers* (31 octobre 1896), tome XVIII, *Exposé général des méthodes et des résultats*, Bruxelles, 1902, p. 267.

APPENDICE VI-B (Voir page 238)

Salaires des ouvrières en Belgique

Total des ouvrières de plus de seize ans dont les salaires ont été déterminés : 74,662				
Nombre d'ouvrières de plus de seize ans gagnant par jour				
moins de fr. 1.50 31,186 [1] soit 41.77 0/0	de fr. 1.50 à 2.50 34,834 soit 46.66 0/0	plus de fr. 2.50 8,642 soit 11.57 0/0	plus de fr. 3.00 3,280 soit 4.39 0/0	plus de fr. 4.00 395 soit 0.52 0/0
0/0	0/0	0/0	0/0	0/0
moins de 1.00 8,788 [1] [11.78]	de 1.50 à 2.00 21,400 [28.67]	de 2.50 à 3.00 5,362 [7.18]	de 3.00 à 3.50 2,233 [2.99]	de 4.00 à 4.50 241 [0.33]
de 1.00 à 1.50 22,398 [29.99]	de 2.00 à 2.50 13,434 [17.99]		de 3.50 à 4.00 652 [0.88]	de 4.50 à 5.00 80 [0.10]
1. Y compris 2,218 ouvrières ne touchant aucun salaire.				plus de 5.00 74 [0.09]

Recensement général des Industries et des Métiers, Ibidem, p. 310.

INDEX ALPHABÉTIQUE

ERRATA ET ADDENDA

Page 25, ligne 3 de la note. — *Au lieu de* : dans des vastes contrées, *lire* : dans de vastes contrées.

Page 26, ligne 17 de la note. — *Au lieu de* : Dr GRER..., *lire* : Dr GRIER-SON.

Page 84, ligne 1 de la note. *Intercaler après le mot « moyen. »* : La journée de travail étant plus courte en 1903 qu'en moyenne dans la période décennale servant de base, les gains hebdomadaires des ouvriers en 1903 ne se sont élevés qu'à 12.3 o/o au-dessus des gains hebdomadaires moyens de la période 1890-1900, le chiffre correspondant pour l'année 1890 étant de 1 o/o au-dessus de la dite moyenne.

Page 107, ligne 13 d'en bas. — *Au lieu de* : chapitre spécial, *lire* : développement spécial.

Page 117, ligne 3. — *Au lieu de* : même, *lire* : mieux.

Page 173, titre de la 3e Partie. — *Au lieu de* : condition, *lire* : conditions.

Page 179, ligne 12. — *Au lieu de* : Si l'on juge, d'après, *lire* : Si l'on juge d'après.

Page 221, lignes 2 et 3. — *Au lieu de* : mais le coût de production du premier est plus élevé que celui du dernier, *lire* : mais le coût de production du dernier est plus élevé que celui du premier.

Page 249, ligne 5 d'en bas (note). — *Au lieu de* : Geerbe, *lire* : Gewerbe.

Page 261, ligne 6 d'en bas (note). — *Au lieu de* : ont emploie, *lire* : on emploie.

Page 344, ligne 6. — *Supprimer les mots* : le travail de.

Page 384, ligne 3 d'en bas. — *Lire* : industrie. » (1).

Page 452, ligne 1 de la note. — *Au lieu de* : *Volksirtschaftliche*, *lire* : *Volkswirtschaftliche*.

Page 464, ligne 8 de la note. — *Au lieu de* : Geerbe, *lire* : Gewerbe.

Page 471, ligne 17. — *Au lieu de* : auquel les enfants, *lire* : auquel les femmes et les enfants.

Page 473, ligne 9-7 d'en bas. — *Au lieu de* : législation de quatrième état, dont les lourdes conséquences devraient être portées par les ouvriers à domicile du cinquième état, *lire* : législation d'ouvriers privilégiés, dont les lourdes conséquences devraient être portées par les ouvriers à domicile.

Page 476, ligne 12. — *Au lieu de* : amendée elle-même en 1901 et 1903, *lire* : amendée elle-même en 1901, 1903 et 1905.

Page 486. — *Ajouter à la fin de la note 2* : En outre certains amendements ont été proposés par le Gouvernement néo-zélandais à l'*Industrial Conciliation and Arbitration Act* qui seront discutés cette année (1908), à la Chambre des députés. Selon ces amendements, les Conseils locaux de conciliation seraient abolis complètement et remplacés par des « Conseils industriels » (*Industrial Councils*). Ces Conseils pourraient régler les différends de travail et rendre des *awards*, tandis que la Cour d'arbitrage ferait fonction d'une sorte de Cour d'appel.

Page 558, ligne 13. — *Au lieu de* : independant, *lire* : independent.

TABLE DES MATIÈRES

QUATRIÈME PARTIE

ETUDE DE QUELQUES INFLUENCES SPÉCIALES AGISSANT SUR LES CONDITIONS DE TRAVAIL ET EN PREMIER LIEU SUR LA HAUTEUR DU SALAIRE.

CINQUIÈME PARTIE

CONCLUSION. — THÉORIE GÉNÉRALE DU SALAIRE.

Imp. de la Librairie Giard et Brière, 16, rue Soufflot, Paris.